이 책에 쏟아지는 찬사

저자가 인도네시아의 모든 것을 다 설명하지는 못하지만 다른 저술가들보다 인도네시아라는 매력적인 나라에 대해 누구보다도 더 낙천적이고 따뜻한 시선을 제공한다. 인도네시아 사람들도 자국의 다른 지역을 이해하기 위해 이 책을 열심히 읽을 것이라 생각한다. ㅡ 가디언 The Guardian

활기차고 현명한 관찰자로서 저자는 아주 노련한 방식으로 인도네시아를 정의하려 한다. ㅡ 뉴요커 The New Yorker

이 완벽한 여행기는 인도네시아의 당황스러울 정도로 다양한 언어, 민족, 종교, 정치적 신념을 묘사할 뿐만 아니라, 인도네시아의 디아스포라가 없는 이유와 이슬람 극단주의의 위험성과 같은 문제에 대해서 대답한다.
ㅡ 월스트리트저널 Wall Street Journal

내가 읽은 여행기 중에서 가장 훌륭한 여행기 중 하나로 스펙터클한 재미가 있다. ㅡ 사이먼 윈체스터 Simon Winchester, 월스트리트저널 Wall Street Journal

피사니는 인도네시아의 1만 3,500여 개의 복잡한 섬들 사이를 여행한다. 그러면서 그 섬들의 역사를 유려하고 여유롭게 따라간다. 이처럼 벅찬 작업을 시도한 작가는 거의 없다.
ㅡ 엘리자 그리스월드 Eliza Griswold, *The Tenth Parallel* 저자

아름답게 쓰였다. 재미가 풍성하다. ㅡ 이코노미스트 The Economist

신나는 모험담이다. 이 책을 읽으면 저자와 인도네시아를 좋아하게 된다.

— 로스앤젤레스리뷰오브북스 Los Angeles Review of Books

피사니는 에너지, 근기, 해박한 지식, 무한한 호기심, 따뜻한 시선을 갖추고 있다. 인도네시아의 지정학적 자신감과 실험 정신을 보여주는 이 책은 인도네시아에 관심 없는 사람이라도 꼭 읽어야 한다.

— 에마 라킨 Emma Larkin, *Everything is Broken*, *Secret Histories* 저자

모든 통념을 뒤엎고 떠오르는 아시아의 거인에 대한 냉철하고 통찰력 있는 시선.

— 발리 나스르 Vali Nasr, *The Dispensable Nation*, *The Rise of Islamic Capitalism* 저자

우리가 직접 그곳에 가보기라도 한 것처럼, 세계에서 네번째로 인구가 많은 이 나라에 대해 뜨겁고 재밌게 이해하게 만드는 책이다.

— 셀프어웨어니스 Self Awareness

올해(2014년)의 가장 몰입도 높고 유익한 여행기. 이 책은 가장 노련한 여행가의 마음속에 여행에 대한 갈망을 불러일으킬 것이다. — 패스포트 Passport

대담하고 열정적이다. 심오하고 길이 남을 책이다. 이 장르의 걸작. 정말 재밌다.

— 에이미 윌렌츠 Amy Wilentz, *The Rainy Season*, *Farewell, Fred Voodoo* 저자

인도네시아 관련 글쓰기에서 꼭 필요한 공백을 메웠다. 친밀한 초상화.
_크리스천사이언스모니 Christian Science Monitor

이 책을 통해 인도네시아 사람들이 오랜 세월 동안 견뎌내야 했던 것들을 이해하고, 인도네시아를 여행하면서 마주치는 모든 일들을 객관적으로 바라볼 수 있었다. _아마존 독자 서평

지혜롭고 재치 있는 피사니와 함께 인도네시아를 알아가는 시간을 진심으로 즐겼다. _아마존 독자 서평

2024년에 읽은 최고의 책 중 하나였고, 첫 인도네시아 여행을 준비하는 데에 정말 큰 도움이 되었다. 읽기 쉬운 (하지만 너무 뻔하지 않은) 매력적인 책인데, 더 많은 정보를 얻고 싶어서 책이 끝나지 않았으면 좋겠다는 생각이 들었다! _아마존 독자 서평

이 책을 읽고 나서 인도네시아에 대해 더 자세히 알고 싶은 마음이 들었다. 더 중요한 것은 인도네시아를 계속해서 다시 방문하고 싶다는 영감을 받은 것이다. _아마존 독자 서평

**인도네시아,
Etc.**

INDONESIA, ETC
Copyright © 2014, Elizabeth Pisani
All Rights Reserved

인도네시아,
Etc.

남들 가는 대로 안 가서
더 많은 것을 보고 느낀
인도네시아 여행기

엘리자베스 피사니 지음
박소현 옮김

마크에게 바칩니다.

차례

프롤로그 11
인도네시아의 기타 등등

1장 말이 안 되는 나라 23
인도네시아가 탄생하기까지

2장 하나로 묶어주는 붉은 실 53
자카르타에서 수하르토식 근대화의 공과를 돌아보다

3장 끈끈한 문화 91
숨바에서 아닷의 원형을 마주하다

4장 내 나라의 이방인 143
플로레스에서 인도네시아인의 이주를 생각하다

5장 황제는 먼 곳에 177
누사틍가라와 말루쿠에서 탈중앙화의 현실을 둘러보다

6장 행복한 가족 213
방가이섬과 케이제도에서 관료제의 명암을 살펴보다

7장 풍요로운 대지 255
술라웨시와 말루쿠에서 천연자원의 축복과 저주를 목격하다

8장	녹아내리는 이윤	297
	북술라웨시에서 인프라 문제를 지켜보다	
9장	역사와 픽션	319
	북수마트라에서 분리주의의 과거와 현재를 추적하다	
10장	부적응자들	365
	수마트라에서 두 세계 사이에 걸친 존재들을 만나다	
11장	누가 원주민인가	413
	칼리만탄에서 인종 문제를 고민하다	
12장	신앙이라는 치유	453
	자바와 롬복에서 종교적 극단주의를 들여다보다	
13장	또 다른 인도네시아	497
	자바에서 봉건주의 청산을 낙관하다	

에필로그	544
감사의 글	549
더 읽을거리	554
옮긴이의 말	562
찾아보기	572

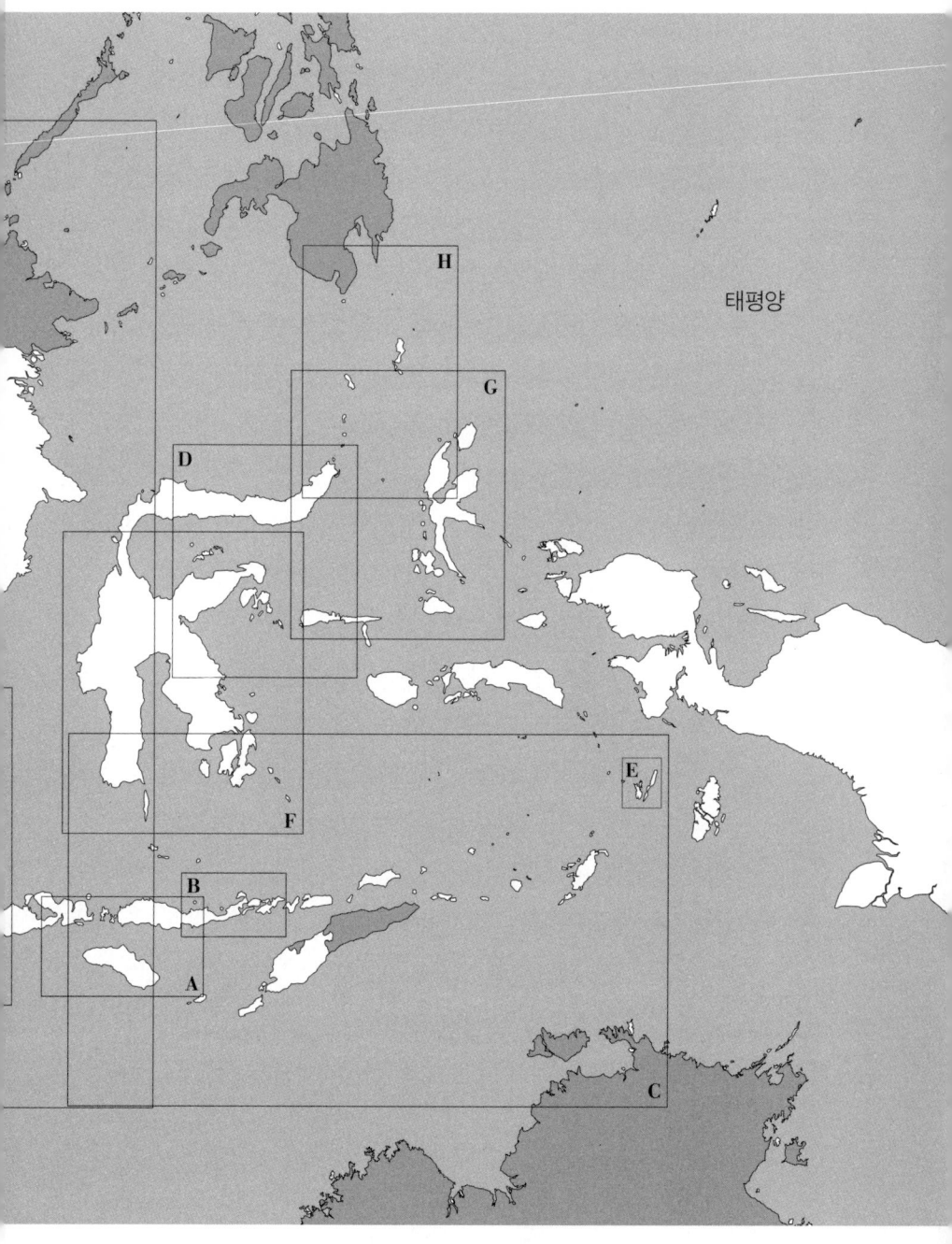

인도네시아 전도

일러두기

- 이 책은 엘리자베스 피사니Elizabeth Pisani가 쓰고 W. W. Norton & Company에서 2014년에 출간한 *Indonesia, ETC*를 완역한 책이다.
- 본문의 옮긴이 주석은 "—옮긴이"를 붙여 표시했다. 이 표시가 없는 주석은 모두 원저자의 것이다.

프롤로그

인도네시아의 기타 등등 Etc.

"미스! 들어와서 우리 할머니 좀 만나줘요!"

생글거리는 청년이 나를 집으로 초대한 것은 20년도 더 전의 일이다. 그때 나는 인도네시아 동남부의 숨바섬에서 먼지 날리는 길을 걷고 있었다. 바깥은 달군 냄비 안에 있는 것처럼 덥고 재떨이 안처럼 먼지가 자욱했으며 목이 타는 듯이 말랐다. 청년의 할머니에겐 내게 해줄 이야기는 물론이고 차 한두 잔 내줄 인심도 있을 것이다. 마다할 이유가 없었다. 계단을 올라가보니 대나무 베란다에서 다른 청년들이 공gong●과 북을 치며 불안정한 소음을 만들어내고 있었다. 다시 낮은 문간을 지나 창문 하나 없는 어두운 방으로 들어갔다. 대나무로 짠 벽 틈으로 새어드는 가느다란 빛에 의지해 둘러보니 벽에는 예수 성심聖心 포스터가 붙어 있었다. 그 아래 대나무 의자 위에는 지저분한 빨래 주머니가 놓여 있었다. 하지만 그게 전부였다. 할머니는 흔적도 안 보였다.

● 인도네시아를 비롯한 동남아시아 전역에서 널리 쓰는 징처럼 생긴 청동제 타악기―옮긴이

"잠깐만요!"

청년이 빨래 주머니를 주물럭거리며 풀더니 가장 위에 있던 천을 들추고 할머니를 보여주었다. 그러니까 청년의 할머니는 전날 세상을 떠났고 나흘 후인 장례식 날까지 그렇게 관습대로 조문객을 맞는 중이었다.

"우리 할머니를 만나줘서 영광입니다."

청년이 말했다. 그리고 우리는 그 옆에서 차를 마셨다.

인도네시아에는 이렇게 말도 안 되는 순간이 수없이 많다. 인도네시아에서는 술탄이자 전국 상공회의소 의장이기도 한 대통령 선거 후보가 행운을 가져다준다며 왕궁에 알비노와 난쟁이를 둔다. 인도네시아에서는 경찰서장이란 사람이 악어들이 모이면 죄 없는 악어가 사람을 잡아먹은 악어를 지목해줄 것이라고 브리핑을 한다. 인도네시아에서는 예산을 더 받으려고 게릴라전을 일부러 질질 끌었다고 흔쾌히 인정하는 장군과 맥주를 마시는 일도, 시체와 차를 마시는 일도 가능하다.

사실 이 나라 자체가 말이 안 된다. 719가지 언어를 사용하는 360여 종족이 살아가는 1만 3,466개 섬으로 이루어진 나라라니.• 오늘날 인도네시아가 존재하게 된 것은 화산재와 바닷바람이 키워낸 향료와 그 향료를 찾아온 유럽인들 때문이다. 유럽인보다 먼저 왔던 아랍, 인도, 중국 무역상들은 이 지역의 왕이나 술탄과 무역을 했지만 그런 방식으

• 이 수는 모두 확정하기 어렵다. 2012년 인도네시아 통계청은 정부 기록에 근거해 인도네시아의 섬이 1만 7,504개라고 발표했다. 그러나 2011년 유엔과 협력한 지리정보시스템GIS 조사는 간조 때만 드러나는 산호섬은 제외하고 섬의 수를 1만 3,466개로 보고했다. 그중 연중 사람이 거주하는 섬은 6,000개에서 7,000개 사이라고 본다.

로는 성이 차지 않았던 유럽인들은 독점을 시도했고 그로 인해 분쟁, 식민지화, 도둑정치kleptocracy, 독립전쟁이 벌어졌다. 그리고 그 모든 것의 폐허 속에서 현대 국가 인도네시아가 얼기설기 꿰어 맞춰졌다.

인도네시아의 국부 수카르노가 1945년 네덜란드 식민주의자들로부터 독립을 선언할 당시 선언문 전문은 다음과 같았다.

이로써 우리 인도네시아 인민은 인도네시아 독립을 선언한다. 주권 이양 및 기타 등등에 관한 문제는 최대한 신속하고 신중하게 이행될 것이다.

그날 이래 인도네시아는 "기타 등등"과 씨름해왔다.

많은 신생국이 과거 식민주의자들이 멋대로 그은 국경이 아닌 스스로의 *존재 이유*를 찾으려 고군분투했다. 그러나 몇몇 나라는 어쩔 수 없이 그어진 국경 안의 수많은 이질적인 요소를 한데 얼버무리는 수밖에 없었다. 인도네시아가 바로 그런 나라다. 현대 인도네시아는 런던부터 테헤란까지 혹은 알래스카의 앵커리지부터 워싱턴D.C.까지에 달하는 거리만큼이나 지구 둘레를 차지한다. 수마트라섬에 자리 잡은 북서쪽 끄트머리 아체Aceh에서는 말레이 무슬림이 "메카의 베란다"임을 자랑스러워하며 아랍 문화가 새겨진 고유문화 속에 살아간다. 거기서 5,200킬로미터쯤 동쪽으로 가면 광대한 뉴기니섬의 서쪽 절반을 차지하는 파푸아주다. 여기 사는 검은 피부의 사람들은 내가 처음 거기 갔을 때는 상당수가 생식기만 가리고 다녔지만 인도네시아 군도에서 가장 정교한 농업기술을 개발하기도 했다. 파푸아 사람과 아체 사람은 다른 것을 먹고, 다른 신에게 기도하며, 다른 음악을 연주하고, 다른 인종에 속한다. 두 곳 사이에 자리 잡은 저마다 다른 문화 집단들은 완전히 저마다 다른 방식으로 고대부터 현대 사이 어느 시간대에 머물러 있다.

오늘날 전 세계 인구 서른 명 중 한 명은 인도네시아 사람이다. 최신 조사에 따르면 인도네시아 인구는 2억 4,000만에 달한다. 즉 세계에서 네번째로 인구가 많은 나라다. 자카르타는 세계 어느 도시보다 많은 트윗이 작성되는 도시이며, 인도네시아인 페이스북 사용자는 6,400만 명으로 영국 인구 전체보다 많다. 그러나 독일 인구 전체에 달하는 8,000만 명이 전기 없이 살아가고 멕시코 인구 전체에 해당하는 1억 1,000만 명이 하루 2달러가 안 되는 돈으로 살아간다. 곧 수천만 명이 전기 없이 하루 2달러가 안 되는 돈으로 살아가는 동시에 페이스북을 이용한다.

인도네시아가 보유한 "세계 최고", "수억에 달하는" 또는 "가장 빠르게 성장하는" 통계 목록은 길다. 그럼에도 불구하고 인도네시아 기업인 존 리아디John Riady가 최근 언급했듯 "인도네시아는 세계에서 가장 비가시적인 나라일지도 모른다."

1988년 로이터통신사가 나를 처음 인도네시아로 보냈을 때, 내가 이 나라에 대해 실질적으로 아는 것은 아무것도 없었다. 열아홉 살이던 1983년 배낭여행으로 자바와 발리를 돌고 오랑우탄을 보러 북수마트라에 들렀던 것이 다였다. 그 경험은 인도네시아는 친절한 곳이지만 뭔가 정신분열적이란 이미지를 남겼다. 일상생활은 예측불허의 난장판이지만 그 일상적 혼란 위에 고도로 정제된 문화가 있어 우아한 무용수들이 섬세한 바틱batik염색 직물을 두르고 정교한 사원 단지의 그림자 아래서 가믈란 합주 선율에 맞춰 손을 뒤로 젖혔다.

물론 그런 이미지는 절대적으로 자바의 것이다. 그 시절의 나는 대부분의 외국인이 그렇듯 인도네시아라면 자바밖에 몰랐다. 한편 그런 인상이 말이 안 되는 것은 아니다. 자바는 면적으로는 인도네시아 영토의 7퍼센트밖에 안 되지만 인구의 60퍼센트가 사는 곳이다. 곧 그리스만 한 땅덩어리에 1억 4,000만 명이 몰려 산다. 수도 역시 당연히 자바에 있다. 자바의 통치자들은 12세기 이후 다양한 방식으로 자바 밖 다른 섬의 왕국들에 자신의 영향력을 떨치고 퍼뜨렸다. 로이터통신사가 뉴델리에 있던 내게 딱 열흘 후에 자카르타로 옮기라고 발령 냈을 때, 나는 사실 인도네시아를 구성하는 수백 가지 다른 문화에 대해 전혀 몰랐다. 힌두교 발리의 이미지, 이를테면 사원에 바칠 제물을 머리에 이고 우아하게 걷는 여성이라든가, 동부 인도네시아의 산호초, 수마트라나 칼리만탄의 후끈한 정글, 가장 서쪽의 서핑에 최고인 파도를 떠올릴 수는 있었지만 그 이상은 아니었다.

그 후 2년 반 동안, 나는 주식시장 보도라는 폭압에서 벗어날 기회만 생기면 "인도네시아"를 제대로 알아볼 작정으로 구석구석 돌아다녔다. 오랑우탄과 분리주의 반군을 찾아 나서고, 불법 금광업자와 미등록 이주민을 만났다. 자카르타에서는 은행가, 영화배우, 전 정치범들과 점심식사를 했다. 인도네시아어가 늘수록 대화는 더 흥미로워졌다. 하지만 내가 새로 배운 모든 것은 이 나라가 얼마나 알기 어려운 곳인지 더 절실히 깨닫게 해주었다. 인도네시아는 언제나 예상을 비껴간다.

1991년 내 보도, 특히 서북부 끄트머리 아체에서 내전 전개에 관한 보도의 정확성을 둘러싸고 인도네시아군과 여러 차례 의견 충돌을 빚은 후 나는 인도네시아를 떠나게 됐다. 내가 떠난 후 국군 대변인 누르하디 푸르워사푸트로Nurhadi Purwosaputro 준장이 자기 이름이 인쇄된 브리즈번 셰러턴타워스 호텔 편지지에 친필 서한을 보냈다.

기자님의 위치 때문에 우리 사이는 언제나 공식적(직업적)이었다고 생각합니다. 그럼에도 나는 인도네시아군 대변인으로서 존경을 담아 기자님이 임무를 멋지게 완수해냈다고 말해야 할 것입니다. 기자님은 인도네시아 국민, 국가, 정부는 물론 이 나라가 마주한 진짜 문제에 대한 깊은 이해를 보여주었습니다.

이제는 기자님의 위치가 달라져서 평범한 사람이 되었지만, 저는 기자님이 인도네시아에 큰 애정을 가지고 있다고 생각합니다.

그는 이어서 자카르타에 오면 자기 집에서 지내라고 초대까지 했다. 자기 동료들이 아체, 파푸아, 동티모르 등 분쟁이 벌어지던 주에서 저지른 잔학행위에 대해 뻔뻔한 거짓말을 늘어놓던 자였다. 그는 우물쭈물하며 어색하기 짝이 없는 거짓말을 하거나 어떨 때는 우리 기자들의 질문 공세를 피해 사무실 뒷문으로 몰래 빠져나갔다. 한번은 기사 마감이 한참 지나고 나서야 전화를 걸어와 어떤 소규모 학살에 대해 제때 설명해주지 못해 미안하다고 하기도 했다. 핑계인즉슨 총사령관의 성스러운 단검이 제 발로 주인의 고향으로 돌아가버렸다는 것이다. 그래서 대변인인 준장이 상관의 단검을 자카르타로 가져오느라 기자들을 만날 시간이 없었다고 했다.

이런 식의 헛소리는 사람을 미치게 만든다. 그러나 군 장성이 외국인 특파원에게 자기 동료들이 저지른 악행에 대해 대놓고 거짓말하는 것을 피하려고 마법의 단검 이야기를 꺼내드는 데는 어쩐지 매력적인 구석이 있었다. 대변인 누르하디 준장의 목을 조르고 싶었던 적이 한두 번이 아니었지만, 어쩔 수 없이 그를 좋아하게 됐다. 그리고 그의 말이 맞다. 지도자들의 수많은 악행에도 불구하고 정말이지 인도네시아에 대한 내 애정은 컸다.

그 애정이 나를 인도네시아로 다시 보낸 것은 2001년이었다. 학생 시위대가 의회 건물을 점거하고 수하르토의 32년 장기집권을 끝장낸 지 3년 후였다. 직전 10년 동안 나는 인도네시아와는 멀리 떨어져 HIV 전문 역학자가 되기 위해 공부했다. 이제 인도네시아에서 내 임무는 보건부를 도와 마약중독자, 트랜스젠더, 성매매 종사자, 남성 동성애자, 죄수 등의 집단이 존재를 부정하며 차라리 무시하는 쪽을 택하는 바이러스 HIV의 전파 경로를 추적하는 것이었다. 이번에도 여행을 많이 다녔고, 4년간 내가 지켜본 인도네시아는 그전과는 상당히 다른 곳이었다. 업무 시간의 절반 정도는 지방 도시의 3성급 호텔에서 하급 공무원을 대상으로 워크숍을 진행하며 의전과 파워포인트 발표, 끝없이 나오는 달콤한 간식 상자의 세계에서 보내야 했다. 안에서 보니 인도네시아 관료제는 전에 생각한 것보다는 훨씬 유능해 보였지만 보신주의는 여전했다.

나머지 시간은 거의 뒷골목의 마약중독자나 거리의 성매매 트랜스젠더 아니면 당시 우후죽순처럼 생기던 인도네시아의 게이 클럽에서 보냈다. 그러면서 뜻밖의 만남을 이어갔다. 우중충한 기차 승강장에서 마주친 문신투성이 약물중독자는 나한테 환타를 사주며 말했다.

"미스, 사실 우리가 미스를 털려고 했는데 말이야. 생각보다 재밌으시네."

나는 뜻밖의 친구들도 만들었다. 지금도 자카르타에서 가장 잘나가는 성노동자였던 레이디보이에게 내 사진을 보내서 더 잘 나오게 찍는 법을 물어보곤 한다.

2005년 나는 두번째로 인도네시아를 떠나게 되었다. 그러나 어떻게든 해마다 몇 주는 인도네시아에 와서 같은 집에서 지내며 같은 핸드폰을 쓰고 같은 오토바이를 빌려 옛 친구들과 지방 구석구석을 돌아다녔다. 어느덧 나는 인도네시아가 일종의 거대한 "나쁜 남자친구" 같다고 느끼기 시작했다. 그는 감각을 자극하고 사고를 유연하게 만든다. 나를 웃게 만들고, 친숙함과 친밀함에 따라오는 약간의 수줍음 같은 따뜻하고 포근한 감각을 안겨준다. 하지만 그는 기념일을 잊어버리고, 내 친구들을 모욕하고, 말도 안 되는 거짓말을 한없이 늘어놓는다. 이제는 그를 정말 안다고 생각하는 순간, 새로운 비밀이 드러나거나 완전히 다른 존재가 되어버린다. "나쁜 남자친구"와 결국 끝이 좋지 않을 것을 너무 잘 알면서도 나는 계속 그에게 돌아간다.

"나쁜 남자친구"에 관한 또 다른 사실. 가끔 따귀를 날려주고 싶지만 그래도 남들은 늘 이 거칠고 이국적인 야수를 괜찮게 보고 칭찬해주기를 바란다. 하지만 런던이나 뉴욕의 파티에서 인도네시아를 입에 올리기라도 하면 남들이 보이는 넋 나간 표정에도 익숙해졌다. 딱 이런 생각을 하는 표정이다.

"세상에, 인도네시아라니……. 캄보디아나 베트남, 태국 근처 어디 이름인가……?"

그래서 2011년 말 나는 이 "나쁜 남자친구"를 온 세상에 소개하기로 결심했다. 인도네시아에 관한 책을 쓴다고 하면 이 나라에서 시간을 더 보내고, 이 나라를 더 알아보고, 때론 좌절하고 낙담하며 내가 바친 세월 동안 이 나라가 어떻게 달라졌는지 이해하려고 애쓰는 근사한 구실이 될 것이다. 나는 런던에서 공중보건 컨설팅 사무실을 운영하는 본업은 잠시 미뤄두고 인도네시아로 떠났다. 인도네시아 동남쪽에서 시작해 대략 반시계 방향으로 동부의 섬들을 둘러보겠다고 생각했다. 그다음에는 왼쪽으로 가서 술라웨시, 보르네오, 수마트라로 가기로 마음먹었다. 그리고 수마트라 동남쪽을 따라가며 이 원을 완성할 것이다. 인도네시아 인구의 거의 3분의 2가 사는 섬이자 대부분의 사람들이 이 나라를 생각하는 틀인 섬 자바는 가장 마지막 순간까지 떠나 있으리라.

죽은 할머니와 차를 마시자고 나를 초대한 청년까지 포함해 이전에 만났던 사람들을 다시 찾아가보면 어떨까 하고 구상했다. 내가 아는 인도네시아 사람들도 한 번도 못 가본 그런 곳 또한 가보고 싶었다. 그 정도가 내 계획의 전부였다. 왜냐하면 인도네시아에서 계획이란 무용한 일이기 때문이다. 배가 사흘이나 늦게 오거나 아예 안 오고, 비행기가 하늘 위에서 목적지를 바꾸며, 비자 규정이 바뀌었다며 국경에서 쫓겨나는 등 예기치 않은 사건 사고가 벌어져 원래 계획은 완전히 틀어질 것이 불 보듯 뻔하기 때문이다.

계획을 하지 않은 이유는 또 있다. 이 만화경처럼 변화무쌍한 나라를 전부 담아내기를 바라선 안 된다는 것을 잘 알았기 때문이다. 이 나라의 다채로운 요소들은 역사와 사건이 벌어지는 매 순간 새로운 형태로 변해가는 듯했다. 그럼에도 "인도네시아다움"의 정수를 놓치지 않고 이토록 다른 섬과 문화를 한 나라로 묶어주는 브낭메라benang merah 곧 "빨간 실"을 찾고 싶었지만 내가 움직이는 그 순간에도 이 나라는 계속 변하리라는 것 또한 잘 알았다. 잠시도 가만있어 주지 않는 이 나라의 초상화를 그려보려 했지만 내가 볼 수 있었던 것은 어떤 시점의 어떤 파편뿐이었다.

그래서 나는 내 본업인 역학에서 중요한 원칙인 무작위 추출법에 기대보기로 했다. 모든 사람을 살펴볼 수 없을 때 큰 인구집단에 무슨 일이 벌어지고 있는지 그려볼 수 있는 최선의 방법은 표본을 무작위로 추출해보는 것이다. 어디에 가서 누구와 이야기할지 미리 정하기보다 일단 나가서 충분히 많은 장소에서 충분히 많은 사람의 눈으로 보는 쪽을 믿었다. 그 파편을 한데 모아 나라 전체의 초상화로 맞춰보면 눈부시게 아름다운 차이를 한데 묶어주는 실을 더 잘 이해할 수 있을 것이라고 생각했다. 또한 그 실의 일부가 현재를 담은 사진 한 장 한 장을 더 큰 역사적 앨범으로 묶어주어서 인도네시아의 깊고 오랜 가치를 드러내주기를 바랐다.

이번 여행에서 내가 정한 규칙은 하나였다. "무조건 '네.'라고 하기." 인도네시아인은 지구상에서 가장 환대하는 이들이기에 "네."라고 답할 일은 수없이 많았다. 술탄과 차 마실래요? *너무 좋아요!* 결혼식에 오겠어요? *그럼요!* 한센병 환자 수용소 섬에 가볼래요? *물론이죠!* 유목민 가족과 나무 아래서 자볼래요? *마다할 이유가요!* 저녁으로 개고기 어때? *어…… 음…… 좋아.* 이 원칙 덕분에 나는 이름도 들어본 적 없는 섬까지 가볼 수 있었다. 나는 농부, 사제, 경찰관, 어부, 교사, 버스 기사, 군인, 간호사 등의 집에서 잠자리를 신세 졌다. 주로 인도네시아 유행가가 쿵작쿵작 울려 퍼지며 천장에는 토사물 봉지가 흔들거리는 페리나, 곧 주저앉을 듯하지만 알록달록 화려한 버스를 타고 이동했다. 하지만 가끔은 운 좋게 전세기에 오르거나 고급 자동차의 검은 썬팅창 너머 가죽 시트에 몸을 파묻기도 했다. 작은 친절이라도 겪지 못한 날은 손가락으로 꼽을 수 있을 만큼 적었다. 하지만 부정부패, 무능, 불의, 가혹한 운명의 공격에 관해 투덜대지 않은 날 또한 손으로 꼽을 수 있을 만큼 적었다.

결국 나는 1년도 넘게 인도네시아 곳곳을 여행했다. 가끔은 외국인이 이 나라에서 가장 많이 찾는 곳들을 스쳐가기도 했다. 열심히 관리했지만 메마른 가죽 같은 거죽의 백인 남자들과 알랑거리는 발리 청년들이 가득한 발리 해변의 술집이나 월스트리트 주식시장이 열리고 블랙베리폰이 울려대기 전 은행원과 주식중개인들이 가볍게 한잔하는 자카르타의 레스토랑 같은 곳 말이다. 하지만 나는 오토바이, 버스,

배를 타고 2만 1,000킬로미터를, 비행기로 다시 2만 킬로미터를 이동했다. 이런 여행은 정말이지 흔치 않다. 간단히 말해 나는 2011년 기준 인도네시아의 전체 33개 주 중 26개 주에 가보았다. 이 여행 훨씬 전에 겪은 일화들과 "나쁜 남자친구"와 처음 만난 사건으로 시작하긴 하지만, 이 책은 대부분 이 최근의 여행에서 발견한 인도네시아에 관한 이야기이다. 이 나라의 다양성에 더 아찔해지는 동시에 예상하지 못한 방식으로 단단하게 하나로 묶인 인도네시아는 내가 안다고 생각했던 그 나라와는 상당히 다른 나라였다.

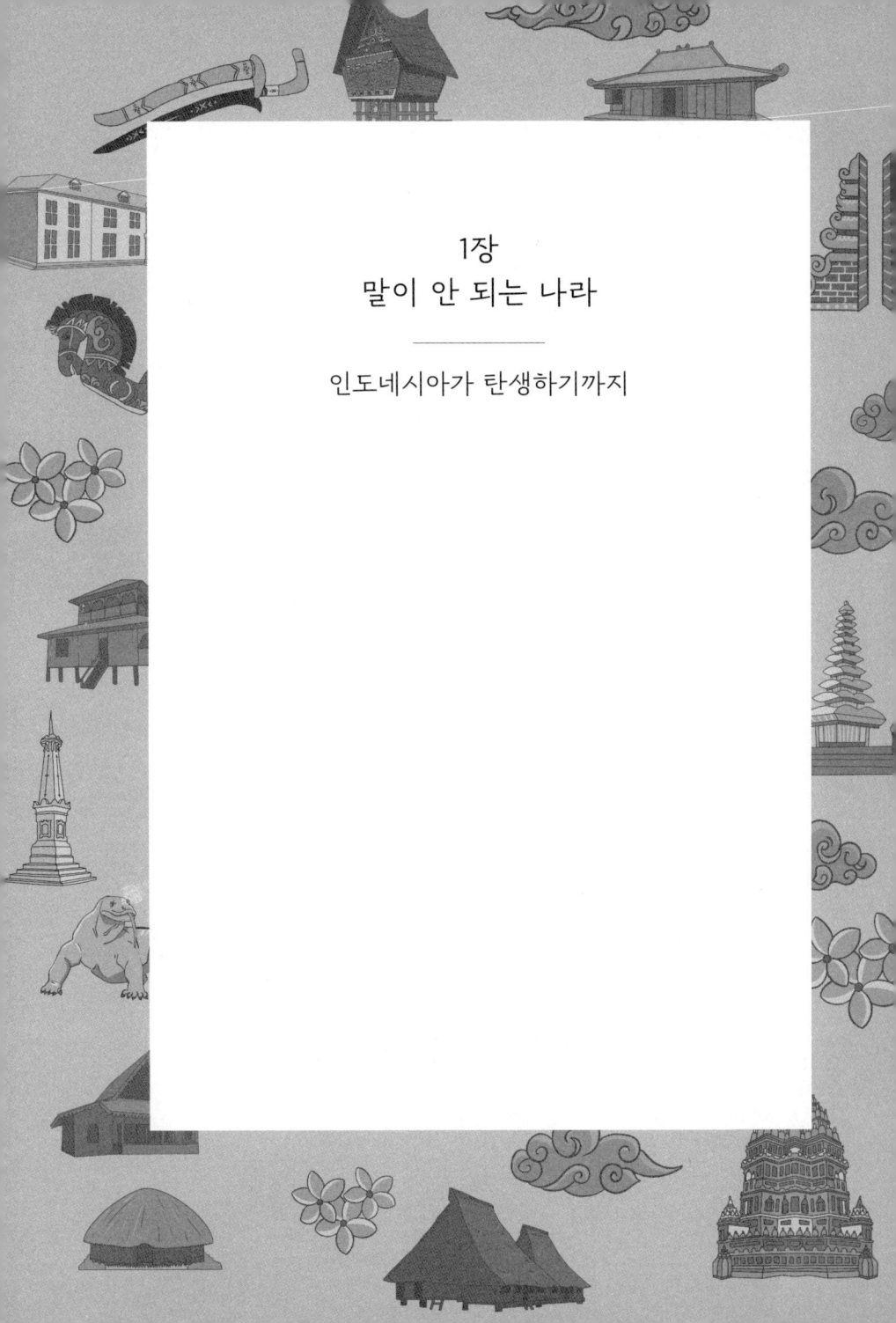

1장
말이 안 되는 나라

인도네시아가 탄생하기까지

거침없고 대담무쌍한 민족 지도자 수카르노가 인도네시아 독립선언으로 해방시킨 것은 사실 이전에는 존재하지 않던 "민족^{nation}"이었다. 그 민족은 공통의 역사로 슬쩍 하나로 묶였으되 공통의 문화는 별로 없는 수많은 섬들에 관념적인 통일성을 부여한 "민족"에 불과했다. "기타 등등"과 "최대한 신속하게"가 포함된, 계획에 없던 독립선언은 일본의 예상치 못한 항복 선언 이틀 후에 불쑥 튀어나왔다. 일본은 1942년 네덜란드령 동인도에 쳐들어와 네덜란드 식민주의자를 몰아냈고, 인도네시아 민족주의자들은 일본을 환영했다. 350년에 걸친 네덜란드의 도둑정치가 백인 통치에 대한 깊은 불신을 안겨주었기 때문이다. 그러나 방식이 달랐을 뿐 일본도 나쁘기는 매한가지였다. 수카르노를 위시한 민족주의자들이 황급히 독립을 선언한 것은 인도네시아 군도가 다시 이방인의 손에 들어가지 않게 하기 위해서였다.

"그자들은 잊을 수가 없어. 일본인 말이야."

2012년 초 인도네시아 동부에서 한 어부의 집에 묵었을 때 그의 어머니가 한 말이다. 노인의 얼굴은 바싹 마른 매실처럼 쪼글쪼글했지만 젊었을 때는 대단한 미인이었던 것이 분명했다.

"정말 잔인했어. 처녀들을 잡아갈 생각만 했지."

이 이야기는 내가 노인에게 나이를 물어보면서 시작됐다. 그는 사실 자기 나이를 정확히 몰랐지만, "일본인들이 여기 있을 때 벌써 어른"이었다고 했다. 나는 그 시절이 어땠느냐고 물었다. 그는 고개를 절레절레 흔들었다.

"여기 남자들에게 구덩이를 파라고 했어. 그러더니 가장자리에 남자 둘을 세웠지."

노인은 관절염 때문에 애를 먹으면서도 일어나서 시범을 보였다.

"놈들은 그 둘의 눈을 흰 천으로 묶더니……."

노인은 옛 기억으로 눈빛을 반짝거리며 70년 전에 눈을 가리던 모습을 몸짓으로 보여주었다. "그리고 뒤에서 쏙……." 하며 주름진 손으로 목뒤를 내리치더니 비틀비틀 의자로 돌아와 앉았다.

"머리통이 구덩이로 굴러떨어지고 몸뚱이 하나는 어정쩡하게 구덩이 가장자리에 걸렸어. 일본군이 밀어버리니까 몸뚱이도 구덩이로 떨어졌지."

몇십 년 후 한 일본 회사가 노인의 집 근처에 진주 양식장을 지었다. 도쿄의 임원진이 방문해서 인근 관광에 나섰다.

"그때 내가 마침 물고기를 팔려고 시장에 앉아 있었거든. 일본어로 인사를 하고 고기 사라고 했더니 깜짝 놀라더라고. 시장 할머니가 일본어로 호객을 하니까 그랬겠지. 그 사람들이 내 고기를 다 사줬어."

노인은 싱긋 웃었다.

"값을 네 배나 더 바가지 씌웠지."

일본인보다 먼저 이 섬들을 찾아왔던 유럽인을 끌어들인 것은 시장에 나온 진주 같은 값진 물건들이었고, 오늘날 인도네시아가 된 땅을 하나로 뒤섞은 것은 네덜란드 상인들의 탐욕이었다. 그러나 유럽인들이 오기 전 수 세기 동안 찾아왔던 아랍과 아시아 무역상들은 인도네시아 군도의 여러 독자적인 왕국에서 사업을 하면서도 그 왕국들을 하나로 묶을 필요를 느끼지 못했다. 아시아인 무역상들은 인류 역사 거의 전 기간 동안 장거리 무역을 추동한 바람의 도움을 받았다. 적도 부근에서는 한 해의 중간쯤 바람의 방향이 바뀐다. 그 덕분에 당시 생산과 소비의 동력실이었던 두 나라 인도와 중국 사이에 편리한 컨베이어벨트가 마련됐다. 바람은 12월에서 3월 사이에는 중국에서 남쪽 바다로 불고, 6월에서 9월 사이에는 인도까지 가는 빠른 뱃길을 만들어주었다. 실크와 모슬린, 도자기와 금속기, 차와 은을 인도와 중국 사이로 실어 나르고 싶지만 히말라야산맥은 넘고 싶지 않다면 누구라도 오늘날 인도네시아의 바다를 지나는 수밖에 없었다.

그사이 몇 달 동안 섬들은 바람이 변덕스러운 침체기에 들었다. 그런 때에 무역상들은 북적이는 항구에 머물렀고 항구는 점차 무역상들이 필요한 것을 대주기 시작했다. 무역상들은 화물을 내리거나 싣고 배를 수리하거나 점검하고 현지 여자와 결혼해서 아내에게 다음번 방문에 필요한 짐을 맡겨두었다. 동쪽의 말루쿠제도에서는 육두구와 정향이 왔다. 군도의 반대쪽 끝인 아체와 수마트라의 여러 술탄국에서는 후추가 왔다. 통치자들은 무역상과 선장들을 자신의 항구로 불러들이려고 경쟁했다. 이 항구는 후추 물량이 풍부하고, 저 항구는 창고를 확보하기에 좋은 것으로 유명했다. 이 항구는 세금 징수율이 낮고, 저 항구에서는 도둑맞을 일이 없었다. 1290년경 중국에서 유럽으로 돌아가는 길에 인도네시아의 바다 여기저기를 지나갔다는 마르코 폴로는 번영한 자바 항구들을 이렇게 묘사했다.

매우 많은 선박과 상인들이 이 섬에 와서 물건을 사고 많은 수입을 올린

다. 이 섬에는 얼마나 재화가 많은지 이 세상 어느 누구도 그것을 다 말할 수 없을 것이다.•

오늘날 인도네시아 무역도시의 어떤 시장을 둘러보아도 마르코 폴로가 700년 전에 목격한 광경을 보고 그가 맡았던 냄새를 맡을 수 있을 것이다. 한쪽에는 무너질 듯한 좌판이 몰려 있고 낡은 포장 상자들이 얼기설기 쌓인 데다 버려진 가구며 널빤지, (요즘에는) 지난 선거철의 현수막이 뒤엉켜 있을 것이다. 아무도 자기 좌판이 어떻게 보이는지 신경 쓰지 않는다. 중요한 것은 좌판 위에 오른 상품이다. 한 좌판에는 하얀 자루 위에 빨간 고추가 화산처럼 쌓였다. 그 옆에는 나무상자가 루빅큐브처럼 차곡차곡 놓였다. 하나는 육두구, 다른 하나는 후추, 세번째는 정향, 나머지 스물두 상자 안에는 강황, 생강, 고량강, 고수씨 등 눈으로 보기보다는 혀로 맛볼 때 더 금방 아는 온갖 종류의 향료가 담겼다. 돌판 위에는 집게발이 라피아야자 섬유에 꽁꽁 묶인 게들이 입에서 거품을 내뿜고 있다. 귀퉁이 좌판은 일상용품을 파는 만물상 같은 곳이다. 논농사 짓는 고된 노동을 하는 농부를 태양으로부터 지켜줄 야자잎으로 엮은 삿갓이 주렁주렁 걸렸다. 대나무와 코코넛 섬유로 만든 빗자루와 작은 화로 위에 올려 내일 먹을 국을 끓일 배가 동그랗게 나온 테라코타 냄비도 놓였다.

요즘 시골 시장에는 마르코 폴로 시대보다 훨씬 더 현대적인 장비

• 마르코 폴로, 『동방견문록』, 김호동 옮김, 2000, 사계절, 429~430쪽.—옮긴이

로 무장한 약장수도 있다. 내가 가본 한 시장에서는 째지는 듯한 디스코 음악이 울려 퍼지는 가운데 약장수가 만병통치약을 선전하고 있었고 구경꾼들은 완전히 홀려 있었다. 반쪽은 잘생긴 청년이지만 나머지 반쪽은 튀어나온 눈알에 근육과 힘줄이 불거진 사람 머리 모형이 그 넋 나간 관중을 물끄러미 지켜보고 있었다. 멀지 않은 곳에는 한 여자 상인이 구멍이 숭숭 뚫리고 섬유질로 연결된 진흙 덩어리 같은 것을 얇고 동그랗게 썰어 좌판에 늘어놓았다. 덩이줄기 같은 것일 줄 알았는데 아니었다. 진짜 진흙덩이 그러니까 개미집이었다. 고품질의 개미집 한 조각을 숟가락에 얹어 구워 먹으면 당뇨와 고혈압이 씻은 듯 낫는다고 상인은 큰소리쳤다. 그 옆에는 머그잔 손잡이처럼 귀가 튀어나온 콧수염 노인이 좌판을 반으로 나눠두었다. 한쪽 절반에는 코카콜라 병에 담긴 라자구눙$^{\text{raja gunung}}$ 곧 "산의 왕"을 팔고 있었다. 저만치 우뚝 솟은 화산의 높은 비탈에서 자라는 식물의 뿌리를 고아 만든 검고 끈적끈적한 액체다. 노인이 쿨럭 기침을 하고 가래침을 뱉으며 설명하기를 이 약은 폐암에 특효라고 했다. 좌판의 나머지 절반에는 작은 담배 무더기와 이 담배를 마는 데 쓸 바싹 말린 야자잎이 있었다.

상인들은 나나 다른 손님에게 지역 언어가 아니라 국어 곧 인도네시아어로 말을 걸었다. 1928년 정치적인 동기에서 "인도네시아어"로 다시 태어난 이 섬들의 공용어는 1,000년 넘게 무역상들이 사용해온 말레이어의 일종이다. 외국인 무역상들은 파도를 타고 해협의 다언어 사회들을 차례로 지나갔다. 7세기에는 페르시아인이 대다수였고 이후로는 아랍인이 대세였다. 다시 아랍인이 인도 서해안의 구자라트와 동해안의 코로만델 출신 인도인의 도전을 받는 사이, 1100년 이후로는 중국인이 자주 나타났다. 이 외국인들의 공통점이라면 바로 무역에 대한 열정이었다. 그때도 지금처럼 인도네시아 군도와 훨씬 먼 데서 온 온갖 피부색과 인종의 사람들이 전복 껍데기 자개가 가득한 바구니며 백단향 묶음, 낙원의 새가 들어 있는 새장, 후추 자루, 쫀득한 갯민숭달팽이 무더기를 놓고 말레이어로 홍정했다. 그 유산은 오늘날의 여행자에게도 유용하다. 사적인 대화는 인도네시아 군도 전역에서 쓰는 수백 가지 다른 지역어로 하지만, 누구나 인도네시아어를 잘하기 때문이다. 인도네시아어는 공적 담화의 언어이자 출신이 다른 인도네시아인이 모여 사는 대도시의 일상 언어다.

교역이 이 섬들의 종교뿐 아니라 언어까지 정해준 것이다. 7세기부터 인도 상인들과 함께 온 학자들이 힌두교와 불교를 수마트라섬 남쪽의 스리위자야^{Sriwijaya} 왕국에 전해주었다. 이 왕국은 이 지역에서 원주민의 첫 제국으로 성장했다. 스리위자야의 통치자들은 무역으로 크게 부유해지자 군대를 일으켜 이웃 섬을 정복하고 바다 건너 자바까지 종교를 전파했다(또한 멀리 태국 남부와 캄보디아까지 조공국으로 삼았다). 자바 중부의 산과 들 이곳저곳에 정교하고 아름다운 사원이 세워졌다. 9세기에는 세계 최대의 불교 사원인 보로부두르^{Borobudur}가 웅장한 모습을 드러냈다. 여기에 경쟁 관계이던 왕국이 멀지 않은 곳에 눈부시게 아름다운 힌두교 사원 단지 프람바난^{Prambanan}을 지어 응수했다.

그다음에 찾아온 무역상의 물결은 남아시아, 중국 남부, 중동에서 온 무슬림이었다. 무슬림이면 누구나 차별 없이 함께 밥 먹고 기도하게 해준 종교가 교역의 수레바퀴를 돌려준 덕분에, 군도에서 가장 먼저 이슬람교로 개종한 것은 무역상들이었다. 점차 자바의 왕들도 산스크리트식 이름을 버리고 술탄이라는 칭호를 사용하기 시작했다. 16세기 초가 되자 자바의 통치자 전체가 실질적으로 이슬람교도로 개종했다. 자바에서 동쪽의 얕은 바다만 건너면 바로인 발리만 힌두 왕실과 카스트제도를 유지했다.

인도네시아 군도의 다양한 형태와 종류의 국가에서 살던 사람들은 자신들을 더 큰 집단의 일부로 여기지 않았다. 그러나 상인들의 지속적인 왕래 덕분에 보통 사람들 사이에도 개방성과 차이에 대한 관용이 형성됐으며 그 미덕은 오늘날까지도 이어진다. 달리 말하면 거의 환상적일 만큼 매혹적인 환대가 이 섬들을 탐험하고 싶은 마음이 절로 드는 곳으로 만들었다.

그러나 이 개방성에는 약점이 있었다. 교역과 사업이 이루어지던 방식을 바꾸어놓은 유럽인의 맹습 앞에서 인도네시아를 한없이 취약하게 만들었던 것이다.

15세기 중반 튀르크인의 손에 비잔틴제국이 멸망하자 그리스도교도 상인들은 더는 무슬림 상인들과 거래하기 힘들어졌다. 그 시절 이미 향료는 유럽 상류층에게 필수품이었다. 향료는 냉장 기술 발명 이전 육류를 보존하기 위한 재료이자 상한 고기의 맛조차 감춰주는 환상적

인 식자재였다. 유럽에 후추, 정향, 육두구 공급이 계속되기를 바란다면 향료가 자라는 그 섬들을 직접 찾아가야 할지도 모르는 일이었다. 그 일은 1497년 포르투갈인 탐험가 바스쿠 다가마^Vasco da Gama가 아프리카 대륙을 돌아 동양으로 가는 항로를 "발견"하자 가능해졌다. 포르투갈인은 귀한 향료 대부분이 나는 말루쿠제도로 가는 길을 금방 찾아냈다. 그들은 가장 먼저 정향 산지인 화산섬 트르나테^Ternate로 향했다. 골이 진 화산 자락에 자리 잡은 부산한 도시 트르나테는 그 시절의 유적인 포르투갈 요새 두 곳과 술탄의 왕궁을 자랑한다. 오늘날 큰 요새의 일부는 군대의 막사이고 나머지는 관공서로 쓰인다. 군인의 아내들이 오래된 대포에 빨래를 널고, 관용차용 빨간 번호판을 단 SUV가 승리의 아치를 지나 제복 차림의 공무원들을 허름한 사무실로 실어 나른다. 이제 술탄의 왕궁은 시영 축구장 위 높은 지대에서 우쭐대며 굽어보는 시골 별장 같을 뿐 그 위용이 대단하지는 않다.

왕궁은 본래 훨씬 웅장했다. 영국인 선장 프랜시스 드레이크^Francis Drake는 1579년 세계일주 막바지에 들른 트르나테에서 술탄의 왕궁에 대해 기록한 바 있다. 공인받은 해적이었던 그로서는 어지간한 화려함과 부에는 놀랄 일이 없었겠지만, 허리 아래로 금사로 짠 천을 두른 트르나테 술탄("왕")에게는 깊은 인상을 받았다. 술탄은 붉은 슬리퍼를 신고, 큼직한 금사슬을 걸고, 여섯 손가락에 반지를 꼈는데, 두 개는 다이아몬드, 두 개는 터키석, 하나는 루비, 나머지 하나는 에메랄드가 박혀 있었다.

왕이 보좌에 앉았고, 그 오른편에서 시종이 (아름답게 수놓고 사파이어로 장식한) 아주 값비싼 부채로 바람을 만들어 무더운 그곳에서 왕을 시원하게 해주었다.●

드레이크의 시절에도 술탄의 보좌는 그전만큼 편한 자리는 아니었다. 포르투갈의 대포가 자유무역의 원칙에 구멍을 냈기 때문이다. 포르투갈인들은 향료의 일부가 아니라 전부를 원했다. 포루투갈인에게 무역은 제로섬게임이었다. 나중에 그들도 그다지 제로섬게임에 능하지는 않은 것으로 밝혀졌지만 말이다.

드레이크에 따르면 "포르투갈인들은 [...] 군림할 전제 정부를 세우려고 [...] 왕을 잔인하게 살해했다." 그러나 그 계획은 역풍을 맞았다. 분노한 트르나테인들이 폭동을 일으켜 포르투갈인들을 몰아낸 것이다. 그러자 스페인인, 영국인, 네덜란드인 등 다른 유럽인이 들어왔다. 그들이 말루쿠에서의 향료 구입과 유럽에서의 향료 판매를 놓고 경쟁을 벌이자, 말루쿠에서의 가격은 오르고 유럽에서의 이문은 떨어졌다. 그러자 이 돈 먹는 탐험에 돈을 댄 후원자들의 불만이 커졌다. 1602년 네덜란드 공화국의 상인들은 더는 이 상황을 좌시하지 않기로 했다. 그들은 네덜란드동인도회사$^{\text{Verenigde Oostindische Compagnie, VOC}}$를 함께 설립했다.

● Francis Drake, *The World Encompassed by Sir Francis Drake ... Collected Out of the Notes of Master Francis Fletcher ... and Compared with Divers Others* [sic] *Notes That Went in the Same Voyage*, ed. Francis Fletcher. London: Nicholas Bourne, 1652.

네덜란드동인도회사는 최초 투자자 1,800명이 출자한 세계 최초의 주식회사였다. 회사 출범을 둘러싼 난리법석 가운데 세계 최초의 주식시장이 열렸다. 최초 투자자들이 첫 함대가 출항하기도 전에 자기 지분에 웃돈을 얹어 팔아치운 것이다. 이 회사의 임원진 "17인 위원회"는 주주들에게 이윤을 되돌려주어야 한다는 어마어마한 압박에 시달렸다. 더 많은 이윤을 위한 첫걸음은 향료 시장을 장악하고 다른 유럽 국가와의 경쟁을 종식하는 것이었다. 그 전략은 뇌물, 유인[co-option], 피도 눈물도 없는 무력 사용이었다.

말루쿠 북부에서는 17세기에도 지금처럼 수확기면 집집마다 정향나무에서 분홍색 봉오리를 땄을 것이다. 아이들이 봉오리를 따서 야자잎으로 짠 둥근 채반에 널어놓으면 어른들은 그 채반을 니파야자잎 지붕에 올려 말린다. 며칠 동안 햇살과 바람에 잘 마르면 이 봉오리는 우리가 뱅쇼에 넣는 그 검고 쪼글쪼글하고 머리가 둥근 못대가리 모양의 향료가 된다. 정향을 수확하고 건조하는 7월에 말루쿠제도의 작은 섬으로 향하는 배를 타면 섬이 보이기도 전에 이 크리스마스의 향을 먼저 맡을 수 있을지 모른다.

네덜란드동인도회사는 정향을 모조리 사들이고 싶었지만 그러지 못했다. 말루쿠 북부에는 집집마다 정향나무가 있고 말루쿠 사람들은 흰 피부의 털북숭이 이교도보다는 무슬림 무역상에게 정향을 팔려고 했기 때문이었다. 그러자 17인 위원회는 암본[Ambon]섬을 제외한 다른 모든 섬의 정향나무를 없애버리겠다는 계획을 세웠다. 이 계획을 위해 현지 술탄에게 후하게 뇌물을 바치면서 지역의 지도자를 매수하고 허수아비를 내세워서 그 후 300년 넘게 계속된 네덜란드식 식민통치의 전통이 시작되었다.

　육두구 시장을 장악하기는 더 쉬울 것이 뻔했다. 당시에 육두구는 지구상에서 오직 한 곳 작디작은 데다 외부와 고립된 반다제도에서만 자랐기 때문이다. 지구상에서 가장 깊은 바다 위에 솟아 있는 이 섬들은 대부분의 지도가 빠트리게 마련이었다. 여기서 네덜란드의 허수아비 왕 전략은 실패했다. 반다제도에는 마을 차원의 강력한 민주주의 전통이 있어서 네덜란드인들은 그곳에서 매수하거나 협박할 술탄도, 왕도, 중앙권력도 찾을 수 없었다. 반다 사람들은 네덜란드와 조약에 서명하고도 영국인에게 육두구를 팔았다. 1609년 네덜란드동인도회사 군대가 반다에 요새를 지으러 오자 반다 사람들이 매복 작전을 펴서 네덜란드 제독과 부하 33명을 죽였다. 12년 후 네덜란드는 상상을 초월하는 잔인무도한 폭력으로 보복했다.

　2012년 1월 1일에 반다를 둘러보니 도처에서 네덜란드동인도회사의 유령을 찾을 수 있었다. 교회 복도에는 동인도회사가 세운 총독들의 묘비석이 깔려 있었다. 시내 모래투성이 길가에서 발견한 버려진 과수원은 네덜란드동인도회사의 VOC 로고가 박힌 묵직한 쇠문을 달고 있었다. 회사 표장은 도로를 포장한 돌과 우물에도 새겨졌고, 대포에도 찍혔고, 말루쿠제도 여기저기 세워진 요새의 아치도 장식하고 있었다. 그중에서도 가장 인상적인 벨지카 요새는 항구에 들어오는 배들을 응시하며 경고한다. *네덜란드인을 방해하지 말지어다!* 반다네이라섬을 둘러보면 네덜란드동인도회사는 사실 교역기업이라기보다는 군대에 가까웠다는 생각이 들 것이다. 이 생각은 반다네이라의 박물관에 걸린 그림을 보면 더 확실해진다. 그림 한가운데 샅바만 걸친 벌거숭이 사무라이 용병의 다리에는 잭슨 폴록이 물감을 뿌린 듯이 피가 잔뜩 튀었다. 그는 절단되고 훼손된 신체들의 지뢰밭 복판에 서 있다. 잘린 발 아래 잘린 머리통에서 눈알이 하나 튀어나왔고, 몸통에 난 구멍으로 내장이 쏟아져 나왔으며, 피 웅덩이에 잘린 손이 널려 있다. 뒤편에는 벌거벗은 아기가 울부짖는 어머니의 무릎으로 기어오르고 있다. 역사적 고증과는 맞지 않는 이슬람식 옷을 입은 어머니는, 다른 사무라이 용병이 반다인 전사를 칼로 내려치려는 것을 말리려고 애걸복걸한다. 네덜란드인이 소총을 흔들며 사무라이 용병을 부추긴다. 다른 네덜란드 군인은 잡혀 온 사람을 걷어찬다. 중경에는 창에 걸린 반다 다섯 원로의 잘린 머리가 반다를 내려다보고 있다. 저 멀리 원경의 만에 댄 네덜란드동인도회사 전함에는 네덜란드 깃발이 휘날리고 있다.

이 그림은 잔인무도함의 환희에 찬 듯하다. 그러나 그림이 담은 실제의 사건 역시 그만큼 잔인하기 짝이 없었다. 1621년 학살은 네덜란드동인도회사의 야심만만한 새 총독 얀 피터스존 쿤$^{\text{Jan Pieterszoon Coen}}$이 이끌었다. 12년 전 젊은 무역상이었던 그는 반다의 지도자들이 계획한 매복과 상관의 죽음을 두 눈으로 목격했다. 그리고 그 복수로 섬 전체를 쓸어버린 것이다. 쿤의 부하들은 노예가 되기 마땅찮은 사람은 다 죽이고 살아남은 자는 노예로 팔아서 반다제도의 인구는 1만 5,000명에서 수백 명으로 줄었다. 17인 위원회는 쿤의 과도한 무력 사용을 꾸짖었다. 그리고 보너스로 3,000길더를 얹어주었다.

정향과 육두구 독점은 수십 년간 네덜란드동인도회사의 수입 전체에서 과도할 정도로 절대적인 몫을 차지했지만, 독점을 강제로 유지하는 비용 또한 컸다. 회사는 자기들끼리 티격태격하는 자바 왕자들 간의 돈 먹는 전쟁에 휘말려, 이윤이 큰 대중국 무역에 집중하지 못했다. 회사는 돈을 잃기 시작했고 1798년 결국 파산했다. 회사 창립 200주년을 겨우 4년 남겨둔 그 시점에 네덜란드동인도회사는 고용인 5만 명과 상선 150척가량과 전함 여남은 척을 거느리고 있었다. 망하기에는 너무 거대했던 나머지 네덜란드 국왕이 회사의 "자산"과 채무를 떠맡았다. 그렇게 해서 150년 후 일본군이 쳐들어올 때까지 왕이 네덜란드령 동인도의 식민지를 다스리게 되었다.

그러나 네덜란드령 동인도가 정확히 어떻게 구성됐는지는 불확실했다. 해체될 즈음 네덜란드동인도회사는 자바와 향료 산지인 말루쿠 제도에서 권력을 확립했고 술라웨시의 번창한 항구 마카사르를 통제했으며 수마트라에도 전초기지 한둘을 두었다. 그 후 150년 동안 네덜란드 왕은 아주 점진적으로 자신의 촉수가 닿는 곳을 훨씬 더 많이 늘려갔다. 네덜란드동인도회사와 마찬가지로 네덜란드 식민주의자들도 사람보다는 이윤에 관심이 많았다. 그들을 움직이는 동기는 언제나 땅의 풍요로움이었다. 수마트라의 정글을 벌목해 고무와 코코아를 생산하고 자바와 술라웨시와 다른 섬의 수풀을 걷어내 커피, 차, 설탕, 담배를 심게 했다. 땅을 파서 주석과 금을 캐고 석유를 뽑아낼 시추공을 뚫었다. 어떤 섬이나 지역이 네덜란드인 사업가의 관심을 끌 만한 무엇도 생산하지 못하면 원주민 왕이 계속 통치하도록 내버려두었다. 적어도 1880년대까지는 그랬다.

―――

인도네시아를 여행하다 보면 인도네시아인이건 외국인이건 누구나 "다리 마나?$^{\text{Dari mana?}}$(어디서 왔어요?)"란 질문을 가장 먼저 받는다. 이 무역상의 나라에서는 자연스러운 일일지 모른다. 이 이방인이 무엇을 내놓을지, 무엇을 사려고 할지, 어떻게 행동할지를 가늠할 수 있는 좋은 방법이기 때문이다. 그러나 이 질문은 인도네시아인이 과거 인도네시아를 식민지로 삼았던 나라를 포함해 다른 나라를 어떻게 생각하는지에 관한 흥미로운 통찰을 보여주기도 한다. 나는 한동안 "다리 마나?"에 어떻게 답해야 할지 몰라 꾸물댔다. 내 어머니는 잉글랜드에서 자란 스코틀랜드인이지만 나는 열네 살이 될 때까지 영국에 살아본 적 없고, 이후 35년 동안에도 영국에 정식으로 산 기간은 5년이 다다. 아버지는 뉴욕으로 이주한 이탈리아인의 손자였다. 우리 부모는 아버지와 어머니가 각각 히치하이킹으로 세계여행과 유럽여행을 하던 중 국경의 입국심사 줄에서 만났다. 내가 태어난 곳은 매번 스펠링을 까먹는 이름의 미국 중서부 도시이고 그 후로는 독일, 프랑스, 스페인 등지에서 자랐다. 무엇보다 나는 다른 어느 곳에서보다 인도네시아에서 더 오래 살았다. 그러나 이 모든 이야기는 하루에 열두 번씩 내뱉는 "다리 잉그리스.$^{\text{Dari Inggris.}}$(영국에서 왔어요.)"에 산산이 부서져버린다. 처음 인도네시아에 살던 시절에는 "다리 잉그리스."라고 하면 하나같이 "와! 영국! 다이애나 왕자비!"가 대답이었다. 축구경기가 전 세계 텔레비전으로 중계되는 요즘에는 "와! 영국! 맨체스터 유나이티드!"•로 바뀌었다. 그러나 첫 반응에 이어 따라오는 말은 달라지지 않았다.

"인도네시아는 네덜란드가 아니라 영국 식민지였다면 훨씬 나았을 거예요."

내가 그 이유를 물어보면 사람들은 다음의 이유 중 한둘을 내놓았다. 첫째, 네덜란드는 물자를 빼가기만 했을 뿐 아무것도 돌려주지 않았지만, 영국은 국가의 기틀을 세웠다. ("저 모든 공학물은요? 관개수로 체계며 항구는요?" 내가 이렇게 물으면 인도네시아인들은 이렇게 대답한다. "그건 전부 네덜란드가 물자를 더 쉽게 빼가려고 만든 거죠.") 둘째, 네덜란드가 의도적으로 원주민을 무지하게 방치했다면, 영국은 원주민을 교육했다. 셋째, 네덜란드의 사법차등제sliding scale of justice는 정치적으로 임명된 관료가 관장해서 보통 사람들에게 언제나 불리했지만, 영국은 독자적인 사법체계를 두어 법 앞에 만인이 평등할 수 있었다는 것이다.

이런 의견은 역사가나 학자가 아니라 트럭 운전기사, 농민, 산파와 배 위나 커피숍에서 만난 평범한 사람들의 입에서 나온 말이었다. 인도네시아인들은 만병의 근원으로 네덜란드를 탓하기 좋아하지만 네

● 맨체스터 유나이티드의 국제 마케팅팀은 인도네시아인의 마음과 지갑을 다 열었다. 예를 들어 인도네시아의 다나몬은행은 현대적 라이프스타일을 가진 스포츠팬을 위해 맨유 신용카드를 내놓았을 정도다.

덜란드가 떠난 후 지난 70년 넘는 세월 동안 그 병을 고치는 데는 그다지 애쓰지 않았다는 점을 생각하면 이 의견은 흥미로웠다. 나는 그것이 네덜란드인들이 한 것이란 처음 도착했을 때 이 군도에 이미 만연한 행동양식을 잘 이용했을 뿐이기 때문이 아닐까 생각한다.

유럽인이 무역 게임의 법칙을 바꾸고 플랜테이션을 세워 착취 산업을 더 효율적으로 만든 것은 사실이다. 그러나 유럽인이 오기 훨씬 전부터 이 섬들의 왕과 술탄도 농민에게서 세금과 노역을 쥐어짜내 끝도 없는 전쟁의 비용을 대왔다. 식민지 이전에 교육이란 인도나 중동에서 온 순회학자 아니면 그들과 접촉할 수 있는 극소수의 전유물이었다. 그리고 재판이란 왕의 변덕에 따라 결과가 달라지는 것이었다. 자바의 요충지에서 새 식민세력은 허구한 날 치고받고 싸우는 귀족들을 매수해 제국의 관료로 만드는 방식으로 권력을 확립할 수 있었다. 자바 왕족과 귀족은 계속해서 백성 앞에서 재물을 과시하고, 번쩍이는 금색 우산 아래 요란한 행진을 벌이고, 발을 탕탕 구르며, 늘 그래왔듯 왕 노릇을 하며 세금을 걷을 수 있었다. 그러나 왕궁으로 돌아가면 걷어들인 세금은 네덜란드 국왕에게 바치고 대신 월급을 받았다.

네덜란드의 요구가 커질수록 귀족들의 압제도 지독해졌다. 그동안은 키우고 싶은 작물(주로 가족이 먹을 양식)을 마음대로 기르던 농민들은, 1830년대부터 정부가 고정가격으로 사들이는 환금성 작물을 키울 땅을 따로 빼두어야 했다. 농민들은 네덜란드의 금고로 들어가는 이윤을 뽑아내는 플랜테이션에서 일정 기간 의무적으로 노역도 해야 했다. 어떤 시점에서는 네덜란드의 전체 국가 수입 중 절반이 인도네시아에서 나온 것이기도 했다. 20세기 초 네덜란드의 좌파 성향 정치인들이 "윤리정책"을 내세우기 시작했다. 네덜란드령 동인도 정부가 네덜란드의 통치 아래 살아가는 3,400만 명의 안녕에 일정 책임이 있다는 인식에서 비롯한 것이었다. 식민주의자들은 특권층 "원주민"의 자식을 위한 학교를 세워야 했다. 그러나 이 새로운 윤리도 식민지의 수도인 바타비아(지금의 자카르타) 정부가 다른 원주민들과 전쟁을 벌이는 것을 막지는 못했다.

자바는 물론 플랜테이션이 있는 다른 섬에서도 반네덜란드 반란이 계속 일어났고 수많은 불복종운동이 강제노역 체제에 구멍을 냈다. 여기에 식민주의자들은 언제나 폭력으로 응답했다. 19세기의 마지막 10년 사이 외곽 도서에 살아남은 반독자적인 왕국들에 대한 네덜란드의 관용도가 눈에 띄게 낮아졌다. 바타비아 식민정부는 인도네시아 군도 전체에 자신의 의지를 완전하게 관철하기 위한 군사작전을 폈고 지역 통치자들은 맞서 싸웠다. 발리는 네덜란드가 일찍이 평정한 자바에서 쪽배로도 건널 만한 거리에 있지만 발리의 왕들은 1908년까지 빌헬미나 여왕의 멍에를 쓰기를 단호히 거부했다. 서쪽 끝의 아체는 1903년까지 네덜란드에 맞서 완강하게 저항했다. 반대쪽 끝 정글과 늪지의 "네덜란드령 서파푸아"에서 식민주의는 훨씬 관념적으로 존재했다. 파푸아는 너무 멀고도 멀어서 동인도의 일부도 아니다가 독립 후에야 신생 인도네시아에 넘겨졌다. 그리고 티모르섬의 동쪽 절반은 네덜란드인이 발을 들인 적도 없는 곳이다. 동티모르는 16세기에 트르나테에서 쫓겨난 포르투갈인들이 정착한 곳이었다. 그곳은 1975년

본국에서 사회주의혁명이 일어나자 포르투갈 정부가 해외 식민지를 포기할 때까지 포르투갈인의 집단 거주지였다. 그리고 인도네시아가 재빨리 군대를 보내 동티모르를 27번째 주로 "합병"했던 것이었다.

아이러니하게도 선한 의도에서 시작한 윤리정책이 식민지에 진정한 반식민주의 운동의 씨앗을 뿌리는 결과를 낳았다. 역사상 처음 유럽 언어로 교육받은 "원주민" 젊은이들은 주권과 사회정의에 관한 새로운 사상이 담긴 책과 신문에 접근할 수 있게 되었다. 사상 처음으로 네덜란드령 동인도 전체에서 온 젊은이들이 자바의 큰 도시에 모여 공통의 적에 맞서 싸워야 할 공통의 이유를 찾아냈다. 이 젊은이들의 머릿속에서 인도네시아라는 개념이 만들어졌다. 그 개념은 1928년 군도 전역의 청년 단체들이 모여 "인도네시아의 아들딸"의 이름으로 "하나의 조국 인도네시아, 하나의 민족 인도네시아, 하나의 언어 인도네시아어"를 위해 싸우겠다고 맹세하는 순간 피와 살을 갖게 되었다.

그리고 그 맹세는 네덜란드를 몰아내려는 싸움에서 민족주의자들의 구호가 되었다. 이 구호를 너무 시끄럽게 외친 자들은 아무리 큰 소리로 떠들어도 아무도 듣지 못하는 버려진 벽지로 추방되었다.

―――――

한때 네덜란드의 관심이 초집중되었던 반다는 1930년에는 버려진 오지로 전락했다. 나는 한적한 길가에서 수년간 반다에 유형 와 있던 정치범들을 기리는 기념비를 발견했다. 그중 가장 유명한 두 사람은 인도네시아 민족주의의 선구자인 초대 총리 수탄 샤리르Sutan Sjahrir와 초대 부통령 모하맛 하타Mohammad Hatta이다. 하타는 초대 대통령 수카르노와 함께 독립선언문에 서명한 바로 그 사람이다.

인도네시아인이라면 누구나 1945년 8월 17일을 기억한다. 8월 17일은 국경일이다. 마을 사람들은 대나무로 아치를 만들고 페인트로 "경축! 인도네시아 독립 67주년!"이라고 써둔다. 자카르타의 빈민가에서도 버려진 플라스틱 컵을 흰색과 빨간색으로 칠하고 줄에 꿰어 직접 만든 3D 장식용 깃발을 악취 풍기는 수로 주변에 걸어둘 정도다.

그러나 반다에서 나는 건국신화의 다른 버전을 담은 기념비와 마주했다. 거기에는 "인도네시아 연방공화국의 독립과 주권을 기리기 위해 반다 인민이 세우다. 1949년 12월 27일"이라고 쓰여 있었다.

인도네시아 독립을 둘러싼 비공식적 관점에 대해 더 알 수 있을지 모른다는 기대를 가지고 지금은 박물관이 된, 모하맛 하타가 반다 유형 당시에 살던 집에 가보았다. 전형적인 반다식 방갈로였다. 널빤지로 빗댄 창살 덮개가 달린 나무 문 세 개가 길쭉한 베란다를 향해 열려 있었다. 아무도 없지만 문이 열려 있기에 안으로 들어가보았다. 구석의 유리 장식장에는 양복, 셔츠, 안경, 신발이 있었다. 타자기가 놓인 책상도 있었다. 그게 전부였다. 하타가 반다로 유형 온 이유에 대해서도, 독립 일자를 둘러싼 논쟁에 대해서도 설명 한 줄 없었다.

상징적인 1945년과 잘 언급되지 않는 1949년 두 날짜 사이에 4년이 넘는 시간차는 사실 네덜란드가 식민지를 잃었다는 사실을 인정하는 데 걸린 시간이다.

1930년대 내내 인도네시아 민족주의 운동은 네덜란드 좌파 정당들의 격려와 지지를 받으며 성장했다. 그러나 이 운동은 분열하기도 했다. 한쪽은 노동자와 농민의 낫과 망치가 식민주의자를 몰아낼 것이라고 여겼다. 다른 쪽은 코란이야말로 네덜란드에 맞설 가장 강력한 무기라고 믿었다. 2차 세계대전이 벌어지지 않았다면 두 집단은 아직도 다투고 있을지도 모른다.

인도네시아 독립을 제대로 부추긴 것은 일본의 점령이었다. 일본은 네덜란드를 너무나 신속하게 몰아내서 유럽이 우월하다는 신화를 박살 냈다. 일본은 "아시아인의 아시아"를 내세우며 수카르노와 민족주의자들에게 아시아 공영권 안에서 자치를 준비하게 했다. 또한 연합국의 공격을 예견했기에 인도네시아인을 무장시키고 젊은이들에게 무기 사용법을 가르치고 게릴라전법을 훈련시켰다.

그런데 히로시마에 원자폭탄이 투하되고 일본이 항복하자 인도네시아는 허둥지둥 독립을 선언하게 된 것이다. 인도네시아의 길고 긴 기타 등등 목록에서 첫 항목은 이전 식민세력이 되돌아오지 못하게 쐐기를 박기 위한 것이었다. 패전한 일본군으로부터 영토를 접수하기 위해 진주한 오스트레일리아, 영국, 미국 군대는 네덜란드에 이 땅을 다시 넘기는 데는 그다지 열성적이지 않았다. 그러나 주권 이양이 공백인 상태에서 연합군은 네덜란드를 인도네시아 군도의 정당한 주권으로 인정했다. 네덜란드도 식민지를 돌려받고 싶어 했다.

네덜란드가 돌아오는 것을 막기 위해 어떻게 할지를 두고 인도네시아 민족주의자들은 의견이 엇갈렸다. 다수는 협상을 통해 독립을 얻기를 원했다. 그러나 가장 카리스마 넘치는 젊은 지도자였던 수카르노는 싸우는 쪽을 택했다. 그는 반란을 일으켜 인도네시아 군도를 통치 불가능하게 만들 참이었다. 그리하여 이후 4년 동안 산발적인 전쟁과 분노에 찬 외교가 이어졌다.

  18세기 말 미국 독립의 주역들이 그랬듯, 인도네시아의 젊은 지도자들도 새로운 나라에 걸맞은 정치체제가 무엇인지를 두고 의견이 갈렸다. 연방제? 아니면 강력한 중앙정부에 권력이 집중된 일원화된 국가여야 하는가? 각각 초대 부통령과 초대 총리가 되는 하타와 샤리르는 둘 다 서수마트라 출신이었다. 두 사람은 중앙집권국가가 되면 자바인이 네덜란드 식민주의자의 자리를 차지하고 다른 섬과 다른 문화를 식민화할 것을 염려했다. 후일 초대 대통령이 되는 수카르노는 인도네시아를 구성하는 이질적인 요소들은 강력한 구심점을 통해서만 통합될 수 있다고 믿었다. 그는 네덜란드 제국의 지도에 칠해진 전 영역을 다스렸던 스리위자야 제국과 마자파힛 제국의 신화적 과거를 끌어왔다. 실제로는 식민지 이전 제국들은 느슨한 조공 체계로 이루어져서 수카르노가 주장한 바에 비하면 그 영향력이 훨씬 미미했다. 그러나 수카르노는 이 역사를 끌어와, 식민주의자들로부터 제국을 되찾아와 공화국으로 재구성한 그 나라를 자바 한가운데서 통치하는 것을 정당화해냈다.

  수카르노가 곧바로 자신의 목적을 달성한 것은 아니었다. 그는 일본의 협력자로 여겨진 탓에 네덜란드로부터 공식적 주권 이양을 논의하는 협상 테이블에 앉지 못했다. 네덜란드가 네덜란드 국왕을 수장으로 하는 인도네시아 연방공화국 안에서 독자적인 주정부 일곱 개를 두는 자치안을 내놓자, 하타와 샤리르는 그 안에 서명했다. 그러나 1년이 채 지나지 않아 연방제에 대한 지지는 무너졌고, 수카르노는 새 나라가 가는 방향을 자카르타를 중심으로 한 중앙집권제 정부로 돌려놓았다.

수카르노는 타고난 선동가였다. 그가 내놓은 정치적 처방의 4분의 1은 대중 추수주의고 나머지 4분의 3은 카리스마라는 큰 잔에 장난기를 약간 곁들여 내놓는 극장^{theatre}이었다. 기민한 그는 인도네시아라는 구상이 얼마나 허약한지 잘 알았다. 1950년대 초 말루쿠, 서수마트라, 서부 자바, 술라웨시에서 일어난 반란은 모든 "인도네시아인"이 그의 중앙집권적 구상에 동의하지 않는다는 것을 잘 알려주었다.

수카르노는 단일국가 안에서 모두에게 자리를 만들어주기 위한 일종의 정치철학을 만들어냈다. 바로 판차실라^{Pancasila} 곧 5대 원칙인데, 이 원칙은 어떤 목적에도 복무할 수 있는 모호한 철학을 만들어내는 데 탁월한 인도네시아인의 재능을 잘 보여준다. 판차실라의 내용은 다음과 같다.

① "유일신에 대한 믿음"

신이 어떤 신인지 규정하지 않음으로써, 수카르노는 이 원칙을 통해 종교의 자유를 보장하고자 했다. 수카르노의 후임자이자 정치적으로 완전히 반대편에 있던 수하르토는 이 원칙을 공산주의로부터 지켜주는 방벽으로 해석했다.

② "정의와 문화적인 인간성"

관대하고 계몽된 통치자라는 자바 사상의 영향을 받았으며, 그 어느 쪽도 아닌 많은 통치자의 지지를 받은 모호한 개념이다.

③ "인도네시아의 단결"

수카르노는 연방제 반대로, 수하르토는 국민 생활의 모든 측면에 군대의 개입을 정당화하는 것으로 해석했다.

④ "합의제와 대의제를 통한 민주주의의 지혜로운 길잡이"

수카르노의 의도는 대립이 일상인 서구식 민주주의에 대응하는 보호 장치였으나, 수하르토는 어떤 형태의 민주주의도 용납하지 않는 방어물로 이용했다.

⑤ "모든 인도네시아 국민을 위한 사회정의"

사회주의자 수카르노에게는 경제 분야에서 국가 개입을, 자본주의자 수하르토에게는 모든 국민이 낙수효과를 누릴 수 있는 자유시장 정책 지지를 뜻했다.

한번 그리스도교인이었다면 신앙심을 잃었다 할지라도 주기도문을 줄줄 암송하듯, 인도네시아인이라면 누구나 판차실라를 줄줄 외지만 거기에 강력한 민족주의가 담기는 일은 없다. 그래서 수카르노는 전함을 동원한 세 과시에 나섰다. 국가적 단결을 굳건하게 만들기 위해서는 네덜란드를 대체할 새로운 공통의 적이 필요했다. 그는 여기저기 시비를 걸기 시작했다.

사실 그 시비는 첫번째 전장을 만들어준 네덜란드와 아직 매듭짓지 못한 일이기도 했다. 네덜란드는 인도네시아 민족주의자들에게 내준 영토에 광물자원이 풍부한 서파푸아를 소급하여 포함하지 않았다. 수카르노는 그 땅은 우리 것이라고 주장하며 이 사안을 유엔으로 들고 갔다. 신생국으로서는 대담하기 짝이 없는 움직임이었다. 유엔 차원의 결의를 끌어낼 정도는 아니었지만 다수 국가가 이 현란하고 수 개 국어에 능란한 지도자의 편에 섰다. 여기에 힘입은 수카르노는 민족주의적 호전성을 마구 드높였다. 1961년 그는 파푸아에 낙하산 부대를 보내, 대다수 인도네시아인과 극소수 파푸아인●의 눈으로 보기에 인도네시아 공화국의 것을 되찾아오는 여정을 시작했다.

그 후 수카르노는 가슴을 탕탕 치며, 인도네시아의 북쪽에서 새 나라 말레이시아로 한데 결집하려던 영국의 옛 식민지 쪽으로 방향을 돌렸다. 그는 다시 유엔을 이용했다. 이번에는 말레이시아가 안전보장이사회 이사국으로 선정된 것에 항의하는 뜻에서 유엔을 탈퇴해버렸다.

수카르노의 극장이 그가 속한 세대의 세계관에 인도네시아 민족주의를 깊이 새긴 것은 분명했지만, 그것으로 무너져가는 국가경제와 취약한 정치구조를 다 덮을 수는 없었다. 독립선언부터 1955년 첫 총선까지 공화국 내각은 열네 번이나 교체되었다. 선거를 통해 무려 28개

● 1962년 네덜란드는 파푸아인이 스스로의 미래를 선택할 권리가 주어진다는 조건 아래 유엔이 관장하는 과도기를 거쳐 서파푸아를 인도네시아에 넘겨줄 수 있다고 동의했다. 1963년 인도네시아가 행정을 넘겨받고 1969년 "자치법안"이 통과되었다. 인도네시아군 주둔에 압력을 느낀 소수의 부족 원로들이 통합 쪽에 투표했고 이 지역은 인도네시아의 새로운 주로 편입되었다.
　서쪽의 인도네시아 군도 사람들과는 인종적으로도 문화적으로도 다른 파푸아인은 그 후 계속해서 "통합"에 이의를 제기해왔다. 이 문제는 최근의 경제적·정치적 발전으로 더 복잡해진 가운데 곪아가고 있다.

정당이 의회에 진출했다. 수카르노의 국민당은 근소한 차이로 아슬아슬하게 제1당이 되었고 두 거대 이슬람 정당이 제2당과 제3당이 되었다. 공산당은 일련의 무모한 봉기로 신생 공화국의 군대에서는 인기를 잃었지만, 선거에서는 여섯 표 중 한 표를 차지해 제4당으로 떠올랐다. 선거는 안정을 확보하는 데는 아무 도움이 되지 않았다. 오히려 의회는 더 시끄러워졌다.

변덕스러운 수카르노는 결국 인내심을 잃었다. 그는 사실 한 번도 대립이 일상인 의회정치를 지지한 적 없었다. 그는 자바식 마을 전통을 따라 지혜로운 마을 원로의 지도 아래 마을 사람들이 회의로 합의를 도출하는 쪽, 곧 판차실라의 네번째 기둥에 기대는 쪽이 훨씬 낫겠다고 말했다. 1957년 수카르노는 바로 자신이 이 나라의 마을 원로가 되겠다고 선언했다. 자바인의 특성이기도 한 돌려 말하는 완곡어법을 동원해 자신의 독재를 "교도 민주주의 guided democracy"라고 불렀다.

수카르노는 대담한 사상가이자 진정 예지력 있는 지도자였으며 오늘날까지도 인기 있는 인물이다. 그러나 그는 스펙터클한 호화 역사극을 다수 연출한 세실 B. 드밀 Cecil Blount De Mille 감독처럼 정치를 이끌었다. 그는 인도네시아인 모두가 자신의 감독 아래 정치 야외극의 엑스트라가 되기를 바라면서, 거기에 필요한 비용은 신경 쓰지 않았다. 각본은 반식민주의였다. 네덜란드가 이윤을 위해 통치했으므로 반식민주의는 곧 반자본주의와 동의어였다. 1945년 헌법은 민간 부분에 드러내놓고 적대적이었고, 국가가 모든 천연자원과 전략적으로 중요한 생산 부분을 통제해야 한다고 명시했다.

자바를 제외한 외곽 도서에서는 어떤 경제 형태를 취했든 간에 모두를 괴롭게 하는 처사였다. 그들은 무역으로 먹고살고 무역으로 숨을 쉬었다. 그러나 자바에도 득 될 것 없기는 마찬가지였다. 경제가 침체하고 실업률이 높아지자 자바 청년들은 점점 더 열심히 수카르노의 정치 야외극에 앞장서 시위를 벌이고 행진에 나섰다. 거리에서 무슬림 청년들과 청년 공산주의자들이 대립하자, 인도네시아는 반드시 세속 국가여야 한다고 생각한 수카르노는 공산주의자 편을 들었다. 1960년대 중반 인도네시아공산당Partai Komunis Indonesia, PKI은 당원 200~300만을 거느린, 세계에서 중국과 소련 공산당 다음으로 세번째로 큰 공산당이 되었다.

"교도 민주주의"에 지도하는 손을 빌려준 뼛속까지 보수적인 군부는 공산주의자도 이슬람의 정치화도 다 못마땅했다. 장군들은 경악 속에 정치적 혼란이 심해져가는 것을 지켜보았다. 1965년 9월 30일 밤 이 상황은 전기를 맞았다. 오랫동안 널리 받아들여진 사건의 공식적 버전은 거의 모든 측면에서 믿기 어렵다. 그에 따르면 인도네시아공산당과 공모한 장교 집단이 반수카르노 쿠데타를 계획했다. 그럴 가능성은 무척 낮은데 군은 대체로 공산당은 혐오한 반면 수카르노는 사실 공산주의의 큰 지지자였기 때문이다. "반란" 장교들은 장군 여섯 명을 죽이고 국영 라디오를 장악했다. 그때 당시 전략예비군 사령관이던 수하르토가 구원자로 나타나 배신자들을 처단하고 국가안보와 수카르노 대통령의 안위를 지켰다는 것이 인도네시아 학교에서 배우는 내용이다. 학생들이 배우지 않는 것은 수하르토가 자신의 전임자 수카르노를 가택연금에 처했다는 사실이다.

이 사건에 대해서는 수많은 다른 가설이 있는데 그 대부분은 외국인이 발표한 것이다. 모든 것이 수하르토의 계획이라는 설, 그가 적어도 미리 알기는 했다는 설, 군 내부의 분란일 뿐인데 수하르토가 적당한 때에 적당한 곳에서 기회를 낚아챘다는 설, 실패한 쿠데타 시도가 미국의 중앙정보국^{CIA} 아니면 영국의 비밀정보부^{MI6}의 작품 혹은 두 기관이 합작한 것이라는 설 등이다.

무엇이 진실이건 간에 그날 밤의 사건은 확실히 반反인도네시아공산당 선전선동의 쓰나미를 몰고 왔고 군이 시작한 보복 살인이 뒤따랐다. 여기에 수많은 평범한 인도네시아인이 열성적으로 가세했다. 각기 다른 집단이 각기 다른 이유로 살육과 폭력의 광란을 이용했다. 동부 자바에서는 무슬림들이 오랫동안 경쟁 세력이었던 공산주의자들을 처단했다. 발리에서는 스무 명 중 한 명이 목숨을 잃을 정도로 희생자가 많았는데 인도네시아 전체에서도 가장 높은 비율이었다. 신을 부정하는 더러운 무신론자들로부터 힌두교를 지킨다는 수사가 난무했지만, 진짜 이유는 신앙심이 아니라 공산당이 발리 상위 카스트 귀족들의 전근대적 특권과 대토지 소유를 위협했던 탓이었다. 수마트라 북부에서는 사업적 이해관계로 얽힌 조직폭력배들이, 플랜테이션 노동자를 조직하던 공산주의자들의 멱을 따는 용도로 고안한 특별한 도구를 사용했다. 서칼리만탄의 다약족은 소위 "인도네시아공산당의 배신"을 그 고장에서 중국계를 몰아내는 데 이용했다.

대학살은 헌신적인 사회활동가 한 세대 전부를 쓸어버렸고 그들이 되살아날 가능성의 뿌리조차 뽑아냈다. 학살은 정치적 논쟁의 발전을 불가능하게 하고 인도네시아 시민들로 하여금 정치활동을 두려워하고 꺼리게 만들었다. 수하르토에게는 더할 나위 없이 좋은 일이었다.

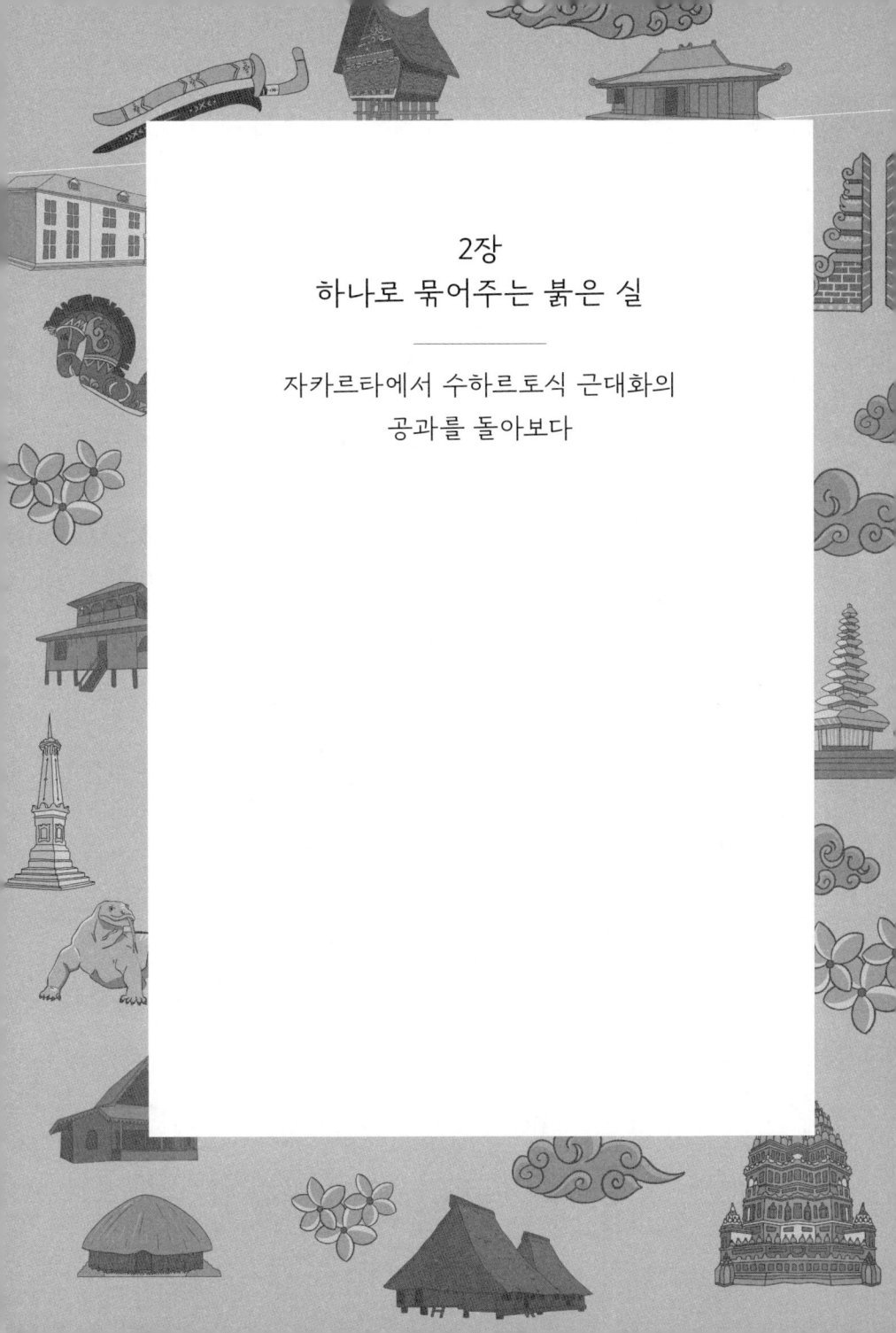

2장
하나로 묶어주는 붉은 실

자카르타에서 수하르토식 근대화의
공과를 돌아보다

자카르타의 최고급 호텔 포시즌스가 방금 생겨난 호수 위에 떠 있는 모습이 마치 인도 라자스탄의 물의 궁전 같았다. 제복을 차려입은 도어맨 앞으로, 내부순환도로 가장자리와 도로보다 지대가 높은 호텔 입구 사이에 생겨난 강 위에 커다란 파란색 빨래통 두 개가 떠 있다. 빨래통 안에는 관리실에서 들고 온 사다리의 도움을 받아 승선한, 잘 차려입었지만 초조한 기색을 감출 수 없는 투숙객들이 가득하다. 자카르타에 또다시 홍수 철이 왔고 수완 좋은 호텔 직원이 투숙객을 마른 땅으로 실어 날라주는 비공식 서비스를 시작한 것이다. 이 서비스 요금은 하룻밤 250달러인 숙박료에는 포함되지 않는 데다 물을 건너는 도중에 다시 흥정해야 할 수도 있다.

  자카르타는 쉽게 사랑할 수 없는 도시다. 자카르타는 거대하고, 혼란스럽고, 저밖에 모르며 까탈스러운 야심과 소비의 기념비이자, 멈출 줄 모르는 듯한 도시다. 복잡하고, 더럽고, 시끄러운 데다, 늪지 위에 지어 올려 해마다 홍수에 시달린다. 그러나 자카르타 시민들은 도시의 우여곡절을 미덕으로 바꾸어놓는 데 뛰어난 재능을 보여주었다. 그리고 그 시민의 수는 어마어마하다. 네덜란드가 떠날 때 자카르타에는 60만이 살았다. 그러나 몇 년 지나지 않아 자카르타는 점점 커지기 시작해 661제곱킬로미터가 넘게 되었는데 그중 40퍼센트 이상이 해수면보다 낮은 땅이다. 내가 여행을 시작한 2011년경 자카르타에는 독립 당시보다 인구가 17배로 늘었고 이 거대한 메갈로폴리스는 주변의 작은 도시들을 집어삼키는 중이었다. 자카르타 권역의 전체 인구는 2,800만으로 도쿄 다음으로 많아서 자카르타는 세계에서 두번째로 큰 집적도시다. 하늘을 찌를 듯한 고층빌딩과 으리으리한 쇼핑몰 사이에 물길과 배수로가 지어졌고 수로를 따라 무허가 판잣집이 늘어서서 물길이 쓰레기에 막히기 일쑤다.

도쿄와 달리 지하철 같은 대중교통이 없어서* 자카르타의 교통체증은 그야말로 전설적이다. 갑부들은 하늘로 올라가 이 문제를 해결한다. 아는 사람 하나는 어릴 때 가족 소유 헬리콥터를 타고 매일 유치원에 갔다고 한다. 그러나 그런 극소수를 제외한 시민 대다수는 길 위에서 다양한 차원에서 분투한다. 중하층은 가끔 오는 고물 기차나 너저분한 버스에서 서로 밀치면서 혹은 오토바이 위에서 교통지옥을 통과하면서 언젠가 자동차를 살 날을 꿈꾼다. 덕분에 해마다 차량 20만 대가 더 길 위로 쏟아진다. 말인즉슨 교통체증은 더 심해지고 통근시간은 더 길어진다. 운전기사를 둔 부자들은 아예 차 안에 이동식 사무실을 차려서 길 위에서 보내는 시간을 더 생산적으로 사용한다. 몇 년 전 자카르타시 당국은 주요 간선도로의 정체를 막기 위해 자동차 한 대당 세 명 이상이 타야 한다는 규정을 내놓았다. 그러자 다시 한 번 창의적인 자카르타 시민들은 이 기회를 다른 방향으로 활용해 새로운 일자리를 창출해냈다. 며칠 지나지 않아 지선도로는 자신을 "조키^{jockey}"라고 부르는 실직자들로 북적였다. 조키는 부유층의 매끈하고 에어컨이 펑펑 나오는 승용차에 필요한 승객이 되어주고 그 대가를 챙겼다.

이런 종류의 창의성이야말로 이 도시를 사랑하게 만드는 것들이다.

● 자카르타 지하철은 2017년에 개통했다.—옮긴이

1980년대 말 자카르타에 처음 살기 시작했을 때 이 도시에는 번쩍이는 사무용 건물과 막히는 간선도로가 이미 여럿이었다. 하지만 그것들은 양철지붕, 기우뚱한 집, 뒤죽박죽 얽힌 뒷골목, 냄새나는 시장의 거대한 바다에 자의식 강한 현대성의 섬 몇 개가 옹기종기 모여 있는 수준이었다. 내가 보건부에서 일하던 포스트 수하르토 시대 초 그 섬들은 훨씬 커지고 바다는 훌쩍 줄어들었다. 그래도 오토바이를 타고 이 저지대 도시의 샛길을 달리며 냉방 잘되는 사무실이라는 산호초에서 다음 산호초로 가는 지름길을 찾다 보면 내가 사랑해 마지않는 자카르타의 심장과 영혼을 희미하게나마 느낄 수 있었다. 한 소년이 방을 같이 쓰는 세 동생이 싸우는 소리가 안 들리게 귀를 막고 앉아서 책을 들여다본다. 젊은 아버지가 길가에 물통을 내놓고 어린아이를 씻긴다. 자전거를 타고 그를 지나치는 사람은 구식 싱거 재봉틀을 뒷자리에 매단 수선공이다. 자전거 핸들에는 "리바이스" 광고판이 걸려 있다.

이제 그런 과거 자카르타가 남긴 유령은 간신히 버티고 있을 뿐이다. 2011년 여행을 준비하러 자카르타를 바쁘게 돌아다니던 중 그 떠돌이 수선공과 마주쳤다. 그는 내가 가장 좋아하던 샛길에서 아직도 구식 싱거 재봉틀을 싣고 리바이스 광고판을 달고 있었다. 그러나 그것들에 생명을 불어넣어 주던 골목과 동네 사람들은 사라졌다. 수선공은 주식거래소와 5성급 호텔의 숲을 자전거로 천천히 지나며, 근사한 SUV로 무장하고 다음 거래를 위해 서둘러 가느라 과거의 유물 같은 수선공을 빙 돌아갈 여유가 없는 비즈니스맨들에게 사방에서 욕을 먹고 있었다. 우울한 광경이었다.

이제 인도네시아의 수도는 쇼핑몰, 콘도미니엄, 패스트푸드점과 인도마렛Indomaret의 도시다. 인도마렛은 골목마다 있는 편의점으로 너무 세게 에어컨을 틀고, 들어서면 살짝 데운 치킨 핫도그 냄새가 풍기는 곳이다. 자카르타는 비싼 스시집과 번쩍이는 나이트클럽의 도시, 반듯하고 당당하게 빛나는 고층빌딩의 도시이자 국가의 부를 과시하는 불빛이다. 맥도널드, 인도마렛, 외부인 출입통제 주거단지가 자카르타의 골목을 점령하면서 이 도시는 흉포해졌다. 2011년 말 이 나라 구석구석을 여행하기 전 사전 준비차 페리 시간표와 모기장을 구하러 도시 구석구석을 돌며 이제 더 자카르타를 사랑하기 어려워졌음을 깨달았다. 자카르타는 25년 전 내가 처음 알았던 도시와는 아주 다른 도시 같았다. 그리고 자카르타의 이 모든 변화는 그 사이 인도네시아가 겪은 근본적인 변화에 기인했다. 이제 수하르토가 권좌에 없었다.

1988년 나는 로이터통신 자카르타 지부로 발령받았다. 수하르토가 23년째 권좌에 올라 있던 해였지만, 검은 바탕에 초록색 글씨가 깜빡이는 투박한 화면이 가득한 음울하고 칙칙한 보도국에서 그의 이름이 언급되는 일은 거의 없었다. 수하르토는 독재자들 중에서 겉보기에 너무 평범한 것으로 비범하게 유명했다. 그는 조용히 살았고 다른 무엇보다 안정을 최우선으로 하는 말수 없고 고지식할 정도로 꼼꼼한 사람이었다. 수카르노가 대규모 집회에서 민족과 국가의 비전을 제

시하는 민중의 구원자처럼 보였다면, 수하르토는 가족계획 진료소에서 걱정스러운 얼굴을 하고 있는 친척 아저씨 같았다. 수카르노가 제3세계 지도자들을 불러 모아 비동맹운동을 시작했다면, 수하르토는 농민들을 불러 모아 논에서 쥐 없애기 운동을 벌였다. 수카르노는 화려한 여성 편력과 네 번의 결혼, 특히 일본의 주점에서 만난 10대 접대부와의 마지막 결혼 같은 끝없는 소문과 스캔들을 생산하는 진원지였다. 반면 수하르토와 티엔 여사의 55년간의 결혼생활에 대해서는 별로 입방아에 올릴 것이 없다.

수하르토에게는 매혹적인 데라고는 없었다. 그러나 자카르타 외국 특파원들의 저녁 일과인 정신없는 칵테일파티에서 떠들다 보면, 우리가 부르던 수하르토의 별칭인 그 "노인Old Man"은 끝없는 놀라움을 안겨주었다. 남들이 이해 못 할 이 생활에 나는 금방 적응했다. 먼저 녹음이 우거진 멘텡Menteng 구역에 네덜란드 식민지풍 작은 빌라를 하나 빌렸다. 이 집은 좁은 골목을 끼고 있어 여러 노점상이 바퀴 달린 수레를 굴리며 지나가는데, 메뉴마다 저마다의 독특한 소리를 냈다. "띵 띵 띵" 하는 소리는 볶음국수 미고렝, "톡톡톡" 하는 소리는 미트볼 수프 박소bakso다. 꼬치구이 사테 장수나 채소sayur 장수는 목청을 높여 "테에, 테에, 사테에!" 아니면 "유우, 유우, 사유우-르!"를 외쳤다.

이 이동식 노점들은 우리 집 정원 프랜지파니* 나무 아래서 촛불을 켜고 만찬을 할 때 배경음악이 되어주었다. 프랜지파니를 묘지에 심는

● 인도네시아에서는 캄보자Kamboja라고 부른다.—옮긴이

꽃이라고 여기는 자바인 친구들은 곤혹스러운 표정을 감추지 못했다. 이 식탁에 기자, 외교관, 겁 없는 인도네시아 지식인들이 모여 누가 들어가고 누가 나왔는지, 이 장관이 그 칵테일파티에 안 온 것은 "노인"이 군부 내 어느 계파가 마음에 안 들어서거나 어느 기업이나 재벌에 대한 경고일지 모른다는 저마다의 이론을 펼쳤다. 알려진 정보가 별로 없어서 모든 이론이 다 그럴듯하게 들렸다.

존 벤저민이라는 젊은 영국 외교관은 날카롭고 명민하고 현실적이었는데, 주로 그는 자신이 "얼간이 요인"이라고 부르던 쪽을 지지했다. 이 모든 속임수 뒤에 이 장관이 그 칵테일파티에 안 온 가장 그럴듯한 이유는 운전기사가 차에 기름 넣는 것을 까먹어서라는 것이다. 싱가포르와의 합동군사훈련 취소나, 미국행 무역사절단 파견 연기, 부통령 연설이 예정되어 있던 시간에 벌어진 라디오 방송국의 정전 등 이 모든 일이 있을 때마다 존은 다시 누군가가 어디에서 얼간이 같은 짓을 했기 때문이라는 이론을 펼쳤다. 지나고 보면 그가 맞았을 때가 많았다.

수카르노가 순전히 자신의 카리스마로 "인도네시아"를 하나로 모으고자 했다면, 수하르토는 관료제라는 철사를 이용했다. 이 조용한 장군은 인도네시아 국장의 모토 "다양성 속의 통일"을 자주 언급하며 입에 발린 말을 빠트리지 않았다. 하지만 그는 골치 아픈 다양성보다는 단정한 통일을 좋아한다는 점을 아주 확실히 했다. 수하르토의 수하들은 "다양성"을 받아들일 수 있는 형태로 억압하기 시작했다. 지역의 관습은 수수하고 매끈하게 재구성되고, 전통무용은 매혹적인 위험을 제거해야 했다.

수하르토식 다양성은 로이터 자카르타 지부 근무 둘째 날 내 앞에 펼쳐졌다. 인도네시아인 동료들이 외쳤다.

"나갑시다! 인도네시아를 보여드리죠!"

그리고 우리는 통유리 빌딩이 늘어선 대로를 건너고, 수카르노가 프롤레타리아트를 단결시키고자 세운 거대한 사회주의 리얼리즘 조형물들을 지나 미니 인도네시아 공원에 도착했다. 미니 인도네시아는 수하르토의 아내 티엔 여사가 제안한 국가 테마파크다. 곧 우리는 케이블카를 타고 인도네시아 영토 모양의 섬들이 점점이 흩뿌려진 큰 인공호수 위를 흔들거리며 지나갔다. 그 후 숙제하듯 인도네시아의 수백 가지 문화를 대표하는 전시관 몇 곳을 둘러보았다. 각 주마다 전시관이 하나씩 배치되어 당시에는 27개 전시관이 있었고 각 전시관은 해당 지역의 전통 건축양식을 본떠 지었으며 건물 안에는 전통의상을 입은 마네킹의 디오라마가 펼쳐졌다(하지만 과거의 발리 여성처럼 상의를 입지 않은 마네킹도, 전형적인 숨바 전사처럼 아랫도리만 가리고 머리장식을 단 마네킹도 없었다). 인도네시아의 공식 종교들의 사원을 모아놓은 곳도 있었다. 가톨릭 성당, 개신교 교회, 힌두교 사원, 불교 스투파, 그리고 물론 이슬람 모스크도 있었다. 하지만 수백 가지 다른 민간신앙은 흔적조차 없었다. 나중에야 알았지만 이 민간신앙들은 수하르토가 허용한 공식 종교들과 함께 사방에서 끓어 넘쳤다. 그러나 여기 미니 인도네시아에는 물소를 잡아 바치는 의례도, 아이가 태어난 후 보름날 한밤에 바치는 제물도 없었다.

아내가 미니 인도네시아 전시관에서 이 나라의 "원시적"인 문화를 솔로 싹싹 문질러 지우는 사이, 수하르토 자신은 나라 전체에 국가적 상징과 제도를 획일적으로 적용했다. 그의 수사는 인도네시아 전체를 가리켰지만 사용하는 상징의 거개가 자바식이고 그마저도 정부를 통해 하향식으로 전달됐다. 월요일 아침마다 학생들은 국가를 부르며 남녀 학생대표가 국기를 엄숙하게 게양한다. 통일과 단결에 관한 노래는 여럿이다. 북서쪽 끝 사방^{Sabang}부터 남동쪽 끝 므라우케^{Merauke} 사이에 늘어선 섬들을 찬양하는 노래도 있다.

"빨간 반바지를 입고 서서 〈사방에서 므라우케까지〉를 부를 때면 얼마나 자랑스러웠는지 몰라. 억지로 자바 것만 배우기 전까지는 그랬지."

한 발리인 친구가 한 말이다.

수하르토 시절 토요일마다 아랍적 색채가 짙은 아체부터 멜라네시아인의 파푸아까지(5,000킬로미터 떨어진 곳으로 세 시간대나 걸린다.) 공무원은 모두 판차실라 독수리(가루다) 문양의 자바식 바틱 옷을 입고 저마다 국기 게양식을 거행했다. 외부인의 관점에서 보자면 이렇게 강요된 통일성에는 어느 정도 안정감을 주는 구석이 있다. 처음 가보는 고장 어디를 가도 알아볼 수 있는 것이 있으니 말이다. 관공서 건물, 학교, 종교 사원의 외부에는 당연히 하얀 게시판이 있어서 해당 기관의 목적과 기능은 물론 주소도 밝혀둔다는 것을 나는 잘 안다. 각 마을 입구에는 기다란 나무판에 색색의 페인트로 "가족복지연맹 10대 핵심

과제"를 정성스럽게 쓰고 칠해놓았을 것이다. 가족복지연맹Pembinaan Kesejahteraan Keluarga, PKK은 풀뿌리 여성조직을 표방하지만 사실은 중부 자바에서 시작해 주지사 아내의 지도 아래 조직된 전국 단위 관제조직이다. 이 여성들은 이부Ibu 곧 "여사"라고 불리며 인도네시아 전역에서 볼 수 있는 중상계급 가정주부를 대변했다. 다들 영부인 티엔 여사의 모범을 따라 하나같이 머리를 빗어 올려 큰 구형으로 고정했는데, 벌집보다 둥그란 모양에 전통적 콘데konde 올림머리보다도 더 크게 부풀렸다. 짙은 화장에 비단과 양단을 걸치고, 손톱은 어린아이가 보면 울음을 터뜨릴 만큼 강렬한 색을 칠했다. 크루엘라 드빌*이 오페라《미카도The Mikado》를 만난 것 같은 외양이건만, 이 여사님들이 홍보하고 장려하는 "10대 과제"는 매우 가정적이고 현모양처의 본분을 강조하는 내용으로 "건강"과 "식생활"처럼 구체적인 것부터 "판차실라의 실천적 이해"처럼 난해한 것까지 포함됐다.

1970년대 수하르토는 지역차를 해소하고 관료제를 현대화한다는 명목으로 전국에 동일한 정부 형태를 도입했다. 그전까지는 지역마다 저마다의 다양한 전통에 따라 지역정부를 조직했다. 칼리만탄의 다약족은 존경받는 원로의 관장 아래 전통가옥에 모였고, 서수마트라의 친족들은 공동으로 소유한 토지 주변에 모여 살았다. 수하르토는 이런 차이를 모두 쓸어버림으로써 여러 문화를 그 근간부터 무너뜨렸다. 그리고 그는 인도네시아인이 전국적으로 똑같은 자재를 써서 새로

● 영화《101 달마시안》에서 개를 유괴하는 마녀—옮긴이

운 건물을 짓기를 바랐다. 전국(중앙), 주, 군, 면, 마을 이렇게 다섯 단계의 행정구역을 두었다.• 이 행정체계는 상당히 엄격한 명령체계를 따랐다. 수하르토는 주에 결정권을 털끝만큼도 주지 않았다. 직접 임명한 주지사들은 대부분 군부 출신이었고 몇몇은 자바인이었으며 모두 충성스럽기 짝이 없게 자카르타 중앙정부의 명령을 충실히 따랐다. 수하르토는 대다수가 자바인인 두 종류의 제복 군단을 내려보내 이 체계를 지원했다. 첫번째는 군인이었다. 군대는 "이중 기능$^{dwi\ fungsi}$"이라는 원칙을 통해 마을 차원에서 민간인의 생활까지 간섭할 수 있는 권한을 부여받았다. 두번째는 공무원이었는데, 군인과 공무원 이 두 집단 사이는 그 경계가 분명하지 않을 때가 많았다.

수하르토 시절에는 인도네시아 동부를 여행하다가 오스트레일리아와 가까운 메마르고 버림받은 이 섬들의 지역 언어를 할 줄 알거나 짙은 피부와 곱슬머리를 한 이 섬 출신 공무원을 만나는 일은 거의 없었다. 공무원은 대개 자바 혹은 식민주의 역사가 평균 이상의 교육체계를 남겨놓은 지역 출신이었다. 지역 사람들은 공무원을 다른 종처럼 대했다. 나는 1991년 오스트레일리아에서 살짝 북쪽에 있는 아주 작고 메마른 섬 사부^{Savu}에서 만난 농부의 말을 녹음해두었다.

"여기 사람들은 하루에 한 끼만 먹고 나머지는 팜슈거를 먹어요. 공무원만 빼고요. 그 사람들은 하루에 세 끼를 먹더군요."

현지 주민들이 자신들과 다르다고 여긴 종에는 자바인 "이주민"도

• 도시 지역에서는 군은 시, 마을은 동과 같은 행정단위다. 인도네시아어로는 나쇼날^{Nasional}, 프로빈시^{Provinsi}, 카부파텐^{Kabupaten}/코타^{Kota}, 크차마탄^{Kecamatan}, 데사^{Desa}/클루라한^{Kelurahan}이다.

2장 하나로 묶어주는 붉은 실

있었다. 그들은 정부의 지원을 받아 인구가 밀집한 자바 농촌에서 인구가 적은 섬들로 옮겨 온 가난한 농부들이었다. 사실 이 정책은 네덜란드 식민지 시절, 이주정책이 "식민화"로 불리던 때부터 시작됐다. 수카르노는 고심 끝에 그 이름을 "이주"정책으로 바꾸고 매년 자바인 150만 명과 그들의 순종적이고 집단적인 가치를 다른 섬으로 보내 나라를 동질화하고자 했다. 그러나 언제나 실천보다는 말과 계획만 앞섰던 수카르노였던지라 15년 동안 목표한 수의 0.1퍼센트만 이주시킬 수 있었다.

정부 주도의 이주정책이 국가의 통일에 보탬이 될 것이라는 전임자의 희망에는 수하르토도 공감했다. 그는 해마다 30만 명을 자바와 발리에서 외곽 도서로 보내서 이주정책을 확대했다. 수하르토 정부의 이주부 장관은 이렇게 말한 적 있다.

"이주를 통해 우리는 [...] 모든 종족을 하나의 민족, 인도네시아 민족으로 통합하고자 합니다. 통합을 통해 종국에는 서로 다른 종족과 인종집단이 사라지고 한 종류의 인간 인도네시아인만 남게 될 것입니다."◆

만약 이주부 장관이 이주민들이 기꺼이 동네 커피숍에 가서 현지인에게 데이트 신청을 하고 그곳에 정착해서 진정한 "인도네시아인" 아이들을 낳을 줄 알았다면 정말 대단한 착각이었다. 실제로 벌어진 일은 이주민들이 자기 고향의 이름을 딴 마을에서 찹쌀처럼 서로 찰싹

◆ Brian A. Hoey, 'Nationalism in Indonesia: Building Imagined and Intentional Communities through Transmigration', *Ethnology* 42, No. 2 (Spring, 2003): 112 인용.

붙어서 사는 것이었다. 1990년대 초 인도네시아 북서부의 아체주에서 이주민 마을이었던 터에 가본 적 있다. 그곳은 내가 인도네시아에서 가본 곳 중에서 가장 황량한 곳이었다. 듣자마자 바로 자바식 이름임을 알 수 있는 시도물리오^{Sidomulio}라는 곳이었는데, 고무 플랜테이션과 맞닿은 정글을 개간한 작은 촌락이었다. 자바의 큰 도시 이름을 딴 "솔로^{Solo} 농자재"나 "말랑^{Malang} 이발관" 같은 삐걱거리는 가게도 몇 있었다. 가게는 모두 판자를 대고 못을 박아두었다. 남은 집들은 쓸 만한 물건 하나 없이 자물쇠로 잠긴 채 버려졌다. 안을 들여다보니 마루에 나뒹구는 장난감이며 탁자 위에 차가 반쯤 남은 유리잔이 보였다. 유일한 생명의 흔적은 배고픈 개들뿐이었다.

한 아체인 노인이 선사시대에서 튀어나온 것 같은 오토바이를 타고 나타났다. 나는 마을 사람들은 다 어디로 갔는지 물었다. 환영을 받지 못해 다들 떠났다고 그는 대답했다. 아체 반란군은 자카르타 중앙정부가 아체의 자원을 훔쳐 갔다고 주장하며 반정부 게릴라전쟁을 시작했다. 그러나 그 분노의 예봉을 맞은 것은 국가 통일의 과업을 위한 실패한 정책의 일환으로 이곳에 보내진 기술도 없고 땅도 없는 농민들이었다. 한밤중에 아마도 게릴라의 칼에 촌장이 찔려 죽자 시도물리오 마을 사람들은 떠났다.

아체에서 벌어진 이주민을 희생양으로 삼은 사례는 지역의 불만이 야기한 극단적 사례다. 그러나 이주가 성공적으로 이루어져 현지인과 잘 지내는 곳에서조차 이주민은 자기 고장 말을 쓰고, 고향에서 가져온 작물을 기르고, 자바나 발리에서 볼 수 있는 가믈란 합주단을 조직했다. 이주라기보다는 이식transplant에 가까웠고, 하나로 만드는 힘이라고 하기는 어려웠다.

이주정책은 수하르토의 국가건설 기획에서 흔치 않은 실패였다. 마음만은 영원한 농민이었던 수하르토가 추진한 것치고 놀라운 데다 더 성공적이었던 기획은 텔레비전 도입이었다.

그는 수카르노 시절의 혼돈을 굳건한 진보로 바꿔내려면 보건, 교육, 농업 현장을 개선해야 한다는 것을 잘 알았다. 또 이 영광스러운 국가건설에서 인도네시아인 그러니까 모든 인도네시아인이 떠맡아야 할 책무를 일러줄 플랫폼도 필요했다. 수하르토는 그 플랫폼은 바로 텔레비전이어야 한다고 결단을 내렸다. 1970년대 중반 인도네시아는 수신 범위가 전국(그리고 동남아시아 대부분의 지역)인 위성을 쏘아 올렸다. 국내용 위성을 가진 나라는 미국과 캐나다 두 나라뿐이던 시절로서는 대담하기 짝이 없는 결단이었다. 인도네시아로서는 비용을 감당하기 어려운 결단이기도 했다. 그러나 그로 인해 수하르토는 국민 전체를 향해 발전의 복음성가를 불러댈 수 있는 마이크를 가지게 됐다. 또한 전 세계를 향해 수카르노식 혼란은 완전히 끝났고 근대화로 가는 새로운 문이 열렸다고 알리는 신호탄을 쏘아 올릴 수 있었다.

위성을 발사하고 나서 정부는 "공공" 텔레비전 세트를 해마다 5만 대씩 보급하기 시작했다. 텔레비전 세트는 보통 촌장의 집에 설치되었고, 마을 사람 전체가 저녁마다 몰려와 함께 텔레비전을 시청했다. 채널은 공영방송 TVRI(인도네시아공화국텔레비전) 하나뿐이었다. 외곽 도서로 송출되는 전파에 갑자기 국가 발전의 이미지가 넘쳐났다. 그리고 광고도 있었다. 자카르타에서는 걱정이었다. 일단 광고가 본래 지상파가 수신되는 도시 지역에 살며 텔레비전을 들일 만한 특권층을 대상으로 한 소비재를 선전한다는 것이 문제였다. 농촌 마을과 벽지 섬의 못 가진 자들에게 자바의 가진 자들이 쓰는 소비재의 보고를 보여 주는 것은 위험할 수 있었다. 위성 텔레비전은 땅에 속한 부족을 인도네시아 국민으로 만들기 위한 것이지 갖고 싶지만 가질 수 없는 불만세력으로 만들기 위한 것은 아니었기 때문이다.

1981년 수하르토는 "발전 정신을 저해하는 유해한 결과를 방지하기 위해" 텔레비전 광고를 금지했다. 곧 수하르토의 메시지를 방송할 시간이 더 늘어났다는 뜻이었다. 이제 TVRI는 전보다 더 열성적으로 가족계획, 책임 있는 시민정신, 영광된 국가 발전에 대한 자긍심을 선전하는 지루하기 짝이 없는 방송을 편성했다. 한 진지한 연구자가 텔레비전의 가족계획 장려 프로그램이 특히 성공적이었다는 회귀분석 보고를 내놓은 적 있다. 공공 텔레비전 세트가 마을에 보급된 후 곧이어 출생률이 낮아졌기 때문이다. 그러나 출생률 저하는 텔레비전 덕분에 저녁에 아기 만드는 일 말고도 할 일이 생겼기 때문일 것이라고 여기는 사람이 나 말고도 여럿이다.

TVRI의 독점체제는 1989년에 무너졌다. 수하르토가 민영방송국 설립 허가를 처음으로 아들 밤방Bambang에게 내주고 곧이어 사촌 수드위캇모노^{Sudwikatmono}와 딸 투툿^{Tutut}에게도 내준 것이다. 그는 자기 일가가 라틴아메리카에서 드라마를 수입해와 방송 사이사이 마음대로 광고를 내보내고, 텔레비전에 사회 공익적 목적이 있는 척하지 않아도 되게 해주었다. 처음에 이 민영방송들은 도시 지역 엘리트만 볼 수 있었다. 그러나 시간이 지나면서 위성을 통해 수하르토의 자식들은 상상도 못 할 곳에서 하루 2달러 이하로 살아가는 사람들의 집 안까지 가 닿았다. 수하르토의 젊은 시절 그 자신과 아주 비슷한 사람들이었다.

———

수하르토는 마을의 다른 평범한 이웃만큼 가난해서 고등학교를 그만두어야 했고 자전거를 타다 넘어지면서 유일한 외출복이 찢어지는 바람에 은행 일자리를 포기해야 했다. 그는 군대에 들어가 진급을 통해 권력을 잡았다. 그러나 그는 자바 농민들의 생활 개선에 늘 깊은 관심을 가졌고 권좌에 오르자 확신에 차서 그 작업에 착수했다. 인도네시아인의 삶을 관장하는 영역 대부분에 장군들을 책임자로 배치했지만, 경제만큼은 유능하고 신중한 소수의 경제학자 집단에게 맡겼다. 이들을 "버클리 마피아"라고 불렀는데 그 상당수가 포드재단의 지원을 받으며 캘리포니아에서 공부했기 때문이었다. 버클리 마피아는 가장 먼저 농업 회생 정책을 추진했다. 곧 세계 최대 쌀 수입국이었던 인도네시아는 수출국이 되었다.

버클리 마피아는 한국 등이 다른 나라가 사고 싶어 하는 제품을 생산하는 민간기업을 지원해 부강해지는 것을 보고, 외국인 투자자를 환영하고 수출용 제품 생산을 장려했다. 경제가 살아났다. 학생 수가 두 배로 늘고 기초 보건 서비스 보급률이 치솟았다. 집권 초부터 20년 동안 수하르토는 모두가 배 위에서 간신히 버틸 정도만 분배해서 인도네시아라는 배가 안정적으로 앞으로 나아가고 모두가 선장의 명령에 복종하게 했다. 어마어마한 균형 맞추기 작업이었다. 군대 안에 가톨릭 세가 너무 강해지면 수하르토는 무슬림 지식인들에게 작은 고깃덩이를 던져주었다. 군대가 네덜란드 식민지의 유산인 거대 국영기업에 관여하도록 허용했고, 그 대가로 군인들은 걸음마 단계인 제조업 분야 노동자들이 제자리에서 벗어나지 않게 관리해야 했다. 대통령은 외국 기업이 인도네시아에 투자하도록 불러들여 자신의 여러 정치 사업에 돈을 대는 기업인 중 하나와 합작하도록 했다.

그것이 바로 세계은행 경제학자들만 "고거래 비용 high transaction costs"이라고 부르고 우리 모두는 부정부패라고 부르기로 한 것이었다. 그럼에도 1980년대 초까지 외국인들은 인도네시아 투자를 열망했는데 정확히는 이 절충망의 안정성 때문이었다. 투자자들은 다른 비용 그러니까 삼림 파괴나 광물 채굴에 반대하지만 총칼로 입막음당하는 지역공동체, 최저임금을 요구하다가 다쳐서 입원한 노동자, 이런 사실을 보도하다가 감금된 언론인들이 치르는 비용에는 눈을 감았다.

여러 해 동안 인도네시아인 대다수도 눈을 감았다. 수하르토가 가져다준 안정을 그들도 누렸기 때문이다. 내가 로이터통신 자카르타 지부에서 일하기 시작한 바로 그날 수하르토의 자서전 영어판이 출판됐다. 선임자는 내 책상 위에 그 자서전을 올려놓았다.

"그 책 관련한 스트레이트 단편 기사 한두 개 써줘요."

놀란 내 표정을 보고 그는 이어갔다.

"아마 초법적 살인 이야기가 되겠지요."

아닌 게 아니라 현직 대통령 수하르토는 자서전에서 한두 해 전 국방부 장관에게 범죄자 2,000명을 재판 없이 죽이라고 한 것을 대수롭지 않은 일처럼 밝히고 있었다. 수하로트는 그것을 "충격요법"이라고 불렀다. 나는 대통령의 충격요법에 대한 여론을 알아보러 근처 식당으로 갔다.

"범죄자들이 처단되기 전에는 내 딸이 밤에 혼자 길을 걷지 못했답니다. 하지만 지금은 혼자 다닐 수 있죠."

한 사람이 어깨를 으쓱하며 말했다. 그의 딸과 수백만 다른 평범한 인도네시아인의 아들딸이 학교에 가고 적절한 진료를 받고 매일 밤 배곯지 않으며 잠자리에 들고 어른이 되면 무엇이 될지 꿈꾸며 잠들 수 있었다. 그 아이들의 부모 세대에는 그 무엇도 당연하지 않은 일이었다.

독재자들이 늘 그렇듯 수하르토도 유통기한을 훌쩍 넘기고도 계속 권좌에서 내려오지 않았다. 전 세계가 수하르토 말기의 추악한 몇 년을 생생히 기억하기 때문에 그가 한 일 중에 괜찮은 것도 있었다고 말하는 것은 썩 쿨한 일이 아니다. 그렇다. 수하르토는 어떤 형태의 정치적 표현도 억압했다. 그렇다. 수하르토는 인도네시아의 어마어마하게 다양한 문화를 자바 문화 하나로 찍어내려 했다. 그렇다. 수하르토는 인도네시아 국부의 상당 부분을 처음에는 장군과 사업가 친구들에게, 나중에는 탐욕스러운 자기 자식들에게 넘겨주었다. 그러나 추악한 권력 접수 후 첫 20년 동안 수하르토는 수억 인도네시아인의 삶을 어느 정도는 훨씬 낫게 만들었다. 그는 진짜로 인기 있었다.

1980년대 말 내가 인도네시아에 갔을 때는 모든 것이 어긋나기 시작하던 시기였다. 부분적으로는 삶이 나아졌기 *때문*이었다. 기본적 욕구가 충족되고 더 교육을 받자 사람들은 더 많은 것을 바라기 시작했다. 경제는 성장하는데 그 성장의 과실은 극소수의 주머니로만 들어가는 것을 목격했다. 그 주머니는 자라면서 점점 더 탐욕스러워진 수하르토 자식들의 것이 되었다. 장관들이 "낙수효과"에 대해 연설하는 것을 듣는 노동자들은 자신들이 만든 바비 인형과 나이키 운동화의 이윤이 충분히 빨리 흘러 내려오지 않는다고 느꼈고, 목소리를 내기 시작했다. 장군들은 합작회사가 군대가 아닌 수하르토의 자식들에게 넘어가는 것을 보면서 노동자 시위에 뜨뜻미지근하게 대응했다.

나는 인도네시아가 어느 날 갑자기 불화로 끓어오르는 가마솥이 되었다고 말하려는 것이 아니다. 아직도 나는 실크스크린으로 숫자가 찍힌 하늘색 나일론 셔츠를 가지고 있다. 정부가 인정한 인도네시아 유일의 노동조합이 자카르타 교외의 신발 공장 밖에 내걸었던 현수막으로 만든 것이다. 그 현수막에는 최저임금에 관한 노동법 조항이 쓰여 있었다. 그것이 다였다. 싸우자고 한 것도 아니고 어떤 논평도 없이 노동법에 따라 회사가 노동자에게 지급해야 할 액수만 적혀 있었다. 하지만 현수막은 반나절 만에 들이닥친 군대의 손에 찢겨나갔다. 그리고 노조에 있던 내 친구들이 남은 현수막을 잘라 셔츠를 만든 것이다.

인도네시아는 연일 대규모 집회와 폭력시위가 벌어지던 한국이 아니었다. 목청 높은 민주적 야당과 100만 지지자가 연좌시위를 벌이던 인도도 아니었다. 그러나 1988년 내가 막 도착했을 때 인도네시아에는 딱 특파원을 바쁘게 할 정도의 폭력과 현수막 훼손, 분노의 분출, 일본 상점 약탈, 반골적인 주에서는 반정부군과의 접전이 벌어지고 있었다.

내 집은 과거 네덜란드인 거주 구역이자 지금도 자카르타에서 가장 녹지가 많은 멘텡에 위치한 작은 빌라였다. 나는 오토바이를 타고 도시의 덜 쾌적한 지역을 둘러보곤 했다. 자카르타 북쪽 부두에 가면 그곳에 모인 부두 노동자들과 이야기를 나눴다. 그들은 컨테이너선을 대기에는 너무 작은 항구로 가는 우아한 목조 스쿠너선을 기다리는 중이라고 했다. 나는 운하 위로 우뚝 선 날렵하고 우아한 건물과 자갈 깔린 광장이 있는 미니 암스테르담, 옛 네덜란드 도시를 돌아다녔다. 방치된 운하는 막혀서 악취가 진동했고 한때 식민주의자들의 교역 궁전이던 곳은 잡상인과 좀도둑이 차지했다. 한때 유럽인 아내들의 하얀 피부를 열대의 태양으로부터 지켜주었을 주랑 아래서는 매춘부와 그들의 고객이 싸구려 카세트 녹음기의 치직거리며 울려 퍼지는 음악에 맞춰 빙글빙글 돌았다.

나는 기자 일을 하면서 담배를 배웠다. 착한 여자는 담배를 피우지 않던 시절이었지만 담배 한 개비를 사거나 불을 빌리는 것은 노점상에게 말을 걸기에 더할 나위 없이 좋은 방법이었다. 그들은 대통령궁 인근의 교통 흐름을 전부 파악할 뿐 아니라 어느 가게가 경찰이나 군대의 어느 지부에 보호세를 내는지 정확히 알았다.

로이터통신의 사진기자이자 여러 면에서 내 공범이었던 엔니 누라헤니Enny Nuraheni가 함께일 때가 많았다. 우리는 교회 폭탄테러 현장의 폴리스라인을 넘어가거나 난민캠프에서 언론 취재 허용 구간을 벗어나 잠입하는 것 같은 은밀한 취재 작전을 함께 벌였다. 우리 둘은 눈에 띄었을 것이다. 피부가 하나는 하얗고 하나는 갈색인 작은 체구의 여자 둘이, 이 도시의 예기치 못한 구역 여기저기를 녹슨 오토바이로 털털대며 돌아다녔으니 말이다. 눈이 밝은 엔니는 뭐든 재밌는 것을 발견하면 내 옆구리를 쿡 찔렀다. 그러면 나는 묻지도 않고 끼익하고 멈춰 섰고, 그러면 엔니는 아코디언을 연주하는 발레복 차림의 원숭이나 주식거래소 앞에서 주먹다짐하는 양복 입은 남자들에게 카메라를 들이댔다. 그 주먹다짐은 자카르타 주식시장이 커지는 데 따르는 히스테리의 일환이었다. 1988년 말 내가 도착했을 때만 해도 자카르타 주식거래소 거래종목은 24종이 다였고 그중에서도 8종만 외국인이 매수할 수 있었다. 하루는 8종목 중 세 회사의 주식을 재미 삼아 조금씩 사봤는데 내 거래금액이 그날 주식거래 매출액의 거의 25퍼센트를 차지했다. 그러나 1년 후 테크노크라트들이 수카르노 시절의 반서구적 유산을 뒤흔드는 탈규제를 추진하자, 전보다 세 배가 넘는 수의 기업이 상장했고 상장을 기다리는 기업도 여남은 개였다. 자카르타의 간선도로 곳곳에 "공개 상장!"을 외치는 현수막이 걸렸다. 그 양복 입은 남자들은 신규 상장하는 주식을 받으려고 싸우던 것이었다. 신청서만 미화 170달러에 거래되던 시절이었다. 얼마 지나지 않아 군인들이 그 현수막을 찢어버리고 공장 노동자의 본분은 하루 90센트 벌이에 만족하며 입 닥치는 것임을 다시금 상기시켜 주었다.

———

마치 식민주의의 역사가 희극으로 되풀이되듯, 인도네시아 대중이 수하르토 최측근의 부정부패에 가장 확실하게 눈을 뜬 계기가 된 사건 역시 정향 독점이었다.

현재 인도네시아산 정향의 최대 소비자는 인도네시아 흡연자들이다. 인도네시아인은 정향 향을 입힌 담배를 좋아하는데 특히 향이 마취 효과를 배로 높여주고 담배 독소가 폐까지 가는 길을 매끈하게 터주기 때문이다. 인도네시아가 1년에 소비하는 정향 담배 곧 크레텍 kretek은 2,230억 개비로 일반 "하얀" 담배의 13배에 달한다. 지금도 크레텍은 직접 손으로 마는 경우가 많은데, 담배 종이조차 날리지 못하는 약한 실링팬이 냉방시설의 전부인 작은 움막은 물론이고 어울리지 않게 냉방이 잘 나오는 현대식 공장에서도 유니폼을 입은 여공들이 손으로 만다. 작업량에 따라 성과급을 받는지라 다들 엄청난 속도로 담배를 말기 때문에 위에서 공장을 내려다보면 몇 배속으로 빨리 돌린 영화를 보는 듯하다.

인도네시아는 세계 정향의 80퍼센트를 생산하고, 그 대부분을 인도네시아 담배산업이 흡수해 진하고 나른한 연기로 만들어냈다. 이 연기는 정치와 가정사는 물론 농촌에서 쌀값이나 고무값 걱정을 비롯한 모든 대화와 함께 피어오른다. 수하르토 가족이 이 거저먹는 사업을 놓칠 리 없었다. 대통령의 막내아들 토미는 300년 전 네덜란드동인도회사를 부자로 만들어준 그 전략을 다시 한 번 되풀이해보기로 결심했다. 그 전략이란 바로 정향 독점이다. 정향나무는 10대처럼 변덕이 심해서, 어떤 해는 흐뭇할 정도로 정향이 많이 달리다가 그 후로는 언제까지인지 알 수 없을 정도로 오래 심술을 부린다. 토미는 자기가 전국의 정향을 고정가에 수매하는 것이 농민에게 가격안정을 보장해주는 방편이라고 주장했다. 그리고 사들인 값의 세 배에 정향을 되팔았다.

토미가 그래도 별일 없으리라 철석같이 믿은 이유는 담배회사 소유주는 막대한 부를 축적한 소수의 중국계 가문이었기 때문이다. 근대 인도네시아에서 중국계는 칼날 위를 걸었다. 중국계 인도네시아인은 모두 부자고 거머리 같은 존재라고 여기는 사람이 많지만, 사실 인도네시아 경제가 성장할 수 있도록 자본과 경영술을 내놓은 것은 그들이었다. 정치의 외부에 머물며 정치권력을 노리지 않는 한 그들의 부는 안전했으므로 보통은 말썽을 피하려는 편이다. 그러나 이번에는 시키는 대로 하기를 거절했다. 담배공장에는 이미 정향 물량이 넘치는 곳이 많았으므로 토미의 정향을 사지 않았다. 종국에 토미 수하르토는 대통령령을 통해 인도네시아 납세자들의 세금으로 긴급구제를 받았다.

크레텍 파동은 오랫동안 부글거리던 반감을 간신히 막아놓았던 병뚜껑을 날려버렸다. 인도네시아에서 크레텍 담배를 건드리는 것은 영국에서 차를 건드리는 것과 같다. 흡연은 사회활동이다. 보통 사람들이 태우는 크레텍 한 개비 한 개비가 대통령 가족의 탐욕을 욕하는 기회가 되었다. 즉 매일 전국에서 욕할 기회가 6억 번 생겼던 것이다. 침묵하던 인도네시아 언론마저 토미의 서툰 탐욕을 대놓고 놀려대기 시작했다. 인도네시아를 최고의 고객으로 여기고 수하르토에게 쓴소리를 거의 하지 않던 세계은행조차 긴급구제의 부당함을 지적하는 보고서를 내놓았다. 병 속에서 나와버린 요정 지니를 다시 병 속에 넣기란 어려운 법이다.

정향이 자라는 동부 벽지의 섬들에서 온, 납작코에 곱슬머리에 직설적으로 말하는 사람들과 공통점이라고는 없던 수하르토는 그들의 이해를 대변하는 데도 별 관심이 없었다. 반면 자바인 농부들은 "노인"이 훨씬 마음을 쓰는 대상이었다. 고향 근처 논에서 농민들에게 둘러싸여 자바어로 자바 농촌 사람이라면 누구나 가슴으로 이해하는 그림자인형극 와양^{wayang}의 은유를 사용해 말할 때 수하르토는 가장 행복해 보였다. 자바 농민은 그의 사람들이었다. 자식들의 탐욕이 자바 농민의 안위를 위협하자 수하르토는 농민들의 편에 섰다.

1990년 나는 수하르토 정부가 농민의 생산성을 증진하기 위해 세운 실습교육장 논에 들어가보게 되었다. 논둑에서 논으로 첫발을 디디는 순간 진흙탕 속으로 빨려드는 것 같았다. 진흙이 발가락 사이로 올라오다가 발목을 덮고 장딴지까지 물이 찰랑대지만 발은 계속 더 빠져든다. 그러다 갑자기 딱딱하지는 않지만 통통대는 단단한 밑바닥에 닿는다. 발걸음을 옮기면 다시 발가락 사이로 진흙이 올라온다. 초보자는 느릿느릿할 수밖에 없지만 재미있었다. 물론 중부 자바의 그 실습장에 초보자는 나밖에 없었다. 모두 논에서 자라 단련된 발을 가져 장화가 거추장스럽다고 여기는 사람들이었다. 그날 우리 모두는 해충에 대해 배우기 위해 그 자리에 나왔다.

1986년 자바는 갈색 벼멸구라는 작은 해충 때문에 벼농사에 큰 피해를 보았다. 벼멸구가 창궐한 것은 수하르토의 아들들이 차지한 또 다른 사업 때문이었다. 형제들은 정부가 보조하는 전국의 살충제 전량을 공급했고 그 총액은 연간 1억 5,000만 달러에 달했다. 살충제는 벼멸구보다 벼멸구를 잡아먹는 거미나 소금쟁이 같은 큰 벌레를 먼저 죽였다. 하지만 벼멸구 알은 없애지 못해서 거미가 사라지자 천적 없는 논에서 신나게 부화했다. 그리고 벼를 먹어 치우고 바이러스를 퍼트렸다. 여기에 농민들은 자연스럽게 살충제를 더 많이 뿌려서 맞서고자 했다. 그래서 수하르토의 아들들이 더 돈을 벌게 됐지만 바이러스는 죽지 않았다. 그 결과 1986년 인도네시아는 애써 이룬 쌀 자급자족의 영예를 잃었다. 수하르토에게는 자식들의 돈벌이보다 더 중요한 일이었다. 그는 당장 보조금 지급을 중단하고 복합 살충제 사용을 금지했다. 그리고 내가 갔던 곳 같은 실습교육장을 수천 곳 만들어 농민들에게 익충과 해충을 구분하는 법을 가르치고 살충제 사용을 중단하게 했다.

인도네시아는 세계에서 처음으로 친환경적인 해충종합관리 Integrated Pest Management, IPM를 국가정책으로 도입한 나라다. 그러나 이런 상식적이고 합리적인 정부가 만들어내는 순간은 수하르토가 늙어가면서 점점 드물어졌다. 20년이 지나 이 글을 쓰면서도 나는 1990년대 인도네시아 경제가 그때까지도 수하르토의 정당에 버티고 있던 극소수의 고객들이 나눠 가지도록 잘게 쪼개졌는지를 생각하면 충격에서 헤어 나올 수 없다. 지금도 수많은 부정부패가 이루어지지만, 적어도 지금은 대개 특정한 혜택에 대한 대가를 받는 식이다. 누군가가 새로운 채굴권 계약을 따내는 데 도움을 준 대가로 일정 비율을 가져가고, 다른 주나 군에서 사업 승인을 받기 위해 압력을 행사하면 15년이 아니라 3, 4년만 징역을 살고 나오는 식이다. 이 또한 경제를 좀먹는 일이지만 농민과 기업에게 빼앗은 돈으로 대통령 자식들의 주머니를 채우던 수하르토 시절의 후안무치한 강탈에 비하면 대중을 덜 우습게 보는 처사로 보인다.

1991년 중반 인도네시아를 떠나기 직전 나는 옛 네덜란드 도시의 한복판 광장에 있는 저택에서 송별파티를 열었다. 네덜란드령 동인도 시절에는 바타비아 시청이었다가 지금은 박물관이 된 그곳은 아직도 묵직한 네덜란드 가구며 금박을 입힌 초상화와 먼지 쌓인 샹들리에가 가득했고 운영자는 내 친구였다. 친구는 자신과 박물관 직원들이 파티 준비와 청소 및 정리에는 일체 관여하지 않아도 된다는 조건으로 공간을 사용하게 해주었다. 나는 오후 내내 화장실을 청소하고 정원의 대리석 분수에 얼음을 채워 넣어 술을 시원하게 식혔다. 또 케이터링 서비스 대신 저녁마다 우리 집 앞을 매일 톡톡거리거나 팅팅거리며 지나가는 노점상들을 불러들였다. 노점상들은 시내에서부터 수레를 밀고 와서 한때 총독의 앞마당이었던 곳에서 국수를 볶고 사테 꼬치를 굽기 시작했다.

그리고 내가 아는 사람을 전부 초대했다. 장관과 장군, 반정부 인사와 활동가, 영화배우와 디자이너, 변호사와 경제학장을 가리지 않았다. 그날 밤 나는 이러이러한 대령에게 저러저러하게 수감됐던 정치범을 소개하고 둘이 함께 상그리아를 마시며 신나게 얘기하는 광경을 지켜보았다. 그리고 그 파티의 방명록을 잘 간직해두었다. 다음에 다시 자카르타에 왔을 때는 그날 손님 중 그때는 장관이던 사람이 교도소에 있고 그때는 반체제 인사이던 사람이 장관이 되어 있었다.

정향 독점으로 전에는 입에 올리지 못하던 대통령 일가의 탐욕이 세간의 화제가 되자 상황은 점점 더 나빠져서 커피숍에서 수군대던 불만의 소리가 점점 커졌다. 아시아를 강타한 금융위기에 인도네시아도 휘말리자 상황은 최악으로 치달았다. 1997년 7월부터 1998년 1월까지 6개월 사이 인도네시아 루피아는 달러당 2,500루피아에서 거의 1만 루피아로 4배 가까이 폭락했다. 수입은 중단되고 생필품값이 급등했다. 수하르토 지지자들은 대통령 가족의 막대한 부를 향한 대중의 분노를 부유한 중국계 인도네시아인 쪽으로 돌리고자 했다. 자카르타의 차이나타운 글로독Glodok이 화염에 휩싸이고 중국계 여성 수백 명이 강간당했지만 분노는 사그라지지 않았고 결국은 진짜 분노의 대상인 수하르토에게 향했다. 학생들이 거리로 쏟아져 나와 의회 건물을 점거했다. 원래는 장군들이 나눠 먹던 파이를 몇 년 전부터 대통령이 자기 가족들이 독차지하도록 했기 때문에 군대는 움직이지 않고 구경만 했다.

결국 1998년 5월, 32년간 권좌에 머물렀던 수하르토가 사임했다. 새로운 인도네시아가 태어났다. 하지만 아무도 누가 새 나라를 세워야 할지 몰랐다.

수하르토가 사퇴하고 3년이 지나고 전 바타비아 시청에서 송별파티를 연 지 꼬박 10년 만에 나는 보건부에서 일하러 자카르타에 돌아왔다. 도착한 그 주말에 옛 친구와 글로독 주변을 산책했다. 가게 중 일부는 여전히 통유리가 깨지고 금이 간 채 방치되어 있었다. 다른 건물들은 폭동 때 벌어진 화재로 검게 그을린 채였다. 우리는 한 서점에 들어갔다. 탁자 위에 사회주의 중국과 사회주의의 역사에 관한 책이 잔뜩 쌓여 있었다. 입이 딱 벌어졌다. 수하르토 시절이었다면 그런 책을 진열하는 것만으로 서점 주인은 감옥행이다. 내가 받은 충격에 대해 말했더니 친구는 상상을 초월하는 책이 가득한 다른 탁자로 데려갔다. 거기에는 『멀티 오르가슴을 느낀 여자』라는 제목의 책이 보였다.

변화의 다른 모습도 눈에 들어왔다. 시시한 쇼를 내보내는 수많은 TV 채널, 말 많고 목소리 큰 언론, 잡다한 모든 곳에서 정치적 의견을 내놓으려는 분위기, 공적 행사에 군복이 보이지 않는 것, 질밥^{jilbab}(인도네시아에서 히잡을 부르는 명칭)을 쓴 여성이 급증한 것 등등. 나는 레포르마시^{Reformasi}(개혁) 시대의 대실험이 한창이던 바로 그때에 도착한 것이다. 수하르토가 물러나자 부통령 B. J. 하비비^{B. J. Habibie}가 대통령 자리에 올랐다. 독일에서 공학을 공부했지만 그에게는 게르만족 같은 면이 하나도 없었다. 대통령 입에서 앞뒤를 재보지 않은 거창하기 짝이 없는 말이 튀어나오는 일이 주기적으로 벌어졌다. 예를 들자면 하비비는 외교부 장관에게는 귀띔조차 하지 않고 동티모르 주민이 스스로 독립 여부를 결정하는 국민투표를 할 것이라고 약속해버렸다.

포르투갈은 네덜란드가 훌륭한 식민주의자로 보일 정도로 동티모르를 딱한 지경으로 버려두고 떠났다. 그런 동티모르에 1975년 인도네시아가 쳐들어가서 27번째 주로 편입해버렸다. 자카르타 정부는 (대부분 자바인 무슬림인) 공무원을 수천 명 보내 (완전히 가톨릭인) 섬의 행정을 도맡게 했다. 수하르토와 지지자들이 보기에는 이 모두가 티모르 사람들을 돕는 일이었다.

특파원 시절 나는 걸핏하면 군 본부에 불려가 티모르 관련 재교육을 받았다.

"티모르인 사이에 만연한 불만? 그런 정보의 출처가 대체 어디요? 개머리판과 강철 군화를 동원한 군대의 혹독하고 신속한 보복? 이봐요, 엘리자베스 기자! 군인 개개인이 현지인을 약간 거칠게 대한 일이 아주 드물게 있었을지는 모르지요."

나의 오해를 풀고 정확한 정보를 주는 것이 임무인 누르하디 준장은 마지못해 일부 사실을 인정하며 말했다.

"하지만 우리 정부가 도로를 닦고 보건소를 세우고 학교를 세우고 피임약을 나눠줬단 말입니다."

수하르토식이긴 하지만 인도네시아는 동티모르에 발전을 가져다주었다. 얼마 지나지 않아 "도로를 닦아줬다"라는 말은 기자들 사이에서 자카르타 고위 공무원 사이에 만연한 현실부정을 일컫는 줄임말이 되었다.

하비비는 이런 현실을 부정하는 보고에 완전히 취해 있었다. 1999년 8월 투표 결과 동티모르 주민 열 명 중 여덟 명이 인도네시아에서 분리해서 독립하는 쪽에 표를 던진 것으로 나오자 하비비는 진심으로 놀란 듯했다. 그리고 그는 군대가 잔인한 보복 작전을 벌여 인도네시아 정부가 동티모르에 세운 기반시설의 대부분을 파괴하는 것을 막지 못했다. 하비비는 상당히 급진적인 개혁을 여럿 시작했지만 수하르토와 완전히 선을 긋지도 못하고 군부의 지지를 얻지도 못했다. 1997년에 있었던 수하르토 시절의 마지막 선거에서는 정부가 승인한 세 개 정당만 후보를 냈고 여당인 골카르당이 4분의 3을 득표했다. 수하르토가 하야한 지 1년 후의 선거에서는 민주적인 새 후보 등록제가 실시되자 48개 정당이 나섰고 골카르당은 겨우 5분의 1 득표를 얻는 데 그쳤다. 하비비는 물러났다.

후임자는 구스 두르$^{Gus\ Dur}$로 널리 알려진 압두라만 와히드$^{Abdurrahman\ Wahid}$라는 병약한 애꾸눈 무슬림 학자였다. 구스 두르는 과감하지만 아주 괴짜인 데다 행정 경험이 전혀 없었다. 그는 자기 정당이 겨우 13퍼센트 득표를 하자 전혀 맞지 않을 듯한 상대들과 아슬아슬한 동맹을 맺는 대타협을 시도해 권좌에 올랐다. 2001년 5월, 내가 자카르타에 도착했을 때는 반기를 드는 일이 거의 없는 인도네시아 의회가 그를 탄핵하는 절차를 막 시작한 터였다. 신문에서는 대통령의 안마사가 연관된 의심스러운 대출이 탄핵의 사유라고들 했지만, 사실은 대통령 자신 때문이었다. 그의 고집과 불통이 자신의 기반이었던 바로 그 집단을 화나게 만든 것이다.

그 무렵은 나로서는 무척 이상한 시절이었다. 정치 시위로 열병을 앓는 도시에 돌아와 온 사방에서 시위가 벌어지는데도 내 생활은 별일 없이 흘러갔다. 트랜스젠더 성노동자며 내 나이의 절반밖에 안 되는 성매매 남성이나 게이들과 어울리는 것을 "별일 없다"라고 할 수 있다면 말이다. 그 시절 내 일은 그 집단의 HIV 감염 실태와 위험요소를 조사하는 데 집중되어 있었다. 그 일을 하다 보면 길을 잃은 느낌이었다. 남자가 남자에게 성을 파는 마사지점이 자카르타에 새로 등장한 유흥의 신풍경이었다. 내가 전에 살던 시절에는 이 도시에 게이바라는 것이 있지도 않았다. 반면 트랜스젠더 그러니까 와리아^{waria}는 내가 기억할 수 있을 만큼 오래전부터 늘 자카르타 생활의 일부였다.

와리아는 와니타^{wanita}(여자)와 프리아^{pria}(남자)의 합성어지만, 때론 남편까지 두고 완전히 여자로 산다. 대부분 성기는 그대로 두지만 여성 호르몬을 복용하고 가슴 성형은 점점 더 많이 하는 추세다. 문화적으로 와리아는 굉장히 독특한 역할을 한다. 와리아가 어느 정도 관용되는 것은 남술라웨시의 부기스족이 건조하던 거대한 무역용 범선에 타던 비쑤^{Bissu} 사제까지 거슬러 올라가는 오랜 전통 덕분이다. 비쑤들은 "간성^{intersex}"으로 그려질 때가 많고 아직도 신들린 상태에 들어 접신한다고들 한다. 부기스족은 완고한 무슬림인데도 불구하고 이 이중성은 늘 인정해주었다.

비쑤의 고장에서 한 면장의 아내는 나에게 이렇게 말했다.

"음, 물론 신은 비쑤를 통해 말씀하시죠. 신에게는 성이 없기 때문이에요. 알라는 남자도 여자도 아니니까요."

몇 분 후 온통 레이스로 장식된 그 집 응접실에 그 지역 고참 비쑤가 예쁜 실크 사롱을 두르고 나타났다. 그/그녀는 자기 성기에서 나오는 흰색 분비물을 어떻게 자색 양파로 치료했는지 한참 설명하더니 그곳에 생긴 궤양은 어떻게 하면 좋겠냐고 내게 물었다.

비쑤들은 아직도 유사 종교의례를 주관하지만 평범한 와리아들은 대개 카바레에서 일한다. "이쪽도 아니지만 저쪽도 아닌" 그들의 위치는 한때 정치적 역할을 부여받기도 했다. 셰익스피어 극의 바보들처럼 와리아는 권력을 향해 아무도 감히 입에 올리지 못하는 진실을 말했다. 수하르토 시절에 대한 지울 수 없는 기억 중 하나는 카바레쇼다. 가상의 살롱에서 와리아 한 무리가 "고객들"의 머리를 중년 부인처럼 올리고 메이크업 떡칠을 해서 완벽한 여사님들로 변신시켰다. 영부인 티엔 수카르노 여사의 친구들을 빗댄 것이다. 고객들의 살롱 수다는 어떤 장관 부인이 유력자와 불륜관계인지, 어떤 외국 기업이 부정한 거래에 최고의 조건을 제시했는지, 남편들이 수하르토의 자식들에게서 돈을 빼내려고 어떤 수법을 개발했는지에 관한 것이었다. 당시에는 아무도 공개적으로 말하지 못하던 것들이다. 관객들은 깔깔대며 소리치고 무슨 얘기인지 알았다는 듯 신이 나서 완벽하게 매니큐어를 칠한 손으로 손뼉을 쳐댔다. 사실 카바레쇼를 보는 관객 거의 전부가 진짜 골수 여사님들이었던 것이다.

내가 HIV 실태조사 계획을 짜던 즈음이면 와리아의 그 특별한 위치는 민주화와 개혁으로 고삐가 풀린 언론의 자유가 내는 불협화음 덕에 빛이 바랬다. 카바레쇼는 계속 열렸지만 와리아 대부분은 낮에는 살롱에서 일하고 밤에는 거리에서 성매매로 생계를 유지했다. 그래서 나는 밤마다 비번인 와리아 셋이 포함된 인터뷰팀을 대동하고 거리를 돌며 우리 조사에 참여할 대상자를 찾아다녔다. 거리에서 와리아는 손 키스를 보내고 은밀한 신체 부위를 슬쩍 보여주거나 고함을 지르며, 차나 오토바이를 타고 천천히 지나가며 상대를 찾는 잠재적 고객을 놀려대는 게 특기였다. 이 여자가 되고 싶은 생물학적 남성들은 나도 놀려댔는데, 여자다운 데가 없는 내 모습에 마음이 상했던 것 같다. 왜 하이힐을 안 신는지? 왜 한 번도 매니큐어를 한 적이 없는지? "이리 와봐, 내가 예쁘게 해줄게……." 그러면서 클러치백에서 매니큐어를 꺼내면 나는 한밤중에 길거리에 앉아 트랜스젠더 성노동자가 내 손톱을 칠하게 두는 수밖에 없었다. 밤에는 긴박한 상황이 벌어지게 마련이었다. 하룻밤은 지방선거 직전에 자신이 얼마나 비도덕적인 행위에 강경한 입장인지 과시하고 싶었던 시장이 성노동자 일제 단속을 벌였고 조사팀도 절반이나 체포됐다. 자기 구역에서 인터뷰 대상자를 찾는 일을 서로 하겠다고 와리아끼리 싸움이 난 적도 있고, 조사팀원이 인터뷰 중간에 고객과 눈이 맞아 달아난 적도 있다. 그동안 모은 혈액 샘플을 모두 잃을 뻔한 적도 있다. 순찰 중이던 경찰이 주사기를 보고는 내가 마약 판매책인 줄 알고 샘플을 전부 압수하려고 했던 것이다.

새벽 서너 시에야 혈액 샘플을 실험실에 가져다주는 것으로 마감하는 바쁜 밤들이었다. 아침 여덟 시면 다시 오토바이를 타고 낮 시간의 업무를 하러 출근했다. 출근길에 종종 하얀 옷을 입고 체크무늬 터번을 두른 10대 소년이 다가와 말을 걸었다. 당시 말루쿠제도 동부에서 그리스도교도를 상대로 전쟁을 벌이겠다고 공공연하게 나서던 라스카르 지하드Laskar Jihad라는 근본주의 집단의 구성원이었다. 그는 모금함을 흔들면서 말루쿠에서 그리스도교도를 쓸어버리겠다고 약속하는 유인물을 나눠주었다. 우후죽순 생겨나는 게이바나 사회주의와 멀티 오르가슴 책을 파는 서점보다 더 충격적인 일이었다. 판차실라가 내세우는 가치를 농담거리로 만들기란 쉬운 일이었지만 나는 인도네시아가 유지되는 데는 종교적 관용이 핵심이라는 사실을 너무 당연하게 여기고 있었다. 그러나 수하르토 하야 이래 권력 다툼이 계속되는 사이 인도네시아인들은 종교의 이름으로 서로를 죽이고 있었고 정부는 속수무책이었다.

구스 두르가 탄핵당한 후 수카르노의 딸 메가와티 수카르노푸트리Megawati Sukarnoputri가 대통령 자리를 차지했다. 메가와티는 국가통일에 대한 아버지의 믿음은 공유했지만 그 카리스마는 물려받지 못했다. 새 대통령은 수하르토 시절 여사님들에게 흔히 보이던 통통한 체형에 고고하기로 유명했다. 무색무취의 임기였건만 메가와티는 적어도 선임자 같은 방식으로 군대의 심기를 건드리지는 않았다. 2002년 발리 나이트클럽 폭탄테러로 200명 이상이 사망하자 어쩔 수 없이 이슬람 극단주의자들을 강경하게 처벌하기 시작했다. 인도네시아는 점차 안정을 되찾았다.

2004년 인도네시아 최초로 대통령 직접선거가 치러졌다. 그때까지는 의회에서 대통령을 선출해왔다. 전국에 50만 개소가 넘는 투표소가 설치되고 유권자들은 투표용지에 자신이 고른 후보란에 기표했다.

그런 투표소 하나가 자카르타 한복판의 우리 집 앞에도 세워졌다. 자원봉사자, 선거관리요원, 투표함이 도착한 새벽부터 투표 수를 합산하는 초저녁까지 들뜬 공기가 가득했다. 이 선거는 내가 인도네시아에서 본 어떤 것보다 질서 정연했고 그 때문에 나를 울컥하게 만들었다. 바로 5년 전 자카르타는 불길에 타올랐고 경제는 무너져내렸다. 그 후로도 인도네시아는 동티모르 상실과 뒤이은 군부가 지원한 학살에 큰 충격을 받았고 말루쿠에서 내전이 벌어지고 아체와 파푸아에서 피비린 반란이 일어나는 것을 지켜봐야 했다. 대통령을 탄핵하고 다시 세웠다. 아직도 물질적으로는 1997년 이전보다 훨씬 못한 상태였지만, 1억 4,000만 유권자가 하루 만에 큰 사고 없이 평화롭게 투표를 마치고 새 대통령을 선출했다. 이건 대단한 성취였다.

처음으로 투표권이 주어진 대통령 선거에서 인도네시아는 수하르토 시절의 장군이자 이제 4년밖에 안 된 신생 정당의 후보를 선택했다. 그의 이름은 수실로 밤방 유도요노 Susilo Bambang Yudhoyono 이며 약칭 SBY(에스베예)로 널리 알려졌다.

1년 후 나는 다시 자카르타를 떠나게 됐다. 2011년 이 책 내용의 대부분을 차지하는 방랑을 시작하려고 돌아와보니 SBY는 재선에 성공해 두번째 임기를 보내고 있었다. 내가 없는 사이 자카르타는 너저분해도 인정 넘치는 동네들의 집합에서 웅장하지만 심술 사나운 메갈로폴리

스로의 대전환을 마친 후였다. 그 와중에도 살아남은 골목길에서는 아직도 국수 장수는 텅텅거리고 야채 장수는 야채 이름을 외쳤다. 하지만 신新인도네시아의 네온등을 밝힌 인도마렛 편의점뿐 아니라 인도미Indomie 컵라면과도 경쟁해야 하는 처지였다. 인도네시아는 네덜란드가 수많은 섬들을 한 나라로 만든, 그리고 이제는 인도네시아인이 전유한 그 힘에 의해 동질화되는 중이었다. 그 힘은 바로 교역(상업)이었다. SBY가 대통령이 된 이래 경제는 매년 평균 5.7퍼센트 성장했다. 같은 시기 영국의 5배이자 미국의 4배에 가까운 성장률이었다. 덕분에 내가 처음 인도네시아에 왔던 1980년대 말에 비해 인도네시아인은 3배나 부유해졌다. 새로운 부는 핸드폰과 위성TV로 무장한 새로운 소비자 군단을 낳았고 아마도 이들이 수하르토 시절의 국기 날리는 행사와 찍어낸 듯한 관료제보다 훨씬 더 강력하게 인도네시아를 하나로 섞어놓았을 것이다.

나는 커다란 인도네시아 지도를 하나 사서 전국 여객선 시간표와 함께 잘 접어 배낭에 넣고 자카르타의 불협화음과 안락함을 뒤로하고 내 "나쁜 남자친구"를 더 잘 알아볼 여행의 첫발을 내디뎠다.

"어디를 가도 인도마렛 없는 데는 없을 텐데."

내 친구 고우리가 숨바로 떠나는 나를 놀려댔다. 숨바는 전에 내가 죽은 할머니와 차를 마셨던 인도네시아 동남쪽의 잘 알려지지 않은 섬이다.

"심심하고 지루해서 울면서 금방 돌아온다는 데 건다!"

3장
끈끈한 문화

숨바에서 아닷의 원형을 마주하다

지도 A: 동누사틍가라(엔테테NTT)주 숨바섬

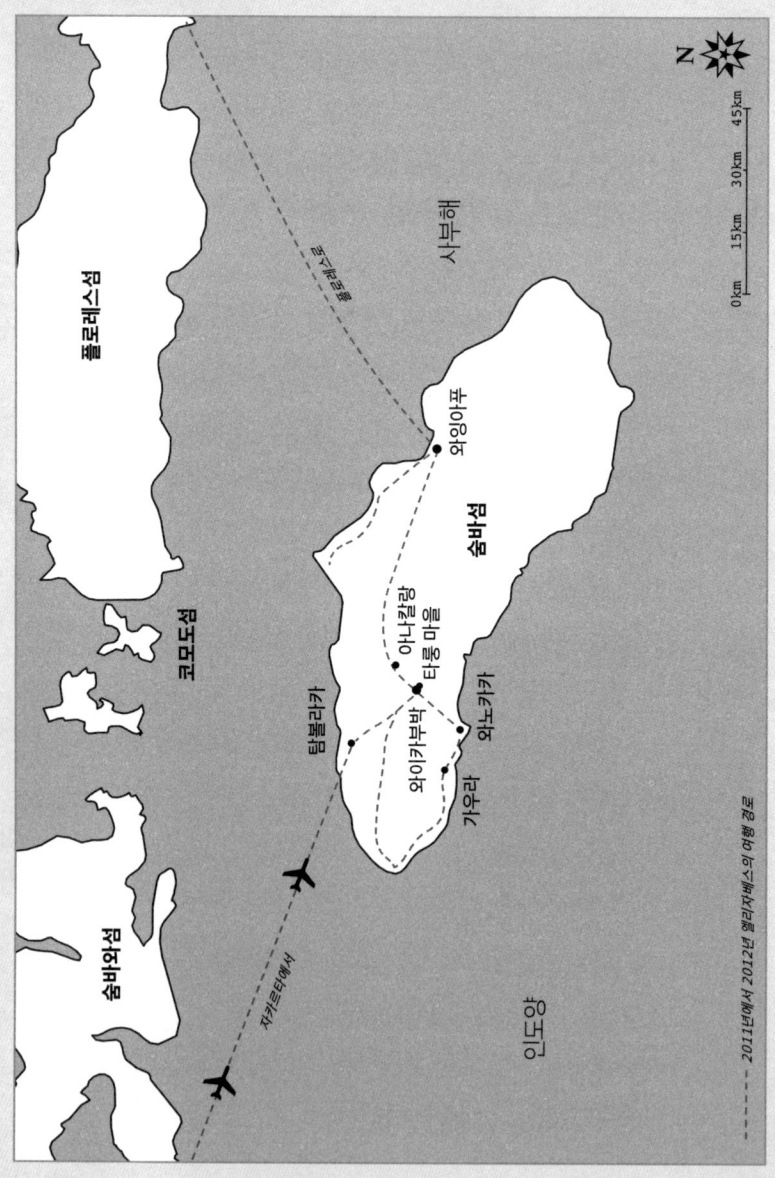

숨바에 내린 지 10분도 안 돼서 한 청년이 나를 핸드폰으로 쿡 찔렀다. 핸드폰 화면에는 시장 바닥에 쓰러진 시체가 있었다. 그 시체는 같이 차를 마실 사람을 찾는 것은 아닌 것이 분명했다.

"봐요, 시체 손은 여기 있어요."

청년은 화면을 확대해서 2주 전 대낮에 광란의 마체테 날에 잘려 나간 신체를 더 또렷하게 보여주었다.

"여기선 이런 일이 매일 벌어져요."

자신을 파자르라고 소개한 청년은 자바 출신 의사라고 했다. 의사 면허를 따면 일정 기간 공중보건의로 일해야 해서 극벽지●로 분류되는 숨바에서 높은 수당을 받으며 잠시 근무하는 중이었다.

"숨바는 자바 같지 않으니까요."

그가 말했다.

인도네시아를 찌그러진 타원형 시계라고 생각하면 숨바는 네 시 방향에 있고 오스트레일리아 북쪽에서 아주 멀지 않다. 숨바에는 계단식 논도, 화산도, 그림자인형극도, 층층이 높은 사원도 없다. 지난 200년 간 바깥세상이 숨바에 관심을 가진 것은 이 섬에 지천인 백단향 때문이었다. 백단향을 벌목해 팔아버리고 나자, 숨바는 연중 대부분 무자비한 태양 아래 누렇게 말라붙은 구릉진 초원으로 변했다. 건기의 숨바는 얼핏 스페인의 메세타 고원 같기도 하다. 특히 말이 많고 말타기가 가장 인기 있는 스포츠라 더 그렇다. 노을을 배경으로 긴 창을 들고 다

● 인도네시아 정부는 지역에 따라 근무지의 등급을 일반 biasa, 벽지 terpencil, 극벽지 sangat terpencil로 나눈다. 극벽지의 급여는 일반 지역의 거의 네 배에 달한다.

부진 망아지를 탄 꼭 돈키호테 같은 남자의 실루엣을 흔히 볼 수 있다.

오늘날의 자카르타에서 오늘날의 숨바에 도착하면 시간여행뿐 아니라 공간여행까지 한 느낌이다. 숨바에서 "고층"이란 2층 건물이고 그마저도 숨바에서 가장 큰 도시 두 곳에만 있다. 거대한 돌무덤이 길가에도, 현대식 집 앞에도, 시장 귀퉁이에도 여기저기 있다. 최근에 세운 것을 포함해 돌무덤 대부분은 바닷가 채석장에서 끌고 온 사각형으로 잘라낸 어마어마하게 큰 돌 위에 그보다 더 넓찍한 버섯갓 모양의 돌을 올린 형태다. 하지만 요즘은 시멘트로 비슷한 형태를 만들고 겉에 타일을 붙인 현대식 무덤도 있어서 언뜻 보기에 숨바에는 공중화장실이 참 많아 보이기도 한다. 이곳에 자카르타식 정장을 한 사람은 아무도 없다. 숨바식 남자 정장은 머리장식을 하고 집에서 짠 기다란 천으로 하반신을 두른 것이다. 그 천(과 일반적인 바지)에 허리띠를 하고 길쭉하고 곧은 마체테를 찬다. 이 칼은 갈고리처럼 휜 나무나 쇠뿔 손잡이가 달렸고 나무로 된 칼집에 들어가 있다. 숨바 서북쪽 탐볼라카 공항에 내려서 처음 본 것은 《고스트버스터즈》에 나오는 금지 표시 안에 마체테가 갇힌 그림에 "폭력은 그만!"이라고 쓴 현수막이었다. 그 밑에는 허리에 칼을 찬 남자들이 잔뜩 몰려 있었다.

그 광경을 보고 나는 웃음을 터뜨렸다. 그때 바로 숨바 서부의 큰 도시 와이카부박Waikabubak으로 향하는 합승택시 옆자리에 앉은 파자르가 핸드폰을 꺼내 잘린 손을 보여주었던 것이다.

"여기서는 폭력이 일상이에요."

그렇게 관찰한 것은 파자르가 처음은 아니다. 1870년대 숨바에 네덜란드 식민지배의 발판을 마련하고자 파견됐던 외로운 관료는 "가장 강한 자의 지배 말고는 법이란 없다"고 식민지 수도 바타비아의 상관에게 보고했다. 사람 사냥과 노예 사냥이 "인간 생명의 가치를 아주 낮은 수준으로 끌어내려 종종 말馬 목숨만도 못할 정도"라고도 했다. 네덜란드는 1913년 유명한 사람 사냥꾼 워노 카카Wono Kaka를 상대로 2년간 피비린내 나는 전쟁을 치르기 전까지는 숨바에 제대로 발붙이지 못했다. 워노 카카는 네덜란드 군인의 머리를 잘라 다른 적들의 머리가죽과 함께 자기 친족의 해골 나무에 걸어두어 네덜란드인을 분노하게 만들었다.

　네덜란드 군인 다음에는 개신교 선교사들이 왔다. 자바, 수마트라, 술라웨시 같은 인구가 많은 섬의 인도네시아인들은 대개 무슬림이다. 그러나 이 머나먼 동쪽의 마을에서는 질밥 쓴 사람을 한 번도 본 적 없다. 숨바 사람은 명목상으로는 그리스도교도다. 그러나 지난번 방문에서 나는 이곳에는 아직 고대 마라푸Marapu교를 믿는 사람이 많고 성경보다는 잡은 닭의 내장 모양을 삶의 지침으로 삼는 일이 더 잦다는 것을 알게 되었다.

　첫 여행지로 숨바를 택한 이유 중 하나는 1991년 첫 방문 때 그곳이 자카르타와는 달리 수하르토 시절의 변화를 비껴간 잊힌 오지였기 때문이었다. 지금은 숨바 같은 곳도 변화했는지, 아니면 자카르타가 대변하는 야심 찬 인도네시아와의 격차가 더 커져 있을지 궁금했다. 첫눈에 숨바는 전보다 훨씬 현대적으로 보였다. 시장에서는 나이와 상관없이 모두 핸드폰으로 연락을 주고받고, 목재 전통가옥의 초가지붕에도 위성접시 안테나가 달렸으며, 얼마 전까지만 해도 어디든 걸어서 다니던 사람들이 이제는 반짝거리는 새 오토바이를 몰고 다녔다. 지난번 방문에서 마주친 신비로운 전통 중 살아남은 것이 있을까?

죽은 할머니와 차를 마신 지 20년 후, 나는 침침한 호텔 방에 짐을 풀고 직원에게 바퀴벌레 시체를 치워달라고 부탁한 후 탐험에 나섰다. 와이카부박은 서숨바에서 가장 큰 도시지만 끝에서 끝까지 걷는 데 20분이면 충분했다. 시내에서 가장 요란한 건물은 시드니 오페라 하우스를 연상케 하는 아치형 입구의 교회였다. 병원, 특히 그 내부는 1930년대에서 튀어나온 듯했다. 그 외에 와이카부박은 네모난 상가 주택과 작은 방갈로들이 전부다. 나는 시내 중심가를 돌아다니며 신발을 찾았다. 자카르타의 눈부시게 번쩍거리는 쇼핑몰에 기가 질려버린 나머지 제대로 된 신발 한 켤레 사지 못하고 도망쳐 온 탓이다. 길 양쪽에 늘어선 가족이 운영하는 작은 상점들은 말 그대로 무엇이든 그것이 그레이의 500가지 그림자 안에만 있다면 팔았다. 의욕만 앞서는 도급업자가 몇 달 전 중심가 길을 다 파헤쳐 보도블록을 들어내놓고 공사자금이 떨어진 모양이었다. 지금은 미니버스가 지나갈 때마다 먼지구름을 일으켜 개방형 상점 간판에 진열된 깡통에 든 쌀, 차곡차곡 쌓인 플라스틱 의자들, 비치볼, 코코넛 강판, 사롱, 건전지, 양파, 간장, 크래커, 말린 생선, 엔진 부품, 지붕 자재, 발가락 끼는 슬리퍼, 치약, 낚싯줄, 수제 빵, 크레텍 담배, 오토바이 타이어와 시골 사람들이 대처에 나와 찾을 법한 수많은 다른 물건 위로 날려 보냈다. 이 알라딘 동굴의 주인인 중국계 인도네시아인은 회색 물건 더미에 손만 대면 무엇이든 손님이 찾는 물건으로 바꿔내는 놀라운 마법을 부렸다. 정전 때문에 회색 그림자가 더 짙어지고 해가 져서 어두운데도 상점 주인은 물건 더미에서 접이식 칼이며 기다란 리본, 공책을 단번에 찾아냈다. 나도 그 집에서 회색 신발 한 켤레를 샀다. 그런데 비를 한번 맞고 나니 신발은 원래 녹색이었던 것으로 밝혀졌다.

와이카부박에는 확실히 인도마켓은 없었다.

와이카부박의 별 볼 것 없는 거리에서 눈을 들어 올려다보면 또 다른 서숨바를 볼 수 있다. 이 숨바의 많은 것은 평탄한 지대 위에 솟아올라 울퉁불퉁 노출된 바위층으로 되어 있다. 이 언덕 위가 바로 숨바의 말썽 많은 부족들이 저마다의 성채를 지은 곳이며 오늘날의 전통 마을이 자리 잡은 곳이다. 현대 시가지 와이카부박은 이 노출된 바위층들을 에워싸고, 전통 마을들은 콘크리트 시가지에 둘러싸였지만 결코 그 일부는 아닌 채로 바위 위에 자랑스럽게 서 있다.

내 눈에 처음 들어온 마을은 타룽^{Tarung}이었다. 도로에서는 정글 위로 솟아오른 뾰족한 지붕의 초가 일부밖에 보이지 않았다. 마을로 향하는 돌투성이 진입로를 따라 올라가자 그 초가지붕은 목재 지주 위에 세운 대나무집 여러 채의 일부로 드러났다. 집들마다 널찍한 베란다 쪽으로 열린 문이 두 개씩 있었는데, 베란다 위에서 널찍하게 시작해 위로 갈수록 좁아지는 높다란 지붕에 짓눌린 것처럼 보였다. 그 모양이 둘레가 두툼한 고깔을 욱여 쓴 어린이를 연상시켰다. 도망치는 닭과 돼지와 어린이들을 지나 계속 올라가니 갑자기 마을 한가운데가 나왔다. 오래전에 죽은 물소 해골로 장식한 집들이 거대한 돌무덤이 잔뜩 있는 큰 타원형 빈터를 둘러싸고 있었다. 그중 한 돌무덤에 불이 타오르고 있었다. 불 속에는 동물이 있는 듯했다.

불길이 잦아들자 타고 있던 것은 야생 멧돼지로 드러났다. 멧돼지는 네 다리가 꽁꽁 묶인 채 바닥에 등을 대고 있었고 입안 혀가 있을 자리에는 매끈한 회색 돌이 들어 있었다. 나무껍질을 치대 만든 머리장식을 한 노인이 돌무덤 위로 훌쩍 뛰어오르더니 마체테를 꺼내 돼지 배를 가르고 내장을 바나나잎 위로 끄집어내기 시작했다. 노인이 선 곳보다 높은 돌무덤에는 영롱한 분홍색 머릿수건을 쓰고 근사한 전통 염직물 이캇^{ikat}을 허리에 두른 매부리코 남자가 거만하게 서 있었는데 이 남자가 고기를 어떻게 나눌지 명령했다. 귀는 이 집에, 꼬리는 저 집에, 간 근처에 끈적거리는 노란 것은 특별한 누군가에게 보내라고 했다.

나는 순전히 우연하게도 울라폿두$^{Wulla\ Poddu}$ 곧 "쓴 달"의 시작을 알리는 의식을 보게 된 것이다. 숨바 고유의 애니미즘인 마라푸교에서 쓴 달은 그리스도교의 사순절이나 이슬람교의 라마단과 같다. 그달은 수많은 금기의 달로 여자들은 해가 지면 쌀을 빻아선 안 되고, 옷을 차려입거나 요란한 음악을 연주해서도 안 된다. 공^{gong}을 치거나 동물을 제물로 잡거나 의례를 지내는 것 모두 금지된다. 물론 폿두 그 자체를 위한 공 연주, 희생제물, 의례는 예외다.

물론 예외인 일은 많이 벌어졌다. 그 첫날 밤 자정이 훨씬 지나서까지 나는 마을 한가운데 있는 돌무덤 하나에 자리를 잡고 사제와 마을 청년들이 주문을 주고받는 것을 보았다. 그 모든 일이 벌어지는 동안 여자들은 집 안에 머물렀지만 내가 거기 있다고 신경 쓰는 사람은 없어 보였다. 내가 있다는 사실 자체가 별로 중요하지 않은 듯했다. 사실 나는 무슨 일이 벌어지고 있는지 잘 모르는 상황이었다. 지역에서 쓰는 말 롤리Loli어를 몰랐고(나중에야 배웠다.) 주문은 마라푸교 사제만 이해할 수 있는 성스러운 언어로 암송했기 때문이다. 하지만 나는 그 달에만 밖으로 나오는 성스러운 공을 치는 소리를 주의 깊게 들었다. 촌장이 돌무덤 사이를 돌며 조상에게 올리는 제물로 쌀바가지를 하나씩 내려놓는 것도 지켜보았다.

희미한 빛 속에서 이어지는 암송과 느리게 반복되는 동작은 최면을 거는 듯했다. 그런데 갑자기 피를 얼어붙게 만드는 비명이 들리더니 창을 든 마을 청년들이 내 쪽으로 모여들어 나는 화들짝 놀랐다. 곧 청년들은 흩어지더니 내가 앉아 있던 돌무덤 주변을 돌아서 마을 뒤쪽으로 몰려가 그 창을 덤불 아래로 던져버렸다. 이제 이 마을은 상징적으로 지난해의 죄를 모두 씻어냈고 명상의 달을 시작할 수 있게 되었다.

다음 날 아침 나는 다시 타룽 마을로 올라갔다. 크고 납작한 코에 잔주름을 잔뜩 만들며 웃는 할머니가 베란다에서 콩을 까다가 내게 이리 오라고 손짓했다. 할머니는 파란 꽃무늬 면 사롱에 자기보다 쉰 살쯤 어린 젊은이들이나 입을 만한 가슴이 깊이 파인 브이넥 레이스 탑을 입었다. 내가 신발을 벗고 허리 높이의 베란다로 올라가는 사이 그는 말도 없이 사라졌다가 꽃무늬 금속 쟁반에 혀가 마비될 정도로 설탕을 잔뜩 넣은 차 한 잔을 들고 다시 나타났다. 반쯤 등 뒤로 돌아간 다른 손에는 조잡한 장신구가 든 작은 바구니가 있었다. 바구니 안에는 가짜 산호 비즈며, 다산을 뜻하는 자궁 모양에 든 금귀고리며, "숨바" 글씨를 짜 넣은 기다란 직물 같은 것이 있었다. 서숨바에는 관광객이 많지 않았기에 할머니는 내가 그 선물을 사양하자 실망한 기색이 역력했다. 나는 요란한 자카르타 억양으로 나는 자카르타에 살아서 진짜 관광객은 아니고 이제 긴 여행을 시작한 참이라 짐을 늘릴 수 없다고 설명했다. 그리고 나는 어젯밤의 의식에 대해 설명해줄 수 있느냐고 물었다.

마마 라카보보는 신이 나서 손뼉을 쳤다. 그는 바구니를 안 보이는 데다 밀쳐놓더니 인도네시아 동부 섬사람 특유의 사랑스러운 가락조 인도네시아어로 내게 서숨바 문화를 가르치는 대과업에 착수했다. 그 과업은 쉬운 일이 아니었다. 숨바 전통 마을의 모든 것에는 내가 배워야 할 의미가 있었다. 누가 어디에 있는 어떤 공을 치는지, 누가 어느 집의 어느 문을 통과해서 들어오는지 등등. 타룽 마을의 롤리어에는 쌀, 마체테, 머리장식을 가리키는 말이 마을에 있을 때는 하나지만, 남자들이 희생제에 쓸 멧돼지를 잡으러 숲에 들어갈 때면 그 이름이 달라진다는 것을 배웠다. 성스러운 창은 이 집에 살고, 성스러운 공은 저 집에 머문다. 여자들은 이 베란다에서는 직물을 짜도 되지만 저 베란다에서는 안 된다. 끝도 없는 나의 "대체 왜 그런 거죠?"라는 질문의 답은 언제나 같았다. *Ya, adat memang begitu.* 아닷이 원래 그런 거라네.

아닷[adat]은 번역하기 거의 불가능한 인도네시아어 단어 중 하나다. 상당히 구체적이지만 어떤 면에서는 구름처럼 잡히지 않는다. 거칠게 말하자면 아닷은 문화적 전통이지만, 수하르토 부부가 그것을 쪼그라뜨리고 솔로 박박 문질러 미니 인도네시아의 파빌리온에 전시하기 전에는 그보다 훨씬 더 큰 것이었다. 자카르타 같은 대도시에서는 아닷을 입에 올리는 일이 극히 드물다. 그러나 여러 섬에서 출산과 장례, 결혼과 이혼, 유산과 보존, 교육 같은 공동체의 삶이라는 엔진은 구전으로 전해지는 풍요로운 지혜라는 연료로 움직이는데 그것이 바로 아닷이다. 서숨바 사람들은 자신들의 전통, 자신들의 아닷이 연유나 당밀처럼 "걸쭉"하고 "끈적"하다고 자랑스럽게 말한다. 아닷을 우아한 손목 젖히기 동작이나 딸랑거리는 발찌쯤으로 축소하려던 수하르토의 온갖 노력에도 숨바 아닷이 살아남을 수 있었던 진짜 이유는 이 섬이 국민경제에서 차지하는 비중이 극도로 미미했기 때문이다. 아닷이 지역의 마라푸교와 깊숙이 뒤얽힌 이 섬에서 아닷은 성스러운 무언가의 모습을 하고 있다. 그러나 아닷은 음침하고 사악할 수도 있다. 포스트 수하르토 시대에 아닷은 선거와 정치의 도구이자 자원과 땅을 둘러싼 권리를 두고 벌이는 전투의 무기로 귀환해 더 예리하게 다듬어졌다.

    타룽 마을에서 아닷은 너무 끈끈해서 빠르게 움직일 수 없다. 조용한 올라폿두의 달에 삶은 더 천천히 흘러간다. 하루 중 어느 때건 상관없이 내가 나타날 때마다 마마 보보는 커피와 수다를 기다리는 듯 베란다에 앉아 있었다. 마을 더 안쪽에서도 베란다에서 꼼꼼하고 느긋하게 할 일을 하는 사람들이 보였다. 한 집에서는 여자들이 야자잎으로 월말에 쓸 신성한 쌀을 담을 뾰족한 두건 모양의 바구니를 짜고 있었다. 다른 집에서는 노인이 북을 깎았다. 분홍색 수건을 쓴 거만한 매부리코 남자는 잠시 대사제의 임무에서 해방되어, 달걀판처럼 깎은 네모난 나무판에 담긴 마른 콩을 움직여서 승부를 가르는 총클락^{congklak}

놀이를 하는 중이었다.

    대사제가 내게 총클락 놀이의 규칙에 대해 거짓말을 하던 어린아이들을 물리쳐주자, 나는 이 고장에서는 정부의 가족계획 정책이 별 효과를 거두지 못한 모양이라고 운을 뗐다.

    "맙소사! 자식이 몇 안 되면 학교를 보내고 싶어지지. 그러면 이 모두가……."

    대사제는 손을 들어 마녀 모자같이 높은 지붕을 인 숨바 전통가옥, 거대한 돌무덤, 지난밤 희생제를 치르다 생긴 핏자국, 북 깎는 노인을 차례로 가리켰다.

    "이 모두가 다 사라질 거라오."

    그의 손이 차례로 가리킨 아닷은 분명 마을을 바쁘게 만든다. 하지만 결코 너무 바쁘지는 않아서 나와 차나 커피를 한잔 마시면서 멧돼지 사냥을 나간 팀의 결과를 점쳐보고 나서 방패에는 질긴 물소 가죽을 쓰고 북에는 소리가 낭랑한 말가죽을 쓰는 이유를 설명해줄 시간은 충분했다.

    인도네시아 농촌에서 제대로 시간을 보내본 지 몇 년이나 지났건만 나는 호기심 많지만 대체로 무해한 이방인으로서의 마을 생활에 생각보다 빨리 깊이 빠져들었다. 콩 까기, 장신구를 만들 비즈 분류하기, 옥수수 알을 말리기 좋게 널어놓기, 배고픈 10대에게 팔 땅콩을 작은 봉지에 담기 등 일이 있으면 무엇이든 거들었다. 집집마다 사람들이 내가 할 만한 일거리가 생기면 가져왔다. 내 역량 밖으로 판명되면 거침없이 일을 빼앗았다. 바구니 짜기에서 양파 다지기로 강등되는 데는 5분도 안 걸렸다. 가는 집마다 그 집 식구와 인도네시아어로 일상적인 대화를 했다. 마을 사람들이 그들의 우주에서 내 위치를 파악할 수 있도록 나는 상상 속의 남편과 상상 속의 직업과 우리 부모님의 마을에 대해 이야기해주었다. 곧 나는 목공 일에 끼게 되었다. 내 주변 사람들이 롤리어로 돌아가면 나는 다시 다정한 침묵 속에 빠져들었고 그러면 만사형통이었다.

마마 보보는 처음에 나를 손님으로 대접해주려고 애썼다. 나를 남자의 방향인 오른쪽 문, 물소의 해골과 길게 뻗은 뿔로 만든 문지방을 지나 집 안으로 들어가게 해주었다. 집 아래쪽 정면 깔끔한 기둥에는 과거의 장례와 희생제의 산물인 이런 해골을 수없이 걸어둔다. 도살을 기억하는 이런 숲은 이 집안이 어떤 집안인지 이방인에게 일러준다.

남자의 방향은 집에서 공적 행사를 위한 곳이자 전기가 들어오는 날에 텔레비전을 보는 쪽이다. 높다란 지붕에 사는 정령들은 집의 양쪽을 똑같이 맴돌지만 남자 쪽은 생활의 흔적이 없어 보였다. 가슴께까지 오는 가리개가 쳐진 여성의 쪽에서는 가마솥 아래 모닥불에서 연기가 피어오르고 남은 음식은 대나무를 엮은 바닥 틈새로 내려보내 집 아래 사는 돼지와 닭을 먹인다. 부뚜막 위에 검댕을 두른 커다란 나무 장이 있다. 여기가 바로 성스러운 물건들을 보관하는 곳이다. 아름다운 이캇 직물은 하나 짜는 데 꼬박 여섯 달이 걸리지만 시신을 감싸고 무덤 안에 묻힐 때만 밖으로 나온다. 좋은 가문의 딸은 대대로 물려받은 실금이 간 묵직한 상아 팔찌 없이 결혼할 수 없다. 혼례와 장례 때만 밖에 나오는 북과 공도 있다. 시간이 흐르면서 이 모두는 조금씩 그

울음을 탄다.

마마 보보는 보여주고 싶어 했지만 이 모든 것은 합당한 이유 없이는 밖으로 나올 수 없는 물건들이었다.

"자기는 누가 죽을 때까지 여기 있어야겠어."

마마의 말이었다.

마늘을 까고 옷을 기우면서 나는 손님이기를 그만두었고 우리의 대화 주제도 바뀌었다. 이야기는 복잡한 이곳의 아닷에서 더 보편적인 주제로 옮겨갔다. 마마 보보는 내 손을 잡더니 가까이 끌어당겼다. 늘 동그랗게 말아 올린 머리에서 흰 머리칼이 빠져나와 그의 다정한 얼굴 위에서 흔들렸다. 심란한 일이 있으면 마마 보보의 반짝이는 눈에 구름이 끼었다. 그는 임신하지 않는 며느리가 걱정이었다. 논밭에서 열심히 일하지 않는 손자가 못마땅했다. 또 지방정부가 지키지 못할 약속을 남발하는 것을 그만두기 바랐다. 집으로 찾아오는 손주들이 핸드폰만 들여다보고 교과서는 잘 보지 않는다고 생각했다.

이 자그만 여인은 언제고 자신의 대단한 권위를 내세우고자 하면 단번에 이목을 집중시키는 대가족의 강철 같은 중심이었다. 나도 어느새 그의 권위에 복종하기 시작했다.

"내일 아침에 놀랄 일이 있을 테니 여덟 시까지 와."

마마의 말에 다음 날 아침에 일어나 여덟 시까지 마을로 올라가봤더니 그는 어젯밤 다른 마을에 갔다가 아직 돌아오지 않았다고 했다. 하지만 나는 명을 받았으니 가모장이 세 시간 후에야 아무 설명도 없이 웃으면서 나타날 때까지 앉아서 뭐든 할 일을 하며 명령을 따랐다.

침묵의 달은 사흘간의 잔치로 끝나며 이 잔치 중에는 대량 도살이 벌어진다. 마라푸교에서 영은 자연물을 통해 말하고 그 메시지는 사제와 비슷한 라토rato가 해석한다. 1년에 한 번 영들은 닭의 내장에 그해의 운수를 보여준다. 올라폿두가 끝날 때 부족 전원이 저마다 닭을 한 마리씩 종가로 가져온다. 한 마리씩 목이 비틀리고 한 마리씩 목이 길게 갈리고 한 마리씩 꼬치에 꿰어 불 위에서 깃털을 태운다. 그리고 두 젊은이가 마체테로 단칼에 닭 가슴을 갈라 내장이 드러나게 하는 임무를 도맡는다. 그리고 반으로 갈린 닭들을 줄지어 놓는다. 살아 있을 때도 구분하기 어렵지만 털이 뽑혀 꼬치에 꿴 닭들은 내 눈엔 모두 똑같아 보인다. 하지만 자기가 가져온 닭이 어느 것인지 모르는 사람은 아무도 없다. 라토가 닭 가까이 오면 그 임자는 긴장해서 엄숙하게 옆걸음질 치며 일어난다. 라토가 자기 마체테로 신중하게 배를 갈라 통통한 내장을 드러내 보인다. 내장이 굵고 색이 노랗다면 임자는 운수 좋은 해를 맞을 것이다. 내장이 끊기거나 가늘고 색이 하얗다면 그 닭 임자는 비통해한다.

이 닭은 개인의 운세를 알려주지만 닭 전체를 합산해보면 친족 전체의 운수도 알려준다. 전통 농경 사회에서 거느린 노동력의 수가 곧 그 친족의 힘이다. 친족 사이에 전쟁이 잦은 사회에서는 남자가 많아야 군대가 더 강해진다. 농사와 전쟁이 사회 형성에 똑같이 중요한 위치를 차지하는 숨바에서 부는 곧 사냥감의 수다. 나는 내 닭을 마마 보보네 집으로 가져가 잡게 해서 그 집안의 상대적 힘을 키우는 데 이바지했다. 그날이 저물 때쯤 되자 마마의 커다란 플라스틱 통에는 100마리도 넘는 닭이 쌓였다. 그 닭들은 이튿날 잔치에서 나눠 먹을 국이 될 것이다.

처음에는 마을의 한두 가족이 내가 마마 보보의 집에 내 닭을 가져가는 것을 반대했지만 반대는 오래가지 않았다. 마을 사람 모두에게 중요한 것은 내가 어딘가에 "속해야" 한다는 점이었다. 이런 의례에서 가장 중요한 것은 그들의 우주관에서 제자리에 사람들을 배치해 모두가 자신의 자리를 알고 모두가 자기에게 맞는 곳을 아는 것이기 때문이다.

나는 시장에 가서 내 닭을 샀다. 목 주위는 갈색이고 검은 줄무늬가 있고 반들거리는 꼬리털이 폭포처럼 힘차게 솟은 어린 수탉이었다. 내가 봐도 상서로운 기운이 넘쳤다. 닭 장수는 수탉의 다리를 한데 묶어주었고 나는 그 닭을 자전거 핸들에 거꾸로 매달고 길을 나섰다. 심사가 사나워진 닭이 꽥꽥댔다.

타룽 마을로 돌아가는 길에 우체국에 들렀다. 누가 훔쳐 갈지도 몰라서 닭은 손에 들었다. 인도네시아에서 아무리 작은 소읍에라도 있는 주황색의 우체국은 효율성의 작은 섬이다. 우체국 직원들은 민첩하고 친절할 뿐 아니라 몸 둘 바를 모를 정도로 큰 도움을 준다. 소포를 포장할 쌀자루를 사러 시장에 허둥지둥 다녀오는 사이에도 우체국 문을 닫지 않고 기다려주고, 자기 가방에서 실을 찾아내 쌀자루로 소포를 꿰매게 도와준다.* 이번 주 페리 출항이 취소돼서 소포가 열흘 동안 섬에서 벗어나지 못하지는 않을지 확인차 전화를 걸어봐주기도 한다.

"인도네시아 공공기관들이 천국의 문 앞에서 줄을 선다면 우체국이 가장 먼저일 거요."

한 늙은 우편배달부가 이렇게 말한 적이 있었는데 그 말에 나는 흔쾌히 동의했다.

닭과 함께 와이카부박 우체국에 들어가보니 혼잡하기 짝이 없었다. 기초생활수급증을 소지한 가족이 수당을 타는 날이었다. 이제 막 시작된 인도네시아 사회보장제도의 핵심인 이 수급증은 대상자에게 쌀, 무료 의료보장, 현금을 제공한다. 이런저런 작은 보조금과 혜택 때문에 수급증은 대단히 귀했는데 반드시 가장 가난한 가족에게 가는 것도 아니었다. 하지만 오늘의 줄은 와이카부박 주변 여기저기 전통 마을에서 온 듯한 사람들이 대부분이었다. 그날은 울라폿두의 마지막 날인지라 다들 잔치에 가는 차림이었다. 여자는 직물 사롱을, 남자들은 허리띠 천과 머리장식을 둘렀다. 그런 고로 아무도 나와 꽥꽥대는 내 닭을 보고도 눈살을 찌푸리지 않았다.

그리고 파자르가 들어섰다. 공항에서 합승택시를 같이 탔던 그 자바인 의사와는 그 후로도 한두 번 저녁을 같이 먹었다. 그를 우연히 마주치다니 나는 신이 나서 요란하게 알은체했다. 파자르는 나를 위아래로 보았다. 우체국에 있던 다른 손님 대부분이 그렇듯 나도 타룽 마을의 잔치에 가려고 차려입은 복장이었다. 가장 좋은 사롱을 둘렀고 어

● 인도네시아 우체국에서 발송하는 소포는 겉면을 쌀자루로 단단히 꿰매 포장해야 한다.—옮긴이

깨에 멘 야자잎 주머니에는 빈랑$^{\text{sirih pinang}}$, 곧 구장잎, 빈랑 열매, 석회 가루가 들었다. 이 세 가지 조합을 입안에 넣고 씹으면 입안은 주황색으로 물들고 이는 까맣게 되는데, 이야말로 숨바 농촌에서 예의 바른 행동이다. 집주인이 빈랑을 권하지 않고는 그 집 베란다에 발을 올리지 못하며, 그 답례로 빈랑을 내놓지 않고는 손님도 그 집 베란다에 오를 수 없다. 내 한 손에는 자카르타에 부칠 소포가, 반대편 손에는 발목이 묶인 닭이 들려 있었다. 파자르는 당황한 기색으로 나를 외면했다.

마치 내가 다른 세상에 속한 것 같은 느낌이었다. 너무 빨리 "현지화"된 멍청이가 되어버린 느낌만이 아니었다. 더 나쁜 무엇이었다. 기초생활수당을 받으려고 기다리던 다른 위험하고 무지한 농민들 사이에서 나는 우체국을 더럽히고 있었다. 우리는 신비한 전통과 원시종교의 혐오스러운 구세계를 현대적이고 실용적인 인도네시아가 살아가는 공간인 우체국에 끌고 온 것이다. 나는 의심의 여지 없이 불편해지기 시작했다. 마침 내 손에 거꾸로 매달린 닭이 바닥에 똥까지 찍 갈기자 그 불편함은 더 커졌다.

그런 비슷한 반응을 새로 사귄 친구들에게 사진을 인화해주려고 간 와이카부박의 사진관에서도 마주해야 했다. 그때마다 머리카락을 뾰족뾰족하게 세운 중국계 청년이나 보라색 질밥을 쓴 10대 소녀에게 내 USB 드라이브를 건네주곤 했다. 사진관 점원은 마마 보보와 가족의 사진, 라토 사제들과 찍은 내 사진, 피 웅덩이에 드러누운 닭이나 물소 사진을 볼 때마다 놀란 눈으로 나를 쳐다봤다.

"이 사진을요? 정말로 이 사진을 인화하시려고요?"

마을과 숨바 곳곳에 늘어선 예스러운 전통가옥이나 거대한 돌무덤은 괜찮아요. 하지만 이 사람들과 이 의식은…… 그것들은 원시적인 과거의 유물이고 우리가 생각해선 안 될 것이에요. 그것들은 우리의 인도네시아와는 상관없다고요.

파자르와 처음 만났을 때를 생각해보았다. 마체테 사용 금지를 알리는 현수막 아래 전부 마체테를 찬 남자들이 우르르 몰려 있어 내가 웃었던 때 말이다. 그날 이후 나는 마체테로 짐승을 잡고 북을 만들고 코코넛을 열고 연필을 깎는 것을 보았다.

파자르가 내게 보여준 사진 속의 손목 잘린 시체가 아주 특별한 일이 아니라는 것 또한 깨달았다.

네덜란드 식민지 시절 이래 군인, 선교사, 공무원들이 쏟은 숱한 노력에도 불구하고 폭력은 숨바라는 직물의 씨실과 날실인 듯해 보인다. 아직도 숨바 사람들이 요새 같은 언덕 위 마을에 모여 사는 이유 중 하나이기도 하다. 여자들이 골짜기에서 물을 길어 나르느라 하루에 서너 시간을 보내야 하는 치명적 단점에도 불구하고 평지에 있는 마을보다 방어에 훨씬 유리하기 때문이다. 아직도 롤리족은 웨예와^{Weyewa}족을 참을 수 없어하고, 람보야^{Lamboya}족은 에데^{Ede}족을 미워하며, 코디^{Kodi} 사람을 좋아하는 사람은 아무도 없다. 별것 아닌 일로도 언제나 분쟁이 벌어질 수 있다. 1998년 공무원 선발 과정이 편파적이라는 불만 때문에 부족 간 전면전이 벌어져 여남은 명의 목이 잘리고 수백 명이 피난을 떠나는 일이 있었다. 요즘에는 이런 폭발이 그 규모는 작아졌지만 주기적으로 벌어진다. 하루는 오토바이를 타고 코디로 향하던 중에 파자르에게서 문자가 왔다.

"코디에서 시체 5구 발생. 사랑의 도피로 인한 것으로 보임. 전쟁이 날 수 있으니 조심할 것."

그날 시체를 보지는 못했지만 그런 일이 있었다는 것을 나는 추호도 의심하지 않았다. 이러한 극단적 사고를 막기 위해 지역정부는 시내와 전통의례에서 마체테 사용을 금지했다. 부족 노인들에게만 예외적으로 마체테 사용을 허용할 뿐, 공항의 현수막에 따르면 1951년 법 12조에 따라 면허 없이 흉기를 소지하면 10년 형에 처해질 수 있다. 그러나 이 법은 자카르타에서 만들어졌다. 네덜란드에 맞서 벌인 5년간의 게릴라전에 종지부를 찍으려던 의회의 작품이었다. 그 법은 통일된 근대국가, 그러니까 시민이 더는 이웃의 사람 사냥꾼이나 야생동물로부터 자신을 지키지 않아도 되는 국가를 위한 것이었다.

마체테가 여전히 생활에 쓰이는 만큼 마체테 규제를 둘러싼 논쟁은 미국에서의 총기 규제 논란과도 좀 비슷하다. 그렇다. 총기는 개척자들이 야생동물을 사냥하고 원주민과 싸울 때부터 미국 문화의 토대였다. 그러나 슈퍼마켓에서 먹을 것을 구하고 법정에서 자기 영토를 확장하는 오늘날 총기는 필요 없다. 물론 마체테는 총기보다 훨씬 더 쓸모가 많다. 마마 보보의 아들과 손자 들은 적어도 나나 마마가 아는 한 다른 사람을 토막 내는 일 없이 마체테를 매일 사용한다. 그러나 시간이 흐르면서 아직도 마체테가 생활에서 떼려야 뗄 수 없는 도구인 숨바 농촌에서의 정당한 사용마저 현대 생활에 잠식되고 있다. 이제 인도네시아 대부분의 지역에서는 희생제 후에 동물의 배를 가르고 내장을 꺼내는 일이 흔치 않다. 숨바 최대의 도시 와잉아푸^{Waingapu}나 와이카부박의 현대적 구역에서도 사람들은 마체테가 하던 일을 해줄 다른 수단을 찾아냈다. 예컨대 연필깎이를 사용하거나 도살장에 간다.

인도네시아의 다양성은 지리적일 뿐 아니라 문화적이기도 하다. 인류 역사의 각기 다른 시점에 있는 다른 집단이 동시에 살아간다. 21세기 초인 지금 이 나라의 어떤 곳들은 극도로 현대적이지만, 어떤 곳에서는 직계 조상들이 살았던 것과 크게 다르지 않게 하루하루를 살아간다. 대개는 어느 정도의 전근대성과 상대적인 근대성이 한 공간에 공존한다. 농민들은 오토바이를 타고 논에 가고 마을 사람들은 핸드폰으로 희생제를 촬영한다.

근대성이 늑장을 부리는 와이카부박에서는 그 양극단이 이제야 비로소 마주치기 시작했다. 그러나 이 나라의 다른 곳에서는 이미 한 세기 가까이 근대 경제를 원하는 젊은 세대의 열망과 가족과 전통의 요구가 충돌해왔다. 1922년 출판된 인도네시아 첫 근대소설인 마라 루슬리^{Marah Rusli}의 『시티 누르바야^{Sitti Nurbaya}』는 정확히 이 충돌에 관한 것이다.

이 문제는 인도네시아의 지도자들에게 골칫거리를 안겨준다. 전근대 인도네시아와 근대 인도네시아가 공존한다면 어느 쪽을 위해 법을 만들어야 하는가?

2011년에 인도네시아 여행 준비를 하다가 20년 전 처음 숨바를 방문했을 때 찍은 사진을 보게 되었다. 나는 그 사진들을 스캔해서 아이패드에 담았고, 숨바 남해안의 어느 집 베란다에서 비 오는 날 게으름을 피우다가 말동무이던 렉시에게 보여주었다. 렉시는 사진만큼이나 아이패드란 신문물에도 푹 빠져 사진을 이리저리 넘겨보았다. 그러다가 초등학교 교복 차림에 전사의 머리장식을 한 소년이 망아지를 붙들고 카메라를 똑바로 쳐다보고 있는 사진에서 멈췄다. 사진 속 소년의 온몸에서 반항의 기운이 뿜어져 나왔다.

"어린데도 참 용맹하지."

내가 말했다. 렉시도 맞장구쳤다.

"그러게요. 나한테 까불면 국물도 없다고 온몸으로 말하네요. 꼭 우리 마을 펠리푸스 촌장님처럼요."

그리고 렉시는 사진을 넘겼다.

"아니 그런데, 펠리푸스 촌장님이 맞는데요!"

나는 깔깔 웃었다. 말도 안 되는 소리였다. 무엇보다 여기는 그 사진을 찍은 가우라^{Gaura}에서 25킬로미터나 떨어진 곳이었다. 서숨바에서 그 정도 거리는 다른 언어, 다른 부족, 다른 종류의 충성이 있는 다른 행성이다. 그뿐만 아니라 사진 속의 소년은 지금쯤에도 서른 살이 넘지는 않을 테니 촌장이라는 존경받는 자리를 차지할 나이가 되려면 아직 멀었다. 그러나 렉시는 물러서지 않았다. 렉시의 아내가 마침 가우라 출신이었다.

"촌장님이 맞아요. 진짜라고요!"

그리하여 우리는 촌장을 찾아 나섰다.

수하르토의 유산인 획일적인 정부조직 구조에 따르면 촌장은 사무실에 출퇴근해서 자리를 지켜야 한다. 한 번도 근무시간을 지키는 촌장을 본 적 없지만, 펠리푸스 촌장을 찾기 시작하기 좋은 곳은 사무실 같았다. 때는 오전 열 시 삼십 분쯤이었다. 잠이 덜 깬 사무실 경비원이 촌장은 아닷 의식에 갔는데 어디인지는 모른다고 했다.

렉시와 나는 이 마을 저 마을을 돌며 촌장이 어디 있는지 물었다. 마침내 누군가가 촌장이 옆 동네에서 신붓값을 협상 중이라고 알려주었다. 우리 둘은 짙푸른 수풀 사이 산등성이 길을 아슬아슬 달려가서 마을 돼지우리 옆에 오토바이를 세웠다. 우리 안에는 암퇘지 한 마리가 새끼들을 바글바글 거느리고 있었다.

뾰족지붕을 인 집이 우리 위로 솟아 있었는데, 대나무로 바닥을 깐 그 집 베란다에 예비신부의 가족이 몰려들어 쩍쩍 갈라지는 소리가 났다. 신부 가족은 신랑 집에서 보낸 사람을 기다리고 있었지만 불청객도 환영해주었다. 백발노인이 머리장식을 고쳐 쓰더니 우리에게 빈랑 주머니를 내놓았다. 나이 많은 할머니는 조용히 벽에 기대앉아 골프공만 한 담뱃잎 뭉치를 이리저리 씹는 중이었다. 어디나 그렇듯 10대 소년들이 여럿이었고 다들 집안 행사를 맞아 머리에 공들여 젤을 발랐다. 어른이 한 사람이라도 일어나면 냉큼 아이들이 그 자리를 차지했다. 아이들은 평소답지 않게 때를 빼고 광을 낸 후 가장 좋은 옷을 단정하게 차려입었다. 누나의 신붓값 흥정은 집안의 중대사다.

그 북새통의 한가운데 펠리푸스 촌장이 앉아 있었다. 촌장은 거기 앉은 다른 사람들에 비하면 나이는 절반밖에 안 됐지만 그 자리에서 자신의 권위를 확실하게 과시하고 있었다. 자기 집이 아닌데도 우리를 베란다 위로 올라오라고 청하고, 여자들 구역을 향해 고갯짓을 해서 새로 커피를 돌리게 한 것도 그였다. 그는 친절했지만 티가 나게 도도했다. 의심할 여지가 없었다. 20년 전 내가 찍은 사진 속의 그 비범한 아이가 바로 그였다.

펠리푸스와 집안 어른들은 신붓값 협상 전략을 세우던 중이었다. 본론으로 들어가기 전에도 점검해야 할 세부사항이 여럿이었다. 펠리푸스가 일러주기를 먼저 신부 가족이 고른 개 한 마리를 잡아야 한다고 했다. 양측 라토 사제 둘이 죽인 개의 심장을 보고 남녀의 궁합을 본다. 이 개는 돼지 통구이가 나오는 저녁식사에서 첫 코스로 나오고 양가 식구가 믿음의 징표로 나눠 먹는다.

그의 말을 들으면서 나는 숨바에서는 도살의 종류에 따라 다른 단어를 쓰는 것을 처음 알았다. 물소와 돼지는 "자른다"(potong: 목을 자른다). 닭도 음식용일 때는 목을 치지만 액막이용일 때는 "가른다"(belah: 배를 갈라 내장이 나오게 한다). 반면 개는 어떤 용도건 "때려잡는다"(pukul: 사실 몽둥이로 패는 쪽에 가깝다).

개 염통에 궁합이 안 좋게 나온다고 결혼이 무산되는 일은 잘 없지만, 신부 쪽이 받을 액수에는 큰 영향을 끼친다. 궁합이 나쁘다면 쉽게 끝날 수도 있는 결혼이니, 신랑으로서는 언제 울면서 친정으로 돌아갈

지 모르는 여자를 데려가려고 많은 액수를 내놓으려 하지 않을 것이다. 도둑질을 당하는 수준의 자산 상실이기 때문이다. 신랑 쪽은 개 염통 궁합풀이를 빌미로 신붓값을 낮추려 들 것이다.

베란다의 남자들이 임박한 협상을 대비한 역할극을 시작하자 더 흥미진진해졌다. 이 가상 협상에서 개 염통의 점괘가 무척 좋아서 펠리푸스는 (물소, 소, 말 등) 가축 마흔 마리를 요구했다. 신랑 쪽 대표인 두 노인은 열다섯 마리가 어떻겠냐고 했다. 펠리푸스는 콧방귀를 뀌었다. 그로서는 대꾸조차 할 필요가 없는 상황이었다. 긴 침묵이 이어졌다.

"좋소, 좋소, 스무 마리."

둘 중 한 노인이 말했다. 펠리푸스가 입을 열었다.

"좋소. 스무 마리는 지금 주고 나머지 스무 마리는 언제 주겠소?"

최종적으로 스물다섯 마리로 합의를 보았다. 펠리푸스는 잘 때 까는 자리를 터는 시늉을 하면서 적들을 잠자리로 이끌었다.

"저녁식사도 잘 했으니 이 문제를 더 얘기할 필요가 없지 않소. 이제 쉽시다."

그리고 나서는요? 나는 궁금해졌다.

"아침이면 대개 제대로 생각하게 됩니다."

다음 날 내가 그 마을에 다시 찾아가보니 손님들은 벌써 왔다 간 후였다. 전날 본 암퇘지와 새끼들은 아직 우리에 있었지만, 물소 열다섯 마리, 소 두 마리, 말 세 마리도 있었다. 어제의 각본대로 나머지 스무 마리는 나중에 가져다주기로 한 것이다. 펠리푸스는 도무지 무시할 수 없는 대단한 사람이었다.

신붓값이 이렇게나 비싸다면 딸이 많을수록 좋겠다고 생각할 수 있지만, 실상은 그렇지가 않다. 첫째, 보이는 것처럼 한쪽만 일방적으로 재물을 보내는 것이 아니기 때문이다. 이번 혼사에서는 궁합 보기용 개를 잡는 것은 차치하더라도 신부 쪽은 여성용 사롱 스무 장과 남자용 허리띠 스무 장을 ("시장표 싸구려 말고 제대로 짠 수제 직물로") 보내야 한다. 그뿐만 아니라 은팔찌(명문가라면 상아 팔찌)와 부엌살림 일체에 훈련된 승마용 말까지 준비해야 한다.

승마용 말이 희생제나 고기용으로 쓰는 보통 말보다 훨씬 귀한 것은 나도 잘 알았다. 하지만 우리에 있는 말들은 전부 엇비슷해 보였다. 신부 아버지에게 어느 말이 승마용 말이냐고 물어보았다. 그는 나무 옆에 세운 내 오토바이 근처에 있는 기가 막히게 번쩍거리는 새 오토바이를 가리켰다. 천으로 덮고 리본까지 단 것이 지금도 해마다 열리는 마상시합에서 우승한 말 같았다.

"우리 마을은 벌써 현대적이라오."

그러니까 딸을 파는 것은 이득이라고만 할 수 없다. 잃는 것은 그것만이 아니다. 여자는 결혼하면 더는 자기 가족의 일원이 아니고 남편 가족의 일원이 된다. 따라서 자동적으로 딸의 자식들도 그렇게 된다. 이 소유권은 여자가 죽어도 소멸되지 않는다. 나는 곧 시신, 장례, 매장과 그에 따르는 희생제물 모두 가문의 영예를 위해, 여자의 경우 남편의 가문을 위해 영원히 남는다는 것을 배울 참이었다.

한번은 마마 보보의 아들 중 하나에게 어머니가 나중에 타룽 마을에 묻히는지, 3킬로미터 떨어진 언덕 위 고향 마을에 묻히는지 물어보는 큰 실수를 저질렀다. 짧은 침묵의 순간 그의 얼굴에는 세 가지 다른 감정이 스쳐 지나갔다. 혼란, 분노, 관용. 대체 무슨 질문이 이래? 어떻게 *감히* 이런 질문을? 아, 그렇지, 엘리자베스는 여기 사람이 아니지. 그리고 그는 최대한 간단하게 설명했다.

"우리가 마마를 사 온 거랑 비슷합니다. 그러니까 당연히 우리 묘지에 묻히죠."

―――

가우라에서의 결혼 협상에 관해 이런저런 이야기를 하다가, 팍 펠리푸스와 사람들에게 내가 20년 전에 거기에 파솔라^{pasola}를 보러 갔었다고 말을 꺼냈다. 파솔라는 과거 인간 제물을 바치던 의례를 대신하게 된 일종의 마상시합이다.

나는 전통가옥 베란다의 컴컴한 그늘 속에서 반짝이는 보석 같은 내 아이패드를 꺼내 어린 펠리푸스의 사진을 찾았다. 구경꾼들이 몰려들었다. 문가에 얼굴들이 다닥다닥 튀어나오고 노인들 사이로 젊은 이의 머리가 솟아올랐다. 터치스크린이란 것을 처음 본 사람들이지만 펠리푸스는 곧 과거의 사진들을 앞뒤로 넘겨보고 확대했다 축소했다 하면서 나르키소스가 물웅덩이에 비친 그림자를 쳐다보듯 자기 사진을 보고 또 보았다.

나는 그에게 어떻게 굳은 얼굴의 열한 살짜리 소년이 20년 만에 마을의 촌장으로 뽑힐 수 있었는지 물어보았다. 그는 열세 살에 부모님이 돌아가시자 학교를 그만두었다고 했다.

"나는 나쁜 길로 빠졌다오. 소 도둑질이나 절도 같은 일을 했지."

결혼을 하고 아들을 낳고 나서야 반듯한 삶을 살아야겠다는 생각이 들었다고 했다.

"내가 감히 촌장 선거에 나서자 사람들이 나를 믿어주었소."

사진을 찍었던 당시 이미 어른이었던 더 나이 든 사람들은 몇몇 사진을 알아보고 탄성을 지르기도 했다. 휙, 휙, 아, 저것 봐! 아무개가 있다. 휙, 휙, 하! 저 사람 기억나. 코디에서 온 사람이지! 휙, 휙, 갑자기 조용해졌다.

몰려든 구경꾼을 모두 입 다물게 만든 것은 거친 곱슬머리에 매서운 콧수염을 한 젊은 전사의 사진이었다. 내가 기억하기로 그는 오래전 파솔라의 영웅이었다. 아이들조차 그의 사진 앞에 조용해졌다. 펠리푸스는 빈정대기를 그만두고 한참 동안 그 장면에서 멈추었다.

"쿠라하바!"

마침내 펠리푸스가 그의 이름을 불렀다.

"가장 용감한 전사였지."

쿠라하바는 이제 세상에 없다. 1990년대 중반 부족 간 전쟁에서 사람을 죽이고 교도소에 들어가 그곳에서 죽었다. 위대한 전사의 최후에 대해 사람들이 얘기하는 것을 듣고 나는 그가 폐결핵이 아니었을까 생각했다. 그러나 그 자리에 있던 다수는 적들이 그에게 저주를 걸었다고 믿었다. 저주는 숨바의 거대한 상호 교환망에서 또 다른 일부일 뿐이다.

펠리푸스와 친구들이 가우라에서 결혼이 어떻게 진행되는지 설명해주고 나자 내 차례가 되었다. 내가 사는 나라에서는 신부 집에서 무엇을 준비해야 하는지 노인들이 궁금해했다.

"음, 신부 아버지가 파티 비용을 내지요."

내가 말했다.

"그래, 그러면 지참금은 어떻게 되는 거요?"

나는 서구의 결혼에서 지참금은 없다고 했다.

"와아아아아아! 들었어?"

놀라움이 물결이 되어 베란다에서 여자들 구역까지 넘어갔다.

나는 평생 결혼하지 않을 가능성이 크지만 농담으로 내 결혼식 전에도 누가 개 염통을 읽어줬으면 좋겠다고 말했다. 그 말에 다들 안도의 한숨을 내쉬었다.

"그럼 거기서도 개를 때려잡는 게로군?"

그리고 기나긴 토론 끝에 누가 물었다.

"지참금이 없다면 어째서 *다* 이혼하지 않는 거요?"

좋은 질문이다. 한편으로는 서류에 서명하고 파티를 여는 "현대" 세계의 어떤 무엇보다도 이런 숨바식 의례적 교환이 사람들을 더 단단하게 묶어주고 공동체 안으로 엮어주는 네트워크를 만들어낸다. 다른 한편 자카르타의 내 친구들 대부분이 속한 집단인 도시 지역 고학력 인도네시아인은 자신이 원하는 배우자를 고르고 필요할 때는 헤어지는 자유를 누린다. 양쪽에는 저마다 장단점이 있다고 생각한다. 상황이 가장 골치 아파지는 것은 서로 다른 두 세계에 속한 이들이 부딪칠

때다.

　이 두 세계 사이에 어정쩡하게 끼인 사람이 델시였다. 그는 시내 병원 위쪽으로 와이카부박이라는 바다 위에 솟아오른 또 다른 바위 언덕 위에 자리 잡은 마을의 마녀 모자같이 생긴 집에 산다. 그 마을에 처음 들어서자 마을 묘지 사이 울퉁불퉁한 땅에서 소년 둘이 열심히 겨루는 모습이 보였다. 둘이 겨루는 무기는 순무처럼 생긴 나무 팽이였다. 보아하니 팽이 돌리기의 비밀은 어떻게 돌리기 시작하느냐였다. 둘은 한 뼘 정도 떨어져서 한 발로 서서 팔에 힘을 주고 곧게 펴서 팽이를 돌리기 시작했다. 팽이로 상대의 팽이를 쳐서 상대 팽이가 기우뚱거리며 흔들리다 쓰러지는 동안에도 내 팽이는 똑바로 돌아가야 이기는 게임이었다.

　델시네 사 남매 중 막내이자 유일한 아들인 데와는 팽이의 장인인 것이 분명했다. 이 똘똘한 어린이는 수줍은 미소와 조용한 호기심으로 참을성 있게 한참 동안 나를 가르쳤지만 나는 팽이에는 영 소질이 없었다. 데와를 절망에서 구해준 것은 큰 누나 델시였다. 그가 올라와서 커피를 마시자고 나를 불러주었고 우리는 이 세계에서 인도네시아의 위치와 이 나라의 전망에 대한 토론을 시작했다. 물론 나는 전통 마을에서 똑똑한 여성을 만나는 것에 놀라지 않는다. 숨바에서 꼿꼿한 자세로 경이나 주문을 외고 공적인 협상을 하는 것은 대개 남자지만 복잡한 가족경제를 꾸리고 모두가 지역의 우주에 잘 자리 잡도록 하는 것은 여성이다. 그렇긴 해도 델시만큼 세상물정에 밝은 사람을 만난 것은 놀라웠다.

델시와 바로 아래 동생 이라는 둘 다 20대 초반의 고등학교 교사였다. 델시는 의젓한 맏이 역할을 하며 차분한 어조로 정치와 교육정책에 대해 논했다. 반면 이라는 유머감각이 빼어난 반골이어서 정부가 내놓는 멍청한 정책을 하나씩 날카롭고 재치 있게 비판했다. 둘은 페리를 타고 이틀 걸려 닿을 수 있는 주도 쿠팡^{Kupang}에서 대학을 다녔고 다른 섬 출신인 대학 친구들과 페이스북으로 계속 연락을 주고받았다.

그리고 델시네 집은 내게 서숨바에서 두번째로 머물 집이 돼주었다. 가끔 나는 "저 아래께" 시장에 가서 이름 모르는 야채를 사 왔다. 그러면 자매들은 델시네 집 여자 구역의 시꺼먼 냄비 주위에 모두 쪼그려 앉아 쓴맛이 나지 않게 파파야꽃을 요리하는 법을 나에게 알려주었다. 저녁이면 둘러앉아 이런저런 이야기를 하고 그사이 과부인 자매들의 어머니 마마 폴리나는 식탁보를 뜨고 나는 해진 내 옷을 기웠다. 델시는 최신 인도네시아 소설, 특히 단편소설을 많이 읽어서 내게도 몇 권을 추천해줬다. 이라는 음악 전문이었다. 너무 늘어진다 싶으면 베란다에서 고대 유물 같은 노트북으로 DVD를 보았다.

인도네시아 어느 곳에서나 모르는 사람끼리도 친족을 부르는 호칭을 사용한다. 여성에게 가장 흔한 호칭은 이부^{ibu} 곧 "어머니"며 흔히 줄여서 부^{bu}라고도 하는데 최고의 존칭이기도 하다. 지역마다 이부의 더 친근한 변형이 있어서 남동쪽 섬들에서는 마마^{mama}, 서북부에서는 분다^{bunda}라고 한다. 전국적으로 남성형은 바팍^{bapak} 곧 "아버지"며 거의 언제나 줄여서 팍^{pak}이라고 쓴다. 이 단어는 홀로 쓰일 수도 있고 이름과 함께 쓰일 수도 있고 직업과 함께 쓰일 수도 있다. 학교 선생님을

"이부 구루^{Ibu Guru}" 곧 선생님 어머니라고 불러도 된다. 나처럼 이름을 잘 기억하지 못하는 사람에게는 정말 편리하다. 더 편리한 것은 많은 인도네시아 사람이 (특히 자바에서) 자신을 일컬을 때 인칭대명사가 아니라 자기 이름을 사용해서 계속 자기 이름을 알려준다는 점이다. 그러니까 내가 "엘리자베스는 내일 또 마마 보보네 집에 갈 거야."라고 친구에게 말하는 식이다.

아이들은 어른을 부를 때 네덜란드어의 잔재인 탄터^{Tente}와 옴^{Om}, 곧 아주머니와 아저씨를 사용한다. 우정을 표현하고 싶은 어른들끼리는 형제자매를 부르는 호칭인 카칵^{Kakak}이나 아딕^{Adik}을 쓴다. 이 호칭은 성을 구분하지 않아 남녀 모두에게 쓸 수 있지만 나이는 엄격히 구분한다. 카칵은 언니, 누나, 오빠, 형이고 아딕은 동생이다. 카칵과 아딕으로 누군가를 부르는 데는 상대의 나이에 대한 판단이 담긴 것이다. 처음에 쪼글쪼글한 할머니가 나를 "언니"라고 불렀을 때는 좀 충격을 받았지만 사실 그럴 때는 우정과 존경의 표시였다.

마마 폴리나(사실 나보다 나이가 어린)가 나를 언니라고 부른 어느 날 저녁 나는 딸들을 팔면 얼마나 벌 수 있느냐고 물었다. 마마 폴리나의 둘째 딸 이라가 나섰다.

"엄청나죠!"

아닌 게 아니라 아닷에 따르면 좋은 가문의 딸은 최소한 그 어머니만 한 가치가 있다고 정하고 있다. 이라는 어머니를 향해 고개를 끄덕이며 "엄마는 이런 걸 100개나 받았어요."라며 물소 뿔이 얼마나 긴지 보여주려 팔을 최대한 벌리다가 내 어깨를 쳤다. 딸 하나에 긴 소뿔

100개, 거기다 사랑스러운 딸이 넷이면 대단한 재산이다.

"우아, 그럼 나중엔 굉장한 부자 할머니가 되어서 우리 둘만 부엌에 남겠네요!"

내가 폴리나에게 말했다.

우리 모두 깔깔 웃었지만 델시는 금방 현실로 돌아왔다.

"사실은 그게 골칫거리예요."

델시가 옳았다. 왜냐하면 쿠팡에 유학을 다녀와서 책을 읽으며 물소를 잡는 것은 자본의 낭비라고 생각하는 "현대" 여성을 데려가려고 긴 뿔 달린 물소를 100마리나 내려는 사람이 있겠는가? 하지만 딸들이 신붓값을 못 뽑아낸다면 비싼 돈을 들여 현대식 교육을 시켜준 가문을 배신하는 것이 된다. 마마 폴리나 자신에게도 큰 망신이다.

이런 것이 바로 집단적 사회에서 근대화가 가져오는 딜레마의 핵심일 것이다. 공유된 문화에서 모두를 아우르는 안위를 얻으려면 개인의 성취와 맞바꾸어야 한다는 것.

나는 마마 보보의 암묵적인 명령을 따르는 데 점차 익숙해졌다. 마마가 쓱 쳐다보기만 해도 나는 자바식 사롱을 둘렀다가도 숨바식 사롱으로 갈아입었다. 마마는 제물로 잡은 내 닭에 소액권 지폐를 올리라고 일러주고, 내가 이웃들에게 소홀했다 싶으면 나를 쿡 찔러 다른 집 베란다에 가서 앉아 있으라고 했다. 그러나 부뚜막 위에 걸린 검게 그

을고 갈라진 장에 든 성물들을 보여줄 수 없냐고 묻자 마마는 "누가 죽을 때까지 있어야 한다."라고 했다. 아득히 멀게 느껴지는 명령이었다.

내가 숨바를 떠난 후에도 문자를 주고받았는데 마마 보보의 문자는 언제나 긴급했다. **문자 전체가 대문자**였기 때문이다. 여섯 달쯤 지나자 마마 보보는 파솔라 철이니 내가 돌아와야 할 때라고 했고 나는 두말없이 그 말에 따랐다.

마지막 체류 이후 반년이 지난 2012년 4월, 내가 와이카부박에 다시 나타나자 게스트하우스 주인은 묻지도 않고 설탕을 안 넣은 커피를 가져다주었다. PC방 직원은 내가 멀리서 오는 것만 보고도 내가 좋아하는 자리에 있던 손님을 다른 자리로 쫓아내주었다. 내가 즐겨 가던 식당 주인은 환영한다며 닭고기 한 접시를 서비스로 내줬다. 타룽 마을로 올라갔더니 마마 보보는 내가 떠나던 날과 한 치도 다름없는 모양새로 자기 집 베란다에 앉아 있었다. 마마는 나를 보더니 벌떡 일어나 신나게 달려 내려왔다. 집에 돌아온 참전용사라도 된 기분이었다.

그런데 기쁨은 잠시였고 곧 마마는 통곡하기 시작했다. 내 손을 잡고 손으로 가슴을 탕탕 치고 머리를 흔들며 한동안 흐느껴 울었다. 마마의 올케가 바로 전날 밤 죽었다고 했다. 나는 위로의 말을 건넸지만 그는 내 연민을 금방 앗아가버렸다. 마마는 올케 때문에 슬픈 것이 아니었다. 원통한 이유는 파솔라를 보러 오라고 해서 내가 왔는데, 상중이라서 나와 보러 갈 수 없게 되어버렸기 때문이었다. 곧 마마 자신이 약속을 지키지 못하게 되었다는 뜻이다. 모든 것을 제자리에 두는 롤리족 문화의 섬세한 호혜원칙이 흔들리게 될 판이었다.

나는 마마 보보에게 이게 바로 그동안 바라던 것이 아니냐고 우리는 장례식에 같이 가면 된다고 했다. 마마는 그 말에 기분이 한결 나아진 듯했다. 물론 내가 먼저 죽은 올케를 찾아가서 장례식 전에 그에게 나를 제대로 소개해야 한다. 하지만 시간은 많았다. 시체는 일주일 동안 매일 문상객을 받을 것이니 말이다.

나는 다음 날 올케한테 가보자고 했다. 마마 보보는 고개를 흔들며 목소리를 낮췄다. 내가 뭘 잘 모르고 부적절한 말을 할 때마다 그가 하는 행동이었다.

"내일은 안 돼. 아직 할 일이 있거든."

그제야 나는 마마 보보 쪽에서 올케의 집안 그러니까 마마 보보의 친정에 보내야 하는 물건들을 준비하는 데 시간이 걸리는 모양이라고 이해했다. 그 목록은 교환의 긴 역사에 따라 정해지게 마련이다. A가문이 우리에게 누구누구가 죽었을 때 돼지를 보냈고, X가문은 Y를 매장할 때 마체테를 가져왔다. 그날 나는 타룽 마을의 다른 친구가 베틀에 앉은 것을 보았다. 마마 보보의 올케에게 존경의 표시로 보낼 이캇 직물을 미친 듯이 짜고 있었다.

20년 전 난생처음 시체와 차를 마실 때만 해도 나는 이 모든 교환의 의례가 존재하는지도 몰랐다. 나중에 그 할머니의 장례식에도 갔지만 행사는 비교적 간단했다. 소를 한 마리 잡은 것은 기억났다. 나는 아이패드에서 그때의 사진을 찾아보았다. 기억 속에 그곳은 아나칼랑 Anakalang 시내에서 멀지 않은 곳이었다. 그날 사진을 보니 묘지 근처의 풍경은 어딘지 알아보기 어려웠지만 같은 날에 찍은 다른 사진이 더 있었다. 쇼트커트에 교복을 입은 소녀 한 무리가 나를 보고 웃는 사진인데 뒤편에는 쉽게 알아볼 수 있을 만큼 우아하게 깎은 무덤이 보였다. 나는 죽은 할머니의 가족을 찾아 길을 나섰다. 그 무덤가에 오토바이를 세우고 거기서 몇백 미터 떨어진 집 베란다에 앉은 할머니에게 사진들을 보여주었다. 그는 사진 속의 조문객 한 명을 알아보았고 1.5킬로미터쯤 떨어진 아래쪽 마을로 가보라고 했다.

내 기억에 먼지 날리던 비포장도로는 이제 아스팔트로 포장되었지만 결국 나는 그 할머니를 처음 만난 집을 찾아냈다. 베란다에 할머니의 조카 람부베라가 앉아 있었다. 내가 처음 그 집에 갔을 때 할머니 시체와 자랑스럽게 포즈를 취해주던, 나보다 조금 어린 여자다. 나는 가족들에게 주려고 인화해 온 사진을 내밀었다.

"내가 아니에요!"

람부베라는 격렬하게 아니라고 했지만 눈이 벌겋고 흐릿했다. 나는 아이패드를 꺼내서 람부베라의 얼굴을 확대했다.

"절대 아니야. 내가 아니라고!"

람부베라는 사롱을 뒤지더니 지갑을 꺼내 낡아서 흐릿한 신분증을 꺼내 보였다.

"봐요! 여기! 이게 나라고요! 나는 이렇게 생겼어요."

람부베라는 손톱만 한 흑백사진을 가리키며 소리쳤다.

그를 더 화나게 하고 싶지 않아서 그 집을 나오려는데, 청반바지를 입은 생글거리는 남자가 무슨 일인가 하며 안에서 나왔다. 20년 전 바로 이 베란다로 나를 불러들인 그 청년이었다. 그도 나를 기억하더니 어두운 실내에 있던 다른 사람들을 불러냈다. 안에서는 아스널팀의 축구경기를 보고 있었는데 그것이야말로 20년 전과 유일한 차이였다. 다들 몰려들어 사진을 보기 시작했다.

"여기 봐! 티무스 아저씨다!"

"우아! 나도 있어!"

사람들은 어렸을 때는 달라 보일 수 있다는 것을 이해 못 한다며 람부베라를 놀렸다. 람부베라는 샐쭉해졌지만 결국은 사진을 보러 나왔다. 그리고 곧 남들과 함께 사진을 가리키며 웃어댔다. 여전히 생글거리지만 이제는 청년이 아닌 청반바지의 남자가 내게 차를 가져다주었다.

그로부터 20년이 지나 두번째로 죽은 할머니와 차를 마시러 가기를 기다리면서 친구 제롬을 불러들여 파솔라 시합에 가기로 했다. 시합은 소도둑 출신 촌장 펠리푸스가 살았던 가우라에서 멀지 않은 아름다운 절벽 꼭대기에서 열린다. 제롬은 자카르타에서 알고 지내던 프랑스인 연구자로 범죄와 도시 지역 갱문화가 연구 주제다. 조금 더 친절하고 부드러운 인도네시아 지역에서의 휴가를 기대하며 한두 주 정도 숨바로 온 것이다.

키 크고 까무잡잡한 피부에 눈꺼풀이 진한 제롬은 마마 보보네 마을의 젊은 아가씨들 사이에서 금방 인기 스타가 됐다. 그는 베란다에 몇 시간씩 앉아 있거나, 강물로 목욕하고, 개 간이 올라온 저녁상도 잘 받아먹었다. 그러나 그럼에도 불구하고 어쨌거나 그는 휴가 중이었다. 숨바가 자랑하는 고요한 백사장에서 몇 킬로미터 떨어지지 않은 곳에 있다면 누구나 하고 싶어 하는 일을 하고 싶어 했다. 그래서 우리는 거래를 했다. 제롬이 나를 오토바이 뒤에 태워 마상시합에 데려다주면 조금 일찍 나와서 같이 바닷가에 가주기로 한 것이다. 제롬은 오토바이 짐칸에 수영복을 챙겨 넣고 우리는 길을 나섰다.

파솔라는 용맹한 젊은이들이 마을 대항으로 겨루는 마상시합이다. 선수들은 머리에 화려한 깃털을 잔뜩 달거나 나풀거리는 천을 맨 외뿔 같은 요란한 머리장식을 단다. 그들이 타는 망아지에도 리본과 털실 방울, 종과 동전을 건다. 하지만 경기 자체는 비현실적인 데가 하나도 없다.

숨바의 파솔라 주자들은 한데 모여 빙빙 돌면서 대결한다. 이쪽 마을의 청년들이 시계 방향으로 말을 달리며 원을 만들면, 상대 마을 청년들은 반시계 방향으로 돌며 다른 원을 만든다. 한 바퀴 돌 때마다 선수들이 적을 공격하는 긴장되는 순간을 맞는다. 한 손은 고삐를 잡고 말을 몰면서 종종 창을 흔들어 일종의 방패도 만든다. 다른 손으로는 적에게 창을 던져서 대열을 흩어놓아 상대편이 다시 원을 만들기 전에 점수를 딴다. 한 사람이 창을 흔들고, 던지고, 날아오는 창을 피하는 모든 행위를 동시에 해야 할 때도 많다. 이 모두는 번개처럼 달리는 말 위에 안장도 없이 탄 채 벌어지는 일이다. 파솔라는 강렬하다.

파솔라 경기장에 가는 길도 그만큼 강렬했다. 제롬의 긴 다리로도 오토바이가 오르내리는 가파른 언덕 진창길을 올라 경기장으로 가기가 쉽지 않았다. 사방에서 오토바이를 탄 사람들은 길에서 벗어나 넘어졌다가 먼지를 털고 일어나 다시 안장에 앉았다. 털실 방울을 단 말을 탄 주자들은 짤랑거리며 고전하는 오토바이들을 지나쳐 의기양양하게 절벽 위로 올라갔다.

우리는 두어 시간 동안 경기장을 돌며 관중을 쫓아다니면서 이 편을 응원했다 저 편을 응원했다. 공무원 아내들이 차린 임시 천막 아래에서 속을 채운 찹쌀밥을 사 먹고, 심판을 보는 펠리푸스 촌장과 잠시 얘기도 했다. 마침내 제롬이 아닷은 너무 많이 겪었으니 해변에 가야겠다는 표정을 지었다. 가야 할 시간이다. 우리는 오토바이를 세워둔 곳으로 갔다.

그런데 열쇠가 없었다.

우리에게 생수를 판 아주머니(어디로 갔지?)와 제롬이 앉았던 나무(아마도 이 나무) 사이 어딘가, 아니면 찹쌀밥 파는 여자 행상들과 제롬이 소변을 본 덤불 사이 어딘가, 아니면 롤링스톤스 티셔츠에 뾰족한 머리장식을 쓴 전사들이 모는 말과 괴성을 지르며 뛰어오르는 관중에게 짓밟힌 풀밭 1~2헥타르 어딘가에서 제롬은 열쇠를 잃어버렸다. 열쇠고리조차 안 달린 혼다 오토바이 열쇠를.

나는 처음엔 제롬이 농담을 하는 줄 알았는데 아니었다. 그는 내가 화를 낼까 봐 쭈뼛거렸다. 여기가 런던이나 베이징이었다면 그랬을지도 모르겠다. 하지만 이곳 가우라에서 나는 잔잔한 연못 같은 평정심을 잃지 않았다. 인도네시아가 주는 온갖 짜증과 분노와 불편에 익숙해진 후라면, 약간의 유머와 그보다는 큰 인내심으로 해결할 수 없는 어려움이란 없대도 과언이 아니다. 스무아 비사 디아투르 *Semua bisa diatur*. 다 잘될 겁니다…….

우리가 열쇠를 찾아다니는 사이 파솔라가 갑자기 끝나더니 다들 떠날 채비를 했다. 가장 가까운 마을에서 울퉁불퉁한 언덕길로 5킬로미터나 떨어진 이곳에 열쇠 없는 오토바이와 우리 둘만 남겨진다면 잔잔한 연못 같은 내 평정심도 오래가지 못하리라. 다 "잘되기"가 조금 더 시급해졌다.

자카르타의 범죄 소굴에서 너무 오래 지낸 제롬은 눈앞에서 가장 시끄러워 보이는 남자들에게 곧장 다가갔다. 그는 철사로 오토바이 시동을 켤 수 있는 사람을 찾아서 열쇠 없이 시내까지 가볼 생각이었다. 한편 자카르타식 관료제에 너무 물든 나는 가장 높은 자리에 있을 것 같은 사람에게 곧장 갔다. 어깨에 금색 별을 달고 손에는 무전기를 든 경찰이었다.

나는 과장된 미소를 지으며 내가 얼마나 멍청한 짓을 했는지 모른다고 설명하고 말썽을 일으켜 죄송하다고 수없이 사과하면서 이런 상황인데 어떻게 하면 좋겠는지 고견을 구하고 싶다고 했다. 동시에 경찰의 근사한 2인용 트럭을 너무 노골적으로 쳐다보지 않으려고 무척 애를 썼다.

그는 어깨에 금색 별을 훨씬 더 많이 단 사람을 불렀다.

"얼마나 난처하시겠습니까. 안타깝네요."

고참 경찰이 마치 이 모두가 우리가 아니라 자기 잘못이라도 되는 것처럼 말했다. 그는 어깨에 별을 덜 단 부하에게 무전기로 연락해서,

벌써 첫번째 언덕을 넘어서 사라지는 중이던 경찰 트럭을 돌아오게 했고 우리는 그 트럭에 탔다.

우리가 오토바이를 세워둔 곳에 이르자 제롬은 오토바이를 가리켰다. 탄탄한 체구의 경찰 네 명이 트럭 밖으로 달려 나갔다. 내가 진압용 방패를 이리저리 밀어 공간을 만드는 동안 네 사나이는 낑낑대며 잠긴 오토바이를 의자 사이에 올려놓았다. 그리고 우리는 출발했다.

경찰을 불러 우리 오토바이를 "훔쳐"달라고 한 이 모든 과정이 너무 쉬웠다. 30분 전만 해도 좌불안석이던 제롬은 이제 느긋한 자세로 장난기 가득한 미소를 지으며 트럭 맞은편에 앉은 내게 프랑스어로 말했다.

"더 좋은 걸 우리 오토바이라고 할 걸 그랬어!"

―――――

나는 장례식 전날에야 마마 보보의 죽은 올케를 소개받으러 갔다. 망자는 성장盛裝을 했다. 정성스레 말아 올린 머리에는 커다란 빨간 리본을 달고 무릎 주위에는 아름다운 직물을 둘렀다. 죽은 올케는 새로 자른 대나무로 만든 의자에 앉아 있었다. 턱이 가슴 쪽으로 살짝 내려앉아 있었다. 죽은 올케와 주변의 어둠 속에서 가만히 잠든 살아 있는 쪼글쪼글한 할머니들 사이에 차이점을 찾기가 쉽지 않았다. 지금은 더운 계절인 데다 북적대는 방 안에 시체가 벌써 일주일째 앉아 있는 것을 생각하면 놀라울 정도로 아무 냄새도 나지 않았다. 마마 보보가 나를 쿡 찌르자 나는 커다란 빈랑 주머니를 안주인의 발에 올렸다. 다른 사람들은 제물을 망자의 무릎 위에 올려두었지만 망자를 처음 만나는 나로서는 너무 친한 척하는 것 같았다.

망자는 마마 보보의 오빠의 네 아내 중 두번째 아내였다. 오빠는 2년 전에 죽었고 첫째 아내는 1년 전에 죽었다.

"순서대로 가는구먼."

그 자리에 있던 여자 하나가 말했다. 공통의 남편과 결혼한 순서대로라는 말이었다. 마마 보보가 돌아서서 시체 뒤 구석에 주저앉은 자그맣고 쪼글쪼글한 셋째 아내를 내게 소개해주었다. 움푹 들어간 입에 문 담배 덩어리가 겨우 얼굴의 형태를 유지해주었다.

넷째 아내는 따로 소개가 필요 없었다. 셋째 아내보다 적어도 10년은 어려 보이는 그는 최고급 양단을 두르고 남들을 아래로 내려다보고 있었다. 나중에 마마 보보가 일러주길 자기는 이 여자와 결혼한 후로 오빠와 말도 안 했다고 했다. 이유는 말해주지 않고 그저 고개를 저으며 거듭 말했다.

"옳지 않아. 옳지 않아."

내 벗은 오빠가 죽은 후에야 큰 물소를 보내 화해했다.

다음 날은 장례식 날이었다. 타룽 마을의 마마 보보네 베란다가 북적댔다. 사람들이 북과 공을 들고 나타났고 야자잎을 엮어 장막을 만드는 일에 열성으로 매달렸다. 오전 열 시쯤 마마 보보의 손자 빌리가 근사한 흰 물소를 끌고 왔다. 빌리는 벌건 눈을 게슴츠레 뜨고 매끈한 살결에는 길게 베인 흉터가 있지만 잘생긴 청년이었다. 그가 데려온 희

귀한 알비노 물소는 통통하게 살이 찐 데다 방금 목욕한 분홍색 피부가 돋보여서 끌고 온 사람과 잘 어울리는 한 쌍이었다.

아직 할 일이 많았다. 뿔 주변을 노란 비단으로 감고 이마에는 떠오르는 태양 문양을 만들었다. 그리고 매끈한 한쪽 뿔 끝에 야자잎을 고정해서 목 아래에 두른 후 반대쪽 끝을 다른 쪽 뿔에 걸어 목에 늘어지게 한 후 다시 반대편 뿔에 걸어 물소 머리 전체에 둘렀다. 이 장식이 노리는 효과는 물소 뿔이 얼마나 큰지 과시해서 소를 보내는 사람의 아량을 강조하는 것이다. 빌리는 한낮의 태양 아래 거죽이 반짝반짝 빛날 때까지 돼지비계로 물소를 문질렀다.

물소가 최고의 상태로 준비되자 집안 남자들이 물소 뒤로 늘어섰다. 모두 의례용 허리띠와 머리장식을 두르고 가장 좋은 칼을 찼다. 저마다 입에는 담배를 물고 손에는 북이나 공을 들었다. 그들이 연주하는 음악은 시내를 거쳐 망자의 마을까지 3킬로미터를 행진하는 동안 마마 보보 집안의 후한 인심을 널리 알렸다. 와이카부박 외곽에 늘어선 거대한 돌무덤 사이 논길로 난 뒷길도 있지만 그 길로 가는 것은 절대 안 될 말이다. 행렬은 북적이는 시장을 지나 큰길을 따라갔다. 거리에서 사람들은 행렬이 지나가게 길을 내주었다. 와! 저 소 좀 봐! 대단한 집안이구먼! 그 뒤로는 미니버스와 오토바이들이, 아닷 의식이 그렇게나 자주 도로에 던져놓는 장애물과 함께 뒤죽박죽 뒤엉켰다.

마마 보보는 집안 여자들을 실어 나를 "차편"을 대절했다. 우리는 모두 트럭 짐칸에 타고 교통체증을 피해 논길을 거쳐 마마 보보의 친정 마을 아래 시원한 대나무숲에서 남자들을 기다렸다. 언덕 아래 거대한 무덤 중 하나에 새로 자른 나무로 일종의 비계를 쳐놔서 몇 톤은 나갈 머릿돌을 들어 올릴 수 있게 해두었다.

"저기가 둘째 올케가 묻힐 자리야. 우리 부모님과 함께."

마마 보보가 속삭였다. 나는 깜짝 놀랐다. 보통 아내는 남편과 함께 묻히고 마마 보보의 오빠처럼 부유한 남자라면 자기 가족만 묻히는 묘지를 새로 만든다. 다른 세 아내는 남편과 함께 묻히기로 했다. 그러나 둘째 아내는 영생을 시부모와 함께 보내기로 했다. 죽어서까지 꼴 보기 싫은 최고급 양단의 넷째 아내와 한데 갇히기 싫어서였다.

"오래전에 그러기로 했어."

마마 보보가 말했다. 그러고는 한 마디도 더 하지 않았다.

행렬이 도착하고 남자들이 담배를 피우고 나자 우리는 장례식장으로 들어갔다. 마마 보보는 내 손을 잡고 언덕을 올라갔는데 들뜬 기분을 주체하지 못했다. 막바지에 이르자 그는 행렬 앞으로 나가 잘생긴 손자 빌리와 근사한 물소와 함께 앞장섰다. 우리의 위풍당당한 입장은 최대의 효과를 위해 세심하게 시간을 맞춘 것이었다. 우리가 도착하는 순간은 돌무덤 위와 집집마다 사람들이 북적대는 바로 그때였다. 수백 명이 마마 보보의 후한 선물을 눈으로 확인했다.

마마 보보가 짧게 조사를 하자 친정 집안의 대표가 답사를 하고 우리 조문단 전체가 줄을 서서 차례로 촌장에게 예를 표했다. 나는 마마 보보와 집안 어른들보다는 뒤였지만 마마 보보의 젊은 아들들보다는 앞에 섰는데 그건 제법 영예로운 자리였다. 다들 촌장과 코를 비비는 것을 보고 나도 내 코에 땀이 너무 나지 않기만 바라면서 똑같이 했다.

그러다가 문득 그가 쌀로 빚은 술을 얼마나 많이 마셨는지 깨달았다. 내가 가져간 담배 한 보루와 설탕과 커피 2킬로그램은 다른 조문 선물과 함께 옮겨졌고 다시 도살이 계속되었다.

벌써 새하얀 말 한 마리가 공터에 누워 있었다. 유리 같은 눈이 달린 머리는 목을 따라 난 기다란 상처를 따라 몸통과 분리됐다. 그 말을 가장 먼저 잡는 이유는 망자가 말을 타고 편안히 내세로 가게 하기 위함이었다. 다음으로 분홍색 뿔이 달린 물소 한 마리가 쓰러지고 물소 또 한 마리가 빨간 화환을 쓰고 도살장으로 들어섰다. 한 청년이 앞으로 뛰어나와 마체테를 꺼내 들고 물소의 경정맥을 쳤다. 내 옆 돌무덤 위에 있던 남자가 입안의 빈랑과 붉은 침을 카악 하고 뱉자 땅 위의 말 핏자국과 예쁘게 뒤섞였다. 제물을 망친 데 대한 그 나름의 의사 표시인 셈이었다. 성난 물소가 발을 구르고 힝힝대며 뒷다리 하나와 앞다리 하나를 묶은 밧줄을 붙든 남자들과 힘을 겨루며 버티고 있었다. 몇 번 더 내리치자 물소의 다리가 꺾이고 목에서 부글부글하던 피거품이 멈췄다. 젊은 도살자는 잠시 모습을 감췄다. 어설픈 일 처리로 가문 전체를 부끄럽게 만들었으니 나중에 벌금을 내야 할 것이다.

오후 서너 시쯤 되자 돌무덤들 사이가 제법 복잡해졌다. 피 웅덩이에 말 한 마리와 물소 일곱 마리, (무슬림 손님을 위해 할랄식으로 잡은) 암소 한 마리가 누워 있었다. 죽어서도 마마 보보의 물소가 최고였다. 마을의 높고 뾰족한 지붕들 위로 맹금류들이 빙빙 돌았다.

이제 죽은 짐승을 해체하기 시작했다. 집안 남자들이 짐승 가죽에 금을 긋고 조심스럽게 벗겨내자 거대한 자궁처럼 분홍색으로 빛나는 죽은 사체가 드러났다. 배를 가르고 내장을 꺼냈다. 김이 무럭무럭 나는 반쯤 소화된 풀은 바나나잎 위에 쌓아두었다.

해가 지자 돌무덤 위에 뻗어 있는 가죽이 벗겨진 물소 다리는 물랭루주의 빨간 풍차처럼 보였다. 말 머리가 버려진 광장은 어딘가 모르게 《대부》의 세트장 같았다. 돌무덤의 넓적한 윗돌에 놓인 공^{gong}, 말 가죽을 씌운 북, 반짝이는 간 더미가 섬뜩한 정물화처럼 보였다.

고기는 문중 원로가 선물과 기부 목록을 꼼꼼히 기록해놓은 공책을 보며 내리는 지시에 따라 나뉘었다. 나는 내가 가져간 선물뿐 아니라 내가 속한 가문의 선물 그러니까 오늘 잡은 물소와 그 주 내내 죽은 할머니와 차를 마시러 온 손님을 대접한 돼지 두 마리까지 계산해서 고기로 보답을 받았다. 그 말인즉슨 기다란 창자를 꼭꼭 채운 고기를 잔뜩 받았다는 얘기다.

표면상으로 물소를 선물하는 것은 죽은 사람 또는 그 가문에 대한 존경의 표시다. 근사한 물소 뿔은 종가 앞에 걸릴 것이다. 아마 전에 있던 작은 뿔을 치우고 그 자리에 걸지도 모른다. 그 정도로 물소는 계속해서 주는 선물이며 어떤 것보다 시각적으로 가문의 영예에 기여한다. 그러나 사실 마마 보보의 빛나는 물소는 존경에 관한 것이 아니었다. 그것은 복수에 관한 것이었다.

숨바에서는 어느 무엇도 진짜 선물이 아니다. 언제나 교환이다. 내가 살찐 물소를 "증여"하면 받은 사람은 그 즉시 적어도 그만한 뿔 달린 짐승을 빚진 것이다. 그 빚은 언제인지 알 수 없지만 언제든지 내 할머니나 남편이나 내가 세상을 떠나면 반드시 갚아야 하는 그런 빚이다. 여분의 물소가 없다면 어떻게 해야 하는가? 어떻게 해서라도 의무를 다해야 한다. 남에게 빌려준 돈을 돌려받거나 아니면 돈을 빌려서 의무의 그물망을 더 복잡하게 만드는 방법도 있다. 빚을 갚기 위해 자식이 학교를 그만두거나, 논을 팔거나, 숨바의 주기적인 가축 약탈 철에 물소 한 마리를 훔쳐야 한대도 그래야 하는 것이다.

그러니까 그토록 후한 장례 선물을 "증여"해서 마마 보보는 최고급 양단을 두른 넷째 올케에게 골칫거리를 안겨준 것이다. 결혼을 둘러싼 의무들과 마찬가지로 이 의례적 교환의 그물망에도 중요한 문화적 기능이 있다.

이것은 기름진 화산토도 없고 대지는 척박한 이 인도네시아의 구석에서 정교한 보험 체계로 작동한다. 그리고 시간이 흐를수록 부의 불평등을 해소하는 데 꽤 효과적인 방법이 되기도 한다. 해골이 하나 걸린 집이나 스무 개 걸린 집이나 집 안의 일상생활은 크게 다르지 않기 때문이다.

어떤 사람들은 벗어날 수 없는 그물망에 얽히는 것을 분명 경계한다. 비교문화 실험에서 심리학자들은 숨바와 비슷한 선물증여 문화가 있는 곳에서 온 이들은 갚아야 할 빚이 따라올까 봐 낯선 사람의 호의를 거절할 가능성이 높다는 것을 발견했다.* 이런 문제는 대개 구세계의 문화적 의무가 현대화하는 세계의 요구와 부딪힐 때 발생한다. 이전의 닫힌 공동체 안에서 아닷은 존경과 사회적 명성의 징검돌이었다. 그러나 젊은 인도네시아인들의 지평선은 부모들의 것보다 훨씬 넓다. 위성 텔레비전, 인터넷, 저가항공, 지역정부 장학금 등이 더 큰 인도네시아와 더 넓은 세계를 가리던 장막을 걷어 올렸기 때문이다.

더 넓은 세상으로 가는 중요한 경로는 교육이다. 가족계획의 실패를 찬양하며 교육과 아닷은 양립할 수 없다고 한 타룽 마을 대사제의 말이 옳을 것이다. 나는 숨바에서 아닷의 의무를 제때 갚지 못해 학교를 그만두었다는 청년을 여럿 만났다. 소중한 물소를 의식에 끌고 가서 목을 그으며 돌무덤 사이 흙 위에 쏟아지는 피가 자신의 미래와 희망과 함께 흘러내리는 것을 똑똑히 알면서 지켜보는 고뇌는 어떤 것일까? 이런 일 때문에 화나지 않느냐고 물어보자 그들은 그저 어깨를 으쓱했다.

"아닷은 아닷인데 우리가 뭘 어쩌겠어요?"

중앙정부는 누가 죽을 때마다 어른들이 가족의 부를 난도질하지 않는다면 이런 젊은이들의 열망을 충족하기 쉬워질 것이라고 생각했다. 적어도 1987년부터 자카르타의 수하르토 정부는 피로 물든 숨바의 모래에 선을 그으려 했다. 의식 한 회당 물소 다섯 마리 이상을 잡지 못하도록 한 것이다. 그러나 숨바는 자카르타에서 멀고도 멀다. 그런 규제가 통할 리 없었다. 최근에는 지역 정치인들이 도살을 규제하려 해봤지만 별 성과를 거두지 못했다. 그들 또한 자기 집안의 의례에서 특히나 선거운동을 할 때는 도살의 규모를 속이기 때문이다.

어느 날 숨바 남해안의 와노카카 해변을 따라 길게 펼쳐진 길 어디쯤 범람원에서 길을 잃고 헤매다 팍 페트루스를 만났다. 그는 11헥타

- Henrich et al., "In Cross-Cultural Perspective: Behavioral Experiments in 15 Small-Scale Societies", *Behavioral and Brain Sciences* 28, no. 6 (2005): 795.815.

르나 되는 땅을 가진 마을의 원로였다. 나는 길을 알려줄 사람이 필요했고 그는 태워줄 오토바이가 필요했던 차라 어쩌다 보니 나는 그 부부네 집에서 며칠이나 묵게 됐다. 하루는 저녁에 페트루스의 친구들과 앉아 이야기를 하는데 팍 페트루스가 내 월급이 얼마인지 궁금해했다. 가고 싶은 데는 다 가고 마음대로 여행을 하다니 내가 엄청난 부자임에 분명하다고 했다! 나는 깔깔 웃었다.

"부자요? 저번 의식 때 팍이 잡은 물소 네 마리 중 하나만 팔아도 여섯 달은 여행할 수 있어요. 그런데도 *내가* 부자라고요?"

내 말에 페트루스와 친구들은 벼락을 맞은 듯 놀랐다. 그날 이래 그는 만나는 사람마다 붙잡고 이 이야기를 했다. 매번 이 이야기는 엄청난 토론거리이자 세찬 고개 흔들기의 이유가 되었다.

나중에 서숨바 출신 사업가와 이야기한 후 나는 페트루스가 왜 그렇게 놀랐는지 짐작할 수 있었다. 그 사업가에게 어째서 와이카부박의 가게는 거의 다 중국계 소유인지 물어보았다.

"그건 자본 때문이죠. 우리 가문에서는 자본을 돈이 아니라 가축으로 셉니다. 하지만 가축 수백 마리가 있다고 해도 그걸로는 시멘트 한 부대도 못 사죠."

정부의 "도살 금지" 정책 아래 깔린 생각은 가축과 시멘트가 교환 가능하다는 것이다. 물소를 덜 죽이고 산 물소를 팔아서 트랙터를 사거나 호텔을 지어라. 돈을 벌어서 트랙터를 한 대 더 사라. 부자가 되어라. 이 모두를 한 마디로 하면 자본주의다.

하지만 아직 일이 그렇게 돌아가지 않는다. 숨바의 끈끈한 문화에는 완전히 다른 두 종류의 자본이 있다. 돈, 시멘트, 가게 같은 금융자본은 물소와 돌무덤 같은 다른 형태의 문화자본이 될 수 있다. 하지만 이 전환은 일방적이다. 문화자본은 산 자와 죽은 자를 포함한 가문 전체의 재산이다. 개인은 문화자본에 기여할 수 있고 그 문화자본은 세상에서 개인의 자리를 확고하게 해준다. 그러나 자식의 교육이나 공장에서 쓸 발전기나 인도마켓 경영권을 사기 위해 문화자본을 팔 수는 없다. 내가 팍 페트루스에게 소 한 마리를 팔면 여섯 달 동안 여행할 수 있다고 했을 때, 그들에게 내 말은 마치 공기를 사유화해 팔아넘긴 돈으로 금테를 두른 변기를 사겠다는 말처럼 들렸을 것이다.

인도네시아인이 숨바의 벽지 같은 곳에서만 개인의 필요와 욕망에 따라 부자가 되기보다 아닷에 부응하며 살기로 선택하는 것은 아니다. 지역경제는 인도네시아에서 가장 "현대적"이되 문화는 가장 끈끈한 발리를 생각해보라. 발리는 수마트라와 자바 곳곳에 있던 힌두교 왕국들의 마지막 보루로 그 화려한 문화를 물려받았다. 지금도 그런 왕실 의례의 축소판이 열리지 않고 지나가는 날이 거의 없을 정도다. 사원에서 축제가 있을 때마다, 치아 갈기 의례나 화장용 장작에 불을 붙일 때마다, 하던 일은 그만두고 옷을 차려입고 아닷의 공을 친다. 이런 의례와 축제는 2012년에만 외국인 관광객 300만 명을 불러들인 발리의 중요한 관광자원이다. 그러나 동시에 관광업을 하는 이들을 곤란하게 만든다. 발리에서 일하는 외국인 호텔리어는 이렇게 불평한 적 있다.

"반나절 동안 머리에 열대과일 더미를 얹은 늘씬한 갈색 피부 여자들 사진을 찍고 와서 기분이 좋은 러시아 손님이, 직원이 사원에 가는 바람에 아직 세탁이 안 끝났다고 하면 폭발하고 마는 거죠."

발리에도 매년 아무 의식이 없는 날이 하루 있긴 하다. 바로 녜피 Nyepi, 곧 침묵의 날로 이날은 그 누구도 아무 일도 하지 않는다.

―――――

숨바의 어느 비 오는 날 오후 나는 마마 보보네 베란다에서 뒹굴다가 내 인도네시아 대형 지도를 꺼냈다. 지도는 어린이를 끌어모으는 자석이었다. 몇 분 만에 여남은 명이 몰려들어 목을 빼고 끈적끈적한 손가락으로 지도 여기저기를 가리키고 구기고 문질러댔다.

"숨바는 어디일까?"

내가 물었다. 어어어……. 잠시 자기들끼리 실랑이를 벌이더니 나이 많은 아이가 우리가 있는 섬을 가리켰다.

"그럼 내가 사는 자카르타는 어디일까?"

그 질문에 아이들은 당황했다. 도시와 섬, 섬과 주, 주와 나라를 뒤죽박죽 섞었다. 한 아이는 말레이시아가 인도네시아의 한 주라고 주장했다. 말레이시아에 늘 눈독을 들였던 국부 수카르노가 저승에서도 이 아이를 기특하게 여길 것이다.

아이들이 내게 다음에는 어디로 갈 거냐고 물어서 숨바와 티모르 섬 사이의 바다에 자리 잡은 작은 섬 사부를 가리켰다. 이어서 손으로 티모르섬 가장자리에서 오스트레일리아 대륙의 끄트머리를 지나 파푸아의 인도네시아 영토까지 이어지는 섬들의 작은 얼룩들을 잇는 긴 호를 그려 보였다. 그 얼룩 중 한두 개의 이름을 대고 나자 밑천이 바닥났다. 나는 그중 어디에도 가본 적도, 가보았다는 사람을 만난 적도 없었다. 아이들은 지도를 채 가더니 얼굴을 찌푸리며 얼룩들을 자세히 보고 내게 문제를 냈다.

"좋아요, 똘똘이 아줌마, 키사르^{Kisar}섬 옆에는 무슨 섬이 있죠?"

우리는 내가 다음에 숨바에 오면 지리 퀴즈 대회를 열기로 했다. 나는 그날 저녁 와이카부박으로 나가 아이들에게 퀴즈 준비용으로 줄 지도를 찾아 나섰다. 서숨바 지도와 숨바가 속한 주인 NTT* 지도마저 구할 수 있었다. 하지만 와이카부박을 다 뒤져보아도 인도네시아 지도가 있는 가게는 없었다. 잡화점의 무표정한 중국계 상인이 먼지 쌓인 상품 더미에 손을 대면 마법처럼 인도네시아 지도가 나올 줄 알았지만 없었다. 서점에도 읍내의 여러 문구점에도 인도네시아 지도는 없었다.

숨바에는 인도네시아가 존재하지 않았다.

● "엔테테"에 가깝게 발음하는 Nusa Tenggara Timur, 곧 동누사퉁가라의 줄임말이다. 섬사람들은 NTT가 Nusa Tertinggal Terus 곧 "계속 무시당하는 섬들"의 줄임말이라고 씁쓸하게 농담을 한다.

4장
내 나라의 이방인

플로레스에서 인도네시아인의 이주를
생각하다

지도 B: 동누사틍가라(엔테테NTT)주 플로레스섬 동쪽과 주변의 섬들

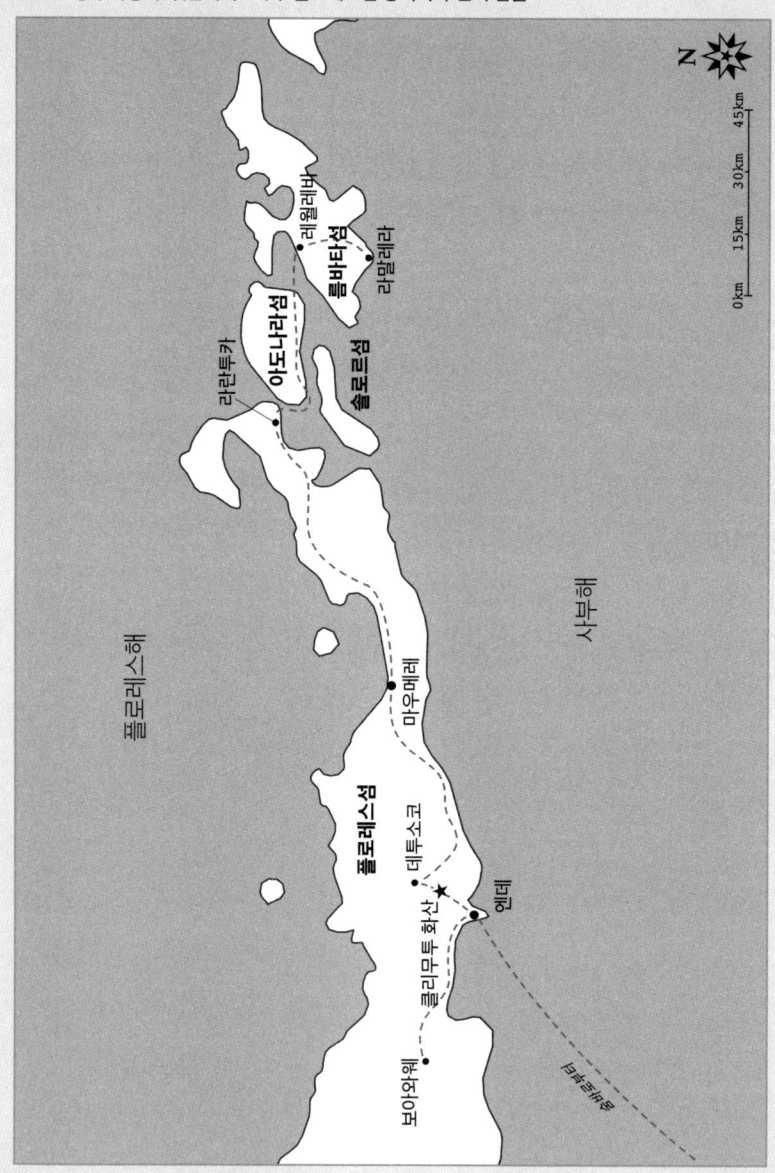

인도네시아 동쪽의 작은 섬에 사는 사람들과 배는 불가분의 관계다. 석유, 달걀, 쌀, 설탕 같은 생필품이 모두 큰 화물선에 실려서 오기 때문에 배가 얼마나 자주 오느냐에 따라 시장가격이 정해진다. 페리는 더 넓은 세계로의 탈출 수단이기도 하다. 느리고 불편하고 바닥이 평평한 카페리가 스물네 시간씩 섬과 섬 사이를 돌아다닌다. 국영기업 펠니^{Pelni}사의 승객용 대형 페리는 네덜란드 "증기선회사$^{steam-packets}$"가 처음 만든 항로를 따라 인도네시아 군도의 이쪽 끝에서 저쪽 끝까지 운행한다. 섬사람들은 이 배 각각의 이름을 다 안다. 항구에서 이 배들의 시간표는 일종의 집단기억으로 모두에게 각인되어 있다.

나는 숨바 동쪽의 와잉아푸 항구에서 한 달에 한 번 출발하는 펠니 페리를 타고 작은 섬 사부에 갈 계획이었다. 일본 점령기에 일본군이 처음 닦은 숨바 관통 도로를 따라 꼬박 네 시간이 걸리는 와이카부박에서도 사람들은 이 페리의 출발 일정을 정확히 알았다. 서숨바에 사는 친구들이 내가 그 페리를 놓치지 않게 합승택시를 예약해줬다.

하지만 항구에 도착해보니 페리는 흔적도 없었다.

"라기 도킹, 부. $^{Lagi\ doking,\ Bu.}$"

경비원이 친절히 일러주기를 배는 정기점검을 하러 수리소에 가 있다고 했다.

"그래도 다음 달에는 운행할 겁니다."

부두 더 아래쪽에는 숨바 망아지들이 힝힝거리며 숨바에서 북동쪽에 있는 플로레스섬으로 가는 카페리에 실리던 중이었다. 나는 그 배에 올라타 시큼한 갯내 나는 해초를 실은 트럭 두 대 사이에 간신히 자리를 잡았다. 나와 함께 배에 오른 승객으로는 망아지와 도박꾼 한 무리 외에 건초 더미 옆에 묶인 슬픈 눈의 암소 한 마리였다. 이런 예기치 않은 사건과 사고가 여행의 경로와 일정을 결정하는 일이 다반사다.

애니미즘을 믿던 플로레스가 가톨릭으로 개종한 것은 17세기에 포르투갈 선교사들이 자리 잡으면서였다. 후끈한 수마트라나 울창한 자바와 비교하면 플로레스의 해안 지역은 메말랐지만 이 섬의 등골을 이루는 화산 여남은 개가 뿜어대는 화산재 덕분에 고지대는 충분히 비옥하다. 이 화산들은 플로레스 북동쪽의 길고 구불구불한 백사장 해안과 더불어 숨 막힐 듯 아름다운 경치를 만들어낸다. 저녁이면 산은 안개에 휩싸이고 살아 있는 모든 것은 신비로운 공기를 마신다. 그날도 그런 저녁이었다. 나는 작은 읍 데투소코^{Detusoko} 근처의 골짜기로 걸어 들어가다가 강가에 앉은 여자들을 만났다. 가슴에 사롱을 둘러 몸을 가린 어머니의 등을 딸이 비누거품을 낸 돌로 밀어주고 있었다. 여자들이 손을 흔들었다.

"여기 와서 목욕해요!"

"감기 걸리기 싫은데요."

내가 소리쳐 대답하자 10대 소녀 하나가 깔깔대며 내게 물을 튀겼다. 물은 따뜻했다. 이 여행을 시작한 이래 한 번도 따뜻한 물로 씻지 못했다. 나는 옷을 입은 채로 강물로 걸어 들어가 대지가 선사하는 작은 사치 중 하나인 이 온기가 나를 감싸도록 몸을 맡겼다.

강물이 따뜻할 것이라고는 생각지도 못한 것은 그곳에 "오브엑 위사타$^{obyek\ wisata}$" 곧 "관광 대상"임을 알리는 표지판이 없었기 때문이다. 영어로 직역하면 "tourism object"라서 이상하게 들리는 "관광 대상"은 인도네시아 관료집단이 생각하는 관광산업의 핵심 요소이다. 눈부시게 아름다운 폭포가 관광 대상이 되는 순간 그 주변에는 시멘트로 소나무 모양을 본떠 만든 탁자와 벤치가 설치된다. 인간의 손이 거의 닿지 않던 해변이 관광 대상이 되는 순간 분홍색 콘크리트 벽이 둘러쳐지고 "선셋 해수욕장 관광 대상에 오신 것을 환영합니다."라고 쓴 아치형 입구를 통해서만 들어갈 수 있다! 온천이 관광 대상이 되는 순간 쓰러져가는 나무 헛간 안 물때 낀 타일 욕탕으로 온천수를 보내는 파이프가 생긴다. 수려한 협곡 사이를 오가는 오솔길에는 노점상이 늘어서고 먹다 버린 음료수 봉지로 뒤덮인다.

플로레스 중부는 이런 끔찍한 호러를 기적처럼 피한 듯했다. 데투소코는 인도네시아에 가장 유명한 자연경관 중 하나인 클리무투 화산에서 30킬로미터쯤 떨어진 곳이다. 1989년에 인도네시아에 왔을 때 클리무투 화산에 오른 기억이 생생하다. 거대한 분화구 안에 칼데라 호가 셋 있는데 물색이 각각 흰색, 초록색, 핏빛이었다.

"지금은 호수 색깔이 달라졌답니다."

데투소코에서 머물던 수도원에서 한 수녀가 일러주었다. 그렇다면 호수를 보러 가야 한다.

큰길에서 버스를 잡아타려고 기다리는데 커피 노점에 앉아 있던 청년이 오젝으로 데려다주겠다고 했다. 오젝이란 오토바이 택시로 보통 작은 혼다 아니면 야마하 스쿠터지만 인도네시아의 빈곤한 주에서는 털털대는 고물일 때가 많다. 시내를 돌아다닐 때야 괜찮지만 클리무투 화산으로 가는 산길 30킬로미터를 오젝으로 가기란 무리다.

"좋아요. 그럼 내가 커피 한 잔 사죠."

청년이 제안했다. 그래서 나는 커피를 마셨다. 버스가 덜컹거리며 우리를 지나쳐 갈 때까지도 그 커피를 다 마시지 못했다. 그리하여 나는 오젝을 탔다.

길은 깊은 골짜기 위로 뱀처럼 구불구불 이어졌다. 이른 아침의 다정한 햇살을 받아 말갛게 빛나는 계단식 논이 강 아래까지 이어졌다. 오젝 기사 안톤은 꼬불꼬불한 길과 씨름하며 실은 축산업에 관심이 많다고 했다. 그는 오토바이를 태워주고 돈을 받는 것을 거의 수치스러워했다.

"미스, 내가 그렇게 멍청하거나 게으른 건 아니랍니다. 고등학교는 나왔어요. 하지만 대학 갈 형편은 안 됐고 여기선 벼농사 짓는 거 말고는 뭐가 있겠어요? 여기는 거기 자바 같지가 않아요……."

자바는 수하르토가 온 나라에 그 가치를 새기려고 한 신비의 타국이다. 안톤에게 자바에 가본 적 있느냐고 물었다.

"어디요? 자바요? 그럴 리가……."

믿을 수 없다는 그의 목소리는 내가 마치 바티칸의 성베드로대성당에 가본 적 있는지 묻기라도 한 듯했다. 하지만 좀 이따가 그는 자기 형제 중 둘은 자바에서 일한다고 했다.

"자바에 가서 형제들과 살면서 대학에 다니고 여기서 하듯 오젝으로 돈을 벌어 생활비를 댈 수는 없는 건가요?"

"하지만 거기는 달라요, 미스. 여기 같지 않아요."

그는 산사태로 생긴 거대한 흙더미를 피하려고 오토바이를 돌리더니 크게 웃었다.

"봐요. 자바에는 이런 게 없다고요!"

안톤은 "거기" 대학에서 자기 같은 완전 시골뜨기를 받아줄지도 걱정이었다. 나는 "해보기 전에는 알 수 없다." "최악이라고 해봐야 돌아와서 지금 하는 일을 다시 하는 것 아니냐." 이런 뻔한 격려의 말을 해주었다.

그 후 몇 달 동안 안톤은 종종 내게 안부 문자를 보냈고 나는 늘 답장을 보냈다. 그렇게 1년쯤 지났을 때 깜짝 놀랄 일이 벌어졌다.

"안녕하세요, 미스. 지금 어디인가요? 나는 수라바야예요."

문자를 받던 그때 마침 나는 자바에서 두번째로 큰 도시 수라바야로 가는 비행기를 기다리던 중이었다. 다음 날 저녁 안톤을 만나 커피를 마셨다. 안톤은 수의학과 대학에 다니고 있었다.

"미스가 한 말을 생각했어요. 그리고 그 말이 맞다고 생각했어요. 해보지 않고서는 성공할 수 없는 법이라고요."

자바는 걱정했던 것만큼 완전히 다른 곳은 아니었다고 했다. 아직도 촌놈 같다고 느낄 때가 있지만 플로레스 출신 친구들이 하늘에서 내려온 동아줄이 되어준다고 했다.

"데투소코에 앉아서 승객을 기다리는 것보다는 나은 것 같아요."

안톤이 나를 이름마저 새소리 같은 클리무투에 내려주었을 때도 반짝이는 아침 공기와 끝없이 펼쳐지는 아름다운 풍경에 가슴이 터질 듯한 그런 날이었다. 새들이 노래하고 나비들이 유혹하는 가운데 나는 지구상에서 가장 아름다운 곳에 홀로 있었다. 클리무투의 호수 셋 중 나란히 붙은 둘은 울퉁불퉁한 바위벽으로 갈라져 있다. 내 기억에 그중 하나는 에메랄드 같은 녹색이고 또 하나는 우윳빛, 좀 떨어져 있는 세번째 호수는 끈적하게 말라붙은 핏빛이었다. 하지만 이번에는 나란히 붙은 둘이 서로 색깔이 섞인 듯 터키석 같은 연청록색 쌍둥이가 되었다. 구름이 뭉게뭉게 피어오르자 구름 그림자가 호수 표면에 어른거렸다. 세번째 호수로 가는 흙먼지 쌓인 길을 오르다가 맥가이버칼만 한 낫으로 광대한 관목수풀과 싸우는 외로운 관리인을 지나쳤다. 현지인들이 늙은 영혼이 안식을 찾는 곳이라고 믿는 핏빛 호수는 이제 거의 검은색으로 짙어졌다. 나는 우윳빛 호수가 연청록색이 된 후 그곳에서 안식을 찾던 처녀와 순수한 이들의 영혼은 어떻게 되었을지 궁금해졌다. 지질학자들은 호수 색깔의 변화를 호수 아래 공기구멍으로 유입되는 광물의 작용 때문이라고 설명한다. 클리무투국립공원 공식 홈페이지의 설명에도 불구하고 여기 사람들은 호수 색의 변화가 군부 출신 인사가 인도네시아 대통령으로 선출된 것에 대한 정령들의 반응이라고 여겼다.

    나는 한동안 새소리와 가끔 들리는 벌레 소리 외엔 아무 소리도 없는 고요 속에 앉아 있었다. 11월 중순이라 비수기이긴 했지만 그래도 이 모든 장엄한 광경을 즐기는 사람이 나밖에 없는 것이 놀라웠다. 조국의 경이로운 자연을 탐험하는 자바의 부유한 사립학교 학생들을 태운 버스도, 찰칵찰칵 셔터를 눌러대는 화산 마니아 일본 관광객도, 맨체스터나 샌프란시스코 아니면 베를린의 대학에 입학하면 자랑할 이

국적인 모험담을 찾는 갭이어gap-year 배낭족조차 없었다. 나는 물론 이 고요함과 적막에 감격했다. 하지만 인도네시아를 대신해서는 화가 날 지경이었다.

―――――

인도네시아가 세계 무대에서 제 무게에 걸맞은 체급으로 인정받지 못하는 것은 분명하다. 2012년 런던올림픽에 참여한 인도네시아 선수는 겨우 22명으로 인구 1,000만 명당 1명에도 달하지 못하는 수다. 인도네시아군은 한때 유엔 평화유지군으로 인기였지만, 국제기구 고위직에 인도네시아인은 극소수이며 장급은 아예 없다. 노벨상을 받은 인도네시아인도 없다.•

(9개 언어에 능통했던) 수카르노가 제국주의를 규탄하며 세계를 누비고 훼방꾼 이웃 나라를 향해 삿대질을 하던 시절의 인도네시아는 훨씬 주목받았다. 그러나 수카르노의 양陽외향성과 비교하면 늘 음陰내향적인 수하르토는 영어도 서투르고 국제무대를 불편해했다. 그가 간신히 나라 밖으로 나온 것은 가까운 이웃 나라들과 동남아시아국가연합 아세안ASEAN, 곧 동남아시아에서 그다지 민주적이지 않은 지도자

• 네덜란드령 동인도에서 각기병 연구로 1929년 노벨의학상을 받은 네덜란드인 크리스티안 에이크만Christiaan Eijkman이나, 인도네시아 통치에 반대하는 활동으로 1996년 노벨평화상을 받은 동티모르의 주세 라모스 오르타Jose Ramos Horta(받을 당시에는 인도네시아 국적), 카를로스 벨로Carlos Belo 주교(2022년 9월 한 네덜란드 주간지가 벨로 주교의 아동 성학대 의혹과 교황청의 축소 의혹을 보도한 일이 있었다.―옮긴이)를 포함하지 않으면 그렇다.

들이 일종의 상호 지지집단을 결성할 때 그 주축으로서였다. 그러나 30년간 수하르토가 인도네시아를 국제 사회의 관심 밖에 두는 동안 인도네시아인들도 별다른 노력을 하지 않았다.

다른 나라에 정착한 인도네시아인의 수도 놀랄 정도로 적다. 물론 인도네시아인 계약 이주노동자는 많다. 2012년 현재 400만 인도네시아인이 외국에서, 특히 사우디아라비아와 말레이시아에서 화장실을 청소하고 플랜테이션 농장에서 잡초를 뽑고 호텔을 짓는다. 그러나 이들 대부분은 "고용계약package deal"에 따라 정부가 공인한 인력송출업체를 거쳐 기수별로 보내지고 계약이 만료되면 돌아온다. 이런 식의 이주로는 디아스포라를 형성할 수 없고, 문제는 해외에서 한 나라의 영향력이 커지려면 그 나라의 디아스포라가 필요하다는 점이다.

몇 년 전 어느 밤 나는 친구 루위를 만나 이 디아스포라의 부재에 대해 곱씹어보았다. 루위는 프랑스인 할아버지를 둔 상위 중산층 출신 고학력 디자이너다. 외국인 친구도 많고 여권에는 스탬프가 가득하다. 한국이나 콜롬비아 출신이라면 뉴욕이나 파리에 살았을 정확히 그 유형이다. 때는 새벽 네 시였고 우리는 그의 파란 폭스바겐 비틀을 타고 자카르타 이곳저곳을 목적 없이 도는 중이었다. 나는 국가 정체성에 대해 계속 떠들었다. 그런 나를 그가 쳐다보더니 물었다. "배고프지?" 그 말이 떨어지자마자 갑자기 허기가 느껴졌다. "응." 몇 초 만에 그는 길가 노점 앞에 차를 세웠고 몇 분 만에 우리는 인도에 깐 야자잎 자리 위에 김이 모락모락 나는 오믈렛과 달짝지근한 생강차를 앞에 두고 앉았다. 나는 다시 과몰입 중이던 민족주의적 주제로 돌아갔다.

어째서 해외에 사는 인도네시아인은 그토록 적은가? 해외에서 공부하거나 일하다가 돌아가는 이유 중 하나는 인도네시아에서 누릴 수 있는 사회적 지위와 소득이 자석처럼 그들을 고국으로 돌려보낸다는 점이다. 그러나 다른 이유도 있다. 루위는 오플렛에서 고추 양념 범벅인 새우를 집어 들며 손짓으로 이 한밤의 즉석 만찬에 만족감을 표하면서 이렇게 말했다.

"이런 거 다 없이 어떻게 살아?"

오젝 기사 안톤같이 고향에서 불만스러운 청년들조차 더 나은 삶을 찾아 굳이 해외로 갈 필요가 없다. 거의 외국인 같은 기회를 주는 곳이 나라 안에도 수없이 많은데 무엇 때문에 외국까지 가는가? 다른 섬으로 흘러 들어가는 것만으로 완전히 새로운 언어, 화폐단위, 강경한 공권력 앞에서 벌거벗겨지지 않고도 고향이나 가문과 뒤엉킨 실을 풀고 새로운 전통춤을 배우고 새로운 음식을 먹을 수 있다.

인도네시아를 하나로 묶기도 다시 나누기도 하는 것이 바로 음식이다. 지역마다 저마다의 음식이 있지만, 내가 여행 초반에 거친 빈곤한 섬들의 소읍에서는 화가 날 정도로 지역 음식을 맛보기가 어려웠다. 누군가의 집에 초대받아야 간신히 습지 풀을 곁들인 파파야잎이나 옥수수와 호박범벅을 먹어볼 수 있었다. 길거리 노점이나 작고 허름한 식당에서 자기 지역 음식을 만들어 파는 이들은 인도네시아 전역을

누비는 일부 떠돌이 종족에 불과하다. 그중에서 가장 유명한 것은 서수마트라주 주도의 이름을 딴 파당 요리를 만들어 파는 미낭카바우Minangkabau족이다.

미낭카바우는 인도네시아어에서 이주를 가리키는 단어 므란타우merantau의 기원지이기도 하다. 므란타우는 돈을 벌러 해외로 나가는 것을 뜻하는데 미낭카바우족 남자들이 늘 해온 일이기도 하다. 얼마 전까지도 미낭카바우족은 벽이 위로 갈수록 살짝 바깥쪽으로 넓어지고 지붕 끝은 물소 뿔처럼 뾰족한 큰 목조가옥 루마가당Rumah Gadang에서 여러 세대가 함께 살았다. 모계제인 미낭카바우 사회에서 이 집은 여성 소유다. 어린 소년은 어머니와 함께 살 수 있지만 성인이 되면 집에서 나가야 한다. 어머니의 집을 떠나면 결혼해서 아내의 집으로 들어갈 때까지는 살 곳이 없다. 그 해결책이 바로 서수마트라 밖으로 나가 돈 벌 기회를 찾는 것이다.

서수마트라인들은 인도네시아를 식당 하나로 정복했다. 마치 맥도널드가 미국을 정복한 것과 비슷하지만, 부지런한 가족 식당 업주의 주머니에 빨대를 꽂는 대기업 없이도 이뤄낸 일이다. 파당 음식점은 물소 뿔처럼 뾰족한 지붕 모형을 달고 있어 금방 알아볼 수 있으며 안 어울리게 핸드폰이나 오토바이 부품 전면 진열장이 딸려 있을 때가 많다. 전통가옥의 지붕 모양을 만들 공간이 없으면 적어도 유리창에 미낭 전통가옥 로고라도 그려져 있게 마련이다. 패스트푸드광에게 맥도널드의 노란 아치 로고가 그렇듯 이 미낭 로고는 인도네시아 어디에나 있고 또 쉽게 알아볼 수 있다.

파당 음식점은 자신만의 독특한 문화를 가지고 있다. 음식 준비는 새벽부터 시작된다. 오전 아홉 시쯤이면 유리 진열장에 큰 통에 담긴 음식이 차례로 놓인다. 거기에는 질긴 부위의 쇠고기에 빨간 고추와 코코넛밀크를 넣고 육수와 향료가 어우러지고 고기가 결대로 찢길 만큼 부드러워질 때까지 여러 시간 졸인 른당rendang이 있게 마련이다. 깊은 맛의 코코넛밀크 소스에 잠긴 데친 카사바잎 아니면 잭프루트도 언제나 있다. 그 외 열 가지가 넘는 다른 반찬도 있다. 그 상당수는 벌써 작은 접시에 담겨 큰 통들 위 칸의 선반에 피라미드 모양으로 쌓여 있다. 강렬한 향의 콩과 새우는 다 소화된 후 화장실에서도 그 자극적인 향을 다시 느끼게 해준다. 빨간 고추 양념을 곁들인 가지, 흐릿한 잿빛 소스 위에 떠 있는 혹 달린 뇌, 말린 스펀지 같은 질감이 날 정도로 얇게 썰어 바싹 튀긴 허파, 매끈하게 껍질을 까서 군데군데 되직한 향료와 양념을 두른 삶은 달걀, 하얀 눈으로 허공을 쳐다보는 구운 생선, 짓이긴 녹색 고추 양념 한 접시, 이 모두가 입맛에 맞지는 않더라도 그중에 적어도 *한 가지*는 좋아하게 될 것이다.

진열장에는 레이스 커튼을 쳐서 배고픈 파리가 들어가지 못하게 막는다. 큰 파당 식당에 가면 자리에 앉자마자 식탁 위에 각각의 음식이 담긴 접시가 쫙 펼쳐지고 손님 앞에는 코코넛 껍데기만 한 쌀밥이 놓이기도 한다. 그리고 손님은 먹은 것만큼만 계산하면 된다. 작은 파당 식당이라면 진열장에 가서 직접 음식을 고른다. 포장은 언제나 환영이다. 코팅한 크라프트지를 원뿔 모양으로 말아 밥과 반찬을 넣어주는 나시붕쿠스nasi bungkus는 서구에서의 샌드위치만큼 흔하다. 더군다나

파당 음식은 인도네시아인 대부분에게 안전하다. 미낭카바우족은 독실한 무슬림이기 때문에 시도 때도 없이 돼지를 잡는 숨바 같은 섬에서도 파당 음식을 먹다가 할랄 원칙을 어길 일은 결코 없기 때문이다.

미낭카바우족이 전국 방방곡곡의 허름한 식당 유리창에 물소 뿔 형태의 지붕 마크를 새겼고, 자바 출신 노점상이 두부튀김 전국구 프랜차이즈를 지배하지만, 마주칠 때마다 나를 기쁘게 하는 또 다른 이주의 종족 사삭Sasak족도 빼놓을 수 없다. NTB(누사틍가라바랏Nusa Tenggara Barat: 서누사틍가라)주의 롬복Lombok은 발리 바로 동쪽의 이웃 섬이다. 이 섬 출신 사삭족 청년들은 인도네시아 전역에서 코코넛워터 노점이란 틈새를 장악했다.

날은 덥고 목이 말라 살짝 짜증이 나려고 할 때, 길가 노점에 붙은 형광주황색 비닐을 잘라 만든 글자 "에스클라파 엔테베ES KELAPA NTB" 곧 NTB식 아이스 코코넛워터보다 사람을 신나게 하는 것은 없을 것이다. 행상이 끄는 수레는 바퀴 달린 노점인 평범한 카키리마kaki lima다. 보통 진한 녹색이나 분홍색 페인트칠을 한, 높이 2미터 정도에 폭 1미터 정도인 목재 장에, 일종의 주문 및 계산대를 겸한 유리판 거치대를 달고, 그 위에 파는 상품명을 삐뚜름하게 써두거나 스티커로 붙여둔다. 행상이 파는 품목은 에스클라파, 두부튀김, 사테 꼬치, 심지어 나시파당까지 무엇이나 가능하다. 이 구조물 전체는 큰 자전거 바퀴 두 개 위에 올라가 있고, 한쪽 끝에는 손잡이 한 쌍이 달려 있어 길가를 따라 이동할 때면 손수레처럼 밀 수 있다. 반대편 끝에는 짧은 나무다리가 달려 있어 노점을 세울 때 고정해주는 역할을 한다.

나는 "다리 다섯 개"를 뜻하는 카키리마라는 이름이 바퀴 둘, 나무다리 하나, 행상의 다리 둘을 합친 데서 온 것이라고 여기기를 좋아한다. 하지만 이 표현은 유럽에서 벌어진 나폴레옹 전쟁으로 인해 영국이 1811년에서 1816년까지 일시적으로 자바를 점령했을 때 자바 총독이었던 스탬퍼드 래플스Stamford Raffles 시절의 법령에서 비롯한 것이라고 한다. 래플스는 모든 인도는 5피트 이상이어야 한다는 칙령을 내렸는데, 노점은 인도 위에 자리 잡았기에 그 이름을 흡수했다는 것이다.

    이런 노점은 필요한 것을 거의 모두 충족할 수 있도록 기똥차게 개조된다. 서랍이며 서랍식 선반, 내장된 얼음 통, 숯 화로나 가스통, 접었다 폈다 할 수 있는 우산과 차양 등 노력을 최소화하면서 효율성과 공간을 극대화하고 손님을 최대한 받을 수 있는 자기만의 방식을 고안해 낸다. 코코넛을 파는 에스클라파 행상들은 노점에 올리기엔 코코넛이 너무 커서 공간이 많이 필요하다. 그래서 그들은 옆 인도나 공터의 무너져가는 담 뒤 잘 안 보이는 곳에 타원형의 덜 여문 녹색 코코넛을 산처럼 쌓아둔다. 이 껍질을 마체테로 쳐서 연 후, 거꾸로 세워 큰 얼음 잔에 코코넛워터를 받는다. 그런 다음 대나무 대에 못으로 고정한 병뚜껑을 써서 넓적한 국수 같은 하얀 속을 긁어내 유리잔에 담는다. 이 위에 갈색의 팜슈거 한 국자를 뿌리고 연유를 휘휘 둘러주면 에스클라파가 완성된다.

    에스클라파 행상들이야말로 내가 아는 인도네시아인 중 가장 많이 여행한 이들이다. 이 청년들은 이 섬에서 저 섬으로 이 동네에서 저 동네로 떠돈다. 한 사삭족 청년은 이렇게 말한다.

"저도 매번 놀라요. 코코넛은 어디를 가나 지천인데 동네 사람들은 그걸 팔 생각을 못 하거든요. 그러다 우리 중 하나가 그 동네에 가면 두세 달은 제법 장사가 잘된답니다. 그러다 마침내 동네 사람 서넛이 자기들도 해볼 만하겠다고 나서면 시장이 포화되고 그러면 우리는 다른 동네로 가지요."

그렇다면 떠돌이 장사꾼의 입지가 점점 작아지는 것이 아닐까?

"전혀 그렇지 않아요. 하루에 열 시간씩 이렇게 땡볕에 서 있는 게 쉬운 일은 아니거든요. 동네 사람들은 이 일을 오래 하지를 못해요. 그래서 시원한 아침이나 저녁에만 장사를 하는데 그때는 사람들이 목이 말라 에스클라파를 찾을 때가 아니거든요. 그래서 이문이 안 남으니까 금방 그만둬버리죠. 그러면 새로운 사삭족이 나타날 때까지 그 동네에는 에스클라파가 없는 거예요."

특정 지역 사람이 독점한 업종은 그 밖에도 여럿이다. 인도네시아 전역에서 이발소 운영은 마두라^{Madura} 사람의 일이고, 약초와 뿌리를 갈고 섞어 만든 전통약재 자무^{jamu}는 자바 여성의 고유한 영역이다. 배를 만드는 건 남술라웨시의 부기스^{Bugis}족이다. 부기스족의 배는 유럽인이 오기 전에나 후에도 무역선으로나 해적선으로 바다를 호령했다. 부기스족의 이웃 마카사르^{Makassar}인은 최고의 무역상이며, 잘린 문어처럼 생긴 술라웨시섬 동남쪽에 딸린 섬에 자리 잡은, 한때 자랑스러운 술탄국이었던 부톤^{Buton} 사람들은 언제나 건어물 상인이었다. 이 므란타우 전통은 인도네시아 전역에 일종의 일관성을 부여한다. 어디를 가도 나시파당, 자무 자바, 에스클라파 엔테베는 물론 마두라인 이발사를 만날 수 있다. 이렇게 다른 종족의 전문 분야가 뒤섞인 독특하게 예측 가능한 조합이야말로 인도네시아의 정수이자 "다양성 속의 통일"이 작동하는 방식이라고 할 수 있을 것이다.

"다양성 속의 통일"의 실상은 펠니 페리 이상이기 어려울 것이다. 여기에는 모든 인생이 있다. 최소형급 여객선에도 몇 안 되지만 선실과 "일등칸" 승객을 위한 특별 식당이 있다. 큰 배라면 다섯 개까지 있는 삼등석 갑판에는 2열로 놓인 합판 평상이 있고 평상 복판은 폭이 몇 센티미터 안 되는 금속으로 다시 나뉜다. 그 위에는 짐을 놓을 수 있게 되어 있다. 이런 평상 위에 승객들은 사룽과 매트를 펴서 이 지극히 공적인 공간에서 나름의 방식으로 타인의 영역을 존중해준다.

여기서 가장 흔한 활동은 잠자기이고 그다음은 빈둥거리기다. 수다를 떨고 카드놀이를 하며 몸단장을 하거나 서로 안마를 해준다. 아이들은 소리를 지르고 모두 핸드폰으로 찢어지는 음악을 듣고 또 엄청나게 먹어댄다. 영국의 자연사학자 앨프리드 러셀 월리스Alfred Russel Wallace는 19세기 중반 12년 동안 말레이제도의 가장 외딴 지역에서 오랑우탄의 사진을 찍고 곤충을 채집하면서 오늘날 펠니 페리의 선조인 네덜란드 우편선을 탔다. 그는 배 안에서 먹은 음식에 대해 이렇게 묘사했다.

오전 6시에는 차나 커피가 원하는 사람에게 제공되고, 7시부터 8시까지는 차, 달걀, 정어리 등으로 이루어진 간단한 아침 식사가 제공된다. 10시에 갑판에서 마데이라 포도주와 진^{Gin}, 비터스^{bitters}로 식욕을 돋우고 11시에 아침 정찬을 먹는다. 저녁 식사와 다른 점은 수프가 없다는 것뿐이다. 오후 3시에 차와 커피가, 5시에 다시 비터스 등이 제공된다. 6시 30분에 맥주와 클라레 포도주를 곁들인 훌륭한 저녁 식사가 나오며 8시에 차와 커피로 마무리된다. 그 사이에도 요청하면 맥주와 소다수가 나오기 때문에 항해의 지루함을 달랠 소소한 미각 자극은 전혀 부족하지 않다.●

오늘날 일반 승객은 하루 세 번 주방에 가서 식사를 받아 올 수 있다. 메뉴로는 어쩌다 생선살이 보이는 푹 익힌 배추를 얹은 밥이 스티로폼 도시락에 담겨 나온다. 슬프게도 진과 비터스는 과거의 것이며 "소소한 미각 자극"은 아래쪽 선실을 돌며 국수, 박소 미트볼, 녹색이나 분홍색 지렁이 모양 젤리가 헤엄치는 현란한 색상의 단 음료를 파는 판매원이 제공한다. 그것만으로는 부족해서 자기 가방에서 망고를 꺼내 껍질을 까는 여자가 여기, 새우 크래커나 비스킷을 요란하게 먹으며 옆 사람에게도 권하는 가족이 저기 있다.

공식적인 유흥도 있다. "신사 숙녀 여러분"으로 시작하는 공지사항

● Alfred Russel Wallace, *The Malay Archipelago: the land of the Orang-Utan, and the Bird of Paradise. A narrative of travel, with studies of man and nature.* London: Macmillan, 1869. Vol. 1, Chapter XIX. 앨프리드 러셀 월리스, 『말레이 제도』, 노승영 옮김, 지오북, 2017, 367~368쪽.

4장 내 나라의 이방인

이 듣기 싫어도 들을 수밖에 없을 정도로 요란하게 울려 퍼진다.

"여러분의 즐거운 관람을 위해 중국의 아름다운 여배우 미스 링링 주 주연의 로맨스 스파이 영화를 상영합니다. 신사 숙녀 여러분, 이 금지된 사랑에 관한 대담한 로맨스 영화는 성인 관람가입니다. 5번 갑판 왼쪽 미니 극장으로 오세요. 딱 1만 루피아*입니다."

큰 배에서는 일등칸 승객이 식사를 마치고 나면 일등칸 식당이 삼등칸 손님을 위한 댄스홀로 바뀐다. 헤링본 마루를 깐 작은 플로어 뒤편에서 악단이 스윙 곡조를 연주하면 승객들은("복장이 단정한 커플만 입장 가능합니다."라고 스피커에서 소리가 나온다.) 디스코 조명 아래 빙글빙글 돈다.

낯선 사람들끼리도 완벽하게 편안하게 대화를 주고받는다. 어디를 갔다가 어디로 가는지, 낯선 섬에서 마주친 이국적인 관습에 관해, 고향의 음식과 편안함에 대해, 말도 안 되는 가격에 대해 이야기를 나눈다. 발리에서는 고구마가 1킬로에 3만 루피아나 하더군!

거의 모든 대화는 피할 수 없는 그 말 "다리 마나?" 곧 "어디서 왔어요?"로 시작된다. 일단 어디 출신인지 확인하고 나면 조롱이 시작된다.

"내 마른오징어를 좀 줄까 하는데 당신네 순다인은 나뭇잎만 먹는다니 어쩌나."

"오, 저 사람 말에 화내지 말게. 바탁족이 어떤지 알지 않나. 언제나

◆ 2011~2012년 여행 당시 미화 1달러는 9,000~9,500루피아, 1파운드는 1만 4,000~1만 5,000루피아 사이였다. 책을 쓰는 지금 시점에는 1달러는 1만 1,500루피아, 1파운드는 1만 8,000루피아로 루피아 가치가 하락했다. 이 책에서는 여행 당시의 환율을 따른다.

너무 너무 너무 무례하니까……."

"에, 부기스족이라고? 자네랑 같이 사업하려면 아주 조심해야겠어. 부기스족이 사기꾼인 걸 모르는 사람이 없으니까!"

펠니 페리에서 대화는 인도네시아어로 이루어지게 마련이다. 그래야 하는 것이 말루쿠에서 온 남자가 티모르에서 온 여자에게 말을 걸고, 아체 사람이 서수마트라 사람에게 이야기를 하고, 파푸아의 서로 다른 지역에서 온 사람들이 자바에서 보낸 시간에 대해 의견을 주고받기 때문이다. 이 사람들이 공통으로 가진 단 한 가지가 있다면 그것은 바로 국어인 인도네시아어다.

인도네시아어는 재미있는 언어다. 다언어 사회의 시장에서 흥정을 위해 발달한 언어들이 그렇듯 무역용 말레이-인도네시아어는 문법이 간단하다. 복수형을 만드느라 법석을 떠는 대신 명사를 두 번 반복하면 된다. 따라서 아낙^{anak}은 어린이, 아낙아낙$^{anak\ anak}$(흔히 anak2라고 쓴다.)은 어린이들이다. 시제도 없어서 인도네시아어 문장은 그저 과거, 현재, 미래를 알려주는 단어를 같이 쓴다. "어제 너에게 돈을 준다"나 "내일 너에게 돈을 준다"가 모두 될 수 있다. 상당히 모호한 언어이기도 해서 "내일"이란 뜻의 "베속^{besok}"은 오늘의 다음 날일 수 있지만 너무 멀지 않은 미래의 어떤 정해지지 않은 시점을 뜻할 수도 있다.

초창기 민족주의자들이 아직 만들어지지 않은 민족과 국가의 공용어로 말레이어를 택한 이유는 이 언어가 배우기 쉬운 데다 적어도 교역 분야에서는 이미 널리 통용되고 있었기 때문이다. 하지만 더 중요한 정치적인 이유도 있었다. 말레이어는 자바어가 아니었기 때문이다.

고등교육을 받은 민족주의자 대부분은 자바어 사용자였으므로 새 나라를 위한 언어로 자신들의 모어를 채택하는 편이 훨씬 쉬웠을 것이다. 그러나 그러지 않은 것이야말로 민족주의자들을 칭찬해 마땅한 일이다. 자바어는 너무 복잡하고 어려워서 국어가 되었다면 다른 섬 출신의 인도네시아인에게는 영원히 불리한 언어가 되었을 것이다. 또한 자바어는 극도로 위계적이다. 윗사람과 아랫사람에게 말하는 용도로 완전히 다른 단어가 다 따로 있다. 수카르노와 동료들은 적어도 수사적인 차원에서는 평등주의자였으므로, 위계적인 자바어를 새 나라 전역에 퍼뜨려서 자바 문화에 깊이 뿌리박힌 봉건주의를 더 확고하게 할 생각은 없었다. 수카르노는 붕^{Bung} 곧 "형"이라고 불리기를 좋아했다. 반면 가부장적인 수하르토는 바팍^{Bapak} 곧 "아버지"로 불리기를 고집했다.

독립 이후 각급 학교는 모두 인도네시아어로 수업을 진행했다. 그 결과 한 세대 만에 거의 모든 인도네시아인이 인도네시아어를 하게 되었다. 지역어는 집에서 계속 쓰고 시장에서 슬금슬금 튀어나왔지만, 인도네시아에 살면서 공적 영역에서 지역어를 들어본 일은 거의 없다. 그런데 여기에도 변화가 생기기 시작했는데, 아마도 타지 출신 공무원의 수를 줄이고 지역적 자부심을 장려한 정치적 탈중앙화 바람 때문일지 모르겠다. 2011년 말 동누사틍가라의 집 앞과 커피숍, 시장과 촌장의 사무실, 심지어 일부 학교 운동장에서도 인도네시아어가 아닌 이 주의 76가지 지역어 중 하나로 이야기꽃이 피었다.

국어 인도네시아어가 절대적인 우위를 차지하는 바다 위의 작은 인도네시아 펠니 페리에 오르자 나는 갑자기 거의 모든 대화를 엿들을 수 있게 되었다. 대화에는 대부분 일종의 서브텍스트가 있었다. 승객들은 돈을 벌러 가는 길 아니면 넓은 세상에 흔적을 남기려 애쓰다가 집으로 돌아가는 길이었다.

"집"으로 돌아가는 이들은 자신의 성공을 으스대는 쪽이거나 실망이 묻어나는 낮은 목소리로 말하는 쪽이었다. 새 삶을 찾아 나선 이들에게서는 낙관과 불안이 동시에 보였다. 대개는 먼저 자리를 잡은 친척 아저씨나 언니가 신참을 데리러 올 것이라 새로운 곳에도 갈 곳이 있다. 그렇다 해도 평생 살아온 익숙한 질서와 규칙이 있는 마을이라는 누에고치 밖을 벗어나본 적 없는 이들에게는 여전히 큰일이다. 배에서 내리는 순간부터 이들은 언제보다도 더 인도네시아인이어야 할 것이다. 그리고 그곳에도 나시파당이 있다는 걸 알고 나면 훨씬 마음이 놓일 것이다.

플로레스 동쪽 끝에는 메마르고 울퉁불퉁한 작은 섬 여러 개가 늘어서 있다. 이 섬들에서의 삶은 거의 전적으로 바다에서 무엇을 잡을 수 있는지에 달렸다. 이 작은 섬들을 도는 작은 동네 페리가 내가 마마 리나를 만난 곳이다. 그는 사고^{sago}●를 먹고 자란 동부 인도네시아 여자

● 흔히 빵나무라고 불리는 사고야자 열매에서 낸 녹말—옮긴이

특유의 탄탄한 몸에 고데로 공들여 편 곱슬머리의 소유자였다. 중년 여성의 풍모를 지녔지만 퉁명스럽지는 않았다. 플로레스에서 열린 교사연수에 참석했다가 아도나라^Adonara 섬의 집으로 돌아가는 길이었다.

"우리 집에서 나랑 지내지 않을래요?"

마마 리나가 묻자 나는 대뜸 그러겠다고 했다.

그는 내 대답에 신이 나서 박수를 쳤다. 하지만 시간이 지날수록 고민이 많아졌다. 이 백인 여자에게 무얼 먹이지? 어디서 재우지? 백인들은 의자처럼 앉는 이상한 변기를 쓰지 않던가? 마마 리나는 어쩌면 내가 제풀에 가지 않겠다고 할 때까지 내 기대치를 낮추려 애썼다. 우리 마을에는 전기도 없는데요, 수도도 없어요. 하지만 나는 어느 섬에 내릴지도 정하지 않고 섬을 차례로 도는 페리에 올랐던 터라 뭐든 계획이라는 게 생긴 것에 신이 나서 내 고집을 꺾지 않았다.

마마 리나네 마을은 아도나라에서도 화산 중턱 높은 곳에 자리 잡은 가장 외딴곳이었다. 큰길에서 화산 중턱까지 일직선으로 올라가는 콘크리트 길은 경사가 하도 심해서 오토바이 운전자를 꼭 붙들지 않으면 뒤에 탄 사람은 뒤로 넘어갈 정도였다. 그 언덕길 아래에 오토바이 택시가 한 대밖에 없어서 마마 리나는 나를 먼저 오토바이에 태워 보냈다. 콘크리트 길이 뚝 끊기는 곳에 나는 휙 던져졌다. 거기서 수다를 떨던 여자들이 말을 하다 말고 눈이 휘둥그레져 나를 쳐다보았다. 나는 저기 비구름이 몰려온다고 쾌활하게 아는 척을 했다. 그랬더니 마치 개 한 마리가 올라와서 날씨 얘기를 한 듯한 표정이 됐다. 여자들은 한 마디도 하지 못한 채 계속 나를 쳐다보기만 했다. 잠시 후 마마 리나가 다른 오토바이를 타고 왔다. 그는 "내 친구인데 한동안 우리 집에 있을 거야."라고 툭 던지고는 별다른 설명도 없이 트로피 손님인 나를 바쁘게 끌고 갔다. 여자들은 아직도 할 말을 못 찾고 있었다.

우리는 온 힘을 다해 목조주택 사이 샛길을 달렸지만 비구름이 더 빨랐다. 첫번째 굵은 빗방울이 떨어지자 우리는 잠시 리나의 시집에서 비를 피해야 했다. 그로부터 몇 분 지나지 않아 비가 억수로 퍼붓기 시작해서 첫 만남의 정중함 같은 건 아예 포기해야 했다. 마마 리나의 시누가 커피를 끓이는 동안 나와 리나는 양철 슬레이트 지붕 여기저기서 떨어지는 빗물을 받았다. 비가 새는 자리에 냄비를 놓았다가 바람 때문에 비가 다른 방향으로 들이치자 냄비를 옮겼다. "봐봐. 저기가 더 심하네." 시누가 말하면 냄비 중 하나를 그쪽으로 옮겼다. "여기, 여기." 다시 옮긴다. 우물 없는 산촌에서 물을 모으는 기발한 방법 같아 보이기도 했다.

비가 그치자 날은 벌써 어둑해지고 있었다. "깜깜해서 미안해요." 마마 리나는 거듭 말했다. 우리는 내 손전등에 의지해 진창길을 걸어 마마 리나네 집에 이르렀다.

마당의 파파야나무 옆에 있는 접시 안테나와 집 안에 모셔진 텔레비전을 보고 나는 좀 놀랐다. 알고 보니 마을에는 공용 발전기가 있었다. 마을 전체가 합의해 매일 저녁 한 시간만 한 시간 시차가 나는 자카르타의 TV 편성 담당자의 프로그램 편성표에 따라 발전기를 돌린다. 전깃불이 들어오고 텔레비전이 살아나면 이웃이 하나둘씩 마마 리나네 집으로 찾아와 야자잎으로 짠 티카르^{tikar} 자리를 바닥에 깔고 이 집 식구들과 한데 앉아 시네트론sinetron의 신전에 함께 경배를 올린다.

시네트론, 곧 텔레비전 드라마는 1990년대 초 수하르토가 자기 딸이 새로 연 방송국이 멕시코의 연속극 텔레노벨라telenovela를 편성하도록 허용해준 이래 시작된 긴 역사를 가지고 있다. 지금은 인도네시아 국내에서 만든 음모와 배신과 화해의 이야기 여남은 개가 시청자와 광고를 놓고 경쟁 중이다. 줄거리는 진부하기 짝이 없지만 이상할 정도로 빠져들게 된다. 리키의 DNA 검사로 인드라와의 사랑이 근친상간이었음이 밝혀질 것인가? 그렇다면 리키가 고결함의 상징처럼 믿어온 엄마는 가짜였단 말인가? 진정 시티의 무책임한 남편은 순종적인 아내보다 그 웃음 헤픈 여학생을 더 좋아하는 걸까?

시골 출신 착한 사촌들이 도시의 친척에게 곤욕을 당하는 장면은 어김없이 대리석이 깔린 집의 번쩍이는 소파가 놓인 응접실에서 벌어진다. 자동차 문을 꽝 닫고 자카르타 빌딩 숲의 유리창이 반짝이는 밤거리로 뛰쳐나오는 장면도 상당히 자주 나온다. 이 자동차들은 신기하게도 스크린 밖 자카르타에서 살아가는 사람들의 삶을 잡아먹는 세 시간짜리 교통정체에 걸리는 법이 없다. 등장인물 중 누구도 자카르타의 냄새 나는 수로 주변의 합판과 철 지난 선거 현수막으로 지은 움막에서 살지 않는다. 누구도 위장전입을 하려고 뇌물을 주지도, 경찰이나 판사에게 금품을 갈취당하지도, 고등학교 간에 끝없이 벌어지는 패싸움에서 다친 10대들을 병원으로 황급히 데려가지도 않는다.

당연히 이 드라마에는 중간중간 광고가 나온다. 바닥에 앉아 그날의 여섯번째 식사로 밥과 말린 생선을 먹으면서 나는 마마 리나와 친구들은 광고가 찬양하는 피부 미백제와 헤어트리트먼트부터 태블릿과 방콕에서의 짧은 휴가를 어떻게 생각할지 궁금해졌다.

사실 광고에 등장하는 제품 중 일부는 여기 아도나라에서도 구할 수 있다. 인도마렛은 아직 인도네시아 전역을 점령하지는 못했지만, 길가 노점은 어디에나 있다. 그런 노점에는 작은 창문이 있고 나무나 대나무로 만든 허술한 진열장이 전면으로 나 있게 마련이다. 창문 꼭대기에 걸린 철사에 빨간색이나 금색 커피믹스, 형형색색의 헤어젤, 샴푸, 세탁 세제, 땅콩까지 온갖 것들이 하나씩 잘라내기 쉬운 일회용 포장으로 줄줄이 걸려 있다. 창틀에는 빈랑 무더기와 마당에서 따 온 망고 더미는 물론 한 개비씩 파는 크레텍 담배가 담긴 깡통도 있다. 인도네시아 소매시장에서는 이런 소포장이 언제나 대세다. 필요한 만큼 조금씩 사는 것보다 샴푸 한 통이나 커피 한 캔이 더 비싸던 시절의 유물이다.

마마 리나와 친구들은 샴푸 한 봉지가 자신의 곱슬머리를 선실크 광고처럼 매끄럽고 찰랑거리게 해준다고 믿을까? 인도미 라면을 서양 음식처럼 요리해서 사랑하는 남편과 티 없이 깨끗한 아이들에게 차려주면 가족 모두 "식탁에 앉아서!!!" 포크로 먹는 것을 지켜보며 미소 짓는 엄마가 되기를 바랄까?

"식탁에 앉아서"에 붙은 느낌표는 자카르타 중산층 버블 바깥에서 식사란 어떤 것인지 너무 잘 아는 친구가 붙인 것이다. 보통 가장에게 가장 먼저 음식을 차려주고 대개는 바닥에 앉아 먹는다. 다 큰 아이들과 10대들은 자기가 먹고 싶을 때 밥을 챙겨서 구석으로 가져가 핸드폰을 보며 먹는다. 어린아이 빼고는 모두 손으로 밥을 먹는다. 손으로 밥을 먹으려면 어느 정도 기술이 필요한데, 오른쪽 엄지부터 세번째 손가락 사이에 밥을 잘 뭉쳐서 그걸 숟가락처럼 이용해 소스, 고추, 절인 생선 등을 묻혀 먹는다. 이 기술을 익히고 나자 나도 손으로 먹어야 음식이 훨씬 맛있다는 인도네시아인들의 주장에 동조하게 되었다. 아이들은 대여섯 살까지는 여자 어른이 집과 마당에서 쫓아다니며 숟가락으로 밥을 떠먹여준다. 여자들은 보통은 그들이 사는 현실과는 별로 닮은 데 없는 "인도네시아"를 찬양하는 텔레비전 광고를 보면서 식구들이 남긴 음식을 먹어 치운다.

배우들조차 다르게 생겼는데, 아도나라의 히탐마니스$^{\text{hitam manis}}$(윤이 나는 검은색)처럼 피부색이 짙지 않고 인도네시아인과 유럽계의 혼혈 같은 코피수수$^{\text{kopi susu}}$(우유 탄 커피색)다. 이 밝은 피부에 돈 많고 무례하고 이기적인 사람이야말로 다른 섬사람들이 곧 자바 도시 사람의 전형이라고 생각하는 모습이다. 국가의 단결을 위한 큰 기획이었던 수하르토의 위성TV가 이제는 꿈에서만 부자일 수 있는 사람들의 오락용으로 부자의 이미지를 전달하고 있다. 그리고 이 시청자들은 마치 눈 내리는 거리에서 까치발을 하고 따뜻한 벽난로 앞에 진수성찬을 즐기는 가족을 훔쳐보는 배고픈 부랑자처럼 그 이미지를 덥석 받아 든다. 곧 발전기를 돌리는 연료 배급량이 동나고 이제 다들 등유등을 켜고 잠자리로 들어간다.

한편으로 시네트론 속 인도네시아와 마을 속 인도네시아 간의 격차는 도시와 농촌, 부자와 빈자, 선실크 광고 속 매끈한 흰 피부와 주름진 갈색 피부 사이를 갈라놓을지 모른다. 다른 한편 시네트론은 매일 여러 시간 수천만 명을 국어에 노출시킨다. 그뿐만 아니라 드라마와 예능 프로그램 사이사이에 다른 섬에서 벌어진 사건 사고를 알려주는 뉴스가 나온다. 지역 정체성으로만 가득하던 마을 사람들이 전국 방방곡곡 인도네시아인들과 공통점이 많다는 사실을 깨닫는다. 부정부패 혐의로 재판받는 군수는 여기만 있는 게 아니고, 수마트라와 파푸아에서도 교실이 무너진다는 것을 깨닫는다. 그리고 다른 농민들은 코코아 가격 상승으로 늘어난 수입을 어떻게 쓰는지 궁금해한다.

마마 리나네 집에서 텔레비전이나 보며 빈둥거리기만 한 것은 아니었다. 비가 내리기 시작하니 씨를 뿌릴 때였다. 우리는 저마다 뾰족한 꼬챙이를 들고 흙에 대강 구멍을 낸 뒤에 말린 옥수수알 두어 개를 넣고 발로 슬슬 덮으며 앞으로 나아갔다. 내 생각에는 이렇게 허술한 방식으로는 아무래도 대지가 먹을 수 있는 선물을 내줄 것 같지 않았다. 그러나 두어 달 후 마마 리나는 우리가 심은 옥수수로 음식을 하는 중이라고 문자를 보냈다.

내 농사일은 거기서 끝나지 않았다.

"나랑 크분^{kebun}에 가서 돼지 모이를 가져오자."

리나의 이모 마마 수산나가 말했다. 이 매끈한 피부와 백발의 우아한 할머니는 인도네시아어를 거의 쓰지 않았다. 하지만 가끔 쓸 때는 앞니가 빠진 입으로 신중하고 정확하지만 말도 안 되는 소리를 했다. 정확한 나이는 모르지만 자기가 "200살쯤" 됐다고 했다. 그는 엉덩이께에 천을 둘러 리나의 막내 아이를 안았다. 이 덩치 좋은 세 살배기는 우리를 따라가고 싶어 했지만 거기까지 걸려서 데리고 가기에는 너무 골치였다. 이제 할머니는 칼집 없는 마체테를 머리에 이고 산등성이로 향하는 경사진 길을 오르기 시작했다. "크분"은 플랜테이션 농장부터 꽃밭, 농가부터 뒷마당까지 다 포함할 수 있는 상당히 모호한 단어이기 때문에 어떤 곳일지 전혀 짐작이 가지 않았다. 이 크분은 산등성이로 2킬로미터쯤 더 올라가니 나타난 뒤엉킨 식물군락이었다. 좋은 것들이 가득했지만 누가 일부러 심거나 돌보는 곳은 아니었다.

리나의 다른 두 아이들도 같이 왔다. 지리를 좋아하는 남자아이는 쾌활하게 생글대며 나무에 올라가더니 망고를 따서 반만 먹고는 던져 버렸다. 새총을 쏘려면 양손이 다 필요하기 때문이었다. 나와 침대를 같이 쓰는 여자아이는 사춘기 아이답게 퉁명스러웠다. 이 아이가 같이 온 이유는 핸드폰 신호가 잡힐 만큼 높은 곳에 올라가서 페이스북을 확인하기 위해서였다.

마마 수산나는 크분까지 가는 동안은 지친 기색이 전혀 없었지만 일단 도착하자 한참을 쉬었다. 우리는 카사바잎을 따서 그 위에 앉아 망고를 먹었다. 카사바를 좀 캐고 난 후에는 바로 옆 나무에 잔뜩 매달린 아삭한 종 모양 과일 잠부아이르^{jambu air}(로즈애플)를 먹으면서 또 쉬었다. 노인은 5분마다 "이스티라핫 둘루^{Istirahat dulu}"라고 하며 좀 쉬자고 했다.

"이거 우리도 좀 먹으면 안 되나요?"

내가 돼지 먹이인 카사바잎을 가리키며 물었다. 이틀 동안 채소라고는 먹지 못한 터였다. 사실 지난 몇 주 동안 생채소를 거의 먹지 못했다. 식물이 땅 위에서 저절로 자라나는 곳이지만 많은 인도네시아인, 특히 동쪽의 섬사람들은 녹색 채소는 진짜 음식이 아니라고 생각하는 듯했다. 그 결과 비옥한 인도네시아에 깜짝 놀랄 만큼 영양실조가 만연하다. 인도네시아 보건부에 따르면 5세 이하 아동 25퍼센트 이상이 빈혈이고 같은 연령의 인도네시아 아동 3분의 1에 달하는 1,150만 아동이 표준 신장 미달이다. 하지만 내가 돼지 먹이로 주는 식물에 관심을 보이자 마마 수산나는 우리가 먹을 연한 잎을 고르는 법을 알려주었다. 줄기가 붉어지지 않은 것이 억세지 않아 먹기 좋은 것이었다.

우리가 일하기와 쉬기를 마치고 나자 그 200살 노인은 성인 남자 다리만 한 카사바를 머리에 이고 그 위에 돼지 먹이로 줄 카사바잎을 담은 자루를 얹어 마을로 돌아갈 준비를 했다. 나는 사람이 먹을 카사바잎이 담긴 더 작은 자루와 고집쟁이 세 살배기를 맡았다. 세 살배기는 칼집 없는 마체테를 맡았다. 마을까지 2킬로미터를 걸어 내려오며 나는 "이스티라핫 둘루"가 먼 길을 갈 때 너무 힘을 써버리지 않는 꽤 괜찮은 방법이 아닌가 생각했다.

우리가 더 좋은 종자를 골라 더 체계적으로 적당한 거리를 두면서 더 꼼꼼하게 구멍을 내고 흙을 덮어 파종했다면 옥수수 농사가 더 잘됐을까? 아마도 그럴 것이다. 하지만 한 15분만 구멍을 내고 옥수수를 던지고 흙을 덮기만 하면 온 식구가 먹을 옥수수가 나오는데 그보다 더 애써야 할 이유가 있을까?

마마 리나에게 야심이 없는 것은 아니다. 그는 4년 동안 말레이시아에서 가사노동자로 일했다. 사촌은 8년을 일했다. 두 사람은 새벽 네 시에 일어나 오전 열 시까지 일하고 오후 세 시까지 쉬다가 밥을 하고 저녁상을 차렸다. 숙식 제공이므로 미화 90달러 정도인 월급을 고스란히 모을 수 있었다. 그 액수는 마마 리나가 보조교사로 일하며 받는 급여의 여섯 배다. 그러나 둘 다 말레이시아로 돌아갈 생각은 없었다. 이것은 자기계발 전도사들이 "워라밸"이라고 부르는 것의 문제다.

"여기서는 월급은 없지만 크분에 공짜 음식이 있잖소. 나는 일하고 싶을 때 일하고 일하기 싫을 땐 잘 수 있지. 난 그게 참 좋다오."

리나의 사촌이 말했다.

―――――

아이러니하게도 말레이시아행 이주노동은 포스트 수하르토 시대 범인도네시아 민족주의를 확대하는 데 무엇보다 큰 역할을 했다.

큰 나라 인도네시아와 그보다는 작은 북쪽의 이웃 나라 말레이시아 사이에 난 깊고도 깊은 골은 부분적으로는 1960년대 초반 수카르노가 요란하게 내세운 반反말레이시아 구도에서 비롯한다. 그리고 부분적으로는 오랜 질투 때문이다.

1957년 마침내 말레이시아가 영국에서 독립할 당시, 이 신생국은 10년도 전에 독립한 인도네시아보다 경제적으로 훨씬 우위에 있었다.

2011년 현재 말레이시아의 1인당 국민소득은 인도네시아의 세 배가 넘는다. 그리고 말레이시아인들은 아도나라의 깊고 깊은 산중에 사는 마마 리나 같은 사람들을 수입해 바닥을 쓸고 고무나무 수액을 받게 한다. 바로 이 대목이 인도네시아의 벽지 사람들에게도 말레이시아의 우위가 각인되는 지점이다. 2006년부터 2012년 사이 정부의 공식 노동이주제를 거쳐 말레이시아에 간 인도네시아인은 해마다 평균 15만 명이며 미등록 이주자도 상당하다.

"그저 부끄러울 따름이죠."

친척이 말레이시아에서 송금해준 돈으로 사는 사람들이 이렇게 말하는 것을 수없이 들었다.

바틱이나 소고기 른당 혹은 아무도 신경 쓰지 않은 민속무용의 기원이 믈라카해협의 왼쪽(인도네시아의 일부인 수마트라)이 아니라 오른쪽(현재 말레이시아라 불리는 곳)의 말레이라고 주장하려는 실제 혹은 상상의 시도만큼 인도네시아 페이스북을 빨리 달구는 것은 없다. 수카르노가 말레이시아 전체가 인도네시아의 것이라 주장한 근거가 분리 불가능한 이 지역 공통의 문화였다는 점을 생각하면, 이 분노는 아이러니하지만 그럼에도 불구하고 실재한다. 내가 이 섬 저 섬으로 여행하는 몇 달 사이에만 적어도 세 번은 인도네시아 청년들이 말레이시아 국기를 태우고 대사관에 돌을 던지고 트위터에 #IhateMalaysia 해시태그 총공격을 펴는 일이 있었다. 건방진 말레이시아인들이 인도네시아의 문화적 도상을 훔쳐 가려 한다는 것이 이유였다.

월요일 아침 마마 리나가 베이지색 교사 유니폼을 차려입자 우리는 가족용 오토바이에 올라 화산을 내려갔다. 내리막길 내내 리나는 브레이크를 밟아댔지만 중력이 더 힘이 셌다. 마마 리나가 나를 작은 어촌의 부두에 내려줬을 때는 아직 여섯 시도 안 된 시간이었다. 마마 리나는 지붕을 새로 할 돈이 필요하면 문자를 보내겠다고 하고 나를 안아주더니 휑 가버렸다.

거기에는 나와 마찬가지로 일주일에 한 번 이웃 섬 름바타^{Lembata}로 가는 부서질 듯한 목조선을 기다리는 질밥 쓴 여자들이 있었다. 여자들은 말린 생선과 오징어가 든 바구니에 둘러싸여 있었다. 마마 리나는 그런 여자들을 "건어물 아줌마"라고 불렀다.

나는 (새벽이 오기 전에 모두 일어나는 나라에서는 아주 불편하게도) 아침형 인간이 아니므로, 문자 그대로 좋은 아침이라는 뜻의 인사말은 하지 않고 조용히 앉아 책을 읽었다. 하지만 건어물 아줌마들은 전혀 조용하지가 않았다. 인도네시아어가 아닌 말이었지만 내 얘기를 하는 것이 분명했고 점점 더 열띠어졌다. 마침내 한 아주머니가 내 코를 찌르는 시점에 이르자 대화에 낄 수밖에 없었다.

"왜 그래요, 마마?"

코를 찌른 여자에게 물었다.

"궁금해서 그래요. 그쪽이 서양인인지 자바인인지 통 모르겠거든."

나는 웃음을 터뜨릴 수밖에 없었다. 여자의 생각은 어떠냐고 물어보았다.

"코가 큰 걸 보면 서양 사람이 분명한데 말투며 행동거지를 보면 자바 사람 같단 말이에요."

이 아줌마들은 부톤 사람이었다. 술라웨시의 남동쪽 끝에서 조금 떨어진 섬의 술탄국 부톤은 이 나라에 너무 많은 생선 장수를 공급했다. 이 무슬림들은 가톨릭교도가 대부분인 아도나라의 대지에 옮겨와 몇 세대에 걸쳐 마을을 세우고 자본을 투자했다. 몸은 아도나라에 있지만 아도나라의 진정한 일부는 아니다.

"그 사람들은 우리한테 음식을 팔기만 하지 절대 같이 먹는 법이 없어. 우리가 돼지고기를 줄까 봐 겁나서 그런 거야."

마마 리나가 웃으면서 이렇게 말한 적이 있다.

이 아줌마들은 집에서는 부톤어를 쓰고 질밥을 쓰지만 아도나라 사람들에게 건어물과 크림과자를 팔러 나가서는 인도네시아어를 쓴다. 여러모로 이들은 인도네시아인이라는 것이 뜻하는 바의 전형이다. 하지만 그들은 내 코에 대해 의심하면서 내가 서양인인지 자바인인지 궁금해했다. 지도상 인도네시아의 정중앙에서 멀지 않은 곳에 사는 이 아줌마들에게 자바의 이질성과 서양의 이질성은 같은 것이었다. "인도네시아인"이라는 개념은 아예 존재하지 않았다.

건어물 아줌마들과 그들의 마른오징어와 함께 름바타섬을 향해 바다를 건너면서 나는 존재하지도 않는 나라에 대한 책을 과연 써야 하는지 고민하기 시작했다.

5장
황제는 먼 곳에

누사틍가라와 말루쿠에서
탈중앙화의 현실을 둘러보다

지도 C: 동누사틍가라와 남서말루쿠

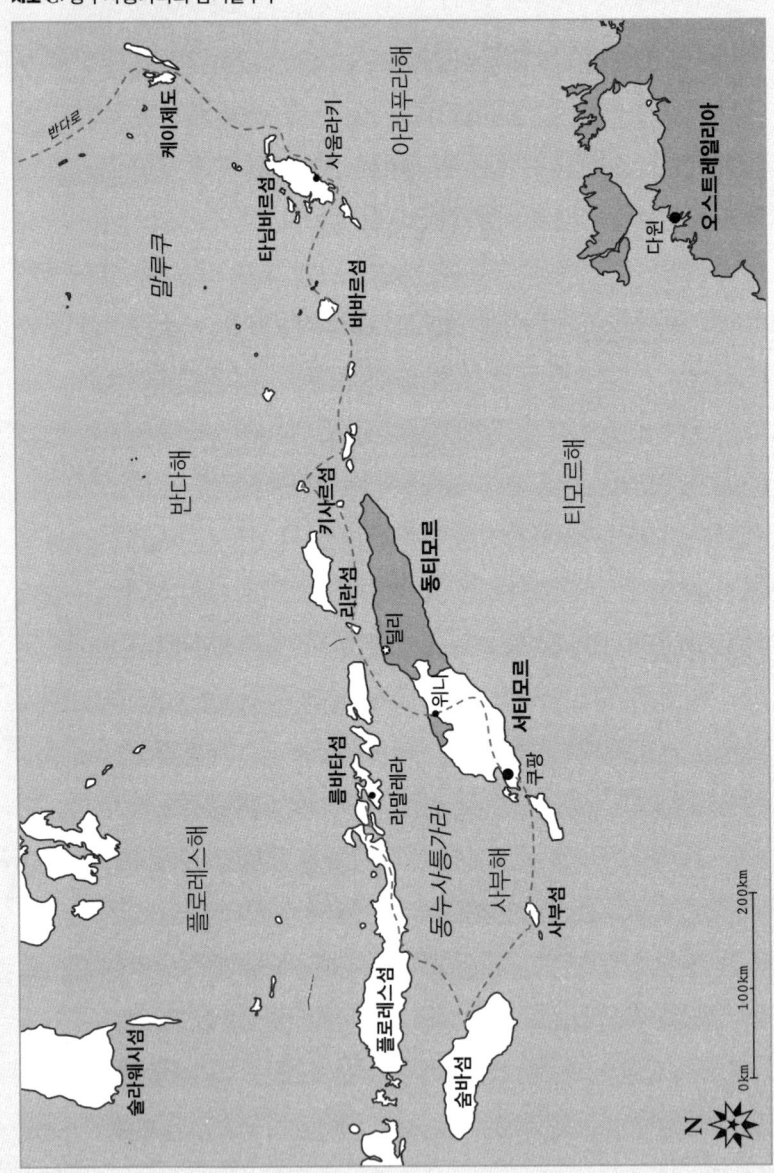

름바타 유일의 버스정류장에도 예의 터미널 악어 떼가 도사리고 있었다. 터미널 악어 떼란 교통이 모이는 터미널 같은 곳에서 대처에 막 도착한 시골 사람에게 접근해 오토바이 택시며 숙박이며 뭐가 됐건 필요할 법한 것을 들이대는, 빈둥대는 것 말고는 할 일 없는 청년들을 말한다. 름바타 악어 떼는 사실 미니버스를 바퀴 달린 랩의 신전으로 개조하고 전국구 양아치의 기준을 따르는 주도 쿠팡 악어 떼의 열화 복제판에 불과하다. 그러나 이 전초기지에도 "펑크는 죽지 않았다" 티셔츠 차림으로 빈랑을 씹는 청년, 아나키스트, 가슴팍 아래부터 자른 리버풀 유니폼에 밑위가 짧은 찢어진 청바지를 입고 탄탄한 웃통을 드러낸 청년도 보였다. 그들의 패션 감각은 뉴욕 브롱크스 교차로에서 수입된 것이며, 한때 이 동네에서 그렇게나 인기 있던 보석 박힌 십자가가 달린 쇠사슬의 자리는 이제 그리스도교도가 절대다수인 이 지역 곳곳에 있는 성물 가게에서 산 플라스틱 묵주가 차지했다.

저마다 수입한 양아치 헤어스타일을 나름대로 변주한 머리 모양이었다. 인도네시아 전역에서 터미널 악어 떼 공통의 헤어스타일은 양옆은 짧게 밀고(패턴을 따라 밀 때가 많다.) 가운데는 길러 닭 볏처럼 세우고 뒤쪽에 돼지 꼬리 모양으로 몇 가닥을 남겨두는 것이다. 악어 떼의 하위종인 크로코딜루스 티모리엔시스Crocodilus Timoriensis●는 특히 이 스타일을 좋아하는데 동누사퉁가라, 티모르, 름바타의 청년들이 속한 인종인 멜라네시아인은 곱슬머리이기 때문이다. 따라서 아무리 젤을 떡

● 동쪽의 악어—옮긴이

칠해도 울프컷 가운데 부분은 곱슬곱슬 뒤엉켜 전혀 우아하지 않게 양옆에서 흔들리고, 돼지 꼬리 머리는 충분히 돼지 꼬리처럼 꼬여 있게 마련이다. 추가사항으로 금발로 염색하려 한 가운데 머리는 주황빛 도는 갈색일 때가 많은데 영양실조 증상이다.

마침내 짐칸에 의자를 단 트럭이 버스터미널 앞에 서고 양아치 중 하나가 그쪽으로 고개를 끄덕였다. 일가친척에게 입에 담을 수 없는 소리를 하라고 부추기는 랩이 요란하게 울려 퍼지는 이 트럭이 바로 라말레라Lamalera로 가는 버스다. 나는 가장 끄트머리 자리에 앉았다. 거기가 그나마 붐박스에서 가장 멀고 바람도 통하고 풍경도 볼 수 있는 자리이기 때문이다. 트럭은 승객을 찾아 시내를 한두 시간가량 빙빙 돌았다. 가장자리 긴 의자는 꽉 차고 그 사이로 짐이 그득그득 꽃처럼 피어났다. 화분에 든 식물, 새끼돼지, 층층이 쌓은 플라스틱 의자 더미 등등. 플라스틱 의자 꼭대기에는 커다란 달걀판 두 개를 올려놨는데 차에 달린 스피커와 위험천만하게 가까워서 베이스라인이 웡웡댈 때마다 달그락거렸다.

드디어 차가 시내와 아스팔트 길을 벗어나 언덕길을 덜컹거리며 올라가자 뻥 뚫린 트럭 뒤 칸 양옆으로 대숲과 길게 자란 풀이 우리 등을 스쳤다. 맞은편 긴 의자에는 열한 명이 앉았고 내가 앉은 의자에도 그 정도가 앉았을 것이다. 다들 팔다리가 딱 붙을 만큼 불편한 각도로 짐더미에 바짝 붙은 상태였다. 한낮의 뜨거운 공기 속의 이 불편한 자세도, 천둥처럼 울리는 음악도 내 동료 승객들이 인도네시아의 국민 오락, 그러니까 잠에 드는 것을 막지 못했다. 몇 분 지나지 않아 한 명도 빠짐없이 잠에 빠져 입을 벌리고 머리를 끄덕거렸다. 차가 덜컹덜컹 흔들릴 때마다 도미노처럼 모두가 가장 아래쪽에 있는 사람에게 몰려들었다. 내가 앉은 쪽에서는 그게 나였다.

서너 시간이 지나 굴곡진 갈색 언덕 꼭대기에 오르자 저 아래 펼쳐진 해안을 감싼, 좋게 표현하자면 지중해 같은 라말레라 마을이 보였다. 산꼭대기 신전에는 석고로 만든 고래 위에 성모상이 모셔져 있었다. 마을 여기저기에 말리는 중인 고래 고기가 널려 있었다. 라말레라는 고래와 돌고래잡이로 유명했고 내가 이곳에 온 것도 그 때문이었다. 도착한 날은 그해 최대 규모의 포경을 기록한 바로 이틀 뒤였다. 한 번에 향유고래를 여섯 마리나 잡아서 고기만 36톤이었다. 마을 여기저기 대나무 받침대며 쇠파이프 모두 고래 고기를 말리고 있었다. 고래 고기는 대나무로 엮은 벽에 걸린 거북 등딱지와 우물 옆에 무심히 쌓여 있는 뾰족한 이빨의 돌고래 턱뼈 더미 같은 다른 어획물의 흔적 사이에 걸려 있었다. 그 모습이 마치 악마가 멸종위기종 국제거래에 관한 협약의 표본 전시장에 갔다가 그 내용물을 몇 배로 불려서 마을 여기저기 던져놓은 듯했다.

건조 중인 노란 고깃덩이에서 흘러내린 기름이 골 진 아연통을 거쳐 병목을 자른 페트병에 모였다. 해변에서는 잔잔한 파도가 왔다 갔다 하면서 거대한 고래 등뼈를 어루만졌다. 바위 위에 던져져 떠도는 해골에는 시커멓게 변한 살점이 아직 붙어 있었다. 내 키보다 높은 고래 갈비뼈는 검은 모래 위에 기대어 있었다.

나는 동네 학교 교장이던 남편을 먼저 여읜 부인의 집에 묵기로 했다. 그 집 벽에는 푸줏간에서 소의 각 부위를 설명하는 그림 같은 고래 부위 지도가 있어서 고래를 잡으면 누가 어느 부위를 갖는지 보여주었다. 이 부위는 고래에 작살을 박은 사람의 가문에서 가장 큰 어른에게 가야 한다. 저 부위는 선주 집안에 가야 한다. 이건 이 마을 최초의 가문 후손에게 가야 하고, 배를 돌보는 목수에게도 저게 좀 가야 하고, 배 관리인과 기타 등등에게도 갈 것이 정해져 있다. 다들 자기 몫을 받게 되어 있어 실질적으로 마을 사람 모두가 무언가를 얻을 수 있다. 고래를 처음 발견한 사람은 "발레오^{Baleo}!"라고 외친다. 이 외침은 포르투갈인들이 가톨릭과 유전자와 교역의 대혼란을 동시다발적으로 전파하며 이 바다를 누비던 16세기로부터 유래한 것이다. 이 소리에 해변의 초가지붕 아래서 몇 날 며칠을 빈둥거리던 마을의 사지 멀쩡한 남자는 거의 다 배 위로 뛰어오른다.

    이 배들은 길이가 16미터에서 20미터로, 묵직한 나무판자를 한데 연결해서 만든 것이다. 거칠게 다듬은 나무배를 모래사장에 내려놓는 것만도 쉬운 일이 아니다. 특히 사지 멀쩡한 라말레라 남자들의 또 다른 여가 활동인 말통째 야자술 마시기를 하던 중이었다면 더 그렇다. 숨 가쁜 모험 서사들을 들으면 한 배에 여덟에서 열 명씩 탄 이 남자들이 당장 사냥감을 찾아내 노로 내리칠 것 같은 기분이 든다. 내가 사랑해 마지않는 《데일리 메일$^{Daily\ Mail}$》지의 2007년 기사 "석기시대 고래 사냥꾼들, 맨손으로 고래를 때려잡다"에 따르면 그 고래잡이들도 야자잎을 엮어 만든 돛과 "못이나 금속 부속을 전혀 사용하지 않고 손으로 만든 배"를 이용했다. 하지만 현실에서는 녹슨 못이 박힌 배 안으로 바닷물이 엄청난 기세로 들어오고 고래 사냥꾼들은 동력이 달리는 선외 모터를 조작하는 데 엄청난 시간을 쓴다.

나는 우연히 고래 사냥꾼들이 바다로 나갈 때 바닷가에 있었고 그들은 나를 끼워주었다. 안 그래도 성난 바다 위로 구름까지 잔뜩 끼었다. 배는 무겁고도 무거워서 배를 물에 띄우는 데만도 옆에서 술 마시던 사람들의 손까지 빌려야 했다. 사람 열 명과 작살 여섯 개가 25마력짜리 녹슨 엔진에 의지했다.

가장 어린 고래 사냥꾼과 내가 맡은 일은 배 안에 괸 물을 거의 쉬지 않고 퍼내기였는데, 내 파래박은 금이 길게 가 있어서 쉬운 일이 아니었다. 내가 물을 퍼낼 때마다 상당량의 물이 배 안으로 도로 들어찼다. 배 한쪽 옆에는 홈이 있는 막대 둘 위에 4~5미터쯤 되는 볼썽사나운 대나무 장대가 올려져 있었다. 사냥이 시작되면 긴 밧줄이 연결된 그 장대 끝에 찌부러진 숫자 7처럼 생긴 날카로운 금속 작살을 단다. 그때까지 이 무기는 무시무시한 기운을 뿜으며 배 아래 돌돌 말려 있다. 작살잡이 대장이 뱃머리에 섰다. 나머지 사냥꾼들도 그 뒤에 서서 고래 꼬리를 찾으며 저 멀리 수평선을 바라보았다. 고래는 보이지 않았지만 돌고래 떼가 우아한 곡선을 그리며 움직이는 것을 보자 일순 조용해졌다. 몇 초 전까지만 해도 서로 놀리며 잡담을 하던 사람들이 갑자기 수신호를 쓰기 시작했다. 그러나 녹슨 선외 모터가 바다 위에서 고래 사냥꾼들을 실은 무거운 배를 움직이느라 털털거리는 소리는 여전했다.

작살잡이 대장은 거의 완벽하게 요가의 전사자세 2번을 취했다. 다른 점이 있다면 구부린 앞다리 위로 뻗은 팔처럼 보이는 것이 사실 찌를 준비를 마친 작살이라는 것뿐이었다. 그러나 잔뜩 찌푸린 하늘 때문에 와인처럼 짙은 바다에서 돌고래를 찾기는 쉽지 않았다. 돌고래들도 도와주지 않았다. 쉽게 도망칠 수 있으면서도 일부러 그러듯 작살잡이 전사 앞에서 처음에는 왼쪽으로, 다음에는 오른쪽으로, 나중에는 저 멀리 오른쪽으로 갔다가 왼쪽 가운데로 이리저리 움직이대 결국 전사는 지쳐서 작살을 하늘 높이 올리고 말았다. 솔직히 나는 돌고래가 잡혀서 내 발밑에서 해체되고 그 피를 배 밖으로 씻어내는 장면을 보고 싶지 않았다. 그러나 시간이 지날수록 감상적인 생각은 사라졌다. 오늘 같은 날 돌고래를 잡으려면 돌고래가 작살잡이 바로 앞에서 높이 뛰어올라 슬로모션으로 천천히 내려와서 술 취한 작살잡이가 집중할 수 있는 시간까지 벌어주어야 할 것이다. 따라서 오늘 우리한테 잡히는 돌고래는 종의 보존에 도움이 안 되는 유전자의 소유자일 것이다.

고래를 찾아다니고 어설프게나마 쫓아다니다 또 포기하는 이 모든 일은 극도로 지치는 일이었다. 사냥꾼들이 잠시 쉬기로 하자마자 무시무시한 시커먼 구름이 가까이 왔다. 엔진을 끄고 야자잎으로 만 담배를 피우고 바나나를 우적우적 씹는 동안 배가 빤히 보이는 암초를 향해 떠내려가는 것은 아무도 걱정하지 않았다. 처음에는 나도 별로 걱정하지 않았다. 내 카메라는 "방수팩" 그러니까 야자잎으로 꽁꽁 틀어막은 대나무통에 들어간 지 오래였다. 그러나 흰 파도가 내 다리를 지나 물을 제대로 퍼내지 못한 배 바닥으로 들이치기 시작하자 나는 이런저런 제안을 해보았다.

"닻을 내려서 암초에 안 부딪히게 해야 하지 않을까요?"

"닻? 우리 그런 거 없는데요."

대답은 그러했다. 우리는 다시 몇 시간을 더 떠다니고 돌고래를 쫓고 담배를 피우고 엔진을 돌려 여기저기 빙빙 돌다가 홀딱 젖은 채 빈손으로 집에 갔다.

나중에 고래 사냥꾼들과 이야기를 하다가 아일랜드 서해안의 대서양에서 빨간색 플라스틱 카약을 타며 찍은 내 사진을 보여주었다. 카약에서 돌고래를 자주 봤고 때론 고래도 봤지만 잡지는 못하게 되어 있다고 했다.

"뭐요? 배에 여자 혼자 탔다고 그런 건가?"

"아니, 그게 아니라 금지예요."

"아 맞다. 그 사람들은 그런 게 있지. 그 단어가 뭐였더라?"

다른 사람이 말했다.

"*보존Konservasi*"

"맞다 맞아. 그 보존이라는 거!"

나로서는 이 마을 사람들, 그러니까 거나하게 취해서 물이 새는 배를 타고 파래박에는 구멍이 난 데다 닻도 없이 여섯 시간이나 바다를 떠돌다가 작살 한 번 못 던지는 사람들이 해양 포유류의 개체 수를 위협한다고 보기 어려웠다. 며칠 전 고래를 워낙 많이 잡아서 그날은 악착같지 않았을지도 모른다. 사실 이 사람들은 한 해에 고래를 평균 여덟 마리에서 열두 마리 정도 *잡기는 한다*. 지난 10년 사이에는 선외 모터를 이용해 돌고래도 많이 잡았다. 바로 다음 날만 해도 내 술고래 친구들이 돌고래 일곱 마리의 살덩어리를 들고 바닷가로 들어오는 것을 봤다.

이런 일은 일부 서구 NGO를 분노하게 만든다. 그들은 름바타 같은 곳에서 벌어지는 돌고래와 고래잡이에 관한 감정적인 유튜브 영상을 만들어 올린다. 그들은 인도네시아가 돌고래 친화적이지 않은 나라이므로 이 나라에서 만든 참치통조림을 불매하자고 한다. 이 말에 인도네시아 중앙정부도 분노한다. 내가 름바타에 가기 바로 몇 달 전 인터넷에 올라온 비디오 때문에 자카르타의 해양수산부가 기자회견을 열었다. 해양수산부는 인도네시아산 참치통조림을 유럽과 미국 슈퍼마켓에서 퇴출시키자는 돌고래 보호론자들을 위장한 보호주의라고 비난했다.

수산자원국 국장이 기자들에게 말했다.

"[인도네시아에서 돌고래와 고래를 잡는다는 건] 사실이 아닙니다. 어떻게 그런 일이 있겠습니까? 돌고래를 잡는다는 말은 들어본 적이 없어요. 지역 사람들은 돌고래를 인간의 친구로 여깁니다. 그러니 돌고래를 쫓는 일은 없습니다. 돌고래 고기를 먹거나 미끼로 쓰는 일은 말할 것도 없고요."

―――

요즘 같은 때 자카르타의 수산자원국 국장이 "지역민", 특히 름바타처럼 마을에서 가장 높은 곳으로 가서 자연이 내린 기지국처럼 작동하는 큰 캐슈너트나무 둥치를 붙들어야 핸드폰이 터지는 곳에서 무슨 일이 벌어지는지 전혀 모르는 것은 당연하다.

수하르토가 세심하게 도입한 명령의 사슬, 곧 자카르타 관료들의 의지를 마을 단위까지 전달하고 모든 자원과 정보를 중앙으로 빨아들이는 체계는 레포르마시, 곧 개혁 시기에 산산이 파괴되었다. 그리고 그 파괴는 의도한 바였다. 1998년 수하르토가 사임하자 그 자리를 이어받은 하비비 대통령의 뜻이었다. 탈중앙화는 인도네시아의 동티모르 상실에 대한 반응이었다.

자카르타 정부의 완벽한 패배에 허를 찔리고 나자 하비비는 동티모르의 독립을 결정한 국민투표가 인도네시아의 나머지 지역에 무엇을 뜻하는지를 생각하지 않을 수 없었다. 다른 여러 지역도 수하르토 과두제에 모욕당하고 무시당해 왔다고 여겼다. 니켈과 구리가 매장됐거나, 석유와 천연가스층 위에 있거나, 귀한 목재가 되는 나무로 덮여 있는 섬들에서 모두가 하는 말은 자카르타가 자기 지역의 자원에 빨대를 꽂아 자바만 발전한다는 것이었다. 그렇다. 인구의 60퍼센트가 자바 한 섬에 모두 몰려 있긴 하지만 여전히 1억이 넘는 인구가 나머지 섬들에 살고 있다. 모욕을 상처로 악화시킨 것은 자카르타 정부가 자바인 주지사와 자바인 군대를 보내 불의에 저항하는 신호는 모두 짓밟아버렸다는 점이다.

그 자신이 동쪽의 술라웨시 출신인 하비비는 인도네시아가 더 민주적인 형태로 살아남으려면 자바가 나머지 1만 3,465개 섬을 완벽하게 지배해서는 안 된다는 것을 잘 알았다. 그것은 더 많은 권력을 주에 주어야 한다는 뜻이었다.

그러나 여기에는 딜레마가 있다. 석유가 풍부한 가장 서쪽의 아체와 광물자원이 풍부한 가장 동쪽의 파푸아를 비롯한 몇몇 주는 너무나 분노한 나머지 동티모르의 사례를 따라 인도네시아와 완전히 갈라설 기세였다. 그렇다면 주는 건너뛰고 군에 직접 권력을 주어야겠다고 하비비는 생각했다. 어떤 군도 따로 독립할 만큼 강력하지는 않았기 때문이다.

그리고 놀랍게도 하비비는 이런 탈중앙화를 이뤄냈다. 그것도 18개월 만에 세계 4위의 인구대국이자 가장 중앙집권적인 국가를 가장 탈중앙화된 나라로 산산이 조각냈다. 중앙정부는 국방, 재정정책, 외교, 종교 문제, 사법과 입안을 이전처럼 담당한다. 하지만 보건, 교육, 투자정책, 수산업 등 그 외 모든 것이 그때까지 자카르타의 명령을 따르는 것 말고 아무 통치 경험이 없는 300개의 군 "정부"에 넘어갔다.

그 의미가 무엇인지 깨닫기 시작하자 지역의 거물들은 더 많은 군을 만들자고 로비했다. 그 결과는 마치 굉장한 불꽃놀이를 보는 것과 같았다. 폭죽이 터지며 거대한 꽃으로 피어났다 다시 터지고 좌우로 작은 금빛 물줄기가 이어진다. 실제로 인도네시아인들도 국가의 행정적 해체를 일컬을 때 "꽃이 핀다"는 뜻의 프므카란pemekaran을 사용한다. 수하르토 퇴진 이후 인도네시아에는 10개 주가 더 생겼고, 내가 인도네시아 방랑을 마친 2012년 말에는 군의 수가 70퍼센트 증가해 509개로 "피어났다."

내가 자카르타의 보건부와 일하기 시작한 것은 바로 인도네시아의 행정적 해체가 시작되던 2001년이었다. 첫눈에는 보건부 직원 모두 이전과 크게 달라 보이지 않았다. 우리는 지침을 만들고 주 공무원을 교육시키고, 입안 부처와 간담하고 의회를 상대로 로비했다. 자카르타의 냉방 되는 사무실에 앉아서, 불꽃놀이가 시작되기 전부터 동료들이 알아온 주 공무원들과 일하며 우리는 마치 탈중앙화가 벌어지지 않은 것처럼 행동했다. 그리고 군 단위에서 자신들이 떠맡은 책임이 무엇인지 자각할 때까지 한동안 탈중앙화는 이 나라가 운영되던 방식을 크게 바꾸어놓지 않았다.

큰 변화는 2004년 부파티^{bupati}● 곧 군수 직선제 도입 이후 시작되었다. 이때부터 지역 정치인들이 제대로 몸을 풀기 시작해 자카르타 중앙정부의 바람에는 어긋나지만 지역 유권자에게는 먹히는 대담한 기획들을 내놓았다.

지금까지도 자카르타의 중앙 부처들은 자신의 책임인 것처럼 행동하지만 수도의 결정과 군 단위에서 실제로 벌어지는 일 사이의 불연결은 점점 공개적으로 드러나고 있다.

따라서 수산자원국장이 멀고 먼 섬에서 돌고래 학살이 벌어진다는 말을 듣고 놀란 것 또한 전적으로 가능한 일이었다. 놀란 인도네시아 정부는 그 대책으로 1975년, 1990년, 1995년에 제정된 법들을 강조하며 동물학살을 금지하는 새 행정명령을 황급히 만들었다. 이 명령은 행정체계를 거쳐 아래로 전달되었다. 해당 비디오에 라말레라가 등장

● 부파티는 보통 카부파텐^{kabupaten}이라고 부르는 군 단위의 장, 곧 군수이다. 도시 지역이라면 시에 해당하는 말은 코타^{kota}이며 왈리코타^{walikota} 곧 시장이 행정 책임자다. 이 책에서 특정한 인사가 아니라 일반적인 의미에서 부파티라는 말을 사용할 때는 왈리코타도 포함한다.

했으므로 름바타섬의 군 관료들은 각별한 노력을 기울여야 했다. 그러나 군청소재지 레월레바^{Lewoleba}의 공무원들이 행정명령에 대해 우물쭈물 입을 열자 고래잡이 마을 사람들은 그들의 입을 막아버렸다.

한 고래사냥꾼이 말했다.

"그 사람들이 몇 달 전에 그 보존이란 걸 여기서도 하려고 했었어요. 하지만 마을 전체가 레월레바에 가서 데모를 했죠. 지방정부는 그걸 밀어붙일 배짱이 없거든요. 그래서 그냥 없던 일이 됐어요."

매일 시네트론 전에 나오는 전국 뉴스는 이제 군청 앞에서 현수막을 들고 분노를 터뜨리는 성난 인도네시아인으로 도배됐다. 투룬 데모$^{turun\ demo}$, 그러니까 거리에서 시위하기는 인도네시아 유권자가 요구사항을 제시하는 기본 방식이 된 듯하다. 그러나 시위는 일종의 산업이 되기도 했다. 브로커들이 군중을 데려오고 미리 만들어둔 현수막을 나눠주고 그날의 시위 사안을 간략히 일러준다. 이런 시위는 며칠씩 가기도 하고 통제가 불가능해질 때도 많다. 자동차가 뒤집히고 건물이 불타고 경찰이 출동해 사람들이 맞고 총까지 맞기도 한다.

"난장판 식의 민주주의라고나 할까요."

한 전직 국영기업 사장이 내게 한 말이다. 하지만 대다수 인도네시아인에게 이렇게 요란하게 욕망과 불만을 표현하는 것은 수하르토 시절에 자카르타 중앙정부에 꼼짝없이 복종하던 과거를 청산하려는 것으로 보인다.

여행을 계속하면서 나는 신생 군을 알리는 표시들을 알아보기 시작했다. 배를 타고 가다 보면 저 멀리 수평선 위로 흐릿하게 섬이 보인다. 조금 더 지나면 가장 높은 곳에 하늘을 찌를듯 서 있는 핸드폰 기지국이 보인다. 그리고 배가 육지에 가까워지면 포구 위 언덕에 하얀 얼룩이 나타난다. 이 하얀 얼룩은 보통 대궐 같은 으리으리한 건물들이다. 각각 부파티의 집무실과 군 의회인데 대개 그 지역 인구 규모에 어울리지 않게 으리으리하다. 예를 들어 말루쿠 남부 한 군의 부파티 집무실에는 내 계산에 따르면 인구 441명당 하나에 달하는 오션뷰의 거대한 창유리가 달려 있다. 군의 각 부서는 저마다 건물이 따로 있으므로 이 건물은 절대 군청이 아니며, 선출직인 부파티만을 위한 공간이다.

부파티 집무실로 가는 언덕에 깔린 매끈한 2차선 아스팔트 길은 이 고장에서 유일한 포장도로일 가능성이 높다는 것 또한 알게 됐다. 때론 거기에 추가사항도 있다. 중부 숨바군의 군청소재지인 아나칼랑에는 검은 당구대처럼 매끈한 2차선 도로가 거대한 돌무덤과 올챙이배를 한 아이들과 올챙이배를 한 돼지들이 뛰노는 마을 한복판까지 나 있다가 갑자기 현직 부파티의 생가 앞에서 뚝 멈춰버린다. "공사업자의 선물"이라는 것이 그 집 문밖에 세워둔 SUV를 세차하던 제복 입은 부관의 설명이었다.

이전에는 시장이 서던 한적한 소읍이 군청소재지로 탈바꿈하기까지는 시간이 걸린다. 고래 사냥 후에 찾아간 숨바와 티모르 사이의 작은 섬 사부는 신생 군으로의 변신을 아직 마치지 못한 상태였다.

군 병원 밖에서 공무원들과 이런저런 이야기를 하던 중에 대문으로 검은 SUV가 들어왔다. 베이지색 유니폼을 입은 공무원들이 벌떡 일어나 담뱃불을 끄고 커피잔을 안 보이게 치웠다. 한 명이 내 팔꿈치를 찌르며 의자에서 일어나 환영의 의전에 끼라고 했다. SUV는 내 코 앞에 서고 검은 제복을 차려입은 잘생긴 젊은 남자가 앞자리에서 튀어나와 검은 문을 열었다. 마피아 영화의 보스라도 되는 듯 느릿느릿 사부 부파티가 차에서 내렸다. 황급히 소집된 우리 의전단은 발을 구르고 경례를 하며 뭔가 군대 구령 같은 것을 외쳤다. 거기에 응답하며 발을 구르는 부파티의 실크 이캇 셔츠 가슴팍에서 금색 배지가 번쩍거렸다. 시원하게 에어컨이 나오는 차 안에 있다가 밖으로 나오자 안경에 김이 서렸지만 그는 의전단에 끼어 있던 나를 알아보았다. 부파티는 말 한 마디 없이 나와 악수를 하고 다시 에어컨이 틀어진 집무실 안으로 들어갔다.

사부는 2008년 군으로 승격됐다. 배 위에서 읽은 신문기사에 따르면 사부는 인도네시아에서 가장 빈곤한 군이다.● 전체 가구 중 3분의 2가 소득수준 최하위인 1등급 기준에도 미치지 못한다. 인도네시아의 소득수준 분류체계는 4등급으로 나뉘어 있는데 정부는 최하위 계층을 이름만 그럴듯한 "미번영pre-prosperous"층이라고 부른다.

아주 오래전에 가본 사부는 여자들은 아름다운 이캇 직물을 짜고 남자들은 휘청대는 론타르 야자수 위에 올라가 수액을 모으며 노래를

● 사실 빈곤도를 측정하는 방법에 따라 몇몇 다른 군 또한 최빈곤 군으로 분류될 수 있을 것이다. 사부는 동누사퉁가라주에서 어떤 측정법으로도 최빈곤 군으로 평가되지만, 광물자원이 풍부한 파푸아와 말루쿠에는 외딴곳에도 돈이 되는 지역들이 있다.

부르는 메마르고 황량한 곳이었다. 이캇을 "홀치기염색$^{tie\ dye}$"이라고 번역하기도 하지만 인도네시아의 이캇 직물은 우드스톡 세대가 좋아하던 홀치기염색 티셔츠와는 아무런 공통점이 없다. 이캇 직조에서는 실을 먼저 염색하고 그 실을 베틀로 짜서 문양을 만든다. 이캇의 문양은 실을 늘어놓고 여러 곳을 묶고 한 가지 색상을 염색하고 실을 다시 묶고 다시 다른 색으로 염색하는 여성의 머릿속에만 있다가 이 실을 허리띠베틀로 짜면 마법처럼 서서히 드러난다. 이 과정은 특히 문양이 정교하다면 몇 달씩 걸릴 수 있다.

옥수수 수확 전 배고픈 계절에 이캇 만드는 여자들은 야자 수액을 끓여 만든 시럽을 마시며 버틴다. 마지막으로 사부에 갔을 때 많은 이들이 세 끼 중 두 끼를 그 시럽으로 때우는 것을 목격했다. 그러나 이제 사부의 중심지 세바^{Seba}는 군청소재지다. "지금은 정말 많이 발전했죠." 숨바의 한 커피노점 주인이 내게 한 말이다. 그 자신이 사부 출신이지만 거기서는 사업이 영 신통치 않아 떠났다고 했다. 그는 내가 전에 사부에 갔을 당시 그 섬에서 엔진 달린 교통수단의 거의 전부였던 미니버스 여섯 대 중 한 대를 모는 기사였다.

군 승격 후 3년이 지난 2011년에 사부에는 수많은 새 오토바이와 정부 공사 계약임을 알리는 노란색 대형트럭의 행렬과 거의 모두가 관용차임을 알리는 빨간 번호판을 단 번쩍이는 SUV가 넘쳐났다. 우체국은 아직도 사부가 분리 독립해 나온 쿠팡의 우편번호를 달고 있었다. 세바 시내를 이루는 두 블록에는 상점 몇 개가 문을 열었다. 그 길 끝에는 부두가 있었다.

바로 거기서 20년 전의 나는 결코 오지 않는 "올 예정인" 페리를 기다리다 지쳐 부기스족 화물 스쿠너선 선장에게 나를 플로레스로 데려다달라고 설득했다. 나는 이 거대한 목재선의 갑판 위에서 자면서, 고급 야채상점의 양상추처럼 주기적으로 분부기로 물을 맞다가 이따금 갑판으로 날아드는 물고기의 철퍼덕 소리에 놀랐다가 선원들의 크레텍 담배 불빛을 보고 안심하기를 반복했다. 플로레스에 도착하자 선장이 하는 말이 이 배에는 상륙허가증이 없다는 것이다. 그래서 나는 물속으로 뛰어들어 뭍까지 헤엄쳐야 했다. 짐을 안 젖게 높이 올린 채 수영하는 법을 알려준 구명법 수업을 받아둔 것이 천만다행이었다. 바닷가에서 지나가던 미니버스를 잡아탈 때까지 내 옷에는 미역과 해초가 붙어 있었다. 그러나 지금은 세바에도 페리가 거의 매주 도착한다. 거기다 파란 기와를 올린 새 페리 선착장, 그러니까 외곽 도서 어디서나 보이는 "진보"의 징표까지 있었다.

하지만 "정말 많이 발전"했느냐면 아직 그 정도는 아니다.

나는 1991년 머물렀던, 지금은 오래전에 퇴직한 동네 교장 선생님의 집을 찾아갔다. 그 집을 기억하는 이유는 교장 사모가 명부를 써야 한다고 유난스럽게 고집을 피웠기 때문이다. 그 명부는 줄을 그어 날짜, 이름, 국적, 여권번호, 종교 등 여러 항목을 채워 넣게 되어 있었다. 내가 방명록을 쓰는 동안 사모는 불안과 기대로 주위를 서성거렸다. 마지막 칸에 가톨릭이라고 쓰자 그는 티가 나게 안도의 한숨을 내쉬었다. 내게 줄 할랄 음식을 찾아다니지 않아도 되었기 때문이다. 20년이 지난 지금 교장 사모님은 훨씬 여유로워 보였다. 요즘은 자바 등지에서 온 무슬림 숙박객이 줄을 잇는다. 이들은 사부가 스스로 군 정부를 꾸리고 지방 공무원으로 부서를 채울 때까지 기본 업무를 대신하도록 중앙정부에서 보낸 지원군이다.

사부는 엄청난 변화의 한가운데 있었다. 불과 몇 년 전만 해도 말 그대로 아무것도 없다가 이제 지역정부는 미화 3,000만 달러 이상의 예산을 집행한다. 2012년 당시 사부가 천연자원으로 얻는 세입과 로열티는 겨우 2만 9,000달러였기 때문에 예산의 96퍼센트는 국비의 "평등화 예산"에서 내려왔다. 평등화할 것은 엄청나게 많다. 지자체의 재정 자립도라는 척도에서 사부의 반대편에는, 사부 세입의 무려 1만 4,000배인 4억 2,900만 달러를 거둬들이는 동칼리만탄의 석탄 산지 쿠타이카르타느가라$^{Kutai\ Kartanegara}$군이 있다. 이 군의 재정에서 국비가 차지하는 비중은 2퍼센트가 채 되지 않는다.

사부에 가보니 그 평등화 예산 중 410만 달러가 읍내를 굽어보는 언덕 위에 부파티의 번쩍거리는 집무실을 짓는 데 쓰이고 있었다. 그 공사가 한창 진행 중이던 와중에 자신의 "비전/사명" 중 하나를 모든 군민의 보건 향상이라고 내세우는 부파티가 사부 유일의 병원 공간의 절반을 요구했다. 병동 하나가 군 의회 의원 20명이 갑론을박하는 회의실로 바뀌었다. 보좌진 한 무리가 병원 현관을 지켰는데 그들은 바로 부파티 본인이 등장할 때 나와 수다를 떨던 이들이었다. 그들은 전부 사부 출신이지만 모두 쿠팡 아니면 심지어 자바에서 살아본 경험이 있었다. 그중 가장 말 많은 사람에게 왜 사부로 돌아오기로 선택했는지 물었다. 그는 기죽은 표정으로 나를 쳐다봤다.

"선택이라……? 보스가 사부의 발전을 도와달라고 하는데 선택이고 말고가 있나요?"

나는 부파티가 자신의 "비전/사명"인 "사부 라이주아^{Raijua}를 혁신적이고 앞서가는 쾌적한 군으로 만들기"를 이룰 토대가 될 만한 자원이 무엇이 있는지 알아보려 사부 이곳저곳을 둘러보았다. 하지만 별로 볼만한 것이 없었다.

어떤 곳에서 나는 자갈이 깔린 길을 따라 내려가다가 커다란 조개껍데기로 뒤덮인 언덕을 만났다. 그런 조개껍데기가 수백 개나 있었다. 길이가 1미터가 넘는 것도 있었는데, 모두 오목한 데가 하늘을 보고 그 안에 담긴 잿빛 바닷물이 서서히 증발하며 굵은 소금이 되어가고 있었다. 사부식 소금 만들기였다. 나는 말돈 바다소금 같은 산뜻한 맛을 기대하며 조개껍데기 하나에 손가락을 찍어 맛을 보았다. 그러나 기름기 도는 쓰디쓴 맛이 혀를 공격했다.

분을 바른 듯한 백사장이 길쭉하게 에두른 해변이었다. 사람 하나 없고 인간의 흔적이 아주 희미한 곳이었다. 중심을 잡게 도와주는 현외장치가 양쪽으로 달린 아웃트리거 배 한 대가 덤불에 기대 있었다. 야자잎으로 만든 다 쓰러져가는 움막 옆에는 뽑힌 나무 그루터기가 하나 있었다. 소리라고는 잔잔한 파도 소리뿐이었다. 이렇게 반짝이는 장소에 조용히 머물 수 있다니 기쁜 일이었다. 나는 나무 그루터기에 앉아 책을 읽을 작정이었다.

"미안하지만 그걸 장작으로 패려고 하는데요."

벌떡 일어나보니 눈앞에 땀에 젖어 빛나는 검고 탄탄한 근육질의 상체가 보였다. 그 위로는 짙은 수염, 검게 물든 이가 보이는 입, 핏발 선 눈, 관자놀이 부근이 살짝 희끗한 곱슬머리가 보였다. 남자는 도끼를 흔들고 있었다.

우리는 서로 빤히 쳐다보았다. 그리고 그가 웃으며 말했다.

"이리 와서 내 아내하고 인사해요."

그는 내가 앉아 있던 그루터기 옆 다 쓰러져가는 움막에 있던 아내를 불러냈다.

그는 어부지만 서쪽 계절풍이 불어 파도가 높은 철에는 아내와 함께 소금을 만들었다. 그래서 내가 앉아 있던 나무를 잘라서 바닷물이 가득 든 드럼통 아래 잦아드는 불길에 넣어 하얀 소금을 만들어야 했다.

그는 "어디서 왔느냐?"는 뻔한 질문조차 없이 바로 병원을 차지한 실크 셔츠의 왕자들을 비판하기 시작했다.

"이 주변을 보십시오. 이게 사부예요. 이게 다라고요."

그는 죽은 듯이 고요한 해변과 버려진 배와 바닷물이 끓는 드럼통을 차례로 가리켰다.

"그런데도 우리는 군 정부를 만들고 군청을 세우고 우리 의원님들을 실어 나를 비싼 차를 들여오는 게 좋다고 여기죠."

그는 부파티와 그의 경쟁자들을 "사부 쿠팡"이라고 불렀다. 그 사람들은 사부 출신이긴 하지만 성인이 되고부터는 바다 건너 주도인 쿠팡에서 살았다는 뜻이다. 그러다가 이 관료 이주민들은 수하르토 시대가 저물면서 주가 힘을 잃고 군이 득세하자 자신이 권좌에 오를 것을 기대하며 사부의 군 승격을 지지했다.

"그자들은 우리한테 계속 그럴 겁니다. 쿠팡에서 받아먹으면서 살다 보면 우리의 진정한 잠재력을 결코 깨닫지 못할 거라고요. [부파티와 그 패거리는] 자긍심에 대해 말하지만, 새로 만든 군은 그자들의 자긍심에 관한 겁니다. 그자들은 왕처럼 대접받길 바라죠. 그자들은 기사를 부리고 싶고, 사람들이 자기한테 굽실거리기를 바랍니다. 자카르타에 가면 대단한 사람처럼 대접받고 싶은 겁니다."

소금 만드는 남자가 말했다.

그의 아내는 코코넛 껍질로 만든 숟가락으로 소금물 위로 떠오른 벌레들을 참을성 있게 건져내다가 조용히 고개를 끄덕이며 말했다.

"그런 사람들이 군 승격을 바랐었죠. 우리를 다스릴 야심에 찬 사람들 말이에요. 재밌는 건 말이죠, 전에는 그 사람들이 쿠팡에서 한자리하는 걸 그렇게 자랑스러워했거든요. 그런데 이제 갑자기 자기들이 '우리 중의 하나'래요."

죽은 야자수를 작업장까지 끌고 가 땔감으로 쪼개기란 고된 일이다. 하지만 품질 좋은 소금은 제법 좋은 값을 받는다고 부부는 말했다. 지난주에는 병원 맞은편 식당에 소금 한 자루를 20만 루피아(미화 22달러)에 팔았다고 했다.

"공무원들이 다 점심을 사 먹는 곳이지요. 생각해봐요. 어쩌면 부파티도 내 땀을 먹었을 거요."

남자의 눈이 반짝거렸다.

자기가 차에서 내릴 때마다 남들이 발을 굴러주길 바라는 사람들은 때로 자카르타의 국회가 신생 군 승격안을 완전히 통과시킬 때까지 몇 년씩 로비하기도 한다. 지역 유지들은 자카르타의 결정권자들을 데려와, 지역에서 더 가까운 인사의 통치를 받기 원하는 아스피라시 라캿aspirasi rakyat 곧 인민의 의지를 보여줄 대규모 행진을 조직한다. 이 "인민"에게 유지들은 멀리 떨어진 통치자의 무시와 냉대를 끝장내면 번영의 새 시대가 열린다는 생각을 판다.

잠재적으로 부유한 지역에서 지역 권력팔이들은, 예를 들어 니켈이나 석탄의 풍부한 매장량 같은 천연자원을 중심으로 새 군의 밑그림을 그리려고 한다. 우리만의 군이 생기면 우리가 더 잘살게 된다고 "인민"에게 말한다. 다른 부족의 땅인 군 소재지나 주도 혹은 자카르타 중앙정부에 돈을 올려보내지 않아도 된다.

사부처럼 빈곤한 지역에서는 지역 권력팔이들이 반대로 자카르타에서 내려오는 지원금이 "인민"을 더 잘살게 해준다고 주장한다. 지원금이 기존의 군을 거치지 않고 바로 내려오면 다른 부족이 빼돌리지 않으므로 직접 수혜를 받을 수 있다고 장담한다. 이 국비 지원금은 지역경제를 살리는 데 쓰이고 곧 새 군은 재정적으로 자립할 수 있다고 유지들은 말한다.

사실 둘 다 사실과는 거리가 멀다. 중앙정부가 빈곤한 군에 돈을 더 많이 내려보내려면 그 돈은 부유한 군에서 가져와야 한다. 어떤 경우에도 중앙정부는 사부같이 빈곤한 군에 보내는 평등화 예산에 전체 예산의 26퍼센트 이상을 쓸 수 없기 때문이다. 새로운 군 만들기가 인도네시아 전체의 생산성을 향상시키지 않는 한 더 많은 군이 만들어진다는 것은 각 군에 내려갈 돈이 준다는 뜻일 수밖에 없다.

나는 이캇 직물 짜는 사람을 찾을 수도 있다는 바람을 갖고 섬을 더 돌아보았다. 지난번에 왔을 때는 사부의 유명한 꽃문양 사롱을 입은 여자를 딱 한 번 보았다. 멈춰 서서 직접 짠 것인지 물어보았지만 그는 청각장애인이었다. 딸이 함께 있었지만 별 관심이 없었다.

"뭐 면사를 묶어서 물감에 여러 번 넣었다 뺐다 하다 보면 꽃 아니면 새가 나오는 거 아닌가요?"

이캇 짜기에 대해 묻자 "요즘 세상에 누가 그걸 하고 있겠어요?"라고 반문했다.

길을 가다 보니 여자들이 한 줄로 서서 바닷가에서 바구니에 담아온 포도송이만 한 돌을 쏟아부어 피라미드 같은 무더기를 만들고 있었다. 이제 이들의 일은 작은 야자수 아래 앉아서 작은 쇠망치로 돌을 쪼개 공사장에서 쓰는 자갈로 만드는 것이다. 남자들은 20미터 높이의 론타르 야자수에 기어올라 설탕이나 술을 만들 수액을 모으는 중이었다. 해초를 양식하는 이들도 일부 있었다. 기다란 밧줄 사이사이에 빈 물병을 끼우고 작은 해초를 손바닥 길이만큼 사이를 두고 달라붙게 한 후 그 밧줄을 해안에서 걸어서 접근할 수 있을 만한 거리의 물에 띄워놓아 크게 자라게 두는 것이다.

이 중 그 무엇도 사부 재정수입의 96퍼센트를 차지하는 자카르타 중앙정부의 지원금을 대신하거나 사부군을 "혁신적이고 앞서가는 쾌적한 군"으로 만들기는 어려워 보였다.

사부의 부파티와 마주친 다음 날 나는 해안도로를 따라 사부 남쪽으로 갔다가 사부의 한복판을 가로질러 세바로 되돌아오는 모험을 벌였다. 사부의 등뼈라 할 그곳에는 4층 건물 높이 론타르 야자수가 메마른 토양 위에 늘어서 있고 벌거벗은 산들이 하늘빛 바다까지 이어진다. 아름다운 풍경이지만 도로 상태는 엉망이다.

이렇게 엉망인 도로를 달리는 것은 절대로 재미있는 일이 아니다. 척추가 원래 길이보다 절반으로 쪼그라들고 괴상한 각도로 틀어진다. 핸들을 잡은 오른손은 돌덩이처럼 굳어버린다. 왼쪽은 액셀러레이터 때문에 아예 감각을 잃어버린다. 이빨이 덜덜거리고, 왼쪽에 다가오는 파인 구멍에서 더 앞 오른쪽의 자갈밭으로 주의를 옮길 때마다 눈알이 굴러가는 것이 느껴질 정도다. 허벅지로는 오토바이 안장을 꽉 붙들고 장딴지에는 잠시도 힘을 뺄 수 없으며 왼발은 발목까지 써서 기어를 앞뒤로 움직이고 오른발은 항시 브레이크에 꼭 붙이고 있어야 한다. 또한 두 발 다 오토바이가 넘어가지 않게 흙바닥이나 진창에 고정할 준비가 되어 있어야 한다. 오래전 숨바에서 우아한 파리지앵 친구 나탈리를 오토바이 뒤에 태워줬더니 이렇게 말했다.

"여기는 엉덩이를 아프게 하는 나라야."

해가 서서히 기울고 저녁이 다가오자 이 "지름길"을 택한 나 자신이 미워지기 시작했다. 그렇게 언덕을 올라가다 보니 기적처럼 검은 벨벳 같은 길이 골짜기 아래까지 펼쳐져 있었다. 정말 매끄러운 아스팔트 도로였다. 나는 속력을 네 배로 올리고 핸들을 잡은 손과 허벅지에 힘을 빼고 주변을 둘러보며 주홍빛 하늘을 배경으로 한 야자수의 실루

엣을 감상했다.

다음 언덕 꼭대기로 가고 있을 때 누가 나를 향해 세우라는 신호를 해댔다. 나보다 어려 보이는 잘 차려입은 청년이 소리를 지르며 핸드폰으로 통화를 하는 중이었다. 이 척박한 산 위에서 보기 힘든 광경이었다. 나는 통화가 끝나기를 기다렸다가 태워주겠다고 했다.

"고맙지만 나도 오토바이가 있어요. 도로를 조심하라고 알려주려던 겁니다."

과연 산마루를 지나 5미터쯤 가니 길이 급하게 왼쪽으로 꺾이다가 사라졌다. 아무런 경고도 없이 지금까지 내내 싸워온 바위와 돌멩이의 강으로 다시 돌아가버렸다.

내게 경고하던 청년은 사부군 의회의 최연소 의원이자 공공사업위원회 소속이었다. 도로의 이 구역 공사가 끝났다는 완공 보고서를 받고 현장을 확인하러 왔다가, 공사업자가 배수로를 만들다 만 것을 발견했다. 아스팔트를 깔아놓은 끝에서 100미터는 배수로가 없었다. 아스팔트를 제대로 깔지도 가장자리 작업을 제대로 한 것도 아니었다. 그러니까 비가 한번 제대로 오면 언덕길에 놓인 아스팔트가 싹 쓸려나갈 수도 있다는 말이었다.

"그자들이 그냥 흙 위에다 검은 페인트를 칠해놨을 수도 있어요."

젊은 의원이 화를 내며 말했다. 그는 다시 전화를 걸었지만 공사업자는 받지 않았다.

읍내에서 총예산 2억 2,000만 루피아를 들여 도로 25킬로미터를 닦는다는 안내문을 본 적 있다. 그렇다면 공사비는 1킬로미터당 거의

1만 달러인 셈이다. 왜 공사를 읍내에서부터 시작해서 순차적으로 진행하지 않는가? 왜 이 비포장도로 한복판에 아스팔트를 이렇게 조금만 공수해 온단 말인가?

젊은 의원은 공공사업부가 발주하는 도로 건설 같은 큰 공사는 여러 개의 작은 프로옉proyek으로 나눠서 각각 다른 업자에게 맡기는 것이 관행이라고 했다.

프로옉. 수도 없이 듣는 말이다. 지금 인도네시아의 기타 등등을 이루는 거대한 후원 체계의 일부이기도 하다. 이번 경우에 흥미로운 지점은 부파티와 그 패거리가 나눠준 공사 "프로젝트"를 지역의원이 실제로 관리 감독하려고 하고 있다는 점이다. 인도네시아 사람 중에 지역의원이 책임감을 가지고 자기 일을 할 것이라고 기대하는 사람은 거의 없다. 사람들은 지역의회 의원들이 하는 일이란 4D, 곧 와서, 앉아 있다, 입 다물고, 월급이나 받는다Datang, Duduk, Diam, Duit가 다라고 농담을 한다.

나는 젊은 의원에게 위원회가 어떻게 도로 건설의 기술적인 면을 결정했는지, 도로 유지에는 예산이 얼마나 편성됐는지 물어보았다.

"솔직히 저도 모릅니다. 우리는 이런 걸 해본 적이 없거든요. 예산을 어떻게 책정하는지도 몰라서 그냥 행정 하는 사람들을 믿는 수밖에 없어요."

행정부인 군 공공사업부에 제대로 훈련받은 기술자가 없으니 그것 자체로도 문제라고 했다.

"장님이 장님을 이끄는 거나 마찬가지지요."

탈중앙화의 거대한 불꽃놀이가 새로 벌어질 때마다 인도네시아는 공중보건부를 운영하거나 사회기반시설 개발을 계획하고 예산을 편성하고 감사하고 교육과정을 개발할 인재들을 더 찾아내야 한다. 이상적으로는 각 군이 자기 지역에서 인재를 등용하고 싶어 한다. 이전에 방치되던 주에서 새로 탄생한 여남은 신생 군에는 인재가 아예 없다.

"공공사업부에서 엑셀 파일이라도 읽을 수 있는 사람이 있는지 모르겠어요. 그런데 쿠팡에 도와달라고 할 수도 없어요. 우리 군을 만들겠다고 거기서 떨어져 나오려고 한 게 바로 우리니까요."

젊은 의원이 새로 깐 도로에 떨어진 아스팔트 덩어리를 차면서 말했다.

나는 사부에서 티모르섬의 서쪽에 자리 잡은 쿠팡으로 가는 페리를 탔다. 거기서 다시 다른 펠니 페리를 타고 인도네시아에서 가장 최근에 생긴 군인 남서말루쿠군에 가볼 작정이었다. 신생 남서말루쿠군을 구성하는 작은 섬 48개는 티모르섬 동쪽 바다에서 서쪽의 타님바르 Tanimbar까지 600킬로미터 구간 여기저기 흩뿌려져 있다. 하지만 한 달에 한 번 있는 페리는 얼마 전에 떠났다.

엄청나게 조르고 보챘더니 쿠팡의 항구감독이 말하기를 프린티스 printis 배가 2주에 한 번 남서말루쿠에 간다고 했다. 항구감독은 의심스러운 눈초리로 나를 위아래로 훑어보았다. 프린티스란 문자 그대로는 개척자란 뜻이고, 어떤 교통수단도 가려고 하지 않는 곳에 가주는 교통 서비스를 예의 바르게 돌려 말하는 방식이다.

"그 배가 화물선이라는 건 알지요? 작은 섬 주민들을 태워주긴 하는데······."

항구감독은 내가 적당한 종류의 화물은 아니라는 투로 거듭 확인했다.

나는 항로를 물어보고 동티모르 국경에 가까운 위니^{Wini}항에서 배를 타겠다고 했다. 그랬더니 쿠팡 항구감독은 더 의심스러운 눈을 하면서도 배 출발 날짜와 시간을 일러줬다. 9일 오전 열 시였다. 그래서 나는 9일 아침 아홉 시 반에 위니의 유일한 도로를 따라 선착장으로 내려갔다. 그러나 선착장에는 배가 없었다. 수평선 끝까지 배 한 척 보이지 않았다.

교통부라는 간판을 단 작은 건물은 쥐 죽은 듯했다. 그 주위에 나 말고는 아무도 없었다. 쿠팡 항구감독에게 문자를 보냈다. "사바르, 부$^{Sabar, Bu}$" 그러니까 차분히 기다리라는 답장이 왔다. 그래서 나는 나무 아래 앉아 책을 읽었다. 한 시간쯤 지나니 한 청년이 나타났다. 딱 보기에도 위니 출신이 아닌지라 배를 기다리느냐고 물어보았다.

"배가 있다고요? 지난 2주 동안 이 부두에 있었는데 배 한 척 못 봤는걸요."

청년은 수라바야 출신의 기술자이고 그 부두의 확장공사를 감독하려고 파견된 것이었다. 사용도 안 하는 부두를 왜 확장하는지 물었다.

"프로옉, 칸?$^{Proyek, kan?}$"

프로젝트 아니겠어요?

정오가 지나고 오후 한 시가 지나고 두 시가 되었다. 이제는 대안을 생각해야 하는 게 아닌가 하고 있을 때 수평선 위로 연기가 보였다. 그 연기는 구름이 되고 한 시간여 만에 녹색과 청색 방수포를 두른 거대한 바지선이 부두에 섰다. 내리는 사람은 없고 내가 그 부두의 유일한 승객으로 건널판자를 타고 올라갔다.

같이 배에 탄 동료 승객들을 둘러보았다. 섬사람 여남은 명이 있을 줄 알았는데 갑판이 바글바글한 게 300명 가까이 되어 보였다. 갑판에는 빈자리가 한 치도 없었다. 승객들은 전기제품 상자와 쌀자루와 계란판으로 요새를 짓고 쭈그려 앉아 있었다. 눈을 맞추는 사람도 없고 환대는커녕 적대가 가득했다. 내가 마늘 자루 뒤 손바닥만 한 공간에 자리를 잡으려 하자 옆 사람이 험악하게 제지했다. 유일하게 빈 곳은 윙윙대며 돌아가는 뜨끈한 냉동고 위 같았다. 나는 거기에 자리를 폈다. 그러나 곧바로 투견 같은 여자가 큰 나무주걱으로 위협하며 으르렁댔다. 선원 하나가 나더러 쥐구멍으로 돌아가라고 하자 이웃의 분노는 더해졌다.

내 목적지인 사움라키Saumlaki는 닷새를 더 가야 도착한다.

무시무시하게도 배가 멈출 때마다 영토 전쟁이 벌어졌다. 항구감독 말대로 프린티스는 화물선이고 화물은 갑판 아래 실린다. 그 말인즉슨 항구에 닿을 때마다 방수포를 걷어내서 우리는 한낮의 뜨거운 해와 밤의 냉기에 무방비 상태로 남겨지며, 종이 상자로 쌓은 요새는 해체하고 슬리핑 매트는 말아 들고 모두 부두로 내려가서 갑판 전체를 들어 올리고 화물을 쏟아내는 동안 대기해야 한다는 뜻이다.

화물 내리기는 한두 시간 만에 끝나기도 하고 하루 종일 걸릴 때도 있었다. 그러나 갑판의 첫 부분이 다시 놓이면 바로 영토 전쟁이 시작되었다. 원래 탄 승객과 새로 탄 승객이 좋은 자리를 차지하려 달려드는데 아직 갑판이 목 높이에서 밧줄에 걸려 흔들리는 것도 개의치 않았다. 서로 고함을 질러댔다. 선원들은 저러다 목이 잘릴지도 모를 승객에게 소리를 질러댔다. 이틀 동안 배에 있던 사람들은 새로 탄 승객에게 텃세를 부리며 자기 자리라고 소리를 쳤다. 새로 탄 승객은 자신의 확고한 의지를 알리려 맞받아쳤다. 가족들은 협공작전을 펴면서 자기들끼리 소리를 질러대고 한 사람이 매트를 펴는 동안 다른 사람은 상자로 요새를 지었다.

시간이 지나면서 나는 조금씩 영토 선점에 익숙해졌고 내 주권을 확보하기 시작했다. 24시간 노래방에서는 충분히 멀리 있으면서도 반대편의 냄새 나는 화장실에서는 너무 가깝게 있고 싶지 않았다. "문" 곧 방수포 사이의 공간과 가까운 자리는 바람과 전망이 있어 좋지만 동시에 비가 들이치므로 좋지 않았다. 머리 위 방수포에 찢긴 데가 있으면 그 자리는 물웅덩이가 되기도 한다. 그래서 나는 지붕을 노렸다. 인도네시아 어린이들은 제멋대로인 데다 소리를 질러대므로 대가족은 좋은 이웃이기 어려웠다. 그렇다고 야자술을 통째로 들고 붐박스와 기타로 무장한 양아치들과 이웃하고 싶지도 않았다.

옆쪽 공간은 비교적 움직이기 쉬운 곳이었지만 다른 사람들이 지나다니며 내 얼굴을 치고 간다는 뜻이기도 했다. 둘째 날 나는 화장실 끝쪽 선창으로 이어지는 심연 바로 옆의 비교적 조용한 구석에 자리를 잡았다. 그곳은 막다른 곳이라 양쪽으로 보호받았다. 나는 거동이 불편한 할머니 모녀와 연합해 그 자리를 지킬 수 있었다.

모녀는 부두조차 없는 섬 리란^{Liran}에서 배에 탔다. 길고 날렵한 고깃배가 우리 화물선 옆에 바짝 서자 딸이 늙은 어머니를 위로 밀어 올렸다. 갑판에 있던 소년이 노인을 붙들고 잠시 끙끙거리다가 갑판 위에 내려놓았다. 뒤이어 딸이 기어 올라오자 나는 모녀를 내 안전지대로 데려왔다. 그 후로 나는 내 자리를 노리는 하이에나 같은 승객이 나타나면 노인을 공경하라고 꾸짖었고 그 전술은 제법 효과가 좋았다.

화물선 위의 생활도 일종의 리듬을 찾아갔다. 뱃머리 닻 위는 새벽의 사색을 위한 최고의 장소이자 천상으로 열린 곳이었다. 오전 아홉 시면 무자비한 태양 때문에 모두 방수포 아래 퀴퀴한 공기 속으로 돌아가야 했다. 탁한 공기는 골판지를 부쳐대봤자 꼼짝하지 않았다. 늦은 오후가 되면 해가 넘어가기 시작하고 이때는 하루 중 최고의 시간이었다.

노을이 바다 위에 반짝일 때면 돌고래들이 물 위로 올라와 신나게 놀았다. 돌고래는 매일 나타나 우리 옆 바닷물 위로 뛰어올랐다 내려가고 가끔은 별 이유도 없이 장난 삼아 수직으로 솟구쳐 올랐다가 한 바퀴 크게 공중회전을 했다. 그 근사한 광경에 야자술에 취해 있던 양아치들조차 돌고래가 손만 뻗으면 닿을 거리에 들어오면 엄마 돌고래와 아기 돌고래를 가리키며 신이 나서 웃었다. 해가 완전히 넘어가면 아름다운 노을이 펼쳐진다. 성긴 분홍빛이 위쪽의 연한 잿빛 구름을 둘러싸고 수평선 아래서 불의 도가니가 이글거리면 바다가 어두운 유리 같은 잔물결을 우리 뱃머리로 보냈다. 배 안에서는 방수포를 받친 기둥에서 네온 불빛이 번쩍거리며 살아나고 노래방이 시작되지만 여기 뱃머리에서는 고요함을 즐길 수 있다.

배 위에 앉아서만 보내기에 닷새는 긴 시간이다. 아름다운 중국 여배우 링링 주가 나오는 영화조차 없다면 더 그렇다. 나는 편지를 열두 통쯤 쓰고 길고 긴 발전 관련 보고서를 읽으며 배 위에서의 시간을 알차고 생산적으로 보낼 작정이었다. 하지만 나는 아무것도 하지 않는 쪽에 빠져들어, 허공을 바라보고 물 위에 비친 빛을 관찰하는 데 부끄러울 정도로 많은 시간을 썼다. 나무주걱을 든 투견 같은 여자에게서 밥 한 그릇을 살 수 있을지 혹은 다음에 설 항구가 커피숍이 있을 만큼 큰지 궁금해하면서도 많은 시간을 보냈다.

배가 자주 서다 보니 탐험할 기회도 생겼다. 한 바닷가 마을에서는 전역한 군인이 진한 커피와 집에서 만든 두툼한 과자를 내주었다. 그는 군대가 아랫물은 나아지기 시작했는데 윗물은 나빠졌다고 했다.

"옛날에는 똑똑한 장군이랑 멍청한 군인이 있었는데, 이제는 반대예요. 사병들은 배울 만큼 배웠는데 똑똑한 사람들은 이제 군대에 안 가려고 하거든요."

가끔은 이런 작은 섬들에서 가장 기대하지 않았던 일이 벌어지기도 했다. 배가 하루 종일 섰던 키사르에서는 동료 승객 해리가 구경을 시켜주겠다고 했다. 우리는 해리의 오토바이로 섬 가장 남쪽까지 내려가서 이제는 독립국이 된 동티모르를 보았다. 군부대 앞을 지나면서는 경고문에 쓰인 대로 속도를 낮췄다. (전역 군인의 말과는 달리 해리는 "저 군인들은 골칫덩이일 뿐"이라고 했다.) 우리는 활주로를 보려고 잠시 섰다가 팍 헤르마누스를 찾아갔다. 그는 이 키사르섬에서도 소수 언어인 오이라타^{Oirata}어밖에 모르는 매부리코의 늙은 신사인데, 이스라엘의 사라진 10지파 중 하나에 속한다는 말이 있었다. 자카르타의 그리스도교인 호사가가 두번째 예수가 빨리 출현하기를 돕겠다며 작년에 노인을 성지에 보내기도 했다. 야자잎으로 지은 노인의 집 뜰에는 열 개의 돌을 쌓아 올리고 시멘트로 이어 붙여 거대한 똥 같아 보이는 사라진 10지파에게 바치는 기념비가 서 있었다. 그 만남은 인도네시아 여행을 신나게 만든 작은 이오네스코적 순간이었다. 남서말루쿠군의 현직 부파티가 최근 키사르를 순례지로 만들고 싶다고 밝히기도 했다. 전체 면적 100제곱킬로미터인 이 섬이 부파티에게 이스라엘을 떠오르게 하기 때문이었다. 키사르와 이스라엘 모두 건조하고 산이 많고 양과 염소도 있지 않느냐고도 했다.

    몇 번이나 우리가 정박한 마을 사람들이 길에 서 있던 나를 불러 욕실을 쓰게 해줘서 여행에서 쌓인 더께를 씻어낼 수 있었다. 내가 그들이 내준 간식이나 욕실, 말동무 해주기에 감사를 표하면 사람들은 손을 내저었다.

    "그럴 필요 없어요. 내가 영국에 가면 자기도 똑같이 해줄 거 아니에요!"

    그렇지 않다는 것을 잘 알기에 나는 더 감사한 마음이 들었다. 한적한 바닷가에서 수영을 하기도 하고 시원한 옛 석조교회에 앉아 있기도 했다. 어부에게 문어를 사서 섬 유일의 부두 식당에서 구워 먹기도 했다. 화물선에서 보낸 닷새가 나쁜 것만은 아니었다.

물론 배 위에서도 많은 대화를 나눴다. 배가 설 때마다 새로운 승객들이 새로운 질문을 했고, 내 개인사를 완벽하게 습득한 동료 승객들이 나 대신 많은 대답을 해주었다. 나는 사람들이 어째서 이 길고 긴 여행을 하는지 알게 되었다.

승객 중에는 신생 말루쿠바랏다야$^{\text{Maluku Barat Daya, MBD}}$군의 임시 군청소재지인 키사르에 공사 제안서를 가지고 가는 사람도 많았다. 만난 남자 중 하나는 면장의 형제인데 부파티의 집무실용으로 페트병을 재활용해 만든 반짝이는 크리스마스트리 비용을 받아 가는 길이었다. 이번에는 부활절 장식 제안서를 제출하려고 한다고 했다. 이 여행에서 "수순 프로포살$^{\text{susun proposal}}$" 곧 제안서 작성이란 말을 지난 20년을 다 합친 것보다 더 많이 들었다. 그 말은 물론 NGO에서 많이 들었지만 성직자, 학생, 농부, 교사, 마을 여성단체, 경찰 등등에게서도 들었다. 요즘 인도네시아에서는 모두가 새로 돈이 넘치는 지역정부에서 돈을 조금(때로는 많이) 뜯어낼 제안서를 작성 중인 듯했다.

내 안전지대에 자리 잡은 거동이 불편한 할머니에게는 아무 제안서도 없었다. 할머니는 다리가 퉁퉁 부어 걷지 못해서 병원에 가는 길이었다. 리란섬에는 병원이 없다. 인구 800명의 마을 하나뿐인 섬에는 병원이 있을 수도 없다. 섬에는 초등학교와 중학교가 하나 있고, 산파 훈련을 받은 지역 여성 직원이 있는 보건지소뿐이다.

"보건지소에서는 점방에서도 살 수 있는 알약밖에 안 준단 말이지."

남서말루쿠 어디에도 병원은 없다. 이 신생 군의 군청소재지에는 6개월 후에나 조립식 야전병원이 세워질 예정이었다.

이동 시간으로 따지면 가장 가까운 병원은 1.5일이면 갈 수 있는 서누사틍가라주의 수도인 쿠팡에 있다. 하지만 이 노쇠한 노인은 말루쿠주에 속하는 리란섬에 살기 때문에 쿠팡의 병원에서는 의료 혜택을 받을 수 없다. 그래서 배를 타고 사흘 밤낮을 목석처럼 앉아 사움라키에 있는 병원으로 가는 것이다. 거기서조차 진료를 받으려면 따로 돈을 쥐여줘야 했다. 이제 남서말루쿠가 독자적인 군이 되었으므로 사움라키 병원은 원칙적으로 리란 주민의 의료카드를 받지 않기 때문이다.

정말 원칙대로 하자면 이 병든 70대 노인은 다시 사흘 더 배를 타고 주도인 암본까지 가야 한다.

"하지만 예전부터 알고 지낸 사람이 있다면 대개 그냥 해결되지."

노인의 말이다.

6장
행복한 가족

방가이섬과 케이제도에서
관료제의 명암을 살펴보다

지도 D: 방가이제도, 중부술라웨시

지도 E: 케이제도, 말루쿠

2011년 크리스마스가 다가오고 있었다. 나는 빅토리아시대의 곤충수집가 앨프리드 러셀 월리스를 유일한 길동무 삼아 말루쿠 남동쪽 섬들을 둘러보던 중이었다. 월리스는 1857년 크리스마스를 지금 내가 있는 곳에서 멀지 않은 바다 위에서 보냈는데 그다지 즐겁지 않았던 모양이다. "선장은 개신교도라면서도 크리스마스를 전혀 축제로 여기지 않는다"고 불평했다.

"저녁식사는 여느 때처럼 밥과 커리였으며 기념으로 과실주 한 잔이 더 나왔을 뿐 평소와 다름없었다."

이 대목은 드물게 뚱해 있어서 다른 곳에서 거대한 뉴기니섬에서 멀지 않은 말레이제도의 오른쪽 하단 구석에 대해 얘기하는 쾌활한 어조와는 대조적이다. 월리스는 특히 케이^{Kei}섬 사람들에게 각별한 환대를 받았다. 이들은 초대도 안 받고 배 위로 올라와 제복을 차려입은 자바인 및 말레이인 선원들을 경악하게 만들었다.

케이 사람들은 노래하고 고함지르고 노를 물속 깊이 담갔다 끌어올려 물보라를 일으키며 다가왔다. [...] 기쁨과 흥분에 도취된 것 같았다. [...] 이 광경을 보자니 얌전하고 정숙한 [여자]아이들이 놀고 있는데 거칠고 까불거리고 소란스러운 남자아이들이 뛰어 들어와 괴상하고 고약한 행실로 난장판을 벌이는 장면이 떠올랐다!●

- Wallace, *The Malay Archipelago*, Vol. 2, Chapter XXIX. 앨프리드 러셀 월리스, 『말레이 제도』, 노승영 옮김, 지오북, 2017, 524~525쪽.

케이섬 사람들의 환대가 각별하다는 월리스의 말은 정말이다. 나는 2004년에 그 바다에 가본 적 있다. 예정에 없이 갑자기 자카르타의 상사가 크리스마스부터 새해까지 사무실을 닫겠다길래 나는 무작정 황야를 찾아 나섰다. 그러다 결국 케이섬에서 가장 큰 도시 투알^{Tual}에 이르렀다. 하지만 며칠 안 가서 이 도시 남쪽의 아름다운 해변도 지루해져서 항구에 나가보았다. 널찍한 목조 여객선이 승객을 가득 태우고 건널판자를 막 치우려던 참이었다. 나는 건널판자 위로 뛰어올라 배 안 벤치에 앉았다. 검표원이 내게 와서 어디로 가느냐고 묻자 내가 도리어 이 배가 어디로 가는지 물었다.

내 옆에 앉았던 덩치 좋은 빡빡머리 남자는 목적지도 없이 배에 탄 내가 재밌어 보인 모양이다.

"이분은 우리랑 같이 갑니다."

그가 선언했다. 그게 다였다.

풍채 좋은 팍 브람과 가족들은 케이브사르^{Kei Besar}(큰 케이)섬에 있는 고향 마을 오호이와잇^{Ohoiwait}에 가는 길이었다. 그곳까지는 지금 살고 있는 투알에서 딱 두 시간 거리였다. 이들은 어머니와 수많은 형제와 친척들을 보러 간다고 했다.

털털거리는 지프차가 부두에서 기다리고 있었고 그 차에 우리 모두와 각종 귀향 선물이 여기저기 실렸다. 쌀자루와 시멘트 부대는 지붕에 올리고 과자와 케이크는 좌석 아래, 계란판은 무릎 위에 올렸다. 우리는 이 섬의 등뼈를 따라 난 비포장도로를 구불구불 올라가며 숲과 밭과 여기저기 알아보기 힘든 마을들을 지났다. 그러다 갑자기 내리막

길이 바닷가로 이어지더니 갑자기 멈춰 섰다. 거기가 바로 오호이와잇이었다.

윗마을은 절벽 위에 아슬아슬하게 자리 잡았다. 잘 다듬은 돌이 깔린 널찍한 길이 꼭대기의 교회부터 아래쪽 절벽 가장자리까지 이어졌고 그 양쪽으로 단순한 목조가옥이 늘어섰다. 집들은 잘 관리되어서 창문 덮개와 문에는 보색을 칠했고 깨끗한 면직물 커튼이 짠 바닷바람에 흔들거렸다. 그리고 120개짜리 계단이 나타나 절벽 아래 해변으로 이어졌다. 어째서인지 평지의 아랫마을은 단정치 못함과 대놓고 지저분함 사이를 오가는 10대처럼 나사가 풀린 듯했다. 연안에서는 온갖 색깔의 총천연색 물고기들이, 현지인들이 별것 아니라는 듯 "색깔바위"라고 부르는 아름다운 산호초 사이를 헤엄쳐 다녔다.

열세 남매 중 막내인 브람은 도착하자마자 나를, 세대를 막론하고 모두가 할머니를 뜻하는 네덜란드어 "오마^{Oma}"라고 부르는 자기 어머니에게로 데려갔다. 오마는 아무것도 묻지 않고 나를 반겨주었고 따라서 이 마을에서 내 지위는 굳건해졌다. 오마의 집 바닥은 이미 가족들의 매트리스가 다 차지했기 때문에 나는 사촌의 집으로 갔다. 그 집 식구들은 식사 시간에 내 자리를 만들어주고 아주 자연스럽게 나를 마을 생활 안으로 끌어들였다.

2011년 크리스마스가 가까워지자 7년 전 크리스마스의 좋았던 기억이 떠올랐다. 2004년 방문 이후로도 브람과 한두 해 넘게 계속 연락을 주고받았다. 그러다가 그가 번호를 바꾼 후로는 연락할 길이 없었다. 빌어먹을, 하지만 어쨌거나 오호이와잇에 가보기로 했다.

나는 투알에서 지난번 방문 때 찍은 사진을 여러 장 출력했다. 하얀 크바야를 입은 우아한 오마의 사진, 브람과 아내 마리아 그리고 시골 사촌들에게 도시의 쿨함을 자랑하고 싶을 때면 쓰는 날렵한 선글라스를 쓴 아이들의 사진, 내가 머물던 집의 "하숙집 아줌마" 사진, 집안 식구 전체의 식사를 담당하던 "주방 아줌마"의 사진을 들고 오호이와잇으로 향했다.

케이브사르섬으로 가는 관처럼 생긴 200석짜리 스피드보트는 300명쯤 되는 승객으로 넘쳐났다. 병든 닭 같은 할머니가 내 자리를 반쯤 차지하고 몸을 숙이고 있었다. 배가 심하게 요동쳤다. 파도를 맞으면 뱃머리가 크게 들렸다가 다음 파도에 쿵 하고 떨어졌다. 할머니는 배가 흔들릴 때마다 꽥꽥거리다가, 손가락 관절이 하얗게 되도록 내 손을 꼭 잡더니 내 발 위에 웩 하고 토했다.

오호이와잇으로 가는 길은 여전히 비포장도로였고 야생 난초가 핀 숲을 따라 이어졌다. 나는 오토바이 택시 뒤에 앉아서 크리스마스 이틀 전에 지난 7년 동안 한 번도 본 적 없고 본명도 제대로 기억하지 못하는 가족의 집에 갑자기 나타나서 나를 환영해주기를 바라는 게 얼마나 어이없는 일인지 생각했다.

그러나 인도네시아의 아낌없는 환대에 대한 내 확신은 틀리지 않았다. 내가 오호이와잇에 내리자마자 브람의 형수 오나가 나를 채어 오마의 집으로 데려갔다. 가모장 오마는 1년 전 아흔이 넘은 나이에 세상을 떠났다. 이제 오나와 인체(주방 아줌마이기도 한)가 이 집에서 남편들과 아직 어린 아이 하나를 데리고 산다.

오나와 가져간 사진을 보고 있는데 마마 인체가 왔다. 그는 사진을 보고 "엘리즈가 여기 왔을 때 찍은 사진들이네!"라고 했다. 나는 인사말을 기대하며 고개를 끄덕였다. 그런데 인체는 도리어 나더러 사진만 보고 어떻게 여기까지 찾아왔는지 물어보는 것이 아닌가. 마마 오나는 발끝만 보며 안절부절못하다가 "이 사람이 그 사람이야. 엘리자베스라고." 하며 내뱉었다. "와! 부 엘리즈!" 인체는 그제야 손을 흔들며 반가워했다. "그런데 그새 왜 이렇게 늙었어!"

한두 시간 만에 오나와 인체와 나는 부엌에 둘러앉아 집 뒤 텃밭에서 따 온 야채를 손질했다. 마치 내가 오기를 기다리기라도 한 듯, 내가 그들의 삶에 잠깐 나타났다 사라진 지 7년이나 지난 것은 잊은 듯했다.

"자기는 크리스마스까지 있어야 해."

마마 인체가 이렇게 선언하자 가슴속까지 따듯함이 전해졌다.

마마 인체는 크리스마스를 맞이하는 나의 사회적 책무를 쭉 늘어놓았다. 대부분은 교회에 관한 것이었다. 오호이와잇은 개신교 마을이지만, 아랫마을에 전에는 없던 모스크가 보였다. 크리스마스를 맞아 집집마다 찾아가 노래하고 박수 치고 코카콜라 캔과 말린 옥수수로 만든 마라카스를 흔드는 아이들 중에는 질밥을 쓴 여자아이들도 있었다. 아이들은 어른들에게 과자와 용돈을 받으려고 노래 가사를 바꿔 불렀다. "이부 엘리즈 마니스……." "예쁜 엘리즈 아줌마, 어디다 숨겼나요……?" 그러면 지갑에 든 1,000루피아짜리 지폐란 지폐는 죄다 꺼내지 않을 도리가 없었다. 마마 인체에게 그 종교를 초월한 크리스마스 방문단에 대해 말하니, 무슬림이 개신교도 사촌을 찾아가는 거라고 했다. 친족과 부족의 결속력이 강한 남말쿠구에서는 친족의 결속력이 종교의 차이를 넘어선다고 했다.

나의 첫 책무는 마을 어른이 모두 그러듯 가장 좋은 전통의상을 차려입는 것이었다. 여자는 우아한 긴 크바야 블라우스에 바틱 사룽을, 남자는 바틱 셔츠 아니면 더 지역색이 강한 이캇 직물 셔츠를 입는다. 마마 인체와 교회의 다른 여자 간부들은 검은 비단 어깨띠를, 남자들은 하얀 스카프를 둘러 구별했다. 교회의 긴 의자를 다시 배치해서 중앙 복도를 사이에 두고 여자는 왼쪽, 남자는 오른쪽에 앉았다.

나는 티 나게 딴생각을 하지 않으려고 일부러 앞줄에 앉았다. 한 시간 넘게 기도하고 노래하고 여성 목사의 열정적인 설교를 열심히 듣는 척했다. 말루쿠의 칼뱅파 교회에는 현재 남성보다 여성 목사가 더 많다. 이번에는 촛불점화 의식이었다. 첫 주자는 "지혜로 우리를 인도하는 명예 마을 서기"였다. 서기는 천천히 복도로 나아가 엄숙하게 촛불을 붙이고 다시 천천히 돌아왔다. 오 하느님! 이제 학교 선생님과 산파, 가족복지연맹 대표와 온갖 직함을 단 모두가, 그러니까 이런 마을에서는 거의 모든 사람이 차례로 촛불을 켤 것이고, 그러면 자정이 되어도 여기서 나가지 못할 것이다. 나는 이제 여자들의 화장을 살펴보며 이 지역에서 유행하는 화장법을 알아보기 시작했다. 이렇게 차려입어야 하는 행사 때 피부색이 짙은 마을 여자들은 얼굴에 쌀가루를 뽀얗게 바르고 빈랑을 씹어 물든 입술에 립스틱을 바른다. 그러면 좀 무서운 얼굴이 된다.

갑자기 마마 오나가 내 옆구리를 찔렀다. "이제 이부 엘리즈를 모시겠습니다."라고 목사님이 말했다.

"이부 엘리즈의 방문은 이 나라 인도네시아와 이 마을 오호이와잇을 사랑한다는 것이 무엇인지를 우리에게 일깨워줬습니다."

나조차도 그 말에 감동받을 정도였다. 다른 사람들이 그랬듯 천천히 통로를 걸어가 엄숙하게 촛불을 붙이고 다시 천천히 내 자리로 돌아왔다. 그런 쇼가 모두에게 소속감을 준다. 점점 더 많은 인류가 삶의 터전으로 삼는 런던이나 자카르타 같은 거대한 익명의 공간에서는 쉽게 느낄 수 없는 감정이다.

공지 시간에 교회 간부가 알려주길 갯민숭달팽이 채취를 금지하는 새 사시^{sasi}, 곧 터부가 내려지고 팍 옥토의 망고나무에 내려졌던 사시는 해제된다고 했다. 사시(또는 동누사틍가라 남쪽 지역에서는 포말리^{pomali})는 전통적 형태의 자원 관리라고 할 수 있다. 대개 터부는 산란기에 물고기를 잡는 것을 막거나 공유자원을 아껴 쓰기 위해 마을 원로들이 선언한다.

때로는 마을 사람들이 도둑이 자기 작물을 훔쳐 가지 않게 하려고 원로에게 돈을 약간 주고 터부를 걸어달라고 부탁하기도 한다. 팍 옥토의 망고나무는 무거운 과실 때문에 윗마을을 관통하는 자갈 깔린 길 바로 위로 축 늘어져 있었다. 터부가 아니었다면 오가는 어린 소년들이 그 탐스러운 과일을 그냥 뒀을 리 없다. 이제 사시가 풀렸으니 팍 옥토는 집에 가서 온전히 자신의 것이 된 망고를 따 먹을 수 있게 되었다. 그날 저녁 그 집 일가친척이 전부 베란다에 모여 끈적끈적한 과즙을 줄줄 흘리며 망고 잔치를 벌였다.

앨프리드 월리스는 150년 전 티모르에서도 이런 금지가 강력한 힘을 발휘했다고 기록했다.

이곳에서 '포말리'라고 부르는 '타부' 관습이 널리 퍼져 있어서 이 의식이 과일, 나무, 집, 작물, 모든 종류의 재산을 약탈에서 보호해주고 사람들은 이 금기를 상당히 존중한다. 열린 문에 야자수 가지를 걸쳐놓아 이 집에 들어가는 것이 금기라고 알려주는 쪽이 자물쇠와 빗장을 잔뜩 채우고 거는 쪽보다 도둑을 막는 데 훨씬 효과적이다.●

지금은 정치인들마저 터부를 이용한다. 2003년 치열했던 지방선거 당시 투알에서는 누가 이 도시의 주인인지를 보여주고 싶었던 한 후보 쪽에서 이 도시 한복판을 흐르는 큰 강 사이를 연결하는 유일한 다리에 사시를 걸었다. 그 때문에 뗏목이 등장해서 말도 안 되게 비싼 뱃삯을 받고 사람들을 이쪽에서 저쪽으로 건네주었다. 강 건너 학교에 가야 하는 아이들은 한 시간이나 일찍 일어나야 했고 공무원들조차 제때 출근을 못 할 지경이었다. 몇 주 동안이나 석유, 등유, 쌀 등 생필품을 한쪽에 내리면 삼판선이 다른 쪽으로 실어서 날라야 했다. 물가가 폭등했다. 사시 때문에 모두의 생활이 엉망이 됐지만 아무도 사시를 깨뜨릴 엄두를 내지 못했다. 말루쿠 주지사까지 개입하고 나서야 그 사시는 해제되었다.

● Wallace, *The Malay Archipelago*, Vol. 2, Chapter XL. 앨프리드 러셀 월리스, 『말레이 제도』, 노승영 옮김, 지오북, 2017, 258쪽.

크리스마스쯤의 날씨는 끔찍했다. 매일 오후 늦게 때론 아침에도 바다에서 바람이 몰려와 절벽을 쳐대고 오호이와잇의 작은 집들을 흔들어댔다. 야자수 꼭대기가 바람에 날리며 극적으로 춤을 춰대는 모습이 마치 허공에서 벌어지는 피나 바우슈의 발레 같았다. 비가 쏟아지면서 양철지붕 위에 육안으로도 뚜렷한 물결을 만들다가 돌풍이 되어 베란다를 덮쳤다. 사람들은 덧문을 닫고 집 안으로 들어가 등유등 빛에 의지해 폭풍이 지나가기를 기다렸다. 전기는 내가 도착하던 날 나가더니 내가 떠날 때까지 돌아오지 않았고 교회만 발전기를 돌려 전깃불을 켰다.

시네트론도 없고, 전화도 안 되고, 길은 잠기고, 바다는 성이 나서 밖으로 나갈 수 없으니 이 마을은 세상과 단절되었다. 우리에게는 라디오뿐이었다. 오호이와잇에 처음 왔을 때, 중앙정부가 각종 지시사항을 주와 군을 거쳐 마을까지 전달하는 특별 채널을 촌장과 함께 듣던 일이 기억났다. 다이너마이트를 이용한 고기잡이에 대한 새로운 규제사항과 마을 산파 교육과정에 지원하라는 공지가 있었다. 촌장은 매일 라디오를 듣고 받아 적은 후 밖으로 나가 마을 사람들에게 소식을 알렸다.

이제 마마 인체는 마을 바깥세상에는 무슨 일이 벌어지는지 궁금해서 매일 저녁 라디오를 켠다. 라디오에서 온갖 고위 관료들의 크리스마스 인사가 계속 이어졌다. 그리고 화물 운송 일정이 나왔다. 펠니사에 따르면 치레마이호가 예정보다 이틀 늦은 30일 투알에 도착한다고 했다. 관공서는 1월 2일 월요일까지 휴무다. 각종 공지사항과 가족들의 사연이 이어졌다. 투알의 자인 가족이 날씨가 궂어서 방문하지 못하게 됐다고 반다엘리의 부기스족 친척들에게 전해달라고 했다. 투알의 마투투 가족이 와우르의 바팍 자파르에게 중요한 일이 있으니 즉시 방문해달라고 했다.

거의 모든 라디오 사연은 "클루아르가 브사르$^{keluarga\ besar}$"에 관한 것이었는데, 문자 그대로 큰 가족이라는 뜻이지만 나는 친족^{clan} 정도로 훨씬 느슨하게 번역하는 표현이다. 어느 비 내리는 오후 나는 마마 오나의 남편 조피에게 친족들 중에 클루아르가 브사르에 들어가는 사람이 정확히 누구인지 물어보았다. 그는 종이를 한 장 꺼내더니, 내가 처음 오자마자 반겨주었던 우아한 가모장 오마로부터 시작하는 가족들의 이름을 써 내려가기 시작했다.

가계도에는 오마와 남편, 두 사람의 열세 자녀, 그 자녀들의 손주 마흔세 명, 증손주 스물여덟 명과 갓 태어난 고손주까지, 작년에 세상을 떠난 여인의 직계자손 85명이 들어갔다. 그들의 배우자나 사돈 식구들, 한 다리 이상 건너는 사촌들은 포함되지 않는 말 그대로 혈연으로 연결된 이들만이었다. "하지만 전체 친족이라면 아내와 남편, 결혼으로 생긴 친척들에다, 우리 조부모까지 거슬러 올라가면 수백 수천이 될 거예요."라고 조피가 말했다. 그는 새로 종이 한 장을 꺼내더니 나더러 가계도를 그려보라고 했다.

내 아버지 쪽은 조부모로 시작해서 우리 아버지, 오빠와 나 이렇게 셋이 다였다. 곽 조피는 내 앙상한 가계도 앞에서 어쩔 줄 몰라 했다. 꼭 태어나자마자 버려져서 늑대들이 키워줬다고 고백한 듯한 상황이었다.

친족은 세심하게 기억되는 혈연으로 이어진 실질적이고 물질적인 단위이다. 이 마이크로 민주주의 시대에 친족은 특히 중요한데 어떤 "큰 가족"들은 지역의회에서 의석을 낼 수 있을 만큼 크기 때문이다. 하지만 "큰 가족"은 은유적일 수도 있다. 혈연이 아니더라도 지연, 학연, 조직폭력배의 계파, 직업 등으로 연결되는 사람들의 관계를 뜻하기도 한다. 수하르토 시대의 문서에는 여러 "큰 가족", 예를 들면 클루아르가 브사르 ABRI 같은 인도네시아 군대와 그 가족들의 영광스러운 사회활동이 가득하다.

혈연이건 아니건 "큰 가족"은 후원관계를 통해 돌아가는 시스템이다. 그리고 후원관계는 인도네시아 정치와 경제에 활력을 불어넣는 생명선이다.

이 큰 가족의 중심에는 보통 거물 남성$^{\text{Big Man}}$(때로는 여성)이 있다. 가족은 (특히 청년조직 같은 은유적인 가족일 때) 투표를 확보하고 궂은일을 해서 거물에게 힘을 실어준다. 이렇게 해서 거물이 각종 프로옉과 일자리와 돈에 접근할 수 있는 권력의 지위를 유지하면 자기 가족들에게 빚을 갚는 것이다.

군 단위에서 거물은 이 가문이나 저 가문을 대표하거나 오호이와 잇 마을이나 엘랏 마을의 이해를 대변할 수 있다. 전국구 차원에서 거물은 군 전체 혹은 주 전체에 무언가를 가져다주기를 기대받는다. 그러나 모두 자신의 진짜 가족, 예를 들면 오마의 혈통을 이어받은 가까운 친족들을 위해 온갖 애를 쓴다.

어느 날 저녁 팍 조피와 마마 오나는 자신들의 딸 이야기를 해주었다. 딸은 정정당당하게 공무원 시험에 합격해서 남들이 부러워하는 교사가 되었다. 그런데 어느 날 아침 조피가 투알에 갔더니 그날 신임 교사의 부임지를 알리는 편지가 발송될 예정이고 딸의 부임지는 오호이와잇에서 그렇게 멀지 않은 작은 가톨릭 마을 와울라는 사실을 알게 되었다.

좋은 소식이 아니었다. 인사권을 가진 상사들이 있는 군청에서 멀리 떨어진 외딴섬 케이브사르 같은 곳의 마을에서는 커리어를 쌓기 어렵기 때문이다. 조피는 교육부로 바로 찾아가 항의했지만 담당자는 별수 없다고 했다. 이미 결재까지 나서 한두 시간 안에 인사발령이 공개될 예정이라 너무 늦었다는 것이다.

"다행히 우리 친척 중에 자카르타 국회의원이 있어요. 그래서 그분께 얘기했더니 그분이 담당자와 얘기를 해서 바로잡을 수 있었답니다."

신임 교사 임용식이 연기되고 부임지가 다시 정해져서 조피의 딸은 지금 투알에 있는 학교에서 가르친다고 했다. "굉장하죠?"라고 아버지가 자랑스럽게 말했다.

그러고서 나는 바리케이드 친 길을 지나가게 해달라고 경찰에게 뇌물을 준 이야기를 했다.

"그리고 나니 부정부패에 가담한 느낌이더라고요."

오나와 조피는 웃었다. 나는 계속했다.

"딸 이야기랑 좀 비슷하지 않나요. 잉글랜드에서는 그런 걸 부정부패라고 보기도 하거든요."

한동안 침묵이 이어지더니 공기가 착 가라앉았다. 마마 오나는 벌떡 일어나 접시를 치우며 말했다.

"우리 교회에 가기로 했었잖아?"

돌아보면 그런 말을 한 내가 잘못이다. 내게 그토록 잘해준 집주인을 무안하게 해서가 아니라 정말 내가 잘못했기 때문이다. 궤변같이 들리겠지만 나는 이제 후원과 부정부패를 구분할 수 있게 되었다. 인도네시아 사람들은 일상과 투표장에서 언제나 이 둘을 구별한다.

인도네시아 사람들은 부정부패에 관해 말하기를 좋아하고, 흔히 부패Korupsi, 유착Kolusi, 정실주의Nepotism를 줄여 카카엔KKN이라고 부른다. 한번은 남자아이들 한 무리와 축구 중계를 보게 되었다. 동남아시아 예선전에서 맞수인 말레이시아가 인도네시아를 이기고 있었다. 말레이시아가 한 골을 더 넣자 거기 있던 아이 중 하나가 실망하며 고개를 흔들더니 말했다.

"월드컵에도 부정부패가 있었으면 좋겠어. 그러면 우리가 확실히 이길 수 있을 테니까."

그러나 사람들이 KKN에 대해 말할 때 하는 얘기는 인도네시아가 민주주의와 관료제를 조직하고 운영하는 방식 때문에 후원은 필수 불가결하다는 것이다.

국가와 지역의 지도자와 의원을 선거를 통해 선출하는 "민주주의"는 인도네시아에서 비교적 새로운 일이다. 그러나 선거는 정말이지 많다. 인도네시아는 대통령, 국회의원, 주지사, 주의원, 지역수장(부파티나 시장), 지역의원, 촌장을 직선으로 뽑는다. 5년 사이에 일곱 번의 선거에 참여하면서 인도네시아 사람들은 자신들의 민주주의가 어떻게 작동하는지 이해하기 시작했다. 그리고 모두가 이 나라의 급격한 탈중앙화와 민주주의가 후원/부패를 더 필요하게 만들고 더 널리 퍼뜨리고 있다는 데 동의한다.

부파티가 되려면 돈이 많이 든다. 가장 먼저 자신을 후보로 지명해달라고 정당에 돈을 줘야 한다. 그리고 선거운동 비용도 전부 마련해야 한다. 그 액수에 대해 듣긴 했지만, 이번 여행 후반에 지인의 선거운동을 가까이서 지켜보기 전까지는 믿지 못했던 액수였다. 굉장한 부자가 아닌 다음에야 선거비용을 낸다는 것은 돈을 빌린다는 뜻이다. 그리고 또 그 돈을 갚아야 한다는 뜻이기도 하다. 낙선자에게는 고난의 시간이다. 인도네시아에서 선거가 끝날 때마다 정신병원 입원자 수가 는다는 보도도 있었고 너무 큰 빚을 진 낙선자들은 자살하기도 한다.

다행히 당선되었다 해도 이제 부파티가 된 당선자는 미화 600달러 정도인 월급으로 그 빚을 갚을 수 없다(부파티는 거의 언제나 남성이다. 마지막 지방선거에서 당선된 500명이 넘는 인도네시아의 부파티와 시장 중 여성은 딱 8명뿐이었다). 대신 그는 광산 개발권 허가나 이 자리나 저 자리에 대한 임명권이나 새 병원 아니면 파란 지붕을 두른 터미널 공사 계약으로 빚을 갚는다.

"당선될 즈음이면 빚을 하도 많이 져서 부정부패를 저지르지 않을 도리가 없거든요."

사람들은 수도 없이 이렇게 설명했다.•

이런 식의 빚 갚기는 사실 불법은 아니다. 미국의 하원의원이 말도 안 되게 석유재벌에 유리한 정책을 발의하면, 그의 선거운동을 도와줄 정치활동위원회에 석유재벌이 자발적으로 기부하는 것 이상으로 불법적이지는 않다. 사촌들에게 일자리를 나눠주는 것은 영국 하원의 인턴 자리가 아버지 친구의 예쁜 딸에게 가는 것과 크게 다르지 않다. 그러나 합법적인 후원조차 나쁜 정책과 나쁜 인사와 나쁜 도로를 낳는 일이 종종 벌어진다.

우기의 오호이와잇에서 크리스마스 연휴를 보내면서 나는 인도네시아의 "거물"들이 불쌍하다고 느낄 지경이 되었다. 친족의 직접적인 지원을 받지 못했어도 일단 거물이 되면 끝도 없이 "빚 갚기"를 기대받는다.

오호이와잇에 오자마자 그 명성을 들은 팍 자코브는 거물이 분명했다. 말루쿠제도 절벽 꼭대기 작은 마을에서 태어났지만 20년도 전에 돈을 벌러 외지로 나간 그는 자야푸라 Jayapura 시의원으로 여러 차례

• 서구 학자들의 최신 연구가 이런 대중의 지혜를 재확인해주는 듯하다. 불법 벌목에 관한 한 연구는 위성사진을 이용해서 수마트라, 칼리만탄, 파푸아 등 정글이 많은 주에서 면sub-district 하나가 새로 생길 때마다 벌목률이 평균 8퍼센트 증가하는 것을 보여주었다. 국법에 의해 새로운 벌목 허가가 나지 않는 곳에서도 결과는 마찬가지였다. Burgess et al., 2012를 보라. 한편 지역 도로 관련 지출은 군으로 예산이 내려간 지 1년 후 두 배가 되었다가, 현 부파티의 재선 다음 해에 다시 두 배가 되었다. 정부 조사에 따르면 2000년대 10년 동안 지출이 일곱 배로 늘었음에도 불구하고 도로의 상태는 나빠졌다.

재선한 후 이제는 시의회 의장직을 맡고 있다. 자야푸라는 인도네시아에서 가장 자원이 풍요로운 파푸아주의 주도이자 정치인에게는 흔치 않은 기회가 있는 곳이다.

팍 자코브가 내일 오호이와잇에 도착한다고 했다. 고향을 떠난 후 처음으로 오는 것이었다. 이 마을 사람의 신부가 처음 이곳에 발을 내디딜 때 환영하는 혹혹와잇Hokhokwait 의식으로 그를 영예롭게 맞을 예정이었다. 자코브는 사실 네번째 아내와 온다지만 상관없었다. 넷째 아내가 이 산꼭대기 마을에 찾아오는 첫 아내이니 환영 의례를 치러 주어야 할 것이다. 온 마을이 들썩거렸다.

다음 날 아침에 일어나보니 마을 여자들이 가장 좋은 옷을 차려입고 거물을 맞을 준비를 하느라 분주한 것이 보였다. 그 때문에 나는 무슨 옷을 입을지 고민에 빠졌다. 잘 때 덮기도 하는 그런대로 괜찮은 사롱 두 장을 번갈아 입으며 크리스마스 방문 행사를 치르던 참이었다. 둘 중에서 전날 밤 덮고 잔 사롱을 잘 펴서 허리에 두르고 아랫마을로 내려가는 여자들의 행렬에 꼈다.

우리는 풍요의 샘물이 솟아나는 강가로 가는 길을 따라갔다. 거물이 보낸 선물이 미니버스 편에 먼저 도착해서 콜라와 스프라이트 상자며 비스킷 통과 달걀판을 내리는 중이었다. 나는 이 멀고 먼 전초기지에도 영양실조 모히칸족의 돼지 꼬리 헤어스타일과 패션이 당도한 것을 알아차렸다. 선물을 내린 후 미니버스는 이제 거물을 모시러 갔다. 우리는 기다렸다. 마을 여자들은 분홍색이며 보라색 실크 사롱을 걷어 올리고 강의 납작한 돌 위에 쪼그려 앉아서 빈랑물이 든 이를 모래로 문질러 닦았다. 반대쪽의 높은 강둑에서는 벌거벗은 남자아이들이 물속으로 뛰어들었다.

미니버스가 돌아와 빵빵거리자 우리는 모두 제자리로 황급히 돌아갔다. 북 치는 사람들은 리듬에 맞춰 북을 치고 나이 든 여자들은 붉은 실크 천을 펼치더니 버스가 멈추자 다들 신부에게 몰려갔다. 겁에 질린 듯한 10대 소녀는 무슨 일이 벌어질지 전혀 몰랐던 것이 분명했다. 마을 사람들은 붉은 실크를 신부의 턱 주변에 두르더니 아래로 펼쳐서 그가 입고 있던 베이지색 홈드레스를 가렸다. 여자들은 쯧쯧 혀를 찼다.

"자기 신부한테 두스터duster를 입혀서 고향에 데려오다니!"

네덜란드어에서 온 두스터는 인도네시아 사람들이 홈드레스를 부를 때 쓰는 말로, 집에서 빈둥대거나 청소를 할 때 입는 옷이지 시집 식구를 처음 만날 때 입을 만한 옷이 아니다.

벌써 임신 8개월에 접어든 사람에게는 좀 과한 느낌이었지만 신부는 강가로 끌려가 다산의 의식을 치렀다. 그리고 행진이 시작됐다. 분홍색 우산이 신부 머리 위에서 돌아가고 우리는 그 뒤에 열을 지어 느릿느릿 걸으며 손을 돌리고 성가를 불렀다. 몇백 미터마다 잘 모르는 여자 친척이 나타나 이 뽀얀 자바 소녀에게 지폐나 과일 조각을 찔러 주었다. 존중의 상징인 빈랑과 석회가루 조합도 늘 함께였는데 빈랑에 익숙지 않은 사람이라면 입에 넣었다가 속이 뒤집힐 수도 있었다.

우리는 춤을 추면서 아랫마을을 지나 성스러운 돌과 네덜란드 대포가 있는 윗마을 복판까지 가파른 길을 오르기 시작했다. 며칠 만에 처음으로 해가 나왔다. 뒤뚱거리며 절벽을 올라가는 10대 신부는 자기를 따라오며 웃고 박수 치고 모르는 말로 찬송을 하는 들뜬 군중 사이에서 울상이었다. 마을 원로의 축복을 받고 나서 그는 다시 뒤뚱거리며 온 길을 내려갔다.

신부보다 나이는 스무 살 넘게 많고 배는 똑같이 남산만 한 남편은 자기 아내에게 이 모든 시련이 벌어지는 동안 무표정하기만 했다. 거물은 말이 많은 사람은 아닌 듯했다. 아닌 게 아니라 이 부부는 마을에서 있었던 세 번의 공식적 자리에서 한 번도 서로 말을 주고받지 않았다. 축복 후에는 나도 길게 줄을 서서 거물과 악수를 했지만 그는 말 한 마디 없었다.

언덕을 올라갔다 내려온 후 부부는 자코브의 어머니 집의 퀴퀴한 벽에 기대 바닥에 엉거주춤하게 앉았다. 거물의 어머니는 아들의 무릎에 몸을 던진 채 큰 소리로 흐느꼈다. 거물이 아무 반응도 하지 않자 어머니는 며느리에게 몸을 돌려 길고 곧은 머리카락에 얼굴을 파묻고 울었다. 젊은 아내는 되는 대로 시어머니의 등을 두드렸으나 제법 당황한 얼굴이었다. 그는 자기보다 대여섯 살쯤 어리고 뽀얀 피부에 선실크 광고에 나올 법한 머릿결을 가진 두 의붓딸을 안심시킬 때 딱 한 번 웃었다. 먼젓번 자바인 아내들이 낳은 아이들이었다.

통곡은 갑자기 시작한 만큼이나 갑자기 끝났다. 거물 부부는 잊히고 잔치가 시작되었다. 탄산음료 캔과 가게에서 산 포장된 과자들이 나왔다. 마을에서는 보기 어려운 이런 과자와 음료가 나온 것 자체가 거물이 마을에 온 덕분이었다. 다들 신나서 신문물은 집에 싸 가려고 챙겨두고 다디단 차와 부엌에서 만든 수제 과자 같은 평범한 마을 잔치 음식으로 배를 채웠다.

춤이 시작되었다. 여자들은 우아하게 늘어서서 몸을 흔들거나 돌리다가 함성을 외치며 방향을 바꿨다. 남자들은 북을 치고 노인들은 전통 민요를 부르며 즐거운 시간을 보냈다. 그러다 어느 시점에서 모두가 눈에 띄게 흥겨워했다. 함성이 커지더니 다들 머리 위로 하얀 봉투를 흔들어댔다. 거물이 춤추던 여자들에게 당시 환율로 270달러쯤 되는 250만 루피아를 나눠준 덕분이었다.

크리스마스이브에 자코브의 의붓딸들은 화려한 분홍색 옷을 맞춰 입고 교회에 나타났다. 한 아이는 새틴으로 된 플라멩코 드레스, 한 아이는 레이스 웨딩드레스 차림이었다. 둘 다 사교계 결혼식이라도 가는 듯 분홍색 깃털 장식을 머리에 쓰고 하이힐까지 신었다. 둘은 늦게 나타나 "나 좀 봐봐." 하는 투로 복도를 지나 앞줄까지 걸어갔다. 마을 여자아이들이 불에 달려드는 나방처럼 그 주위로 몰려들었다. 아이들의 아버지는 여전히 무표정한 얼굴로 그 뒤를 따랐다.

교구위원이 "오호이와잇의 큰 가족" 구성원들이 낸 기부금 내역을 발표할 때도 자코브는 여전히 무표정했다. 투알의 팍 브람이 돈을 보냈다. 또 다른 오마의 자손이자 중부 말루쿠주 사회복지 및 고용국 국장인 팍 아욥도 돈을 보냈다. 그 외에도 고향 마을에 15만 루피아 혹은 30만 루피아씩 크리스마스 기부금을 보낸 사람이 여럿이었다. 그러나 고향 방문 중인 의원님이 그 열 배를 내놓아 액수로 모두를 가볍게 눌러버렸다.

나는 자코브에게 이 촌구석에 돌아오는 것이 어떤 의미일지 궁금했다. 이곳은 에어컨도, 빨간 번호판의 SUV도, 굽실대는 보좌진도, 호텔의 저녁식사도, 텔레비전 인터뷰도 없는 곳, 심지어 핸드폰 신호도 잘 안 잡히는 곳이다. 그는 얼마 전 아버지가 세상을 떠났기 때문에 돌아온 것이었다. 이제 이론적으로는 그가 이 집안의 가장이다. 그러나 그는 자신이 자란 고향을 다시 찾은 것에 눈곱만치도 기쁨을 표하지 않았다.

자코브의 지위에 대한 존경보다는 젊은 자바인 아내에 대한 호기심이 더 컸던 초반의 들뜸이 지나자, 마을 사람들은 더는 굽실대지 않는 것이 분명했다. 이곳 출신인 그가 성공해서 오호이와잇을 영예롭게 한 것은 사실이었다. 그러나 마을 사람들은 자코브가 지난 20년 동안 다른 친족, 그러니까 자기 정당의 잔챙이들, 자기 지지자들, 1,000킬로미터 떨어진 자야푸라에서 그의 정치기반을 이루는 이들만 돌본 것이 불만이었다.

"우리가 자기랑은 격이 안 맞는다는 듯이 말이야."

잔치에서 춤추던 여자들 중 하나가 콧방귀를 뀌며 한 말이다.

초등학생들마저 거물이 무언가를 해주기를 기대한다. 작은 섬 초등학생들의 글짓기 작품을 전시해놓은 곳에서 나는 이런 편지를 보았다.

상게제도군 부파티님께 드리는 편지

안녕하세요, 부파티님? 부파티님을 만나서 기뻐요. 왜냐하면 부탁이 있거든요. 하지만 저는 부파티님이 어떻게 저희를 도울지 먼저 생각해야만 해요. 우리는 전기가 필요해요. 또 축구장도 필요해요. 망가진 모터보트도 고치고 싶지만 어떻게 고칠 수 있을까요? 아무도, 심지어 촌장님들도 배를 고치지 못해요. 부파티님이 칼라마 콜라의 우리를 도울 수 있었으면 좋겠어요. 여기까지가 부파티님께 드리는 부탁이에요. 부파티님이 늘 건강하시면 좋겠어요. 오! 그리고 상게제도군의 생일을 축하합니다.

안녕히 계세요.

아담미 멘도메

이 산타에게 보내는 편지 같은 삐뚤빼뚤한 사연은 줄마다 다른 색깔 펜으로 써서 더 정신이 없었다. 지역신문에 꼭 있는 독자 사연(또는 문자메시지)은 바라는 점은 그렇지 않더라도 색깔은 한 가지로 차분하다. "남부루군 부파티님께"로 시작하는 독자 사연은 이렇다.

"7월부터 12월까지 자격증 소지 교사의 월급은 대체 어떻게 된 것인가요? 월급은 언제 지급되나요? 자격 교원으로서 우리의 권리이니 예산을 집행해주세요. 가능하다면 당장이요. 계속 미루지 마세요. +628524934×××"

오늘날 인도네시아에서 진짜 부정부패, 순전히 제 주머니를 채우는 탐욕은 허용되지 않는 편이다. 부파티가 자기 정부에게 줄 호화 맨션을 짓는다거나 자카르타 출장을 가서 5성 호텔에서 신인 여배우와 마약을 하는 것 같은 일은 부정부패다. 그런 일이 있다면 인도네시아 유권자들에게 당장 버림받고 만다.

부적격 인사를 임명하고 엉망진창인 도로가 만들어지는 다른 종류의 "부정부패"에 관한 불평과 불만도 끝없이 나온다. 그러나 그런 종류의 후원 때문에 선거에서 권력을 놓치는 사람은 아무도 없다.• 모두가 계속해서 자신의 거물이 자신의 친족에게 무언가를 해주기를 기대하기 때문이다. 이제 민주주의는 어디에나 있어서 거의 모든 사람이 자신에게 무언가를 해주는 시스템 안의 누군가를 어떤 식으로건 가지고 있다.

오호이와잇에서 딱 두 시간 거리에 있는 케이제도의 큰 도시 투알에서 한 젊은이를 만났다. 그는 마케팅 학위를 받고 지금은 없어진 수라바야 주식거래소에서 중개인으로 13년간 일했다고 했다. 그는 남 밑에서 일하는 데 지쳐서 자기 사업을 할 생각으로 케이제도에 돌아와 농축향수를 파는 가게를 열었다. 그는 하루하루가 투쟁이라고 했다. 장사가 어려워서가 아니었다. 장사는 나쁘지 않았다. 투쟁의 대상은 아들이 공무원이 되어야 한다고 우기는 부모였다. 아들이 자바에 있어 눈앞에 보이지 않을 때는 장사를 해도 괜찮았다. 하지만 고향에 돌아오자 공무원 제복을 입고 부모에게 그 영광을 누리는 기쁨을 선사하지 않겠다는 아들의 결정은 수치에 가까운 것이 되었다.

• 2004년 남술라웨시 지역 선거에서 부정부패로 유죄판결을 받은 주의원 13명 중 11명이 재선에 성공했다.

"여기 사람들은 자식을 공무원으로 만들려고 교육을 시키죠. 장사꾼이 아니라요."

관료제 조롱하기는 인도네시아의 국민 스포츠다. 공무원은 게으르고 제 주머니만 채우는 돌대가리들이며 정직한 시민을 방해하는 장애물이라는 데 모두가 동의한다. 하지만 모두가 자기 자식은 공무원이 되기를 바라는데 특히 민간 영역에는 기회가 많지 않은 자바 바깥에서 더 그러하다.

이 또한 네덜란드 식민지 시대의 유산이다. 20세기 초 네덜란드 정부가 네덜란드동인도회사의 자리를 대신한 지 꼭 100년 후 중등학교에는 "원주민"이 딱 25명 있었다. 그러나 관료제는 점점 커졌고 네덜란드에서 배를 타고 오는 모험가들로만 그 자리를 채우기는 역부족이었다. 그 후 30년 동안 식민정부는 현지인 6,500명에게 중등교육의 기회를 베풀었다. 그리고 졸업생 거의 전부를 관료로 고용했다. 향수 상인의 부모는 오랫동안 사실이었던 바, 곧 교육은 곧 공무원 제복이다를 곧이곧대로 믿어온 것이다. 그러나 그 반대항인 공무원 제복은 곧 교육이다는 절대 사실이 아니다. 오히려 공무원 제복이 너무 많아서 교육의 질을 갉아먹는다.

섬으로 흩어진 이 나라의 지리적 고충을 고려하면 인도네시아가 매년 5,500만 아동을 교육하고 있다는 것은 기적이다. 국민 열에 아홉은 중학교를 졸업하고 15~24세 사이의 거의 모두가 글을 읽을 수 있다. 더 대단한 것은 비슷한 소득수준인 어느 국가보다 인도네시아의 교사 1인당 학생 수가 적다는 점이다. 국제 통계를 살펴보아도 인도네시아의 학급 규모는 미국이나 영국보다 작다. 그러나 인도네시아 어린이들은 독해력, 과학, 수학 능력을 측정하는 테스트에서는 지속적으로 최하위를 기록해왔다. 국제 표준의 수학과학 성취도 추이변화 국제비교연구[TIMSS]에 따르면 인도네시아 15세 학생의 0.4퍼센트만 수학에서 "상위" 그룹에 해당하는 점수를 받았다. "상위"는 정보를 조직 분석해서 결론을 도출할 수 있다는 뜻이다. 절반 이상이 "정수와 십진법, 연산과 기초적인 그래프에 관한 지식을 갖추었음"에 해당하는 "하위" 그룹에 들어가지도 못했다. 65개국 15세 학생을 대상으로 한 국제학업성취도평가[PISA]의 2012년 테스트 결과에서 인도네시아는 읽기 60위, 수학과 과학 64위를 차지해 3년 전보다 순위가 더 하락했다. 인도네시아 학생 단 0.3퍼센트만이 수학 시험에서 상위 그룹에 해당하는 점수를 받았다. 전 세계 4위의 인구대국이건만 아시아 100위 안에 진입한 대학조차 없다.

　이런 형편없는 결과는 형편없는 교육의 결과이며 결국 정실주의의 결과다. 교사 일자리는 베이지색 제복으로 진입하는 가장 쉬운 길이다. 지역 정치인들은 자기 지지자들에게 학교 일자리를 일상적으로 나눠준다. 곧 학교가 교육자가 아니라 공무원이 되는 것이 목표인 사람들로 넘쳐난다는 뜻이다. 이 사람들은 인도네시아의 다른 공무원과 다를 바 없이 군다. 근무시간을 날짜가 정해지지 않은 휴가로 여기고 마음대로 연월차를 낸다. 그 결과가 어떤 것인지는 투알에서 향수 상인이 된 전직 주식중개인과 이야기를 나눈 지 몇 달 지나지 않아 보게 되었다. 그즈음 나는 방가이[Banggai]섬에 있었다. 찌그러진 K 자처럼 생긴 술라웨시의 가장 위쪽 팔 아래 거대한 만에 자리 잡은 곳이다. 그곳의 풍경은 인도네시아 기준으로도 물이 많다. 최근까지도 바조Bajo 마을은 해안에서 상당히 떨어진 바다에 세운 기둥 위에 장님거미처럼 서 있고 그 기둥 위에 올린 판자로 서로 연결되어 있다. 나는 바조의 어부인 팍 주나이디의 초대를 받아 그의 집에 머물렀다. 그와는 방가이제도군의 새 군청소재지 살라칸Salakan의 게스트하우스에서 만났다. 그는 자기 마을 포피시Popisi에 새 부두를 만들어달라는 청원서를 내러 왔다가 집으로 가는 길이었다.

2000년 쓰나미는 방가이 바조의 길쭉한 수상마을 대부분을 쓸어버렸고 정부는 이 "바다 집시들"이 뭍에 정착하도록 유도했다. 주나이디의 집은 여전히 바다에 세운 기둥 위에 바조식으로 짓는 중이었지만 널찍한 나무판자로 만든 데크로 육지와 연결됐다. 집 뒤에는 부엌으로도 쓰는 베란다가 있었다. 그 끄트머리에 대나무를 엉성하게 엮어 만든 벽 뒤로 바닥 판자를 잘라낸 네모난 구멍이 바다로 나 있었다. 여기가 바로 화장실이다. 여기서는 눈부시게 아름다운 바다와 만의 풍경이 보이는 동시에 새우와 게를 잡으려고 노를 젓는 아이들의 쪽배와 마주칠 수도 있었다.

우리가 베란다-부엌의 의자에 앉아 바다를 바라보는데, 한 청년이 낡아빠진 쪽배를 저어 우리 앞의 수상 오두막으로 조용히 다가갔다. 그는 계단을 올라가더니 집의 가장자리를 해체하기 시작했다. 나는 대체 그가 무엇을 하는 것인지 물어보았다.

"집을 옮기는 거요."

팍 주나이디가 말했다. 집주인이 해체할 수 있는 것을 다 해체하고 나면 기둥 위에서 오두막을 내리고 물 위에 띄워서 새로운 곳으로 옮긴다고 했다.

저물어가는 햇빛 속에서 나는 교사인 주나이디의 아내를 도와 저녁식사를 준비했다. 그는 손짓으로 나를 먼저 코코넛 강판으로 보냈다. 나를 기다리는 네모난 앉은뱅이 의자는 겨우 5센티미터 높이였다. 강판 한쪽 끝의 금속 손잡이는 위로 휘었고 불룩하고 동글납작한 다른 쪽 끄트머리가 철제 강판이었다. 내가 할 일은 앉은뱅이 의자에 앉아 다리 사이에 강판을 놓고 코코넛의 하얀 속을 가는 것이었다. 그 후에는 선생님이 양파 껍질을 벗기고 마늘을 다지는 동안 나는 거기에 고추와 라임을 넣고 짓이겨 삼발^{sambal}을 만들었다. 삼발은 구운 생선 살 위에 곁들여져 맛과 향을 더해줄 것이다. 그러나 인도네시아인들이 오목한 돌절구에 담은 재료를 막자로 리드미컬하고 고르게 찧는 기술을 나는 결코 마스터하지 못했다. 내가 만든 삼발은 울퉁불퉁하고 남부끄러운 영원한 미완성작이었다. 내가 역할을 바꿔서 선생님이 삼발을 마저 만들라고 했더니 그는 경악했다. 한 사람이 시작하고 끝을 못 내서 다른 사람이 마무리한 삼발을 먹으면 말로 다할 수 없는 재앙이 닥친다고 했다.

저녁을 먹고 나서 그는 내게 교원증을 보여주었다. 의도한 대로 나는 그가 "명예"교사가 아니라 정식 공무원인 것을 알게 되었다. 명예교사는 지역에서 임명한 계약직 교사로 보통 교원자격이 없다. 이 명예교사는 전체 교직의 3분의 1가량을 차지하는데도 불구하고 인도네시아인의 세계관에 제대로 포함되지 않는 이유는 이들이 공무원이 아니라서 정년과 연금을 보장받지 못하기 때문이다. 이 작은 수상마을에서도 초등학교 여교장과 교사 4명은 공무원이고 나머지 5명은 명예교사다. 학생 수 120명에 교사 10명으로 교사 1명당 학생 수는 인도네시아 전체 평균 정도다.

다음 날 아침 여섯 시 반경 우리 집 선생님은 아침 식사로 바나나를 튀기고 있었다. 그는 막내아들이 교복을 입고 나오자 지각하지 않게 서두르라고 재촉했다. 인도네시아 전역에서 초등학교는 아침 일곱 시에 시작한다. 그리고 이웃이 찾아와 수다를 떨었다. 선생님은 뜨거운 기름에 바나나를 더 넣고 커피 한 잔을 다시 만들었다. 이제 일곱 시 십 분 전인데도 선생님은 씻지도 않고 옷도 입지 않았다. 일곱 시 십오 분이 되었을 때 나는 포피시에서는 학교가 몇 시에 시작하냐고 물었다. 선생님은 멋쩍어하며 나와 이웃과 바나나튀김을 향해 으쓱해 보였다.

"괜찮아요. 다들 우리 집에 손님이 있는 걸 아니까."

그러니까 선생님이 학교에 아직 안 간 것은 내 탓이었다. 나는 같이 학교에 가면 어떻겠냐고 물었다. 제가 영어 수업을 도와줄 수도 있잖아요? 선생님은 아주 안도한 표정이었다. 그가 기록적으로 빨리 씻고 나왔고 우리는 일곱 시 반경 학교에 도착했다.

학교는 아수라장이었다. 방치된 120명의 아이들이 신이 난 채 소리를 지르며 뛰어다니고 있었다. 하루 다섯 시간 수업이 시작한 지 삼십 분이 지났건만 교사는 한 명도 보이지 않았다. 우리의 선생님이 교무실에서 막대기를 가져와 한 어린이에게 건네주자 그 어린이는 거드름을 피우며 종을 쳤다. 종소리가 울리자 아이들은 학급별로 모였다. 한 어린이가 앞으로 나와 구령을 외치자 모두 차렷 자세로 섰다. 우리의 선생님이 아침 인사를 하자 예의 바른 화답의 함성이 울려 퍼졌다. 한 소녀가 나서서 인도네시아 국기에 관한 애국적인 노래 〈적백$^{Merah\ Putih}$〉 합창을 이끌었다.

나는 4학년과 6학년 영어 수업을 맡고 우리의 선생님은 원래 담당인 1학년을 맡았다. 각각 만 7세, 8세, 10세인 2, 3, 5학년은 교실로 가서 "담임 선생님이 오실 때까지" 자습을 하라는 명을 받았다. 학생들은 교실로 갔지만 선생님들을 오지 않았다.

그리하여 나는 교실 반쪽에 바글바글 모인(학교가 좁아 각 학년마다 교실을 갖지 못하고 합판을 쳐서 공간을 나누었다.) 만 12세 이하 어린이 서른 명과 마주 보게 되었다.

"굿모닝 에브리원!"

대답이 활기찼다.

"굿모닝, 미스!"

"마이 네임 이즈 엘리즈. 왓 이즈 유어 네임?"

나는 가까이 앉은 큰 소년 하나를 지목했다. 영어를 최소 3년 동안 배웠지만 여럿이 교과서를 읽는 것이 아니라 혼자 대답을 하도록 지목받자 당황해서 아무 대답도 하지 못했다. 다른 아이들은 나와 눈이 마주칠까 봐 재빨리 눈을 피했다. 한 소녀가 손을 들자 나는 눈물 나게 기뻤다.

"왓 이즈 히스 네임?"

나는 앞에 앉은 소년을 가리키며 물었다.

"마이 네임 이즈 피피!"

소녀는 자랑스러운 표정으로 외쳤다.

팍 주나이디의 아내인 우리의 선생님은 교장에게 전화를 걸어 학교에 손님이 있다고 했다. 교장 선생님은 아홉 시 반에 출근해서 알라딘의 동굴 같은 교장실로 나를 초대했다. 호기심 많은 아이들의 손이 닿을 수 없는 책장 꼭대기에 커다란 지구본 세 개가 비닐에 꽁꽁 쌓인 채 놓여 있었다. 남자와 여자 인체 모형도 둘 다 뽁뽁이에 둘러싸인 채, 지도도 둘둘 말린 채였다. 한 번도 열어보지 않은 것이다. 교장 선생님은 자신은 수업은 하지 않고 행정 업무만 담당하는 것으로 되어 있다고 했다. "하지만 가끔은 수업도 하지요. 교직원이 너무 부족하니 어쩌겠어요?"라며 한숨을 쉬었다.

인도네시아 사람들의 공무원에 대한 집착은 어느 정도는 1960년대 중반의 대혼돈과 초인플레이션의 유산일 수도 있다. 월급이 아무 소용 없는 시절이었지만 공무원이라면 적어도 쌀, 식용유, 설탕 배급을 받을 수 있었다. 가난한 사람은 시장에 나온 자루로 만든 옷을 입던 시절에도 공무원 제복을 만들 천은 있었다. 인도네시아인은 모든 종류의 제복을 사랑한다. 장관이나 부파티도 매일 제복을 입는다. 중앙정부 기관들은 금요일마다 바틱 셔츠를 입고 일부 지방정부에서는 매주 그

지역의 전통 직물 셔츠를 입는다. 검은 아크릴판에 하얀색으로 이름을 새긴 명찰과 소속 기관을 상징하는 작은 금색 배지는 인도네시아를 하나로 묶어주는 또 다른 붉은 실이기도 하다.

고위직이라면 상황에 따라 다른 제복을 입기도 한다.

내가 인도네시아인의 제복 사랑을 거론하자 인도네시아 정치 연구자 마이클 뷸러Michael Buehler는 이렇게 말했다.

"선거운동 할 때 지역 정치인들은 콘서트 무대에 선 마돈나보다 더 자주 옷을 갈아입어요. 남술라웨시 주지사는 아침에는 관료, 정오에는 보이스카우트, 오후에는 신실한 무슬림, 밤에는 사업가가 됩니다."

주지사는 지금 만날 집단에 먹힐 만하다면 어떤 제복이건 가리지 않고 입는다.

공무원 제복은 대개 베이지색, 카키색 아니면 청색 천에 소속 단위와 부서를 알리는 수를 놓아 장식한다. 이런 제복은 인도네시아 풍경의 한 요소가 되어 정당, 기업, 베스파 클럽마저 그런 제복을 맞춰 입는다. 심지어 블랙리스트에 올라 있는 테러리스트 집단조차 수놓은 배지로 자신들이 누구인지 밝힌다. 메카 순례를 가는 사람들도 마을별로 단체복을 맞춰 입는다. 결혼식에서는 신부 들러리뿐 아니라 양쪽 부모와 형제들은 물론 아내와 아이들까지 온 집안이 같은 옷을 입는다.

1960년대에 관료제는 인맥이 탄탄한 사람들을 위한 복지기구가 되어주었다. 아무도 월급을 많이 받지는 못했지만 특별히 일을 해야 하는 것도 아니었다. 공무원 지위를 이용해서 현금이 있는 사람에게 돈을 좀 뜯어낼 수 있다면 만사형통이었다. 합법적으로 부수입을 얻기 쉬워진 지금도 그런 분위기는 남아 있다.

"내 기본급은 한 달에 500만 루피아예요."

한 공무원이 한 말이다. 미화 500달러 정도다. 이 공무원은 농업부 소속으로 동쪽 섬사람들이 쌀 의존도를 낮추고 원래 먹던 근채류를 더 많이 소비하도록 장려하는 중이었다. 그는 목요일 오후에 감독차 군청소재지에 도착했다. 금요일 아침에 군청에 가봤지만 아무도 없어서 내가 묵던 게스트하우스에서 묵으며 누군가는 일하러 나올 월요일이나 화요일까지 기다릴 작정이었다. 한 시간짜리 회의를 위해 닷새 치 출장비를 쓰는 것이다.

"이런저런 비용을 제하고 나면 집에 가져다주는 돈은 한 달에 10만 루피아가 안 됩니다. 이래저래 얻는 '부수입'까지 다 쳐도 그렇죠."

그는 "부수입"을 언급하면서 이례적이게도 손가락으로 따옴표 표시를 해 보였다. 보건부에서 내 경험으로 미루어볼 때 그런 부수입에는 컴퓨터 구입을 둘러싼 뇌물부터 서류상에만 있는 교육 워크숍 비용 지불 등이 있을 수 있다.

공무원의 수입을 생활임금 수준으로 올려주는 이 모든 인상분은 상사의 선물이다. 달리 말하자면 모든 정부 부처는 거대한 친족집단이며 장관으로부터 청소부에 이르기까지 흘러 내려가는 후원의 피라미드다. 이 가부장적 구조는 사람들이 아랫사람에 대해 말할 때 쓰는 말 아낙부아쿠 anak buahku에 드러난다. 부하가 내 자식이라는 뜻의 아낙쿠 anakku 안에 포함되니 말이다.

보건부에서 같이 일했던 중간 관리자들이 얼마나 세심하게 합법적으로 부수입을 얻을 기회를 전체 직원들이 공평하게 나눠 가지도록 애쓰는지 보면서 나는 매번 놀랐다. 이런 기회에는 전문가 패널 출석, 해외 출장, 콘퍼런스 참가 등이 있다. 관리자들은 자기 "자식들" 모두가 같은 몫을 가질 수 있게 하는 데 엄청난 노력을 기울였다. 달리 말하자면 교육 프로그램의 주제가 업무 연관성이 있어서 참석하는 것이 아니라 참석할 차례가 된 공무원으로만 가득할 수도 있다는 뜻이다. 다른 한편으로는 존경스러울 정도로 공평한 처사이기도 하다. 마치 아닷 의식에서 이 사람이 간 한 쪽을 가지고 저 사람이 코를 가지는 것 같은 분배의 현대적인 적용 사례이기도 하다. 상관이 누가 무엇을 가질지 결정하므로 자기 주머니에 좀 많이 넣는다고 해도 부하들이 불만을 품을 일이 없다.

공무원 중 일부는 경쟁과 시험을 통해 선발된다. 그러나 지지자들에게 돌아가지 않는 공무원 일자리 대다수는 매관매직한다. 가장 비싼 자리는 "젖은" 부처 곧 프로젝이나 사업으로 돈이 넘쳐나는 공공사업부나 매년 독점적으로 메카 순례단을 조직하는 종교부 같은 부처 소속이다. 그러나 보건부 같은 상대적으로 "마른" 부처의 신입직이 되는 데도 기본급 2년 치를 내야 할 수도 있다. 그 결과는 절대다수의 경쟁력 없는 공무원이다. "국가기구"를 책임지는 장관이 최근 밝히기로는 인도네시아의 470만 공무원● 중 95퍼센트가 해당 직무에 필요한 기술을 갖추지 못했다.

● 군대 46만 5,000명과 경찰 41만 2,000명은 제외한 숫자다.

인도네시아인들은 이런 시스템에 대해 늘 불만을 쏟아낸다. 그러나 인도네시아의 신생 군들에서는 이 시스템으로 돌려받는 사람이 너무나 많기에 아무것도 하지 않는다. 인도네시아 어느 곳에서건 내가 하룻밤 신세 진 가족 중에 관료제와 두 다리 이상 떨어진 집은 없을 것이다. 깡통을 흔들어 새를 쫓아줬다고 나를 재워준 서수마트라의 벼농사 짓는 농부도, 하루에 아홉 시간 일하고도 시부모에게 밥을 차려주는 자바의 요양원 잡역부도, 수상가옥에 사는 팍 주나이디도 아니었다. 오호이와잇의 팍 조피와 그 가족은 물론 아니다.

오호이와잇은 크리스마스를 맞기에 좋은 곳이었다. 친근하게 대해주고 말도 안 될 정도로 환대해줘서 마치 오트밀 위에 뿌려진 따뜻한 꿀처럼 마을 전체에 온기가 관통하는 곳이다. 하지만 교회 예배와 모임과 의식이며, 매번 다른 세계에서 온 이상한 짐승처럼 구경거리가 되는 일 또한 쉽지만은 않았다. 그래서 나는 반다제도로 가서 새해를 맞으며 나에게 휴가를 주기로 했다. 요새, 대포, 바다, 아름다운 산호초 위로 웅장하게 솟은 화산 같은 것들이 있는 반다는 작은 휴양지처럼 느껴졌다. 거기서는 다른 외국인을 만나 잘 아는 것들에 대해서 영어로 대화를 나눌 수도 있을 것이다. 거기서는 게스트하우스에 머물 것이다. 게스트하우스 주인은 새벽 여섯 시에 동네 사람들을 불러 내가 "빈empty 커피", 그러니까 설탕 안 넣은 커피를 마시는 것을 구경거리로

만들지도 않을 것이다.

펠니 페리는 예정보다 열여덟 시간 늦게 투알에 도착한 것은 물론이고 마흔네 시간보다 훨씬 오래 걸려 반다에 닿았다. 부두에서 도보 거리에 구눙아피Gunung Api 화산이 정면으로 보이는 근사한 목재 데크를 갖춘 게스트하우스가 있었다. 첫날 밤에는 내가 그 집의 유일한 손님이었다. 나는 데크에 앉아 석양에 화산이 물 위로 서서히 모습을 드러내며 나무로 뒤덮인 초록색 산비탈이 금빛으로 물드는 광경을 경탄하며 바라보았다. 화산 앞은 잔잔한 물안개에 휩싸여 있었고 크나리나무(감람나무)를 파서 만든 쪽배에 탄 어부가 물 위에서 소리 없이 움직이고 있었다. 배가 지나가며 만든 잔물결이 화산 주위로 퍼져나가고 수은처럼 잔잔한 물 위로 화산 그림자가 반사되어 거꾸로 비쳤다. 진정으로 고요한 순간이었다. 이 화산이 지난 세월 동안 이곳에 가져온 재앙과 파괴는 까맣게 잊게 만드는 그런 고요함이었다.

가장 최근의 화산 폭발은 1988년에 있었다. 그 이듬해에 반다에 왔었는데 화산에 걸친 만 가까이 헤엄쳐 갈수록 바닷물이 따뜻해지던 기억이 생생하다. 수중의 화산 구멍에서 가스가 부글부글 끓어올라 바다를 따뜻한 욕조처럼 만들었던 것이다. 150년 전 영국인 박물학자 앨프리드 월리스는 이곳에서 지진과 쓰나미를 일으키고 용암이 흐르는 훨씬 더 성난 화산을 이렇게 묘사했다.

이곳에서는 거의 해마다 지진이 일어나는데, 몇 해에 한 번씩은 정도가 매우 심하여 집을 무너뜨리고 항구에 있던 배를 통째로 길바닥에 올려

놓는다.●

내가 머물던 게스트하우스는 주변 섬으로 가는 작은 목조 수상버스들이 출발하는 부두에서 소리를 지르면 들릴 만큼 가까웠다. 나는 더 큰 육두구 플랜테이션이 있는 론토르Lonthor섬에 가보고 싶었다. "론토르 가는 배도 있나요?" 나는 부두의 선원들을 향해 소리쳤다. "물론이죠!" 그들도 소리를 질러 답했다. "언제 출발하나요?" 내가 큰 소리로 다시 물었다. "배가 다 차면요!" 대답이었다.

두 시간 후 나는 나무뿌리가 머리 위 허공에서 흔들거리는 거대한 크나리나무 숲을 걷고 있었다. 이 하늘을 찌를 듯 큰 나무들 아래 당구공만큼 딱딱하고 작은 황도 복숭아 같아 보이는 열매를 잔뜩 매단 좀 더 작은 나무들이 자란다. 주황색 속을 드러내며 벌어진 열매도 몇 있어서, 진홍색 메이스의 듬성듬성한 껍질 사이로 짙은 색 육두구 껍질이 살짝 보였다. 한 열매에 두 가지 향신료가 담긴 것이다! 말리기 전에는 진홍색 왁스처럼 말랑말랑하다가 바싹 말리면 갈색 도는 주황색이 되는 메이스는 수프와 커리와 크리스마스 쿠키에 근사한 향을 더해준다. 메이스는 더 안쪽의 약한 껍질을 레이스처럼 감싸고 있다. 그 속껍질 안에서 달그락거리는 것이 바로 육두구다. 이 동그랗고 쪼글쪼글한 열매의 중심부는 오늘날 코카콜라를 만드는 비법 중 하나이기도 하다. 육두구 나무 사이로 맨발의 일꾼들이 땅에 떨어진 크나리 호두를

● Wallace, *The Malay Archipelago*, Vol. 1, Ch. XIX. 앨프리드 러셀 월리스, 『말레이 제도』, 노승영 옮김, 지오북, 2017, 370쪽.

나무집게로 주워 등에 멘 바구니에 담고 있었다. 평화로운 광경이었다. 하지만 모기 군단이 내 발목을 총공격하고 있어서 나는 벌목지로 피신했다. 그곳에는 한낮의 따가운 햇살 속에 오래된 샘물이 보였다.

"마셔요!"

그 명령은 플랜테이션 사이로 난 좁은 샛길을 따라오던 땅속 요정 같은 남자가 방긋 웃으며 내린 것이었다. 그의 어깨 위에 걸린 대나무 양 끝에는 육두구가 가득 든 커다란 바구니 둘이 흔들리고 있었다.

"이 물 마셔도 되나요?"

내가 물었다.

"물론이죠. 마셔도 되는 물입니다. 성스러운 우물이에요! 이 우물이 마르면 안 좋은 일이 생기거든요."

오늘 그 성스러운 우물 안에는 맑고 시원한 물이 가득했다. 나는 물을 마셨다.

우리는 산비탈 중간쯤에 서 있었다. 우리 반대쪽으로 이 작은 섬들의 한복판에 자리 잡은, 한때 세계화의 말도 안 되는 중심지였던 화산이 보였다. 나는 땅속 요정 양반에게 23년 전 화산 폭발 직후에 반다에 온 적이 있다고 말했다.

"1988년이었죠. 그때도 성스러운 우물이 말랐었어요."

그는 우물이 마르면 재앙이 곧 닥친다고 일러주었다. 그리고 잠시 말을 멈췄다.

"사실 1998년에도 우물이 말랐어요. 분쟁 직전에 말이죠."

인도네시아의 이쪽 지역에서 "분쟁"이란 수천 명이 희생된 종교 대리전을 말한다. 나는 성스러운 우물이 자연재해뿐 아니라 정치적 재앙도 경고한다는 점에 살짝 놀랐다. 하지만 말이 된다. 이 지역에서 자연과 정치는 언제나 떼려야 뗄 수 없는 관계이니 말이다.

그는 (정원인지 농장인지 알 수 없는 모호한 단어) 크분^{kebun}으로 나를 안내했다. 이번 크분은 숲속에 울타리를 친 축구경기장만 한 널찍한 땅이었다. 그곳에는 육두구 묘목을 키우는 육묘장과 열매가 잔뜩 달린 다 큰 나무 몇 그루와 열매가 거의 없고 몸통에 상처가 잔뜩 난 나무 한 그루가 있었다.

"그건 수나무라오. 수나무는 열매를 못 맺지만 암나무가 열매를 많이 맺도록 도와주지요. 꼭 사람 같지요."

땅속 요정 농부가 장난스러운 미소를 지어 보였다. 그리고 마체테를 들어 수나무의 몸통을 이리저리 벴다. 상처 사이로 주황색 액체가 스며 나오자 그가 다시 말했다.

"꼭 사람 같지요."

저녁에 게스트하우스에 돌아오니 데크의 내 자리를 한 백인 남자가 차지하고 책을 읽고 있었다. 옆에는 시원한 맥주가 놓여 있었다. 가슴이 두근거리기 시작했다. 지난 몇 달간 모래밭에서 오줌을 누고, 손등으로 콧물을 닦고, 주머니칼 끝으로 망고를 찍어 먹고, 어떻게 하면 페리 위에서 다음 항구에 선 다음에도 내 자리를 지킬 수 있을지 궁리하는 그런 순간마다 내가 인생 막장에 이른 떠돌이 같다고 느꼈다. 나는 그 남자 쪽으로 가서 말을 걸었다.

"무슨 책 읽으세요?"

그는 책을 들어 표지를 보여주었다. 그 책은 내가 쓴 『창녀들의 지혜 The Wisdom of Whores』였다! 내가 아연실색한 것처럼 보였던 모양이다.

"생각하는 것 같은 그런 책이 아니에요."

그가 말했다. 긴 침묵.

"재밌나요?"

내가 물었다.

"사실 정말 재밌어요."

후유. 나는 사실 내가 그 책을 썼다고 했다. 그는 나를 뚫어져라 보더니 책 속의 저자 사진을 보고는 다시 나를 쳐다봤다. 우리 둘 중에 누가 더 놀랐는지 말하기 어려운 상황이었다.

게스트하우스의 손님들은 재밌고 이상한 조합이었다. 내 책을 읽던 존은 자카르타한국국제학교의 영어 교사였다. 그 옆에는 조기 퇴직한 캐나다인 다이버 부부와 식민주의가 인간 조건의 자연스러운 한 부분이라고 생각하는 스웨덴인이 있었다. 돈 얘기만 계속하는 특별할 것 없는 핀란드인 배낭여행자 한 쌍, 어린 시절 교과서에서 배운 역사와 여기 바다에서 알게 된 역사가 너무 달라서 놀랐다는 네덜란드 커플, 맥주 네 잔을 비우더니 요란하게 개인사를 늘어놓던 독일인도 있었다. 새해 전날 밤이 되자 포시 악센트를 쓰는 정신없는 금발머리와 근육질 남자친구까지 더해졌다. 금발머리는 이비자의 해변 디스코 파티에나 어울릴 법한 허벅지와 가슴골을 다 드러낸 하얀 끈 민소매 원피스 차림이었다. 이 의상은 초저녁에 게스트하우스 데크에서 근육질 남자친구 품에 안겨 있을 때는 제법 괜찮았지만, 자정이 지나고 동네

길거리 파티에서 술에 취해 동네 경찰에게 안겨 있을 때는 영 어울리지 않았다.

1월 2일이 되자 모두 살짝 공황 상태에 빠졌다. 풍문이 돌다가 확실해진 것이 반다제도에서 출발하는 항공편이 모두 취소됐다는 것이다. 관광객 모두 여기서 열 시간 걸리는 북쪽의 주도 암본으로 가는 다음 펠니 페리를 기다려야 할 참이었다.

알고 보니 정확히 말하면 항공편이 취소된 것이 아니었다. 애초에 항공편이 아예 없었다. 반다행 항공편은 군과 군 사이에 저렴한 교통편을 제공해 유권자들의 환심을 사고자 주정부가 전세기를 빌려 운영한다. 주정부는 6개월마다 비행기 임대계약을 새로 맺는데, 직전 계약이 완전히 끝나기 전에 미리 입찰 공고를 하지 않는다. 그러다 보니 기존 계약이 끝나고 다음 계약이 시작되기 전 해마다 두 번씩 몇 주 동안 항공편이 없게 된다. 문제는 이때가 늘 관광 성수기인 12월 말에서 1월 초라는 점이다.

그러다 보니 섬사람 중에는 이 모두가 반다의 관광산업을 방해하려는 암본의 음모라고 믿는 이들이 있다.

"암본 정부가 우리를 시기한다니까요. 관광객들이 반다에 일주일 있으러 가기 전에 암본에는 딱 하루만 있는 걸 그 사람들이 얼마나 싫어한다고요."

게스트하우스와 여러 관광 관련 사업에 지분이 있는 한 여자의 말이었다.

일부러 항공편을 중단시키는 것 같냐고 항공사 직원에게 물어보았더니 말도 안 된다며 웃었다.

"그거야말로 너무 복잡한데요."

그렇다면 왜 입찰 절차를 6주 먼저 시작하지 않느냐고 물었다.

"그게 바로 사랑하는 우리 나라의 관료제니까요. 그런 거지요."

브기투라^{Begitulah}.

7장
풍요로운 대지

―――――

술라웨시와 말루쿠에서
천연자원의 축복과 저주를 목격하다

지도 F: 남술라웨시(부툰섬의 위치)

지도 G: 할마헤라(북말루쿠)

열대에서는 날이 순식간에 밝는다. 나는 새벽이 되기 전 북말루쿠주의 주도인 트르나테에 내려서 길가 노점에 앉아 날이 밝기를 기다리는 중이다. 방금 전만 해도 보이는 것은 커피가루 가득한 꽃무늬 유리잔이 전부였는데 곧 트르나테의 거의 전부라 할 활화산 가말라마 Gamalama산의 회색 벨벳 같은 윤곽이 드러났다. 몇 분 더 지나자 회색 벨벳은 짙은 초록색으로 바뀌었다. 화산 뒤에서 태양이 솟아오르자 남동쪽 산자락에 자리 잡은 도시가 살아나기 시작했다.

가말라마산은 트르나테의 부(정향)와 반복된 파괴의 원천이다. 2012년 1월, 내가 도착하기 한 달 전부터 가말라마 화산이 거대한 화산재 구름을 내뿜기 시작했다. 몇 주 후 폭우가 쏟아지자 화산 위쪽에 걸려 있던 짙은 화산재가 시커먼 진흙의 강이 되어 흘러내렸다. 그 진흙의 강은 산에서 내려오면서 힘이 커져 4미터짜리 바위까지 쓸어 왔다. 진흙의 강이 산기슭에 닿을 즈음에는 지나간 곳의 모든 것을 휩쓸어버릴 정도였다. 그 "모든 것"에는 가옥 80채와 사람 셋의 목숨도 포함됐다.

나는 가장 피해가 심한 지역을 둘러보러 갔다. 창문이 사라진 것 말고는 그런대로 멀쩡해 보이는 집에서 진흙을 삽으로 퍼내고 있는 남자를 마주쳤다. 그의 아내가 차를 대접하지 못해 미안하다며 안으로 들어오라고 했다. 진흙의 물결은 들어올 때는 제법 예의 바르게 문과 창문으로 들어온 듯했지만 나갈 때는 그만큼 신사답지는 못해서 복숭아색 회벽에 지울 수 없는 짙은 흔적을 남긴 것은 물론 한쪽 벽을 쓸어가 방을 삼면짜리 진흙투성이 건축 모형처럼 만들고 떠났다.

이 지역은 언제나 위험지역으로 지정되어 건축이 금지되어 있다. 그러나 트르나테에서 평지는 귀하기에 사람들은 개의치 않고 집을 짓는다. 집주인 아내는 정부가 더 안전한 곳으로 재정착할 수 있도록 해주기를 바랐다.

이 가족은 새 땅을 배정받기를 기다리면서 지역 직업훈련센터에서 생활하는 중이다. 진흙이 덮친 직후에 이재민 4,000명은 직업훈련센터로 피했다. 화산재의 위협이 사라지자 군대가 형체만 남은 집들에서 진흙을 퍼냈다. 내가 갔을 때는 아직 300명 정도가 직업훈련센터 주변 여기저기 남아 있었다. 이재민들은 회의실을 나누어 쓰면서 골판지 상자를 쌓고 어린이 자전거를 세우거나 라피아야자 섬유로 만든 줄에 교복을 걸어 자기 구역을 표시했다. 사람들은 불운을 놀라울 정도로 차분히 받아들이는 듯했고 어린이들은 이웃한 유치원 놀이터의 그네와 시소에서 놀 수 있게 되어 신이 났다.

뒤쪽에서는 무슨 잔치라도 벌어진 듯한 소리가 났다. 그 소리를 따라가 봤더니 영화 《매시 MASH》에서 튀어나온 듯한 국방색 천막이 나왔다. 그곳은 공동부엌이었다. 재난대비훈련을 받은 자원활동가는 허리 높이까지 오는 솥에서 스테인리스 삽으로 밥을 퍼 가족용 밥통에 담았다. 다른 자원활동가들은 커다란 플라스틱 대야에서 튀긴 생선 몇 조각과 국물 있는 야채를 떠서 밥 위에 올려주었다.

식사가 끝나자 음악 소리가 커지더니 부엌은 디스코장이 되었다. 남자가 대부분인데 무릎을 구부리고 엉덩이를 내밀고 손목을 흔들며 당둣 dangdut 에 잘 어울리는 춤을 추기 시작했다. 당둣은 인도 멜로디에 뽀족한 겐당gendang 북의 당-둣 당-둣 하는 비트가 결합한 인도네시아의 팝 음악이자 일종의 발리우드 하우스뮤직이 뒤죽박죽 섞인 버전이라고 할 수 있다.

누가 두리안을 잔뜩 들고 오자 디스코는 파장하고 모두 거기 달려들었다. 삐죽삐죽한 수류탄 같은 단단한 껍질을 깨자 크림같이 뽀얀 속살이 드러났다. 인도네시아의 비행기 안이나 비싼 호텔에는 두리안을 가지고 들어갈 수 없다. 그랬다가는 에어컨을 통해 그 고약한 냄새가 온 사방에 퍼지기 때문이다. 두리안의 맛은 내가 결코 익숙해지지 못한 익숙한 맛이다. 목구멍 뒤에 닿는 맛 때문이 아니라 입천장에 닿는 크림 같으면서 기름기 도는 끈적한 질감 때문이다. 그런데 여기 사람들은 이 최음제 같은 과일의 가장 향기로운 속살을 앞다투어 내게 주었다.

"여기, 여기 이걸 먹어요! 내 것이 쟤 것보다 더 맛있어요!"

두리안 얘기를 할 때면 말은 언제나 성적 의미를 띠는 이중적 의미가 되게 마련이다.

자원봉사자들에게서는 사람 좋은 동지애가 뚜렷하게 느껴졌다. 그러나 자원봉사자 관리자는 나를 숙소까지 태워주면서 화산 꼭대기에 걸려 있는 먹구름을 올려다보더니 짓궂은 표정으로 머리를 흔들었다.

"저 위에 큰 폭풍이 불고 있네요. 내일은 이재민이 더 올 테니 밥도 더 해야겠어요."

그렇다. 화산은 파괴자다. 그러나 화산이 뿜어내는 화산재는 인도네시아 군도를 지구상 어디보다 기름진 곳으로 만들어준다. 인도네시아에는 활화산 127개가 늘어서 있다. 인도네시아의 서쪽을 지키는 거대한 섬 수마트라에서 시작해 이웃한 자바의 등줄기를 따라 늘어선 화산들이 논을 말도 못 하게 비옥하게 만들어준다. 많은 지역에서 일모작을 겨우 하는 데 반해 인도네시아 농부들은 삼모작을 해내고 과일과 야채도 엄청나게 키운다. 불의 산들은 보르네오는 건너뛰고 남쪽으로 내려가 말루쿠제도를 구성하는 작은 섬 수백 개에서 점점이 큰 포물선을 그리다가 술라웨시의 북쪽 끝에 뾰루지처럼 튀어나와 있다. 여기 인도네시아 동부 지역, 특히 반다제도나 트르나테 같은 작은 섬에서는 산비탈을 쉴 새 없이 흔들어대는 바닷바람과 화산재가 향료를 길러낸다.

화산경보 시스템은 현재 활동하는 화산 중 절반 정도를 모니터할 수 있다. 가끔은 큰 폭발로 인해 잠들어 있던 여남은 화산이 깨어나기도 한다. 늦어도 1881년부터 활동이 없던 수마트라의 시나붕Sinabung 화산이 2010년 갑자기 활동을 개시한 것이 좋은 예다. 이 잠자는 미녀 효과는 6년 전에 있었던 해저 폭발이라는 키스에 대한 느린 반응인 듯했다. 이 폭발은 2004년 크리스마스 다음 날의 쓰나미로 이어져 인도네시아인 17만 명의 목숨을 앗아갔다. 아체의 피해가 가장 컸던 그 재앙은 오늘날까지도 사람들의 행동에 영향을 미칠 정도로 어마어마했다.

아체 고지대에 있던 2012년 4월, 갑자기 핸드폰이 미친 듯이 울려대기 시작했다. 자카르타, 숨바, 멀리 파푸아에서까지 문자가 속속 날아왔다. "어디야?" "괜찮은 거지?" 나는 울퉁불퉁 산길을 따라 타켄곤Takengon으로 가는 미니버스에서 왜 사람들이 밖으로 나와 서 있는

지 궁금해하던 중이었다.

"아체에서 대규모 화산 폭발. 20분 내 쓰나미 발생 가능."

싱가포르에서 온 문자였다.

20분 후 나는 타켄곤의 살짝 어설픈 고급 호텔 로비에서 투숙객과 직원, 나 같은 사람들과 함께 TV에서 눈을 떼지 못하고 있었다. 생방송에서 리히터 8.6강도의 지진이라고 했다. 2004년 쓰나미로 파괴된 후 이제 막 재건한 해안에 자리한 아체주의 주도 반다아체Banda Aceh에서는 사람들이 비명을 지르며 달리거나 오토바이와 차를 타고 높은 곳으로 피하고 있었다. 우리가 해안 지역의 공황을 지켜보는 사이 위쪽 거울 천장에 매달린 샹들리에가 떨리더니 본격적으로 흔들리기 시작했다. 모두가 한참 동안 침묵에 빠졌다. 우리는 지시라도 기다리는 것처럼 서로 얼굴만 쳐다보았다. 그러다 누가 "또 온다!"라고 말하자 모두 비가 쏟아지는 밖으로 나갔다.

두번째 진동은 30분 전의 진동보다 더 셌다. 호텔 유리창이 덜덜 떨리듯 내 이가 딱딱 떨리고 내장까지 울렁거리기 시작했다. 호텔 접수 직원이 나를 꽉 붙들었다. 내 팔을 하도 세게 잡아서 손에 감각이 사라질 정도였다. 샹들리에의 흔들림이 멈출 때쯤 우리는 비에 쫄딱 젖어 있었다. 배 속의 울렁거림은 한참 계속됐고 팔은 힘이 다 빠졌다. 호텔 접수직원은 아직 지진의 충격에서 벗어나지 못했다. 얼굴은 새하얗게 질리고 똑바로 서질 못하는데 앉으면 땅이 더 흔들리는 것 같다며 앉지도 못했다. 건물 안으로 들어가서 고지대의 차가운 비를 피하는 것도 마다했다. 그리고 계속 "트라우마"라는 말만 되풀이했다. 나중에 말해주기를 2004년 당시 쓰나미에 어머니와 남동생과 두 여동생을 잃었다고 했다. 그는 그 기억과 어두운 방의 모기처럼 귓전에서 윙윙대는 그런 일이 또 생길 수 있고 그런 일이 자신에게도 벌어질 수 있다는 생각에서 벗어나려고 고지대로 이주했던 것이다.

도시에 사는 사람들, 비가 새지 않는 지붕 아래 사는 사람들, 에어컨으로 체온마저 조절하는 사람들이라면, 몇 분 사이에 우리의 현재를 쓸어가고 미래를 바꿔놓을 수 있는 이 나라의 지리적 위협을 남의 일로 여길 수 있다. 하지만 수백만 인도네시아인은 자신들이 지금도 이 불안정한 대지의 자비 속에서 살아가는 것을 너무 잘 알면서 하루하루를 보낸다.

인도네시아의 대지는 분명 무시무시하지만 더할 나위 없이 너그럽기도 하다.

"말루쿠 사람들은 별다른 노력을 안 해도 향료 덕분에 부자가 되고 땅도 많고 바다에는 물고기가 넘쳐나다 보니 버릇이 나빠졌어요."

말루쿠의 주도 암본에서 만난 수학 교수 에디스는 이렇게 말했다.

인도네시아 사람들은 인간의 행동, 특히 게으름, 허랑방탕, 미리 계획을 세우지 않음 등을 기후나 대지와 바다의 풍요 탓으로 돌리는 것이 얼마나 시대착오적인지 모르는 듯하다. 인도네시아 사람들은 그런 말을 입에 달고 살기 때문이다. 어쩌면 그런 말은 (대개 추운 기후의 백인)

선조들이 (더운 기후의 갈색 인종들에게) 저지른 죄악을 속죄하려고 하는 일로 월급을 두둑이 받는 "발전" 업계에서만 시대착오적인지도 모르겠다. "풍요로운 대지가 사람들을 게으르게 한다"는 주장은 거의 인종주의적이며, 태어난 곳만을 근거로 하는 정치적으로 올바르지 않은 단 한 번의 붓질로 더운 지방에 사는 사람들 전체를 먹칠한다. 그러나 인도네시아 사람들의 입에서는 "대지가 우리 버릇을 망쳐놨다Kami di manja bumi"는 말이 늘 튀어나온다.

말루쿠와 파푸아의 주식은 사고sago다. 사고야자 복판을 긁어내 가루로 만들어서 부침개로 먹거나 수제비를 만들어 생선머리 커리와 먹으면 잘 어울린다. 내게 사고 부침개 맛은 꼭 바짝 마른 판지를 씹는 것 같은 맛이고 영국인 모험가 프랜시스 드레이크는 1579년 이 섬들을 방문하면서 축축한 사고가 "입안에서 신 커드curd 같은 맛을 낸다"고 했지만, 사고는 거의 노동을 하지 않고도 얻을 수 있는 엄청난 열량원이다. 한 가족이 딱 나흘만 사고야자 나무를 자르고, 긁어내고, 물에 불렸다가 말리면 1년 동안 먹을 사고를 장만할 수 있다.

"여기 사람들은 미리 계획을 세울 필요가 없거든요. 그러다 보니 게을러진 거지요."

에디스는 이렇게 말했다.

말루쿠만 그런 것이 아니다. 국토 면적만 따지면 인도네시아는 세계에서 열다섯번째로 큰 나라다. 하지만 인도네시아는 팜유, 고무, 쌀, 커피, 코코아, 코코넛, 카사바, 그린빈, 파파야는 물론 시나몬, 정향, 육두구, 후추, 바닐라의 세계 3대 생산국이다. 세계 10대 생산국 안에 드는 품목으로는 차, 담배, 옥수수, 땅콩과 아보카도, 바나나, 배추, 캐슈너트, 고추, 오이, 생강, 파인애플, 망고, 고구마, 호박이 있다. 10대 임산물 생산국이자 전 세계에서 중국 다음으로 강과 바다에서 생선을 많이 잡는 나라이기도 하다.

대지의 풍요로움은 지표면 위에서뿐 아니라 지표면 아래서도 굉장하다. 먼저 인도네시아의 천연가스 매장량은 엄청나다. 파푸아의 그라스버그Grasberg 광산은 지구상 어디보다 금 매장량이 풍부한데 금만 나는 것이 아니라 주종은 구리이다. 인도네시아는 중국 다음으로 주석과 석탄을 많이 생산하며 두 광물의 최대 수출국이다. (알루미늄을 만드는) 보크사이트와 니켈 또한 생산량이 엄청나 (이번에는 러시아에 뒤이은) 세계 2위 생산국이자 세계 최대 수출국이기도 하다. 인도네시아의 대지에서는 여태껏 공장 제조품인 줄만 알았던 것마저 파낼 수 있다. 예를 들면 아스팔트가 그렇다.

술라웨시의 방가이섬에서 바조의 어부 팍 주나이디의 집에 머물 때 바닷가재 잡는 어부를 만난 적 있다. 그는 자기 형 다우다가 부톤의 아스팔트 광산에서 관리자로 일한다고 했다. 부톤은 K 자처럼 생긴 술라웨시의 가장 아래쪽 자락 부근의 섬이다. 뭐라고요? 아스팔트는 석유의 부산물인 줄만 알았던 터였다.

"아니에요. 땅을 파면 아스팔트가 나와요. 우리 형이 아스팔트 광산을 보여줄 겁니다."

그리하여 부톤섬에 가서 다우다에게 전화를 걸었다. 알고 보니 인도네시아는 세계 최대의 천연 아스팔트 생산국이기도 했다(물론 아스팔트는 석유로 제조할 수도 있다). 그리고 부톤은 인도네시아 최대의 천연 아스팔트 생산지였다. "부톤 아스팔트 인도네시아"사의 홈페이지에는 F1 경기장처럼 매끈한 고속도로 사진이 자랑스럽게 올라와 있었다. 밝혀둔 대로 그 고속도로는 중국에 있다지만 어쨌거나 인상적이었다. 지도를 살펴보니 다우다가 일하는 광산이 있다는 마을은 표시되어 있지 않았지만 시내에서 75킬로미터쯤 떨어진 곳에 있는 듯했다. 내가 바우바우Bau-Bau에서 빌린 소녀 취향의 자동변속 오토바이로는 하루 만에 다녀오기에는 먼 거리지만 못할 것도 없었다.

다우다의 생각은 달랐다.

"오토바이로는 못 와요. 길이 엉망이거든요!"

자바에서 나는 이런 반대를 쉽게 물리치곤 했다. 진흙탕 좀 있다고 겁낼 건 없잖아요. 그러나 지난 몇 달 동안 나는 동쪽의 섬에서 "길이 엉망"이란 말은 통과 불가와 길이 아예 없음 사이의 어디쯤이란 것을 배웠다. 그래서 나는 버스정류장으로 가서 남보Nambo로 가는 교통편이 있는지 물었지만 모두 고개를 저었다.

"아무도 그 길로는 안 가요. 길이 엉망이거든요."

그리하여 이 여행 전체에서 처음이자 마지막으로 차와 운전기사를 고용할 수밖에 없었다.

스물두 살짜리 펑크족이 운전대를 잡는 동안 나는 풍경을 감상할 수 있었다. 우리는 힌두교 사원이 이곳저곳 자리 잡은 잘 정돈된 논이 보이는 아름다운 골짜기를 지나쳤다. 펑크족은 그 마을이 "완전 발리" 같다고 했다. 1960년대에 시작된 국내 이주로 형성된 곳이었다. 이곳의 사원은 붉은 벽돌로 지은 발리 사원을 콘크리트 벽돌로 본떠 만든 것이었다. 인근 다른 마을의 집들은 기둥 위에 올린 알록달록한 목조 가옥이지만 이 마을의 콘크리트 집은 땅에 붙어 있었다. 바로 그 앞 길가에 다가오는 부톤군 부파티 선거 포스터가 걸렸는데, 독실한 무슬림 지역인 이곳의 후보들이 높이 쌓아 올린 제물을 머리에 인 발리 여성들의 포토샵 사진 옆에서 포즈를 취하고 있었다.

바우바우에서 10킬로미터쯤 멀어지자 아스팔트가 척추에 충격을 줄 정도로 큰 덩어리로 쪼개지며 길이 험해졌다. 계속 더 가자 그 길이 개울과 만났다. 물 위를 미끄러지듯 건너 컴컴한 숲을 지나는데 펑크족은 크레텍 담배를 집더니 나를 봤다가 다시 담뱃갑에 넣었다가 다시 나를 쳐다봤다. 버스에서 몇 달을 보내고 나니 누가 담뱃불을 붙이기 전에 주저할 수 있다는 생각 자체가 사라졌다. 나는 그에게 담배를 내밀었다. 그는 담배를 꺼내 급하게 불을 붙였다. 나는 웃었다.

"와, 진짜 담배 피우고 싶었나 보네요!"

"그게 아니에요, 미스. 문제는 여기가 악령이 나오는 데라서 그래요. 담배 연기가 악령을 쫓아주거든요."

좀 있다가 야생 멧돼지가 우리 바로 앞 도로로 튀어나오자 펑크족은 정글에 차를 처박을 뻔했다.

마침내 개울은 사라졌지만 진흙탕은 여전했다. 아스팔트가 갈라진 곳이 덜 나와서 우리는 그 주변을 빙 돌아갔다. 웃고 있었지만 나는 대시보드를 꽉 잡고 있었고 펑크족은 핸들을 잡은 손가락 관절이 허옇게 드러나도록 힘을 주고 있었다. 이윽고 목적지에 가까워지자 갑자기 길이 매끈해졌다. 아스팔트는 아니었지만 진흙도 아니었다. 나는 차에서 내려 발밑에 있는 푹신한 도로를 살펴보았다. 아이들이 떨어져도 크게 다치지 않게 놀이터 그네 밑에 까는 우레탄 같은 재질이었다. 우리는 바로 거기 지표면으로 올라온 천연 아스팔트 위를 달리고 있었다. 그 아스팔트가 광산에서 나오는 트럭의 무게에 눌려 마치 잘 닦인 도로처럼 뭉쳐진 것이었다.

광산 관리자 다우다는 중부 술라웨시 루욱^{Luwuk}의 한 이슬람 대학교에서 정치커뮤니케이션 학위를 받았다. 꿈이었던 공무원이 되는 행운은 누리지 못했지만 노느니 어머니의 마을에 있는 아스팔트 광산에서 일하기로 했다. 우리는 "광산" 중 하나로 함께 걸어갔다. 광산은 산비탈을 파헤친 거대한 구덩이에 불과했다. 멀리서 보면 깨진 화강암 같지만 아까 그 길과 같은 푹신한 느낌이 있었다. 나는 회색 덩어리를 들어서 깨보았다. 검고 말랑거리며 당밀 같은 액체가 흘러나오더니 여름날 도로 공사장을 지날 때 나는 냄새가 났다. 그러니까 방금 내가 맨손으로 아스팔트를 채굴한 것이다.

광산이라고 하면 나는 갱도와 버팀목 용광로와 레일이 떠오르고, 개미집을 드나드는 개미들처럼 검댕 묻은 광부 수천 명이 줄지어 대지의 창자 같은 갱도를 드나드는 L. S. 로리$^{Laurence\ Stephen\ Lowry}$●의 그림이 떠오른다. 그러나 부톤의 아스팔트 광산은 상당히 달랐다. 여기에는 남자 셋이 해와 비를 가려주는 파란 방수포 아래에서 담배를 피우며

● 20세기 중반 영국 북서부 산업지역의 풍경을 그린 것으로 유명한 화가—옮긴이

앉아 있었다. 노란색 채굴기 두 대는 아스팔트의 카펫 위에 하릴없이 놓여 있었다. 일꾼들이 할 일은 채굴기를 켜고 팔 자리를 정한 후 아스팔트를 퍼내서 트럭에 싣는 것이었다. 그런데 지금은 그마저도 하지 않고 있었다.

"이스티라핫 둘루?Istirahat dulu?"

나는 쉬는 중이냐고 농담을 해봤다. 아니었다. 채굴기에 쓸 등유가 다 떨어진 것이었다. 전날 주유소에서 어부들을 기다리며 비효율적인 연료 배송체계에 대한 상세한 강의를 들었던 터라 나는 그 탓인가 보다 했다. 하지만 배송이 늦어서가 아니었다.

"등유 주문하는 걸 까먹었답니다. 이제 열흘을 기다려야 해요. 늘 있는 일이죠. 인도네시아 사람들은 미리 계획을 세우질 못하거든요."

다우다가 웃었다.

연료 주문을 잊은 것은 사실 큰 문제가 아니었다. 사실 내가 갔던 즈음 부톤의 아스팔트 채굴은 거의 중단된 상태였다. 정부의 비가공 광석 및 광물 수출금지 조치 때문일 것이다. 법률상으로는 2014년 1월까지는 금지가 발효되지 않을 예정이었다. 그러나 자카르타의 광업에너지부 장관의 마음이 바뀌었다. 2012년 2월 갑자기 모든 광업 기업은 채굴하는 광석과 광물을 가공할 계획안을 석 달 안에 제출하라는 공고가 났다. 기간 내에 계획안을 제출하지 못하면 수출허가를 받지 못하게 된다.

내가 부톤에 갔을 때는 그 시한에서 일주일이 지난 후였다. 아무도 수출을 해도 되는 건지 안 되는 건지 몰랐다. 그 금지가 아스팔트에도 해당되는가? 아무도 몰랐다. 가공이란 정확히 무엇인가? 다우다의 회사는 광산에서 덩어리를 캐내서 잘게 쪼개 자루에 담는다.

"그건 반가공일 테니 우리는 괜찮을 겁니다."

하지만 확실하지는 않고 맞는지 확인하기도 어려웠다. 광업에너지부는 새 규제사항을 홈페이지에 올렸다가 그날 바로 내렸다. "가공 단계 추가" 조치는 수출품에 가치를 붙이고 인도네시아인을 위한 일자리를 창출하기 위한 것이었다. 그러나 오히려 그 조치 때문에 현재 다우다는 광산에서 일하던 일용직 노동자 전원을 해고했다. 몇 안 되는 정규직 직원들은 돌아가며 자루를 꿰맸다.

"하지만 그것도 우리가 월급을 줄 수 있을 때까지죠. 그래서 대체 어떻게 되는 건지 꼭 알아야 합니다."

수출금지 법안은 발효된 지 6개월 만에 대법원에서 폐기 결정이 내려졌다. 그러나 한 달 후 헌법재판소가 그 판결에 이의를 제기했다. 거기다 헌법재판소는 광업에너지부가 중앙정부로 가져오려던 권한을 각 군에 넘겨주었다. 이 일은 또 다른 대혼돈이 있은 지 이틀 후에 벌어졌다. 대혼돈이란 외국계 채광회사는 인도네시아에서 벌이는 사업 총자본의 절반 이상을 인도네시아 회사에 팔아야 한다는 규제안에 관한 것이었다.

규제안이 발표되자 인도네시아의 최대 외국인 투자자 일부가 불쾌감을 노골적으로 표현했다. 두 부처가 이 상황을 해명하는 데 나섰다. *그 규제안은 연기하기로 했습니다.* 광업에너지부 장관이 말했다. *아닙니다. 아직 그런 결정은 없었습니다.* 재경부 장관이 같은 날 말했다.

아스팔트는 엄청난 세입과 로열티를 가져다주며 미래에도 수입을 창출할 가능성이 어마어마하다. 부톤의 아스팔트 매장량은 36억 톤에 달한다고 추산되며 그 가치는 "시가"로 미화 3,600억 달러다. 우리가 광산을 찾아갔던 길의 상태를 생각해보건대 그 아스팔트 중 국내 도로를 닦는 데 쓰일 분량은 얼마 되지 않을 것이다.

나는 다우다와 바닷가로 내려가, 배에 실려 가기를 기다리는 5만 톤가량의 아스팔트 원석이 길쭉하고 나직한 산처럼 쌓인 데까지 갔다. 그 뒤편에서는 청년 여남은 명이 찢어진 청바지와 찢어진 티셔츠 차림으로 작은 목재 통을 자갈로 가득 채우고 나서, 녹슨 철골조와 합판 사이에 그 나무통들을 끼워 넣느라 분주히 움직였다. 수출을 장려하기 위해 짓는 중인 새 부두의 골조였다.

아스팔트 산 앞에는 캐나다 밴프 호수의 소나무 숲 기슭 사진을 배경으로 중국어와 핸드폰 번호가 적힌 광고판이 방문객을 맞이했다. 수출금지건 아니건 그날 밤에 아스팔트를 싣고 중국으로 갈 배가 오기로 되어 있었다.

"금지가 내리기 전에 수출허가를 받았거든요. 다른 행정 절차 때문에 운송이 좀 늦어졌어요."

아스팔트 산 위에 쪼그려 앉은 청년이 말했다. 그는 엄지와 검지를 비벼댔다.

"그리고 우리는 이 부두 공사를 마치기를 바라고요."

인도네시아의 이 외딴 구석에 제대로 기능하는 항구가 생기리란 생각 자체가 돈키호테 같은 터무니없는 생각처럼 보였다. 하지만 나는 이

번 여행에서 이만큼 터무니없는 것들을 많이 보았다. 북말루쿠의 할마헤라^{Halmahera}가 그 예다.

―――

인도네시아의 페리에서 동료 승객들과 이리저리 핸드폰 번호를 교환하다 보면 항구에서 나중에 다시 만나는 일이 자주 생긴다. 트르나테에서는 배에서 만난 한 엔지니어가 저녁식사에 초대해주었다. 우리가 선창에서 생선구이로 잔치를 벌이고 있을 때 옆에는 할마헤라 소수 원주민 특유의 널찍하고 광대뼈가 발달한 얼굴을 한 새 같은 남자가 앉아 있었다. 그는 시골 사람이 대처에 오면 흔히 그렇듯 어느 정도는 의심에 차고 어느 정도는 부자연스럽게 배낭을 등에 진 채로 닭튀김을 먹던 중이었다. 그러나 그는 우리가 근처 섬들의 상대적 강점에 대해 얘기하는 것을 듣고는 불쑥 끼어들어 할마헤라와 고향 마을 렐릴레프^{Lelilef}와 근처의 웨다^{Weda} 이야기를 하기 시작했다.

 웨다에 대해 내가 아는 것이라고는 말루쿠의 오지 여행에 관한 홈페이지에서 본 "진창길의 지저분한 마을"이 전부였다. 그러나 팍 피테르의 설명은 달랐다. 웨다는 이제 중부 할마헤라의 군청소재지이며 "완전 발전 중"이라고 했다. 지금이 바로 방문의 적기인데 왜냐하면 부파티가 곧 쌍둥이 딸을 결혼시키기 때문이라고 했다.

 "누구라도 다 거기 갈 거요."

 할마헤라는 작은 섬 트르나테 바로 옆이다. 찌그러진 거미 같은 형상의 이 섬은 북말루쿠 면적의 대부분을 차지한다. 하지만 정치적으로는 작은 이웃 트르나테의 그늘 아래서 무시당해왔다. 1989년 처음 그곳에 가봤을 때 할마헤라는 인도네시아에서 가장 발전이 더딘 곳이었다. 나는 군용 지프를 세워 얻어 타고 밤중에 정글을 통과했다. 이곳에는 소달구지 말고 다른 교통수단은 없어 보였다. 벨벳 같은 정글 한복판에서 초록빛 도는 하얀빛을 내는 반딧불이 수백 마리가 나무 한 그루를 동화처럼 밝히고 있었다. 마법 같은 광경이었다. 400년도 더 전에 엘리자베스 1세가 가장 아낀 모험가 프랜시스 드레이크도 이 광경에 깊은 인상을 받고 다음과 같이 묘사한 바 있다.

> 밤이면 이 나무들 사이로 불타는 듯한 벌레들의 끝없는 무리가 공기 중에 날아다녔다. 그 벌레들의 (보통의 파리보다 크지 않은) 몸이 마치 모든 나무의 가지마다 촛불이 켜진 것처럼, 아니면 그곳이 마치 별들로 가득 찬 것 같은 굉장한 빛의 쇼를 만들어냈다.●

나는 별이 총총한 밤하늘에 경탄했지만 날이 밝자 풍경은 밤처럼 마법 같지 않았다. 아름다운 할마헤라 해변에는 2차 세계대전 때 쓰던 녹슨 탱크가 버려져 있었다. 일본이 여기에 대규모 수비대를 배치했고, 1944년 말 미국의 맥아더 장군이 인근 모로타이^{Morotai}섬을 태평양

● Francis Drake, *The World Encompassed by Sir Francis Drake . . . Collected Out of the Notes of Master Francis Fletcher . . . and Compared with Divers Others [sic] Notes That Went in the Same Voyage*, ed. Francis Fletcher. London: Nicholas Bourne, 1652.

전쟁의 기지로 쓰기로 하자 이곳 수비대도 바빠졌던 것이다.

반딧불이, 탱크, 소달구지가 1980년대 말 방문에서 내가 기억하는 전부다. 23년이 지난 후 할마헤라는 여러 군으로 나뉘었고 니켈이 발견되면서 상당히 발전했다. 팍 피테르는 고향 렐릴레프 마을의 변화를 설명했다. 사고야자잎로 지은 움막뿐인 초라하고 작은 마을이자 중학교도 없는 곳이었지만 거대한 외국계 채광기업 웨다베이니켈$^{Weda\ Bay\ Nickel}$사 덕분에 최근 크게 발전했다. 이제 이층집도 있고 도로에는 차도 있고 젊은이들은 자바의 대학에도 간다고 했다. 그러니까 이 발전 서사의 주인공은 외국계 거대 채광기업이었다. 흔히 들을 수 있는 종류의 이야기는 아니었기에 나는 웨다의 결혼식에 갔다가 광산에도 가보기로 했다.

그리하여 나는 23년 전에 왔던 그 항구에 다시 왔다. 소달구지는 보이지 않았다. 단 한 대뿐이던 군용 지프는 이제 줄지어 늘어선 SUV에 자리를 빼앗겼다. 그 풍경은 마치 런던이나 멜버른의 부유한 교외의 비싼 유기농 슈퍼마켓 주차장을 잘라다 할마헤라에 붙여놓은 듯했다. SUV 대부분은 거미처럼 생긴 이 섬의 거미 다리 쪽 오지로 가는 승객을 실어 나르는 공유택시였다. 나는 이런 변화는 상상도 하지 못했다.

나는 웨다로 가는 차를 타기로 했다. 언덕의 숲 사이로 새로 포장한 도로를 달려 완공 안 된 다리 근처에서는 차로 강을 건너기도 하며 마침내 도착한 고장은 신생 군청소재지가 보여주는 온갖 특징을 다 가진 곳이었다. 분리대가 있는 고속도로와 시내를 굽어보는 언덕에 부파티의 집무실 건물이 우뚝 솟아 있었다. 판유리를 댄 번쩍이는 새 호텔은 인도네시아 전역의 비슷한 호텔들이 그렇듯 얼마 안 가 축축한 카펫처럼 썩고 벽에는 곰팡이가 필 것이 분명했다. 레고랜드 같은 집도 몇 줄 늘어서 있고 낮에도 전기가 들어왔다.

나는 하루 차이로 결혼식을 놓쳤다. 판유리 호텔 뒤로 축제의 잔해들이 아직 남아 있었다. 하얀 나일론 차일 아래 축구장 두 개쯤 되는 넓이에 빨간 카펫이 깔려 있었다. 주도인 트르나테에서 온 케이터링 서비스 직원들이 수선을 떨며 케이터링용 금속 용기 수백 개를 쌓고 산업폐기물용 쓰레기통에 담긴 음식물쓰레기를 어떻게 처리해야 할지 몰라 허둥대고 있었다.

파티장은 주변의 건물과 공터 사이에 실물보다 더 큰 환상적인 이미지를 포토샵으로 이어 붙인 펜스를 쳐서 나누었다. 어린 시절의 쌍둥이 중 하나는 미국 남부의 남북전쟁 이전 양식 저택 앞에 서 있고 다른 하나는 새틴 드레스를 입고 현대적인 도시의 광경을 내려보고 있었다. 둘 사이에는 부파티 부부가 (포토샵이 아닌) 이국적인 풍경 속에 서 있었다. 특히 중요한 자리마다 제복 차림의 부파티 사진과 첫 임기에 그가 이룬 업적을 열거해두었다.

첫 업적은 "모든 차원에서의 정부 인프라 건설"이었다. 또 다른 업적에는 "광업 개발을 위한 게베^{Gebe}섬 삼림보호구역 규제 해제"도 있었다.

"아, 엘리자베스도 어제 왔었어야 해요. 올 수 있었을 텐데. 정말 굉장했거든요. 우리 모두 밤새도록 춤췄어요. 대체 돈을 얼마나 썼는지 상상도 못 하겠네요."

내가 묵던 게스트하우스 주인인 베라가 말했다.

실상은 그 비용 중 상당 부분인 3만 5,000달러가 공금이었다. 그러나 부파티는 사과하지 않았다. 식 중에 신혼부부 두 쌍이 배곯지 않고 오래오래 결혼생활을 유지하라는 뜻으로 쌀이 담긴 쟁반 사이를 행진했다는 이유에서였다. 베라도 그렇고 내가 물어본 누구도 그 대목을 기억하지 못했으나 그 대목이 바로 부파티의 핑계였다. 부파티는 그 행사가 군정부가 지역의 혼례 전통을 부활하고 장려하기 위한 사업이라고 언론에 밝혔다. 따라서 문화관광부 예산이 지역 아닷을 망각으로부터 되살릴 그해의 가장 큰 결혼식에 쓰이는 것에는 아무 문제가 없다는 주장이었다.

아닌 게 아니라 이 혼례 아닷을 되살린 것은 지역문화의 수호자로서 부파티의 명성을 더욱 빛내주었다. 7,000명에 달하는 하객 중에는 주지사, 주 경찰국장, 군대 대장, 인근 3개 군 부파티, 니켈 광산 관리자들이 포함됐다.

부파티는 잔치를 더 열어서 이 거물들을 각별히 대접했다. 잔치 셋째 날은 연말에 있을 선거에서 자신을 지원할 소속정당인 민주투쟁당 PDIP의 창당기념일을 축하하는 데 할애했다. 민주투쟁당의 물소 로고가 새겨진 빨간 깃발이 호텔 앞은 물론이고 모든 정부 건물이며 다른 정당 사무실 밖에도 걸려 바닷바람에 휘날리고 있었다. 트럭 짐칸에 탄 지역의 트랜스젠더 와리아 군단이 성형한 실리콘 가슴 위에 부파티의 얼굴이 찍힌 티셔츠를 입고 당둣 음악에 맞춰 몸을 흔들었다. 이들은 티셔츠를 찢고 안전핀으로 줄여서 섹시하게 보이려 애쓰는 가운데도 부파티의 사진이 잘 보이게 하려고 최선을 다했다. 와리아는 인도네시아 대도시 어디에나 있는 풍경의 일부로, 와리아 공동체가 일궈낸 틈새시장인 미용실, 유흥업, 성매매업 등에서 너무 벗어나지 않는 한 대체로 관용된다. 인도네시아의 오지를 돈 이번 여행에서 내가 발견한 사실 중 하나는 모든 군청소재지에 와리아가 있다는 것이다. 이들은 결혼식 메이크업이나 선거운동용 댄스를 위해 종종 더 작은 마을에 들어가기도 한다. 라말레라의 작은 고래잡이 마을에서도 새로 연 교회의 첫 예배맞이 장식을 맡아서 읍에서 왔다는 와리아 둘을 마주쳤을 정도다.

잔치에 온 손님들 사이에는 분명한 위계가 있었다. 학생과 하급 공무원은 쏟아붓는 비를 가릴 것 하나 없는 광장 가장자리에 섰다. 나는 가족복지연맹^{PKK} 여자들과 함께 주민센터 바로 앞 차일 아래 빨간 천을 댄 의자에 앉았다. 주민센터 안 하얀 새틴을 드리운 의자에는 공무원 아내들의 조직인 다르마와니타$^{Dharma\ Wanita}$ 회원들이 앉았다. 학생들은 아무것도 없고 우리는 찹쌀 간식이 든 상자를, 다르마와니타 회원은 닭튀김 도시락을 받았다. 가장 중요한 가장 앞줄의 귀빈용 안락의자에는 콜라와 환타 캔이 놓였고 우리는 플라스틱 컵에 든 생수를 받았다.

군대식 사열도 등장했다. 행사의 "총사령관"이 스피커 시스템을 통해 계속 명령을 내렸다.

"고등학생들, 우측으로 2보 이동. 팔 올려! 준비! 하나! 둘!"

그 소리에 고등학생들은 옆 사람과 간격을 가늠하더니 한 팔은 앞으로 다른 팔은 오른쪽으로 펼쳐 들고 제식으로 걸었다.

"선글라스 벗어!"

선글라스가 모두 주머니로 들어갔다.

"핸드폰 꺼!"

눈에 보이는 별다른 반응은 없었다. 그렇게 오 분에서 십 분쯤 후 새로 만들어진 대열은 금방 흩어졌고 구령 소리는 더 요란해졌다.

아홉 시 십오 분쯤 주민센터 안 중앙부대 쪽이 무전기 소리로 바쁘더니 군대식 구령이 더 다급해졌다. 부파티의 쌍둥이 딸들이 자신들이 그렇듯 닮았으나 똑같지는 않은 자홍색 스팽글로 장식한 기다란 연푸른색 새틴 드레스를 차려입고 도착했다. 신랑들도 색깔을 맞춰 푸른 셔츠에 자홍색 넥타이를 맸다. 기대에 찬 콧노래와 포효 다음에 무용수들이 줄지어 지나가더니 할마헤라식 머리장식에 무시무시한 코가 달린 하얀 기다란 원통형 가면을 쓴 사람들의 행진으로 마무리됐는데 제법 무시무시했다. 나는 베라에게 그 가면이 무슨 뜻인지 물어봤지만 대답하지 못했다. "아닷 바루, 칼리.$^{Adat\,baru,\,kali.}$"라고 말하며 웃고 말았다. "새 아닷인가 보죠, 뭐."

귀신 가면 뒤로는 할마헤라의 전사 차림을 한 경찰들이 바닥 없는 합판 "배"를 들고 나타났다. 행사 장소가 바닷가에서 너무 멀어서 전통대로 진짜 코라코라$^{kora\text{-}kora}$ 전투용 배를 쓸 수 없었던 것이다. 야자 잎을 드리운 배 안에서 부파티와 아내가 발을 끌며 느릿느릿 걸었다. 부파티가 주민센터에 도착해 자신의 왕좌에 앉자 행사가 본격적으로 시작됐다. 중부 할마헤라군의 역사를 잠깐 소개하고 계몽된 지도자

부파티를 한참 칭송한 후에, 치렁치렁한 금색 망토에 스팽글 달린 롱부츠를 굴러 박자를 맞추는 고적대장 셋이 지휘하는 행진, 드럼, 무지개 깃발 돌리기가 뒤섞인 아찔한 쇼가 이어졌다.

인도네시아 전역에서 지역의 거물들은 신생 군을 합리화하거나 권력을 결집하기 위해 한때 뒤떨어진 농민들의 것으로 치부하던 전통의식에 기꺼이 참여한다. 오랫동안 잊힌 전통을 찾아 다락을 뒤지고 그래도 찾을 수 없으면 새로운 전통을 만들어낸다. 지역 인사들이 전통 유산 기념주간에 참여하느라 군청소재지에 가서 일주일간 자리를 비우면 면 행정이 마비된다. 이런 행사마다 지방정부 각 부처의 번쩍이는 부스가 한자리를 차지하는 거대한 행사장이 있게 마련이다.

아체싱킬Aceh Singkil에서 보건부 부스를 지키던 간호사는 이렇게 말했다.

"선택사항이 아니에요. 우리는 병원에서 초과근무를 하고 또 일주일 내내 여기 와서 부스를 꾸미고 유인물을 나눠줘요. 저기보다 우리가 방명록에 서명을 더 많이 받으려고 갖은 애를 써야 한다고요."

간호사는 턱으로 맞은편의 가족계획부 부스를 가리켰다. 각 면도 저마다 부스를 차리기는 마찬가지여서 자신들의 작은 공화국이 가진 특산물과 자랑거리들을 선보인다. 이런 곳에서 나는 플라스틱 컵에 담긴 차가운 해초 수프를 시식하고 지역산 누에고치에서 고치실을 뽑아 보기도 했다("우리 누에나방은 전 세계적으로 유명하답니다").

이런 축제들은 경쟁적인 정체성 만들기의 난장판이다. 그러나 지역 전통의 재발명에 관한 내 구시렁거림에 오스트레일리아 출신 인도네시아 정치학자 에드 아스피낼$^{\text{Ed Aspinall}}$은 이런 축제들이 전국적으로 똑같은 양상을 보인다고 했다.

"제가 보기엔 지역문화라는 것들은 싸구려 모조품입니다. 진짜 원본은 관료제적 충동과 그 템플릿이고요. 그거야말로 아주 인도네시아적이죠."

팍 피테르가 열을 올리며 이야기하던 거대한 니켈 광산은 웨다에서 모터보트를 타면 두 시간도 안 걸리는 곳에 있었다. 할마헤라섬에서 550제곱킬로미터가량을 차지하는 이 프로젝트는 수하르토가 권좌에서 물러나기 직전에 승인한 것이다. 그리고 곧 탈중앙화의 불꽃놀이가 시작됐다. 중앙정부의 인허가가 주나 군에서도 적용되는지 아무도 몰랐다. 그도 그럴 것이 이 광산이 정확히 어느 주 혹은 군 관할인지조차 확실치 않았다. 승인 당시에는 광산이 말루쿠주에 있었지만 1년 후에는 신생 북말루쿠주 관할이 되었다. 하지만 신생 주에는 주 사무실도 유능한 직원이나 분명한 군 경계도 없었다. 거기다가 곧 말루쿠 전 지역이 그리스도교도와 무슬림 사이의 전쟁에 휘말려 불길에 타올랐다. 외국인 투자자로서는 옮길 수도 없는 광산에 수십 억 달러를 묻기에 적당한 때가 아니었다.

광산 프로젝트는 2006년 프랑스의 거대 광업사 에라메^{Eramet}가 지분을 사들이면서 다시 시작됐다.• 그러자 고학력 중산층 활동가들이

주축인 자카르타의 NGO들이 국제 압력단체의 강력한 지원을 받으며 반대 시위를 벌였다. 노천광산으로 지정된 구역의 상당 부분이 삼림보호구역이기도 했기 때문이다. 그들은 지도에 표시되지 않은 지하 동굴에 있을지도 모르는 희귀종 박쥐와 광산 개발 예정 지역에 사는 원주민 부족이 채굴이 시작되면 고통 받는다며 안달복달했다. 산호와 어종 등 생물다양성이 풍부한 바다에 광산 폐기물을 버리겠다는 광업사의 계획도 불만이었다. NGO들은 보복이 두려워 이름을 밝히기를 꺼리는 지역주민을 자신들이 대변하고 있다고 주장했다. 그리고 NGO들이 광산 반대 시위를 열면 일부 지역주민들은 광산 지지 시위를 벌였다.

렐릴레프행 모터보트를 타러 가자 부두에 있던 남자가 묻지도 않고 내 가방을 웨다베이니켈사의 모터보트에 실었다. 나는 나인 채 그대로인데도 인도네시아에서는 새로운 곳에 갈 때마다 먼저 지나간 외국인이 만들어둔 고정관념에 따라 나도 다른 존재가 되곤 한다. 나는 확실히 관광객으로는 보이지 않는다. 너무 늙었고 맨살도 거의 드러내지 않았고 해변에도 별 관심이 없으니 말이다. 거기다 혼자다. 관광객이라면 쌍으로 다니지 않던가. "친구가 없나 봐요?"라는 질문을 자주 받아오던 차였다.

짧은 머리의 백인 여자가 여러 달 배를 타서 거칠어진 얼굴에 긴 소매와 긴 바지에 실용적인 신발을 신고 검은색 등산 조끼 차림인데 자

- 일본의 미쓰비시사와 합작이며, 그중 10퍼센트 지분이 인도네시아 국영 광업공사에 주어졌다.

카르타 말씨에 수첩에 뭘 자꾸 끄적거린다면, 숨바에서는 말라리아를 연구하는 연구자고 타님바르와 케이제도에서는 인류학자였다. 플로레스에서는 수녀(!)였고, 쓰나미 이후 선거 직전의 아체에 갔을 때는 구호활동가 아니면 선거감시원이었다. 칼리만탄에서는 내가 환경 NGO에서 나온 것이 분명하다고 했다. 인도네시아의 작은 도시에서는 영어 교사가 된다. 그리고 여기 웨다에서 사람들은 나를 엔지니어라고 여긴다.

나는 회사 배에서 내 가방을 가져와 일반 보트에 자리를 잡았다. 부파티의 쌍둥이들 결혼식에 갔다가 렐릴레프로 돌아가는 테시와 함께였다. 웨다의 게스트하우스 주인 베라가 사촌 테시에게 나를 보살펴주라고 신신당부한 터였다.

"그게 바로 가족이지요!"

테시는 아무 말 없이 보트에 내 자리를 만들어주었다.

두 시간이 지나지 않아 모터보트는 우리를 목조 선착장에 내려놓고 우리는 내륙으로 향했다. 테시가 도시에서 산 물건을 트럭 짐칸에 실었고 한 칸짜리 병원을 지나쳤다. 다음은 시장이었다. 목조 노점 두 곳은 닫았고 사고와 카사바 무더기 뒤로 아주머니 셋이 앉아 있었다. 교회 두 곳과 모스크도 보였다. 화려한 색을 칠한 현관을 갖춘 새집도 몇 채 보였지만 그 외엔 별것 없었다. 부두에서 테시네 집까지 가는 짧은 길이 시내를 지나지 않았거나, 팍 피테르가 열을 올리며 설명한 웨다의 발전에 내가 너무 큰 환상을 가졌던 모양이다.

테시네 집은 생각보다 훨씬 컸다. 이런 집의 필수요소인 지붕 달린 현관으로 난 앞문을 통해 들어선 응접실은 소파 세트가 점령하고 있었다. 큰 인조가죽 소파와 세트인 팔걸이의자 둘, 검정 유리와 알루미늄 커피테이블이 놓인 그곳은 지참금을 협상하거나 인구조사원을 대접하는 일 아니면 절대 쓰지 않는 곳이었다. 가운데 있는 휑뎅그렁한 방에는 타일을 깔아 시원한 바닥에 거대한 평면 TV, 커다란 노래방 기계만 있었다. 그 방 주위로 침실이 몇 개 있었는데, 나는 바닥에는 스펀지 매트리스, 벽에는 헬로키티 포스터가 붙은 방을 배정받았다.

옆문 곁에 소파 세트가 하나 더 있었는데 친구들이 오면 야자술을 마시고 담배를 피우는 곳이었다. 보통 큰 식탁과 냉장고를 갖춘 방이 따로 있지만 발전기를 저녁에만 돌리기 때문에 냉장고는 찬장으로 이용하게 마련이다. 부엌은 뒤쪽 바깥에 따로 빼서 지은 동굴 같은 콘크리트 블록 건물이다. 방마다 뱀 같은 전선 다발이 벽을 타고 바닥으로 내려와 여기저기로 갈라져 문설주와 소파며 의자 아래로 스르르 미끄러져 들어갔다. 이 집은 고작 몇 년 전에 지었는데도 전기 배선을 하지 않아 전선이 다 밖으로 나와 있는 것이었다.

이 동네를 이루는 네 개의 도로 주변으로 콘크리트와 타일로 지은 건물들이 나무와 야자잎으로 지은 오두막을 밀어내는 중이었다. 새집들은 말간 유리창을 달거나, 기둥에는 대리석 마블링 문양을, 창문 덮개와 문에는 나무를 쪼개 붙인 듯한 무늬로 창조적인 페인트칠 작업을 했다. 내가 상상해온 신흥 도시는 아니었지만 모든 것이 아주 겡시gengsi했다. 겡시란 과시하기, 최신 유행을 따르려고 애쓰는 것을 말한다. 많은 인도네시아인이 경멸한다고 말하지만 사실은 열성적으로 따르는 습속이기도 하다.

먹을 것을 찾아 시내를 돌아보다가 만으로 향하는 출렁이는 데크 위에서 야채를 씻던 여자와 잠깐 이야기를 하게 됐다. 내 자카르타 말씨를 듣고 청년 둘이 나타났다. 트르나테 출신인 두 사람은 렐릴레프에 두 달째 있는데 지루하고 답답해서 어쩔 줄 몰랐다. 웨다베이니켈 사 직원들에게 영어와 컴퓨터를 가르치는 일자리였지만 바로 그날에야 겨우 첫 수업을 할 수 있었다고 했다.

"공무원이 되면 관료제를 상대해야 해서 이 일을 하기로 한 거예요. 그런데 더 나쁘네요. 일본인은 프랑스식으로 안 하려고 하고 프랑스인은 오스트레일리아인이랑 말을 안 해요. 바탁인이랑은 아무도 말을 안 하려고 하고요. 이 부서가 이 일을 하려고 하면 저 국에서 막으려 합니다. 다들 대단해요."

영어 강사가 말했다.

2007년 인도네시아는 세계 최초로 천연자원을 채취하는 기업이 의무적으로 지역 사회에 투자해야 하는 법을 통과시켰지만 아직 제대로 자리 잡지 못했다. 여기 온 지 이틀 만에 선한 의도에서 시작한 기업의 사회적 책임CSR 사업이 끔찍한 결과를 야기했다는 온갖 이야기를 다 들었다. 먼저 지역 사회 담당자가 주민들에게 회사 노동자들의 급식용으로 쓸 야채를 키우라고 장려했다. 배추는 쑥쑥 자랐지만 노동자들은 아직 오지 않았다. 광산 공사가 계속 지연되었던 것이다. 회사는 야채와 자기네 평판이 농민들의 손에서 썩어나도 속수무책이었다.

드디어 노동자들이 도착하고 직원식당이 문을 열자 이번에는 지역

사회 담당자가 주민들에게 닭을 키우라고 했다. 닭이 잡아먹을 만큼 다 컸지만 광산의 직원식당을 운영하는 다국적 케이터링 프랜차이즈가 제네바인지 토리노인지에 있는 상사가 제시한 기준에 못 미친다며 주민들이 키운 닭 구매를 거부했다. 민간 영역 버전의 얼간이 요인이라고 나는 생각했지만 주민들은 이 기업의 무능에는 더 악랄한 데가 있다고 여겼다.

"일부러 그러는 게 분명해요. 그 사람들이 그렇게 멍청할 리가 없잖아요."

닭 키우던 한 농부가 그 낭패에 대해 탄식했다.

밥 한 끼를 찾아 나선 나의 모험은 끝내 성공하지 못했다. 렐릴레프에는 정오 이후에는 여는 식당이 없었다. 하지만 방금 구운 빵이 가득 든 플라스틱 통을 발견했다. 안에 있던 빵 열두 개를 다 챙기고 통 안에 1만 2,000루피아를 놓아두었다. 너무 배가 고파서 테시네 집으로 돌아오는 길에 빵 하나를 허겁지겁 먹어 치웠다. 집에는 아무도 없었다. 내가 빵을 접시에 담아 식탁에 놓자마자 테시와 남편인 프릴락스가 돌아왔다. 나는 씻으러 들어갔다. 커다란 콘크리트 수조에서 바가지로 물을 퍼서 끼얹으며 내 머리에 쌓인 진보의 먼지를 씻어냈다.

씻고 나와 보니 텅 빈 접시가 나를 맞았다. 남자아이들이 빵 더미에 달려들어 다 먹어 치우고 괴성을 지르며 뛰어다니고 있었다. 마침내 테시의 딸이 열한 살의 권위를 실어 문을 막고 아이들을 쫓아냈다. 그 애와 친구는 저녁을 만들러 갔다. 부엌에는 쌀과 카사바 그리고 가족이 웨다에 다녀온 덕분에 달걀도 있었다.

둘이 음식을 거의 다 했을 무렵 새로운 메뚜기 떼가 나타났다. 이번에는 엉망으로 취한 10대 후반의 남자아이들이었는데 하나씩 돌아가며 목욕을 했다. 인도네시아에서는 망나니들도 나무랄 데 없이 깔끔해서 오후에는 꼭 목욕을 한다. 목욕 후에는 부엌에 달려들어 여자애들이 방금 만든 음식을 인질로 잡았다. 마구잡이로 들어와서 욕실을 쓰고 먹을 걸 다 먹어 치우고도 부탁한다거나 고맙다는 말도 안 하는 저들은 대체 누구인가?

"친척들이에요."

테시의 딸이 어깨를 으쓱했다. 알고 보니 테시의 남동생이 다음 날 결혼식을 올려서 온 마을의 친척들이 다 모였다고 했다.

그날 밤 내게 배정된 방으로 가보니 테시의 딸과 친구가 벌써 그 매트리스에서 자고 있었다. 나는 두 아이를 조금 밀치고 내가 누울 자리를 만들면서, 그냥 슬리핑 매트를 들고 가서 저 크고 텅 빈 방에 눕는 것이 낫지 않을까 생각했다. 하지만 그러지 않은 것이 천만다행이었다. 다음 날 일어나보니 그 망나니 일고여덟이 술과 피로에 절어 옷도 그대로 입은 채로 바닥 여기저기 널브러져 있었던 것이다.

저녁을 먹어 치운 후 이 젊은이들은 채광기업에 대해 불평을 늘어놓았다. 옛날에는 이런 남자아이들이 무슨 생각을 하건 상관없이 채광기업은 자카르타 중앙정부의 허락만 받으면 마음대로 사업을 개시할 수 있었다. 마을 사람들은 대부분 반대 시위를 벌일 생각을 하지 못했다. 그랬다가는 금방 군대에 진압당할 것이었다. 하지만 이제는 인도네시아와 국제적 시위 산업뿐 아니라 언론의 자유와 트위터가 지역주민들에게 불만을 드러내라고 부추긴다. 이런 활동가들은 지역주민이 더 목소리를 높일수록 채광기업이 환경을 덜 파괴하고 토지와 노동에 더 정당한 대가를 지불하며 지역 사회와 채광지에 더 투자할 것이라고 생각한다.

저녁 식탁의 그 젊은이들은 확실히 목소리를 높였다. 그중 가장 취한 데다 눈빛은 음흉한 족제비상이 불평하기를 고된 저임금 일자리만 지역주민에게 오고 엔지닝, 아치팅(엔지니어 관련 직업의 음절을 뭉개 말했다.) 같은 좋은 일자리는 외지인한테 간다고 했다.

"그래서 바로 내가 데모를 하러 거기 가서 모터보트에 불을 질러버린 거야. 놈들한테 누가 여기 주인인지 보여줘야 한다고."

나는 그에게 어떤 기술이 있냐고 물어보았다.

"술 취하기 기술요."

다른 사람이 대신 대답했다. 자바에서 학교에 다녔다는 차분한 말씨의 다른 청년은 부끄러워하는 것처럼 보였다.

"좋은 일자리를 원한다면서 회사 모터보트를 불태웠잖아. 그건 제 무덤 파기나 다름없어."

족제비상은 저녁을 다 먹고는 자랑스러운 데모 경력에도 불구하고 웨다베이니켈사의 토지 보상금으로 산 새 오토바이를 타고 신나게 나갔다. 그날 밤 그는 오토바이를 몰고 바다에 들어갔다. 다음 날 아침 물이 빠지자 오토바이가 모래에 박힌 채 파도를 맞으며 드러났다. 열쇠는 온데간데없었다.

다음 날 나는 아침을 먹으면서 어떻게 하면 광산 진입로의 경비실을 통과할 수 있을지 이리저리 궁리해보았다. 그때 내가 머리를 굴리고 있던 커피숍 안으로 인도네시아 서쪽 출신의 잘생긴 청년이 들어왔다. 청년은 근사한 진청색 제복을 입었는데 나로서는 어디 소속인지 바로 알아볼 수 없었다.

"자카르타에서 오셨군요."

청년이 내게 말을 걸었고 우리는 이야기를 시작했다. 청년의 이름은 아미르, 자바 출신의 경찰이고 웨다베이니켈사의 경비팀에 출장 근무 중이라고 했다. 똘똘한 아미르는 이곳에서 심심했던 차였고 또 광산에서 일하는 의사 친구도 있었다. 그리하여 몇 분 후 나는 아미르의 오토바이 뒤에 타고 회사 활주로를 거쳐 항구와 제련장이 들어설 시뻘건 구덩이를 지나 광산까지 갔다. 몇 차례 무전이 오가고 우리는 출입구를 통과했다.

완전히 다른 세계로 들어서는 것 같았다.

진료소는 컨테이너를 개조한 임시건물에 있었지만 내가 인도네시아 농촌지역에서 본 것 중 최고 수준으로 위생적이고 장비도 잘 갖춰 놓았다.

아미르의 친구는 민간 하청사인 SOS메디카 소속 여성 의사였고, 우리에게 같이 점심을 먹으러 가자고 했다. 그는 징이 박힌 부츠를 신고 아미르와 나도 안전모를 챙겨 쓴 후 50미터가량 공터를 지나 직원식당까지 걸어갔다. 거기서 몇 킬로미터 안에는 아무 건설장비도 없었지만 안전모 착용은 규정의 일환이었다. 송전탑에 매달려 맨손으로 전선을 자르는 일이 비일비재한 이 나라에서 이것만도 놀라운 일이었다.

빵빵하게 냉방이 된 직원식당은 내가 가본 제네바의 세계보건기구 WHO나 워싱턴의 세계은행 혹은 런던 BBC의 직원식당과 다를 바 없었다. 국제구제금융IMF의 와인 코너나 유럽위원회의 각국 올리브오일 경연장은 없었지만, 샐러드 바, 수프 코너, 추운 지역의 과일도 있었다. 심지어 치즈 코너도 있었다. 치즈라니! 우리가 들어서자 막 정리가 시작된 것이 아쉬울 따름이었다.

우리 말고 식당 안에 있는 사람은 모두 백인 아니면 직모에 피부색이 밝은 자바나 서쪽 섬 출신이었다. 이들은 이렇게 차단된 환경에서 몇 주 동안 일하다가 회사 비행기를 타고 자바나 발리 혹은 다른 "문명화"된 지역으로 가서 휴가를 즐긴다. 좀 있으면 이들의 업무 환경은 더 확실하게 외부와 차단될 것이다. 아미르와 마을로 돌아가는 길에 우리는 렐릴레프의 어떤 건물보다 몇 배는 큰 거대한 건물의 골조를 세우는 일꾼들을 지나쳤다. 그 건물은 새 경비실이었다. 거대한 경비 초소들이 정글 한복판에서 솟아오르고 전에는 없던 군인과 경찰이 배치되면, 광업 대기업과 광물자원이 풍부한 지역에 사는 현지인들 사이의 긴장이 한층 더 커질 것이 분명하다. 그럼에도 내 마음은 아주 조금 웨다베이니켈사 쪽으로 기우는 것을 느꼈다. 회사는 환경에 끼치는 영향을 최소화하면서도 광석 채굴량을 최대화하기 위해 엄청나게 투자했다. 회사는 적어도 현지 의사를 지원하고, 마을에 발전기를 설치하고, 현지인을 대상으로 교육과 직업훈련을 제공하려고 *애썼다*. 그 대부분이 생색내기와 구색 맞추기 용이며 광업사의 유전자에 박힌 이윤추구의 습속에 의해 방해받을지언정 어쨌거나 시작은 했다.

이 지역에 진출한 중국인 소유의 다른 두 광업기업의 경우는 좀 다르다. 두 기업은 광업폐기물을 강 상류에 투기해 다섯 마을이 식수원을 잃었고 터키석 빛깔을 자랑하던 웨다베이의 산호초가 갈색 폐기물의 위협을 받게 되었다. 프랑스-일본계 기업인 웨다베이니켈사가 거금을 투자한 니켈 가공공장은 현지인을 위한 일자리 수백 개를 만들고 인도네시아가 자국의 광물로 얻는 몫을 늘리겠지만, 웨다만에 정박한 중국 화물선은 니켈 광석을 싣고 배가 떠날 동안만 매연을 뿜을 뿐이다. 그들의 목표는 인도네시아의 원자재 수출금지가 실행되기 전에 최대한 많은 니켈 광석을 가져가는 것이다. 지역 사람들은 중국 회사를 "먹튀"라고 부른다.

사람들은 중국계 최대 광업사인 테킨도^{Tekindo}에 대해 늘 불평을 늘어놓는다. 수전노다, 약속을 안 지킨다, 현지인을 똥같이 대한다. 그러나 아무도 테킨도의 쾌속선을 불태우거나 그들에 맞서 시위를 벌이지 않는다. 나는 왜 아무것도 하지 않느냐고 물어봤다. 테시의 남편 프릴락스는 이렇게 대답했다.

"그래서 뭐 하게요? 중국 회사는 다 똥인걸요."

―――

광산에서 렐릴레프 마을로 돌아와보니 또 다른 결혼식 준비가 한창이었다. 테시의 남동생이 곧 결혼식을 올리는지라 테시 어머니 집의 야자잎을 엮은 벽과 흙바닥 부엌이 빵 과자 공장이 되어 있었다. 작은 양철 오븐이 모닥불과 가스불 위에서 달궈지고 있었다. 양철 오븐 안에서 초콜릿이 소용돌이치는 빵과 판단^{pandan}잎으로 초록색 물을 들인 도넛 모양 파운드케이크가 나왔다. 마당에서는 거대한 솥에 든 찹쌀과 갈색 팜슈거와 코코넛밀크를 모닥불에 올려 나무 주걱으로 휘젓는 중이었다. 이 과정을 마치면 꽃무늬 법랑 접시 위에 반죽을 펼쳐서 식혔다.

이 결혼식에는 옷치레를 두고 상당한 갱시 그러니까 과시가 엿보였다. 전통적인 사롱 크바야를 입은 여자는 테시 어머니와 나뿐이었다. 사롱 크바야는 발목까지 내려오는 바틱 사롱을 주름을 잘 잡아 허리에 두르고 복대를 감은 위에 딱 붙는 긴팔 블라우스를 입는 것이다. 우리 둘 말고 다른 여자들은 모두 "현대식" 복장으로 무장했다. 신부는 티아라를 쓰고 은색 레이스를 덧댄 하얀 서양식 새틴 웨딩드레스를 입었다. 기다란 살구색 시폰 드레스며 물방울무늬 드레스와 부푼 소매의 볼레로 재킷과 인조가죽 핸드백도 다수 눈에 띄었다. 오래전에 이가 다 빠져버린 호호할머니도 무릎 위로 한참 올라오는 튀튀 스커트에 스팽글로 장식한 스판덱스 상의 차림이었다. 할머니는 쌀가루를 바른 얼굴에 땀이 흘러 갈색 길을 낼 때까지, 마을의 주요 인사들이 칼 대신 야자잎 줄기를 들고 추는 전사의 춤 차칼렐레^{cakalele}를 따라 추었다.

결혼식이 끝나고 난 후 나는 테시네 응접실에 앉아 처음으로 테시와 제대로 이야기를 했다. "그런데 이름이 뭐예요?"라고 테시가 물었다. 테시의 딸과 벌써 이틀 밤이나 한 매트리스에서 잔 처지였다. 테시네 우물에서 설거지를 하고, 남편과 생선을 굽고, 테시 어머니의 부엌에서 일도 하고, 남동생의 결혼식에도 참석했다. 그런데 아직 테시는 내 이름조차 몰랐다. 그 사실이 테시의 환대를 더욱 감사하게 느끼게 해주었다.

테시는 중학교 교사다. 하지만 교육에 대한 그의 태도는 양면적이었다. 아홉 살짜리 아들은 학교에 가기 싫다는 이유만으로 일주일 넘게 결석 중이었다. 테시가 교복 반바지를 입히려고 해봤지만 아이는 성질을 부리면서 도망가버렸다. 거기에 테시는 바로 포기하고 "남자애들이 그렇죠. 어쩌겠어요." 하고 말았다. 그가 공무원인 교사직을 그만둘 리는 절대 없지만 일이 지긋지긋하고 월급도 쥐꼬리만 하다고 불평했다. 인도네시아의 거의 모든 교사들이 교사 월급이 너무 적다고 불만을 표한다. 상당수가 부업으로 세탁소를 하거나 커피숍을 운영한다. 나는 테시에게 사업을 해보면 어떻겠냐고 물었다. "어떻게 말이에요?"라며 그가 되물었다.

"음, 한두 해 안에 웨다베이니켈사에서 일하는 직원이 적어도 6,500명은 생길 텐데요. 시내에는 음식점이 둘뿐이고 그마저도 저녁에는 안 열잖아요."

테시의 수업은 정오면 다 끝난다.

"저녁을 먹을 수 있는 노점을 열면 어떻겠어요?"

테시는 잠시 생각에 잠기더니 곧 고개를 저었다.

"난티 차페$^{Nanti\ capek}$(피곤할 거예요)."

테시의 결단은 아도나라섬 화산 높은 데 사는 마마 리나와 그의 찌르고 던지고 덮고 찌르고 던지고 덮는 옥수수 파종법에 대한 태평한 기대에 대해 다시 생각해보게 만들었다. 마을에 깊이 뿌리박고 사는 인도네시아인의 상당수는 언제나 최저 생계 수준에 가깝게 살아왔고 수백만이 그 삶에 만족한다.

야망을 가진 이들은 돈벌이를 위해 도시나 다른 섬으로 이주한다. 부톤의 건어물 아줌마들, 서수마트라의 나시파당 요리사들, 플로레스의 오젝 기사였던 내 친구 안톤 같은 전문직 종사자 같은 사람들은 새로 정착한 곳에서 쁜다탕pendatang이라고 불린다. 쁜다탕은 문자 그대로 번역하면 "도착한 사람"이지만 인도네시아 친구들은 이 말이 "손님"에서 "침입자"까지 다양한 차원으로 번역된다고 말한다. 이 사람들은 구원자이자 계획자이며 열심히 일하고 교육이나 소규모 자영업 아니면 가족과 자식들의 전망을 개선할 만한 것들에 신중하게 투자한다. 달리 말하자면 이들이야말로 중산층의 가치를 구현하는 수백만의 인도네시아인이다.

이제 갑자기 인도네시아의 지표면 아래 매장되어 있거나 비옥한 땅에서 자라나는 부가 렐릴레프 같은 곳의 마을 사람들을 중산층의 자리에 던져놓았다. 하루에 2달러 이상의 수입이 있는 모든 이들을 "중산층"으로 규정한 세계은행 기준에 따르면 그렇다. 인도네시아의 일부 오지 마을 사람들은 최근 몇 년간의 1차 산품 활황으로 팜유, 고무, 코코넛 과육, 코코아, 육두구, 정향 등 플랜테이션 작물로 하루 2달러 이상을 가볍게 번다. 어떤 이들은 광업회사에 땅을 판다. 그러나 새로 얻은 부가 언제나 저축과 투자의 가치로 이어지는 것은 아니다.

"저기! 저 여자 좀 보라지!"

테시 남동생의 결혼식을 준비하느라 케이크 생산 라인에 있던, 덩치가 크고 빈랑에 검게 물든 이와 금니 이렇게 이가 두 개만 남은 이웃 여자가 콧방귀를 뀌었다. 그는 턱으로, 최신형 핸드폰이 잘 보이게 팔을 길게 뻗고 만지작거리는 젊은 여자를 가리켰다.

"봤지? 저 집 사람들은 광산회사에 땅을 팔아서 한 번에 현금을 잔뜩 받았거든. 새집도 지었어. 그건 좋아. 하지만 오토바이 다섯 대를 할부로 샀대. 한 집에서 말이야. 그것도 그냥 오토바이가 아니라 한 대에 2,000만 루피아나 하는 그런 오토바이를 말이야. 그리고 식구마다 핸드폰을 세 대씩 샀어. 저러다가는 2년도 못 가서 밥 먹을 돈도 없을 거야. 뭐 하나 심을 땅도 없을 텐데 할부금은 아직 남았겠지. 그러면 그다음은 뭐겠어?"

내가 여행하던 즈음에 인도네시아 정부도 렐릴레프의 마을 사람들과 다르지 않게 행동했다. 원자재를 팔아 돈을 갈퀴질하고 편하게 살며 펑펑 지출하지만 경제성장에 기여할 만한 데는 투자하지 않았다. 그러면 그다음은 뭐겠어? 이 질문은 홍콩 은행의 세로줄무늬 양복을 입은 투자분석가나 싱크탱크 두뇌들의 위원회 아니면 외국인 기자가 할 만한 것처럼 보인다. 하지만 당시에 그 당사자들은 인도네시아 경제를 정

신없이 찬양하고 있었다.

경제 전문가들은 노동 가능한 젊은 층이 불룩 튀어나온 인도네시아의 "인구 분포"에 열광했다. 그런 분포도는 자카르타나 홍콩의 컴퓨터 모니터로 보기에는 좋아 보인다. 이론적으로는 젊은 가구가 은행에 저축을 하고 은행은 그 저축액을 새로 사업을 하려는 이들에게 빌려준다. 젊은 노동자가 많으면 많을수록 생산하는 사람이 늘어나고 더 많은 부가 창출된다. 그러나 현실에서는 인도네시아 젊은이의 3분의 1이 아무것도 생산하지 않고 성인 인구의 5명 중 4명은 은행계좌가 없으며 은행은 사업을 하려는 사람이 아니라 물건을 사려는 사람들에게 돈을 빌려준다.•

싱크탱크 중 하나인 매킨지글로벌연구소McKinsey Global Institute는 인도네시아의 미래를 너무 낙관한 나머지 이 나라가 중산층과 저축-투자 가치 단계를 아예 뛰어넘을 것이며 이 나라가 구매만으로 부유해질 것이라고 전망했다. "2030년이면 현재는 전 인도네시아인의 20퍼센트인 소비계급이 50퍼센트로 늘어날 수 있다."라고 밝힌 매킨지 보고서가 나오자마자 모든 언론이 대서특필했다. 이 말은 신흥 소비자층, 곧 한 달 수입이 300달러 이상인 인구가 현재 5,500만 명에서 8,500만 명으로 늘어난다는 뜻이다.

매킨지는 인도네시아 장관 9명, 대사 2명, 경제학자와 기업가 75명

• 2012년 통계에 따르면 15~24세 사이 인도네시아인 10명 중 3명이 비공식적으로도 학교에 다니지도 일을 하지도 않는다. 인도네시아인 고등학교 졸업자 중 600만 명 이상이 실업 상태이며 기업들은 이들이 취업하기 부적격한 상태라고 본다. 기업들은 고용한 '숙련' 노동자의 절반 가까이가 비판적 사고력과 컴퓨터나 영어 등 해당 업무에 필요한 능력을 갖추지 못했다고 본다.

을 비롯한 "학계, 정부, 기업의 여러 전문가"의 자문을 받아 이 보고서를 내놓았다. 나는 그 전문가들 중에 렐릴레프 같은 마을에서 이런 인구 분포가 대체 어떤 의미인지 두 눈으로 본 사람이 과연 몇 명이나 될지 궁금하다.

8장
녹아내리는 이유

북술라웨시에서 인프라 문제를 지켜보다

지도 H: 북술라웨시의 상게제도와 탈루드제도

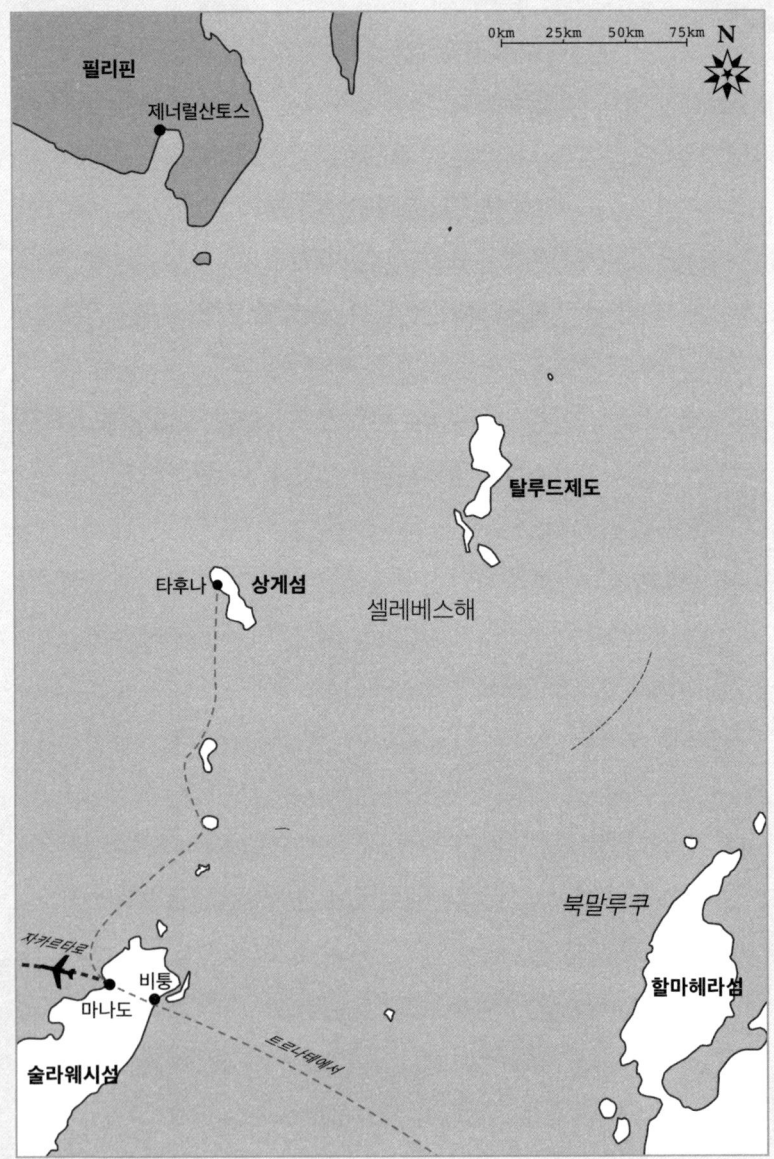

나는 국경 마을을 사랑한다. 국경 마을에는 영원한 것도 없고 모두가 속임수를 쓰는 듯 석연찮은 데가 있게 마련이다. 타후나^{Tahuna}는 그런 국경 마을이다. 술라웨시섬을 이루는 여러 개의 반도 중 북동쪽으로 뻗은 길쭉한 반도에서 북쪽으로 뚝 떨어진 상게섬에 자리 잡은 이곳은 인도네시아에서 필리핀과 가장 가까운 마을이기도 하다. 그래서 이 마을에는 야단스러운 북쪽의 이웃에서 온 것들이 여기저기 스며 있다. 거대한 붐박스가 달린 트라이시클이며, 가슴 큰 금발 여자가 그려진 반짝거리는 스티커며, 거대한 유리병에 담긴 코카콜라며, 속을 화려하게 채운 팝타르트 같은 것들 말이다.

나는 털털거리는 페리에서 이곳에 내린 후 황금빛 노을 속에서 타후나의 방파제를 따라 걸었다. 항구에 정박한 연파랑, 주황색, 진녹색, 흰색 줄을 제각각 그어놓은 고기잡이배들을 바라보았다. 크고 작은 배들은 앞에서 보면 V 자 형이고 위에서 내려다보면 좁고 길쭉한 선체에 이물과 고물 모두 우아한 곡선을 그리며 선체 양쪽으로는 대나무 아웃트리거가 달려 있다. 이런 배는 땅 위에서는 더듬이가 긴 메뚜기 같아 보이고, 물 위에서는 고요한 여름 저녁 연못 위에 떠 있는 화려한 색상의 물살이 곤충 같다. 나는 하루쯤 저런 배를 타고 바다에 나가보면 재밌겠다고 생각했다.

아이들 두엇과 축구공을 차고 놀다가, 번지수를 잘못 찾은 분노와 술기운이 가득한 가톨릭 신부와 잠시 이야기를 하고, 난데없이 몰려온 시커먼 구름이 꼭 스크럼을 짜려고 준비하는 럭비팀 같아 보인다고 생각하며 태평하게 바라보고 있었다.

그리고 몇 분 후, 우지끈 뚝딱 보아라 이것이 바로 열대의 폭우다 하는 기세로 하늘이 갈라진 듯 비가 퍼부었다. 나는 산책로 위쪽의 노점으로 급히 비를 피했지만 이미 쫄딱 젖어버렸다. 물보라가 제방을 쳐대고 노점의 대나무를 엮은 벽 틈으로 들이쳐서 모든 것에 소금기와 습기를 불어넣었다. 나중에 또 다른 엘리자베스로 판명된 노점 주인은 나를 덜 젖은 구석으로 밀어 넣고 김이 나는 찻잔을 내밀었다.

"여기요. 이거 마시고 몸 좀 녹여요."

그는 몇 주 전 크리스마스 때 먹다 남은 쿠키도 내놓았다. 울퉁불퉁한 초승달 모양에 오렌지 껍질이 박히고 설탕을 입힌 페이스트리와 견과류 쿠키는 2004년에 돌아가신 내 할머니가 해마다 만들던 크리스마스 쿠키와 완전히 똑같았다.

이부 엘리자베스와 나는 죽은 그의 남편, 오렌지값, 크리스마스 쿠키에 향료를 너무 많이 넣는 것의 위험성 등 이런저런 것들에 대해 이야기했다. 그는 어쩌면 100년 전에 1만 5,000킬로미터 떨어진 곳에서 태어난 내 할머니와 자기가 같은 쿠키 레시피를 배운 까닭은 종교가 같아서일지도 모르겠다고 했다. 그때 그의 아들이 들어왔다. 30대 초반의 종키는 웃통을 벗은 채 창문 쪽으로 난 벽 틈의 폭풍을 배경으로 그 그림자만 보였는데 고슴도치 같은 머리가 바람에 심하게 앞뒤로 흩날렸다. 이야기를 하면서 그는 도넛만 한 크기의 매끈한 나무 패에 질기고 투명한 낚싯줄을 감았다. 그 끝에는 낚싯바늘이 달렸는데 구부린 귀고리보다 별로 크지 않았다.

여기서는 어떤 물고기를 잡는지 물어보았다. 참치, 종키는 "참치 아니면 대체 무얼 잡냐"는 투로 대답했다. 뭐! 그 낚싯대로 말이에요? 나는 참치 어부라면 낚싯대를 들고 모터보트에 탄 헤밍웨이 지망생 아니면 공장에서 만든 초대형 선박에서 부주의하게 돌고래 떼까지 끌어 올리는 선원들만 생각했다. 하지만 종키와 친구들은 아웃트리거 달린 2인용 프라후prahu에서 내리쬐는 태양과 쏟아붓는 비를 작은 방수포 하나로 막으며 참치를 잡는다. 배 앞쪽에는 운이 좋을 때 잡은 참치를 보관하는 저장고가 있다. 대개는 황다랑어나 눈다랑어가 잡힌다. 배는 발사나무로 만든 모형처럼 가벼워 보이지만 내 몸무게의 1.5배쯤 되는 참치 세 마리를 보관할 수 있는 공간이 있다.

종키는 어떻게 참치를 잡는지 시범을 보여주었다. 흔들리는 갑판 위에 있는 듯 다리를 벌리고 서서 왼손으로 잡은 낚싯줄 패를 왼쪽 팔꿈치에 끼고 오른손으로 낚싯줄을 여러 번 풀었다. 비결은 참치를 재빨리 끌어 올려서 상처 나지 않게 하는 것이라고 그는 설명했다. 힘겨루기가 오래갈수록 참치 품질이 나빠지는 데다 힘도 많이 든다고 했다. 그렇다고 너무 빨리 끌어 올리면 참치가 줄을 끊고 도망갈 수 있다. 그는 오른손으로 참치와 벌이는 싸움을 보여주었는데 손이 상처투성이였다. 왜 장갑을 안 끼나요? 가끔 장갑을 끼기도 하는데 그러면 손의 감각이 무뎌져서 낚싯줄이 끊어질 만큼 팽팽해져도 알아차리기 어렵다고 했다.

종키의 기술과 장비는 인류 최초의 참치잡이 어부가 쓰던 것과 크게 다르지 않을 것이다. 오스트레일리아 과학자들에 따르면 인류는 4만 2,000년 전 여기서 남쪽으로 더 내려가면 나오는 티모르섬 근처에서 참치를 잡았다고 한다. 배에 소형 엔진이 달린 것을 빼면 수천 년 동안 참치잡이 낚시법에 크게 달라진 것은 없다. 그러나 참치 시장은 아주 많이 달라졌다.

종키는 어머니 엘리자베스나 10대인 여동생, 중학교를 다니려고 더 작은 섬들에서 타후나로 와 이 집에서 하숙하는 아이들을 위해 참치를 자르지 않는다. 라말레라의 고래잡이 어부들처럼 잡은 고래를 빨랫줄에 널어 말려서 고래잡이 철이 지나도 먹을 수 있게 보관하지도 않는다. 종키는 목요일에 잡은 이 참치가 주말에는 도쿄의 스시집 식탁에 오르기를 바란다. 그런 일은 벌어지기도 하고 안 벌어지기도 한다. 그것은 인프라의 문제다.

엘리자베스에 따르면 사정이 좋을 때도 불안정한 타후나의 전기가 폭풍 와중에 끊겨버렸다. 비가 그치자 날은 어둡고 노점 밖 길은 진창이었다. 종키는 여관까지 나를 데려다주겠다고 우겼고 엘리자베스는 밤에 배고파지면 먹으라며 쿠키 한 통을 안겨주었다.

어둠 속에 진창을 걸으며 종키는 자기가 8년 동안 자카르타의 한 사무실에서 일했다고 일러주었다. 자기 형은 아직도 자카르타에서 유명한 인테리어 잡지사에서 일한다고 했다. 아버지가 돌아가시자 종키가 고향에 돌아와 어머니를 모시기로 했다고 했다.

"나는 공무원은 되기 싫었고, 여기는 고기잡이 말고는 아무것도 할 게 없거든요."

나는 말수 적고 정중한 종키가 마음에 들었다. 그는 자기 앞에 놓인 운명을 별로 탓하지 않았고 내가 참치잡이에 관심을 보이자 신나 보였다. 나는 내일 참치잡이에 따라가도 되냐고 물어보았다.

긴 침묵이 이어졌다.

"그렇게 알고 싶어요?" 그렇다니까요. 다시 긴 침묵이 이어졌다. "우리는 밥만 먹는데요." 문제없어요. "햇빛이 어마어마합니다." 모자가 있으니까 괜찮아요. "지금은 우기예요." 비옷도 있는걸요. "음, 그래도 좋다면 와도 돼요. 그런데 나흘 동안 밥만 먹으면 지겨울 겁니다."

나흘이라고? 이 천둥번개가 치는 계절에 작은 방수포가 전부인 아웃트리거 배 위에서? 나는 자정쯤 나가서 다음 날 해질 때쯤 돌아오는 근사한 나들이를 상상하던 중이었다. 그래서 "무조건 '네'라고 하기 법칙"을 내가 벌인 모든 일에 적용할 필요는 없다고 마음먹었다.

종키는 내가 고심 중인 것을 알아보았다.

"그럼 내일 다시 얘기하죠."

이 나무랄 데 없는 대응 이후 그는 다시 이 얘기를 꺼내지 않았다.

다음 날 나는 어부 둘이 배를 띄우는 것을 구경했다. 도넛 모양 낚싯줄 패가 배 뒤쪽의 막대기에 걸렸고 그 위로 인도네시아 국기가 휘날렸다. 엔진용 휘발유 큰 통 두 개, 어부들이 마실 식수, 쌀 한 자루, 참치 보관용 얼음 한 자루, 미끼 한 양동이, 포도같이 생긴 둥글고 매끈한 돌이 담긴 커다란 나무상자가 보였다.

그 돌은 낚싯줄을 처음 내릴 때 매달아서 미끼가 목표물이 아닌 배고픈 작은 물고기들이 노는 물을 재빨리 지나쳐 참치들이 노는 깊은 물까지 내려가도록 하기 위한 것이다. 낚싯줄을 슬쩍슬쩍 움직이며 돌을 매단 줄을 내리면 미끼가 바로 목표물에게 닿는다. 나는 어부들에게 얼마나 오래 바다에 있을 예정이냐고 물어보았다. "트르간퉁 레제키,Tergantung Rezeki."라고 한 사람이 답했다. 운에 달렸지요. 레제키는 어촌에서 아주 자주 듣는 말로 생계가 신의 뜻에 달렸다는 뜻이기도 하다. "얼음이 녹기 전까지요." 다른 사람의 대답이었다.

사실 참치잡이는 다음의 일이 벌어질 때까지 한다.

① 저장고가 다 차거나
② 돈이 다 떨어지거나
③ 잡은 고기를 갖다놓기 전에 얼음이 녹을 것 같거나
④ 연료나 식수가 딱 항구로 돌아갈 만큼만 남았을 때까지

어민들이 받는 참치값은 얼음과 함께 녹아내린다고 해도 과언이 아니었다. 커다란 얼음덩이는 인도네시아 전역에서 특히 이른 아침이면 쉽게 볼 수 있다. 짐칸 딸린 오토바이가 동네 얼음공장에서 나온 커다란 얼음덩이를 싣고 시장 좌판에 상품을 늘어놓은 상인들에게 배달한다. 그러나 여기 타후나에서는 선원 여덟 명과 참치 서른 마리를 실을 수 있는 큰 배조차 집 냉동고에서 비닐봉지에 채운 물을 얼린 얼음을 쓴다. 어부들은 그 얼음을 "하나에 천"이라고 부르는데 그 얼음 하나가 1,000루피아 그러니까 10센트쯤 하기 때문이다. 타후나에는 얼음공장이 없었다.

나는 이 섬을 둘러보러 나서기 전에 지도를 구하러 관광부처 사무실에 들렀다. 빛바랜 "관광 대상" 사진들을 노랗게 바스러질 듯한 셀로판테이프로 붙여놓은 거대한 벽 뒤에 칸막이 없는 널찍한 사무실이 나왔다. 공무원 여덟 명이 냉동고 육수에 붙은 이름표 같은 명찰을 단정히 단 세련된 바틱 제복을 입고 잘 정돈된 책상 여덟 개에 앉아 있었다. 사실 잘 정돈된 것 이상이었다. 책상 위에는 아무것도 없었기 때문이다. 종이 한 장도, 연필이나 계산기, 전화기조차 없었다. 그 방 안에 활기 있는 것이라고는 시네트론이 나오는 텔레비전뿐이었다.

나는 모두에게 인사를 하고 지도를 구할 수 있는지 물었다. 모두 패닉에 빠졌다. 지도! 지도! 손님이 지도를 찾는다! 일벌 여덟 마리가 각기 다른 여덟 방향으로 흩어져서 캐비닛을 열고, 서랍을 뒤졌다. 누군가가 바닷속 화산에 관한 브로슈어를 가져다주었다. 상게의 큰 해양열섬과 연결된 해양열선을 볼 수 있었지만 어떻게 거기로 갈 수 있는지는 알 수 없었다.

"마나도^{Manado}에 배를 가진 독일 남자가 있다고 들었어요."

직원 한 명이 입을 열었다. 북술라웨시주의 주도인 마나도는 여기서 밤새 꼬박 페리를 타고 가야 하는 곳이다.

우리는 상게(그곳 사람들은 상구르^{Sangur}라고 발음한다.)의 관광에 관해 이런저런 이야기를 했다.

"관광객이 많나요?"

"글쎄요. 정확히 알기는 어려워요. 마나도에서 오는 관광객이 많긴 하죠. 해마다 적어도 200명은 돼요."

"그럼 그 사람들은 어디에 갈지 어떻게 아나요?"

"우리가 관광 홍보물을 나눠줘요."

직원 중 한 여자가 말했다.

나는 시장에 가서, 배고플 때 먹으라며 짭짤한 바나나칩 한 봉지를 준 친절한 부기스족에게 오토바이를 빌려 해안을 둘러보았다. 도로는 섬의 울퉁불퉁한 해안을 따라가며 연달아 나오는 아름다운 만 위로 뱀처럼 구불구불 올라갔다가 꽃밭 가운데 선 단정한 방갈로 마을들을 지나쳤다. 페인트칠한 덧문이 열려 바람에 커튼이 날리면서 벽에 걸린 졸업사진과 십자가가 보였다.

30킬로미터쯤 지났을 때 도로가 갑자기 해안으로 내려서더니 "다고 특별 어항"이라고 쓴 아치가 나타났다. 나는 버려진 듯한 건물 여럿을 지나쳤다. 한 명판을 보니 1970년대에 수하르토가 직접 개관을 선언했다고 적혀 있었다. 그곳에 생명의 흔적은 아무것도 없었다.

잠시 후 그 건물들 뒤 부두에서 상당한 규모의 배 한 척이 막 떠날 준비를 하고 있는 것이 보였다. 제대로 된 갑판과 침상과 부엌이 있는 배였다. 갑판에는 번호가 매겨진 화물 출입구가 여덟 개 있고 구멍마다 참치 10마리에서 20마리까지 보관할 수 있는 저장고가 있었다. 선주는 바닷가에서 아내와 어린 아들에게 작별 인사를 하고 있었다. 그는 타후나의 상인들에게서 사들인 참치 100마리를 싣고 240킬로미터 떨어진 마나도로 향하는 길이었다.

그는 얼음을 어떻게 구했단 말인가? 나는 물어보았다.

"얼음공장에서 가져오죠."

그는 우리 뒤쪽의 버려진 건물 쪽으로 고갯짓을 했다. 그렇다면 어째서 타후나 어부들은 타후나에는 얼음공장이 없다고 불평하는 것인가? 선주 말로는 제빙기 세 대 중 한 대만 작동해서 큰 도매업자들만 쓸 수 있는 정도라고 했다. 나머지 두 대를 돌리기에는 전력이 부족하고 발전기를 돌릴 만한 돈은 없다고 했다. 선주와 다른 도매업자들이 돈을 대서 설비를 늘리고 싶어 하지만, 지역 정부에서 허가해주지 않는다고 했다. 공장은 국유재산이므로 사유화할 수 없다는 것이다.

그는 실례한다고 하더니 아내에게 고개를 끄덕이고 아들을 안아주고 선원들을 불러 모아 안전한 항해를 기원하는 기도를 이끌었다. 마나도까지는 여덟 시간이 걸린다.

배가 항구를 빠져나가려는데 작은 2인용 아웃트리거 배가 만으로 들어섰다. 휘파람과 고함이 한참 오가더니 큰 배의 엔진이 멈춰 서고 밧줄이 몇 차례 우아하게 오가더니 참치 세 마리가 배 위에 실렸다.

"저 어부들 신났겠어요. 중간 상인을 끼지 않으면 값을 더 받거든요."

뭍에 남은 부하 직원이 말했다. 선주가 바로 중간 상인 아니냐고 나는 물었다. 그는 웃었다.

"제 말은 더 작은 중간 상인들 말이에요. 여기 인도네시아가 어떤지 잘 아시잖아요. 중간이 아주 북적거리죠."

―――

이틀 후 종키가 전화를 걸어 자기 동료인 필리핀 어부들이 와서 잡은 참치를 도매업자에게 가져가려는 참인데 따라가보지 않겠냐고 물었다. 이렇게 고마울 데가! 나흘짜리 참치잡이 여행 얘기를 다시 꺼내지 않고도 내게 "참치 산업"이 어떻게 돌아가는지 보여주려는 것이다. 나는 엘리자베스의 노점까지 가서 모래톱으로 내려가 물을 가르며 아웃트리거 배로 향했다.

필리핀 어부 둘 중 40대 후반의 남자는 환한 미소에 인도네시아어는 거의 하지 못했다. 젊은 쪽은 더 말이 많았는데 그가 하는 인도네시아어는 예의 바르지만 조금 괴상한 데가 있었다. 참치잡이는 어땠냐고 물었다. 대답은 "오케이"였다. 그들은 사흘 동안 바다에 나가 큰 참치 세 마리와 작은 참치 두 마리를 잡은 터였다. 우리는 해안으로 내려가 시내 방파제 근처 뜨거운 햇살 아래 배를 묶었다. 둔치 위에는 임시 측량소가 있었다. 측량소에는 참치를 검사하는 금속제 탁자, 스티로폼 아이스박스 더미, 어부들이 사용하는 "하나에 천"짜리 얼음이 잔뜩 담긴 자루 두 개와 평판 저울이 있었다. 닭 두어 마리가 먼지 속에서 돌아다니고 개 한 마리가 어제의 핏자국을 핥고 있었다. 도매업자는 보이지 않았다. 우리는 기다렸다.

나이 든 어부는 잠시 눈을 붙이겠다며 배 가장자리에 적당한 각도로 붙어 있는 대나무 판으로 갔다. "침실"이라고 젊은 어부가 말했다. 비가 안 오고 파도가 덮치지 않으면 그곳이 잠자리였다. 젊은 어부는 배 반대쪽에 쪼그려 앉아서 막대 두 개 위에 균형 있게 올려둔 합판 상자를 문질러댔다. "부엌." 부엌은 시커멓게 그을렸다. "어제 불." 그가 웃으며 말했다. 나는 책을 읽었다. 우리는 계속 기다렸다.

우리 옆으로 또 다른 배가 오더니 한 어부가 다 녹은 얼음이 든 비닐 주머니를 찢어서 하나씩 바다로 던졌다. "더러워." 젊은 필리핀 어부가 말했다. 그리고 그는 내 쪽으로 가까이 왔다.

"여기 사람 죗값을 치를 거야. 저거 다 마셔. 신을 노하게 해."

세 시간이 지나 도매업자가 나타났을 때는 굳이 필요도 없지만 젊은 어부가 나이 든 쪽의 이발도 해주고 참치잡이 중에 쓴 그릇이 든 통까지 싹 다 씻은 후였다. 우리는 모두 더위에 지쳤다.

두 필리핀 어부가 저장고를 열었다. 나는 냉기가 나올 줄 알았는데 얼음은 다 녹은 지 오래였다. 핏물과 젖은 비닐봉지 틈에서 눈 세 개가 반짝거렸다. 큼직한 생선 세 마리가 도매업자가 부리는 직원 어깨 위에 올려져 방파제를 따라 후닥닥 "검사대"로 가는 계단을 올라갔다.

10대 소년이 참치마다 등지느러미 바로 앞에 긴 꼬치를 꽂아 넣더니 기름기 도는 분홍빛 참치살을 세 조각 떼어내 도매업자가 내민 손 위에 올려놓았다. 지금이야말로 가격이 결정되는 진실의 순간이다. 여자 도매업자는 참치살을 하나씩 만지고 찔러보더니 선언했다.

"한 마리는 A급, 두 마리는 C급."

어부들은 무덤덤했다.

다행히 가장 큰 참치가 A급이었다. 곧 일본으로 배송되어 횟감이 된다는 뜻인데 어부는 킬로그램당 2만 5,000루피아 곧 미화 2.7달러를 받는다. C급은 2만 루피아를 받으며 그 아래 등급은 "로컬"로 밀려나 수출가의 반값에 동네 시장에서 팔린다.

개 한 마리가 아직도 저울에 있는 큰 참치 주변을 킁킁대기 시작하자 중국계 도매업자가 직원들에게 소리쳤다.

"이봐, 이거 얼음에 안 넣을 거야? 이러다가 마나도에 가기도 전에 C급 되겠어."

남자들은 참치를 저울에서 내려 아이스박스에 넣고 "하나에 천" 얼음덩이를 채웠다. 이 참치는 밤에 마나도로 가는 페리에 실릴 것이다. 마나도에서는 항공편으로 발리나 자카르타로 간다. 수출허가를 받은 회사들이 거기에 있기 때문이다. 인도네시아 밖으로 관세와 소비세 체계가 적용되는 상품을 운송할 권리는 중앙정부와 가까운 곳에 있는 큰 회사들이 차지한다. 참치는 또 다른 사람 손에 넘어가고 이번에는 제대로 냉장되어 최종적으로 도쿄행 비행기 화물칸에 실린다. 종키가 잡은 참치는 최소한 사나흘을 녹아가는 얼음 자루 속에서 보내며 그 가치가 떨어지다가 다시 냉장고에서 이틀을 더 보내고 나서야 시장에 도착한다.

종키가 법을 어기고 필리핀으로 가지 않는 한은 그랬다.

때론 그러기도 한다. 상게의 다른 어부들도 그렇게들 한다. 그날 저녁 해변을 따라 북쪽으로 걷다 보니 메뚜기 같은 크고 작은 아웃트리거 배 여남은 척이 물 위에 떠 있었다. 나는 이제 막 들어와 야자수에 배를 묶는 어부 한 사람과 마주쳤다. "많이 잡았어요?" 하며 내가 물었다. 그는 신이 나서 말했다. "참치 일곱 마리요." 잡은 참치를 보여줄 수 있냐고 물었더니 너무 늦었다고 했다.

"그걸 전부 저쪽에다 팔았거든요."

그리고 턱으로 저기 멀리 바다를 가리켰다.

"저쪽"이란 여기 사람들이 겐산^{GenSan}이라고 부르는 필리핀 남부의 큰 항구도시 제너럴산토스$^{\text{General Santos}}$를 말한다. "저쪽"에서 어부들은 상계에서보다 참치값을 세 배쯤 더 받는다. 어부는 불법 항해용으로 가지고 다니는 필리핀 깃발을 보여주었다. 그리고 내 앞에서 셈을 해보았다. 마리당 45킬로그램가량인 참치가 일곱 마리다. 여기에 100만 루피아어치 석유를 들여 열여섯에서 열일곱 시간쯤 바다 위를 오가야 한다. 그래도 참치를 필리핀에 팔면 한 번 다녀오는 데 1,600달러 정도를 벌 수 있다.

"저기다가 안 팔면 바보 아니겠습니까. 하지만 인도네시아로서는 안타까운 일이죠. 어부들한테 제값을 안 줘서 인도네시아는 수입을 잃는 거니까요."

어부가 말했다.

수입허가를 받아내는 골치 아픈 일이 아니어도 지역에서 받아야 하는 행정절차가 있다.

"필리핀에서는 그냥 거기 가서 자던 담당자를 불러내면 그 사람이 반바지 바람으로 와서 세 줄 쓰고는 일이 다 끝나요. 하지만 여기서는 월요일 아침까지 기다렸다가 사무실이 여는 여덟 시부터 담당자가 오기까지 또 기다려야 하죠. 물론 담당자는 제복을 차려입고 열한 시나 되어야 나타날 거고 그러는 동안 참치값은 쭉쭉 떨어지고요."

한 도매업자의 말이다. 그는 더 중요한 건 인프라라고 했다. 필리핀에는 일본의 지원을 받아 지은 참치 수출과 처리를 위한 전용 항구가 있다. 민간 회사들이 부두를 짓고 전용 냉장저장고도 만들어두었다.

"부두에 배를 대면 그 사람들이 참치를 바로 냉장창고에 넣어요. 곧바로 서류 작업을 하고 참치는 그 길로 도쿄로 가죠."

―――――

인도네시아의 기반시설이 위태로운 상태인 것은 분명하다. 인도네시아는 섬으로만 이루어진 나라 중 세계에서 가장 큰 나라지만, 세계경제포럼은 인도네시아의 항만시설 수준을 세계 139개국 중 104위로 평가했다. 심지어 내륙국인 짐바브웨, 스위스, 보츠와나가 인도네시아보다 항구 접근성이 더 나은 형편이다. 인도네시아는 도로, 항공, 전력 면에서도 마찬가지로 높은 평가를 받지 못한다.●

이런 문제는 부분적으로는 지역 간의 에고 전쟁을 불러일으킨 탈중앙화 탓이다. 개별 군들은 항구나 철도 같은 거대한 기반시설을 위한 투자를 감당할 수 없기 때문에 한데 뭉쳐야 한다. 하지만 어떤 부파티도 다른 군에 일자리를 주거나 거들먹거릴 권리를 주는 항구에 자기 군의 돈을 쓰려들지 않는다. 주지사 또한 그런 프로젝트를 띄울 만한 자체 예산이 없기 때문에 부파티들을 매수할 수도 없다.

중앙정부의 엉성하고 모호한 마스터플랜에 따르면 정부는 향후 10년간 인프라 확충에 필요한 예산의 절반인 900억 달러가량을 민간

● 19개 주 1만 2,400개 사업장에 대한 2011년의 한 연구는 동부 인도네시아의 사업장이 평균 일주일에 네 번 벌어지는 정전과 일주일에 두 번 생기는 단수에 대처해야 한다고 일러준다. 서부 인도네시아에서도 정전과 단수가 여전하지만 동부에 비하면 그 횟수가 절반쯤이다. Asia Foundation 2011을 보라.

투자로 확보하겠다고 했다. 문제투성이 법률체계, 변덕스러운 수출 관련 규제, 유권자의 표심을 가져다주지만 기업이 이윤을 창출하기 거의 불가능하게 만드는 가격 제한 규제에도 불구하고 그런 꿈을 꾸고 있다. 인도네시아를 여행하면서 도시 사이를 오가는 미니버스들이 시동을 켜놓고 연료를 태워 없애고, 출발지에서 목적지로 바로 가지 않고 손님을 더 태우려고 한두 시간씩 시내를 빙빙 도느라 수백 시간을 허비하는 것을 수없이 보았다. 보조금 덕분에 휘발유값이 리터당 4,500루피아에 불과하기 때문에 버스기사들은 연료비는 걱정하지 않고 요금을 더 받을 궁리만 한다.◆

각 가정은 전기를 생산하는 비용보다 적은 돈을 전기세로 낸다. 24시간 전기가 들어오는 지역에서 인도네시아인들은 텔레비전을 하루 종일 틀어놓고, 침실이 아니면 응접실이나 베란다의 전등을 밤새도록 켜둔다. 귀신에 대한 두려움이 전기요금에 대한 두려움보다 크다.

가정용 전력은 보조금을 받지만 산업용 전력은 받지 못하므로 정부의 지출은 일자리를 창출하거나 경제를 활성화하는 데 별다른 역할을 하지 못한다. 오히려 에너지 보조금을 통해 정부는 전체 세출의 5분의 1가량을 자동차, 에어컨, 전자레인지가 있는 중산층의 호주머니에 넣어주는 셈이다. 가격인상에 대한 말만 나와도 사람들이 거리로 몰려나와, 유가 인상이 전국적인 시위를 일으키고 수하르토를 끌어내

◆ 2013년 6월 유가 리터당 6,500루피아로 한 번에 65센트가량 인상되자 정부는 연간 13억 달러가량 지출을 줄였다. 당시 세계은행은 그래도 인도네시아 정부가 여전히 연간 유류 보조금 180억 달러를 지출해야 할 것이라고 추산했다. 그 후로 루피아 가치가 극적으로 하락하면서 유류 보조금 총액수는 훨씬 많아졌다[2025년 현재 유가는 달러당 1만 3,500루피아가량이다.—옮긴이].

린 1998년의 유령을 불러낸다. 이런 사정이니 어떤 사기업이 이 시장에 진입하려 하겠는가?

사기업들이 경계하는 것은 당연하다. 늦어도 네덜란드동인도회사 무역상 시절 이래로 정치권력은 이 군도의 생산과 무역의 모든 면에 숟가락을 들이대왔다. 식민정부는 플랜테이션을 민간이 운영하게는 했지만 어떤 작물을 재배할지는 물론이고 때로는 그 판매가에도 관여했다. 수카르노는 경제 분야에서 사적 영역을 없애버리고자 헌법을 개정하기도 했다.•

2013년 초 인도네시아 정부의 민족주의자들은 농민들에게 인기를 얻어보려 각종 과일과 마늘을 포함한 각종 채소 수입을 금지했다.

이 금지 목록을 만든 사람들이 농민이나 수입업자와 한 번이라도 얘기해봤다면 사실 인도네시아의 마늘 연간 소비량 40만 톤 중 국내 생산량은 1만 3,000톤밖에 안 된다는 것을 알았을 것이다. 그러나 그들은 이런 기초 조사도 하지 않았다. 금지 조치 2주 만에 마늘값이 세 배로 뛰었다. 그 결과 한 줌의 농민이 행복해졌고 수천만 주부가 분노했다.

어떤 사업가들은 동료들이 모든 것을 복잡한 행정절차 탓으로 돌린다

• 이 헌법수정안은 아직도 꽤 심각하게 받아들여진다. 예를 들자면 2004년 헌법재판소는 발전소 사유화를 허용하는 법안을 기각하면서 국가가 전 인도네시아인의 이익을 위해 전력 생산 분야를 통제 관리해야 한다고 주장했다.

고 나무란다. 아데가 바로 그런 사람이다. 서숨바의 와이카부박에서 만난 롬복 태생의 중국계 인도네시아인인 그는 열쇠공이기도 했다. 경찰들이 숨바의 파솔라 경기장에서 우리를 구한 후 나와 제롬과 열쇠 없이 잠긴 우리 오토바이를 그의 가게에 내려주었던 것이다. 아데는 수라바야, 발리, 심지어 파푸아의 오지 비악^{Biak}까지 인도네시아 각지에서 살아봤고 마다가스카르와 바닐라 무역을 하고 전 세계를 상대로 정향 무역도 한다. 그는 이렇게 말한다.

"인도네시아처럼 사업하기 좋은 데는 없어요. 아이디어만 있으면 그냥 시작해서 일이 되게 할 수 있거든요."

행정절차와 그 모든 인허가와 비용은? 아데에 따르면 "그건 나중 일"이다. 누가 허가증을 보여달라고 하면 그는 이게 잘될지 아닐지 몰라 그냥 작게 해보는 거라고 설명한다. 그 사업이 잘되면 그때 관청에 가서 필요한 인허가를 다 받는다.

"다들 그렇게 해도 아무 문제 없어요."

이 말에 다이빙 리조트를 운영하는 내 친구도 동의했다. 2012년 초에 공항에서 우연히 마주쳤는데 리조트 건물 건축허가를 받으러 가는 길이라고 했다. 확장하는 거냐고 내가 물었더니 아니라고 했다. 이미 6년 전에 지은 현재의 방갈로들의 건축허가였다.

아데는 서숨바 유일의 열쇠공이었다. 절도 사건이 있으면 경찰이 찾아와서 최근에 열쇠 복사한 사람이 있는지 물어볼 정도였다. 아데는 지역시장에 공급이 딸리면 정향도 수입했다. 냉장고와 라디오도 고치고 서숨바에서 유일하게 총기와 탄약 판매 허가를 가진 사람이기도 했다. 아데의 잡화점 벽에는 고기잡이용 그물과 환타 상자와 일회용 기저귀 사이에 소총도 걸려 있다.

"인도네시아에서 돈을 벌려면 아직 아무도 안 하는 것만 찾아내면 됩니다."

아데의 말이다. 그 말을 듣고 나니 인도네시아의 작은 소읍에는 왜 그렇게 똑같은 가게가 많은지를 알 것 같았다. 초반에는 거기에 속기도 했다. 예를 들면 와이카부박에는 두 집 건너 하나마다 사진 인화점이 있었다. 시장 건너편 작은 재단사조차 한쪽에서 사진 인화를 할 정도였다. 그래서 나는 게을러졌다. 와이카부박을 떠나면서 사람들에게 사진을 뽑아서 보내주기로 하고 나는 생각했다. 다음 동네에 가서 하면 되겠지. 그러나 다음 동네에는 약국뿐이었다. 사진 인화점은 하나도 없었다. 그다음 동네는 온통 향수가게고 다다음 동네는 미용실뿐이었다. 나는 그 이야기를 하며 아데의 사업 방식이 인도네시아의 소읍에서는 흔치 않은 접근법이라고 했다. 그도 맞다고 했다.

"사람들은 장사가 잘되는 것만 보고 그냥 따라 해요. 장사에도 포화상태가 있다는 걸 잘 이해하지 못하지요."

───────

크리스마스 쿠키의 명인이자 참치잡이 어부 종키의 어머니 엘리자베스는 자카르타에 가서 손자를 만나보고 싶어 했다. 하지만 많은 인도네시아인들이 그렇게 생각하듯 혼자 여행하는 것은 무시무시한 일이었다.

"우리 같이 자카르타에 가자."

어느 날 그의 노점에서 차를 마시는데 엘리자베스가 대뜸 말했다.

나는 자카르타에 갈 생각이 전혀 없었지만 엘리자베스는 굽히지 않았다.

"자기는 거기서 왔고 나는 거기에 가고 싶고 우리는 이름이 같고 자기 할머니는 나랑 같은 쿠키를 만들었으니까 이제 우리는 같이 자카르타에 가는 거야."

그리고 내가 아는 다음에 벌어진 일은 종키가 이리저리 돌아다니며 페리와 비행기를 예약했다는 것이다.

우리는 밤새 페리를 타고 상게에서 가장 가까운 공항이 있는 마나도에 갔다. 홀리메리호에는 위쪽 갑판에는 편해 보이는 선실이 있었고 아래쪽 갑판에는 벙커침대가 빽빽하게 들어차 있었다. 배 뒤쪽에는 스티로폼 아이스박스에 담긴 참치가 피를 흘리며 공중화장실로 가는 길을 막고 있었다.

우리는 벙커침대에 나란히 누워 수다를 떨었다. 엘리자베스는 손자를 만나볼 수 있어서 얼마나 좋은지 말해주었다.

"걔는 진짜 내 아들이야."

인도네시아 사람들의 제 마음대로 복잡한 가족관계는 늘 나를 놀라게 한다. 친구 어머니의 장례식에 다녀온 지 몇 주 안 지났는데 멀쩡하게 살아 있는 친구 어머니를 다시 소개받은 일이 있다. 내가 눈썹을 찡그리자 친구는 급히 설명했다.

"또 다른 어머니야."

인도네시아 사람들은 거의 의지에 따라 "가족들" 사이를 도는 것 같았다. 하지만 엘리자베스의 손자가 아들이기도 하다는 말에는 충격을 받지 않을 수 없었다.

엘리자베스가 내 표정을 살피며 허둥지둥 말을 이었다.

"아니, 내 말은 진짜 아들이란 게 아니라, 내 아들 같다는 거야."

엘리자베스는 손자가 태어날 때도 자카르타에 갔었다.

"그 애 엄마 아빠 둘 다 일하니까 애가 너무 안된 거야. 그래서 내가 손자를 데려왔지."

손자가 태어난 지 5주 만이었다. 손자는 여덟 살이 될 때까지 엘리자베스와 상계에서 자랐다.

마나도 공항에서 엘리자베스에게 말을 걸었는데 답이 없어 둘러보니 그가 없어졌다. 뒤돌아보니 그는 에스컬레이터에 오르지 못해 아래쪽에 우두커니 서 있었다. 비행기도 타봤고 자카르타 아들네 집에도 있어본 엘리자베스다. 논리적으로는 그가 마나도 공항의 반짝거리고 현대적인 모든 것에 얼어붙는다는 게 말이 안 됐다. 하지만 나는 곧 이해할 수 있었다. 나 또한 빛나고 현대적인 공항을 수없이 봐왔지만 인도네시아 소읍의 느릿느릿한 길 위에서 다섯 달을 보내고 난 후에는 나만 시간을 거슬러 뒷걸음치는 느낌이었다. 자카르타로의 귀환은 말 그대로 충격이었다.

9장
역사와 픽션

북수마트라에서 분리주의의
과거와 현재를 추적하다

지도 I: 아체

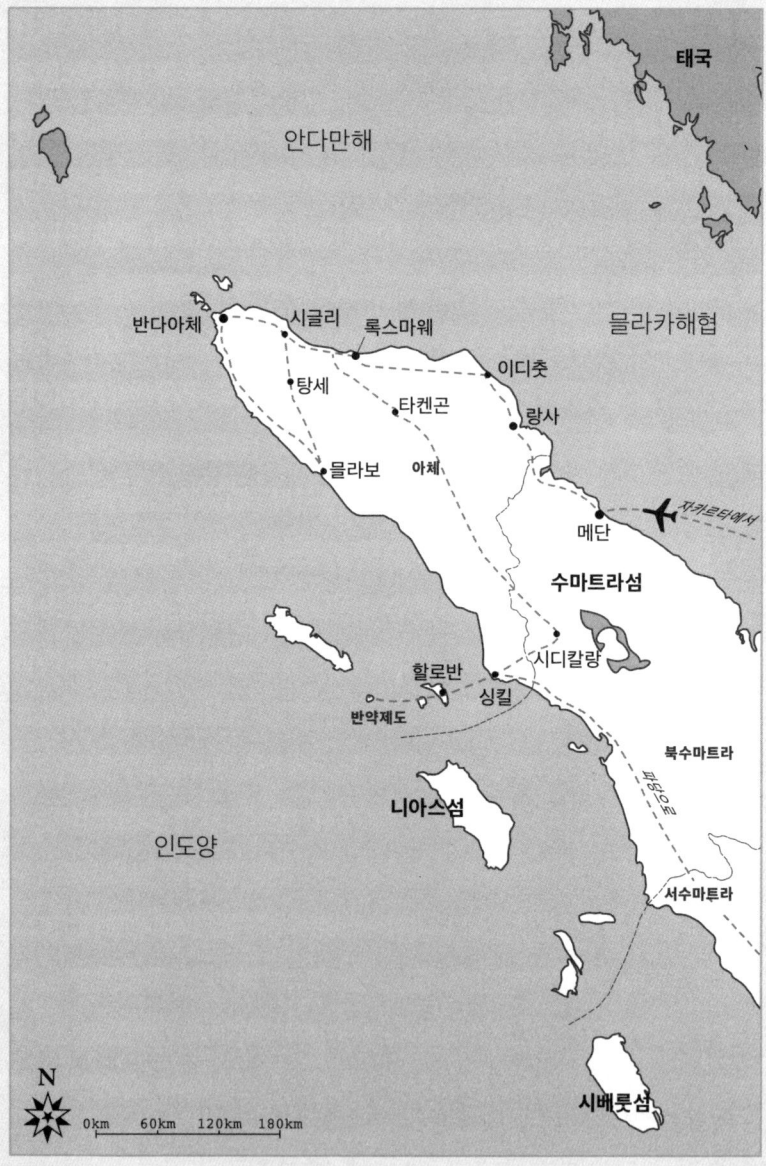

자카르타에 돌아온 바로 그날 나는 예술가 친구 른자니 아리핀이 신작 조각품을 선보이는 전시 오프닝에 갔다. 그 전시장은 지금이면 한 달 동안 여행할 돈을 속옷 한 세트를 사는 데 써버렸던 대리석 쇼핑몰 안에 있었다. 전시장 안에서는 일곱 살짜리가 최신형 아이패드를 가지고 놀고, 보헤미안 스타일의 자카르타 부유층이 와인 잔을 들고 손 키스를 날리며 벌거벗은 젊은 여자가 곰 인형을 들고 닿을 수 없는 우주를 아련히 바라보는 조각상에 감탄하고 있었다. 근사하게 차려입은 여자가 2킬로미터쯤 떨어진 중산층 주거지 폰독인다$^{Pondok\ Indah}$에서 여기까지 오는 데 한 시간이나 걸렸다고 불평하며 내게 물었다. 그런데 자기는 어디서 오는 길이에요?

"상게"라고 내가 대답하자 여자는 멍한 표정이 됐다. 그가 속한 계급의 인도네시아인이 대개 그렇듯 파리나 뉴욕 아니면 멜버른이나 방콕은 가봤어도 정작 인도네시아 안에서는 자바와 발리 밖을 벗어난 적이 없을 것이므로 상게는 처음 들어보는 곳일 것이다. 내가 2인용 아웃트리거 배를 타는 어부들의 삶에 대한 이야기를 늘어놓자 여자의 표정은 더 어두워졌다. 내가 현지인처럼 굴다가 너무 진지해진 외국인이 되어버린 것을 깨닫고 마음이 무거워졌다. 나는 입을 다물었다.

그때 조각가의 남동생인 루위가 나를 구출해서 친구인 눙키가 하는 컵케이크 가게로 데려갔다. 루위는 컵케이크 세 개를 고르고 4만 5,000루피아를 냈다. 인도네시아 농촌 어디에서나 케이크는 1,000루피아다. 1,000루피아짜리 케이크는 여기서 파는 컵케이크처럼 분홍색과 보라색의 버터 아이싱도 없고 작은 은빛 별이 뿌려져 있지도 않다. 하지만 그렇다고 해도 여기가 미국이라고 치고 평균 임금에 대비해 값을 치렀다고 한다면 루위는 지금 컵케이크 값으로 400달러를 낸 것과 다름없다.

건축가이자 이 컵케이크 가게 주인이기도 한 눙키도 마침 자리에 있어서 우리와 어울렸다. 눙키는 머리를 새로 했는데, 투톤으로 머리카락의 절반은 하얗게, 나머지 절반은 검게 염색하고 한쪽은 싹 밀고 반대쪽은 머리를 길게 늘어뜨렸다. 함께 있던 눙키의 친구이자 다큐멘터리 제작자인 도티는 딱 붙는 파란색 라이크라 레깅스 차림이었다. 그 위에 재킷이라고 하기엔 길고 원피스라고 하기엔 짧은 풍성한 바틱 셔츠를 걸쳤다. 한쪽 팔은 하얀 가죽 꽃잎이 사방에서 팔랑대는 폼폼볼 핸드백이 차지하고 있었다.

아도나라의 건어물 아줌마들이 눙키나 도티를 보면 어떻게 생각할지 상상해보았다. 하지만 그들이 라이크라 레깅스를 볼 일은 절대 없을 것이다. 도티가 인도네시아 동부에 부톤인 공동체에 관한 다큐멘터리를 찍으러 간다면 NGO 활동가, 연구자, 인류학자들의 유니폼인 카키색 바지와 검은색 배낭으로 갈아입을 것이기 때문이다.

내가 자카르타에서 마음이 편치 않았던 것은 멋진 속옷과 손 키스에 충분히 빨리 적응하지 못했기 때문이었다. 북술라웨시의 페리 삼등실 여행과 14시간에 걸친 북수마트라 버스 여행 사이의 짧은 막간 단 36시간을 위해 다시 예전의 "나"로 돌아가는 데는 어마어마한 심리적 노력이 필요한 듯했다.

나는 자카르타에서 잠시 머물다가 인도네시아 서쪽의 거대한 섬 수마트라의 북쪽 끝에 자리 잡은 주 아체로 향했다.

지인인 미국 유학파 인권 변호사 나자루딘 이브라힘이 수마트라 동해안 중간쯤의 록스마웨Lhokseumawe 시장 선거에 출마했는데 선거운동을 가까이서 지켜볼 수 있도록 나를 초대해주었다.

먼저 나는 머리를 가리는 데 쓸 실크 스카프 두어 장을 샀다. 극도로 종교적인 아체에서 무슬림 여성은 반드시 질밥을 써야 한다. 무슬림이 아니면 쓰지 않아도 괜찮지만 그들에게 맞추려는 노력을 보이는 쪽이 예의일 것 같았다. 그리고 비행기를 타고 수마트라에서 가장 큰 도시 메단Medan으로 가서 버스를 타고 북동해안의 단정하고 유서 깊은 도시들을 차례로 지나 북쪽으로 올라갔다. 인도네시아 동부에서는 군 설립 4주년이나 5주년, 길어봐야 10주년을 기념하는 현수막을 자주 보았었다. 그러나 수 세기 전부터 네덜란드인들이 그 존재를 각인시킨 플랜테이션의 고장 북수마트라는 달랐다. 랑캇Langkat의 식민지풍 저택과 잘 보존된 중국식 숍하우스를 지나치면서 랑캇군이 창설 262주년을 맞은 것을 알게 됐다. 아체주로 넘어가는 경계에 이르자 비료와 살충제 광고가 부파티와 부부파티 자리를 노리는 정부 후보의 포스터로 바뀌었다. 거의 모든 포스터가 남자 둘이 지역 후보들이 선호하는 머리장식이자 아체 귀족의 상징인 화려한 금색 모자를 쓴 것이었다. 러닝메이트를 구하지 못한 한 후보는 포스터에서 부후보가 있어야 할 자리를 까맣게 칠하고 비워두기도 했다. 재선을 노리는 현직 부파티 이르완디 유수프Irwandi Yusuf가 속한 정당의 주황색도 많이 보였다. 그러나 가장 압도적인 색깔은 인도네시아 최초의 합법적 지역정당인 아체당Partai Aceh의 빨간색이었다. 아체당은 자유아체운동 곧 "그라칸 아체 므르데카Gerakan Aceh Merdeka, GAM"의 정치적 분파다. 나로서는 어리둥절한 상황이었다. 1991년 아체에 왔을 때만 해도 자유아체운동 지도자들은 망명지 스웨덴에서 인도네시아 정부에 맞서 죽을 때까지 싸우자고 선동하고 있었다. 그랬던 바로 그자들이 이제는 인도네시아 정부의 선출직 공무원이 되겠다고 하는 것이다.

자유아체운동은 미국에서 오래 살았던 아체 출신의 사업가 하산 디 티로Hasan di Tiro가 시작한 분리주의 운동이다. 1976년에 인도네시아로 돌아온 후 하산 디 티로는 자신을 독립 아체의 수장으로 선언하고 자기 친구와 친인척이 다수 포함된 내각까지 구성했다. 회고록에서 그는 수하르토의 군대가 자신을 찾아내기 전까지 2년 조금 넘는 시간 동안 정글에서 니체를 읽고 클래식 음악을 들으며 아체 민족의식을 고취하는 희곡을 썼다고 밝혔다. 1979년 그가 스웨덴으로 망명을 떠나자 반란은 잠시 중단됐다. 10년 후 하산 디 티로가 리비아에서 젊은 자원자들을 모아 게릴라 훈련을 받게 한 후 반란은 다시 시작됐다. 그러나 당시 새로 시작된 폭력의 물결 뒤에 분리주의자들이 있었는지는 분명치 않다.

당시 내가 일하던 로이터 자카르타 지부에서 보기에 문제가 생겼다는 첫 신호는 아체 농촌지역 경찰이나 군부대가 습격당했다는 국영통

신사 안타라^Antara의 보도였다. 나는 군 대변인 누르하디 장군의 사무실 앞에 숨어 있다가 장군에게 이런 습격에 대해 물었다.

"인도네시아에서 독립하려는 분리주의자들이 범인입니까?"

"반란군? 말도 안 됩니다. 그저 흔한 범죄자들일 뿐이에요."

장군은 일언지하에 부정했다. 하지만 장군은 그들을 그라칸 풍아 차우 크아만안^Gerakan Pengacau Keamanan, GPK, 그러니까 "안보위협운동"이라고 불렀고* 그렇다면 평범한 범죄자들보다는 조직화됐다는 뜻이었다. 장군은 왜 몇 주 지나지 않아 정부가 이 평범한 범죄자들을 검거하고 국가 전복과 분리주의 죄목으로 재판을 받게 했는지 설명하는 데 애를 먹었다. 혹은 왜 정보부가 기자들이 아체 현지를 취재하는 것을 막는지도 설명하지 못했다.

1990년 7월, 한 칵테일파티에서 겁 없는 25살의 나는 당시 국방부 장관 베니 무르다니^Benny Moerdani에게 다가가 미소를 지으며 내가 신청한 아체 지역 취재가 반려된 것은 군대가 민간인을 학살하기 때문이 아니냐고 물었다. 이제 와서 그 순간을 생각해보면 아찔할 따름이다. 무르다니는 수하르토가 자서전에서 고백한 초법적 범죄자 학살의 총지휘자로 절대 가벼이 볼 사람이 아니었다. 그러나 그는 미소로 화답하며 이렇게 말했다.

"절대 그렇지 않으니 언제든 아체에 가도 좋아요, 자기. 우리는 감출

● 이마저도 그 명칭이 여러 번 바뀌었다. 아체에 관한 최신 연구들은 GPK를 Gerombolan Pengacau Keamanan "안보위협조직폭력배"로 표기한다. 마치 반군을 "자유의 전사"라고 부르면 군대가 실제보다 더 평가절하 되는 것과 같은 논리다.

게 없답니다."

그 후 2년여 동안 나는 BBC 특파원 클레어 볼더슨과 여러 차례 아체에 가서 그곳의 복잡한 상황을 이해해보려고 애썼다.

당시에는 폭력 뒤에 누가 있는지 알아내기가 불가능했다. 딱 한 번 인도네시아 신문사들에 이 일련의 습격이 자신들이 한 일이라고 주장하는 편지가 도착한 적 있다. 전체가 소문자로만 된 이 편지는 괴상망측한 철자법으로 자바인에 대한 반감과 어린애 같은 협박과 상처 입은 자존심과 분리주의자의 수사를 뒤죽박죽 섞어놓았다. 그 한 쪽짜리 편지가 밝힌 자신들의 조직명은 아체 수마트라 민족해방전선(영어로), 해방 아체 수마트라, 독립 아체 등 여러 가지였다.

그러나 그 이름은 지난 수백 년간 정치적 음모의 장소였던 아체의 커피숍에서는 전혀 나오지 않았다. 사람들은 정부와 마찬가지로 GPK를 골칫거리로 여겼고 그들이 누구인지에 대해 여러 가지 설이 분분했다. 다수 설은 군에 잠시 불었던 부정부패 퇴치 운동으로 옷을 벗은 전직 군인과 대마 거래에서 더 큰 지분을 얻고자 하는 조직폭력배(한때 사오스간자saos ganja 즉 대마 소스는 아체 음식에 흔히 쓰이는 재료였고 아체는 여전히 대마 생산의 중심지다.)와 리비아에서 훈련받은 피 끓는 분리주의자들의 합작이라는 것이었다. 내가 보기엔 타자기 시프트키도 고장 나고 자기 단체명 철자법도 계속 틀리는 조직이 국제 테러 네트워크와 연결됐을 것 같진 않았지만, 몇 년 지나지 않아 무장세력 중 일부가 정말로 중동의 훈련캠프 출신이고 다른 설들도 사실인 것으로 드러났다.

당시에 내가 발견한 것은 양측 모두의 잔인한 폭력이었다. 아체 동해안의 고속도로를 따라 무장한 군부대 트럭이 전조등을 켜고 클랙슨을 울리며 질주했다. 트럭 뒤 칸에는 검은 발라클라바를 쓴 군인들이 소수의 흙투성이 포로들 머리 위로 반자동소총을 휘두르고 있었다. 하늘 위에는 헬리콥터가 빙빙 돌았다. 몇 킬로미터마다 있는 검문소에는 10대 후반의 자바인 군인들이 고함을 지르며 지키고 있었다. 군인들은 누구를 찾는 것인가? 나는 전직 군인이었다는 버스기사에게 물었다. 그는 웃었다.

"골칫거리요. 골칫거리를 만드는 겁니다."

검문소의 군인들은 이유 없이 사람을 두들겨 팼다. 신분증의 유효기간이 지났다는 이유로 코팅한 신분증을 삼키라고 강요했다. "그저 차곡차곡 복수를 적립하는 거지요."라고 전직 군인 기사가 말했다.

학생들은 더는 아침에 플랜테이션을 지나는 지름길로 등교하지 않는다고 했다. 군인들이 버린 시체를 너무 자주 봤기 때문이었다. "반란군" 또한 잔인무도함에서는 뒤지지 않았다. 산간 오지 마을에서 일하는 한 NGO 활동가는 최근 반란군이 길가에 던져놓은 군인의 시체를 봤는데, 벌거벗겨진 채 "파리들이 잔치를 벌이고" 있었고 성기를 잘라서 입에 쑤셔 넣어뒀다고 했다.

"GPK 반란군이 찾아와서 쌀을 달라고 해요. 쌀을 안 주면 반란군이 총을 쏠 거고, 쌀을 주면 군대가 다음 날 찾아와서 총을 쏘죠. 운이 좋으면 시체를 마을에 두고 가서 가족들이 찾아서 묻어줄 거고요. 운이 나쁘면 몇 킬로미터나 떨어진 수로에 버려져서 파리와 개 말고는 아무도 건드리려고 하지 않을 거예요."

제대로 된 이슬람식 장례를 치르지 못하는 것은 양측 모두에게 가장 큰 불명예다.

이 분쟁은 반란 지도자 하산 디 티로가 지어낸 아체의 복잡한 과거사 덕분에 불붙었다. 아체는 수백 년간 후추, 장뇌, 금, 실크 등을 아랍 무역상에게 팔았다. 마르코 폴로는 1290년 수마트라 해안을 지나면서 (오늘날 동해안의 록스마웨로 보이는) 페렐레치^{Ferelech} 왕국을 "선단을 끌고 와 사람들을 무함마드의 법으로 개종시킨 사라센 상인들"의 땅으로 그렸는데, 동남아시아의 이슬람 국가에 대한 최초의 기록이다. 하지만 마르코 폴로는 이슬람 개종이 도시 밖으로는 넘어가지 못했다는 것을 알아차리지 못했다(산간 지역에는 아침에 일어나서 가장 먼저 본 것을 숭배하는 식인종이 살고 있다고 믿었다). "사라센"인과 그들을 따라온 이들은 이 지역 사람들에게 뚜렷한 흔적을 남기고 갔다. 아체인 중에는 키가 크고 체격이 좋으며 매끄러운 캐러멜빛 피부에 매부리코와 매서운 눈을 가진 사람이 많다. 아체 사람들은 이 고장을 메카의 베란다라고 부른다.

유럽 무역상들은 이 바다에 닿자마자 아체의 풍요로움에 이끌렸으나 영토를 놓고 싸울 생각은 없었다. 1824년 영국-네덜란드 조약은 아체 술탄국을 주권을 가진 자유무역국가로 인정했다. 그 후 유럽인이 마음을 바꿔 먹고 네덜란드령 동인도가 아체를 합병하려 들자 아체인들은 맞서 싸웠다. 19세기의 마지막 30년 동안 아체인은 이 카피르 이교도에 맞선 무슬림의 성전에서 네덜란드군 1만 5,000명을 죽이고 1만 명을 다치게 했다. 네덜란드 식민주의자들은 1903년에야 간신히 우위를 점하고 32년 후 일본이 점령할 때까지 아체를 통치했다. 그러나 이런 세부사항은 하산 디 티로가 만든 버전의 역사에서는 사라진다. 그는 아체가 한 번도 패배한 적 없는 주권국이었고 따라서 네덜란드가 주권을 넘겨주었을 때 인도네시아의 일부가 아니었다고 주장했다. 그는 다른 불편한 진실도 무시했다. 인도네시아가 네덜란드에 맞서 싸우던 시절 아체는 인도네시아 공화국 정부를 아체에 불러들였고, 부유한 아체 상인들이 금을 내놓아 신생 인도네시아 최초의 비행기를 구입해 네덜란드의 봉쇄를 뚫을 수 있었다. 디 티로와 그의 자유아체 운동 반란군은 아체의 미래가 불패의 영광과 독립의 과거에서 벗어났으며 그 영광을 되찾기 위해 싸워야 한다고 주장했다. 망명 중인 디 티로는 자신의 자서전 『자유의 대가 *The Price of Freedom*』에서 이렇게 말했다.

"자유롭게 살 수 없다면 자유롭게 죽을 것이다."•

나는 1990년대 초 수마트라를 돌면서 양측의 수많은 죽음을 보도했다. 아체의 잘 알려지지 않은 반란과 인도네시아 군부의 잔혹한 대응에 대한 내 보도는 하산 디 티로뿐 아니라 인도네시아인 양쪽의 분노를 샀다. 아체에 관한 일련의 보도가 나간 후, 나는 군 대변인 누르하디 장군에게 불려가 시답잖은 반란군을 대단하게 다루었다는 핀잔을 들었다. 사무실로 돌아와보니 하산 디 티로가 스톡홀름에서 직접 보낸 팩스가 와 있었는데 같은 이야기였지만 정반대의 이유를 댔다. 로이터 기사에서 나는 반정부군이 "군대에서 쫓겨나 앙심을 품은 군인,

• Hasan di Tiro, *The Price of Feedom: The Unfinished Diary of Tengku Hasan Di Tiro*. Norsborg, Sweden: National Liberation Front of Acheh Sumatra, 1984, 321.

분리주의자, 아체인 불만 세력의 조합으로 보이며 [...] 1년에 걸친 분쟁 동안 잔혹행위가 폭발적으로 벌어졌으나 [...] 반란군의 목표가 무엇인지는 아직 분명치 않다"고 썼다. 여기에 하산 디 티로는 이의를 제기했다.

"아체인 정치범들은 [...] 자바인에게 '이유 없는 반란군'이라고 왜곡되어 왔으며 당신들, 로이터의 신사 숙녀 여러분은 자바인의 프로파간다를 퍼뜨린 것을 부끄러워해야 한다!"

25년이 좀 안 되는 짧은 세월이 흐른 지금, 당시의 모든 혼란은 증발되었다. 15년 동안의 대학살이 30년간의 정의를 위한 투쟁으로 다시 쓰였다. 아체의 주권이란 말은 커피숍에서도 들리는 일이 거의 없고, 이제는 인도네시아 국가 안에서 권력과 지위를 잡으려 분투하는 전직 반군의 입에서는 절대 나오지 않았다. 20년도 더 지나 아체를 돌아보며 읽은 메단 지역신문에서 나는 수나르코^{Soenarko} 장군(대부분의 아체 반란군 진압작전을 지휘한 장본인)과 전 자유아체운동 게릴라 사령군 무자키르 마나프^{Muzakir Manaf}가 얼싸안은 사진을 보았다. 무자키르가 또 다른 전직 반군과 아체 부지사 후보로 나오자, 수나르코 장군이 이 팀의 지원유세를 나선 것이다. 내 머릿속에는 이스라엘군 고위 장성이 헤즈볼라의 선거운동 본부장이 된 것과 다름없지 않은가란 생각이 사라지지 않았다. 전직 반군은 옛 적을 자기 당의 선거운동본부에 불러들이며

두 사람은 하나의 목적과 비전과 목표를 가졌다고 선언했다. 그것은 "하나 된 인도네시아 공화국Negara Kesatuan Republik Indonesia, NKRI"이다!

내가 탄 버스는 수많은 선거 포스터와 "NKRI Harga Mati!"라고 적힌 거대한 녹색 간판을 여럿 지나쳤다. 하르가 마티Harga Mati는 말 그대로 목숨값이다. 시장에서 물건값을 흥정할 때 결코 듣고 싶지 않을 본전도 안 남는 협상 불가능한 가격을 말한다. 이 "하나 된 인도네시아는 협상 불가!" 간판에는 색상이 녹색으로 같은 쌍둥이 간판이 있다. "평화는 아름답다!Damai Itu Indah!"라는 간판이다. 이 간판은 예전에는 아체에서 보이지 않았다. 하지만 2011년에서 2012년 인도네시아 여행을 하면서 나는 이 슬로건이 보이면 내가 분쟁지역에 있다는 뜻임을 알게 되었다. 자카르타에는 "평화는 아름답다!" 슬로건이 없다. 중부 자바의 활기찬 항구 스마랑Semarang이나 발리의 해변 리조트에서도 "하나 된 인도네시아는 협상 불가" 구호를 찾아볼 수 없다. 숨바나 동누사퉁가라에서도 없다. 그러나 1999년 국민투표로 인도네시아에서 분리 독립하기로 하자 인도네시아 군부를 등에 업은 민병대의 손에 불타올랐던 동티모르 맞은편의 작은 섬들에 이르면 이런 구호가 보이기 시작한다. 말루쿠와 술라웨시에서도 이 구호가 자주 눈에 띄었고 나중에 갔던 서칼리만탄에서도 보였다. 파푸아는 전역에 이 구호가 지천이다. 그리고 여기 아체에도 있다. 두 구호는 쌍둥이처럼 붙어 다니지만 남에게 마체테를 휘두르는 습관이 남아 있는 말루쿠, 중부 술라웨시, 서칼리만탄 같은 곳에서는 "평화는 아름답다!"가 더 자주 보이고, 인도네시아에서 떨어져 나가려는 욕망을 대놓고 표현하는 파푸아, 동티모르 인근, 아체에서는 "하나 된 인도네시아"가 더 많다.

분리주의의 위협은 수카르노가 연방이나 이슬람국가를 주장하던 다른 민족주의자들을 누르고 인도네시아 공화국을 탄생시킨 그 순간부터 항상 이 나라를 에워싼 짙은 먹구름 같은 것이었다. 1950년대에는 신생국의 여러 지역에서 반란이 일어났다. 서자바, 남술라웨시, 서수마트라, 아체에서는 이슬람 국가를 세우겠다고, 반대편 끝인 말루쿠에서는 그리스도교 국가를 세우겠다며 자카르타 정부에 맞섰다. 공화국 군대는 이 반란을 모두 진압했고, 수하르토가 권좌에 오르자 군대의 장악력은 더 확대되었다. 그러나 수하르토의 통치는 다른 형태의 반감을 키웠다. 자카르타가 우리 땅의 자원을 훔쳐 가 자바에 고속도로를 놓는다고 리아우, 술라웨시, 칼리만탄, 아체, 파푸아 사람들은 불평했다. 거기다가 인구가 넘쳐나는 수하르토의 고향 자바에서 온 이주민까지 받아들여야 하지 않는가. 우리 아닷은 관광책자용으로 표백되고, 울며 겨자 먹기 식으로 우리랑은 아무 상관 없는 거추장스럽고 순종적인 자바 문화를 국가의 이상으로 받아들이지 않았던가. 1980년대 말에는 인도네시아의 여러 지역이 꿈틀거렸다. 그러나 실제로 반란이 벌어진 곳은 동티모르, 파푸아(당시에는 이리안자야Irian Jaya), 아체 이렇게 딱 세 곳이었다.

동티모르도, 파푸아도 독립 당시에는 인도네시아가 아니었다. 두 곳 모두 자신의 의지와는 달리 인도네시아라는 거대한 나라에 삼켜져 버렸다고 여겼다. 파푸아인은 1969년 유엔이 지원한 투표에 자카르타 정부가 잘 구워삶은 부족 원로들만 투표권을 주어서 인도네시아에 합병되고 말았다고 여긴다. 동티모르인은 인도네시아 "합병"에 관한 어떤 선택권도 가져본 적 없다. 1975년 포르투갈 식민주의자들이 말 그대로 하룻밤 사이 영토를 버리고 가버리자 수하르토가 군대를 보내 점령했기 때문이다. 이런 역사를 돌아보자면 파푸아와 동티모르가 독립을 위해 게릴라운동을 벌인 것은 당연하기도 하다. 그러나 아체는 다르다. 아체는 독립 당시부터 인도네시아의 중요한 일부였다(그럼에도 하산 디 티로는 반대로 주장한다). 아체의 반란군은 다른 주 반란군보다 더 대단할 것 없었다. 사실 여러 가지로 따져보면 아체는 다른 주변부 주들에 비해 불평할 것이 많지 않았다. 다른 주에서는 죄다 자바인이 차지한 주지사, 여러 부파티, 주 군대와 경찰의 고위직 상당수가 아체인이었다. 1990년 아체는 자카르타 중앙정부에서 다른 어떤 주보다 많은 개발지원금을 받아내기도 했다.

그러나 이런 사실들도 아체가 한 번도 주권을 놓은 적 없으며 독립의 임무를 완수해야만 주권을 되찾을 수 있다고 하산 디 티로에게 배운 젊은이들을 단념시키지 못했다. 게릴라전은 간헐적으로 시작해 주로 스웨덴의 망명자들이 지휘하고 말레이시아의 망명자들이 돈을 대며 15년 동안 이어졌다. 인도네시아군 또한 파상공세를 펼쳐 내가 아체에 관해 보도하던 1990년대 초에는 극도로 공격적이었고, 2001년부터 2004년까지 수카르노의 딸 메가와티의 민족주의적 통치기에도 여전히 잔인무도하기 짝이 없었다.

2004년 쓰나미로 아체에서 17만 명이 사망하는 재난이 벌어지고 나서야, 지난 15년간 아체 땅에 발을 디딘 적 없는 인사가 다수인 지도

부가 마지못해 살육을 중단할 때라고 인정했다. 2012년 내가 아체에서 만난 거의 모든 사람들이 쓰나미가 모든 것을 휩쓸고 간 가운데도 멀쩡하게 서 있는 모스크들의 그 유명한 이미지야말로 이 말도 안 되는 전쟁에 신이 분노한 증거라고 했다. 내가 보기엔 건물을 언제 지었느냐에 따라, 네덜란드 기술자들이 모스크를 지었다는 증거 아니면 건축업자들이 학교나 주택단지를 지을 때보다 모스크를 지을 때는 절차를 생략하거나 저질 자재를 이용하는 일이 없다는 증거로 보였다. 그러나 쓰나미가 가져온 상상할 수 없는 끔찍한 비극 때문에 자카르타 중앙정부와 반란 지도부가 자신들이 판 참호에서 나와 평화협상을 시작하게 된 것은 분명한 사실이다. 평범한 인도네시아인들로부터 쏟아진 온정의 손길 또한 반란군이 인도네시아인은 아체에서 가져가기만 할 뿐 베푸는 법이 없다고 주장하기 어렵게 만들었다.

쓰나미는 다시 시작할 기회를 주었다. 그리고 원조금 미화 70억 달러와 각종 재건사업도 가져왔다. 전직 반란군 지도자들을 위한 계약과 소년들을 위한 일자리가 생겼으며 게릴라 전사들은 재사회화되었다. 마침내 2005년 자카르타 정부와 스톡홀름의 분리주의자들 사이에 평화협정이 맺어졌다. 협정에 따라 아체는 광업, 목재업, 어업 세입에서 다른 어느 주보다 더 많은 지분을 갖게 되었다. 그 외에도 해마다 중앙정부가 아체의 군들에 아무 조건 없이 미화 12억 달러를 지원하고 추가로 7억 달러의 "특별자치지원금"을 보낸다. 더 중요한 것은 전직 게릴라 지도자들이 아체에서 지역정당을 세우는 것을 허용했다는 것이다. 지역정당은 인도네시아의 다른 지역에서는 금지된 일이다. 곧 이제 중년이 된 젊은 시절 아체 해방전쟁을 이끌어온 자들이 굳이 인도네시아 정당에 입당하지 않고도 선거에 출마할 수 있다는 뜻이다. 그러니까 전직 반란군들이 불구대천의 적에게서 흘러 들어오는 모든 돈에 손댈 수 있다는 말이기도 하다. 자카르타 정부는 계산기를 두드려보고 반란군을 매수해버리기로 한 것이다.

비슷한 유인 과정이 파푸아(뉴기니섬의 서쪽 절반을 가리키는 말이다.)에서도 벌어지는 중이다. 과거 이리안자야로 불리던 이곳은 2012년 내가 갔을 때 파푸아와 서파푸아 두 주로 나뉘어 있었다. 파푸아는 지하에는 금과 구리가 풍부하고 지상은 비싼 목재로 뒤덮였으며 바다에는 어자원도 많아 인도네시아에서 천연자원이 가장 풍부한 지역이다. 수하르토 집권기에 정부는 파푸아를 위해 뭐라도 하는 시늉조차 하지 않았다. 파푸아인은 미개하므로("밥도 안 먹는다니까! 상상이 돼?") 광산과 플랜테이션에서 일할 수는 있어도 스스로 통치한다는 것은 어불성설이었다. 중앙정부는 관리자와 공무원을 보내 외국인들과 자원을 파내서 그들의 조국으로 보냈다. 이것은 네덜란드인이 몇백 년 전 자바인을 다루던 방식과 다를 바 없었다.

파푸아인들은 자신들의 땅이 인도네시아에 "합병"된 이래 소박한 게릴라전을 벌이며 싸워왔다. 수하르토 시대가 막을 내리고 인도네시아가 탈중앙화되자 파푸아는 인도네시아공화국의 일부로 남아 있기가 너무너무 싫어졌다. 민간인 통치로 전환하는 과정에서 영토도 작고 자원도 별로 없는 동티모르를 잃은 것만으로도 인도네시아의 국가적 자긍심은 크게 흔들렸다. 그러나 파푸아인들이 쓸쓸하게 자신들의 땅을 부르는 대로 "자바의 부엌$^{Dapur\,Jawa}$"을 잃는 것은 세입에도 치명적이었다. 그리하여 유인 정책이 시작됐다. 자카르타 정부는 여전히 파푸아에서 세금을 거둬들이지만, 아체와 비슷한 형태의 특별자치법안이 제정되어 광산과 목재 등 자원 채취에서 얻는 로열티에 신흥 파푸아인 지배층이 직접 손댈 수 있게 해준다.

이런 상황은 인도네시아의 다른 지역에 불만을 안겨주었다.

"우리는 애국자가 되고자 애써봐도 얻는 게 없어요. 군인들을 죽이고 난리를 쳐야 원하는 것을 다 얻을 수 있는 모양입니다."

말루쿠의 한 지역정부 수장이 한 말이다. 그러나 매수를 통한 통합은 많은 파푸아인 또한 분노하게 만들었다. 독립 당시 네덜란드식 교육을 받은 극소수의 인도네시아인이 권력을 거머쥔 것과 같은 방식으로, 자바에서 교육받은 극소수의 파푸아인이 파푸아의 자원 대부분을 통제하기 때문이다.

"확실히 달라진 건 있죠. 전에는 파푸아의 자원을 자카르타 정부에서 훔쳐 갔는데 이제는 파푸아 지배층이 훔쳐 가니까요."

파푸아의 주도 자야푸라에서 만난 한 전도사가 한 말이다. 그가 보기에 이것이 가능한 데는 두 가지 이유가 있다.

"첫째 파푸아 사람들은 뭐든 자바 사람 탓을 하는 데 익숙해서 무슨 일인지 알아보지도 않고 자바 탓을 해요. 둘째는 파푸아 지배층이 누구든 반발하는 사람과 나눠 먹기를 정말 잘하기 때문입니다."

파푸아에서는 불안이 계속되고 있다. 하지만 2012년 선거 즈음 아체에서 자카르타 중앙정부의 매수와 유인은 성공한 것처럼 보였다.

랑사Langsa에 내렸더니 시내 중앙광장 한 면에 20미터쯤 되는 듯한 거대한 현수막이 걸려 있었다. "2012년 평화 선거 선언"이라고 적힌 현수막은 폭력과 충격 없는 선거를 약속하고 전 병력이 그런 불상사를 막기 위해 전력을 다할 것을 다짐하는 내용이었다. 현직 시장부터 랑사 스쿠터클럽 회장까지 모두가 거기에 서명했다. 광장 전체에는 양복을 입은 뚱뚱한 남자가 침을 흘리며 시장 자리로 달려가는 엄청난 크기의 포스터가 붙어 있었다. 그의 주머니에서 10만 루피아짜리 지폐가 흘러나오고, 텅 빈 바지 호주머니에 50~200억이라고 표시된 걸 보니 이 지역에서 당선되려면 그 정도 돈이 드는 모양이었다. "맞아, 이 후보는 돈 갚으려고 부정부패를 저지르지 않아." 시 선거위원회 앞에 세운 포스터의 캐릭터에는 이런 말풍선이 달려 있었다. "금권정치 MONEY POLITIC 는 그만!"이라는 구호가 가장 큰 글씨로 적혀 있었는데 영어로 쓴 금권정치 부분은 좀 들쭉날쭉했다. 이것을 보니 지역정당이 있건 없건 상관없이 아체의 정치도 인도네시아 다른 곳과 크게 다르지 않은 것을 짐작할 수 있었다.

메단에서 만난 한 여성이 자기 아들과 랑사 시의회 의장대행(의장은 복역 중이었다.)인 전남편의 번호를 알려주었다. 먼저 전남편에게 전화해보니 "일요일에 같이 아침식사 합시다. 여섯 시 반에 중앙광장에서 만납시다."라고 했다. 일요일에 나는 침대에서 후다닥 일어나 머리에 실크 스카프를 두르고 덜 깬 눈으로 광장에 나갔다. 커다란 스피커에서 음악이 흘러나오고 무대 위에서 한 여자가 열심히 구령을 했다. "하나 둘 팔을 흔들고 셋 넷 팔을 돌리고." 한 무리의 유연한 여자들이 운동복에 질밥을 쓰고 에어로빅 수업을 이끄는 중이었다. 무대 아래는 통통한 중년 남자들을 비롯해 놀라울 정도로 많은 수의 각양각색 동네 사람들이 끙끙거리며 에어로빅을 따라 했다. 나는 시의회 의장대행의 외모 설명과 맞는 사람을 찾다가 이내 포기하고 흔들기와 돌리기 스핀에 끼었다.

에어로빅이 끝나가자 거기 있던 중년 남자 한 사람이 마이크를 쥐었다. 그가 표를 구걸하는 분위기를 팍팍 풍기며 건강을 위해 이 자리에 와주신 모든 분 덕분에 랑사의 미래가 밝다며 감사의 말을 시작했다. 내가 찾던 사람이 분명했다. 다가가서 나를 소개하자 자기 친구들과 함께 아침을 먹자고 했다. 지역정치에 관해 조용히 얘기할 수 있을 줄 알았는데 의장대행과 아내, 수행원 일곱에 나까지 무려 열 명이 함께였다. 나는 수행원 하나에게 일요일마다 부지런하게 에어로빅을 하러 가느냐고 물어봤다. 그는 얼굴을 찌푸리며 "부지런하고 말고 할 게 아니에요. 무조건 가야 합니다."라고 하더니 의장대행을 향해 고개를 끄덕여 보였다.

나는 의장대행에게 말을 붙여보려 했지만 쉽지가 않았다. 그는 전화를 붙들고 있다가 이내 분홍색 노트북의 가격을 놓고 아내와 한참 옥신각신했다. 그러나 나는 그가 아체당이 자카르타 중앙정부의 양보를 얻어내려고 때때로 폭력을 부추겼다고 보는 것을 알게 되었다.

"기본적으로 아체가 바라는 것이 무엇이든 독립을 요구하지 않는 한 아체는 그걸 얻어요. 독립만 아니면 뭐든 바로 얻습니다."

그의 말이다. 그가 보기에 이런 상황은 결코 바람직하지 않았다. 이런 식으로 중앙정부의 지원에 의존하게 되면 민주주의는 허약해진다. 폭력을 쓰겠다는 위협이 협상의 도구가 되면 통제하기 힘들어진다.

랑사는 아체보다는 메단과 비슷한 느낌을 주는 느긋한 도시였다. 젊은이들은 픽시 자전거를 타고 돌아다니고 커피숍은 당둣이 아니라 재즈 음악을 틀었다. 젊은이들의 문화를 수혈받아야겠다는 생각에 그의 엄마가 준 번호로 의장대행의 아들 레자에게 전화를 걸었다. 레자는 지프를 타고 나를 데리러 왔다. 반짝반짝 빛나는 20대 후반의 그는 내가 허둥지둥 호텔에서 나오느라 스카프를 안 쓴 것을 눈곱만치도 신경 쓰지 않았다. 그런데 우리가 중앙광장 주변을 빙빙 도는데 갑자기 레자가 내게 외쳤다. "머리 숙여요! 머리 숙여요!" 다급한 목소리였다. 나는 무릎 사이로 머리를 숙였다. 잠시 후 레자가 "이제 괜찮아요!"라고 하자 나는 몸을 일으켰다. 백미러에 질밥에 긴 치마와 올리브색 제복을 입은 여자들이 사람들을 끌고 가는 것이 보였다. 종교 경찰들이었다. 샤리아 율법을 강요하는 것이 유일한 할 일인 이 공무원들은 방금 모든 무슬림 여성이 질밥을 썼는지 검사하던 중이었다. 무슬림이 아닌 내게 의무사항은 아니었다. "하지만 일부러 문제를 만들 이유는 없잖아요."라고 레자는 말했다.

그 일이 있고 난 후 나는 내 친구 나자루딘의 선거운동본부에 합류하기 위해 해안을 따라 북쪽의 록스마웨로 갔다. 록스마웨는 1990년 취재차 왔을 때의 기억이 가득한 도시다. 당시 나는 한국과 일본에 매일 700만 달러어치 천연가스를 팔던 가스공장을 공격한 반란군의 이야기를 추적하고 있었다. 가스 판매대금 대부분은 공장을 운영하는 미국의 거대 석유기업 모빌^{Mobil}과 자카르타의 수하르토 정권이 나눠 가졌다. 그 점이 반란군을 성나게 만들었고 그 공격에 대한 보도를 그럴듯하게 만들었지만 나중에 알고 보니 그 "공격"은 사실 사측이 외부에 알리고 싶지 않았던 산업 사고였다. 경비소를 얼렁뚱땅 통과해 가스공장에 갔다가 호텔로 돌아왔더니 전화가 울렸다. "미스 엘리자베스인가요?" 네, 팍. "인텔^{Intel}입니다." 인도네시아 군 정보부의 목소리가 말했다. "죄송하지만 저희가 마스터키를 그 방에 두고 온 것 같습니다. 한번 찾아봐주실 수 있겠습니까?" 물론이죠. "불편을 끼쳐드려서 죄송합니다."

지금도 나는 그들이 나를 겁주려고 한 것인지 정말로 마스터키를 잃어버린 것인지 판단하지 못하겠다. 양쪽 다 똑같이 가능한 상황이었다.

그 후 록스마웨의 천연가스층은 고갈되었고 도시는 쇠락했다. 시장 후보 나자루딘은 이 도시의 신발끈을 다시 고쳐 매고 싶어 했다. 그는 대형 산업-항구단지를 세워 비옥한 아체 곳곳의 원자재를 가져와 여기서 가공해 동남아시아 전역과 그 너머로 수출하는 것을 꿈꿨다. 그의 선거운동본부를 찾기는 쉬웠다. 미래주의 양식의 모스크를 배경으로 한 나자르와 러닝메이트의 초대형 포스터 바로 뒤에 있었기 때문이다. 포스터에는 영어로 "브리지 투 메트로폴리스 시티$^{BRIDGE\ TO\ METROPOLIS\ CITY}$"라고 적혀 있었다. 나자르는 무소속으로 선거에 출마했다. 나자르와 러닝메이트만이 머리에 아무것도 쓰지 않고 선거 포스터 사진을 찍었다. 지역정당 아체당 후보들은 전부 금빛 천을 두른 모자를, 다른 무소속 후보를 비롯한 나머지는 모두 무슬림의 상징인 페치peci 모자를 썼다.

선거운동본부의 문은 활짝 열려 있었고 사무실 안의 벽에는 붉은색의 거대한 손바닥이 붙어 있었다. 투표일에 나자르의 기호인 5번을 유권자들이 기억하게 하기 위한 것이다. 그 아래는 남자들이 쭉 앉아 있었는데 대부분은 선거운동원이었지만 하릴없이 놀러 온 사람들도 있었다. 그 한가운데 후보자 나자르가 있었다. 40대 중반에 100만 와트짜리 환한 미소를 지닌 잘생긴 남자다. 내가 도착하자 그는 벌떡 일어서서 사무소와는 문으로 분리된 에어컨이 나오는 뒷방으로 안내했다.

"그 악어 떼들로부터 나를 구해줘서 정말 고마워요."

그가 말했다. 나는 그 후 두어 주 동안 각 선거운동본부를 돌며 자신들이 각 지역에서 얼마나 표를 확보할 수 있는지 떠벌리는 이 "선거 악어 떼들"에 친숙해졌다. 악어들은 칭찬을 늘어놓고 구슬리고 후보나 고위 선본 관계자와 악수할 별의별 구실을 다 만들어내서 자기 손에 지폐를 쥐여주기를 바란다.

"그렇다고 악어 떼를 아예 무시할 수도 없어요. 앙심을 품고 흑색선전을 할 수도 있거든요. 그래서 어떤 때는 5만 루피아를 주고 어떤 때는 2만을 주고 어떤 때는 그냥 우리 포스터랑 스티커를 줘버리죠. 악어들을 보내기 위해서 돈을 쥐여주는 게 나을 때가 있거든요."

부시장 후보인 줄바리 아부바카르가 말했다.

2달러에서 5달러를 받고 나면 악어 떼는 다른 선거운동본부로 가서 똑같은 일을 반복한다.

그렇게 선거사무소 여기저기를 쑤시고 다니는 것이 악어 떼뿐만은 아니다. 하루는 선거사무소에 시인이 친히 방문했다. 그는 고전 아체어로 나자르를 칭송하는 시를 한 수 지었다. 이 시는 랩 음악과 코미디언이 동원되는 "지역사회와의 만남"에서 낭송될 것이다.

"우리는 젊은 유권자도 잡고 싶거든요."

후보자가 말했다. 시인이 다섯 쪽짜리 운율을 맞춘 시를 읽기 시작했으나 거의 모든 행마다 낭송을 멈추고 아주 복잡한 은유와 알레고리의 의미를 설명했다. 그러나 시인은 시에 새로운 후원자의 이름을 바꿔 넣는 것을 까먹어서 지난번에 시를 판 아체당 후보자의 이름이 튀어나오고 말았다. 그럼에도 나자르는 시인의 손에 10만 루피아짜리 붉은색 지폐를 두 장 쥐여주고는 티가 날 정도로 어색하게 전화를 받는 척하며 실례한다고 사무소 밖으로 나갔다.

나자르는 중국계 사업가 두엇과의 선거자금 모금 저녁식사에도 나를 데려갔다. 장소는 중국계 사업가 한 사람이 하는 식당이었다. 종업원들이 칠리새우며 생선구이며 마늘을 곁들인 오징어구이가 산처럼 쌓인 접시를 가져왔다. 나자르의 수행원들과 내가 만찬을 즐기느라 여념이 없는 사이 중국계 사업가들은 새우칩만 먹고 있었다. 나자르가 정견을 밝히기 시작했다. 그는 민간 영역이 경제의 엔진이라며 시장이 되면 무엇보다 복잡한 행정절차를 간소화해서 일자리를 만들고 경제성장을 촉진하겠다고 했다. 체념과 지긋지긋함 사이를 오가던 식당 주인의 표정은 나자르가 선거 승리를 장담하며 "제게 돈을 주시면 저는 프로옉을 드리겠습니다."라는 대본을 읽을 때 한 번 미소를 띠었다. 그러나 나자르 또한 정치인이 자신의 신자유주의적 꿈을 이루려면 당선이 되어야 한다는 것을 잘 알았다. 무소속 후보의 당선 가능성은 아주 낮다. "우리가 후보를 다 지원할 수 없는 것은 잘 아시지요."라며 다른 중국계 요식업자가 말했다. 그들은 우리에게 음식을 많이 들라고 하더니 정중하게 다른 테이블로 옮겨 갔다. 그곳에는 아체당 후보와 수행원들이 칠리새우를 먹어 치우며 비자금 조달업자와 면담할 차례를 기다리고 있었다.

한번은 한 중국계 여성 사업가에게 어느 당을 지지하냐고 물어보았다. 그는 수줍게 답했다.

"투표할 당은 하나뿐이죠. 하지만 내 사업을 생각하면 전부 다 지지해요. 이 당은 차를 빌려야 하고 저 당은 포스터를 찍어야 할 테니까요. 안 그럴 이유가 없어요."

그는 이런 관계에서 성사되는 사업계약이나 얻게 되는 (때로 큰 이해가 걸린) 정보에는 관심이 없었다.

"지역 정치인들에 대해서 알고 싶다고 했죠? 사업하는 사람들에게 물어보세요. 우리야말로 정말 제대로 다 알고 있거든요."

록스마웨에서는 모든 후보에게 시내의 큰 공공장소에서 유세를 할 기회가 똑같이 주어진다. 그러나 나자르는 유세를 하지 않기로 했다. 유세 비용을 대줄 소속 정당이 없다면 유세는 너무 많은 돈이 드는 일이었다. 연예인을 데려오려면 돈이 드는데 사람들을 불러 모을 만큼 괜찮은 가수를 부르려면 몇백이 휙 날아간다. 정당 색상의 티셔츠와 질밥도 맞춰야 하고 유세에 나와 준 사람들에게 한 사람당 3달러쯤 사례도 해야 한다. 미니버스 운전기사가 말하길 자기는 유세가 있을 때마다 세 번 돈을 받는다고 했다. 그날 하루 미니버스에 선거 현수막을 거는 데 25달러 정도, 참가자들을 실어 나르는 데 정상 요금의 두 배를 받고, 유세장 주변을 돌며 교통체증을 유발하는 대가로 흥정 가능한 비용을 받는다고 했다.

"후보들은 자기 유세장이 북적북적해 보이길 원하거든요. 제가 할 일은 어디 굉장히 불편한 데다 차를 세우고 담배나 피우면서 시간을 죽이는 게 다예요. 우리한테는 선거철이 정말이지 너무 좋아요."

그는 웃었다. 거기에 유세 참여자들에게 식사와 음료수도 줘야 한다. 정말이지 비용이 너무 많이 드는 일이었다.

나자르는 유세를 하는 대신 시장에 가서 유권자들을 만났다. 그는 한 사람 한 사람을 붙들고 환한 미소를 지으며 악수를 했다. 부시장 후보와 선거운동 본부장과 운동원들은 뒤따르며 유인물을 나눠주었다. "5번을 찍어주세요. 5번을 찍어주세요." 이 또한 정책토론과 다를 것 없었다. 선거운동원 한 명은 비디오를 찍고, 또 한 명은 사진을 찍었다. 나중에 이 사진과 기사를 지역신문에 전달하면 사전에 합의한 "패키지"대로 "지역 기사"에 실린다. 2,000달러 정도 내면 선거 기간 내내 사진 한 장과 3단짜리 기사를 매일 실어준다. 후보자와 그를 따르는 "기자들"보다 몇 발짝 앞 한쪽에는 선글라스를 쓰고 형광분홍색 셔츠를 입은 빡빡머리 남자가 다리를 벌리고 가슴에 팔짱을 낀 채 무표정하게 서 있었다. 이제 시장 사람들은 모두 나자르가 보디가드를 대동

할 만큼 중요한 사람임을 알게 되었다.

그날 늦게 날이 선선해지고 사람들이 저녁 기도 전에 베란다에 나와 앉을 때쯤 우리는 시 외곽의 어촌을 돌았다. 나자르는 여왕처럼 돈을 가지고 다니지 않았다. 하지만 그는 수행원 한 명을 시켜 길가 행상에게서 굴을 사게 하고, 다른 수행원에게는 "아픈 자식을 위한" 도움을 청하는 이에게 돈을 주게 했다. 이번에도 "기호 5번을 찍자" 유인물과 함께였다. "기억하기 쉽습니다. 머리에 아무것도 안 쓴 후보가 저희거든요."라며 부시장 후보가 말했다. 유권자들은 기대에 찼다가 돈 봉투도 티셔츠도 나오지 않자 실망한 표정이었다. "짠돌이들." 선거운동원들을 쫓아다니다가 이 말을 한 번 이상 들었다. 아무도 정책에 관해서는 묻지 않았다.

다음 날 나는 록스마웨 새 모스크의 골조 앞 큰 공터에서 열린 아체당의 유세에 가보았다. 시내 곳곳에 빨간 당기가 걸리지 않은 곳이 없었다. 빨간 깃발은 시내를 돌며 경적을 울리고 들뜬 분위기를 연출하는 트럭과 오토바이 뒤에도 잔뜩 걸렸다. 유세장과 가까운 길에는 아체당 후보자들의 얼굴을 홀로그램으로 붙인 SUV가 쫙 깔렸다. 그중 몇몇은 올빼미 안경을 쓴 쇠약한 노인의 흑백사진과 "내 영웅들의 왕 MY KING OF HEROS"이라고 영어로 쓴 문구를 걸어두었다. 2009년 아체에서 살겠다며 스웨덴에서 돌아와 8개월 만에 죽은 하산 디 티로였다.

그렇다, 표준형 질밥을 쓴 여자들이 있었다. 그렇다, 그 자녀들은 공짜 솜사탕을 빨고 있었다. 그러나 군대 병영 안에 연 유원지 같아 보이는 이 유세는 거의 열정에 가까운 진짜 열기로 감전될 것 같은 분위기였다. 빨강, 하양, 검정의 군복에 빨간 베레모를 쓴 남자들이 군화를 꿰어 신고 무전기에 대고 소리쳤다. 이들은 아체당의 자체적인 민병대다. 그들이 자신들이 굉장히 중요한 사람인 것처럼 공격적으로 인파를 헤치고 나오자 젊은 남자들이 까치발을 하고 그들을 숭배하며 따라갔다.

무대에는 마치 신랑 신부 세 쌍을 위한 듯 양단과 공단 양산이 딸린 2인용 소파 셋이 놓여 있었다. 소파마다 아체 주지사, 동아체 부파티, 록스마웨 시장 정부 후보가 신랑 신부처럼 어색하기 짝이 없게 앉았다. 특히 주지사 후보와 부후보는 너무 안 어울리는 한 쌍이었다. 야심 찬 주지사 후보는 깔끔하게 다듬은 턱수염에 안경을 쓴 통통한 아저씨 유형의 의사였다. 성인이 된 후 거의 대부분의 시간을 스톡홀름에서 보낸 그는 사실 하산 디 티로의 사촌이다. 반면 그의 정치적 동반자인 부지사 후보는 사흘 넘게 손도 안 댄 덥수룩한 수염을 한 게릴라 전사의 표본이자 야성미의 완벽한 예였다. 이 사람은 무자키르 마나프다. 얼마 전 한때 자신을 죽이려던 장군을 끌어안았던 바로 그자, 이제는 하나 된 인도네시아의 상징이 된 자다.

나는 무대가 잘 보이는 자리를 잡으려고 모스크 건축 현장으로 올라가 수첩에 메모를 하고 있는데 한 아체당 당원이 다가와 말을 걸었다. 내가 책갈피로 쓰던 나자르의 선거유인물을 보고는 보여달라고 했다. 유인물을 넘겨주자 갈기갈기 찢더니 바닥에 던져버렸다. 아시아인에게 이런 행동은 노골적인 적대 행위지만 그는 개의치 않았다. 도리어 내게 일장 연설을 늘어놓았다. 그는 무소속 정치인들이 배신자고 그들은 평화협정을 위반하고 있으며, 아체당 외에 다른 당을 찍는 사람은 문제아라고 한참 떠들었다. 그러더니 자기 집에 가서 자기 부모를 만나자고 했고 나는 그러자고 했다. (나중에는 선의 수호자 이슬람에 대해 한참 설교하더니 "정말 낭만적!"이라며 산속의 타켄곤이라는 도시에 같이 가자기에 싫다고 했다.)

버려진 철로가의 작지만 말끔한 집에 도착하자 그는 내게 자기 부모와 이웃에 사는 아체당 "지역사령관"을 소개해주었다. 지역사령관 역시 덥수룩한 턱수염에 날렵하고 뾰족한 코와 매서운 눈을 덮은 졸린 눈꺼풀의 사내였다. 그 역시 "정글 학교에서" 배운 역사를 내게 강의했다.

"1940년대에 아체가 공화국 정부를 초대한 것은 맞습니다. 아체 상인들이 인도네시아 독립에 힘을 보태려 금을 내놓은 것도 물론 사실이죠. 하지만 주권국가 아체가 신생국 인도네시아의 일부가 되고자 한 것은 절대 사실이 아닙니다. 이 점이 늘 오해받아왔죠."

사령관은 단호했다.

"그건 그저 형제 이슬람 국가에 대한 연대의 선물이었을 뿐입니다. 카피르 이교도들을 바닷가에 묶어두기 위한 것이었습니다. 아체는 한 번도 전쟁에서 진 적이 없고, 아체는 한 번도 제대로 식민지였던 적이 없어요. 그러므로 우리는 독립국가여야 합니다."

하산 디 티로 버전의 역사가 편집되지 않은 채 아체를 한 번도 떠난 적 없는 서른도 안 된 사내의 입에서 쏟아져 나오자 당황스러웠다. 특히 그 당사자가 지금은 인도네시아의 국가 체제 안에서 벌어지는 선거운동을 열심히 하고 있다는 점이 그랬다. 인도네시아와의 하나 됨을 근사하게 이뤄낸 현 아체당 지도부가 그랬듯이 역사의 대본이 완벽하게 다시 쓰이지 못한 것이 분명했다.

투표 전날 밤 나는 나자르와 늦은 저녁을 먹기로 했다. 나자르는 보통 내가 묵는 호텔 밖에 차를 대고 문자를 보내고 내가 나오기를 기다렸다. 그런데 이번에는 바짝 긴장한 얼굴로 호텔 안까지 들어왔다.

"엘리즈, 부탁할 일이 있어요."

나는 눈썹을 찡그렸다.

"내일 아침 전까지 3,000만 루피아가 필요해요."

3,000만 루피아. 3,000달러에 가까운 그 액수는 내가 석 달 넘게 여행할 수 있는 돈이었다. 나는 나자르를 빤히 보았다.

"물론 내가 다음 달에 갚을게요. 그리고 엘리즈가 그 액수를 다 주지 않아도 돼요……."

그리하여 우리는 ATM 앞에 서서, 친구들을 위한 비상용으로 만들어둔 내 계좌의 잔고를 확인하게 되었다. 그 계좌에는 1,200만 루피아가 있었다. 나는 그중 절반을 인출해서 갈색 봉투에 넣어 나자르에게 주었다. 그는 고개를 끄덕이며 봉투를 주머니에 넣었고 그게 다였다. 내가 짐작한 대로 그 돈은 다시 내게 돌아오지 않을 것이다. 나자르는 그 돈을 어디에 쓸 것인지 말하지 않았고 나도 물어보지 않았다. 나중에 알고 보니 투표장 참관을 할 학생들에게 줄 돈이었다.

한참 후에야 나는 대체 무슨 일이 일어난 것인지 생각해봤다. 나는 잠자리 신세를 지면 그 집 식구들에게 "반찬값"을 꼭 주고 그들 또한 고맙게 받았다. 하지만 다른 명목으로 돈을 주는 것은 늘 경계했다. 인도네시아의 네 것이 곧 내 것인 문화에서는 미리 계획하는 일이 드물고 친족의 자원을 가져다 쓰는 것이 절대적이고 당연한 권리로 여겨지는데, 내가 한 번이라도 다른 용도로 돈을 내놓았다가는 그 친족의 일부가 될 수 있기 때문이다. 그러면 감언이설의 문자 메시지를 끝도 없이 받는 일을 피할 수 없다. "착한 누구누구에게…… 우리는 가진 것 없고…… 교통사고가 나서……." 나자르가 만난 중국 식당 주인이 그랬듯 나도 모두를 도울 수 없다. 그래서 나는 가장 도움이 필요한 곳이 아니면 다 거절하게 되었다. 그런데 이번에는 미국 유학파 변호사가 가망 없지만 비싸디비싼 선거운동을 하는데 그의 선거참관인에게 줄 600달러를 내주었다. 그 돈은 내가 이번 여행에서 만난 일부 사람들의 인생을 바꿔놓을 수도 있는 액수다. 그리고 물론 지나고 나서야 얻은 깨달음이지만 그 사건으로 선거운동의 들뜸과 짜릿함이 얼마나 쉽게 이런 일이 벌어지게 만드는지도 깨달았다.

다음 날 아침 나자르와 수행원들은 투표소로 향했다. 선거관리위원의 폴로셔츠에 "진심으로 투표하세요. 개입은 안 됩니다!Vote with heart. No intervention!"라고 영어로 적혀 있었다. 그리고 유권자들은 말 그대로 그렇게 하고 있는 것처럼 보였다. 질서 있게 줄을 서서 선거인명부를 확인하고, 기표소에서 어디에 구멍을 뚫는지 안 보이게 가려주는 합판 뒤에 서서 차례를 기다린 후 접은 투표용지를 열쇠로 잠근 양철 투표함에 넣고, 보라색 잉크를 묻힌 손가락으로 민주주의에 한몫 기여한 것을 인증했다. 그때 내 핸드폰이 울렸다. 아체당 유세에서 만난, 나자르가 놀리듯 "네 아체당^{PA} 남친"이라고 부르는 그 친구였다. 그 친구 역시 들떠 있었다. 나는 투표권이 없어서 소외감을 느낀다고 투덜거렸다.

"내가 우리 투표소로 데려가줄게요. 거기선 엘리자베스도 투표할 수 있어요."

우리는 커피숍에서 만나서 그의 오토바이를 타고 시 동쪽의 한 모스크 마당에 차려진 투표소에 도착했다. 그곳은 아체당 열성분자의 상징인 짧은 머리에 뾰족한 턱에 거울처럼 비치는 선글라스를 쓴 조직폭력배 같은 남자들이 장악한 곳이었다. 서로 등을 두들기고 악수를 해댔다. 내 아체당 남친이 "내 친구가 투표하고 싶대요."라고 말하자 조폭 중 하나가 고개를 끄덕이더니 선거인명부를 훑어보았다. 내가 허둥지둥 농담일 뿐이라고 말해서 상황을 수습하긴 했지만, 내가 하겠다고 하면 투표용지를 받을 수 있을 것이 분명했다. 내가 그곳에 있던 30분 동안에 세 번이나 뾰족 턱들이 투표안내장과 신분증을 잔뜩 가지고 들어왔다. 뾰족 턱들은 친구들과 그걸 나눠 가지더니 투표하려고 줄을 섰다. 선거관리위원은 안내장과 신분증의 이름이 일치하는지는 확인했지만 신분증과 사람이 일치하는지는 확인하지 않았다. 고개를 끄덕이고 투표용지가 쥐어졌다. 선거부정이 벌어지는지 확인하기 위해 다른 후보들에게 참관비를 받은 선거참관인들은 구석에 앉아서 핸드폰만 보고 있었다. 내가 이 재^{再}투표자 중 하나에게 "잉크를 묻혔는지" 물었더니 새끼손가락을 들어 보여주었다. 손가락에는 왁스를 발라서 잉크가 방울이 되어 맺혀 있었다.

나는 나자르의 선거사무소 바로 앞 투표소에서 개표를 지켜보았다. 총 274표 중 내 친구는 10표를 얻었다. 최종적으로 나자르는 일곱 후보 중 다섯번째였다.

"매표하지 않은 표 중에는 가장 많이 득표한 겁니다."

선거운동본부장이 격려 조로 말했다. 예상대로 아체당 후보가 록스마웨 시장에 당선됐고 아체주 시와 군 절반 이상에서도 아체당이 승리했다. 아체 주지사 선거에서는 스톡홀름 출신 의사(한때 아체 망명정부의 신비주의 내각에서 "외무부" 장관직을 맡았던)와 수염 덥수룩한 러닝메이트가 압도적인 승리를 거두었다.

선거운동을 지켜보면서 나는 아체의 근과거뿐 아니라 더 먼 과거의 역사 다시 쓰기에 관심이 생겼다. 게릴라 활동은 1978년부터 1989년 사이 중단되었고, 전직 군인과 마약상의 이해가 한데 뒤섞여 분리주의 반군으로 거듭난 것이 1990년대 초였다. 그간 반군의 잔혹상이며 자주 벌인 학교 방화, 교사 살해, 이주민 위협, 소위 부역자 처형, 여러 가지 명목으로 돈 걷어가기 등등*은 현재 아체의 커피숍에서 들리는 분쟁 이야기에서 사라진 듯했다.

그러던 와중에 20년 전 취재여행에서 만난 두 사람이 떠올랐다. 한 사람은 학생이었고 다른 사람은 NGO 활동가였는데 그 둘을 다시 찾아서 그들이 기억하는 그 시절의 이야기가 달라졌는지 들어보기로 결심했다.

학생이었던 하나피아는 1990년 BBC의 클레어와 함께한 아체 취재여행에서 만났다. 우리는 통금 시간이 거의 다 되어서야 바닷가의 작은 마을 이디춧$^{Idi\ Cut}$에 도착해 벌써 닫혀 있던 그곳 유일의 숙박업소 문을 두들겼다. 커튼 뒤로 불분명한 웅성거림이 한참 오가더니 숨어서 내다보는 눈이 더 많아졌다. 결국 문이 열리고 안으로 들어갔더니 생일파티 같은 것이 벌어지던 중이었다. 파티의 주인공은 반은 터번이고 반은 붕대인 기이한 쓸 것을 머리에 두른 삐쩍 마른 빡빡머리 청년이었다. 그가 바로 하나피아였다. 클레어와 나는 짐만 두고 통금 전에 저녁을 해치우러 시장에 갔다. 선생님이라는 하나피아의 누나 중 하나가 우리를 따라왔다. 나는 가지고 있던 인도네시아 시사 주간지 《템포^{Tempo}》를 무심히 식탁 위에 놓았다. 표지에는 연기 나는 총 그림과 함께 "아체"라고 쓰여 있었고 안에는 아체의 반란, 잔혹행위, 집단 매장에 관해 내가 쓴 보도의 진위를 질문하는 기사가 실렸다. 로이터 통신의 보도를 비판하는 것은 인도네시아 언론에게 금지된 영역을 우회적으로 대중에게 알리는 《템포》의 방법이었다. 그 때문에 나는 인도네시아군과 불편한 관계가 되었지만 그런 기사가 아체에서 수많은

- 1990년대 초 내가 직접 목격한 잔학행위들이다. 이후의 상황에 관해서는 에드 아스피날, 엘리자베스 드렉슬러$^{Elizabeth\ Drexler}$, 커스틴 슐츠$^{Kirsten\ Schulze}$의 글을 참조했다. 슐츠는 록스마웨 관련 기사에서 반군이 정기적으로 구역마다 4,000달러에 달하는 모든 외국인 대상 사업계약의 5퍼센트와 국내 업자와의 계약 20퍼센트를 요구했다고 밝혔다.

대화의 물꼬를 열었기 때문에 그만한 가치가 있는 일이었다.

클레어와 내가 강황과 코코넛밀크에 졸인 두툼한 생선을 먹는 동안 그 선생님은 《템포》를 훑어보았다. 그는 아무 말 없이 잡지를 돌려주었고 아무 말도 하고 싶지 않은 것 같았다. 하지만 집으로 돌아오는 길에 그는 목소리를 낮추어 말했다.

"요즘은 교사 일 하기가 쉽지 않아요. 정부가 월급을 제때 안 줘서요. 그래도 안정된 직업이긴 하죠. 남동생은 한 달이나 감옥에 있다가 어제야 풀려났어요. 그리고 아체의 사립학교는 당연히 죄다 이슬람 학교라서 여자는 일자리를 구하기가 힘들어요. 그래서 남동생 몰골이 엉망인 거예요. 많이 맞기도 하고 제대로 먹지도 못했대요. 그래도 사립학교가 월급을 더 많이 주긴 하죠……."

그 후 닫힌 문 뒤의 어둠과 속삭임 속에서 우리는 하나피아의 이야기를 들었다. 주로 누나가 이야기하고 하나피아는 멍하니 앉아 있었다. 아직 대학생인 그는 학비를 벌려고 복사가게에서 일했다. 하루는 한 여학생이 복사를 하러 와서 웃으며 이야기를 주고받았다. 마침 그 광경을 그 여학생을 쫓아다니던 군인이 보고 화가 나서 반자동소총 개머리판으로 하나피아의 머리를 두 번 쳐서 혼절하고 말았다. 그다음으로 하나피아가 기억하는 것은 4×5미터 감방에 70명의 남자들과 함께 있었다는 것이다. 누나가 이 이야기를 하자 하나피아는 마루에 쪼그려 앉더니 속삭였다.

"거기는 너무 좁아서 우리는 이렇게 하고 살았어요."

그는 마치 포식자의 눈에 안 띄려는 곤충처럼 뼈와 가죽만 남은 팔

다리를 붙여 몸을 오그렸다. 그러고는 한 손을 그릇처럼 오므렸다.

"먹을 건 하루에 밥 요만큼이 다였고요."

그리고 다시 침묵 속에 빠졌다.

하나피아는 사흘 동안 심문을 받고 여기저기 찔리고 맞았지만, 일방적으로 두들겨 맞는 것을 본 목격자가 너무 많았던 덕분인지 무죄가 선고됐다. 그런데도 머리의 상처도 치료받지 못하고 숨도 쉬기 힘들게 좁은 감방에서 꼬박 한 달을 보내고 나서야 가족에게 돌아올 수 있었다. 이런 식으로는 반군 가담자가 늘어날 수밖에 없었다. 당시 상황을 지켜본 내 취재수첩에는 착오로 인한 것이라도 일단 투옥되면 "그 청년은 취직은 물론 괜찮은 결혼도 거의 평생 불가능"하다고 적혀 있다.

이제 22년이 지난 지금 나는 이디춧의 여관으로 가서 선생님과 머리를 다쳤던 말라깽이 소년을 찾아볼 참이다. 문을 두들겼다. 여자가 문을 열어주었다. 내가 소개를 하기도 전에 그는 내 손을 붙들었다.

"하나피아가 감옥에서 나온 후에 여기 왔던 그분이군요!"

그는 나를 안쪽 벽으로 끌고 갔다. 벽에는 결혼 예복을 차려입은 하나피아의 사진이 걸려 있었다. 제대로 먹은 그는 이제 건장하다고 할 만한 잘생긴 남자가 되어 있었다. 작은 눈에 광대가 높고 콧수염이 제법 풍성했다.

"하나피아는 이제 공공사업부에서 한자리를 맡았어요."

그 옆에는 학교 선생님이었던 누나의 사진이 든 액자가 보였다.

"저 애는 자바로 발령받았는데 저세상에 가고 말았고요."

또 다른 누나인 그가 전화번호를 알려주었고, 나는 하나피아에게 전화를 걸어 "아마 나를 기억 못 하겠지만……."으로 시작하는 어색한 자기소개를 시작했다. 하나피아는 20년 넘게 나를 보지 못했지만 똑똑히 기억하고 있었다. 그는 자카르타에 몇 달 다녀온 오랜 친구를 만난 듯 나를 대했다. 만나자마자 온 얼굴에 환한 미소를 짓더니 내 두 손을 잡고 한참을 놓지 않았다. 내가 기억하는 1990년의 머리에 붕대를 감은 해골 같은 모습은 하나도 안 보였지만 결혼사진에서 본 얼굴이 분명했다. 누군가의 고난을 나누거나 스쳐 지나가면서 지켜본 것만으로도 본능적인 유대가 생기는 모양이다. 하나피아는 그때보다는 말수가 많아졌지만, 지금도 이 평화를 완전히 믿을 수 없다는 듯 혹은 무슨 말이건 내뱉으면 빌미가 될지도 모른다는 듯 거의 속삭이며 말했다. 종종 문장의 뒤로 갈수록 소리가 점점 작아졌다…….

하나피아는 다시 대학으로 돌아가지 못했고 군인에게 얻어맞은 뒤로 2~3년간 아무 일도 하지 못했다고 했다.

"나는 아무에게도 쓸모가 없었어요. 걸핏하면 쓰러졌으니까요."

이렇게 말하며 그는 의자에 앉아 몸을 돌리며 머리와 혀를 돌려 보였다. 괴롭힘이 계속됐지만 하나피아의 가족은 군대의 압박을 버텨냈다. 그를 구타했던 군인은 결국 군사재판에 세워져서 군복을 벗었다고 했다.

나는 군대에 그런 일을 당하고 나서 하나피아가 반군에 들어갔을지 모른다고 생각했다. 자유아체운동^{GAM} 전사들은 평화협정 이후 알짜배기 공직을 많이 차지했으므로, 하나피아가 정부 부처 중에서도 "가장 젊은" 부처인 공공사업부에서 일하는 것 또한 설명 가능했다. 하지만 내가 GAM에 들어갔던 거냐고 물었더니 하나피아는 경악했다.

"제가 왜 그런 짓을 하겠어요? 반군이나 군대나 다를 게 하나도 없는걸요."

2000년 민간인 대통령이 군대 개혁조치의 일환으로 아체의 군 폭력 희생자들을 공무원으로 채용했고 하나피아도 그 수혜자 중 하나가 되었다. 그런 사람들 중에는 초등학교 졸업이 학력의 전부인 사람도 있었고, 모두 자신들이 일하게 된 바로 그 정부에 의한 폭력을 겪었다. 나는 하나피아에게 그 사실이 이상하지 않은지 물었다.

"마음에 담아두지 않으려고 해요."

그는 그래서 뭐 하겠냐고 말하는 듯 양손을 펼치며 웃었다.

두번째로 만나려고 한 사람은 아샤다. 처음 만날 당시에는 긴 곱슬머리에 마른 내 또래의 젊은 여성이었던 그는 세이브더칠드런이 후원하는 모성보호 프로그램에서 일하고 있었다. 사무실은 반군의 근거지라고 알려진 아체 동북부 고산지대의 작은 마을 탕세^{Tangse}에 있었다. 클레어와 내가 도착해보니 탕세에는 군인이 잔뜩 있었다. 군인 한 무리가 커피숍에서 노닥거리며 차나 커피를 마시고 크레텍 담배를 피우던 중이었다. 웃옷을 풀어 헤치거나 벗어 던지고 다리를 벌리거나 군홧발을 의자 위에 올리는 등 다양한 형태의 복장 불량 상태였다. 동네 아이들은 탁자나 의자 뒤에 아무렇게나 던져둔 무기 주변에서 눈을 떼지 못했다. 군인들은 자바 출신의 20대 초반 청년들이었고 게릴라전의 한복판에서 겁을 먹었겠지만 티 내지 않으려고 갖은 애를 썼다. 한 군인이 허풍을 떨며 총열을 쓰다듬으며 웅얼거렸다.

"얘는 내 마누라야. 얘랑 뽀뽀도 하고 같이 자고, 대신 놈들을 죽여주니까."

탕세는 부킷바리산 Bukit Barisan산의 동쪽 기슭 비옥한 골짜기 가장자리에 자리 잡은 곳이다. 스위스 오두막 같은 목조가옥이 기둥 위에 서 있고 나무를 우아하게 깎아 장식한 지붕에는 꽃과 줄기며 신앙을 상징하는 초승달과 별을 그려두었다. 집을 기둥 위에 세운 것은 종종 일어나 모든 것을 쓸어가는 홍수로부터 집을 보호하기 위해서다. 새벽이면 분홍색 안개가 논 위로 피어나서 이 산속 풍경과는 동떨어진 듯한 야자수 꼭대기까지 번져 오른다. 우리가 지난밤 머문 NGO의 목조건물 창문에 기대 이 고요한 광경을 지켜보고 있는데 군홧발 소리가 정적을 깼다. 커피숍에서 노닥거리던 청년들이 완전군장을 하고 줄을 지어 구보 중이었다. 나를 발견하자 군인 중 몇이 머리 위로 무기를 흔들어 보였다. 그들은 외쳐댔다.

"이제 적들을 잡아내자! 이제 적들을 처단하자!"●

탕세에서 나고 자란 아샤가 내 옆에 와서 섰다. 그는 그 광경을 보더니 고개를 돌려버렸다. 낮 동안에는 아무 말도 하지 않았다.

"살아남으려면 입을 다무는 수밖에 없어요."

날이 어두워지자 아샤와 동료들은 건물 문을 닫아걸고 고산지대의 삶에 대해 소곤소곤 이야기해주었다. 이곳 사람들에게 군인들이 하는

● 나중에 이 지역에서 반군으로 싸웠던 사람들을 통해 알게 된 바로는, 이 지역에 상당 기간 배치된 정규군과 같은 모스크에서 기도하거나 같은 무술팀에 속한 사람들이 종종 반군에게 습격 계획을 무전으로 알려주었다고 했다.

짓은 이름 없는 반군들이 하는 짓만큼이나 견디기 어려운 일이었다.

"놈들은 짐승이에요, 짐승!"

아샤의 동료가 군인의 발가벗겨진 시체가 입에 자기 성기를 문 채 길가에 있었다고 말해주었다.

2012년 아직 아샤가 그곳에 사는지 찾으러 탕세로 향했다. 그사이 그는 살이 좀 올랐다. 내가 문을 두들겨 기도 중이던 그를 방해했을 때 그는 하얀 기도복을 입어서 그런지 더 동글동글해 보였다. 아샤는 나를 반겨주었다.

"그때는 많은 얘기를 할 수가 없었잖아요. 그렇죠?"

이제 그는 혼자 보내는 시간이 너무 많은 사람 특유의 생략된 것이 많은 문장으로 천천히 말했다. 남편은 2000년에 실종됐고 그 후 다시는 소식을 듣지 못했다. 남편의 실종이 누구 탓인지도 알지 못했다. 그는 손바닥을 올려 보이며 말했다.

"너무 뒤죽박죽이라서요. 이 사람이나 저 사람 탓을 할 수도 있겠지만 양쪽 다일 수도 있어서, 그러다 보면 둘 다 미워하게 돼요."

분쟁이 격화되자 사업을 지속하기 너무 위험해져서 세이브더칠드런은 문을 닫았다. 그 사업 덕에 산모와 아기 사망률이 훨씬 낮아졌는데도 별수 없었다. "안타까운 일이죠."라며 아샤가 고개를 저었다.

아샤에게는 인도네시아 동부의 느긋한 마을에서 매번 듣던 "피곤할 거예요." 같은 말은 없었다. 먹고살기 위해서 그는 무엇이든 했다. 빨래도 하고, 청소도 하고, 남의 논에 모내기도 해주고, 추수한 벼를 말리고, 가끔은 마을 발전사업을 평가하는 일도 맡았다. 그렇게 일해서 그는 하나뿐인 자식을 대학에 보냈다.

"나는 늘 평화를 위해 기도해요. 내 자식은 우리처럼 살지 않기를 바라요. 늘 겁에 질리고, 늘 혼란스럽고, 아무도 믿지 못한 채 그렇게 살지 않기를요."

이제 와서 취재수첩을 들여다보니 아샤의 바람 같은 말을 꽤 자주 들었지만 커피숍에서는 들어본 적이 없었다. 여성의 영역인 부엌에서 쪼그려 앉아 채소를 다듬거나, 서서 커피를 천천히 볶으면서 나는 승리주의와는 거리가 먼, 정의의 이름으로 벌어지는 전투에 관한 덜 알려진 이야기와 더 복잡하고 미묘한 관점의 역사에 대해 들었다. 커피숍은 남자들이 모여 적개심과 분노를 달구는 곳이자 언제나 여가와 전쟁의 비용을 치를 수 있는 부유한 무역 민족의 취미생활이다. 커피숍은 허풍쟁이들의 관점을 알 수 있는 곳이다. 그리고 그런 관점이 공적 영역에서 드러나고 가장 자주 역사의 일부가 된다.

이번에 다시 가본 도시 중에서 가장 극적인 변화를 겪은 곳은 이 말썽스러운 주의 주도 반다아체였다. 전에는 예쁘지만 먼지 낀 저층 건물이 늘어선 곳이었는데, 2004년 크리스마스 다음 날의 무자비한 쓰나미가 모든 것을 쓸어간 후 거의 무에서 다시 도시를 창조해냈다. 아체는 이제 여러 차선의 대로와 말끔한 로터리와 반짝이는 관공서 건물이 있는 진짜 도시였다. 새 병원과 대학 건물, 대형 슈퍼마켓이 들어서

고, 대중교통 수단은 전보다 줄었는데 인도네시아에서는 그것이 곧 발전의 상징이다. 모두 오토바이를 살 형편이 된다는 뜻이기 때문이다. 반다아체는 눈에 띄게 더 종교적으로 변하기도 했다. 식당과 가게는 금요일 기도 시간에 문을 닫고 손님을 받지 않았다. 하지만 나중에 반다아체의 가장 화려한 인터넷 커피숍 타워에 가봤더니 아이리시 펍처럼 문을 닫아도 안에서는 영업을 하는 것을 알게 되었다. 문 닫을 시간이라도 가게 안에 있으면 계속 술을 마실 수 있는 것이다.

아체 서해안 역시 어느 날 갑자기 현대화되었다. 2012년 초에 거기서 해안을 따라 이어진 매끈한 새 고속도로의 마지막 구간을 증기롤러가 포장하는 것을 보았다. 고속도로는 한동안 산자락을 따라갔다. 그 아래로는 순진한 바다가 평화로운 해안에 입을 맞추는 것처럼 하얀 레이스 리본 같은 파도가 이어졌는데 그 모습에 나는 덜컥 겁이 났다. 바다가 성나면 벌일 수 있는 무시무시한 파괴를 떠올리지 않을 도리가 없었기 때문이었다. 도로가 해안을 따라 평탄해지자 기억이 더 생생해졌다. 물이 찬 땅에 전신주 같은 것들이 서 있는 플랜테이션들을 모두 지나쳤다. 한때 야자수였던 것들이 이제는 죽은 채 잎도 없이 허망하게 서 있었다. 새벽에는 높은 나뭇가지에 묶인 확성기 말고는 아무것도 없는 모스크에서 기도시간을 알리는 소리에 깼다. 아래쪽 해안에는 다닥다닥 붙은 조립식 주택 수천 채가 산을 마주 본 채 고속도로의 내륙 쪽 거의 전체를 차지하고 있었다.

인도네시아인에게는 서구인들 같은 바다 전망에 대한 집착이 없다. 전국 곳곳의 바닷가 집들은 서구 같으면 전망용 창을 낼 바로 그 자리가 부엌이나 욕실이다. 그러나 특히 아체 서해안 사람에게는 바다를 바라보며 저녁을 보내기 싫은 각별한 이유가 있다.

구역들마다 집의 형태가 다양하지만 한 구역 안에 있는 집들은 다 똑같이 생겼다. 한두 구역은 아체 전통식의 목조 주상가옥이지만 대부분은 콘크리트 블록과 시멘트로 지상에 지은 집이다. 이 마을은 병원 색깔 같은 연녹색으로 칠했고 저 마을은 학교 급식용 캐러멜 푸딩 같은 분홍색 도는 베이지색을 칠했다. 각각의 구역은 저마다 특정 후원 단체의 지원으로 지은 것이라 그 로고가 주소가 되었다. "이부 암나요? 거기 축구장 옆 옥스팜에 살아요." 시간이 흐르면서 거주자들의 손에 집은 조금씩 달라졌다. 집 뒤편에 지붕을 덧대고 지붕에는 위성접시가 솟아났다. 그러나 새로 칠을 한 집은 거의 없었다. 그것은 신의 분노 앞에서 우리는 모두 똑같다는 것을 기억하게 해주는 역할을 했다.

신新반다아체의 중심가에는 쓰나미 박물관이 있다. 이곳은 당시 인도네시아에 있었던 모든 이들의 마음에 새겨진 무언가를 기억하기 위한 것이다. 쓰나미 이후 몇 날 며칠 아니 몇 주 동안 TV 방송국들은 장례 음악과 재난의 이미지를 내보냈다. 죽은 아이들이 장난감 가게에 진열된 인형처럼 쭉 눕혀져 있고, 허둥지둥 올라가는 카메라를 시커먼 물이 덮치고 버스, 집, 나무 할 것 없이 모두 내륙으로 휩쓸려갔다. 반다아체의 모스크만이 그 폐허 위에 당당히 서 있었다. 지붕 위에 올라간 배, 울부짖는 생존자들, 침울한 구조 노동자들, 바다가 30미터나 솟구쳐 올라 막 하루를 시작하려던 문명을 쓸어버리고 난 후에 펼쳐진 상상하기 어려운 장면들이었다.

쓰나미 박물관은 거대한 기둥 위에 격자세공을 한 큰 원통을 올린 형태의 인상적인 건물이다. 어떤 각도에서 보면 솟아오른 파도 같기도 하고 다른 각도에서 보면 배 같기도 하다. 안으로 들어서면 양쪽 검은 벽에 물이 흐르는 길고 어두운 통로를 지나야 한다. 경이롭기도 했지만 좀 겁나기도 했다.

다른 쪽으로 가보니 벽이 여기저기 떨어져 나가고 군데군데 곰팡이가 피고 천장에는 전선이 드러나 있었다. 이 건물을 짓는 데 미화 700만 달러가 들었고 완공한 지 3년도 채 되지 않았다. 도서관도 잠겼고 화장실도 잠겼다. 똑같은 슬라이드 쇼를 무한반복으로 보여주는 열두 개의 스크린도, 박물관을 그린 그림 사이사이에 뒤죽박죽 끼어든 사진들도, 마네킹과 플라스틱 야자수가 잔뜩 있는 1970년대식 디오라마도, 쓰나미 당시에 태어나지도 않은 어린이들과 함께 본 9분짜리 영화도, 텔레비전에서 시신 행렬을 처음 볼 때 우리 모두 느낄 법한 둔탁하게 쿵쿵대고 질벅질벅하게 아린 느낌은 주지 않았다. 사실 이 거대한 박물관은 아체에서 17만 명을 죽인 사건을 기억하기 위한 것이지만 그 안에는 어떤 죽음도 없었다. 내가 본 죽음은 구석에 주황색 시신 가방이 하나 나온 사진 한 장이 다였다.

확성기를 들고 학생들을 인솔하던 박물관 직원에게 이 이야기를 했다. 그는 어깨를 으쓱해 보였다.

"사람들을 감정적으로 자극하지 않으려고 그렇게 전시를 구성한 걸 겁니다."

사람들이 기억하지 않기를 바라는 것을 위한 기념비, 기억상실증의 박물관, 선택적으로 다시 쓴 역사. 생각해보니 기이할 정도로 아체와 잘 어울렸다.

10장
부적응자들

수마트라에서 두 세계 사이에 걸친
존재들을 만나다

지도 J: 수마트라

아체는 물론이고 수마트라 전체가 지난 몇 달간 둘러본 인도네시아 동부와는 아주 달랐다. 수마트라는 넓고도 넓어서 동누사퉁가라, 말루쿠, 북말루쿠, 상게제도의 섬 4,100개를 다 합쳐도 그 면적이 서쪽의 한 섬 수마트라의 4분의 1밖에 되지 않는다. 이 섬의 북쪽 끄트머리에 자리 잡은 아체는 빽빽한 정글 산지에 둘러싸였고 서쪽으로 해안이 1,600킬로미터나 이어진다. 고산지대 동쪽에는 열대우림이 산비탈을 타고 이어지다가 사라지고 거대한 습지 평야지대와 구불구불한 강이 나타나는데, 이런 곳이야말로 플랜테이션에 안성맞춤이다.

문화적으로도 다양하기 그지없다. 북쪽 끝 "메카의 베란다"에 자리 잡은 아체인은 자신들이 인도네시아의 어느 곳보다 이슬람적인 것을 자랑스러워한다. 아체 바로 아래 거대한 토바 호수 주변에는 그리스도교도 바탁족이 인도네시아의 다른 종족들처럼 씨족 사회를 이루고 산다. 바탁족의 장례와 각종 희생제에 대한 열정은 숨바에 견줄 만하다. 서수마트라의 미낭카바우족은 자부심 강한 무슬림이자 열정적인 지식인이며 인도네시아를 하나로 묶어주는 파당 음식의 전파자이다. 동해안에서는 역시 신실한 무슬림인 팔렘방의 무역상들이 완곡어법을 즐겨 쓰는 자바인이 기겁할 수준의 직설화법을 구사한다. 이제 수마트라의 여남은 종족 중 겨우 네 종족을 언급했을 뿐이다.

버스를 타고 메단을 출발해 아체 구석구석을 돌면서 놀란 이유는 주지사 선거에 나선 과거의 반란군들의 포스터 물결 때문만은 아니었다. 메단에서 랑사까지 첫 여정에서 나는 출발 시간과 좌석 번호가 적힌 승차권을 샀다. 동부에서 출발 시간은 "버스가 다 차면"인지라 출발 시간이 정해진 버스라니 낯설기만 했다. 그러나 버스는 정해진 시간에 출발했고 나는 지정좌석에 편하게 앉았다.

하지만 버스 터미널에서 1킬로미터도 못 가서 운전기사는 길가에 서서 손을 흔드는 사람을 태우려고 멈춰 섰다. 그리고 또 한 명 다시 또 한 명이 탔다. 버스가 설 때마다 기사 조수가 뒷문으로 새 승객을 밀어 넣고 그의 친구는 쌀자루나 닭이 든 바구니를 넘겨주었다. 초반에 탄 승객이 나를 보고 미소를 지었다. "실례합니다. 여기 좀 앉아도……." 나로서는 최대한 빨리 못 본 척했지만 이미 늦었다. 이제 2인용 좌석에 3명이 앉았다. 몇 킬로미터를 더 가는 사이 버스는 여남은 번 더 섰고 더 많은 미소와 실례합니다 끝에 3.5명이 되어 가장 끝에 앉은 사람은 엉덩이의 반은 좌석에 나머지 반은 시멘트 부대 더미에 걸쳤다.

인도네시아가 늘 이리저리 움직이는 나라인데 비해 인도네시아인은 허약하기 짝이 없는 여행객이다. 배를 타면 배가 부두를 떠나기도 전에 멀미를 한다. 버스에서는 승객 둘 중 하나는 작은 발셈^{balsem} 병을 코에 끼우고 있다. 발셈은 박하향에 빅스 바포럽$^{Viks\ VapoRub}$을 섞은 듯한 냄새가 나는 본래는 배앓이용인 만병통치약이다. 발셈을 대고 있다는 것은 곧 구토가 시작된다는 아주 확실한 신호다. 메단에서 시작하는 열네 시간 버스 여행에서 가장 먼저 내 자리에 끼어 들어온 여자는 발셈을 콩콩거리더니 조용히 비닐봉지에 얼굴을 파묻었다. 여자가 꽥꽥 토하는 소리는 2미터마다 설치된 스피커에서 나오는 요란한 당둣 음악 소리와 함께 떠내려갔다.

장거리 버스의 대안으로는 단거리 미니버스를 여러 차례 바꿔 타는 방법이 있다(북수마트라에서는 가장 흔한 미쓰비시 모델명을 따서 이런 버스를 L300이라고 부른다). 이 미니버스는 승객의 손짓에 더 자주 멈춰서고 승객을 집 앞에 내려주거나 숙모 집에 짐을 가지러 빙 돌아가기도 한다. 본래 11인용인데 18명이 타는 일은 예사다. 따라서 운전사 옆 앞좌석을 차지하는 것이 좋다. 앞좌석에 앉으면 모조 보석이 박힌 질밥을 쓴 남의 뒷머리 말고도 다른 것을 볼 수 있는 데다 많은 것을 누릴 수 있다. 운전기사는 자기 자리를 확보하기 위해서라도 자기 옆에 두 명 이상을 앉히지 않는다. 또한 기사는 이 동네를 잘 알고 이야기하기를 좋아하거나 아는 것이 많아서 이것저것 추천해주고 때론 친절한 여관 문 앞에 내려주기도 한다. 앞에 앉으면 카오디오에도 손을 댈 수 있게 해준다. 나는 가방을 뒤지는 척하면서 팔꿈치로 슬쩍 볼륨을 줄이는 기술을 익혔다. 가끔은 기사가 내 USB에 들어 있는 내가 좋아하는 음악을 틀게 해주기도 한다. 곧 승객들의 피드백을 통해 라일 로벳이나 K. D. 랭이 미니버스에서 재생 가능한 최대치며 플라멩코나 클래식 음악은 불가라는 사실을 배웠지만 말이다.

    운전기사를 지켜보는 것 또한 재미있다. 나는 마음속으로 그들의 멀티태스킹 능력에 상을 주기 시작했다. 끝이 보이지 않는 구불구불한 1차선 도로에서 운전기사가 담뱃불을 켜는 것을 본 적 있다. 그리고 입에 담배를 문 채 살락을 까기 시작했다. 살락은 눈물방울처럼 생겼는데 안은 희고 단단한 과육에 겉은 뱀가죽 같은 껍질을 가진 과일이다. 손으로 살락을 까면서도 팔뚝으로 운전대를 돌리며 산비탈의 급커브를 돌고 그 와중에 말도 계속하다가, 기어를 변속할 왼손이 필요하자 오른 팔꿈치로 운전대를 돌리며 담뱃재를 털거나 전화를 받았다.

어느 날 오후 아체 동해안의 록스마웨 북쪽 길가에서 손을 흔들자 L300 한 대가 멈춰 섰다. 잘 다듬은 콧수염을 기른 잘생긴 50대 중반 기사에게 시글리^{Sigli}에 데려다줄 수 있는지 물었다. 그는 나를 앞좌석에 타라고 손짓했고 자신을 퉁쿠 하지$^{Tengku\ Haji}$라고 소개했다. 퉁쿠는 이슬람에 관한 학식을 두루 갖춘 이를 부르는 명예로운 이름이고, 하지는 메카로 순례를 다녀온 사람을 부르는 영예로운 이름이라 나는 좀 어리둥절해졌다. 그러니까 자기 자신을 존경받는 목사님이라고 부르는 격이다. 퉁쿠 하지는 짧게 자른 머리 위에 금실로 수를 놓은 하얀 기도용 모자를 썼다. 그는 정부의 무능이며 선거와 유가 상승 전망 같은 일상적인 주제에 대해 신나게 이야기했다. "그렇게 말라서 어쩝니까."라며 튀긴 바나나칩을 나눠주기도 했다. 마침내 그는 아무것도 없는 바닷가 소읍 시글리에 대체 무얼 하러 가는지 물었다.

사실 나는 거기서 차를 바꿔 타고 내륙의 작은 산촌 탕세에 가려고 한다고 했다. 거기서 20년 전에 만났던 NGO활동가 아샤를 다시 찾아가려던 길이었다.

"우리가 만난 것은 신의 뜻이 분명합니다!"

퉁쿠 하지가 외쳤다. 매일 지나가는 수백 대의 미니버스 중 내가 잡아탄 그의 버스를 포함한 딱 두 대만 탕세로 간다고 했다. 우리가 큰길을 벗어나 서쪽으로 가는 논 사이로 난 길로 접어들자 중부 아체의 산 위로 걸린 구름이 주홍빛으로 물들고 골짜기 곳곳의 모스크에서 저녁 기도 시간을 알리는 아잔이 울려 퍼졌다. 탕세로 들어서자 산은 짙은 보라색으로 물들고 별들이 하나둘씩 하늘을 수놓기 시작했다. 퉁쿠 하지는 내게 어디서 묵을 작정이냐고 물었다. 나는 어느 여관이 좋은지 물었다.

"여관? 탕세에는 여관이 없답니다."

침묵.

"우리 집으로 가는 건 어떻소?"

침묵.

나는 무례하고 싶지 않았다. 그러나 "무조건 '네'라고 하기" 법칙을 어둑어둑할 때 외딴 마을에서 미니버스 기사 집에 따라가기에까지 적용할 필요는 없지 않은가. 그가 기도용 이슬람 모자를 썼건 안 썼건 상관없이 말이다.

나는 애써 설명을 했다.

"정말 너무 감사한 제안이네요. 하지만 그러실 필요는 없을 것 같아요. 거기 NGO 앞에서 내려주세요."

나는 20년 전에 묵었던 세이브더칠드런 건물을 알아볼 수 있으리라고 확신했다. 그러나 퉁쿠 하지는 내가 무슨 말을 하는지 못 알아들었다.

"탕세에는 NGO가 없소."

그리고 다시 말했다.

"우리 집에 가서 묵어요."

그는 내 쪽을 봤고 나는 시선을 피했다. 그러자 퉁쿠 하지는 웃음을 터뜨리더니 신이 나서 운전대를 두들겼다.

"아이고! 내 말은 그런 뜻이 아닙니다, 이부."

그는 자기가 탕세가 아니라 해안의 비르엔^{Bireuen} 출신이지만 아내가 여기 출신이라고 설명했다.

"나랑 같이 가면 우리 마누라가 알아서 해줄 거요."

이부 하미다는 무엇을 해야 할지 잘 알았다. 그는 거실 바닥에 깔개 두 장을 펼치고 그 위에 내 슬리핑매트를 깔아주었다. 그 깔개들은 현직 아체 주지사인 이르완디 유수프가 온다고 동네 모스크에서 빌려 갔다가 그날 세탁소에서 돌아온 참이었다.

"여기가 침대예요. 그러니까 이게 다 우리 집에 있으라는 신의 뜻이라니까요."

그렇게 해서 나는 유프리다와 친구가 되었다. 유프리다는 하미다의 딸(이자 퉁쿠 하지의 양딸이다. 두 사람 모두에게 이 결혼은 재혼이었다.)이다. 우리가 도착했을 때 유프리다는 응접실에서 빨간 휠체어에 앉아 있었다. 나는 하미다에 이어 하미다의 부모를 소개받았다. 하미다의 아버지는 키가 크고 아랍계의 풍모가 슬쩍 보이는 근엄한 남자고 어머니는 빈랑물이 붉게 든 입에 가늘고 의심 많은 눈을 한 동그란 얼굴의 소유자였다. 그러나 아무도 유프리다를 소개해주지 않았다.

그래도 나는 유프리다에게 인사를 했고 그는 좀 우물우물했지만 알아들을 수 있게 화답했다. 그는 남다르게 빛나는 눈에 새하얀 뻐드렁니를 보이며 미소를 지었다.

동그란 얼굴의 할머니가 말했다.

"그 애는 신경 쓰지 말아요. 걔는 절름발이라오. 상관 말고, 우리한테 돈이나 줘요."

그게 다였다.

유프리다는 휠체어에 앉아 있는데 양발이 안쪽으로 휘었고 왼팔은 꼿꼿했지만 왼손이 안쪽으로 휘었다. 그는 아무 말도 하지 않았다. 하미다가 딸을 제대로 소개해주었다.

"이 애는 유프리다예요."

그리고 애정을 담아 딸의 머리를 헝클어뜨렸다. 하미다는 딸에게 다정하기 짝이 없었다. 하지만 딸이 듣는 앞에서 아주 어릴 때 장애를 얻은 서른 살 먹은 딸을 숟가락으로 떠먹이고, 목욕시키고, 화장실에 데려가기가 얼마나 힘든 일인지 한탄했다.

나는 그날 저녁 유프리다를 못 본 척했다. 그는 대개 휠체어에 조용히 앉아 있을 뿐이었다. 그가 말을 해도 나는 잘 알아들을 수 없었고 어머니를 뺀 모두가 그의 말을 무시하는 것으로 봐서 말이 안 되는 소리를 하는 것 같았다. 하지만 나중에야 유프리다가 아체어로 말하는 것을 알아차렸다.

다음 날 나는 이부 하미다와 그 아버지와 함께 코코아 모종을 심으러 갔다. 83살의 노인은 50킬로그램짜리 비료 부대를 어깨에 지고도 어찌나 빨리 밭 사이를 걷는지 빈 몸으로도 따라가기 힘들었다. 우리가 집으로 돌아가자 유프리다는 신이 나서 우리를 반겼다. 더 깊은 산속에 사는 사촌들이 인사차 들르자 유프리다는 그들이 너무 어색하지 않게 손님을 잘 맞았다. 그제야 나는 유프리다의 정신이 온전하다는 것을 깨달았다. 단지 내가 그를 이해할 만큼 충분히 노력하지 않았던 것이다.

저녁에 나는 사촌네 집으로 가볼 텐데 유프리다도 같이 가자고 했다. 그는 신이 났지만 할머니는 질겁했다.

"절대 안 돼! 걔는 절대 나가면 안 돼. 남부끄러운 일이야."

그는 나를 몰아낼 기세로 휘이휘이 손짓을 해댔다. 나는 유프리다에게 나랑 같이 가는 게 부끄럽냐고 물었다. 그는 세차게 고개를 저었다. "티닥^{Tidak}!" 아니요! 확실하게 의사를 표시했다. 하미다는 웃어 보였다.

"사촌네 가려면 잘 차려입고 가야지."

하미다는 딸을 깨끗한 옷으로 갈아입히고 머리를 빗겨주고 얼굴에 분과 립스틱까지 발라줘서 옆에 선 내가 추레해 보일 지경이 되었다.

우리는 이상한 한 쌍이었다. 까칠한 피부를 가진 정체를 알 수 없는 백인 여자는 대충 쓴 질밥이 몇 분에 한 번씩 흘러내려 짧은 머리가 드러났고, 울퉁불퉁한 돌길 위로 휠체어를 밀면서 연신 미안하다고 했다. 한편 휠체어 위에 앉은 뽀얀 피부의 젊은 아체 여자는 휠체어가 퉁탕거릴 때마다 불평하지 않고 깔깔 웃어댔다. 나중에 유프리다의 엄마가 나를 한쪽으로 데려가더니 울퉁불퉁한 길을 오를 때는 휠체어를 뒤로 기울여서 뒷바퀴를 써야 한다고 일러주었다.

"유프리다가 나더러 대신 말해달라고 하네요. 자기가 직접 말하면 엘리즈가 상처받을지도 모른다고요."

우리가 지나가면 사람들은 빤히 쳐다봤지만 나는 인도네시아어로, 유프리다는 아체어로 저녁 인사를 하자 다들 화답했다. 사흘째 저녁

마실을 나갔더니 우리가 눈에 띄자마자 마을 사람들이 먼저 아는 체를 했다.

그다음 날 나는 이부 하미다의 오토바이 뒤에 타고 골짜기 길 40킬로미터를 올라가 금팡Geumpang에 갔다. 명목은 알려지지 않은 사금 채취자들을 찾는 것이었지만(이 지역에 그렇게 사금을 모으는 사람들이 많다고 들었다.) 그저 여자들끼리 나들이를 가는 쪽에 가까웠다. 청명하고 산들바람이 부는 눈부시게 아름다운 날이었다. 탕세 인근 골짜기 사이의 평야에 늘어선 논을 따라 높이 올라가자 골짜기가 더 가까워졌다. 거센 강물이 골짜기 바닥의 회색 돌들을 휘저으며, 이쪽의 도로와 바위 절벽과 저쪽의 녹색 덩굴이 뒤덮인 깎아지른 벽 사이의 협곡을 깎아내고 있었다. 우리는 협곡 위에 와이어 두 줄만 높이 걸린 출렁다리를 건넜다. 책가방을 멘 여중생과 붉은색과 흰색 교복을 입은 초등학생과 포대기로 아기를 안은 젊은 어머니 둘도 허공에 걸린 아래쪽 와이어에 발로 중심을 잘 잡고 서서 위쪽 와이어를 손으로 잡고 그 다리를 건넜다.

우리는 협곡 위의 레스토랑에 들러 커피를 마셨다. 이런저런 이야기를 하며 신나게 웃었다. 하미다도 딸처럼 환하고 아름다운 미소의 소유자였다. 타원형 안경 아래 눈이 반짝거렸다. 그는 거만하지 않으면서도 당당하고 의사 표현이 확실한 사람이었다. 내가 질밥 쓰는 것을 잊어버리면 이렇게 일러주었다.

"질밥 안 쓰고 나가려는 게 맞나요? 그냥 물어보는 거예요……."

집과 가족에게서 멀리 떨어진 이곳에 앉아 차분히 살아온 이야기를 하자 나는 하미다가 얼마나 강한 사람인지 알아가기 시작했다. 그는 무능한 첫 남편과의 사이에서 유프리다와 다른 두 아이를 두었다.

"그 남자는 군대에서 자동차를 훔쳐서 내다 팔고 그 돈으로 도박을 했죠. 그러다 잡혔는데 그 돈을 물어낼 수가 없었어요."

하미다는 생각도 하기 싫다는 듯 고개를 흔들었다. 전남편은 아내와 세 아이를 버려두고 2년이나 사라지기도 했다. 남편이 오래전부터 따로 아내를 두고 아이까지 여럿 둔 것을 알기 전의 일이었다. 물론 유프리다에게도 아무런 도움이 되지 않았다. 하미다는 홀로 서는 법을 배웠다. 쓰나미가 왔을 때 그는 반다아체에 살고 있었다. 혼자 못 걷는 유프리다를 데리고 간신히 물은 피했지만 집은 망가졌다.

"그래도 쓰나미가 와서 좋은 점이 있다면 피해구호 NGO가 마침내 휠체어를 줬다는 거예요."

하미다가 사회복지부서에 몇 년이나 청원을 했는데도 불구하고 그 휠체어가 장애인 딸을 돌보는 데 유일하게 받은 지원이었다. 나는 학교 교육이나 물리치료며 언어치료를 받을 수 있었는지 물었다. 전혀 없었다. 유프리다는 분명 사회성이 높고 밝은 사람이다. 나는 하미다에게 조금만 도움을 받으면 유프리다는 훨씬 독립적이고 능동적이고 재밌게 살아갈 수 있을 것이라고 했다.

"어쨌거나 유프리다는 지적장애가 있는 게 아니니까요."

늘 재치 있게 말을 받아치던 하미다는 아무 말도 하지 않았다. 그는 한참이나 나를 보더니 시선을 돌렸다가 다시 나를 봤다. 마침내 그가 조용히 말했다.

"맞아요. 그 애는 지적장애가 아니에요."

다음 날 동네 여자들이 와서 내게 아체식 과자 만드는 법을 가르쳐주던 중이었다. 유프리다는 내가 반죽을 밀고 펴는 것을 서투르게 따라 하는 모습을 보고 웃었다. 나는 유프리다에게 무엇이 문제냐고 물었다.

"너무 얇아요."

내 얄팍한 시도에 대한 평이었다.

말상으로 생긴 이웃 여자가 기다란 코를 찡그리면서 유프리다에 대해 중얼댔다. 그러고는 나를 해방해주기라도 하겠다는 듯 말했다.

"쟤는 장애가 있어요. 밥도 숟가락으로 떠먹여 줘야 하는 애가 과자 만드는 법을 어떻게 알겠어요!"

내가 입을 열어 대꾸를 하려는데 이부 하미다가 낮고 차가운 음성으로 끼어들었다.

"쟤는 지적장애가 있는 게 아니야."

말상은 충격을 받은 얼굴이었다. 신체장애와 지적장애를 구분하는 것 자체를 처음 들어보는 것 같았다. 말상은 가봐야겠다며 일어섰다.

"쟤는 지적장애가 있는 게 아니야."

하미다는 말상이 문으로 나가는데 다시 한 번 말했다.

나중에 나는 칼리만탄에서 장애인을 대상으로 무료 물리치료를 해주는 젊은 네덜란드인 여성 자원봉사자를 만났다. 그는 장애인 자녀를 돌보는 데 인도네시아 부모가 마주하는 첫 장애물은 종교라고 했다.

"이 아이는 신이 나를 시험하기 위해 보내신 것이다. 나는 그 시험을 담담히 받아들여야 한다."

첫째와도 연결되는 두번째 장애물은 수치심이다. (내가 저지른 죄에 대한 처벌일지 모르는) 불완전한 아이를 낳았으니 아무도 모르게 하는 것이 좋다. 셋째는 치료와 관련된 비용에 대한 두려움이다. 마지막으로 넷째는 장애도 치료를 통해 나아질 수 있다는 점을 부모가 전혀 모르는 경우가 많다는 점이다.

이 모두는 어느 정도는 사실이라고 생각한다. 유프리다에게 필요한 지원을 받으려고 애써온 하미다는 다른 경우지만 말이다. 그러나 유프리다와 다른 수백만 인도네시아 장애인에게 가장 큰 장애물은 말상 이웃이나 유프리다의 외할머니처럼, 정상 범주에 들지 않는 이들의 존재조차 무시하려는 보수적인 사회구성원들의 태도다.

―――

한편 가는 곳마다 그곳 사람들에게 나를 끼워 맞추려던 내 노력이 재앙 직전까지 이른 것은 수마트라의 작은 섬들로 이루어진 제도에서였다. 풀라우반약 Pulau Banyak(문자 그대로 "많은 섬")은 행정상 아체주에 속하지만 그곳 사람들은 말레이어를 쓰고 행정중심지의 경찰서장은 자기 자신을 이렇게 소개했다.

"전 여기 사람이 아닙니다. 아체에서 온 외지인이지요."

경찰서장은 이 고장 어부들의 근시안에 한동안 분통을 터뜨렸다. 배 위에서 원시적인 압축기로 공기를 내려보내면 잠수부가 아주 깊이 잠수해서 청산가리를 뿌려 바닷가재나 농어 같은 비싼 해산물을 잡는다고 했다. 이런 낚시법은 2004년에 금지됐지만 여전히 많은 사람들이 그렇게 해산물을 잡는다. 물고기는 청산가리에 놀라 산 채로 잡혀 해산물 레스토랑의 수족관으로 팔려 간다. 그러나 청산가리가 해류를 타고 흘러 나가 어류와 바닷가재나 갯민숭달팽이 같은 귀중한 생물들의 서식지인 산호초를 죽인다.

"이게 얼마나 멍청한 짓인지 어디서부터 어떻게 설명해야 할지를 모르겠어요."

경찰서장은 고개를 가로저었다.

이렇게 미래의 수입원을 쓸어버리느라 바쁜 와중에 잠수부들도 청산가리에 중독되어 벌써 여럿이 마비 증세가 오고 둘이 죽기도 했다. 이곳에서는 죽는 방법이 상당히 다채로워 보였다. 그날 아침에는 이웃 할로반Haloban섬에서 한 여자가 악어에게 잡아먹혔다고 했다.

"글쎄 다 먹어 치우고 뼈만 남았더래요."

소식을 전해주던 사람이 흥미롭다는 투로 이렇게 말했다.

경찰서장은 고개를 끄덕였다.

"하지만 괜찮아요. 거기 사람들이 악어를 잡으려고 주술사를 부를 겁니다."

그는 어떻게 일이 이루어지는지 설명했다. 주술사가 사람이 잡아먹힌 물가에 가서 성스러운 창을 꺼내 땅에 꽂는다. 그러면 악어들이 몰려온다. 그러면 나쁜 짓을 한 적 없는 착한 악어들이 여자를 잡아먹은 나쁜 악어를 가리킨다는 것이다. 주술사는 그 살인 악어를 잡고 나머지 악어들은 다시 물로 돌아가 물고기를 잡아먹으며 자기 할 일을 한다는 것이다.

방금 전 이곳 어민들의 근시안에 분통을 터뜨리던 바로 그 경찰서장이 악어 떼를 불러들이는 특별한 힘을 믿는 바로 그 사람일 수 있단 말인가. 진짜 그렇다고요? 나는 물었다.

"그럼요. 주술사가 사기꾼이 아닌 다음에는 그렇습니다."

경찰서장이 대답했다.

나는 그 악어와 소통한다는 주술사를 만나보러 할로반에 가보기로 했다. 일전에 갔던 바다거북 관측소에서 할로반을 지나가는 과묵한 네덜란드인 자원봉사자 둘의 작은 배를 얻어 타기로 했다. 날씨가 엉망이었지만 뱃사람들은 개의치 않았다. 뱃전에 난 구멍에서 물을 모두 빼내더니 낡은 조리 슬리퍼로 구멍을 틀어막았다. 우리는 부서지는 파도 사이로 길을 나섰다.

내 노란 비옷은 사방에서 들이치는 비와 바닷물에는 별 소용이 없었다. 자원봉사자들은 참담한 표정이었다.

"아일랜드에서는 이런 날씨를 '울퉁불퉁'하다고 하지요, 하하하."

나는 쾌활한 척하며 엔진과 파도 소리 사이로 이렇게 소리쳤다. 젊은 네덜란드 청년은 가만히 고개를 끄덕였다. 그리고 처음으로 입을 열었다.

"네덜란드에서는 '똥'이라고 합니다."

할로반까지는 거의 두 시간이 걸렸다. 그 대부분의 시간을 내가 여기서 빠져 죽으면 그걸 누가 알기까지 몇 주나 걸릴까 생각해보는 데

썼다. 도착할 즈음에는 추위가 뼛속까지 파고들었고 손은 거의 마비돼서 가방을 들기도 어려울 지경이었다. 흠뻑 젖은 질밥을 단단히 고쳐 쓰고 가방을 질질 끌며 진창길을 지나 할로반 유일의 커피숍에 들어섰다. 커피를 마시던 손님들은 나를 보고 모두 할 말을 잃었다. "다리 마나?(어디서 왔어요?)"라고 묻는 사람도 "헬로우 미스터!"라고 외치는 사람도 없었다. 그저 뚫어지게 쳐다볼 뿐이었다.

할로반에는 숙박업소가 딱 하나였다. 니아스^{Nias}섬 출신의 여자가 하는 곳이었다. 주인 여자는 친절했지만 나를 좀 바보 취급하는 듯했다. 그는 아주 천천히 또박또박 말하며 나를 편하게 해주려고 여기저기 영어를 섞어 썼다.

"유 만디 둘루 하비스 이투, 유 라포르 디리 바루 키타 잇 라이스.$^{You\ mandi\ dulu\ habis\ itu,\ you\ lapor\ diri,\ baru\ kita\ eat\ rice.}$"

그는 음식을 떠서 입에 넣는 시늉을 했다. 그러니까 내가 목욕부터 하고 경찰에 가서 신고를 하고 나서 밥을 먹자는 것이었다.

목욕을 하고 푹 젖은 가방에서 그나마 덜 젖은 옷을 찾아내 입고, 여관 앞길의 차양 아래 긴 의자에 가서 앉았다. 의자 위에는 동네 경찰이 누워 있었다. 수하르토 시절 외국인은 농촌지역에 머물려면 경찰에 신고해야 했고 아체에서는 분쟁이 끝난 2005년까지 그 관행이 계속됐다. 하지만 아직도 나는 오지에서 지낼 때면 신세 지는 집 사람들의 의심을 사는 일이 없도록 경찰에 신고하기도 했다. 거기다 경찰은 해당 지역의 온갖 소식을 알려주는 좋은 정보원이기도 하다. 그러나 여기 누워 있는 경찰은 내 신고를 받아줄 의향이 전혀 없어 보였다. 그는 한 손으로는 티셔츠를 끌어 올린 채 배를 긁고 다른 손은 핸드폰으로 문자를 보내느라 바빴다. 인사를 했지만 그는 애써 나를 외면했다. 어째서인지 나는 결국은 그날의 화제였던 악어와 소통하는 주술사와 거북알 도둑 이야기로 귀결될 예의 바른 대화를 시작하지 않아도 되어서 마음이 놓였다.

사실 여행이 일곱 달째 접어들자 나는 이 모든 "그냥 네라고 하기, 물론이죠, 이 폭풍 속에서도 물 새는 작은 배에 타겠어요."라고 말하기에 조금 지쳤다. 나도 내 핸드폰을 들여다보며 사흘 만에 처음으로 나의 또 다른 세계에 접속했다. 자카르타에 있는 작가 친구에게 문자를 보냈다.

"내가 언젠가는 이 나라를 이해할 수 있을까?"

친구는 이렇게 답했다.

"그건 편집자들이 할 일이지."

나는 이메일을 열어보았다. 파푸아에서 HIV 치료에 관한 정책 제안을 요청하는 메일이 몇 개 있었다. 억만 광년쯤 멀게 느껴지는 내 본업에 관한 것들이었다. 런던의 한 잡지 편집자가 보낸 인도네시아 관련 기고문 요청과 엄마가 보낸 격려의 안부 메일, 이 책의 기획을 처음 제안한 편집자인 사라가 런던에서 보낸 메일이 있었다.

사라가 퇴사한다고 했다.

내 책은 고아가 된 것이다. 이제 나 혼자 이 모두와 씨름해야 한다. 하늘이 무너져 내리는 듯했다. 여행을 시작하고 처음으로 눈물이 쏟아졌다.

아직도 배를 긁고 있던 경찰은 계속 나를 못 본 척했다. 이 무정한 동네에서 훌쩍이면서 길거리에 앉아 있을 수는 없다고 생각했다. 나는 할아버지 할머니와 10대 자녀들을 위시한 온 가족이 바닥에 앉아 시네트론을 보는 응접실을 통과해서 잽싸게 어두침침한 내 방으로 들어갔다. 방문을 닫고 나니, 습기 차고 창문 없는 방에서 보낸 일곱 달, 모스크의 기도 소리에 네 시에 깨고 닭 울음소리에 다섯 시에 깨고 다시 여섯 시에 학교 가는 아이들 소리에 깨는 아침들, 왜 아이가 없는지, 왜 친구 없이 혼자 다니는지 묻는 말에 나를 방어하고, 젊었을 때는 예뻤을 것이란 소리를 들어온 일곱 달, 화장실 휴지도 술도 영어 대화도 없는 일곱 달, 끝없이 짐을 풀고 싸고, 발에 알 수 없는 반점 같은 염증을 달고 산 일곱 달, 대체 이해할 수 없는 것들을 이해하려 애써온 일곱 달, 무엇보다도 내 것이 아닌 세상에 나를 끼워 맞춰보려 애쓴 일곱 달의 고난과 피로가 한꺼번에 몰려왔다. 나는 진짜 꺽꺽거리며 울기 시작했다.

그때 바로 옆집인 모스크에서 저녁 기도를 알리는 아잔 소리가 울려 퍼졌다. (아주 좋아!) 그리고 안내방송이 이어졌는데 벌써 사흘째 죽음의 해변에서 야영하며 악어를 찾는 중인 주술사를 도와달라고 신께 비는 특별기도가 있을 것이라고 했다.

'아두Aduh! 주술사를 위한 기도에 가려면 그만 울고 일어나야지.'

나는 생각했다. 그리고 아직도 훌쩍이고 있는 나 자신을 보고 웃었다. 이 모든 것이 얼마나 포스트모던한가. 여관 주인이 문을 두드렸다.

"저녁 먹어요."

나는 코를 풀고 최선을 다해 눈물 자국을 지운 후 악어를 찾는 주술사를 위한 기도에 가야 하니 밥은 나중에 먹겠다고 했다. 여관 주인은 들은 척도 안 했다. 이부는 나를 끌고 가서 식탁에 앉히고 내 앞에 밥 접시를 내밀었다. 그도 앉더니 얼굴을 들이밀고 "먹어요!Eat!"라고 영어로 말했다.

나는 밥을 먹었다. 이부는 내가 어린애라도 되는 듯 매 숟가락이 내 입속에 들어가는 것을 지켜보았다. 잠시 후 내가 밥을 다 먹기 전에는 식탁을 벗어나지 않을 것을 알고 일어섰다가 다시 앉았다.

"유 아 새드, 와이?"

음. 이 배려심 많은 이부에게 내가 눈이 통통 붓고 콧물 범벅이 된 게 편집자가 퇴사하기 때문이란 것을 어떻게 설명한단 말인가? 나는 쉬운 길을 택하기로 했다.

"제 친구가 죽었어요."

"어머! 그래도……."

이부는 팔을 구부리고 손바닥으로 식탁을 탕 치며 말했다.

"친구는 적어도 악어한테 잡아먹히지는 않았잖아요."

마침내 나는 할로반 유일의 커피숍에서 말없이 쳐다보는 어부 몇 명과 친구가 되는 데 성공했다. 하지만 아무도 악어가 사람을 잡아먹은 곳을 알려주지 않았다. 악어를 쫓는 주술사가 살인 악어를 잡을 때까지

는 절대 방해해서는 안 된다고 했다. 이틀쯤 지나자 사람들이 주술사에 대해 중얼중얼하기 시작했다. 할로반섬 북쪽에서 80킬로미터 떨어진 시믈루에Simeulue섬에서 아체 지역 평균 월 임금의 두 배나 되는 300만 루피아를 주고 데려온 주술사다. 그러나 엿새가 지나도 아무 일도 벌어지지 않았다.

"어쩌면 악어랑 제대로 통하질 않는 모양이야."

"어쩌면 사기꾼일지도 몰라."

나는 사기꾼일지도 모르는 주술사가 악어를 잡을 때까지 할로반에서 기다릴 수만은 없다고 결심했다. 다음 날 짐을 싸서 선착장으로 내려가는데 어부들이 "악어다, 악어가 나타났다!"라고 소리치기 시작했다. 날렵하고 긴 카누가 놓인 여기저기로 사람들이 저마다 달려가 배 위에 올라타더니 죽음의 해변을 향해 갔다. 내 커피 친구 중 하나가 "지금 뭐 하고 있어요?"라며 자기 배에 타라고 손짓을 해서 나는 그 사절단에 동참했다. 사람들은 문자를 열심히 주고받았다.

"그 악어가 7미터나 된다네요!"

희생자는 작은 강 하구의 벌에서 조개를 줍다가 변을 당했다. 지금은 배 여남은 척이 하구로 몰려들어 서로 목 좋은 곳을 차지하려고 부딪히고 있었다. 우리 배는 뒤쪽으로 빠졌다. 내 커피 친구들은 내게 배에서 내려 물가로 가라고 손짓했다. 나는 7미터짜리 악어가 과연 진짜 잡혔는지가 의문이었다.

나는 허벅지까지 올라오는 물을 헤치고 야자잎으로 지붕을 올린 작은 오두막으로 향했다. 바닥에는 슬리핑매트, 작은 냄비, 작살, 쌀 한 봉지가 있었다. 이곳이 바로 주술사의 안식처였다. 주변을 둘러보고 나서야 마을에서는 여자들이 신이 나서 박수를 치고 있었지만 잡은 악어를 보러 여기 온 여자는 한 명도 없다는 것을 깨달았다. 반면 남자들은 옆구리를 찌르고 손가락으로 가리키며 내게 악어 잡는 과정을 설명하며 현장의 영웅이 되고 싶어 했다. 아무도 제대로 보지는 못했지만 악어가 하구 반대편에 나타났다고 했다. 주술사는 악어를 라탄으로 만든 올가미에 몰아넣으려고 애썼던 모양이었다.

비가 내리기 시작했다. 나는 내 노란색 비옷을 펼쳤다. 남자 둘이 그 밑으로 들어와 비를 피하려 했고 나는 깔깔대며 그들을 밀쳤다. 모두 자연스럽기만 했다. 그때 강 반대편에서 누가 성난 음성으로 손짓을 해댔다. 그 신호가 물을 건너 전해졌다. 이쪽에 있던 남자들이 내 쪽으로 돌아서더니 소리치고 손짓을 하기 시작했다. 나는 이 갑작스러운 집단적 분노의 대상이 바로 나임을 깨달았다.

"여자는 오면 안 된다! 여자가 주술사의 힘을 빼앗아!"

나는 숲 가장자리로 물러났다. 방금 전까지만 해도 그렇게 친절하던 남자들이 모두 내게 등을 돌렸다. 공기가 차갑게 얼어붙었.

몇 분 정도 난리법석을 피운 후 오늘은 악어를 잡기 글렀다는 것이 분명해졌다. 주술사 말고는 악어를 본 사람은 아무도 없었다. 이제 주술사는 외국인 여자가 여기 왔기 때문에 일을 그르쳤다고 우겼다. 그렇게 열성적으로 나를 배에 타게 하고 여기까지 데려온 그 남자들도 이제 내 쪽을 보지 않았다. 내 비옷 아래서 씨름하며 웃던 남자들도 입을 다물고 험악한 표정을 지었다. 머리가 뾰족뾰족하고 도시 말투를 쓰는 젊은 남자가 내가 안되어 보였는지 마을까지 데려다주겠다고 했다. 하지만 샌들이 빠지고 발이 잠기는 맹그로브를 지나 간신히 마을로 돌아오는 한 시간 반 동안 그는 아무 말도 하지 않았다.

아직도 정확히 무엇이 잘못인지 모르겠지만 악어를 잡는 텅 빈 세계에서 여성이 환영받지 못하는 것을 남자들은 알았다. 하지만 나는 이상한 야수 같은 존재였기 때문에 여자로 여겨지지 않고 그들의 우주 바깥에 서 있을 수 있었다. 그러나 주술사가 악어를 잡지 못하자 그는 나를 핑계로 삼았다. 내가 얼마나 순식간에 무해한 관심거리에서 외톨이로 전락했는지 생각해보면 참으로 무시무시한 일이었다.

수마트라 한복판에 가까운 잠비^{Jambi}주에는 지도상 면적이 600제곱킬로미터에 달하는 부킷두아블라스$^{\text{Bukit Duabelas}}$국립공원이 있다. 이곳에는 사냥과 채집으로 살아가는 1,500~5,000명의 오랑림바$^{\text{Orang Rimba}}$ 곧 숲의 사람들 또는 대략 야만인으로 번역되는 쿠부^{Kubu}라고도 불리는 이들이 살고 있다.

1990년대 초까지만 해도 림바족은 그들이 트랑^{Terang} 곧 "빛"이라고 부르는 바깥세상을 전혀 몰랐다. 그즈음 벌목업자, 플랜테이션 회사, 구식 개척자들의 전기톱이 림바족이 살던 빽빽한 원시 우림에 "빛"을 들이대기 시작했다. 림바족이 외부 세계와 최소한으로라도 연결되지 않고는 침입자들에 맞서 자신들의 삶의 방식을 지킬 수도 다른 대안을 찾을 수도 없다는 것을 깨달은 내 지인 부텟 마누룽^{Butet Manurung}은 림바족 어린이들을 위한 비공식 학교를 세웠다. 나는 그가 이 경험에 대해 쓴 책 『정글학교^{The Jungle School}』를 감동적으로 읽었다. 부텟은 자신이 가르쳤던 미작과 겐타르에게 문자를 보내 나를 소개해주었다. 둘 다 부텟이 처음에 가르친 학생들로, 가족의 격렬한 반대에도 불구하고 학업을 마치고 정글학교의 교사가 되었다. 두 사람은 친구이자 림바족의 미래를 개척하려는 공모자였다. 하지만 두 사람은 180도로 다른 삶을 산다.

나는 먼저 미작과 방코^{Bangko}에서 만나기로 했다. 방코는 미작과 젊은 친구들이 자연보존과 부족의 권리를 위한 NGO를 조직한 꽤 큰 도시다.

미작과 만나기 전날 밤 병원 근처에서 커피숍을 운영하는 젊은 여성 이라가 나를 자기 집으로 초대했다. 집에서 이라의 언니와 누군지 모르는 친척 두 사람을 만났다. 한쪽은 시뻘건 눈에 콧수염이 잔뜩 난 데다, 멀쩡한 여자가 남편 없이 혼자 여행할 리 없다고 주장할 때 말고는 말레이어만 쓰는 사람이었다. 다른 쪽은 조금 더 보헤미안 분위기였다. 길고 대충 자른 머리며 각진 안경이며 손질한 손톱이 지방 장인이라기보단 자카르타의 화랑 주인 분위기를 풍겼다. 태도도 그러했다.

림바족의 숲에서 며칠 보낼 계획이라고 했더니 그는 이라의 언니에게 미심쩍은 눈길을 건넸다. 이라의 언니 입에서 "야만인들"이라는 말이 나직하게 튀어나왔다. 곧이어 보헤미안 남자 친척은 내게 거기 가서는 안 된다고 했다. 첫째, 림바족은 강력한 마술을 부리기 때문이라고 했다.

"절대 침을 뱉지 말도록 하쇼. 침을 뱉으면 그자들이 그걸 모아서 저주를 걸고 그러면 영원히 거기서 빠져나오지 못해요."

둘째, 이 야만인들은 더럽고 멍청하다고 했다. 그 증거를 대자면 야만인들이 바깥세상에 나오면 샴푸로 머리를 감고는 배수구의 물로 헹군다고 했다. 내 생각에 모든 물이 깨끗한 정글에서 자랐다면 당연한 행동으로 보였지만, 보헤미안은 세 번이나 이 이야기를 반복하며 정말 멍청하지 않냐고 했다.

이라 언니의 조언은 한층 사려 깊었다.

"그 사람들을 만날 때 코를 찡그리지 말고 냄새난다고도 하지 말아요. 그런 걸 정말 싫어하거든요."

림바족 일부는 문명화되려고 정말 열심이라고 했다.

"많이들 이슬람으로 개종했고 그래서 좀 발전하기도 했죠."

다음 날 미작이 오토바이를 타고 나를 데리러 왔다. 자카르타에서 막 돌아온 이 "야만인"은 신상 컨버스 운동화를 신고 최신 유행의 찢어진 리바이스 청바지와 잘 다림질한 깨끗한 폴로티셔츠 위에 긴소매 셔츠를 입었다. 시내를 벗어나 도로에 먼지가 날리자 미작은 마스크를 쓰고 손을 보호할 장갑을 꼈다.

우리는 곧 "트랑스^{trans}" 그러니까 주로 자바에서 온 이주민이 사는 작은 마을들을 지나쳤다. 자동차로 만든 이동형 은행과 약재 음료인 자무를 파는 여자들이 득시글한 곳이었다. 인도네시아 어디에서나, 여자들이 길고 풍성한 옷으로 몸매를 감추는 지역에서건 티셔츠에 딱 붙는 청바지가 흔한 도시에서건 자바식 전통의상인 사롱 크바야를 차려입고 자무를 파는 여자들을 볼 수 있다.

새벽이 되기 전부터 자무 아줌마들은 생강 조금, 해초 조금, 염소 담즙 조금, 재스민꽃 한 줌 등을 이리저리 섞은 자무를 만든다. 그 자무를 원래 코카콜라나 싸구려 위스키며 심지어 네덜란드 식민지 시절의 진 등이 담겼던 병에 붓고 바나나잎으로 만든 원뿔형 뚜껑으로 닫는다. 그리고 이 병들을 큰 고리버들 바구니에 담은 후 사롱으로 바구니를 등에 메고 장사에 나선다.

나는 보통 항노화에 좋다는 걸쭉한 노란색 강황과 최고의 면역 증진제라는 삼빌로토(천심련) 잎을 고아 만든 묽고 쓴 자무를 섞어달라고 한다. 그러면 자무 아줌마는 바구니를 내려놓고 물통에서 작은 유리잔을 꺼내 이 치유제를 따라준다. 그리고 다른 액체가 든 병을 들고 기다린다. 갈랑갈과 꿀을 섞은 이 액체를 유리잔에 따라 남은 약재와 입 안에 남은 씁쓸한 맛을 씻어낸다. 자무 아줌마는 널리 퍼져 있는 부족이라서 나는 길 위에서 보낸 날들의 최소 3분의 1 이상은 아침마다 자무를 마셨던 것 같다.

곧 마을이 드문드문해지고 플랜테이션이 커졌다. 우리는 베르사유 궁전과 교도소 사이 어디쯤인 듯한 저택을 지나쳤다. 감시탑 세 개가 지켜보고 공들여 문양을 새긴 유리창이 달린 집이었다. "고무로 번 돈이죠."라며 미작이 고개를 끄덕였다.

두 시간쯤 지나 우리는 쇠사슬을 채운 대문 앞에 멈춰 섰다. 여자가 나오더니 5,000루피아를 받고 고무 플랜테이션 안에 들어가게 해주었다. 그 대가로 우리는 걸핏하면 오토바이 바퀴 차축까지 빠지는 진창길을 덜컹덜컹 지나갈 권리를 얻었다. 이 사유 "도로" 최악의 구간에 이르자 나는 오토바이에서 내려 깊고 깊은 진흙탕을 피해 나무뿌리와 가지를 딛고 길가 둑을 따라 걸었다.

그러다 쏙 미끄러졌다. 한쪽 발이 푹 빠지더니 정강이까지 쑥 들어갔다. 그 상태로 나는 점점 다리 찢기를 하는 꼴이 되었다. 한 다리는 점점 더 늪으로 빠져들고 다른 한 다리는 둑 위의 나무뿌리 위에 걸친 상태였다. 나는 젖 먹던 힘까지 동원해 다리에 힘을 줘서 발을 빼냈다. 철퍼덕 쑥!

그런데 샌들이 없었다.

무사히 진창을 통과한 미작은 자기 컨버스 운동화에 묻은 진흙을 털어내느라 내게 신경 쓸 겨를이 없었다. 여태까지 그는 내게 무척 정중했다. 은사인 부텟이 나를 잘 돌봐달라고 부탁해서 그 당부를 열심히 따르던 중이었다. 그러나 한쪽 신발을 잃고 무릎까지 진흙에 빠졌다 나온 내 꼬락서니 앞에서는 웃음을 참기 힘들었다. 미작은 깔깔대며 웃었다.

내가 얼마나 우스워 보일지는 짐작이 갔으나 나는 샌들 한쪽을 포기할 수 없었다. 나는 진흙탕으로 다시 뛰어들어 이제 한쪽 발과 한쪽 팔을 동원해 열심히 진창을 헤쳐보았다. 아무것도 없었다. 진창 속을 손으로 휘휘 저어보았다. 마침내 뭔가 단단한 것이 느껴졌다. 다시 한 번 온 힘을 다해 건져냈다. 철퍼덕 쑥! 내 샌들 한 짝이 진흙으로 포물선을 그리며 튀어 올랐다. 좀 더 마른땅으로 가서 웅덩이에 샌들을 헹

갰더니 발목 스트랩이 사라진 것 아닌가. 다시 진창에 돌아가서 스트랩을 찾을 생각을 하니 절망스러웠다. 그래서 가지고 다니던 모기장 꼭대기에 달린 보라색 리본을 잘라서 얼추 발목 스트랩 대용으로 묶었고, 그 임시방편은 이 여행의 막바지까지 여섯 달 넘게 제 임무를 훌륭히 해냈다.

길을 가다가 다른 림바족을 만날 때마다 운전자들은 오토바이를 딱 붙여 세우고 시동을 끈 뒤 한참 동안 그대로 앉아서 아무 말도 하지 않고 서로를 위아래로 훑어보는데 그 모습이 마치 개미집을 나오거나 들어가다 만난 개미들 같았다. 마침내 한 사람이 질문을 하면 잠시 정보교환이 있고 다시 긴 침묵과 퉁명스러운 고갯짓 후에 다시 길을 떠났다.

우리의 가장 긴 멈춤은 미작의 트멩궁^{temenggung}을 만났을 때였다. 트멩궁은 화전을 하며 이주하며 사는 림바족의 사회적 기본단위인 혈연으로 연결되지 않은 여러 작은 가족 집단을 이끄는 민주적으로 선출된 지도자를 말한다. 그는 수염과 샅바 말고는 몸을 가린 것이 없지만 인상적일 정도로 다부진 체구의 소유자였다. 어깨에는 네덜란드 식민 시대까지 거슬러 올라갈 법한 소총을 걸쳐 멨다. 그는 비둘기 걸음 같은 이상한 걸음걸이로 걸었는데 림바족들이 일렬종대로 정글에 들어갈 때 그렇게 걷는 것을 많이 보았다. 미작은 그에게 큰 존경을 표했다.

"그분이 누구보다 강하기 때문에 우리가 그분을 고른 거예요."

나중에 그가 내게 말해주었다.

어느 지점을 지나자 플랜테이션의 진창길도 사라져서 우리는 오토바이를 세우고 걸었다. 고무나무 사이로 터벅터벅 걷다 보니 고무 수액이 가득한 반으로 자른 드럼통들이 보였다. 거기서 나는 독한 냄새는 무더운 여름날 한낮 쓰레기가 널린 뉴욕 뒷골목을 떠올리게 했다. 가끔 우리는 조용히 고무를 채취하는 자바인 노동자 한둘과 마주쳤고 그들은 예의 바르게 인사했다.

"몽고Monggo, 몽고."●

미작에게 이 플랜테이션이 누구 소유인지 물었다. 대부분 림바족 소유라고 그가 대답했다. 그런데 왜 자바어를 하지?

"림바족이 자바인을 고용해서 일을 시켜요. 3분의 2는 고무 채취하는 사람에게 가고 3분의 1은 소유주한테 가죠."

이런 유의 "3분의 1과 3분의 2" 관계들은 림바족이 화폐경제와 만나고 학교에서 기초적인 수학을 배우면서야 가능해진 아주 중요한 앎이다. 림바족이 직접 고무 채취를 하지 않는 데는 두 가지 이유가 있다고 미작이 설명했다.

"첫째, 그들은 게을러요. 둘째, 그들은 고무 채취를 잘 못해요. 자바인은 열심히 일하고 고무나무를 죽이지도 않거든요. 그러니 모두에게 좋은 일이죠."◆

2005년 부텟이 지금의 정글학교가 있는 자리에서 아이들을 가르

● 영어의 "플리즈please"에 해당하는 자바어 표현—옮긴이

◆ 이 부분은 인도네시아어의 예측 불가능성, 특히 동사의 주어를 생략하기 때문에 생기는 오해의 좋은 예다. 미작은 사실 이렇게 말했다. "둘째, 어떻게 하는지 몰라요." 나는 "그들they"이라고 썼지만 미작이 뜻하는 바는 "우리"이기도 하다. 그는 자기 부족을 가리킬 때 상황에 따라 "우리"와 "그들"을 사용했다.

치기 시작했을 때는 가장 가까운 도로에 가려면 빽빽한 정글을 마체테로 헤치면서 이틀을 가야 했다. 하지만 고무나무를 여기저기 심으면서 도로가 확장됐다. 오토바이를 세우고 한 20분쯤 더 가자 학교가 있는 빈터에 이르렀다. 그곳에는 한 10대 소녀가 발목까지 쌓인 쓰레기 속에서 머리를 빗고 있었다. 인도미 봉지, 과자 껍질, 연습장에서 찢은 종이, 비닐봉지 등등. 소녀는 엉덩이에 꽃무늬 사롱을 두르고 그 위로는 분홍색 플라스틱 목걸이를 걸었다. 그게 다였다. 쓰레기의 바다에서 갈색 피부의 요정이 가슴을 드러내고 몸단장을 하는 그 모습은 마치 디스토피아를 배경으로 한 고갱 작품 같았다. 소녀 뒤편에서는 꼬마 남자아이 둘이 나무를 구부린 작은 활로 나무 위의 작은 털짐승을 향해 화살을 날렸다.

빈터 위로는 기둥 위에 세운 교실이 보였다. 직접 나무로 지은 후 지붕에는 마른풀을 얹은 사방이 뚫린 개방형 건물이었다. 이 학교는 숲 생활의 리듬을 깨뜨리지 않으면서, 기본적 지식을 배우고 싶은 사람이라면 누구나 올 수 있게 하는 것이 목표였다. 그 지식은 "트란스"들, 그리고 더 나아가 숲 사람들의 세계를 구획하는 다른 권력들, 곧 국립공원이나 국유지 권한을 집행하려는 공권력 또는 그런 권리를 위협하는 기회주의적 악덕업자들을 상대하는 데 필요한 것이었다.

그날 밤 나는 미작과 이제 이 학교 교사가 된 림바족 청년 둘과 함께 교실 바닥에서 잤다. 아침이 되자 청년 하나가 일어서더니 외쳤다. "스콜라Sekolah!" 수업 시간이다! 아무도 오지 않았다. 목욕을 하러 강으로 내려갔더니 소년들이 강에서 물을 튀기며 깔깔대고 있었다. 학교 안 가니? 내가 물었더니, 사냥 갔다가 갈 거예요, 라고 아이들이 대답했다.

  나중에 미작과 나는 겐타르를 찾으러 갔다. 그 친구는 오토바이로 두 시간쯤 가야 하는 숲의 다른 구역에 있었다. 우리 계획은 겐타르가 사는 곳에서 가장 가까운 자바인 이주 마을 "트란스"에서 그를 만나서 숲으로 들어가 그의 대가족들과 함께 머무는 것이었다. 막상 겐타르를 만나자 계획이 바뀌었다고 했다. 아이 하나가 그곳 주술사가 고칠 수 없는 "외지 병"에 걸려서 가족들이 자바인 주술사와 가까이 있으려고 숲에서 나왔다고 했다. 그래서 차선책으로 트란스 마을에 있는 겐타르의 집에서 자고 다음 날 당일 여행으로 숲에 들어가기로 했다.

  실망이 이만저만이 아니었다. 나는 정글의 삶을 조금이나마 경험할 수 있을 줄 알고 들떠 있었다. 그간 만난 사람들이 기꺼이 잠자리를 내준 격자형 통풍구가 난 단층집, 시멘트 바닥에 문이 있어야 할 곳에는 반짝거리는 분홍색 인조공단 커튼이 걸린 작은 집, 알전구가 밤새 반짝이는 그런 집들과는 다른 곳을 기대했다.

  그러나 겐타르의 집 또한 분홍색 커튼이 걸린 단층집은 아니었다. 플랜테이션의 야자수 아래 걸린 2제곱미터짜리 방수포가 그의 집이었다. 가운데 기둥 역할을 하는 막대가 있고 네 귀퉁이에도 작대기가 있어 방수포를 지탱해주었다. 바닥은 야자잎의 두툼한 가운데 줄기를 깔아 만들었다. 부엌은 방수포 귀퉁이 모닥불 위에 꽂아놓은 양쪽으로 갈라진 나뭇가지였다. 이 공간에 아직 10대처럼 보이는 겐타르의 아름다운 아내가 가슴을 드러낸 채 벌거벗은 세 아이와 함께 앉아 있었다.

겐타르가 시내에서 가져온 밥과 메기, 인스턴트 라면, 치즈맛 감자 칩을 내놓았다. 아내와 아이들은 감자칩에 달려들어 와그작와그작 씹어 먹고는 반짝거리는 무지갯빛 봉지를, 그것만 빼면 대체로 생분해성인 집 바닥으로 던져버렸다.

"방수포는 어디 있나?"

겐타르가 물었다. 미작과 나는 서로 빤히 쳐다보기만 했다. 슬리핑 매트와 모기장이며 사롱은 있지만 방수포는 없었다. 내 판초 비옷을 꺼내 보였지만 겐타르는 어림없다는 표정이었다. 그는 우리 둘더러 트란스 마을로 가서 방수포를 구해 오라고 했다.

돌아오니 겐타르는 반바지를 벗고 노란색과 주황색 목욕용 수건을 두른 채 아이들과 놀고 있었다. 두 살쯤 되어 보이는 막내는 코흘리개에 포동포동한 여자아이로 악령으로부터 보호해주는 부적을 달고 있었다. 겐타르는 둘째인 다섯 살짜리 딸에게 커다란 마체테를 건네주며 집 지을 사람에게 주라고 했다. 자기 키의 절반도 넘는 날카로운 무기를 나르기 위해 태어난 듯한 둘째가 마체테를 들고 와 미작에게 주었다. 미작은 충격에 빠진 듯했다.

그는 신상 컨버스를 신은 한쪽 발을 끌었다 다른 쪽을 끌었다 하다가, 오토바이 위에서 햇빛을 막으려고 낀 장갑 낀 손을 비틀어댔다. 우리는 여기 이틀 정도만 있을 거니까 쉴 곳을 따로 지을 필요는 없을 것 같다고 그가 말했다. 나는 먹구름이 몰려드는 하늘을 올려다봤다가 미작 쪽을 쳐다보았다. 그는 내 눈을 피했다. 나는 그제야 갑자기 미작이 이 숲에서 자기 부족과 사냥하고 채집하며 자랐지만 야심 찬 변호사가 된 지금의 그는 정글에서의 생존 기술에 있어서는 나보다 나을 것이 없다는 것을 깨달았다. 해야 할 어떤 일에 대한 무능력이 자신이 속하지 않는다고 여기는 세계에 대한 일종의 심리적 신체적 거부반응이라고 할 수 있을지 나는 살짝 궁금해졌다. 미작이 있을 곳은 젊은 학생 활동가들과 카푸치노를 마시는 자카르타의 트렌디한 카페라는 것이 너무나 명백했다.

우리 둘 다 애절한 눈빛으로 겐타르를 쳐다보았다.

"아두! 이 도시 사람들!"

겐타르가 빽 소리를 질렀다.

겐타르는 숱 많은 곱슬머리에 얼굴의 상당한 면적을 차지하는 넓적한 코의 소유자였다. 눈썹은 대충 얼굴을 가로질러 나 있고 눈은 그 아래 축 처져 있지만 내가 만나본 인도네시아인 중 가장 반짝거리는 눈을 가졌다. 웃을 때면 삐뚤삐뚤한 이를 활짝 드러내 보였다. 타고나기를 남을 잘 놀리고, 친구인 미작이 도시 사람인 척 엄살을 떨며 자신에게 일을 떠넘기는 것을 즐겼다. 미작 또한 기분 좋게 맞받아쳤다. 얼마 전 두 사람은 스승이었던 부텟과 함께 자카르타로 여행을 다녀왔다. 공항에서 시내로 들어가는 길에 차가 꼼짝도 하지 않고 서 있자 겐타르가 차가 고장 난 것 아니냐며 나가보려고 해서 미작이 말려야 했다.

"그냥 자카르타에서는 일상적인 교통체증인데 이 산토끼는 차가 고장 난 줄 안 거죠!"

미작이 놀려댔다. 그러나 미작은 겐타르가 잠자리를 만들어주자 행복해했다.

그 후 몇 시간 동안 사람들이 야자수 몇 그루 거리만큼 떨어진 잠자리에서 여기저기 쏟아져 나오더니 그 수가 상당해졌다. 남자들은 엉덩이께만 천을 두르거나 반바지 차림이고 여자들은 가슴을 드러냈으며 아이들은 자그마한 사롱에 몸에 안 맞게 큰 반바지나 부적을 걸쳤거나 아니면 알몸이었다. 모두 내게서 멀찍이 떨어진 데 쪼그려 앉았고 내가 남자인지 여자인지 궁금해했다. "잔탄 아타우 브티나?Jantan atau betina?" 수컷이야 암컷이야?

남들보다 훨씬 더 "빛"과 접촉한 것이 분명한 한 남자가 엄숙하게 내가 "반치banci" 그러니까 트랜스젠더라고 선언했다. 그 남자는 매끈한 캐러멜색 피부가 완벽한 아몬드형 눈 사이와 높은 광대뼈와 완벽한 대칭의 입술을 에워싼 내가 본 가장 아름다운 사람 중 하나였다. 콧수염과 염소수염이 살짝 나고 긴 머리칼이 물결쳤다. 그는 여자 사롱을 샅바처럼 메서 완벽한 형태의 엉덩이를 드러내 보였다. 곁눈질로 그의 물결치는 머리채와 보라색 꽃무늬 사롱을 바라보며 나는 생각했다. 당신이 아니라 내가 트젠이라고?

내가 그 야영지 주변에 있는 동안 이 사람들은 아무 반응도 하지 않은 채 나를 쳐다보기만 했다. 내가 웃어 보이거나 손을 흔들어도 아무 반응이 없었다. 내가 겐타르의 가족들에게 각종 음향효과와 몸짓을 동원해 진흙탕에 빠진 샌들을 건진 이야기를 하는 동안 구경꾼들이 깔깔대는 소리를 분명 들었지만, 그쪽을 바라보면 모두 꼼짝하지 않고 가만히 있었다. 마치 술래에게 몰래 다가가다가 술래가 돌아보면 모두 꼼짝하지 않고 가만히 있는 놀이를 하는 것 같았다.

날이 어두워지자 겐타르와 아내는 개구리를 잡으러 강으로 갔다. 두 사람이 가져간 도구는 손전등, 작은 냄비, 마체테가 다였기에 대체 어떻게 개구리를 잡는지는 분명치 않았지만 그냥 따라가보았다. 몇 초 지나지 않아 탁! 겐타르가 강둑에서 물로 뛰어들더니 마체테 손잡이로 커다란 물고기를 쳐서 기절시켜 냄비에 담았다. 개구리와 새끼손가락만 한 작은 물고기도 그렇게 잡았다. 작은 물고기는 맨손으로 잡을 수도 있었다. 방수포로 지은 우리 집으로 돌아갈 때 냄비 안에는 큰 물고기 한 마리, 작은 물고기 대여섯 마리, 개구리 한 마리가 담겼다. 나도 물속에서 다리를 벌린 채 움직이는 모든 것을 열심히 쳐다봤지만 아무것도 잡지 못했다. 다음 날 아침 큰딸이 김이 올라오는 밥과 방금 구운 생선과 개구리 다리를 가져다주었다. 그 여행에서 먹은 어떤 아침식사보다 근사했다.

―――――

아침을 먹고 겐타르와 미작과 나 이렇게 셋은 "안으로" 들어가 림바족의 진짜 고향인 숲을 둘러보러 길을 나섰다. 우리는 여기저기 덤불이 있는 팜유 플랜테이션을 몇 킬로미터나 달리고 달렸다. 그중 한 덤불에서 말레이곰의 흔적을 발견했다. 태양곰이라고도 부르는 이 검은 짐승은 가슴에 또렷한 노란색 V 자 모양이 있으며 곰 중에 가장 작지만 성년이 된 수컷 곰은 나보다 무게가 더 나간다. 말레이곰은 혀가 아주 긴데 나무둥치에 숨겨진 벌집의 꿀을 핥기 위해 그렇게 진화했다. 나는 야생 말레이곰을 한 번도 보지 못했지만 말레이곰이 국제자연보전연합이 규정한 "멸종위기" 종인 것은 잘 안다. 나는 겐타르에게 물었다.

"곰을 자주 보나요?"

"곰을 자주 보냐고요?"

그는 눈을 반짝거렸다.

"우리는 곰을 자주 먹습니다!"

잔뜩 찌푸린 하늘 아래 산꼭대기에 오르자 충격적인 광경이 펼쳐졌다. 잘려 나간 나뭇가지, 베어버린 나무둥치, 뽑혀 나간 뿌리 뭉치……. 비교적 최근이지만 그렇게 최근은 아닌 시기에 벌목된 우림의 한 귀퉁이만큼 충격적이고 심란한 풍경은 없을 것이다. 벌목 후 새로 자란 전혀 아름답지도 않고 쓸모도 없는 풀과 덩굴은 갱단이 맞수 갱단의 구역을 쳐들어가듯 죽은 나무둥치 사이를 점령했다. 그것들은 윙윙거리고 징징거리는 기계와 고함과 탕탕 치는 소리가 그 숲을 며칠 만에 종말 후의 황무지로 만들기 전에 이 자리에 수천 년간 숲이 있었다는 사실을 기억하게 해주는 것들이었다.

그 광경에 쾌활하던 겐타르는 입을 다물었다. 나는 우리가 한 시간 반 동안 달린 지역이 겐타르가 어렸을 때는 전부 숲이었는지 물었다. 그는 오토바이를 멈춰 세우고 몸을 돌려 나를 쳐다보며 말했다.

"2006년에도 여기는 전부 숲이었어요."

2006년은 "바팍 스리부Bapak Seribu" 그러니까 미스터 원사우전드가 이 지역에 온 해였다. 겐타르와 미작은 바팍 스리부가 메단에서 왔다는 것 말고는 그에 대해서 아무것도 몰랐다. 바팍 스리부는 수천 헥타르의 원시림을 밀어버릴 자금과 장비를 대고 벌목한 땅을 구획화한 다음 마을 사람들에게 헥타르당 100만 루피아에 팔았다고 했다. 무슨 권리로요? 내가 물었다.

겐타르가 분통을 터뜨렸다.

"권리? 권리! 하! 허가도 없고 권리도 없이요. 그자가 가진 거라곤 불알 두 쪽뿐이었다고요!"

나중에 미작과 내가 림바족의 땅을 벗어나 국도에 들어서자 배기가스와 날것 같은 남성호르몬을 뿜어대는 남자들의 무리가 지나갔다. 그들은 헬멧도 안 쓰고 온몸에 문신이 잔뜩 있었다. 대형 산악 오토바이 뒷좌석에는 파괴의 무기 같은 거대한 전기톱을 꽁꽁 묶어두었다. 미작의 온몸이 긴장으로 잔뜩 굳어졌다.

"프레만 부카 후탄.Preman buka hutan."

그러니까 삼림을 벌채하는 폭력배들이라고 그가 말했다.

겐타르가 오토바이를 멈춰 세웠던 자리에 있던 숲은 이동하는 림바족이 기대 살던 숲이었지만, 그들은 바팍 스리부가 보낸 이 폭력배들과 맞서 싸우지 못했다. 그 이유 중 하나는 림바족이 문화적으로 폭력을 싫어하기 때문이라고 두 청년은 말했다. 그러나 더 큰 문제는 림바족에게는 인도네시아의 법률은 고사하고 "권리"라는 개념 자체가 (부텟이 가르친 최초의 학생인) 겐타르가 인도네시아어를 읽고 쓰고 말하기를 배워서 미작과 친구들에게 가르치고 활동가들과 NGO를 만나기 시작하면서야 존재하기 시작했다는 점이었다.

이제 미작은 자신이 태어난 세계와 그가 꿈꾸는 현대 세계 사이의 통역자가 되려고 애쓰고 있다. 미작과 친구들의 작은 NGO를 통해 림바족 젊은이들은 AMAN에 동참했다. AMAN은 인도네시아 전역의 1992개 선주민 집단을 대변하며 전국 차원에서 로비할 수 있는 공론장을 제공하는 상위연합체이다. AMAN은 미작이 어떤 법을 검토해야 할지 알려주었지만 림바족의 싸움은 전적으로 지역 차원에서 벌어졌다. NGO는 불법행위를 기록하고 경찰에 신고하고 현수막을 걸고 잠비 주지사 사무실 앞에서 시위를 조직했다. 그러나 지금까지 별다른 성과를 거두지 못했다.

이 모두는 그들이 해내기엔 쉬운 일이 아니다. 인도네시아에는 환경과 관련한 52개 법, 조약, 조례가 있다. 그중 다수가 서로 모순된다. 더 큰 문제는 나무와 숲을 관장하는 두 정부 부서인 환경부와 임산부가 서로 다른 지도를 이용한다는 것이다. 2010년 대통령령으로 단일한 지도를 정하는 프로젝트가 착수됐지만 중단됐다. 모두가 인도네시아의 토지 사용에 관한 단일한 지도가 있어야 한다고 생각하지만 어느 쪽의 데이터를 바탕으로 해야 하는지를 놓고는 팽팽하게 맞선다. 한쪽 지도에는 4,000만 헥타르에 달하는 원시림이 있지만 다른 지도에는 없다. 달리 말하자면 정부 부처 사이에서 일본 전체 영토보다 더 큰 원시 열대우림이 "사라져"버린 것이다. 여기까지는 중앙정부의 문제일 뿐이다. 군의 지도와 토지 사용에 관한 군의 법 또한 다 다르다.

현실에서는 어떤 경우에도 각종 규제나 지도에 신경 쓰지 않으므로 거의 문제가 되지 않는다. 겐타르는 여기저기 팜유를 새로 심은 개간지 사이로 몇 킬로미터를 더 가더니 다시 멈춰 섰다. 오토바이에서 뛰어내려 덤불 주변을 이리저리 차기 시작했다. 처음에는 이리저리 살피더니 점점 동작이 거칠어졌다. 겐타르는 여기 있던 "여기서부터는 삼림을 벌채할 수 없습니다."라고 표시한 국립공원 경계석을 찾는 중이었다.

경계석은 보이지 않았다. 숲도 보이지 않았다.

고지대로 들어서자 팜유 플랜테이션보다 고무 플랜테이션이 많아졌다. 한 시간 반쯤 지나자 진짜 숲 같아 보이는 것이 우리 눈앞에 나타났고 더 가까이 가보자 또 다른 대학살의 광경이 펼쳐졌다. 이곳에는 풀이나 씻겨나간 뿌리는 보이지 않았다. 거대한 나무가 쓰러진 채 누워 있는 것을 보니 바로 어제 벌어진 일 같았다. 나무 그루터기 주변에는 아직 톱밥이 남아 있고 쪼개진 나무들이 이쑤시개처럼 삐죽삐죽 널려 있었다.

2006년까지만 해도 정글이었던 곳을 떠난 지 두 시간이 지나 마침내 우리는 숲속의 시원한 피난처에 이르렀다. 나는 오토바이에서 내려 걷고 싶었다. 시끄러운 엔진 소리에서 벗어나 마법 같은 정글의 소리를 듣고 싶었다. 목을 아무리 길게 빼도 꼭대기를 볼 수 없는 나무를 보고 싶었다. 발밑에서 낙엽이 분해되는 바삭거리는 소리를 듣고 싶었다. 이 위대하지만 무력한 왕국에 남은 것들을 느껴보고 싶었다. 그러나 정글 노마드로 살아온 두 청년에게 필요도 없는데 걷는 것은 이해할 수 없는 일이었다. 그래서 길이 있는 한 우리는 계속 오토바이를 탔다.

숲속으로 1킬로미터쯤 들어가니 어두운 숲 사이로 햇살과 연녹색 녹음이 나타났다. 어린 고무나무가 적당한 간격으로 세심하게 심겨 있었고, 카사바와 다른 작물이 주변에 자라고 있었다. 이 플랜테이션은 겐타르와 그가 속한 집단의 가족들 소유다. 가까운 곳에 어깨 높이의 기둥 위에 세운 대나무집이 보였다.

"여기가 진짜 내 집입니다."

겐타르가 다 빠진 이를 드러내며 웃었다.

1년에 한 번씩 림바족은 숲속에서 하루 동안 벌채를 한다. 도끼로 나무를 베고 남은 것들을 태워 토양에 거름을 만들고 카사바와 고구마 등 주식을 심는다. (개구리, 물고기, 곰과 다른 동물 같은) 다른 식재료는 사냥으로 구한다. 트란스 마을의 나시파당 음식점에 갔을 때 내가 닭고기를 권했더니 겐타르는 역겹다는 듯 혀를 내밀고 "진짜 림바족이라면 인간이 키운 짐승은 먹지 않아요."라고 했다. 림바족은 식물과 뿌리채소는 먹기 위해서, 꿀, 라탄, 야생고무는 팔기 위해서 모은다. 이주민과 플랜테이션 노동자들이 한때는 림바족의 영토였던 곳에 들어오면서 이런 상품 시장이 형성됐고 림바족은 "돈을 알게" 되었다는데 미작은 그때가 1990년대 중반이라고 했다.

야생고무를 팔아 번 현금으로 사람들은 전기톱을 살 수 있게 됐고, 언제나 삼림벌채를 금지해온 림바족의 규율은 무용지물이 되었다. 하룻밤 사이에 한 가족이 벌채할 수 있는 땅 면적이 열 배로 늘어났다. 더 많은 땅이 벌채된다는 것은 림바족이 고무나무를 더 많이 심어 더 많은 돈을 벌 수 있다는 뜻이기도 했다. 그리고 고무나무를 심는다는 것은, 이 땅이 예전처럼 가족이 쌀과 야채를 한두 해만 기를 용도로 개간한 작은 땅처럼 다시 정글로 돌아가지 않는다는 뜻이기도 했다.

고무는 돈이고 돈은 전기톱이고 전기톱은 더 많은 고무와 더 많은 돈이며, 많은 돈은 오토바이다. 오토바이는 시장과 새 플랜테이션 사이를 편하게 오가게 해주므로 읍내에서 더 많은 시간을 쓰게 만든다. 읍내에서의 더 많은 시간은 쌀, 설탕, 무지갯빛 포장지에 든 치즈맛 감자칩, 휘발유, 고무나무 묘목을 뜻하고 따라서 더 많은 돈이 필요해져서 더 많은 나무를 자르고 더 많은 고무나무를 심는 일이 계속된다.

겐타르가 버려진 캠프에서 냄비를 슬쩍했고 우리는 강이 나올 때까지 숲속을 잠시 거닐었다. 겐타르가 놀라울 정도로 간단하게 나뭇가지 몇 개로 금방 불을 피우는 사이 미작은 비닐봉지를 깔고 얌전히 앉아 있었다. 금세 우리는 트란스 마을에서 사 온 라면을 끓여 점심을 먹었다.

점심을 먹었으니 이제 낮잠 시간이다. 우리는 누군가의 "집"으로 올라갔다. 사방이 뚫린 대나무 평상이 가슴께 높이에 있었다. 그 아래는 전기톱이 걸려 있었다. 대나무 평상 한쪽에는 얼마 전까지 텔레비전이 담겼을 큰 종이상자가 있었다. 오두막 주변 바닥에는 스티로폼 조각이 여기저기 보였다. 나는 눈썹을 올리며 종이상자를 가리켰다.

"그거 텔레비전이에요."

겐타르가 무심히 대답했다.

"전기는 대체 어디서 오는데요?"

"발전기요."

겐타르의 아내가 나중에 말해주기로는 남편이 자카르타에 가서 오토바이가 없을 때는 세 아이와 숲의 야영지에서 나와 처음 만났던 플랜테이션까지 여섯 시간을 걸어간다고 했다.

"옛날처럼 말이죠."

이제 오토바이 없는 사람이 거의 없으니 모든 게 훨씬 쉬워졌다고도 했다. 그러나 오토바이 뒤에 텔레비전과 발전기가 따라온다면 이주하는 삶은 어느 때보다 어려워질 것만 같아 보였다. 고무값이 높게 유지된다면 벌목이 아니라 소비주의가 이주하는 정글 노마드의 삶을 끝장낼 것이다.

플랜테이션을 지나 집으로 돌아가는 길고 긴 길에 뾰족뾰족한 팜유 플랜테이션 위로 우뚝 솟은 나무 하나를 발견했다. 나무둥치에는 작은 나무못이 간격을 두고 꽂혀 있었다.

"우리 꿀나무예요."

겐타르가 말했다. 여러 세대에 걸쳐 벌들은 특정한 나무에 모여들어 벌집을 만들고 림바족은 그 벌집을 종교적 의례에 쓴다. 림바족 공동체는 전기톱 앞에서 이 나무를 지켜낸 것이다. 하지만 그는 이렇게 말했다.

"이제는 벌들이 그 나무에 더는 가질 않아요. 그 주변에는 벌들이 먹을 게 없거든요."

어두워지자 나와 미작은 우리의 작은 안식처로 들어가 미래에 관해 이야기했다. 미작은 자신의 목표가 안정적인 토지권을 확보해서 "림바족이 아닷에 따라 숲속에서 계속 살 수 있게 하는 것"이라고 했다. 나는 숲속에서 사는 것이 그가 진짜로 원하는 것이냐고 물었다.

"그건 다른 얘기죠. 전 이제 무슬림이고 제 개인적인 바람은 좀 다른 거예요."

미작이 자신의 개인적인 꿈을 이야기하는 동안 겐타르도 우리 이야기에 동참했다. 미작은 먼저 부텟의 친구가 하는 자바의 유기농 농학교에 가고 싶어 했다. 그리고 겐타르의 땅에서 아주 멀지 않은 곳에 땅을 2헥타르쯤 사서 자식들을 위해 쓰게 고무나무를 심고자 했다. 그리고 대학에 가서 법을 공부하는 것이다. 2학년 때 결혼할 텐데 상대가 "림바족 여자는 아닐 것"이라고 했다.

"첫째, 종교가 다르기 때문이고, 둘째, 나는 바깥세상이 어떻게 돌아가는지 아는데 림바족 여자는 아무것도 모르니까……."

나와 겐타르는 아까부터 얼굴을 찌푸렸지만 미작의 꿈은 아직 끝이 아니었다.

"우리는 아이를 둘 낳을 거고 첫째는 아들, 둘째는 딸 그리고……."

겐타르가 깔깔대면서 끼어들었다.

"와, 첫째는 아들, 둘째는 딸이라니. 아니 그럴 거면 뭐 하러 신을 믿나? 자네가 벌써 신이구먼……!"

겐타르는 자기 부모에게 절대 숲과 림바족식 생활을 버리지 않겠다고 약속했다. 그리고 그렇게 해왔다. 그는 옆 나무집 소녀와 결혼하고 밤에는 개구리를 잡고, 내가 만나본 사람 중 누구보다 행복해서 남들도 전염될 정도다. 아무 생각이 없는 순진무구한 야만인의 방식으로 행복한 게 아니라, 생각이 깊으며 도대체 뭐가 더 필요하단 말인가 식으로 행복한 이다.

겐타르는 무엇이 자신들의 생활방식을 위협하는지 적확하게 알았다. 하나는 숲이 파괴되는 것이고 다른 하나는 그의 표현에 따르면 "나무를 사랑하는 NGO"의 과도한 열정이다. 하지만 지금은 아직 아이들과 놀고 친구를 놀리고 고무를 팔 수 있다.

"전 자카르타 사람들이 하루 종일 차 안에 앉아 있는 걸 봤거든요. 그보다는 나무 아래 앉아 있는 쪽이 백번 낫지 않나요?"

겐타르의 말이다.

숲을 떠나면서 미작은 지금이 무슨 달인지 물었다. 일상에서 인도네시아 사람들은 흔히 달 다음에 숫자를 붙여 말한다. 내가 다섯번째 달이라고 답하자 미작은 맞다고 했다. 그러더니 "그러니까 준June인가요?" "아니, 메이." "아!" 침묵. 이 청년은 헌법 5조와 공간계획법 26조를 인용할 수는 있지만, 시간의 흐름을 두리안 철이나 꿀 철로 따지는 세계에서 자랐기 때문에 서구식 달 이름의 순서는 매번 헷갈렸다.

이론적으로는 미작과 친구들이 동족인 림바족의 권리를 지키기 위해 세운 NGO는 미작의 스니커즈를 신은 깨끗한 발을 카푸치노, 토지명의, "문명화된" 종교의 세계에 걸칠 수 있게 해주지만, 반대쪽의 진흙투성이 발은 여전히 개구리 사냥과 곰고기 저녁식사의 세계에 걸쳐 있다. 그러나 바팍 스리부와 그가 데려온 삼림 파괴자들이 속한 세계는 림바족의 세계와 꿀나무와 오래 공존할 수 없어 보인다. 미작은, 빛의 세계에서 정한 규칙으로 싸워야만 림바족의 전통적인 생활방식을 지켜낼 수 있다. 성공적으로 그렇게 하려면 미작은 현대 인도네시아 속으로 들어가 그 세계에 어울리는 사람이 되어야 하지만, 그 세계는 림바족의 우주관이 받아들여질 여지가 전혀 없는 곳이다.

숲에서 자기 원로를 만나면 미작은 그에게 진심으로 존경을 표했다. 그러나 그러고 나서는 기운 없이 말했다.

"노인들은 아닷 얘기만 끝도 없이 해요. 하지만 림바 아닷이란 게 저기 바깥세상 '빛' 속에선 아무 소용 없다는 걸 몰라요."

미작이 너무 다른 두 세계 사이에서 공존하려고 애쓰는 것에 나는 전적으로 공감할 수 있었다. 내 무신론, 이혼 경력, 무직, 떠돌이 생활의 현실은 자카르타에서는 아무 문제도 되지 않는다. 그러나 인도네시아의 다른 곳에서 남의 집과 생활 속에 받아들여지고 싶다면 그런 내 현실을 좀 각색해야만 했다. 지금까지 몇 달 동안이나 나는 하루에 열두 번쯤 나에 관해 거짓말을 해왔다. 보건부에서 일하면서 장기휴가를 받았다. 민간 영역에서 일하는 무슬림 인도네시아인 남편과 자카르타에 살고 있다. 나는 사실 독실한 가톨릭이다. 남편과 나는 서로의 신앙을 존중하며 아이가 없기 때문에 종교가 다른 것이 큰 문제가 되지 않는다.

자식이 없다는 것만이 이 가짜 버전의 내 이야기에서 전적으로 사실인 부분이다. 자식이 없다고 하면 무슨 말이 나올 줄은 알았지만 그토록 많은 말을 들을 줄은 몰랐다. 질밥을 쓴 살집 있는 여자는 이랬다.

"아이가 없다니 그게 무슨 말이에요? 아직 없다는 말인가?"

내 정수리가 희끗희끗한 것을 보고 나서는 이렇게 물었다.

"나이가 어떻게 돼요?"

그러면 얽은 자국이 있는 누군가가 끼어든다.

"어디에서 치료를 받았어요? 싱가포르에 가야 해요. 거기서는 뭐든 할 수 있어요!"

그러면 누가 얽은 자국을 꾹 찌른다.

"아니야, 아니야. 우리 사촌을 만나봐야 해. 우리 사촌은 특별한 치유력이 있어요. 그 동네 여자 셋이나 그 사람한테 특별치료를 받고 임신했다니깐."

남자들은 이런다.

"아이가 없다니 그게 무슨 말이에요? 어디 가서 그냥 하나 낳아 오지 그래요?"

빼빼 마른 늑대처럼 생긴 남자가 눈을 가늘게 뜨고 이랬다.

"남편이 바람났구먼. 어린 아내하고는 애를 몇이나 낳았대요?"

나는 단 한 번도 자식을 갖고 싶었던 적이 없었다고는 차마 말할 수 없었다. 그런 말은 절대로 용납할 수 없다. 그래서 불쌍하고 신앙심 깊은 척하며 애매하게 대답하곤 했다. 하늘을 가리키며 내가 자식이 없는 까닭은 신께 여쭤야 한다고 어깨를 으쓱하며 나는 내 운명을 받아들인다고 했다. 하지만 하루가 멀다 하고 낯선 사람에게 내 난소 상태를 점검받는 처지는 계속됐다. 림바족의 파괴된 숲에 갔다 온 지 일주일쯤 후 나는 수마트라 동해안의 주석 산지 벨리퉁^{Belitung}섬의 큰 도시 탄중판단$^{Tanjung\ Pandan}$에서 아침을 먹고 있었다. 탄중판단은 중국인이 운영하는 가게와 식민지풍 집이 있는 부유한 고장이었다. 벽에 걸린 사진으로 보건대 내가 있던 그 커피숍은 1940년대에 문을 연 이래 거의 달라진 게 없었다.

커피숍 주인은 나일론 반바지에 망사 조끼와 플라스틱 샌들 차림으로, 그러니까 중국계 상인이 가게에서 일할 때 입는 유니폼 같은 복장으로 너덜너덜한 1,000루피아짜리 지폐를 세서 티크 책상 서랍에 챙겨 넣었다. 주인은 나를 반기며 자기 친구들이 앉은 자리로 안내했고 우리는 예의 그 대본을 따랐다. "다리 마나?" 어디 사람이요? "와, 영국이요. 맨체스터 유나이티드! 그런데 인도네시아어를 잘하시는구먼. 남편은 어디 사람이요?" 등등. 아이는 몇이냐는 질문에 이르렀을 때 나는 그냥 입에서 나오는 대로 대답해버렸다. "둘인데 벌써 다 컸답니다." 그리고 대화 주제는 다른 데로 넘어갔다. 이렇게 술술 넘어가다니 처음부터 그냥 자식이 있다고 둘러대지 못한 나 자신이 원망스러울 정도였다.

친구들이 떠난 후 커피숍 사장은 자기 이름이 이샥 홀리디이며 지역 의회 의원이라고 소개했다. 커피숍은 가업이고 사람들이 무슨 생각을 하고 무슨 얘기를 하는지 접할 수 있는 좋은 장소라고 했다. 우리는 두어 시간쯤 지방정부며 교육 분야 투자며 정치적 책임, 광업 의존성을 낮출 정책 등에 관해 이야기했다. 다음 날 아침 아침을 먹으러 커피숍에 다시 가보니 팍 이샥은 옷을 제대로 갖춰 입은 채 내게 손을 흔들었다.

"이제 우리가 유명인이 됐어요."

그가 웃으며 말했다. 그는 내게 지역신문을 건네주었다. 신문에는 누군가의 카메라폰을 보며 바보처럼 웃는 우리 두 사람의 사진과 다음과 같은 헤드라인이 적혀 있었다.

"외국인 방문객이 벨리퉁 디저트가 맛있다고 밝혔다."

그리고 기사가 이어졌다.

"두 아이의 엄마 엘리자베스는……."

실존하지 않는 내 아이들은 다른 골칫거리를 만들기도 했다. 남자들은 제법 빨리 자식 관련 질문을 넘어가는 편이다. 하지만 여자들은 내 자식의 이름, 성별, 나이, 직업 등 모든 것을 알고 싶어 했다. 이 모든 것을 지어내자니 너무 골치가 아파서 나는 곧 무자식으로 돌아갔다.

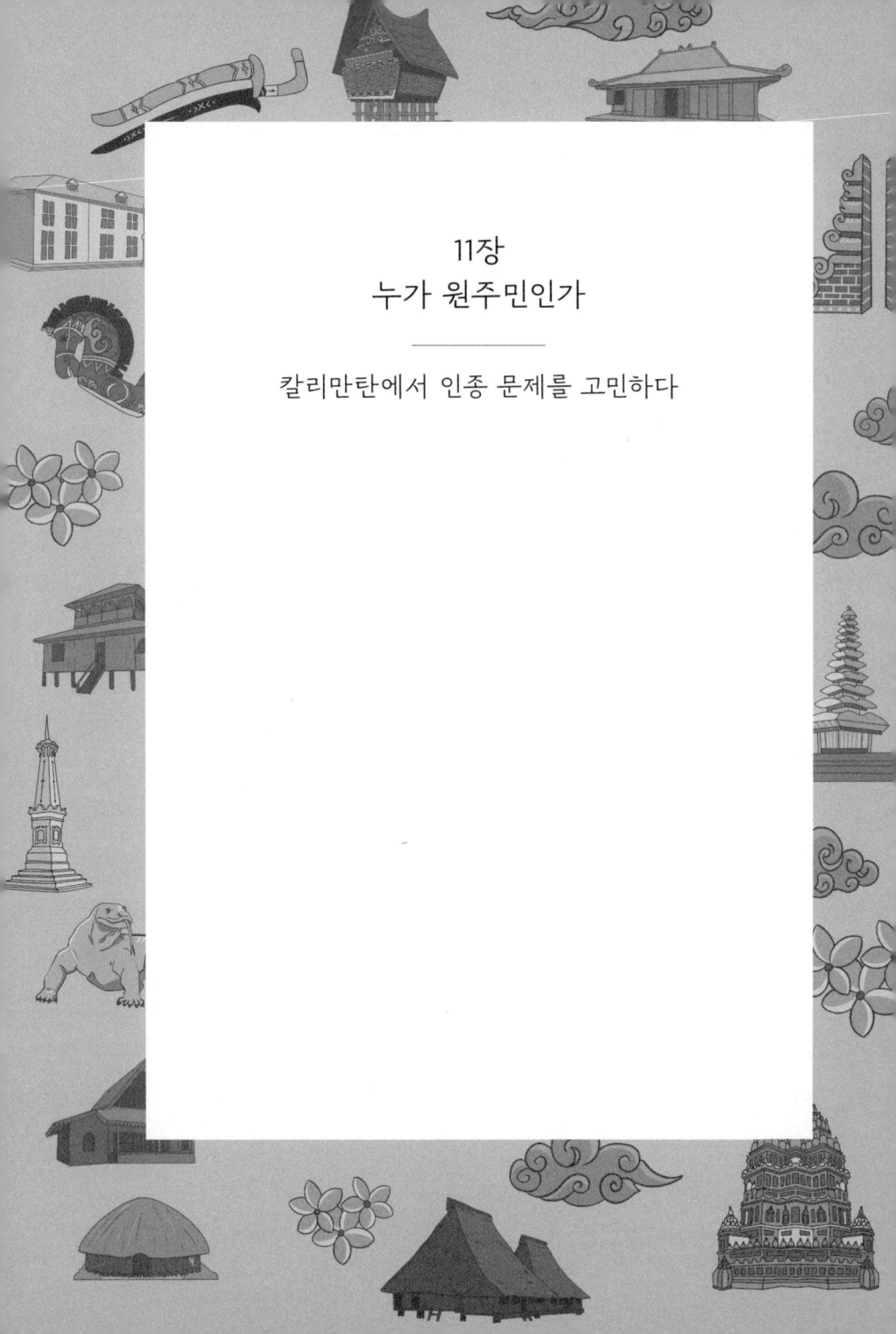

11장
누가 원주민인가

칼리만탄에서 인종 문제를 고민하다

지도 K: 칼리만탄(보르네오섬)

한낮의 작열하는 태양 아래 적도 아가씨가 곱게 화장한 얼굴 위로 땀을 줄줄 흘리면서도 꼿꼿하게 서 있었다. 그 머리 위에는 화살이 꽂힌 커다란 은색 구가 아슬아슬하게 균형을 잡고 있었다. 바로 뒤편의 적도 기념비를 본떠 스티로폼과 알루미늄포일로 만든 모형이었다.

나는 다시 잠깐 자카르타에 들렀다가 항공편으로 이곳 폰티아낙 Pontianak에 왔다. 폰티아낙은 서칼리만탄 최대의 도시이자 정확히 적도 위에 자리 잡은 세계 유일의 도시다. 내가 도착한 날은 마침 태양이 거의 직각을 그리면서 그림자가 사라지는 추분이었다. 1908년 네덜란드인들이 세운 조형물을 지역정부가 더 크게 세운 적도 기념비 앞에 추분 축제를 찾은 사람들이 몰려들어 그림자 없는 적도 아가씨와 기념촬영을 하고 있었다.

폰티아낙 시장은 은회색 실크 옷에 금사로 빳빳하게 짠 허리띠를 둘렀고 시장 부인도 같은 천에 금사로 수를 놓은 사롱을 둘렀다. 시장 부부는 식민지 이전 술탄과 왕비처럼 바틱을 두른 수행원이 돌리는 거대한 양산 아래서 해를 피하며 세상을 굽어보았다.

칼리만탄은 도서부 동남아시아 지도에서 큰 자리를 차지하는 보르네오섬에서 인도네시아 영토 부분을 말한다. 보르네오의 남쪽 3분의 2가량을 차지하는 칼리만탄은 내가 여행할 당시 네 개 주로 이루어져 있었다. 북쪽으로 정글로 뒤덮인 보르네오 중심부의 산지를 지나면 말레이시아의 사바주와 사라왁주 그리고 독립 술탄국 브루나이가 있다.

칼리만탄은 인구밀도가 제곱킬로미터당 25명에 불과해 동일 면적당 1,055명인 자바에 비하면 상대적으로 텅 비었다고 할 수 있지만 그 인종 구성은 무척 복잡하다. 폰티아낙 시장이 입은 은회색 옷은, 유럽인들이 해안에 당도하기 훨씬 전부터 수마트라와 말레이반도로부터 이곳 칼리만탄의 해안과 강가에 정착한 말레이 무슬림의 전통복식이다. 내륙의 숲은 지금은 "다약족"이라는 포괄적인 개념으로 묶는 여러 부족들의 터전이었다. 이 부족들은 대개 강가에 자리 잡은 공동의 전통가옥에 살며 작은 배를 타거나 걸어서 근처의 숲을 개간해 작물을 재배했다. 18세기 초에는 칼리만탄 서쪽에 중국인들이 대거 몰려와 독자적인 국가를 세웠다. 더 최근에는 자바와 마두라 등 인도네시아에서 인구밀도가 높은 지역 출신 이주자들이 정부 이주정책의 일환으로, 혹은 남칼리만탄과 동칼리만탄을 인도네시아에서 가장 부유한 지역으로 만들어준 유전과 탄광의 일자리를 찾아왔다. 그래서 칼리만탄 인구 중 거의 다섯 명 중 한 명은 다른 곳에서 태어난 사람이다.

기념비 뒤로는 지역방송 카메라와 주 과학경진대회 심사위원 앞에서 열세 개 학생 팀이 적도를 주제로 한 과학 프로젝트를 발표하는 중이었다. 한 팀은 적도의 일곱 가지 불가사의를 설명했다. 그림자가 사라지는 것을 포함해 적도를 기준으로 하수구의 물이 내려가는 방향이 다른 것(몇몇 그룹이 열성적으로 '증명'했다지만 사실이 아닌)과 약한 중력과 강렬한 태양광도 불가사의에 들어갔다. 이 학생들은 대부분 학비가 비싼 사립학교에 다니는 중국계였고 발표는 영어로 진행했다.

"햇빛의 강도는 대단히 셉니다. 우리는 그것으로 태양력sun force을 만들 수 있습니다."

한 소년이 이렇게 설명하는데 다른 소년이 그 소년의 옆구리를 찌르며 말했다.

"태양력이 아니라 태양열 발전solar power."

그러더니 둘은 낄낄거렸다.

나는 폰티아낙의 전력 공급량에서 "태양력"이 차지하는 비중이 얼마나 되는지 물어보았다.

"음, 거의 없다고 보면 돼요. 우리는 그저 가능성에 대해 얘기한 거니까요."

남학생 중 하나가 대답했다. 나는 반쯤 농담으로 시장님한테 가서 그 가능성을 현실화해서 폰티아낙을 에너지 효율의 모범사례로 만들자고 해보면 어떻겠냐고 했다.

남학생들이 영어로 외쳤다.

"예스, 위 윌! 우리는 새 세대니까요. 우리는 세상을 바꿀 거예요."

―――――

이번 여행에는 동반자가 있었다. 언젠가 "인도네시아의 갱들"이라는 블로그를 보고 운영자 멜라니 우드Melanie Wood에게 메일을 보내 열성 팬이라고 밝힌 적이 있다. 자카르타에 잠시 들렀을 때 인도네시아 여피들이 생강향 석류 칵테일을 영혼 없이 휘저으며 아이패드를 넘겨대는 바에서 멜라니를 만났다. 이런저런 이야기를 하다가 이틀 후에 칼리만탄에 간다고 했더니 자기도 같이 가겠다는 것이었다.

나는 멜라니를 위아래로 쳐다보았다. 근사한 블라우스에 짧은 남색 치마, 우아한 슬링백힐 차림인 그가 토사물 봉지가 덜렁거리는 고물 버스에 앉은 모습은 도무지 상상이 가지 않았다. 나는 내 여행 방식을 설명했지만 그는 뜻을 굽히지 않았다.

그런데 멜라니는 정말이지 훌륭한 동반자였다. 씩씩하고 임기응변에 능하며 유쾌한 데다 거의 언제나 투지만만했다. 게다가 키가 크고 금발에 눈은 꿰뚫어 보는 듯한 푸른색이다. 그 말은 멜라니가 나 대신 피리 부는 사나이가 되어 까불대며 몰려드는 아이들에 둘러싸여, 누구나 핸드폰을 가진 시대의 폭거인 끝없이 사진 포즈 취해주기에 시달린다는 뜻이다. 덕분에 나는 완전히 해방되었다.

폰티아낙에서 해안을 따라 네 시간쯤 북쪽으로 올라가면 나오는 싱카왕Singkawang은 인도네시아에서 흔치 않게 주민 대부분이 중국계인 도시다. 도시 전체가 해협화인海峽華人 사회 같은 느낌이다. 건물은 대개 여닫이문이 달린 이 층짜리 숍하우스로 기둥 위 발코니와 금속 차양이 그늘을 만들어주고 있었다. 1940년경의 싱가포르나 페낭과 비슷해 보이지만 실상은 1980년대식 싸구려 공법으로 지은 것이다.

싱카왕에서의 첫날 밤, 멜라니와 나는 야외 카페에 자리를 잡았다. 이 카페는 루이보스차 같아 보이지만 사실은 다약족이 채집한 토종 국화로 만든 차를 파는 전문점이다. 우리 주위로 베스파와 람브레타를 탄 젊은이들이 잔뜩 지나갔다. 이 아름답게 복원된 스쿠터들은 인기 폭발이었다. 스쿠터에 탄 사람들도 거기 잘 어울리는 레트로 스타일 반*헬멧을 썼다. 법에 따르면 얼굴을 완전히 가리는 헬멧을 써야 하지만 아무도 신경 쓰지 않았다. 최신형 혼다 스쿠터마저 1950년대식 스쿠터를 본떠 나올 정도로 레트로 열풍이었다.

찻집 주인 헤르만토와 잠시 이야기를 나눴는데 싱카왕에는 서구 관광객이 별로 없다고 했다. "싱카왕에 유명한 거라고는 인신매매뿐이죠!"라고 쾌활하게 말했다. 사실은 나도 이곳이 우편 신부 사업의 중심지였다고 들었다. 그게 정말인가요? 신부는 맞아요. 하지만 인신매매는 아니고요.

신부 사업은 1970년대 타이완 기업들이 한창 서칼리만탄의 나무를 베어 목재와 합판을 만들던 시기에 시작됐다. 이곳에 온 비즈니스맨들은 싱카왕의 중국계 여성이 결혼하지 못한 서민층 타이완 남성의 짝으로 괜찮겠다고 생각했다. 군대를 다녀오고 나이가 들어서도 결혼을 못 하는 남자들이 늘어나자 그때까지 부모들을 도와 자식에게 어울리는 짝을 찾아주던 중매쟁이들은 초비상이 걸렸다. 중매쟁이들은 남녀가 서로 편지와 사진을 주고받게 한 후 당사자들과 가족이 동의하면 여성을 타이완으로 보냈다. 헤르만토는 그 시절의 신부는 대부분 40대로 인도네시아 기준으로는 노처녀였다고 했다.

"물론 실제보다 부자인 척한 남자들이 있어서 실망으로 끝나는 일도 있었지만, 대부분은 누이 좋고 매부 좋은 일이었어요. 지금도 여전히 중매업자를 쓰는데 요즘은 결과가 나쁠 때가 별로 없어요. 스카이프 영상통화도 하고 비행기값이 싸져서 남자 쪽에서 십중팔구 와서 만나보거든요."

이 중매업을 "인신매매"로 소개하는 신문기사는 언제나 마야 사트리니Maya Satrini라는 여성의 이름을 언급한다. 구글 검색을 해보니 그가 싱카왕군 에이즈위원회 소속이길래 나는 사무실로 가서 그를 찾아보기로 했다. 마야 사트리니는 자리에 없었지만 그의 동료들 또한 신부소개업에 대해 헤르만토와 비슷하게 별것 아니란 입장이었다. 타이완 남자와 현지 여성의 결합이 온라인데이트와 뭐가 다르냐고들 했다.

"온라인데이트 사이트에도 돈을 내잖아요. 중매업체에도 돈을 내죠. 둘이 다를 게 뭐가 있나요, 안 그래요?"

한 여성의 말이었다.

큰 차이가 있다면 중매쟁이는 신부 가족이 신붓값을 확실히 받게 해준다는 점이다. 신붓값은 중국 전통 사회에서 1,000년 넘게 계속된 관습이지만 최근에는 여성 "매매"라고 불리게 되었다. 인신매매 감시 단체의 의심을 더 산 까닭은 중매업자가 보통 3년이나 5년짜리 계약서를 만들었기 때문이다. 곧 결혼생활이 잘 안 풀린다면 여자가 마치 이주노동자가 말레이시아에서 가사노동자로 일하는 2년 계약이 끝나면 집으로 돌아오듯 돌아와도 된다는 뜻이다. 다른 점이 있다면 결혼생활에서 자식이 생겼다면 무조건 아버지가 맡는다는 점을 명시했다.

"가난한 집 딸이라면 타이완 남자와 결혼하는 게 부모를 돕는 최고의 방법이죠. 아직도 부모 봉양은 우리 전통에서 중요하니까요."

헤르만토의 말에 나는 놀랐다. 인도네시아에 가난한 중국계 가족이 있다고 생각해본 적이 없었기 때문이다.

―――――

후일 인도네시아가 되는 섬들의 삶에 관한 최초의 기록은 중국 기록이다. 중국 무역상들은 1,000년이 넘는 세월 동안 섬 세계의 경제생활에서 중요한 한 부분이었으며 문화적으로도 기여한 바가 크다. 윈난성 출신의 무슬림 환관 정화는 자바 북해안에 이슬람교를 소개한 장본인이기도 하다. 그러나 인도네시아와 중국계 이주자들과의 관계는 늘 문제적이었다.

초기의 중국인 이주자들은 14세기 후반 명나라 황제가 사무역을 전면 금지하자 고향 항구로 돌아가지 못하게 된 무역상들이었다. 이들이 자바 북해안을 따라 늘어선 항구에 정착해 자바어를 배우고 자바 여성과 결혼했다. 18세기 중반 자바 도시 적어도 네 곳의 통치자는 중국계였다.

중국인은 원주민 통치자에게 필요한 기술도 가져왔다. 왕과 술탄들은 무역상들의 사업 감각을 높이 사서 그들을 항구감독이나 세관관리 아니면 세금징수업자로 등용하곤 했다. 네덜란드동인도회사도 그 전철을 밟았다. 중국계를 이용해 반발이 심한 미곡세를 거두고 그 돈으로 각지의 술탄과 왕을 상대로 전쟁을 치렀다. 식민정부는 절대다수인 "원주민"이 부유해지는 것을 막기 위해 소수민족인 중국계에게 아편굴, 전당포, 도박장의 독점 운영권을 주었다.

네덜란드는 칼리만탄의 금광 채굴, 수마트라의 주석 채굴, 자바의 설탕 재배, 수마트라의 담배와 후추 재배 같은 대규모 사업권도 중국계 대상인에게 팔았다. 이 중국계 보스들은 현지인을 고용하지 않고 중국 본토에서 중국인 노동자 수백, 때로는 수천 명을 배로 실어 왔다.

이 새로운 이주자들은 이전의 무역상들과는 달리 현지인과 섞일 필요가 없었다. 20세기 초 네덜란드령 동인도에는 중국계가 50만 명 이상이었고 그중 절반이 자바 바깥에 살았다. 그중 상당수가 중국인 사회의 버블 안에 살며 출신지의 중국 방언을 쓰고 고향 음식을 재창조하고 조상의 방식대로 기도하고 결혼하면서 그저 일, 일, 일만 했다.

싱카왕에서 나와 멜라니는 우연히 구식 "용가마"가 있는 도자기 공장을 발견했다. 용가마란 끝자락에 벌집 모양 용광로가 있는 80미터 길이의 볼록하게 솟은 터널형 가마다. 일꾼들 말로는 이런 가마는 고대 중국 남부 광둥성에서 유래했다지만 이 가마는 1970년대에야 만든 것이었다. 가마 안에 들어가보니 도자기 수백 점이 비 오는 날 하늘 같은 잿빛 유약이 발라진 채 늘어서 있었다. 1,000점이 채워지면 입구를 벽돌로 막고 가마에 불을 때며 땔감을 넣어준다. 20시간이 지나면 갈색 진흙은 주황색, 진갈색, 녹색이나 하늘색으로 반짝이고 그릇이며 동상, 장식용 용은 내다 팔 수 있게 된다.

뒷마당은 벽돌공장이었다. 호리호리한 체격에 중국 북부 특유의 외양을 한 젊은 남자가 아래쪽 작은 연못가에서 새로 파낸 진흙이 가득한 손수레를 밀면서 나타났다. 남자는 흙을 좀 이기더니 큰 덩어리로 나눠 탁자 앞에 선 두 여자 앞에 던져주었다. 여자들은 진흙을 직사각형 벽돌 틀에 채워 넣고 금속 날로 윗면을 매끈하게 다듬은 다음 새로 "찍은" 벽돌을 탁자 위에 탁 올려놓았다. 벽돌 한 장에 60루피아, 곧 7센트를 받았다. 여자들 말이 하루에 300장에서 400장을 찍을 수 있다고 했다.

이런 벽돌 만들기 공정을 남술라웨시에서도 본 적 있다. 그곳 벽돌공 여자들은 한센병 때문에 손이 뭉툭했다. 그들 사이에 앉아 있는 분홍색 트레이닝복을 입은 젊고 예쁜 중국계 여자가 공장주인이었다. 그것이 인도네시아 어디서나 사물의 자연스러운 질서였다. 그러나 여기 싱카왕에서는 중국계 여성이 고된 일을 하면서 하루에 미화 2달러도 받지 못한다.

나는 식민지 시대에 사탕수수밭에서 사탕수수를 자르는 네덜란드인이라도 본 방문객처럼 충격을 받았다. 그리고 내가 얼마나 바바^{babah} (중국계 무역상을 부를 때 쓰는 결코 예의 바르지 않은 호칭)에 대한 인도네시아식 고정관념에 사로잡혀 있었는지 갑자기 너무 절실하게 깨달았다. 고정관념대로면 중국계는 약삭빠른 장사치며 근면하고 배타적이다. 중국계끼리는 서로 돕는 데 인색하지 않지만 인도네시아 원주민을 언제나 착취하려고 한다. 그 결과 그들은 부자이다.

여행 초기에 인도네시아 동부에서 만난 한 인도네시아 사업가가 해준 얘기다.

"바바 밑에서 몇 년 동안 일한 적 있어요. 바바가 일하는 걸 보면서 많이 배웠죠. 특히 열심히 일하는 법을 배웠습니다."

그런데 종국에 그는 바바의 삶 한가운데에 어떤 구멍이 있는 것을 깨달았다.

"뭐든지 다 돈, 돈, 돈이에요. 먹고 나면 돈, 자고 나도 돈, 그러다 죽어요. 나중에는 대체 왜 그렇게 살아야 하나 싶더라고요."

1965년 반공산주의 대학살은 많은 인도네시아인이 그들이 필요하거나 원하는 수많은 물자를 대주던 근면하고 배타적인 중국계에게 느끼던 질투심을 해소하는 기회가 되었다. 수카르노와 인도네시아공산당PKI 모두 중국과 가까웠고 중국계는 모두 공산주의자임에 분명하므로 만만한 목표였다.

국화차 전문점 주인 헤르만토는 이렇게 말했다.

"그건 두 배로 부당한 일이었어요. 여기 온 중국계 중에는 1949년 내전에서 공산주의자들이 이기자 본토에서 도망쳐 온 난민이 많았거든요. 그런데 공산당이라는 누명을 쓰고……."

그는 손을 들어 목을 자르는 시늉을 해 보였다.

1965년 폭력에서 살아남은 중국계 인도네시아인들은 극심한 차별을 받았다. 공무원, 군대, 기타 정부기관에서 일할 길이 원천적으로 막혔다. 상대적으로 교육 수준이 높은 중국계는 인도네시아에서 사적 영역으로 여겨지는 시장, 숍하우스, 소규모 공장으로 더 몰릴 수밖에 없었다. 그들은 이 위험한 시기에 몸을 사리면서 열심히 일하며 친족 네트워크를 강화했다. 이 네트워크는 숨바의 마마 보보가 친족 전체와 얽힌 교환망과 크게 다르지 않다. 차이라면 중국계 인도네시아인에게는 물소가 아니라 계약과 자본이 교환의 매개물이라는 점이다. 계약과 자본은 도축되지 않지만 더 많은 계약과 자본을 낳았다.

식민지 시대 이전 자바의 왕들이 그랬듯 수하르토도 중국계가 가진 자본과 상업 네트워크가 필요했다. 수하르토는 독점권을 주고 그 대가로 중국계 매판세력은 수하르토의 정치공작에 동참했다. 인도네시아는 수출주도형 산업을 키우면서 자본을 투자받았고 중국계는 점점 더 부유해졌다. 그러나 늘 그렇듯 수하르토는 이쪽 손으로 준 것을 저쪽 손으로 빼앗았다. 그는 중국계에 대한 차별을 공고히 했다. 중국 학교, 사원, 신문사 모두 문을 닫았고 중국계는 인도네시아식 이름으로 개명해야 했다.

1990년대 중반 오스트레일리아 정부가 펴낸 자료에는 중국계가 인도네시아 경제의 80퍼센트를 장악하고 있다는 눈길을 끄는 도표가 실려 있었다. 그보다는 눈길을 끌지 못하는 데다 언제나 간과되고 마는 (나부터가 해당 주제에 관한 로이터 보도기사를 쓸 때 그랬다.) 점은 각주 17번이다. 그에 따르면 80퍼센트라는 수치는 국영기업이나 다국적기업이 통제하는 경제는 포함되지 않은 것이다. 그 수치를 제하고 다시 계산해보면 중국계 인도네시아인이 소유한 국부는 3분의 1이 채 못 되긴 하지만, 중국계가 인도네시아 인구의 3.5퍼센트인 것을 감안하면 여전히 다른 인종집단에 비해 8배나 많다.

이 불균등한 부의 편중은 통치자가 느끼기에 정치적 압력이 너무 높아져 김을 빼줘야 할 때마다 간단히 중국계 인도네시아인을 희생양으로 만들었다. 중국계 공동체를 겨냥한 첫 대규모 폭력은 1740년에 벌어졌다. 중국계 상점 약탈과 중국계 여성 집단강간은 1998년 수하르토 퇴진으로 이어진 대혼란 시기에 가장 극심했다. 그 후 수하르토 시대의 차별적인 법안은 폐지되었고 중국계 인도네시아인들은 중국어와 인도네시아어 두 언어로 수업하는 학교와 사원을 다시 열었다. 한 중국계 상점 주인은 이렇게 말했다.

"지금은 말도 못 하게 좋아졌죠. 평생 올해는 누가 가게에 불 지르지 않으려나 걱정하며 살았는데 이젠 그러지 않아도 되니까요."

싱카왕에서 멜라니는 과거 로이터통신 사진기자 엔니가 하던 역할도 해주었다. 우리가 오토바이를 빌려 타고 시내를 돌며 모험을 나서면 멜라니가 뒷좌석에 앉아서 흥미로운 것이 보일 때마다 내 옆구리를 찔렀다. 그렇게 옆구리를 찔린 내가 오토바이를 끼익 멈춰 세운 곳은 너저분한 길가에 방금 뽑은 국수를 널어 말리는 중국계 할머니 앞이었다.

인사를 건네봤지만 할머니는 인도네시아어를 거의 하지 못했다. 어쩔 수 없이 써본 지 오래된 녹슨 중국어로 말을 걸어보았다. 이번에는 할머니 얼굴이 밝아지더니 이런저런 이야기를 쏟아냈다. 국수공장은 아들 아후이의 것이라며 우리에게 안으로 들어와 구경하라고 했다.

국수공장은 지옥의 일곱번째 고리 같았다. 희미한 알전구 아래 중세시대 고문기구 같아 보이는 거대한 국수 기계가 철커덩거리며 돌아갔다. 마른 체격의 아후이가 웃통을 벗은 채 땀을 흘리며 기계 구멍에 밀가루, 달걀, 물을 한데 부어 넣었다. 철컹, 철컹, 척-척-척, 윙, 철컹, 쿵, 쿵, 철컹. 마치 내 머릿속에서 누가 북을 치는 것 같았다. 국수 기계가 시커먼 연기를 내뿜더니 갑자기 멈췄다. 볼트 하나가 빠진 모양이었다. 10대 노동자 중 하나가 밀가루 반죽을 휘젓더니 볼트를 찾아내서 제자리에 넣자 기계가 다시 돌아갔다. 마침내 얇은 반죽이 나오면 그 반죽을 잡아 늘이고 치대고 다시 합쳤다가 늘려서 거대한 휴지걸이같이 생긴 막대에 감았다.

벽을 따라 늘어선 골이 진 선반 위에 이 거대한 휴지걸이가 주르륵 걸리자, 반죽기가 날로 바뀌더니 이번엔 국수를 잘라내기 시작했다. 묘하게 예쁘장한 다약족 소년이 낡아빠진 빨간 카우보이모자를 쓰고 괴물 같은 기계 앞에 앉았다. 기계가 국수를 뱉어내면 소년이 국수를 건져 반짝거리는 나무 장대에 널어 다른 소년들에게 건넸다. 그러면 그 소년들이 그 국수를 옆방에 널어 말렸다. 채광창이 있는 그 큰 방에는 거미줄과 검댕이 한 켜 덮인 실링팬이 여러 개 달려 있었다. 바닥 여기저기에는 가스관이 깔려 있었고 녹슨 버너가 연결되어 켜져 있었는데, 말리는 국수의 장막 때문에 잘 보이지 않아 내 맨발이 불꽃에 너무 가까이 간 후에야 그 존재를 알아차렸다. 이 버너 덕분에 건조시간이 훨씬 짧아진다지만 그 방은 말 그대로 불지옥이었다.

국수의 장막 너머 덜렁거리는 화장실 문에서 1미터도 떨어지지 않은 곳에서는 불 위에 올린 커다란 나무통에서 국수를 삶고 있었다. 국수가 다 익으면 포장해서 인근의 노점상들에게 간다.

할아버지 대부터 시작한 가업이건만 아후이는 미래가 밝지는 않다고 했다. 아들이 이제 여섯 살인데 "그 애가 크면 이런 일은 안 하려고 들 거예요."라고 말했다. 벌써 국수공장에서 일하는 사람은 전부 다약족뿐이라고 했다.

"중국계 젊은이들은 월급을 더 달라고 하고 딱 일을 배울 동안만 일해요. 그러고 나서는 자기 가게를 열어서 경쟁을 하죠."

우리가 공장을 나서자 아후이의 어머니가 국수가 잔뜩 든 큰 봉투를 주었다.

"중국어 할 줄 아는 사람을 만나서 너무 좋아서. 요새 젊은 사람 중에는 거의 없지."

국화차 전문점으로 돌아와서 헤르만토에게 이 이야기를 해주었다. 헤르만토의 아버지는 중국어 교사였다고 했다. 지붕 아래 중국어책을 숨겨놓기는 했지만 1965년 학살 이후 수하르토의 반중정책을 감히 거스르지 못했다. 아들에게도 중국어를 가르치지 않았다.

"우리 세대는 잃어버린 세대죠. 뿌리에서 잘려 나간 느낌이랄까요."

종족과 뿌리는 칼리만탄에서 피할 수 없는 문제라서 때론 파멸적인 폭력으로 폭발하기도 한다. 1965년 중국인 학살은 칼리만탄에서는 일종의 예외적인 사건이다. 이곳에서 끝나지 않는 갈등과 분쟁은 칼리만탄이 자기 조상의 땅이라고 여기는 두 민족 다약족과 말레이인 사이의 것이기 때문이다. 100년도 더 전인 1895년에 조지프 콘래드^{Joseph} ^{Conrad}는 보르네오를 배경으로 한 그의 첫 소설에서 "말레이인과 사람 사냥꾼이라고 불리는 강가의 다약족이 끝없이 싸웠다."라고 썼다.●

수마트라, 말레이반도, 보르네오 전역에 자리 잡은 말레이인은 수백 년 전 칼리만탄에 여러 술탄국을 세워 무역중심지로 발전시켰다. 이 무역항들은 보르네오의 정글에서 나는 이국적인 산물을 끌어모아서 팔아 부를 쌓았다. 코뿔새 부리, 코뿔소 뿔, 금, 인디고, 장뇌, 용의 피

● Joseph Conrad, *Almayer's Folly*. New York: Macmillan and Co., 1895. 조지프 콘래드, 『올마이어의 어리석음』, 원유경 옮김, 이타북스, 2021, 65쪽.

란 재밌는 이름이 붙은 약제상에서 쓰는 붉은 수지며 다른 임산물을 채집해서 배에 싣고 강 하류로 가져간 것은 다약족이었다. 그들은《보이즈 오운 페이퍼Boys' Own Papers》◆에 자주 등장할 법한 알록달록한 정글의 원시종족이다. 그런 이야기에는 울창하고 냄새나는 정글 사이를 구불구불 흐르는 푹푹 찌는 긴 강이 나온다. 문신투성이에 늘어뜨린 귓불과 뾰족한 이빨을 가진 야만인들이 다 함께 사는 전통가옥 베란다에 앉아 대롱을 불어 날리는 침을 다듬으며 다음 사람 사냥을 기다린다.

식민주의자들은 두려워했고 그 후의 정권은 무시했기에 다약족은 인도네시아 군도의 역사에서 국가의 가장자리에 있었고 관료제나 정치에서 거의 대변되지 못했다. 다약족은 수하르토와 그 측근들에게서 자신들의 숲을 지킬 수 없었다. 그들의 터전 수백 제곱킬로미터가 타이완 합판공장에 목재를 대기 위해 잘려 나갔다. 족장이 이끄는 다약족의 전통 체제와 아닷은 수하르토식의 획일적인 마을 행정이라는 강압 아래 살아남지 못했다.

1990년대 중반 교육 수준 높은 도시의 다약족 소수는 자신들이 야만인으로 그려지는 것은 물론 공직은 죄다 말레이인이 차지하는 것에 염증을 느끼기 시작했다. 자카르타 중앙정부는 선량하고 문명화된 무슬림이자 수하르토의 사람들이 잘 아는 술탄국의 후손 말레이인을 편애했기 때문이다. 불만에 찬 다약족들은 다야콜로지연구소Institute of Dayakology를 설립했다. 이들은 그즈음 나무, 호랑이, 이국적인 부족의

◆ 19세기 말부터 발행된 영국의 소년 문학 간행물—옮긴이

보존에 집중하기 시작해 유엔이 세계 원주민을 위한 10년을 선언하게 만든 국제개발의 최신 흐름과도 강력한 동맹을 맺었다. 다약족 지도자들은 금방 원주민의 권리를 주장하는 수사법에 익숙해졌다. 오늘날 다야콜로지연구소는 자신들의 핵심 원칙이 "성평등과 정의, 박애, 자유, 인권, 민주주의, 개방성, 정의, 유대, 반폭력"이며 "그로써 주변화, 억압, 착취의 과정 및 세계화의 침입을 멈추고 다약 원주민 공동체의 긍지, 가치, 주권를 지킨다"고 설명한다. 이 원칙은 현대적인 언어를 구사하지만 콘래드 시절 이전부터 곪아온 감정들을 드러내기도 한다. 지금도 여전히 진정한 정치적 투쟁은 다약족과 말레이인 사이에 벌어진다. 그러나 제3의 종족인 마두라인이 둘 사이에 끼인 샌드백이 되었다.

마두라는 자바 북동 해안에서 떨어진 섬으로 땅은 메마르고 인구는 많아 살기 어려운 곳이다. 마두라 사람은 잔인한 것으로 유명하다. 마두라에 갔을 때 아무도 내게 오토바이를 빌려주지 않았는데 며칠 전 떠돌이 장난감 상인이 살해당하고 오토바이를 도둑맞았기 때문이었다("댁 같은 외지인"이라고 했는데 그 사람도 알고 보니 서부 자바 출신이었다). 내가 눈독 들이던 혼다를 세 대나 가진 마두라 여인이 말했다.

"댁한테 그런 일이 일어났다고 생각해봐요. 댁은 죽겠지만요, 나는 오토바이를 잃는 거잖아요."

그러더니 더 심각한 어조로 덧붙였다.

"이 섬에서는 아무도 믿으면 안 돼요. 아무도요."

1960년대 중반 마두라인이 처음 칼리만탄에 이주해 온 이래 다약족은 마두라인과 크고 작은 충돌을 벌여왔다. 그러다가 1997년 마두라 남자 패거리가 다약족 여자 두엇에게 무례하게 구는 일이 벌어졌다. 뒤이은 실랑이가 주 전체를 뒤흔드는 광란의 살인으로 폭발했다. 이 일로 마두라인 1,500명이 죽고 수만 명이 집을 잃어 난민수용소에 들어갔다.

싱카왕군 에이즈위원회 사무실에서 일하는 여성들과 수다를 떨다가 예기치 않게 1997년 폭력의 유산까지 화제에 오르게 됐다. 처음에 우리는 HIV 관련 업계의 일상적인 주제인 섹스에 대해 이야기했다. 거기서 성매매로 갔다가 선교사 체위의 대안을 열성적으로 논하다가 결혼이란 실망스러운 주제로 옮겨 갔다. 우리는 여자의 속옷을 보면 관계의 발전 단계를 알 수 있다고 봤다. 위아래 다 맞춘 레이스 속옷 차림이면 아직 1루도 못 갔거나 열애 중이다. 거기서 조금 지나면 위아래는 맞춰도 편한 속옷을 입고 나중에는 그냥 깨끗한 거면 아무거나 괜찮은 단계가 된다. 한때 하얀색이었으나 바래가는 속바지와 낡은 빨간색 브라를 입는 식이다.

"그럼 만사 편하죠. 진짜 기혼이란 뜻이고요."

30대 초반의 말레이인 이부 이빗이 말했다.

이런 여자들의 수다는 어딜 가도 똑같은 데가 있다.

"머리 감는 데 얼마나 많은 시간을 썼는지 몰라. 아직 연애할 때 말이에요. 절대로 질밥을 벗을 일은 없다는 걸 너무 잘 알면서도 머리칼이 반짝이면서 향기도 나야 했다니까요. 지금은 날이 조금만 쌀쌀해도 남편을 쳐다봐요."

이빗이 웃으며 장난기와 죄책감이 반반쯤 섞인 곁눈질을 해 보였다.

"여보, 날이 쌀쌀하네. 우리 그냥 씻지 말고 자자."

그렇게 대화가 여기저기로 흘러가다 1997년 인종폭동에 대한 이야기가 나왔다.

다약족인 올린이 말했다. 그는 친오빠와 친구들이 마두라 출신 이주민의 심장을 잘라 집으로 가져온 일을 떠올렸다.

"그땐 다들 제정신이 아니었어요. 그 심장을 마당 한가운데 놓고 어른들은 우리보고 그걸 먹으라고 하더라고요."

적의 심장을 먹은 전사는 불사의 힘을 갖는다고들 했다.

"오빠는 진작 먹었고 내가 안 먹겠다니까 불같이 화를 내면서 칼을 들고 위협하더라고요. 다들 막 소리를 질러대며 먹으라고 해서 결국 아주 조금만 삼키고 말았어요."

올린은 아주 담담하게 이 이야기를 털어놓았다.

"그리고 집 뒤로 가서 토하기 시작했는데 일주일 내내 구토가 멈추지를 않는 거예요."

누군가의 조언대로 개고기를 조금 먹고 나서야 올린의 위장은 진정되었다.

나는 이빗에게 이런 "문제들"에 관해 기억나는 것이 있는지 물었다.

"오, 우리한테는 우리만의 문제가 있었답니다."

그는 말레이인과 마두라인 사이에 벌어진 1999년의 모방 대학살에 대해 알려주었다. 싱카왕에서 북쪽으로 한 시간쯤 떨어진 삼바스 Sambas군의 작은 소읍 트바스Tebas에서 중학교 시절 매일 하굣길마다 겪은 일이라고 했다.

"학교에서 집으로 가는 길에 내가 아는 남자애들이 길가에서 따라 걸으며 손으로 애들 머리를 쳐댔어요. 그 애들이 가장 좋아하는 건 두 사람 머리카락을 한데 묶어서 전깃줄 위에 걸쳐놓는 거였어요. 꼭 운동화 끈으로 묶은 신발 한 켤레처럼 양쪽에 대롱대롱 걸려 있게 만드는 거죠."

이빗은 이야기를 이어갔다.

"겁먹은 얼굴이면 상황은 더 나빠져요. 남자애가 소리를 질러요. '야, 너! 이거 받아!' 그리고 잘린 손을 던지는 거예요. 걔들은 그게 그렇게 재밌는 모양이었어요. 끔찍했죠."

이부 이빗은 이 이야기를 아무렇지도 않게, 물론 끔찍하다고는 했지만 태연스럽게 해주었다. 사무실에 있던 다른 여자들은 고개를 내저으며 넌더리를 냈다. 맞아요, 그 시절엔 그랬죠. 그리고 대화는 싱카왕에서 해산물은 어디가 잘하는지, 올린이 자주 콘돔을 나눠주는 성매매 거리에는 언제 갈지로 이어졌다.

다야콜로지연구소는 이 첫번째 학살의 물결이 아닷에 따른 것이라며 강력하게 옹호했다.* 국제 원주민 권리 운동으로서는 매우 곤란한 일이었다. 억압당하는 약자들이 가부장적 국가나 착취하는 다국적기업에 분노해 창을 던지거나 자동차 한두 대쯤 태우는 것은 괜찮아도, 다른 무토지 농민을 학살하고 원주민의 전통이란 이름으로 그들의 심장을 잘라 먹는 것은 절대 안 될 말이었다.

- Jamie S. Davidson, *From Rebellion to Riots: Collective Violence on Indonesian* Borneo. Madison, WI: University of Wisconsin Press, 2009를 보라.

1997년의 폭력은 인도네시아 전체를 충격에 빠뜨렸고 다약족은 이 관심을 기회로 만들었다. 다약족은 더 강력한 정치적 개입을 요구했고 여전히 권좌에 있지만 확신을 잃어가던 수하르토는 황급하게 이전에는 당연히 말레이인에게 가던 몇몇 중요한 자리에 다약족을 임명했다. 이번에는 말레이인이 분노했다. 머리통 가르기와 식인은 말레이 문화가 아니고 말레이인은 같은 무슬림인 마두라인과 갈등을 겪은 일이 한 번도 없었다. 그런데 일자리를 잃자 말레이인도 분통이 터지기 시작했다. 그런 가운데 한 마두라 이주민이 말레이인의 닭을 훔치자 싸움이 벌어져 세 명이 죽는 사건이 벌어졌다. 이 일이 도화선이 되어 말레이인들이 마두라인의 목을 베고 잘린 손을 이부 이빗에게 던지게 된 것이다. 1999년 마두라인 500명 이상이 죽고 주도인 폰티아낙에 마련된 난민수용소 말고는 갈 곳 없는 이주민 2세대와 3세대를 포함한 5만 명이 삼바스 지역을 떠났다.

  다약족은 민주화 이후 탈중앙화의 10년간 계속해서 발언권과 세력을 키워나갔지만 말레이인이 비열한 수법을 쓰기를 마다하지 않는 것을 깨닫고 점차 그들과 타협하기를 바라게 되었다. 인도네시아의 다른 다종족 지역에서처럼 칼리만탄에서도 정치는 정치적 "소^{cow} 거래"의 과정이 되었다. 모든 시장과 부파티 자리에는 부시장과 부부파티 자리가 따른다. 종족을 대변하는 두 인물이 짝을 지어 나오게 마련이라 한쪽이 다약족이면 다른 한쪽은 말레이인이다. 무시당하던 마두라인도 한자리를 차지했다. 마두라인 상당수가 도시인 폰티아낙으로 몸을 피했고 이제 그들이 정치세력으로 성장한 것이다. 2012년 폰티아낙 시장은 말레이인이고 부시장은 마두라인이었다.

———

현대 인도네시아에서 극단적 폭력이 불붙듯 번지는 일은 자주 있었다. 수하르토 초기에 이런 폭력은 순식간에 진압되었다. 칼리만탄에서 폭력이 오래간 이유는 당시면 이미 대통령에 대한 군부의 지지가 시들해졌기 때문이다. 그러다 수하르토가 물러나자 구舊민병대, 이슬람 근본주의자, 군대, 지역 토호 사이에 권력을 둘러싼 다툼이 시작됐다. 단순 교통사고가 지역 폭동으로 번지고 이런 불길을 잠재워야 할 세력이 오히려 부추겨서 불필요한 인명피해가 수천에 달했다.

포스트 수하르토 시대의 폭력 중에서도 최악은 서칼리만탄에서 동남쪽으로 2,000킬로미터 떨어진 동부의 향료제도 말루쿠에서 벌어졌다. 분쟁의 근원은 수백 년 전까지 거슬러 올라가는 책 한 권 분량은 될 복잡하게 얽힌 이야기지만 다음과 같이 요약할 수 있다. 식민지 시기 네덜란드 식민주의자들은 북쪽 술탄국의 무슬림보다 남쪽의 그리스도교도들을 편애했다. 그 영향으로 1990년대 중반까지 제도교육을 더 잘 받은 그리스도교도들이 공공기관 일자리에서 확고한 지위를 유지했다. 바로 그 시점에 수하르토가 미묘한 권력 균형잡기의 일환으로 무슬림에게 구애하기 시작했다. "그리스도교도"의 일자리가 무슬림에게 돌아갔다. 동시에 술라웨시 출신의 근면한 무슬림 이주자들이 지지부진한 현지 무역상들로부터 시장을 잠식하기 시작했고 종교에 따라 조직된 범죄조직과 폭력배들의 경쟁도 심해졌다.

이렇게 바짝 마른 건초더미에 성냥불을 던진 것은 1999년 1월 그리스도교도 버스 운전사와 무슬림 승객 사이에 벌어진 다툼이었다.

양쪽은 서로의 신경을 긁기 시작했고, 이 분란의 근원인 질시와 반목은 사실 종교와는 아무 상관 없는데도 교회와 모스크 사이에 신속하게 전선이 그어졌다. 무함마드를 모욕하는 그라피티가 주도인 암본의 벽에 등장하자 맞은편에 예수를 모욕하는 그림이 그려졌다. 기도에는 아무 관심도 없던 사람들이 머리띠를 둘렀다. 무슬림은 흰색, 그리스도교도는 붉은색 띠를 한 것이 마치 축구시합에라도 가는 것 같았다. 당시 암본의 일부 지역에서는 청년 10명 중 7명이 실업 상태였다. 곧 이 즉흥적인 성전은 불만과 좌절을 해소하고 일종의 목적의식을 만들어주는 한 방편이었던 것이다.

군대는 아무것도 하지 않았다. 경찰도 아무것도 하지 않았다.

폭력은 남쪽으로는 투알까지 북쪽으로는 할마헤라까지 번졌다. 2002년까지 5,000명이 죽고 말루쿠 전체 인구의 3분의 1에 해당하는 70만 명이 집을 잃었다. 내가 이번 여행에서 크리스마스를 보낸 오호이와잇 같은 한적한 곳에서조차 무슬림은 몸을 피해야 했다. 10년이 지나자 일부가 돌아오긴 했지만, 마마 인체와 친구들이 아랫마을에서 가꾸는 작은 공동 텃밭 중 상당수는 무슬림의 집이 타고 남은 재가 거름이 된 땅 위에 만들어진 것이었다.

이제 말루쿠 사람들은 그 폭력이 정체를 알 수 없는 "프로보카토르provokator" 곧 "선동자"들의 작품이라고 한다.

"우리는 이웃들이랑 늘 잘 지내왔거든요."

오호이와잇, 투알, 반다, 사파루아, 암본 등 말루쿠 전역에서 그렇다고 했다.

"맞아요. 무슬림이나 그리스도교도는 이 섬을 떠나야 했죠. 하지만 우리는 그걸 바란 적 없어요."

반다에서 내가 "그 문제"에 관해 이야기한 거의 모든 사람들이 자신은 그리스도교도 이웃이 도망칠 때 몸을 숨겨주고 항구까지 몰래 데려다주었다고 했다.

"밥도 신경 써서 해주고 먼 길에 쓰라고 베개까지 줬어요."

적어도 여남은 명이 똑같은 말을 했다.

"음식을 해주고 베개를 줬어요. 그런 일이 벌어지길 바란 적 없어요. 우린 선동자들에게서 이웃을 보호할 수 없었어요."

선동자는 인도네시아의 정치적 혼란에 관한 방대한 언어 중 하나로 그 정확한 의미는 모호하다. 보통 어떤 문제에 더 구체적인 이름을 붙이는 것은 정부가 그 문제를 어떤 식으로든 다뤄야 할 수도 있음을 뜻하기 때문이다. 그러나 이 경우에는 선동자가 라스카르 지하드라는 급진적 이슬람주의자들인 것을 모두가 알았다. 자바에서 온 이들은 이슬람 정당의 중견 정치인들에게 격려를 받으며 이곳 말루쿠에서 그리스도교도를 청소하겠다는 의지를 거침없이 드러냈다.

그러나 실상을 들여다보면 이 선동자들은 오호이와잇의 무슬림들이 집을 버리고 도망치고, 반다의 그리스도교도들이 이웃의 베개를 들고 피난을 떠난 후 1년이 지나고 나서야 도착했다. 자바인 지하드주의자들이 나타나기도 전인 16개월간의 분쟁 동안 수백, 어쩌면 수천 명의 양쪽 종교 신도들이 같은 말루쿠 출신인 이웃, 사촌, 동료, 동창, 손님의 칼에 맞거나 목숨을 잃었다.

흔히 말루쿠의 폭력은 종교분쟁이고 칼리만탄의 폭력은 인종분쟁이라고 분석한다. 그러나 대부분의 분쟁과 갈등이 그렇듯 이 두 곳에서도 역시 누가 자원을 차지하는가를 둘러싼 분쟁이었다. 그리고 두 곳에서 다 분쟁을 일으킨 것은 다른 지역에서 온 이주민이 "자신들의" 고향에서 더 좋은 몫을 차지한다고 여긴 원주민이었다. 2011년에서 2012년까지 내가 인도네시아를 여행하는 사이 그리스도교도인 수마트라 출신 바탁족이 돈이 많다는 이유로 자바의 교회가 불타고, 발리 출신의 근면한 이주민이 람풍 현지 출신보다 좋은 오토바이를 사고 좋은 집을 지었다는 이유로 수마트라에서는 힌두교도가 공격을 받았다.

"원주민indigenous"은 인도네시아의 맥락에서는 골치 아픈 개념이다. 1300년경 자바의 해안 사회에 통합됐고 200년도 전에 칼리만탄에 민주공화국을 세웠음에도 불구하고 중국계 인도네시아인은 결코 원주민으로 여겨지지 않을 것이 분명하다. 그러나 중국계 외에는 거의 모두가 하나의 섬이나 그 이상의 원주민이며, 역사적 수사에 따르면 이 모든 섬이 자발적으로 동참해 모든 국민이 평등한 권리를 갖는 한 나라를 세우기로 했다. 그렇다면 채집-수렵 생활을 하는 수마트라의 림바족을 포괄할 뿐 아니라 기록된 역사 내내 칼리만탄에 살아온 말레이인보다 다약족이 더 "원주민"이라고 주장하기는 어렵다. 헌법상 이 일원화된 공화국의 원주민이기도 한 마두라인 또한 다른 이와 마찬가지로 서칼리만탄에 살 동일한 권리를 가졌어야 한다. 그러나 내가 만난 다약족들은 여기에 동의하지 않았다.

———

서칼리만탄 한복판에 있는 신탕Sintang으로 가는 고물 버스의 앞 유리에는 구멍이 나 있는데 그게 바로 내 코앞이었다. 그 구멍을 가운데 두고 사방으로 난 금에 접착제를 발라두긴 했지만 틈새로 들이치는 빗물을 막기에는 역부족이었다. 까만 모자를 쓴 수카르노의 스티커가 금의 가장 위험한 가장자리를 한데 붙여주었다. 앞 유리 위쪽에는 간호사 캡을 쓰고 적십자 비키니와 굽 높은 힐 차림의 풍만한 금발 여자가 초대 대통령을 내려다보고 있었다. 와이퍼는 없지만 거대한 붐박스의 진동이 유리창에 떨어지는 물기를 털어주었다. 버스에서 나오는 음악은 내가 10대 초반에 듣던 록이었다. 대표적인 곡이 〈호텔 캘리포니아〉였으니 참으로 기이했다. 중국계인 운전사는 열네 살쯤 되어 보이는데 말이다. 어느 지점에서 버스가 멈춰 섰다. "휴식 시간"이라고 기사가 말했지만 버스가 고장 난 게 분명했다. "휴식"을 위해 덤불에 들어갔다 나오니 기사는 등을 대고 누워 고무호스를 이용해 휘발유를 빨아올리고 있었다. 내가 무슨 일인지 물어보자 그는 소매로 입가를 닦으며 일종의 사이펀을 만들고 있다고 대답했다. 다행히 버스는 다시 털털거리며 가기 시작했다. 나는 우리가 향해 가던 도시가 별다를 것 하나 없는 작은 동네라고 생각해서 별다른 기대가 없었다. 하지만 내가 과소평가한 것이었다.

사실 신탕은 크고 번성한 곳이며 새 오토바이가 넘쳐나며 신기하게도 대중교통이 없는 곳이었다.

"빈민들은 어떻게 돌아다니나요?"

읍내에서 만나 친구가 된 젊은 다약족 공무원 다나우스에게 물었다.

"신탕에는 진짜 가난한 사람은 없어요."

그가 대답했다. 고무와 팜유가 모두의 호주머니에 돈을 넣어주었다. 다른 인도네시아 도시와 달리 신탕은 강기슭을 제대로 활용했다. 거대한 카푸아스강 주위에는 레스토랑과 바가 홍수방지용 기둥 위에 줄지어 있고 대부분 강 위로 난 테라스가 있어 석양을 바라볼 수 있었다. 음, 보통은 강물 위에 있겠지만, 지금 음식점들은 물가에서 몇백 미터 떨어진 곳에 있었다. 우리가 도착한 때는 보통 때보다 훨씬 긴 건기의 끝이라 수위가 아주 낮았기 때문이다. 모래톱 위에는 배 창고가 굵직한 통나무 위에 애매한 각도로 홀로 올라앉아 있었다. 이곳 사람들은 수위가 다시 올라와 삶의 터전과 바로 이어질 수 있기를 바랐다.

나와 멜라니는 이 높고 마른 레스토랑들에서 상상 이상으로 아주 많은 시간을 보냈다. 주방에서 나온 기가 막히게 맛있는 음식을 먹다 보면 말레이인과 다약족 간의 정치적 갈등 같은 것은 완전히 날아가버린 듯했다. 그리스도교도 다약족 식당에서는 강에서 잡은 큰 새우와 숲에서 딴 바삭한 버섯에 고사리순과 환한 호박꽃 같은 나물을 잔뜩 내왔다. 말레이인들은 향료를 더 쓰고, 완전히 숙성한 카망베르 맛이 나는 크림 같은 젱콜 콩에 토마토와 샬롯을 넣어 내놓았다. 양쪽의 영향이 완벽한 조화를 이룬 요리로는 탱탱한 생선 토막에 마늘, 생강, 고추, 레몬그라스를 잔뜩 넣고 살짝 쌉싸름한 큰 잎사귀로 싸서 고수 소스에 부드럽게 조린 것이 있었다.

우리는 다약족 전통가옥을 찾아 나섰다. 서칼리만탄주 지도에서 신탕 인근은 정글로 표시되어 있었지만 실제로 가보니 팜유 플랜테이션이었다. 몇 킬로미터를 가도 헐벗은 땅에 같은 간격으로 심은 팜나무의 빽빽하고 뾰족한 잎사귀가 하늘을 가리고 있었다. 이 단조로운 풍경이 두 시간이나 계속됐다. 마침내 정글이 나왔다. 이 광경은 6분 정도 펼쳐졌다. 그리고 빈터와 다약족 전통가옥이 나왔다.

이 전통가옥은 좀 으스스한 데가 있었다. 마치 공격을 준비하며 일어난 코모도왕도마뱀처럼 넓적하고 배는 평평한 야수가 기둥 위에 웅크리고 앉은 형상이었다. 벽은 덤불가지와 쪼갠 대나무를 라탄으로 엮었는데 바닥에서 바깥쪽으로 넓어지면서 나무 널을 올린 지붕까지 이어졌다. 땅에서 열린 출입문까지 50센티미터 정도 간격으로 땅딸막한 사다리나 울퉁불퉁한 통나무가 놓여 어두컴컴한 안쪽까지 이어졌는데, 그것들은 수없이 발에 밟히다 보니 매끈매끈했다. 벽에는 녹색 고무장화가 이상한 각도로 걸려 있어서 마치 사람이 날아와서 건물에 머리부터 박힌 것처럼 보이기도 했다.

그 집은 기이할 정도로 조용했다. 양쪽 끝의 입구에는 잠재적 침입자를 혼내주려는 게슴츠레한 눈의 목조상이 서 있었다. 대나무 벽 뒤에서 누군가가 지켜보는 느낌이 분명 있었지만 어느 방향으로 그 시선에 답해야 할지 알 수 없었다. 주변에 사람들이 있는 것이 분명했다. 가끔 낄낄대는 소리가 들리고 입구 안쪽의 짙은 어둠 속에 다른 색깔이 언뜻언뜻 보여서, 이 전통가옥의 어린이들이 우리를 봤지만 우리 앞으로 나오지는 않을 것을 알았다. 멜라니가 카메라로 아이들을 유혹하러 나섰다. 카메라 앞에서 포즈를 취하는 것을 좋아하기는 인도네시아 어디서나 똑같은 듯했다.

뒤쪽에서 탁 하는 소리가 들렸다. 한 남자가 물이 담긴 플라스틱 풀장 가장자리에서 몸을 숙인 채 막대기로 흙덩이를 쳐대고 있었다. 그때마다 남자의 등에서 커다란 용 문신이 꿈틀거렸고, 풀 안에서는 수백 개의 작은 물방울이 튀고 소용돌이와 거품이 일었다. 그는 흙덩이 같은 개미집을 쳐서 나온 개미들을 물속에 사는 메기들에게 먹이로 주던 중이었다.

메기 먹이를 주던 팍 안톤은 국경 너머 말레이시아에 20년간 살다가 얼마 전에야 돌아왔다. 거기서 돈을 많이 벌었다.

"그런데 다 써버렸지. 말레이시아에선 방귀 뀌는 데도 돈을 내야 한다오. 하루 종일 일하고 마누라도 못 보고 애들이랑 놀지도 못하지. 왜 그렇게 살아야 하는지 모르겠소."

요즘은 국경 너머 인도네시아 쪽에서도 돈을 벌기가 그만큼 쉬워졌다고 했다. 고무나 팜유를 키워서 플랜테이션 회사에 팔 수 있기 때문이었다. 아니면 안톤처럼 현대적이고 근사한 현관이 있는 집을 지어서 고무로 큰돈을 번 사람이나 전통가옥에 살기 싫어진 사람들에게 팔 수도 있다. 여기서는 집장사로 한 달에 거의 1,000달러를 버는 데다 방귀 뀌는 데 돈을 낼 필요도 없다. 일상에 필요한 다른 것들에도 돈을 낼 필요가 없다.

"여기서는 아직 숲에 들어가서 수풀을 쳐내고 벼를 필요한 만큼 키울 수 있소. 강에서 물고기도 잡고 산기슭에서 나물도 캘 수 있지. 그게 다 공짜라오."

하지만 그는 환경을 걱정했다. 수하르토 시절의 삼림벌채와 요즘의 고무와 팜유 플랜테이션 때문에 벼를 키울 만한 정글을 찾으려면 전보다 훨씬 멀리 가야 하기 때문이다. 그는 플랜테이션에서 쓰는 비료와 살충제가 다약족의 삶에 너무나 중요한 강물을 오염시키는 것도 걱정했다. 그는 이제 강물을 마시지 않고 강에 물고기가 사라질 때를 대비해서 따로 메기를 키운다고 했다.

안톤이 나를 전통가옥 안으로 데리고 들어갔다. 이 집은 정확히 가운데를 기준으로 반은 뚫려 있고 반은 벽이 쳐져 있었다. 벽이 쳐진 쪽을 쭉 걸으며 세어보니 문이 28개 있었다. 각각은 자는 방과 그 뒤쪽의 부엌으로 이루어진 한 가족의 생활공간으로 이어졌다. 벽이 없이 개방된 쪽의 길고 긴 공간은 공동의 거실이다.

일요일 오후라 사람들은 정글 속 경작지에서 일하다 돌아와 쉬는 중이었다. 여자들은 허리띠베틀을 이용해 직물을 짜거나 다약족의 유명한 비즈를 만들었다. 한 여자가 면사 타래를 엄지발가락에 감고 힘을 줘서 실을 빙빙 돌리며 비즈왁스를 먹여 질기게 만들었다. 그다음에는 다양한 색상의 비즈 더미에서 비즈를 골라내어 이 실과 저 실에 하나씩 꿰더니 마지막에 하나로 합쳐 다약족의 고전 문양이 나오게 만들었다.

살집 좋은 여자는 야자잎을 한데 바느질해 커다란 삿갓 같은 모자를 만들었다. 그 모자는 노를 저어 정글 속 텃밭에 갈 때 햇빛을 가려줄 것이다. 이런 모자들은 비즈며 코바늘뜨기나 자수로 뜬 장식을 달아 다채롭게 꾸며서 사슴뿔, 색칠한 삼판선 노, 건즈앤로지스 포스터와 함께 전통가옥의 벽에 걸려 있었다.

쪼글쪼글한 피부에 우아하게 문신을 하고, 이제는 무거운 구리 링에서 해방된 늘어진 귓불을 가진 할머니는 앉아서 복잡하고 울퉁불퉁한 빈랑 바구니를 짰다. 이가 다 빠진 할아버지가 새 라탄 가지로 삐죽삐죽한 어망을 고치는 사이, 손자는 활과 화살로 무언가를 쏘는 시늉을 하며 소리를 질러대고 뛰어다녔다.

내가 노인에게 손주가 몇이나 되냐고 물었다. "많아."라고 하며 노인은 손가락으로 손주를 세보기 시작했지만 곧 머리를 저었다.

"아, 모르겠네. 많아. 삼판선 한 척에 다 태우고도 남을 정도야."

안톤은 한 무리의 남자들을 내게 소개해주었다. 그중에는 퇴역군인도 있어서, 나는 신탕에서 본 인도네시아군을 발전의 역군으로 찬양하는 수백 미터짜리 조각 벽화를 언급하며 그를 좀 놀려주었다. 그 벽화 한쪽에서 군인들은 모스크와 교회를 나란히 열성적으로 짓고 있었다. 도박과 음주 단속 장면에서 군인들은 손가락질을 하며, 수치스러운 표정으로 손을 올리고 무릎을 꿇은 마을 사람들을 훈계했다. 마을 사람들 앞에는 술병이 굴러다니고 닭싸움용 닭은 날개를 접었다. 마지막 장면에서 군인과 "민중"은 함께 코코넛워터를 마시며 도덕을 회복한다.

퇴역군인이 얼굴을 찡그리며 말했다. "드위풍시^{dwifungsi}" 이 수하르토 시대의 "이중 기능"은 군대가 국토방위뿐 아니라 마을 차원까지 작동하는 정치기계가 되도록 했는데 오늘날이라면 말도 안 되는 일이었다. 하지만 퇴역군인은 자신이 군에 있던 시절에 이 지역은 정말 평화로웠다고 강조했다.

"모두 다약족이 잔인하다고 하지만 그건 그저 우리를 깎아내리려는 겁니다. 정말이지 우리는 분쟁을 싫어한다고요."

나는 그에게 1997년의 다약족과 마두라인 사이의 분쟁에 관해 물었다.

"그 일은 무척 폭력적이지 않았나요?"

"아, 그건 아주 다른 일이지. 그건 분쟁이 아닙니다. 마두라 놈들이 마땅히 받을 벌을 받은 거지."

그가 답했다.

내가 마두라에서 알게 된 등 뒤에 칼 꽂기, 한 입으로 두말하기, 잔인함 같은 마두라인의 악명은 그들이 인도네시아의 다른 지역에 정착하면서 함께 유명해졌다.

"마두라인이 와서 댁의 야자수 주변 풀을 베도 되냐고 물어보면 그러라고 할 겁니다. 야자만 건들지 말라고. 나중에 가보면 마두라인은 자고 있을 거요. 큰 바구니에는 풀이 가득해 보이지만 실은 위에만 풀이고 그 아래는 전부 야자일 거고. 마두라인은 야자수 주인을 잘 속여 넘겼다고 좋아하며 입을 벌리고 자고 있는 거지. 그러니 그놈을 죽이는 수밖에."

퇴역군인의 이야기였다.

―――――――

그날 저녁 신탕에서 만난 다약족 공무원 청년 다나우스는 우리를 군청에서 열리는 전통무용 경연에 데려갔다. 경연장은 열기로 후끈했다. 부파티까지 다약족 문양의 바틱 셔츠를 입고 와 있었다. 경연은 2부로 나뉘는데 1부는 다약 춤이고 2부는 말레이 춤이며 무용은 각 전통을 현대적으로 재해석한 것들이었다. 각 부문의 승자는 주도인 폰티아낙에서 열리는 경연에 나가게 된다.

"이제 진정한 다약 정신을 보게 될 겁니다."

다나우스가 말했다.

첫 순서는 비즈 드레스를 입은 여자들이 큰 삿갓 모양 모자를 쓰고 나와 원을 그리며 천천히 돌면서 플라스틱 인형을 올렸다 내렸다 했다. 이 금발에 푸른 눈 아기 인형은 하늘과 땅 사이를 오르내리며 길고도 긴 축복을 받았다. 마침내 여자들이 흩어지자 나는 힘없이 박수를 치며 참가팀이 몇이나 되는지 물었다. 다나우스는 당황한 표정이었다. "뭔가 창의적인 걸 해야 하는 걸 모르는 모양이에요."라며 말을 흐렸다.

다음은 소리의 폭발이었다. 한 청년이 공을 치면서 내 귀에 함성을 지르며 지나갔다. 사방에서 북을 쳐대고 호루라기가 가장 높은 음조로 울렸고, 바이올린과 디제리두^{didgeridoo}●를 합친 듯한 악기 소리가 낮게 깔렸다. 옆문으로 샅바만 걸친 청년들이 나오더니 무대로 뛰어올라 타투 아래 근육을 꿈틀거려 보였다. 이들은 다른 사람의 어깨 위에 올라가더니 또 다른 사람의 허벅지 위에서 균형을 잡았다. 다나우스는 돌연 신이 났다.

몇 분 지나지 않아 그들의 타투는 흐르는 땀의 강 속에 녹아들었다. 샅바가 끌어지더니 안에 입은 사이클용 팬츠가 드러났다. 다나우스는 시큰둥해졌다. 이 "다약 전사들"은 말레이 무용에서 가져온 동작을 즉흥적으로 선보였다. 관중은 박수를 치며 청년들을 응원했지만 다나우스는 고개를 가로저었다.

"저들은 자기 문화에 대해 아무것도 몰라요. 하지만 심사위원들은 알겠죠. 다약 문화와 말레이 문화를 뒤섞다니 최악이에요."

다약 무용팀의 공연을 몇 편 더 보더니 다나우스가 그만 가자고 했다. 무대 위에서는 소녀들이 머리 위에 불붙은 기름램프를 올린 채 춤을 추고, 코뿔새 깃털을 머리에 달고 웃통을 벗은 전사들이 흰 종이로 지은 방을 공격하고 있었다. 다나우스는 이 공연이 집 안에 격리된 소녀를 천생연분 왕자가 문을 부숴 구출하는 옛 관습을 표현한 것이라고 했다. 실제로 자신들이 처한다면 끔찍해할 문화를 재해석한 무용에 열광하는 도시의 젊은이들을 지켜보는 것을 나도 모르게 즐기게 되었다. 나는 좀 더 보자고 했지만 다나우스는 완고했다.

"이제부터는 말레이 춤뿐이거든요. 그리고 꼭 소개하고 싶은 분이 있어요."

● 긴 피리처럼 생긴 오스트레일리아 원주민의 목관악기—옮긴이

일요일 밤 아홉 시 반이지만 다나우스는 나를 자신의 멘토에게 반드시 데려갈 작정이었다. 멘토인 팍 아스키만은 얼마 전에 군 공공사업부의 수장이 되었다. 우리는 접견실에서 한참을 기다렸다. 접견실은 몰딩은 주황색, 벽은 연녹색을 칠하고, 마치 계단 위 좁은 공간에 꼭 맞게 어깨를 오므린 듯한 형태의 샹들리에가 밝히고 있었다. 이국적인 물고기가 가득한 큰 수족관이 한쪽 벽을 차지했고 다른 벽은 야생마들이 골짜기를 달리는 그림들이 걸렸다.

좀 있으니 심부름하는 사람이 와서 일렀다.

"이제 올라가도 됩니다."

샹들리에를 지나 올라가는 대신 거대한 옆 건물로 갔다. 그 건물은 아직 반도 다 안 지었지만 기존 건물보다 세 배쯤은 커 보였다. 시멘트 먼지가 가득한 공사판 3층까지 올라가니 메르세데스 벤츠 로고가 새겨진 반짝거리는 레일이 달린 남자들의 동굴 같은 오락실이 나타났다. 한 무리가 탁구대 주변에 앉아 담배를 피우고 커피를 마시며 팍 아스키만에게 잘 보이려 애쓰는 중이었다. 그들은 조리 슬리퍼에 대해 얘기하고 있었다.

나도 할 말 많은 친숙한 주제였다. 두어 달 전 펠니 페리 아래 칸에 타 있을 때 누가 텔레비전을 켰다. 소리도 안 나오고 화면도 제대로 안 보였지만 보아하니 조리 슬리퍼로 만든 언덕을 보고 있는 듯했다. 이 언덕은 바글바글한 군중으로부터 솟아나 점점 커지는 중이었다. 거기 있던 사람들이 대체 무슨 일이 벌어지는 건지 함께 추측해보았다. "현대미술이야." 한 승객이 말했다. "중국제 물건에 반대하는 시위야." 다른 승객이 말했다. "하!" 세번째 승객이 쏘아붙였다. "모두가 저 시위에 동참하면 인도네시아 사람은 다 맨발이 될 거야."

실상은 열다섯 살짜리 소년이 경찰의 조리 슬리퍼를 훔친 죄로 잡혀 온 사건에 관한 것이었다. 경찰은 처음에 소년을 두들겨 패주었다. 그러자 소년의 어머니가 경찰을 폭행으로 신고했다. 거기에 화가 난 동료 경찰들이 소년을 체포한 것이다. 이제 소년은 5년 형을 받을 처지가 되었다. 수천만 달러를 훔친 사람은 판사를 매수해 처벌을 면하기가 부지기수다. 최악의 경우 훨씬 더 큰 범죄자도 겨우 1, 2년 형을 받을 뿐이다. 그리하여 조리 슬리퍼가 순식간에 인도네시아인의 사법정의에 대한 염증을 상징하게 된 것이다.

달콤한 커피의 힘을 빌려 우리는 밤늦게까지 곽 아스키만의 탁구대 주변에 앉아 세계정세를 논했다. 정당한 법률 집행의 대체물로서 군중의 "정의"에 대한 이야기가 자주 나왔다. 곽 아스키만은 인도네시아의 부패한 사법체계가 사람에 따라 다른 법률을 만든 네덜란드 때문이라고 탓했다.

식민 초기 네덜란드령 동인도 정부는 사법제도와 재판에 크게 신경쓰지 않았다. 상거래가 네덜란드 법에 의해 안전하게 관장되는 한, 원주민 대부분의 삶을 관장하는 다양한 아닷 체계에 굳이 관여할 필요가 없다고 여겼던 것이다. 세월이 흐르면서 아닷 법령은 성문화되었다. 네덜란드 학자들은 앨프리드 러셀 월리스가 곤충을 수집하듯 아닷 법령을 수집했다. 그들은 아닷을 산 채로 잡아 잘 닦고 40권짜리 책 커버 사이에 잘 꽂은 다음 19개의 큰 체계로 분류했다.

19세기 말 네덜란드령 동인도에는 몇 가지 중복되는 사법체계가 존재했다. 첫째는 유럽인에게 적용되는 유럽법으로 개인의 권리를 보호하고 자격 있는 판사가 관장했다. 그리고 토착법이 있어서 "원주민"은 다음 셋 중 한 법정에 갔다. 샤리아 율법과 관련한 재판은 이슬람 재판소에서 진행했다. 지역 원로가 관장하는 아닷 법정은 혼인과 상속 등에 관한 문제를 맡았다. 형사사건은 단기 훈련을 받은 엉터리 법관이 관장하는 원주민 법정이 관할했다. 중국계가 대부분이지만 아랍계도 포함하는 "동양계 외국인Foreign Orientals"은 "원주민"으로 분류됐지만 상법 사건에서는 예외적으로 유럽인이 되었다.●

이 원주민 법정을 거친 후 사건의 최종심은 유럽인 법정에서 판결해, 실질적으로 토착 사법체계를 국가에 종속시켰다.

"이 나라에는 아직도 식민지 때처럼 법이 세 가지 있는 겁니다. 지금은 나 같은 고위 공직자는 네덜란드인, 사업가들은 중국인, 그냥 보통 사람들은 '원주민'인 거죠. 신분에 따라 적용하는 법이 달라지는데 대체 어떻게 나라가 제대로 굴러가겠습니까?"

팍 아스키만이 콧방귀를 뀌며 말했다.

이 말을 변호사인 친구에게 해주자 웃어댔다.

"신분에 따른 게 아니라 지갑에 든 돈에 따라 달라지는 거야. 이 나

● 이 분류체계는 말도 못 하게 복잡한 데다 시간이 흐르면서 계속 바뀌었다. 유럽인의 인도네시아인 아내와 그들의 자녀는 유럽인이고, 사생아의 경우 아버지가 인지하면 유럽인이었다. 또한 네덜란드령 동인도 총독이 임의로 "원주민"에게 명예 유럽인의 자격을 부여할 수 있어 이들을 "관보 유럽인 Goverment Gazette Europeans"이라고 불렀다. 일본 정부의 압력으로 1899년부터 일본인은 모두 "유럽인" 지위를 부여받았다.

라에서 정의란 건 입찰가 최고액을 쓴 사람한테 가는 거 알잖아."

부정부패에 관한 여론조사에서 인도네시아인 3분의 2가 검찰총장실이 "부패"했다고 응답했다. 더 부패한 곳으로 평가받은 기관은 정당과 국회뿐이다. 최근 비교적 독립적인 부패척결위원회^{KPK}가 돈을 받고 무죄평결을 내린 혐의로 판사 몇 명을 부패법정에 고소했다. KPK가 나설 수밖에 없었던 이유는 재판 부정을 척결하기 위해 구성된 사법위원회가 아무것도 하지 못했기 때문이다. 최신 자료에 따르면 2008년 위원회는 판사의 부정행위에 관한 신고를 1,556건 받았다. 그러나 212건만 조사하고 27건은 대법원에 보냈지만 아무 후속조치도 없었다.

네덜란드가 문제가 많은 사법체계를 남기고 간 것은 분명하다. 그러나 독립을 이끈 지도자 중 상당수가 네덜란드식으로 훈련받은 변호사였는데도 불구하고 인도네시아는 이런 불합리한 사법체계를 바꾸는 데 큰 노력을 하지 않았다. 인도네시아는 식민주의 사법체계의 "원주민 법정" 부분을 대체로 받아들였다. 제대로 훈련받지 않은 검사들, 한 줌밖에 안 되는 사람만 이해하는 언어로 된 데다 식민정부가 원주민을 있어야 할 곳에 있게 하기 위해 제정한 형법, 사법제도 위에 군림하려는 지배층의 습관이 사라지지 않고 살아남은 것이다.

현재 인도네시아 인구는 1950년대 초에 비해 세 배나 많지만 재판 건수는 그 절반밖에 되지 않는다. 법 집행에 대한 불신은 법정에 가기 훨씬 전 경찰 단계에서 이미 시작된다. 인도네시아인 10명 중 6명은 경찰이 부패했거나 아주 부패했다고 여긴다. 그래서 제 손으로 법을 집행할 때가 많다. 성난 군중에게 맞아 죽는 이유는 닭을 훔치다가 걸렸거나, 차를 잘못 몰아서 행인을 치었거나, 샘 많은 이웃이 저 사람이 흑마술을 썼다고 지목했기 때문이다. 이런 일이 자신을 "원주민"이라고 여기는 사람과 "이주민"이라고 여겨지는 사람 사이에 벌어지면 경찰서나 치안판사가 해결할 수 있는 작은 사건이 수백 명이 희생되는 작은 내전이 될 수 있다. 이 성난 군중의 분노는 점점 더 자주 경찰을 겨냥한다. 이 책을 쓰던 중인 2013년 3월 말 도박장을 운영하던 마권업자를 체포하다가 경찰서장이 맞아 죽은 사건이 일제히 보도되었다. 마권업자의 아내가 체포하러 온 경찰들을 소도둑이라고 하자 군중이 몰려든 것이다. 이 사건은 2013년 일사분기 석 달 동안에만 벌어진 군중이 경찰을 공격한 13건 중 하나였다. 인도네시아인들이 경찰과 법원이 뼛속까지 썩었다고 믿는 한 "닭 도둑을 신고하면 물소를 잃는다"는 자바 속담처럼 군중의 정의는 계속될 것이다.

12장
신앙이라는 치유

자바와 롬복에서
종교적 극단주의를 들여다보다

지도 L: 자바, 발리, 롬복

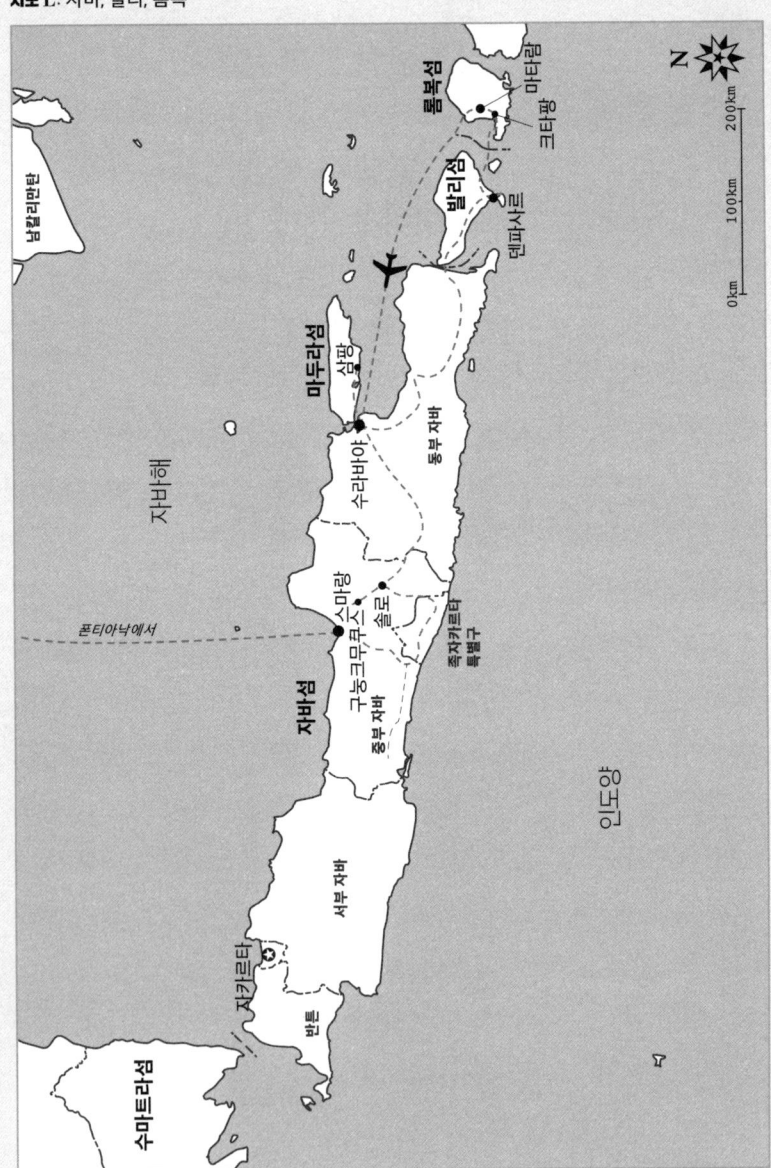

여행 내내 나는 인도네시아 소읍의 풍경에 비교적 최근 추가된 항목인 와르넷warnet 곧 PC방에서 온라인 뉴스를 읽으며 바깥세상 소식을 확인하곤 했다. PC방은 어디나 있는 핸드폰 기지국 바로 아래 아니면 항구나 버스터미널 근처 혹은 나시파당 식당 바로 옆에 있게 마련이다. 흔히 작은 가게에 가슴 높이까지 오는 파티션을 세워둔다. 바닥에서 50센티미터쯤 높이로 상자를 거꾸로 세워놓고 그 위에 컴퓨터 모니터를 올려둘 때가 많다. 여자아이들은 여럿이 깔깔거리며 칸막이 안 웹캠 앞에 몰려들어 사진을 찍고 그 사진을 페이스북에 올린다. 남자아이들은 혼자일 때가 많고 자동차 경주 아니면 용과 싸우는 게임을 한다. 어쩌다가 한 번씩 위키피디아를 보는 사람도 있는데 과제를 하는 것이 분명하다. 대부분의 인도네시아 청소년에게 인터넷은 순전한 오락거리다. 이 점은 언어에도 반영되어서 "인터넷을 이용한다"는 인도네시아어로 "마인 인터넷main internet" 곧 "인터넷으로 논다"는 뜻이다. 피부가 안 좋게 마련인 10대 소년이 카운터에 앉아 컴퓨터 게임을 하며 벽에 달린 스피커에서 나오는 음악을 트는 디제이 역할도 하면서 사람들에게 요금도 받는다.

내가 PC방에 가는 이유는 신문기사를 읽으며 바깥세상 소식을 알아보려는 것이므로 최대한 음악과 온라인 게임의 "퍽! 피융!" 하는 소리와 멀리 떨어져 앉고자 했다. 나는 외국 기자들이 인도네시아에 대해 어떻게 보도하는지도 궁금했다. 《인터내셔널헤럴드트리뷴》지가 예의 그 "인도네시아 종교적 불관용 심화"란 헤드라인을 걸었다. "인도네시아에서 종교 관련 테러 늘어"라고 《파이낸셜타임스》도 보도

했다. "증가하는 종교 관련 테러, 인도네시아는 '무시'로 일관해"라고 《시드니모닝헤럴드》가 추상과 같이 꾸짖었다. 이런 기사들은 인도네시아에서의 종교의 자유를 조사한 스타라연구소Setara Institute의 보고서를 인용했다. 이 연구소는 2012년에 소수 종교에 대한 공격이 264건 있었다고 집계했으며, 교회 건설이 중단되고 "변절한" 무슬림이 폭행당하거나 살해당하고 그들의 모스크가 불타고 무신론자가 투옥된 사례들을 열거했다. 그런 사건들은 2002년에 200명 이상의 사망자를 낸 발리의 나이트클럽 폭탄테러와 2003년과 2009년 자카르타 메리어트호텔 폭탄테러에서 멀리 떨어진 것이 아니었다. 이슬람주의자 그룹은 그 테러가 자신들의 소행이라고 자랑스럽게 떠벌렸다.

그 사이 사람들은 자바 이슬람과 인도네시아 군도의 다른 종교들이 가진 여러 성향에 관한 책을 많이 읽고 중동, 인도네시아, 세계의 다른 지역에서 이슬람과 정치의 관계를 분석한 보고들을 꼼꼼히 검토해왔다. 테러리스트 네트워크가 이리저리 끌려나와 속속들이 분석되고 극단주의의 계보가 차례로 검토되기도 했다. 이 모두를 아랍의 침투가 진행 중이라고 보기도 하고 토착형 신앙의 부흥이라고 보기도 했다.

그러나 아체와 남술라웨시처럼 과거 이슬람국가 건국을 위해 싸웠던 곳을 포함해 인도네시아 전역을 1년 가까이 여행하면서 내가 들은 사람들이 종교에 관해 이야기할 때 쓰는 언어는 음식이나 수면 같은 아주 일상적인 것이었다. 말루쿠의 분쟁 같은 발작적인 폭력에는 종교의 딱지를 붙이기도 했지만, 폭력의 불길이 꺼지고 나면 사람들은 그 일이 신앙이 아니라 돈, 일자리, 정치권력을 놓고 싸운 것임을 잘 이해했다.

물론 사람들은 내게 종교가 무엇이냐고 묻는다. 많은 외국인에게는 사적인 영역을 침범하는 거북한 질문이다. 그러나 인도네시아에서 종교는 한 사람의 정체성을 구성하는 고유한 영역이다. 수하르토 시절 이래 전 국민은 신분증에 자신의 종교를 밝혀야 했다. "유일신에 대한 믿음"은 국가 철학인 판차실라의 첫번째 원칙이다. 종교가 있다는 것은 무신론자인 공산주의자일 리가 없다는 뜻이기 때문이다.

수하르토 시대에 인도네시아인은 이슬람, 힌두교, 불교, 개신교, 가톨릭의 다섯 종교 중 하나를 고를 수 있었다. 이제는 유교도 선택사항이 되었다. 그러나 숨바 사람인 마마 보보의 마라푸교 같은 지역 고유의 신앙은 선택지에 없다. 그런 믿음은 아닷으로 재규정되며, 그런 신앙을 가진 이들은 자신들의 역사와 식생활 전통에 그나마 가장 잘 들어맞을 "종교"를 골랐다. 예를 들자면 명절을 맞아 돼지와 소를 잡는 집단은 이슬람교도나 힌두교도가 될 수 없으므로 마마 보보의 신분증 종교는 개신교도다.

절대 훌륭한 국민이 될 수 없는 사람이 있다면 그것은 무신론자다. 그리고 문제는 내가 무신론자라는 것이다. 나는 다른 사람들의 신앙을 모두 존중하지만 나 자신은 어떤 신도 믿지 않는다. 가끔 나는 길 위에서 처음 만난 사람에게 거짓말로 소개를 하고는 다시 진실을 고백하기도 한다. 사실 자카르타에서 나를 기다리는 남편 같은 것은 없고, 보건부에서 긴 휴가를 받은 것도 아니라고 말이다. 하지만 나는 절대로 내가 무신론자라고는 고백하지 않는다. 대부분의 인도네시아인에게 그것은 내가 숨을 쉬지 않는다는 말처럼 이해할 수 없는 것이기 때문이다.

그래서 나는 부모님의 신앙을 빌려와서 가톨릭교도라고 말하는 편이다. 무슬림이 절대다수인 지역에서 이렇게 말하면 무슬림이 아닌 것이 일종의 부끄럽고 감춰야 할 일이라도 되는 것처럼 "괜찮다"고 하는 사람들도 있다. 하지만 그 사람들도 나를 자기 집에 재워주거나 차를 마시자고 초대하는 데 거리낌이 없다. 종교는 절대 배제나 차별의 이유가 되지 않는다.

인도네시아인들이 유럽인 대다수에 비하면 자신이 믿는 종교적 의례가 일상화된 삶을 사는 것은 분명하다. 많은 이들이 자기 종교를 드러내는 질밥이나 무슬림 모자를 쓰고 십자가나 불교 상징물을 목에 건다. 모스크, 교회, 사원에서는 매일 집단 기도가 열린다. 내가 지난 몇 년 동안 교회에 간 횟수보다 이번 여행에서 교회에 간 횟수가 훨씬 많으며, 모스크의 한구석에 조용히 앉아 설교를 경청한 일도 여러 차례다. 그렇게 하는 것이 너무 당연하고 자연스럽기 때문이다.

여행 중에 목격한 가장 신나는 예배는 말루쿠주의 주도인 암본의 유명한 초대형 교회 더록^{The ROCK}에서였다. 이 교회 이름의 머리글자이기도 한 "하느님 왕국의 대표들^{the Representatives Of Christ's Kingdom}"은 교회 자체 방송을 들으면서 교회의 발레파킹 서비스에 자기 차를 넘겨줄 차례를 기다릴 수도 있다. 내가 그곳에 간 것은 2011년 크리스마스가 지난 지 얼마 되지 않아서였다. 반짝이는 전구와 예수 그리스도 현수막과 반짝이로 장식한 동굴 같은 건물 안에는 냉방이 시원하게 나왔다. 그날의 총 4회 예배 중 2회 차인 예배 시작까지는 30분도 넘게 남았는데 의자와 2층 자리는 다 차서 신도들은 대형 스크린으로 예배를 볼 수 있는 방으로 안내되었다. 내가 있던 주예배당에도 큰 전용 스크린과 작은 텔레비전 모니터가 여럿 있었다. 스크린이란 스크린은 모두 예배 시작까지 남은 시간을 초 단위로 알려주었다.

남은 시간 동안 나는 신도들을 관찰했다. 남자들은 양복이나 호사스러운 실크 이캇이나 바틱 셔츠를 입었다. 여자들은 귀여운 민소매 칵테일드레스나 엉덩이를 꽉 조이는 금색 원피스를 차려입고 15센티미터짜리 굽의 감청색 스웨이드 아니면 모조 보석이 달린 통굽 구두 위에서 비틀거렸다. 신도 관찰로 바쁜 와중에 들어올 때 받은 유인물도 살펴보았다. 오호이와잇이나 다른 마을에서 참석할 때 받은 전단에는 언제나 예배 순서와 성경구절과 기도문이 인쇄되어 있어 많은 도움이 됐다. 그러나 여기 더룩의 유인물은 다음 내용이 다였다.

"마태복음 28장 18-20"•

그다음에는 말이 안 되는 영어로 이렇게 적혔다.

"Bless the City Change the World Breakthrough Building Family Values Atmosphere."

유인물에는 헌금을 송금할 은행 계좌번호도 있었다. 우리 모두 헌금봉투를 받았고 입구마다 투명한 헌금통도 있었는데 그 상당수는 벌써 반쯤 찼다.

● 이 절은 복음을 전하고 섬기라는 내용이다.

화면의 숫자가 09:59:59에서 10:00:00로 바뀌자 마법처럼(지난 24년 동안 인도네시아에서 무엇이건 제시간에 시작하는 것을 본 적이 없었기 때문이다.) 무대에 성가대원들이 올라오더니 예배당에 찬송가가 울려 퍼졌다. 신도 대부분은 우리 정면의 거대한 노래방 화면에 나오는 가사를 큰 소리로 따라 불렀고, 첫 곡이 끝날 때쯤 내 주변 사람들 중 일부는 벌써 몸을 흔들고 박수를 치며 방언을 하고 눈물을 흘리며 황홀경에 빠졌다.

몇 곡을 더 부른 후 성가대는 물러났다. 그리고 새파랗게 젊은 설교자가 보이밴드 헤어스타일에 진홍색 넥타이를 매고 나타났다. 그는 예에에수님을 우리 삶으로 모셔왔다. *아멘!* 우리 가족을 위해. *아멘!* 우리 지도자들을 위해. *아멘! 아멘!* 인도네시아를 위해. *아멘!* 외면받고 고립된 우리 작은 섬들을 위해. *아멘! 아멘!* 그는 박자를 맞춰가며 찬양하더니 인도네시아전력공사^{PLN}에 대한 농담을 시작했다.

"2012년은 어둠의 해가 될 거라던데 PLN을 믿는다면 그렇게 될 것이 분명합니다. 오직 예에에수님만이 1년 내내 매일 빛나실 것이기 때문입니다!"

웃음이 터져나오는 가운데 설교 내용을 열심히 받아 적는 사람도 있었다. 이 사람은 한 시간도 넘게 스탠드업 코미디쇼를 이어갔음에도 불구하고 딱 두 가지 얘기밖에 하지 못했다. 첫째는 예수님의 이름을 널리 퍼뜨리는 것이 우리의 의무이며, 둘째는 우리가 인내를 가지고 기다린다면 예수님이 우리의 요구를 들어주신다는 것이었다.

정확히 11시 55분이 되자 그는 조용한 "아멘"으로 설교를 마쳤다.

신나는 찬송가 한 곡을 더 부르고 나자 두 시간에 걸친 예배가 끝났고 모두 다시 휘청거리며 예배당 밖으로 나왔다.

이 모든 예배 형식은 미국 남부의 성서지대$^{Bible\ Belt}$에서 온 것이 분명하다. 멀고 먼 그곳의 초대형 교회에서처럼 설교의 메시지는 사회적 관계가 아니라 개인적 희열에 집중되어 있다. 봉투에 돈을 넣어 헌금통에 넣는 것 말고는 해야 할 일은 아무것도 없다. 인도네시아에서 세 번째로 빈곤한 주의 주도에서 신 앞에서의 평등도, 부정부패가 죄악이라는 말도, 하느님 왕국의 대표들이 서로 도울 수 있다는 가능성에 대한 일말의 언급도 없었다. 눈물과 방언의 종교적 환희를 뽑아내는 이 모든 것은 새 감청색 스웨이드 구두를 살 때까지 지루함을 달래주는 엔터테인먼트일 뿐이었다.

이슬람교 또한 지난 몇 년 사이 적어도 중산층 사이에서는 사회적 관계보다 엔터테인먼트의 가치를 내세워왔다. 자카르타에 살던 시절 나는 유명 이슬람 설교자들의 일정을 확인해서 시내 마실 계획을 짜곤 했다. 터번을 두른 미남 청년 아아 김$^{Aa\ Gym}$이 자카르타 남쪽의 화려한 호텔에서 행사를 열면, 에르메스 질밥과 마놀로블라닉 구두로 화려하게 꾸민 여자들을 내려주는 메르세데스와 BMW가 그 일대에 늘어서서 적어도 한 시간은 지속될 교통체증을 만들곤 했다.

아아 김으로 널리 알려진 압둘라 김나스티아르$^{Abdullah\ Gymnastiar}$는 두번째 아내를 둔 것에 대한 거짓말이 발각돼 그를 숭배하던 여성 신도들을 잃고 말았지만 터번을 쓴 다른 설교자들이 그의 자리를 금세 꿰찼다. 그들의 설교 레시피는 더록과 크게 다르지 않다. 엔터테인먼트를 둘 넣고 헌금을 청하는 말 하나를 섞어서 관중의 참여라는 양념을 친 후 꿈은 이루어진다는 약속으로 불 위에서 익힌다.

이 요리는 아무 접시 위에나 올려서 대접할 수 있다. 이슬람 텔레비전 전도는 워낙 큰 산업이라서 한 방송국에서 신인을 찾는 공개모집 프로그램을 열 정도다. 작년의 우승자인 여덟 살 소녀는 라마단 단식월 내내 설교 일정이 꽉 찰 정도로 인기였다. 텍사스 출신의 크레이그 (압두르로힘) 오웬스비 Craig (Abdurrohim) Owensby는 제리 폴웰 Jerry Falwell과 초대형 교회의 설교자였다가 이슬람으로 개종한 후 아아 김을 비롯한 텔레비전 전도자들과 함께 코란 구절과 설교문을 매일 문자메시지로 보내는 사업으로 큰돈을 벌었다.

인도네시아에서 코란 암송경연은 맨체스터유나이티드의 출장경기만큼 인기 폭발이다. 수마트라에서 림바족의 점점 좁아지는 숲으로 들어가기 직전, 그런 성대한 경연에 가볼 기회가 생겼다. 한 주 내내 잠비주의 무슬림들은 코란 암송 전국대회에 나갈 승자의 자리를 놓고 지역 출신 유명 암송자들이 겨루는 것을 보기 위해 방코로 몰려들었다. 가족 단위, 학생 단체, 연인을 비롯한 각양각색의 구경꾼들이 경연이 벌어지는 광장을 에워쌌다. 팝콘이나 솜사탕을 사고, 범퍼카를 타거나 잠비 각 군의 특산물과 명승지를 홍보하는 부스를 구경하느라 거기서 떨어져 나온 사람들도 있었다. 그러나 구경꾼 거의 대부분은 본 행사인 암송경연에 초집중했다.

중앙광장 한쪽 끝에서 지금 경연 중인 암송자가 독서대 위에 올린 코란 뒤에 무릎을 꿇고 있고, 그 주변을 아크릴 유리로 에워싸서 관중의 열기 속에서 방음과 냉방이 되는 작은 공간을 만들었다. 그 아래에서 관중이 암송자를 뚫어져라 바라보면서 암송을 평가하고 혹시 가시적인 신앙의 징표라도 있는지 지켜보았다. 광장 한가운데 거대한 스크린에서는 암송자의 모습을 실시간으로 보여주는데 그 모습이 마치 여름밤 런던 트라팔가르광장에서 스크린을 통해 로열오페라하우스의 공연 실황을 보여주는 것과 비슷했다. 하지만 이곳의 관중은 훨씬 열성적이었다. 온 광장에 큰 스피커로 울려 퍼지는 암송자의 목소리에 대한 토론이 활발하게 벌어지기도 했다.
"올해의 가장 큰 행사예요."
나를 그곳에 데려간 이라의 말이었다.
인도네시아의 텔레비전 전도사 중에는 아무런 종교교육이나 성직 훈련을 받지 않은 사람이 상당수다. 가장 유명한 전도사는 원래 종교적 소재의 드라마에 출연했던 탤런트였다. 그리고 그 대부분은 실제로 성직자보다는 연예인처럼 행동한다. 인도네시아방송위원회는 기존의 가치를 고수하는 신도들로부터 이런 유명 전도자들이 성스럽기는커녕 외설스럽다는 시청자 불만 접수를 수도 없이 받는다.
중산층 여성, 특히 금융이나 홍보 계통에 종사하고 자녀는 사립학교에 보내는 유형의 여성들이 특히 이런 엔터테인먼트를 즐기는 듯하다. 부유층 사이에서 질밥은 기절초풍할 만큼 복잡미묘한 패션 아이템이 되었다. 디올 스카프를 머리에 두르고 샤넬 브로치로 고정하는 것은 과연 괜찮은가? 내가 처음 인도네시아에 살던 시절에는 일터에서 대부분의 여자들이 머리에 아무것도 쓰지 않았지만 지금은 보라색 망사를 쓰고 그 위에 보라색 실크를 우아하게 두르는 것이 아주 흔한 일이다. 정말이지 지금은 내가 겪었던 1980년대 말보다 사회 구석구석에서 훨씬 많은 인도네시아인이 자신의 신앙심을 드러내 보인다.

이런 붐은 수하르토 시대의 국가통일 강조가 느슨해지면서 시작된 것 같았다. 2001년 보건부에서 일하러 자카르타에 돌아와보니 하루 다섯번씩 기도를 하고 라마단 단식을 하고 아랍인처럼 옷을 입는 무슬림 친구와 동료들이 많아졌다. 십자가 목걸이를 하고 교회에 가는 그리스도교도 친구들도 많아졌다. 전국의 선거유세는 (선정적인 당둣 댄서들을 동원하는 것은 여전했지만) 기도와 함께 시작했다. 성노동자들을 대상으로 동료들에게 콘돔을 나눠주라고 교육하는 우리 워크숍조차 종교적 축복의 말로 시작할 정도였다.

성매매 현장을 예의 주시하는 것은 당시 내 업무의 일환이었다. 그래서 시간이 날 때마다 오토바이를 타고 자카르타의 항구 구역으로 가는 꽉 막힌 고속도로를 지나 홍등가로 가서 그냥 무슨 일이 벌어지는지 지켜보곤 했다. 나는 보통 아직 아무도 거기 없을 시간인 점심시간쯤에 성매매 구역으로 향했다. 늦은 오후만 되어도 당둣 음악 소리가 사창가의 목조 벽을 뒤흔들어서 대화가 불가능했기 때문이었.

하루는 근처의 콘돔이며 항생제를 파는 노점을 도는데 평소에 비하면 유난히 성매매 거리가 한산했다. 노점의 여자 하나가 내게 커피를 내줬다. "한산하네요?"라고 묻자 "금요일이잖아요."라는 대답이 돌아왔다. 생각해보니 무슬림이 예배를 보는 금요일이었다.

"손님들은 아직 모스크에서 기도하는 중이니까요."

모스크에서 설교를 듣고 나면 손님들이 성매매하고 싶은 생각이 없어지지 않겠느냐고 물었다. 여자는 웃으면서 대답했다.

"어째서요? 손님들이 잘못을 저지르는 것도 아닌데요."

여자의 설명에 따르면 각별히 신앙심이 강한 고객이라면 벌거벗기 전에 신속하게 약식 결혼식을 치른다고 했다.

"그런 다음에 섹스를 하고 한 시간 후에는 이혼하는 거죠."

율법에 따르면 그 고객은 여전히 무슬림의 덕목을 따르는 훌륭한 신앙인이라고 여자는 설명했다.

오늘날의 상품화되고 교과서적인 형태의 종교는 인도네시아 사회를 변화시키지 않는다. 오히려 그 반대다. 도시화와 이주는 인도네시아인의 삶을 지탱하던 부족주의와 집단문화를 약화시켰다. 그런 가운데 종교가 친숙한 세계의 안온함을 재창조해낸 것이다. 종교는 정체성의 가시적인 징표이며 그 정체성은 한데 모일 필요성에 딱 들어맞는다. 따라서 부족적인 인도네시아에서 아주 확고한 자리를 차지한 것이다. 현대 인도네시아는 전에 없이 교조적인 종교들에 동참하고 있다.

아직도 전통과 가깝게 살아가는 인도네시아 지역에서는 종교가 진보와 발전의 실질적인 브레이크 역할을 한다. 왜냐하면 모든 것이 신의 뜻이라면, 그와 다른 미래를 만들기 위해 미리 걱정하고 계획을 세우고 열심히 일하는 게 대체 무슨 소용이란 말인가. 현대 세계의 영향을 그다지 많이 받지 않는 지역에서 다이빙숍을 운영하는 한 친구는 이렇게 말한 적이 있다.

"여기서는 계획하는 것이 거의 무신론적인 행동이야."

인도네시아 전역을 도는 이 정신 나간 여행을 시작한 지 꼭 1년이 다 되어갈 즈음 나는 칼리만탄의 적도 도시 폰티아낙에서 자바로 가는 배에 탔다. 여행의 마지막 달을 기대하면서도 PC방에서 읽은 온라인뉴스와 내가 평범한 인도네시아 사람들과 나눈 대화가 완전히 다른 것에 대해 걱정되기 시작했다. 내가 종교적 극단주의에 관한 불안이 폭증하는 것을 놓친 것일까? 인도네시아 인구 절대다수가 사는 자바섬으로 가는 배 갑판에 앉아서, 종교의 영향이 큰 장소들을 일부러 찾아가서 사람들에게 "증가하는 종교적 불관용"에 대해 어떻게 생각하는지 물어보겠다는 계획을 세웠다. 그 계획에 따라 나는 먼저 솔로^{Solo}로 향했다. 자바 한복판에 있는 이 도시는 이슬람 근본주의의 온상으로 알려진 곳이다. 예를 들면 2002년 발리 나이트클럽 폭탄테러범으로 지목된 이들은 솔로에서 학교를 다녔다.

내가 보기에 솔로는 두 얼굴의 도시였다.

솔로 한복판에는 술탄의 왕궁 크라톤^{kraton}이 서 있다. 크라톤은 도시 안의 또 다른 도시다. 크라톤을 에워싼 하얀 성벽 사이사이에 연파란색을 칠한 아치형 대문이 있다. 그 사이로 들어가면 술탄의 수많은 신하와 그 가족들이 사는 작은 단지로 이어진다. 주변 길가에는 예쁜 베란다와 기와를 얹은 지붕 위로 부겐빌레아나 백향과 덩굴이 자란다. 동네 커피 노점에서는 숯불 위에서 뭉툭한 주둥이가 달린 커다란 법랑 주전자가 끓고 있고 그 사이로 중부 자바 특유의 생강차 향이 한 줄기 스친다. 솔로는 우유를 넣은 음료로도 유명한데, 그중 상당수가 인도네시아인이 사랑해 마지않는 말장난과 아이러니에 부응하기 위한 이름을 가졌다. 상당히 부정적인 기운이 물씬 풍기는 데도 불구하고 생강, 커피, 시럽, 우유(자헤 마니스$^{\text{JAhe MANis}}$, 코피^{KOpi}, 시룹^{siRUP}, 수수^{Susu})가 모두 들어간 자만 코룹스$^{\text{Jaman Korups}}$ 곧 "부정부패의 시대"를 시켜보지 않을 수가 없었다.

성벽 너머 서쪽의 거리에서는 비즈왁스와 파라핀의 완전히 다른 냄새가 난다. 여기는 바틱 제작이 이루어지는 구역이다. 뒤뜰마다 작은 곤로 위에 잘 균형을 잡아 올려둔 바틱용 냄비가 잔뜩 있다. 그중 한 곳에 들어가보면 여성 노동자가 담배파이프처럼 생긴 바틱 도구를 잘 녹은 왁스에 담갔다가 살짝 불어 식힌 후 무릎 위의 하얀 천 위에 문양을 그리고 있다. 그는 사롱 한 장을 만드는 최소 14단계에 이르는 등골 빠지는 과정의 첫 단계인 문양의 기초를 그리는 작업 중이다. 이 광경은 천장에 달린 알전구를 제외하면 식민지 이전과 크게 다를 바 없다.

그러나 크라톤에서 나와 동쪽으로 가면 느긋하고 우아한 자바식 삶의 광경은 모두 증발해버린다. 이 구역은 분명 중동 같다. 사우디식의 거대한 모스크 두 채가 말 그대로 나란히 서 있다. 나는 두 모스크 모두가 찰 만큼 신자가 많은지 확인하러 갔다가 사실 한쪽은 모스크 양식의 병원인 것을 깨달았다. 이곳의 거의 모든 상점은 무엇인가 상당히 교조적인 이슬람의 냄새를 풍기는 것들을 판다. 메카 순례자 혹은 이미 순례를 다녀왔지만 가족들에게 줄 선물을 사느라 가방에 남는 자리가 없어서 새로 사야 하는 이들을 위한 메카 기념품 같은 것 말이다. 음주와 외부인의 방문을 엄격하게 금지하는 무슬림 호텔도 여럿 있다. 이런 호텔이 외국인인 내게 방을 내줄지 궁금해서 물어봤더니 모두 방이 없다고 했다. 아랍어를 가르치는 학교들과 질밥을 쓰고 온몸을 가리는 옷을 입은 마네킹이 가득한 가게들도 연달아 보였다. 솔로의 이 구역은 교조적인 순니파의 분위기였다. 그러나 솔로는 수백 년간 굉장히 다른 종교적 감수성을 보여준 자바의 일부이기도 하다.

19세기 말까지 인도네시아에서 이슬람은 지역화된 것이었다. 이슬람은 술라웨시의 마카사르나 수마트라의 아체 같은 무역항에서 가장 강력했다. 그러나 중부 자바 같은 농촌지역에서 이슬람은 화산의 신과 강의 정령과 마을의 수호신을 믿는 전통신앙을 가려주는 일종의 베니어판 같은 것이었다.

그런 상황에서 네덜란드인들이 항구와 증기선에 투자하기 시작하자 메카 순례가 유행했다. 1885년경이면 (아랍 기록에서 동남아시아 무슬림을 가리키는 말인) "자와^{Jawa}" 출신이 메카 순례자 중 가장 많은 비중을 차지했다. 이 메카 순례자 하지^{Haji}들은 정통 이슬람에 대한 새로운 열정과 범이슬람 정치학의 새로운(네덜란드가 보기엔 위험한) 사상을 가지고 돌아왔다.

순례에서 돌아온 하지들은, 인도네시아 군도의 풍요로운 문화를 수백 년 동안 고아서 만들어낸 고향 종교의 온갖 잡맛과 불순물을 몰아내고자 했다. 오랫동안 미신과 신비주의, 파종과 수확, 마을 생활의 온갖 의례들이 이슬람식 기도 및 정통 교리와 뒤섞여왔기 때문이다. 그 모든 불순물을 제거하고 순수한 아랍 이슬람의 정체성으로 돌아가야 한다는 것이 그들의 주장이었다. 이 개혁파들은 코란을 이성적으로 해석하고자 했고, 현대 사회에 필요한 과학과 세속적 기술을 가르치는 데 집중하는 학교 네트워크를 세웠다.

그러나 이들의 합리주의는 토착화된 자바 무슬림과는 화합할 수 없는 것이었다. 나는 그런 자바 무슬림의 영적 후예들을 솔로에서 북쪽으로 한 시간쯤 떨어진 작은 산 구눙크무쿠스$^{Gunung\ Kemukus}$에서 만났다. 사람들은 그 산에 묻힌 한 무슬림 성인의 묘지에 찾아가 그의 사업수완을 칭송한다. (일주일이 7일인 이슬람력과 5일인 자바력이 만나는 매 35일마다 오는) 영험한 밤이면 남자들은 바틱 셔츠를, 여자들은 가장 좋은 질밥을 쓰고 줄지어 구눙크무쿠스에 올라 금전운을 빈다. 내가 간 날은 한산한 날이어서 저녁 내내 찾아온 순례자가 100명이 되지 않았다. 순례자들은 저마다 꽃이 가득한 바나나잎과 성수가 담긴 플라스틱 컵을 가져왔는데, 이 두 가지는 10만 루피아 그러니까 10달러 정도에 살 수 있다. 그리고 성전 밖의 무슬림 지도자에게 무릎을 꿇고 자신의 문제가 무엇인지 말한다. 그에게 또 다른 10만 루피아가 든 봉투와 꽃을 건네면 향로 위에서 향을 한 번 쐰 후 꽃만 돌려준다. 그런 다음 순례자는 성인의 무덤 옆 작은 성전 안으로 들어가서 엎드리고 성수를 뿌리고 가져간 꽃잎을 성인의 마름모형 묘지 위에 뿌린 후 이번에는 죽은 성인에게 자신의 문제를 다시 한 번 읊는다.

그리고 성전 밖으로 나가 섹스할 낯선 상대를 찾아 나선다.

이렇게 모르는 사람과 섹스를 해야 성인의 축복을 봉인하고 재물운이 되살아나기 때문이다.

"자궁이 있는 곳에 곧 신이 있는 법이죠. 섹스와 영성은 언제나 함께입니다."

내가 구눙크무쿠스에서 벌어지는 일에 놀라움을 표하자 한 자바 작가가 한 말이다.

그러나 해당 지역 정부는 그 말에 동의하지 않는 듯했다. 군 정부는 여기저기 얼룩이 있긴 해도 아직 읽을 수 있는 안내판을 세워두었다.

이곳은 순례와 여가를 위한 곳으로
다른 행위(도박, 음주, 풍기문란)를 위한 곳이 아님.
스라겐군 사회악척결팀

이 안내판을 세운 군 정부는 쿵쿵거리는 섹시가라오케바 핫립스 등 여남은 업소를 비롯한 구눙크무쿠스 바로 옆의 술집들에 영업허가를 내주기도 했다. 이 무슬림 성인이 이 업소 주인들에게 축복을 내리고 영험한 밤에 업소에서 일하는 여성 수천의 지갑을 두둑하게 채워주는 것은 분명하다. 만남을 주선하고 방을 빌려주는 마을 사람들도 수입이 짭짤하다. 신전 밖 계단에 앉아 있는데 한 아주머니가 내게 와서 이렇게 말했다.

"자기만 좋으면 저기 성전지기랑 잘 수 있어요."

그는 꽃에 향을 쏘이고 돈 봉투를 받느라 바쁜, 두꺼운 안경을 쓴 백발의 배불뚝이 남자 쪽으로 고개를 끄덕였다. 나는 방어적으로 머리에 스카프를 고쳐 쓰면서 최선을 다해 예의를 갖춰 거절했다.

"그럼 저 사람 동생은 어때요?"

아주머니는 이번에는 입술을 다른 성전지기 쪽으로 내밀었다. 흰색과 금색의 번쩍이는 바틱 셔츠를 입은 그 남자는 내 쪽으로 뻐드렁니를 드러내며 웃어 보였다.

"우리 집으로 가면 되고 돈도 안 내도 돼요. 그냥 성인한테 올리는 헌금만 내면 돼요……."

성인의 묘지를 찾아온 순례자들은 하나같이 안 어울리는 조합이었다. 이곳을 처음 찾은 여대생은 아저씨 같은 경호원과 함께 계단을 하나씩 올랐다. 딱 붙는 검은색 상의에 라이크라 레깅스를 입은 뚱뚱한 여자는 터미널 악어 떼 헤어스타일에 신상 몬스터매시 힙합 반바지를 입고 무릎까지 오는 베이지색 나일론 양말을 신은 검은 피부의 청년에게 몸을 바짝 들이댔다. 청년은 자기를 둘러싼 여자의 풍만한 가슴을 간신히 피하면서 꽃을 뿌렸다. 여자는 청년을 따라 움직이고 청년은 다시 몸을 피했다. 그렇게 둘은 무릎으로 서서 묘지 주변을 돌며 춤을 추는 듯했다. 마침내 청년이 한 바퀴를 다 돌아 문 앞에 벗어둔 크림색 구두에 이르자 그는 구두를 들고 줄행랑쳤다.

신전 밖에서 차력사처럼 생겼고 이곳을 자주 찾는다는 부디라는 남자와 잠시 이야기를 했다.

"이 신비주의적 난교와 이슬람의 가르침이 서로 충돌하지는 않나요?"

"그건 다르지요. 이슬람은 여기에 존재합니다."

부디는 손을 이마 위에 올렸다.

"자바 문화는 여기에 있지요."

이번에는 다른 손을 심장 위에 올렸다. 그리고 심장을 두들기며 말했다.

"이건 절대 잃을 수 없는 것이지요."

이런 머리와 심장의 분리는 인도네시아가 형성되던 시기에 피비린내 나는 끔찍한 분열을 낳았다. 근대적 무슬림들은 샤리아 율법 아래 인도네시아를 통합하는 것을 목표로 한 정당을 세웠다. 1300년 전 아주 멀고 먼 사막에 살았던 남자의 삶과 글을 바탕으로 한 세계관을 내세웠던 것이다. 알라와 지역의 정령숭배를 한데 엮은 주문을 외던 자바의 마을 사람들은 그런 식으로 단일화되고 싶지 않았다. 그들은 아랍식 이슬람으로 보이는 것과 그런 정당을 거부하고 노골적으로 세속적이고 (아주 자바적인) 수카르노와 그를 지지한 집단이었던 민족주의자와 공산주의자 쪽으로 기울었다. 그리고 종교, 특히 특정한 형태의 이슬람은 그들이 맞서 싸워야 할 것이 되었다. 그 싸움은 1965년에 가장 끔찍한 파열음을 냈다. 원리적인 무슬림들은 자신들이 구식 마을 사람들보다 윤리적으로 우월하다고 여겼다. 그해 군부가 반공산주의 살육을 부추기자 자바의 무슬림 지도자들은 폭력의 선봉에 나섰다. 그들은 덜 원리주의적인 종교관은 공산주의와 다를 바 없다고 주장하면서 수하의 청년들에게 불순한 신앙을 가진 자바 무슬림을 죽여도 좋다고 부추겼다.

핏자국 위에 먼지가 앉을 때쯤 수하르토는 종교와 정치의 분리를 추진했다. 수하르토의 관료제는 이슬람의 영적 측면을 "강화"하고자 종교교사를 교육하고 지원했으며 모스크는 모든 이들을 수용할 수 있는 곳이 되었다. 그 결과 이전에는 종교에 아주 두서없는 관심만 보이던 자바인 수백만 명의 삶이 이슬람에 더 가까워졌다. 1965년 학살에서 살아남은 자바 무슬림 일부는 그리스도교로 집단 개종하기도 했지만, 대다수는 주민등록증 종교란에 "이슬람"이라고 적고 모스크에 더 자주 가기 시작했다. 그 자녀들은 학교에서 더 교조적인 이슬람 신앙을 새롭게 접했다.

그런 변화는 시대의 흐름에 잘 부응하기도 했다. 점점 더 많은 자바인이 마을을 떠나 도시의 무질서한 세계 곧 자신과 이웃을 묶어주고 지역의 신앙체계를 뒷받침하는 교환망이 존재하지 않는 장소로 흘러 들어가게 되었다. 그 결과 마을 신전에 가서 제물을 바쳐야 하는 종교보다는 아체인, 미낭카바우족, 부기스족 같은 자바 바깥의 다른 이슬람 공동체들과도 공유하는 단일하고 지역색이 덜하며 개혁적인 이슬람이 훨씬 그들의 요구를 잘 충족해주었다.

흥미롭게도 구눙크무쿠스는 인도네시아에서 사람들이 내게 종교가 무엇이냐고 물어보지 않은 극소수의 장소 중 하나였다. 거기서 사람들이 내게 물어본 것은 사업 문제가 무엇이냐는 것이었다. 그렇게 물어본 사람 중 하나가 나일론 양말을 신은 청년이었다. 나는 현금의 흐름에 관해 횡설수설했다. 청년은 그 문제라면 자기가 잘 안다고 했다. 그는 자바 북해안의 그레식^{Gresik}에서 일종의 다단계 조직인 아이스크림 판매권을 샀다고 했다. 그런데 위탁판매원 여섯 중에 넷이 자전거로 여기저기 돌아다니며 아이스크림을 파는 것에 흥미를 잃고 그만

두면서 공동의 채무가 나일론 양말의 몫이 되었다. 며칠 안에 2,000달러 정도인 2,000만 루피아를 갚아야 하는 상황이었다.

"대체 어떻게 해야 할지 모르겠어요, 누님."

그는 정말이지 안되어 보였다. 페이스북에서 구눙크무쿠스의 기적에 대해 읽었다면서 핸드폰으로 그 게시물을 보여주었다.

"그런데 같이 섹스할 사람이 없네요."

나는 성전 안에 있던 여자들이 관심 있는 것 같더라고 말했다.

"맞아요. 그런데 그 여자들은 다 돈 받고 하는 거거든요. 마음에서 우러난 것이 아니면 기적은 일어나지 않아요. 그래서 말인데……."

그는 낙심한 눈으로 나를 보며 말했다.

"누님은 제가 어떠신지……."

―――――

구눙크무쿠스 같은 곳이 여전히 붐비기는 하지만 인도네시아 이슬람이 수하르토가 권좌에 오르던 때에 비하면 훨씬 교조적이고 원리적인 방향으로 단일화하는 중인 것 또한 사실이다. 인도네시아 학교와 모스크는 중동식 교육과정을 도입해도 좋다는 사우디아라비아의 승인을 받았다. 예전에 중부 수마트라와 자바의 고전적인 모스크들은 인도네시아의 화산을 닮은 3단 테라코타 기와지붕을 이고 마을 풍경과 자연스럽게 어우러졌지만, 요즘 새로 짓는 모스크는 돔과 뾰족탑을 이고 화려한 위용을 자랑하는 중동 양식이 많아졌다. 간단하게 스카프

한 장으로 머리를 감싸던 여자들이 이제는 머리칼 한 올도 보이지 않는 철저한 구조의 질밥을 착용한다. 아직 걷지도 못하는 여자아이에게 질밥을 씌우기도 한다. 그 수가 많지는 않지만 몸 전체를 가리는 옷을 입은 여성의 수가 확실히 늘었고, 마두라나 남술라웨시 같은 지역에서는 전통적인 사롱이나 모자가 아니라 기다란 아랍식 옷과 터번을 쓴 남자들이 무리 지어 모스크로 가는 광경을 흔히 볼 수 있다.

그러나 이 모든 일은 내가 배 위에서나 누군가의 베란다에서 혹은 버스나 커피숍에서 만난 사람들에게 언급할 만한 소재는 아니었다. 사람들은 부정부패나 도로와 학교와 보건 서비스의 끔찍한 상태에 대해서는 하루 종일 얘기했지만, 종교 근본주의의 부상에 대해서는 대놓고 걱정하는 법이 없었다. 그러나 자카르타의 내 중산층 친구들은 인도네시아 이슬람의 명백한 아랍화를 걱정스러워했다. 특히 두 집단을 경계했다. 하나는 이집트의 무슬림형제단을 모델로 한 의회진출 정당, 곧 복지정의당^{PKS}이다. 다른 하나는 알라의 이름으로 사창가를 급습하고 합법적인 술집에 난입하기를 좋아하는 자칭 도덕의 수호자 이슬람수호전선^{FPI}이다.

이들을 염려하는 친구들을 자카르타에서 우연히 마주치게 되었다. 벽돌 만드는 노동자의 주급을 카푸치노 한 잔에 쓸 수 있는 활동가들이 즐겨 찾는 카페에서였다. 무리 중 한 사람은 사진작가였고 알리앙스 프랑세즈$^{Alliance\ Française}$에서 일하는 다른 친구가 기획한 자기 전시에 나를 초대했다. 또 다른 친구는 젊은 변호사인데 국가여성위원회에서 막 일하기 시작했다고 했다. 자카르타 퀴어영화제 프로그래밍을 돕는다는 친구도 거기 있었다. 이 친구들은 시위 계획을 짜고 있었다. 이슬람 수호전선이 레이디 가가의 인도네시아 콘서트 반대에 총력을 기울이던 중이었는데 여기에 반대하는 시위를 열려는 것이었다. FPI는 레이디 가가가 인도네시아에 오기만 해도 인도네시아 젊은이들이 동성애자가 된다고 주장하고 있었다.

나는 다음 날 치과에 가면서 자카르타 한복판의 호텔인도네시아 교차로를 지나는 길을 택하는 실수를 저질렀다. 여기서 차량의 거대한 물결은 수카르노가 만든 승리의 기념비 중 하나를 둘러싼 분수대 주변을 따라 돈다. 한스와 그레텔이라는 별명이 붙은 이 기념비는 젊은 남녀가 손을 들어 근대화를 환영하는 몸짓을 형상화한 것이다. 그리고 이 분수대 주변의 자갈밭은 자카르타 정치시위의 성지가 되었다. 여기를 점거하면 안 그래도 교통정체에 시달리는 이 도시의 주요 간선도로를 틀어막아 제대로 관심을 끌어모을 수 있기 때문이다. 그 일대가 기다란 흰옷을 차려입은 수염 난 남자들로 북적거렸다. 일부는 확성기를 들고 소리를 질러댔고 일부는 영어로 쓴 현수막을 들었다.

"고 투 헬 레이디 가가 더 마더 몬스터 GO TO HELL LADY GAGA THE MOTHER MONSTER."

그중에 질밥을 쓴 10대 소녀들은 인도네시아어로 이렇게 쓴 포스터를 들었다.

"알라여! 악마 레이디 가가의 유혹으로부터 저를 지켜주소서."

레이디 가가의 사진에 금지 표지를 하고 "외설과 음란 수입을 중단하라!"라고 적어두기도 했다.

치과로 가는 길을 경찰이 아예 봉쇄해버려서 나는 이 시위의 반대 시위에 잠깐이라도 끼어야겠다고 생각했다. 그래서 어제 시위를 계획하던 친구 두엇에게 문자를 보내 어디로 가면 되느냐고 물었다. 답장이 왔다.

"사무실이 바쁘고 길도 막혀서 못 갔어."

"아예 가지도 못했어."

마찬가지였다. 나중에 친구 몇몇과 이 일에 대해 얘기해보았다. "심화되는 종교적 불관용"과 종교적 자유와 원하는 대로 살 자유가 제한되는 것을 진심으로 근심한다면 그 활동가들은 막히는 길을 뚫고 가서 FPI 같은 광신도들에 맞서서 목소리를 높였어야 하는 것 아닌가?

"그렇긴 한데 이건 사실 종교 문제가 아니거든. FPI는 정치인들이 표를 모으거나 자기 이해를 지키려고 고용한 건달들이야."

변호사 친구의 대답이었다.

네덜란드 식민지 시대, 어쩌면 그 이전부터 인도네시아의 권력자들은 정치적 목표 달성을 위해 건달과 깡패를 자주 써왔다. 네덜란드어 프레이만vrijman(영어로는 프리맨Free Man)*에서 기원했을 프레만preman으로 널리 알려진 이 깡패들은 공포감을 일으켜 마지못한 복종을 끌어낸다. 정치인을 대신해 더러운 일을 해준 대가로 프레만은 성매매, 도박, 마약거래 등 각종 이권사업을 거의 아무런 제약 없이 운영한다. 그

● 자유와 네덜란드 식민지배로부터의 독립을 뜻하는 마력의 단어 "므르데카merdeka"는 1603년 말레이어-네덜란드어 목록에는 그 뜻이 "자유인Free Man"이었다. 이 말은 산스크리스트어 단어 "마하르디카Maharddhika"를 네덜란드인들이 "마르데이커르Mardijker"로 바꿔 해방된 노예와 그 자손을 부르는 데 사용한 것에서 기원한다.

결과 2010년대의 인도네시아는 1920년대의 시카고 같아 보이기도 한다. 판차실라청년단^Pemuda Pancasila 같은 극우 민족주의 단체들은 자신들이 정치적 목적을 위해 폭력을 사용한다고 대놓고 인정하기도 했다. 2012년작 다큐멘터리 《액트 오브 킬링》의 한 장면에서 전 인도네시아 부통령 유수프 칼라^Jusuf Kalla는 판차실라청년단이 모인 자리에서 관료들이 할 수 없는 일을 하는 데 프레만이 꼭 필요하다고 말한다. 유수프 칼라는 카메라를 향해 외친다.

"길을 닦으려면 프레만이 필요합니다. 여러분의 근육을 쓰십시오! 근육은 사람들을 때리는 데 쓰는 것은 아니지만, 때론 근육으로 사람들을 때려야 할 필요도 있습니다……."

그 말에 깡패 같은 관중이 군복 스타일의 다홍색과 검은색 얼룩무늬 단복 아래 근육을 꿈틀대며 박수를 쳐댔다.

프레만의 모습은 다양하다. 다홍색과 검은색 얼룩무늬 단복 말고도 지극히 평범한 바이커용 가죽재킷과 장발에 문신이 가득한 이들일 수도 있다. 최근에는 머리에 터번이나 무슬림을 상징하는 작은 뜨개모자를 쓰고 기다란 흰옷에 삐죽삐죽한 수염을 기른 이들이 보이기 시작했다. 내가 이런 무슬림 깡패를 처음 본 것은 2002년 어느 날 자정 무렵이었다. 자카르타의 난잡한 게이 나이트클럽의 매니저인 친구 에리스에게 인사를 하러 잠깐 들렀다. 우리 뒤로는 트랜스젠더 댄서 한 무리가 쇼를 준비하면서 거들 바람으로 가짜 속눈썹을 잘 붙이느라 수선을 떨고 있었다. 그때 직원 한 명이 들어오며 외쳤다.

"놈들이 왔어."

에리스는 서랍을 열더니 봉투를 꺼냈다. 곧 트레이드마크인 수염을 기르고 기다란 흰옷을 입은 젊은 남자가 나타났다. 그는 반라의 댄서들의 외쳐대는 음담패설에 전혀 신경 쓰지 않는 듯했다. 금방 "살람알라이쿰,salaam alaikum." 하고 인사를 주고받더니 에리스는 봉투를 건네고 무슬림 깡패는 고개를 끄덕이고 가버렸다.

"세상에, 전에 가죽재킷 입고 와서 돈 뜯던 놈들이랑 다를 게 없네."

내가 웃으며 말했다.

"다를 게 없다는 게 무슨 소리야? 저 사람들이 바로 그 가죽재킷들이야. 같은 놈들이라고. 옷만 갈아입은 거지!"

에리스가 말했다. 에리스를 괴롭히던 바로 그 깡패들이 이제는 이슬람수호전선에 들어간 것이다. FPI는 1998년 당국이 학생 시위대를 저지할 일단의 발 빠른 민간인이 필요할 때 등장했다. 자카르타 경찰청장이 FPI에게 돈을 주고 물자를 지원했다고 인정한 바 있을 정도다. 그 대가로 FPI와 관련된 깡패들은 학생 활동가들을 수하르토의 후계자를 선정하는 기본원칙을 정하는 회의장에서 아주 먼 곳으로 데려다놓았다. 이 이슬람 전사들은 국가인권위원회 사무실도 공격했다. 국가인권위원회는 당시에 동티모르에서 군부의 잔혹행위를 조사하던 중이었다. 이 일로 정말로 뜻밖의 세력들이 손을 잡았다. 그간 군부는 이슬람 정치세력과 상당히 복잡한 관계를 맺어왔다. 한편으로는 확고하게 세속적이지만 그만큼 확고하게 우파인 군대는 이슬람 세력을 사회주의에 맞서는 방어물로 보았다. 다른 한편으로는 이슬람주의자들이 너무 강해져서 국가통합에 위협이 되는 것 또한 경계했다. 그럼에도 1998년에 장군들이 FPI와 손을 잡은 것은, 동티모르에서 군의 인권침해 기록을 낱낱이 조사하려는 세속적 학생운동보다는 그들이 덜 위험하다고 판단했기 때문이다.

그러나 이제 인도네시아의 정치적 풍경이 어느 정도 안정되자 FPI와 유사 단체들은 정치인에게 폭력배를 대주는 것만으로는 일이 부족해졌다. 그래서 요즘은 공공의 도덕을 보호하는 일로 수입을 얻고 있다. 이들은 자신들에게 보호세를 내지 않는 술집, 나이트클럽, 성매매업소만 골라 난동을 부린다. 대중음악계에 종사하는 친구의 말로는 레이디 가가 반대시위는 레이디 가가 쪽 기획자가 FPI 쪽에 콘서트 경비와 보안을 맡기기를 거부하자마자 시작되었다고 한다. 그러나 이들은 목표물을 무차별적으로 고르지는 않는다. 예를 들면 포르노산업에는 결코 분노를 표하는 일이 없는데 이 산업은 군부가 관리한다고들 한다.

FPI는 민주주의가 가져다준 시장의 기회를 낚아채는 데도 재빠르게 움직였다. 점차 자기주장이 강해지고 자유를 사랑하는 유권자라면 판차실라청년단 같은 구태의 정치깡패에 맞설 만하다. 그러나 누구도 이슬람의 도덕적 가치를 지키는 청년들을 대놓고 비난할 수는 없으므로, 이들은 절대 처벌받지 않는 안전한 보호막 아래서 돈벌이를 할 수 있게 되었다.

복지정의당[PKS] 또한 비슷한 변신의 과정을 거쳤다. 인도네시아의 세속적인 명문대학들의 이슬람 연구 모임이 중동에서 유학한 이들의 도움을 받아 탄생한 이 정당은 첫눈에는 이데올로기와 유용한 사회개혁 프로그램을 가진 듯해 보인다. PKS는 만연한 부정부패에 맞서고, 홍수와 자연재해가 벌어지면 정부보다 더 열심히 움직이고, 저만 아는 정치인들에게 외면받던 계층에게 눈을 돌리는 등 빈민가에서 열심히 움직였다.

2002년에야 창당한 PKS는 2004년 선거에서 7퍼센트를 얻어 의회에서 45석을 차지했다. 이 정당은 논란의 반포르노 법안을 지지했고 다음 선거에서는 심지어 더 큰 지지를 얻어냈다. 그러나 PKS 소속 의원이 국회 의원총회에서 자기 태블릿PC로 포르노를 보는 사진이 찍히면서 위선적인 도덕군자 이미지가 퍼졌다. PKS 정치인들은 내각에 입성하고 인도네시아 정치의 일부로 안착하자 곧 개혁에 흥미를 잃었다. 곧 당 총재가 소고기 수입과 관련한 대형 뇌물 스캔들의 주역으로 등장하기에 이르렀다.

이집트의 무슬림형제단에 영감을 받아 시작된 PKS는 지금은 Partai Kotor Sekali, 곧 "아주 더러운 당"으로 불리며 완벽하게 인도네시아화했다. 과거의 이상주의자 당원들은 뼛속까지 거래적인 인도네시아 정치체제 안에 안착했다. 후원은 종교적 극단주의를 길들이는 효과적인 방법이었다.

그러나 아직도 인도네시아의 도시 지역 중산층은 근심 걱정이 많다. 그들은 지역정부가 제정하는 샤리아 율법이나 이슬람적 가치에 근거한 법안과 조례들이야말로 인도네시아의 세속적 기반이 잠식당하는 증거라고 지적한다. 아체 동부의 록스마웨에서 내 친구 나자루딘을 제치고 당선된 새 시장이야말로 그런 고전적인 예로, 여성은 정숙함을 지키기 위해 오토바이에서 남자 뒤에 탈 때는 반드시 옆으로 앉아야 한다는 조례를 만들었다. 여기에 며칠이나 자카르타의 신문 헤드라인과 트위터가 분노로 끓어올랐다. 그러나 이런 법안이나 조례가 걸핏하면 만들어지는 지역의 마을과 소읍에서 이런 규제는 다른 법령이나 규제와 다를 바가 없다. 그냥 무시할 뿐이다. 내게 아체 남부의 트렌디한 카페들을 구경시켜준 청년 레자는 종교경찰이 보이자 질밥을 쓰지 않은 나를 숨게 했고, 나는 종교경찰이 그렇게 심각하게 임무를 수행하는지 몰랐다고 놀라움을 표했다.

"월말이 다 돼서 월급이 떨어질 때만 저렇게 지키고 서서 벌금을 때리는 거예요."

레자의 대답이었다. 인도네시아 사람들은 샤리아 율법에 근거한 거의 모든 법률이 정작 그 법을 만든 사람들에게는 아무 영향을 끼치지 않는다고 늘 말한다. 여성의 복장에 대한 규정은 참으로 많지만, 공금을 도둑질한 관료의 손목을 자르지는 않는다.

탈중앙화 초기의 샤리아 관련 조례를 추적한 바 있는 정치학자 마이클 뷸러는 종교 조례 대부분이 실은 무슬림정당에서 발의한 것이 아니라고 알려주었다. 오히려 수하르토 시절의 세속정당 출신인 고인 물 악어 떼들이 샤리아 율법을 조례나 법안으로 발의하느라 아주 바빴다는 것이다. 이 게임은 표를 자기 쪽으로 끌어올 수 있다고 여기는 마을의 이슬람 지도자들을 흡수하기 위한 것이다. 세속적 후보들이 당선되면 종교지도자들이 초안을 작성한 샤리아 율법 조례를 통과시키겠다고 약속한다고 했다.

그러나 최근 들어 마이클 뷸러는 특히 서부 자바의 급속히 도시화하는 지역에서 변화를 감지했다.

"이슬람식 복장에 관한 샤리아 조례는 *너무* 2002년적이죠."

그는 이렇게 농담을 했다. 이제 지방선거에 출마하는 후보들은 아주 뒤처진 지역이 아니면 샤리아 율법을 조례로 만든다는 약속으로 종교지도자들의 환심을 사기가 불가능하다고 말한다. 한 후보가 말하길 지금의 중산층은 종교지도자보다 페이스북이나 트위터에 더 신경 쓴다고 했단다. 종교 카드를 이용하고 싶은 정치인은 이제 개별 유권자의 이해에 부응하는 단추를 눌러야 한다.

―――――

전 자카르타 주지사 파우지 보워Fauzi Bowo는 종교적 불관용을 부추기면 더 많은 표를 끌어올 수 있다고 굳게 믿은 사람이었다. 나는 한때 그의 이웃이었다. 주지사 관저가 내가 살던 자카르타의 집에서 한 블록 떨어진 곳에 있었기 때문이다. 2012년 9월에 주지사 첫 임기 5년이 끝나자 그는 재선에 나섰다. 파우지와 부지사 후보는 둘 다 브타위Betawi 그러니까 자카르타의 "현지 출신"임을 내세웠다. 둘 다 무슬림이기도 했다. 반면 두 사람의 상대는 둘 다 "이방인"이었다. 주지사 후보인 조코 위도도Joko Widodo(조코위)는 무슬림이지만 중부 자바 출신이었다. 그 점은 오히려 "현지 출신" 파우지에 대항하는 강점일 수도 있었다. 자카르타 인구의 36퍼센트가 인종적으로 자바인인 데 반해 28퍼센트만이

브타위로 분류되기 때문이다. 그러나 조코위의 러닝메이트는 중국계인 데다가 그리스도교도여서 이중으로 이방인이었다.

선거운동 내내 파우지 보워의 선거운동원들은 노골적으로 인신공격을 해댔다. 무슬림이 무슬림이 아닌 후보에게 투표하는 일은 있을 수 없다고 떠들고 다녔다. 한 유명한 설교자가 파우지 아닌 다른 후보에게 투표하는 것은 신을 거스르는 투표라고 신도들 앞에서 말하는 동안 파우지는 그 옆에 서 있었다. 인도네시아 선거법은 정치인도 종교인도 선거운동 기간에 종교나 인종으로 상대 후보를 공격하는 것을 금지한다. 그러나 파우지는 그 자리에 서서 스포트라이트를 받았다.

선거 당일 나는 자카르타의 내 옛집에 머물 수 있었다. 밖으로 나가 주지사 관저를 지나 1분 만에 공원 안에 설치된 투표소에 이르렀다. 네덜란드 식민지풍 빌라와 네오클래식한 대저택으로 가득한 멘텡 구역 유권자들을 위한 투표소였다. 새틴 테이블보를 드리우고 절전형 전구로 밝힌 투표소에는 시원한 음료수를 담아둔 냉장고까지 있어서 꼭 파티장 같은 분위기였다. 중년 부인들은 가장 좋은 실크 바틱을 걸치고 앉아 과일 접시에서 우아하게 과일을 먹고, 남편들은 블랙베리폰으로 중대한 업무인 듯한 통화를 하고 있었다. 그들 뒤로는 유니폼을 입은 보모들이 분홍색 스쿠터로 경주를 하거나 아이패드로 뱀파이어 게임을 하는 아이들을 보고 있었다.

이웃들과 잠시 이야기를 해봤더니, 다들 현 주지사의 "흑색"선전에 분통을 터뜨리며 새로운 시대가 올 것이라는 확신에 차 있었다. 그러고서 나는 오토바이를 타고 15분쯤 달려 사람들이 흔히 슬럼이라고 하는 타나팅기$^{\text{Tanah Tinggi}}$로 향했다. 사실 그 동네는 뒤죽박죽 정신없는 곳이다. "원주민" 공무원용으로 지은 네덜란드 식민지 시대의 빌라 가장자리에 어디서 훔쳐 온 양철판을 바짝 대 지은 툭 치면 쓰러질 듯한 집들이 다닥다닥 붙어 있었다. 누군가가 벌이가 나은 다른 주에서 열심히 일한 결실일 형형색색의 새로 지은 이층집들도 당당하게 늘어서 있었다. 디킨스 소설에서 튀어나왔을 법한 공동주택도 있었다. 다만 디킨스 시대라면 바닥에 뒹구는 저 많은 쓰다 버린 주사기는 없었을 것이라는 점이 달랐다.

공동주택들 사이로 난 폭 2미터 남짓한 골목길에는 온갖 종류의 삶이 있는 듯했다. 한복판에는 개방된 하수로가 있어 이를 닦거나 구정물을 버리고 아이에게 소변을 보게 하기 편했다. 공동화장실이 골목 저 아래 있어서 냄새가 퍼질 정도로는 가깝지만 소변만 보러 가기에는 너무 멀기 때문이다. 노란색을 휘감은 통통한 이부 니닝이 나를 자기 집에 초대했다. 가로세로 2미터쯤 되는 정사각형 집에 똑같은 크기의 2층으로 올라가는 사다리가 벽에 붙어 있었다. 방 안에는 평면TV와 큰 스피커 둘에 노래방 기계며 전기밥솥 같은 물건이 천장까지 닿을 정도로 빼곡히 쌓여 있었다. 플라스틱 장난감의 작은 화산이 폭발했는지 머리통이 사라진 인형이 빈 바닥에 날아가 있었다. 방 한가운데는 큰 스프링에 매달린 요람이 있어서 최소의 노력만으로도 아이를 흔들어줄 수 있었다. 그 안에는 두 살짜리 아이가 입을 벌리고 잠들어 있었다. 나는 문가에 앉았다. 아래층에는 통통한 니닝과 아기와 나 그리고 저 모든 물건이 있을 만한 여유가 없었다. 그러나 이 집에는 니닝과 남편, 아기부터 열일곱 살 다섯 아이까지 일곱 식구가 산다.

벽에는 "무슬림이라면 무슬림에게 투표합니다."라고 쓰인 선거 스티커가 붙어 있었다. 그 아래에 누군가가 "타체^{Tache}"라고도 불리는 파우지 보워의 상징인 콧수염을 그려놓았다.• 이제 투표 마감시간이 가까워지고 있었다. 나는 이부 니닝에게 투표했는지 물어보았다. 내심 국민의 의무를 행했다는 징표인 잉크 묻은 새끼손가락을 보여주기를 기대했다. 하지만 그는 투표하지 않았다.

"해서 뭐 하겠어요? 우리 같은 가난한 사람들한테는 누가 된다고 해도 다를 게 하나도 없는데."

니닝의 말이었다.

나는 개표를 보려고 가장 가까운 투표소로 달려갔다. 타나팅기 투표소에는 냉장고도 새틴 테이블보도 과일 접시도 없었다. 비가 내리기 시작하자 선거관리위원들은 방수포에 난 구멍으로 새는 비에 투표용지가 젖지 않게 옮기느라 허둥지둥했다. 하지만 다들 단정하게 바틱 셔츠를 차려입었고 선거관리위원회 신분증을 목에 걸고 정말 열심히 할 일을 했다.

개표 결과 발표용으로 노래방 기계를 빌렸다. 인도네시아의 모든 선거에서 투표함은 모두가 보는 앞에서 열고 그 안의 투표용지를 모두 꺼내 하나씩 빛에 대고 어느 후보란에 "구멍이 뚫"렸는지 모두에게 보여주어야 한다. 첫 투표용지가 펼쳐졌다.

• 타체는 포스터에 나온 자기 사진이 마음에 안 든다는 이유로 내 동료들이 제작한 AIDS 예방 포스터 수천 장을 폐기한 적이 있다. "내 콧수염은 살짝 휘었다"는 것이 그의 설명이었다.

"기호 1번 파우지 보워!"

선관위원이 외쳤다.

"타체! 타체!"

현직 주지사의 지지자들이 함성을 질렀다. 화이트보드의 개표현황판에도 1표가 표시됐다. 양 후보 쪽 선거참관인들도 개표 현황을 기록했다.

두번째 투표용지를 펼쳤다. "타체! 타체!" 초반의 일고여덟 장이 모두 현직 주지사 파우지 보워의 표였다. 그렇다면 결국 종교 문제를 내세운 것이 인도네시아에서는 통했단 말인가. 그렇게 생각하니 골치가 아파졌다. 하지만 곧 도전자인 조코위와 그의 용서가 안 되는 그리스도교도 파트너가 득표했다. 개표는 계속 그렇게 두 후보가 네다섯 표씩 나눠 갖는 식으로 이어졌다. 아무래도 친구나 가족들이 한꺼번에 와서 같은 후보에게 투표한 것 같았다. 선관위원이 투표함 가장 안쪽의 표까지 꺼냈을 때 두 후보의 득표수는 막상막하였다. 마지막 투표용지를 꺼내고 나자 선관위원은 마치 마술사가 토끼를 꺼내기 전에 모자 안을 보여주듯 투표함을 들어 올려 안이 빈 것을 우리에게 확인시켜 주었다.

최종 결과는 도전자 조코위 77표 대 현 주지사 파우지 보워 75표, 무효 2표였다. 그리고 이 투표소 관할로 등록된 유권자 중 절반가량이 이부 니닝처럼 기권했다. 나는 아직 개표가 진행 중인 투표소 중 가장 가까운 곳으로 달려갔다. 그곳에서는 종교를 내세운 현직 주지사가 여유 있게 승리했다. 그리고 다음 또 다음 투표소로 계속 가보았다.

종합하면 1제곱킬로미터도 안 되는 면적에 4만 명이 밀집해 자카르타에서 가장 인구밀도가 높은 지역인 타나팅기에서는 파우지 보워가 승리했다. 그러나 출구조사는 자카르타 전체에서는 조코위가 승리했다고 발표했다. 트위터 타임라인에서는 승리의 함성이 울려 퍼졌다.

"타체, 종교를 가지고 장난치면 무슨 일이 나는지 잘 봐라!"

주지사 관저 앞의 호사스러운 투표소로 돌아가보니 사람들이 막 마지막 새틴 테이블보를 떼어내고 차곡차곡 쌓인 의자를 케이터링 업체의 밴에 싣고 있었다. 그 투표소 담당 선관위원에게 가서 이 작은 공원 주변의 투표소 세 곳의 최종 개표 결과를 물어보았다. 574표 대 186표. "누가 이겼나요?"라고 내가 물었더니 그는 살짝 삐뚜름한 표정이 되었다.

"누구일 거 같습니까? 그자는 아니에요!"

선관위원은 파우지 보워의 집 쪽을 향해 머리를 흔들더니 무전을 치기 시작했다.

그렇게 개혁주의자 조코위는 모든 것을 다 가진 이들의 주거지 멘텡의 투표수 4분의 3을 얻었다. 반면 타나팅기의 슬럼가에 사는 사람들은, 지난 20년간 가난한 이들을 쳐다보는 척도 안 하며 중앙정부의 고위직을 두루 거치다 마지막 5년은 주지사였던 파우지 보워를 택했다. 저학력자들과 실직자들, 버린 주사기를 아이가 가지고 놀지 못하게 지켜봐야 하는 어머니들과 멘텡의 빌라에서 나온 쓰레기에서 페트병을 골라 팔아 먹고사는 아버지들에게는 종교 카드가 상당히 먹혔던 것으로 보인다.

그 까닭은 부분적으로는 국가가 실패한 지점을 모스크와 이슬람 지도자들이 파고들었기 때문이다. 이슬람 지도자의 집은 자기 구역의 신도들에게 24시간 열려 있다. 그는 급한 병원비를 빌려주고 자녀들이 장학금을 받을 수 있게 추천서를 써준다. 이런 문제를 스스로 해결할 수 있는 중산층에게는 이런 일을 해줄 사람이 필요 없다. 그러나 도시의 빈민가와 벽촌에서 이런 일은 아직도 이슬람 지도자를 권력 없는 이들 사이에서 권력자로 만들어주는 충성의 네트워크를 만들어낸다.

FPI는 레이디 가가의 공연 허가를 취소해달라고 정부에 요청했지만 담당 부처 수장인 법무정치안보부 장관 조코 수얀토$^{\text{Djoko Suyanto}}$는 일언지하에 거절했다. 장관은 레이디 가가가 싫은 사람은 공연에 안 가면 되지 않느냐고 말했다. 붐! 이제 FPI는 장관 집무실 앞에서 시위를 벌였다. 한 기자가 시위에 관한 입장을 물어보려고 전화를 걸자 장관은 문자를 보내 이렇게 답했다. "EGP" Emang gue pikirin의 줄임말인 EGP는 10대들이 쓰는 슬랭인데 대략 "내 알 바 아님" 정도로 번역할 수 있다. 나는 그 문자가 그즈음 인도네시아인 대다수의 종교적 극단주의에 대한 입장을 잘 요약한 답변이라고 생각한다.

인도네시아인 대부분이 FPI 같은 집단에 별로 신경 쓰지 않는 듯했다. 한 줌밖에 안 되는 광신도들에게 신경 쓰기에 인생은 너무 짧기 때문이다. 그러나 아주 극소수는 어쩔 수 없이 신경을 써야 했는데 이 광신도들이 그들의 삶을 위협하기 때문이다. 소수파에 속하는 모스크가 불타오르고, 교회는 협박을 받고, 무신론자는 투옥됐다.

성스러운 섹스의 산 구눙크무쿠스로의 초현실적 순례 이후 나는 동쪽으로 계속 가서 발리 바로 동쪽의 섬 롬복에 이르렀다. 확고한 이슬람 강성 지역인 롬복은 스스로를 "천 개의 모스크가 있는 땅"이라고 부른다. 그래서 때로는 그다지 아름답지 않은 풍경을 만들어내기도 한다. 거대한 보라색 뾰루지 같은 모스크가 논 가운데 불쑥 솟아 있고 연녹색 비행접시 같은 모스크가 시장 옆에 서 있으며 기존 모스크에서 50미터도 안 떨어진 길가에 뾰쪽한 새 첨탑이 서 있다. 점점 많은 곳에서 아흐마디야^{Ahmadiyah} 공동체 구성원들이 자기 마을에서 쫓겨나고 있는데, 롬복 또한 이런 지역 중 하나이다. 이슬람 분파의 하나인 아흐마디야는 결속력이 강한 공동체를 이뤄 교육에 투자하고 열심히 일해 성공을 거두는 사람들이었다. 아흐마디야는 독립 이전부터 있었지만(인도네시아 국가의 작곡자 또한 아흐마디야였다.) 광신도들은 최근에야 아흐마디야를 적으로 지목했다.

어떤 사람들은 아흐마디야가 사이언톨로지와 비슷한 데가 있는 무해한 괴짜들이라고 했다. 그러나 내가 만난 롬복의 산파, 수라바야의 버스기사, 동부 자바의 섬 마두라의 경찰을 비롯한 상당수의 사람들은 아흐마디야 이야기만 나와도 입에 거품을 물었다. 다들 내게 말하길 그들은 배교자이며 잘못된 가르침을 퍼뜨린다고 난리였다. "대체 어떤 잘못된 가르침을 퍼뜨리나요?" 나는 여러 번 물어보았다.

"그 사람들은 그저 틀렸어요. 사람들을 헷갈리게 한다니까요. 위험한 일이죠."

롬복의 산파가 한 말이다. 아무도 내게 아흐마디야의 신앙과 자신의 신앙이 어떻게 다른지 설명하지 못했다.

사실 메디나로 돌아가자는 순니파 원리주의자들의 눈에 아흐마디야는 그 창시자부터가 원죄를 진 오염의 상징이다. 영국령 인도 시대에 살았던 이슬람학자 미르자 굴람 아흐마드Mirza Ghulam Ahmad는 자기 홍보에 대단한 재능이 있었는데 자신이 예언자라고 주장했다. 이것부터가 순니파 원리주의자들에게는 신성모독이다. 무함마드 이후로 예언자는 없다. 무함마드가 유일한 예언자임을 믿지 않는다면 무슬림이라고 할 수 없다. 이 오류에서 한 걸음 더 나아가 아흐마디야파는 평화를 사랑하고 물리적 지하드 개념을 거부하며 펜과 글로 싸우는 성전을 선호한다. 그러나 아흐마디야파가 다르다고 여기는 사람들 대부분은 이 사실조차 알지 못하는 듯하다.

몇 년 전 롬복 서부의 크타팡Ketapang이란 마을에서 동네 사람들이 아흐마디야파 30가구가 사는 공동체를 불태워버린 일이 있었다. 나는 그 마을에 가보기로 했다. 한 학교에 들러 크타팡에 가는 길을 물었더니 유치원 원장이 경고했다.

"환영받지 못할 거예요."

그 말이 맞았다. 크타팡 마을은 자족적이면서 적대적인 것이 마치 롬복 농촌지역 길가에 자라는 종양 같았다. 나는 길가에 오토바이를 세우고 마을로 걸어 들어갔다. 빤히 쳐다보는 눈빛과 침묵이 나를 맞았다.

뻗어나가는 망고나무 아래 커피숍이 보였다. 각각 유벤투스, 바르셀로나 그리고 내가 모르는 축구팀의 유니폼을 입은 세 청년이 누워 핸드폰을 들여다보고 있었다. 나는 주인에게 커피를 주문했다. 돌절구를 찧던 주인은 나를 힐끗 보더니 다시 하던 일로 돌아갔다. 나는 기다렸다. 주인은 계속 고추를 찧었다. 다른 사람이 와서 환타를 달라고 하자 주인은 바로 내주었다. 그리고 다시 고추 찧기로 돌아갔다. 나는 기다렸다. 몇 분 후 누워 있던 축구 유니폼 청년들 중 눈이 찔릴 만큼 뾰족하게 머리를 세운 사람이 지역어인 사삭^{Sasak}어로 뭐라고 하자 여주인은 툴툴대며 내게 커피를 내왔다. 축구 얘기를 꺼내며 청년들과 대화를 시도해봤지만 별 반응이 없었다. 이번에는 선거 얘기로 화제를 바꿔봤다. 집 사이사이로 이장 선거에 나온 여러 후보들의 선전물이 걸려 있었다. 마찬가지로 반응이 없었다.

   마을 전체가 똑같았다. 모두 퉁명스럽고 경계심 많고 방어적이었다. 한 여자가 하고 있는 일이 무엇이냐는 내 질문에 간신히 답해주었을 뿐이다. 마을 전체가 대나무 빗자루와 코코넛 섬유 깔개를 만들어 하루에 3,600루피아 그러니까 40센트를 받아 근근이 먹고사는 듯했다. 그러나 아무도 교육이나 부정부패나 종교 같은 더 일반적인 주제에 대해서는 말하지 않았다. 어째서인지 나는 이 질문을 할 수 없었다.

   "그래서 아흐마디야파 이웃에게 대체 무슨 일을 저질렀나요?"

   가해자가 이렇게 입을 꾹 닫는다면 피해자와 많은 이야기를 할 수 있으리라는 희망은 갖기 어려운 법이다.

그러나 오랜 고난을 겪어온 롬복의 아흐마디야 공동체는 그들의 전 이웃과는 완전히 반대였다. 그들은 나를 야단스럽게 환영하면서 열악한 주변 환경에 대해 미안해했다. 그들은 원래 살던 마을에서 25킬로미터가량 떨어진 롬복 최대의 도시 마타람Mataram의 다 쓰러져가는 공공단지에 살고 있었다. 이 "트란시토Transito"는 1970년대 자바나 발리에서 온 이주민들이 더 동쪽으로 이동하기 전 임시로 머물던 곳이었다. 이제는 천장에 댄 합판의 결이 다 뜯겨 너덜거리고 바닥에 놓인 양동이들이 지붕에서 떨어지는 빗물을 받아내고 있었다.

공동체 전체가 천장까지는 닿지 않는 갈색 커튼으로 구획을 나눈 큰 강당 하나에서 살고 있었다. 그렇게 가로세로가 각각 2×3미터인 "집"들이 두 줄로 늘어서 있었다. 각별히 나를 반겨준 이부 누르는 커튼을 젖혀 자기 집을 보여주었다. 그곳은 마치 타나팅기의 이부 니닝의 공동주택이나 트르나테의 산사태 이후에 본 난민수용소 같았다. 벽 쪽에는 물건을 보관한 플라스틱 통이 차곡차곡 쌓여 있고, 라피아 야자섬유 빨랫줄에는 교복이 걸렸고, 잠자리인 매트리스는 잘 말아서 바닥에서 아이들이 숙제할 공간을 확보해두었다.

이부 누르와 가족들은 그곳에서 거의 7년째 살고 있었다.

누르는 나를 저녁기도에 초대했다. 기도 시간이 되자 모두 강당 뒤쪽의 공동화장실 옆 작은 기도실에 다닥다닥 모여들었다. 아이들은 지붕 밑에 자리를 잡으려고 서로 밀쳐대고, 늦게 온 사람들은 마당으로 밀려나 비를 맞으며 기도했다. 스피커도 없고 설교도 없었다. 공동체의 어른인 팍 샤후딘이 기도를 이끌었다. 나머지는 그를 따랐고 그게 다였다. 기도가 끝나고 모두 어둑해지는 가운데 지붕 사이로 비가 새는 것을 지켜보며 앉자 나는 농담조로 여기도 "천 개의 모스크"에 들어가는 것으로 쳐주는지 물었다.

"하! 여기 사람들 고결하시죠. 하지만 그 속이 어떤지가 중요한 거 아니겠어요."

누르가 대꾸했다.

나는 크타팡 마을 사람들이 왜 아흐마디야 공동체를 공격했다고 생각하는지 물어보았다. 누르와 다른 젊은 여자들은 그 원인을 어떤 상황에서건 공동체 안에서 특정 집단이 경제적으로 더 큰 성취를 얻을 때를 일컫는 광범위하고 흔한 말인 "사회적 질시" 때문이라고 표현했다. 아흐마디야 신도들은 롬복 동쪽에서 쫓겨나 서쪽의 크타팡 마을로 이주했다. 이들은 마을 사람들보다 교육수준도 높고 인맥도 탄탄하고 일도 열심히 했다. 그리고 더 부유했다. 인도네시아 전역에서 벌어지는 이주자들의 이야기이기도 했다.

팍 샤후딘은 다른 사람들 말을 경청했지만 동의하지는 않았다. 그가 생각하기에 계기는 정치적이었다.

"우리는 어떤 마을에서건 여덟 번은 쫓겨났다오. *여덟 번.* 그리고 그런 일은 매번 거물 정치인이 다녀가고 나서 벌어졌어요."

그는 이슬람월성月星당 출신의 장관과 PKS 소속 부파티 후보를 언급했다. 샤후딘은 정치인들이 종교적 소수파에 강경한 자세를 취해서

표를 결집시킬 수 있다고 보고 의도적으로 사람들을 자극해서 공격이 벌어졌다고 생각했다.

편견을 쉽게 조작할 수 있는 지방선거에서 종교적 극단주의가 득표할 수 있을 가능성은 상당히 높다. 그러나 전국적 차원에서는 그렇지 않다. 기표소 안의 사적 공간에서 대부분의 인도네시아인은 정치와 종교를 뒤섞으려는 사람들에게 관심을 보이지 않는다. 실제로 이슬람 정당에 대한 지지는 1955년 선거에서 44퍼센트로 가장 높은 득표율을 보였고 민주적 선거가 재개된 1999년 이래 계속 하락하고 있다. 2009년 선거에서 이슬람 정당을 지지한 유권자는 30퍼센트가 되지 않았고 최다 득표한 세 당은 모두 견고한 세속주의 정당이다. 더군다나 2014년 선거를 앞둔 시점의 여론조사들은 종교정당들의 득표율이 더 낮아질 것이라고 예측하고 있다.

그럼에도 불구하고 중앙정부는 종교적 소수파를 보호할 법을 제정하는 데 소극적이다. 2011년 서부 자바에서 1,000명이 넘는 사람이 아흐마디야 모스크에 있던 스무 명가량을 공격해 세 명이 죽는 사건이 벌어졌다. 경찰이 군중 일부를 체포했다. 그러자 기다란 흰옷을 입고 확성기를 든 패거리를 실은 트럭들이 경찰서 앞으로 몰려들어 배교자와 그들의 옹호자를 모두 없애버리겠다고 협박했다. 그 결과 경찰은 폭력을 휘두른 자 누구에게도 살인 혐의를 적용하지 못했다. 여남은 명이 가벼운 폭력 혐의로 몇 개월 형을 살았고, 가장 긴 징역형은 오히려 살아남은 아흐마디야파에게 내려졌다. 마체테를 들고 그에게 다가온 사람을 폭행했다는 죄였다.

누르는 롬복 트란시토의 쓰러져가는 집 밖에 앉아 소수파를 보호하지 못하는 정부의 비겁함을 한탄했다.

"정부는 데모가 무서운 거예요. 그게 다라니까요."

지난 13년간의 인도네시아의 시끌시끌한 민주주의 대실험에서는 정부가 이단을 조금이라도 옹호하는 기미라도 보이면 FPI 같은 단체들이 즉각 거리에서 시위를 벌이는 것이 어느 정도 당연한 일이었다. 만약 유권자들이 종교의 다원성과 자유를 요구하며 거리를 점령한다면 정부는 종교적 소수파를 보호할 조치를 취할 것이다. 그러나 그런 일은 벌어지지 않을 것이다. 인도네시아인 대다수는 종교의 자유를 지지한다. 그러나 절대다수를 차지하는 순니파 무슬림들이 그저 괴짜일 따름인 소수파의 권리를 지키려고 바리케이드를 치거나, 기꺼이 사람을 죽이고 다치게 만들겠다는 한 줌의 광신도와 맞서 싸우지는 않을 것이다. 그저 신경 쓰지 않을 뿐이다. 법무부장관이 그렇듯 대부분의 인도네시아인에게 남이 무엇을 믿는지는 "내 알 바 아님"일 따름이다.

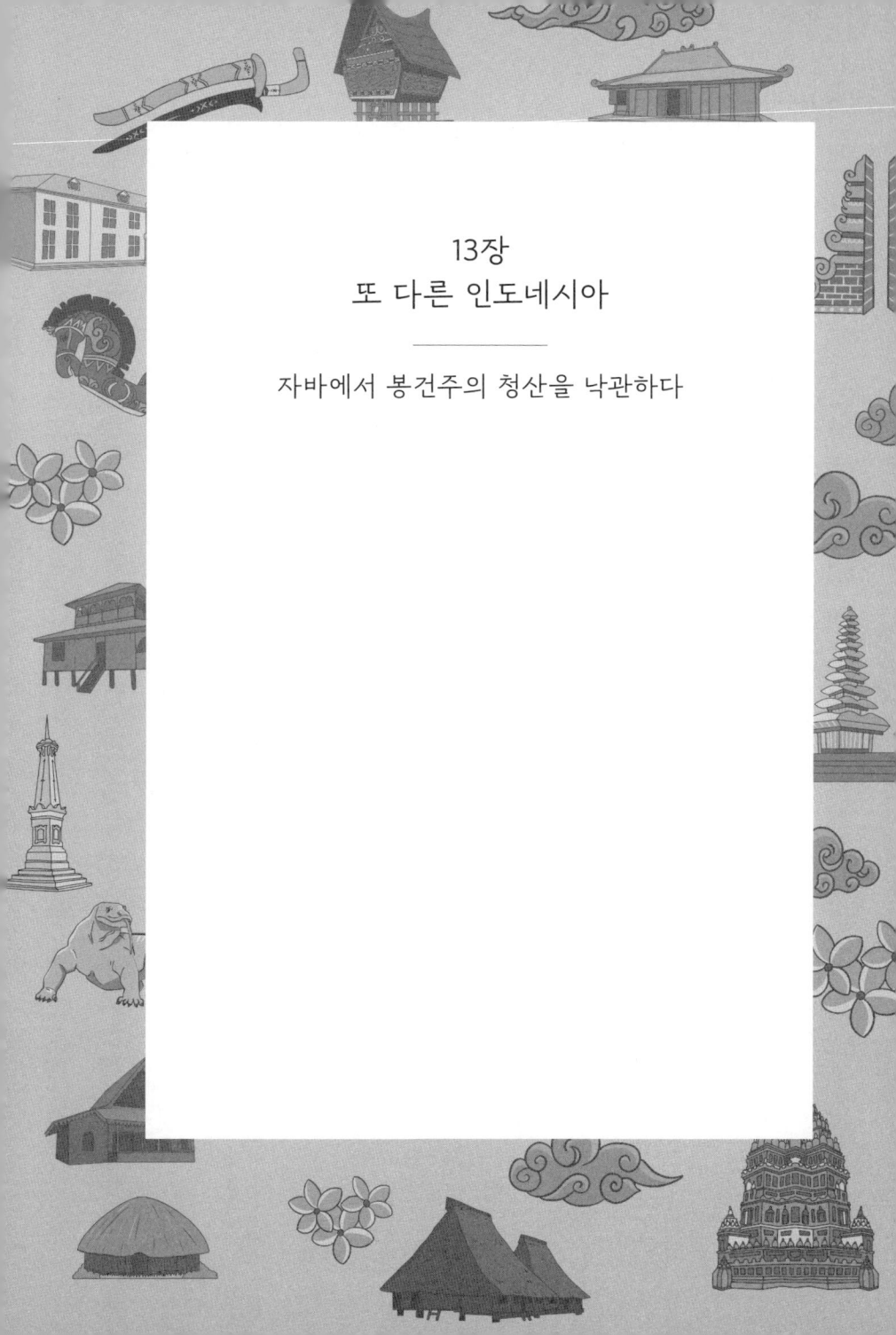

13장
또 다른 인도네시아

자바에서 봉건주의 청산을 낙관하다

지도 M: 자바

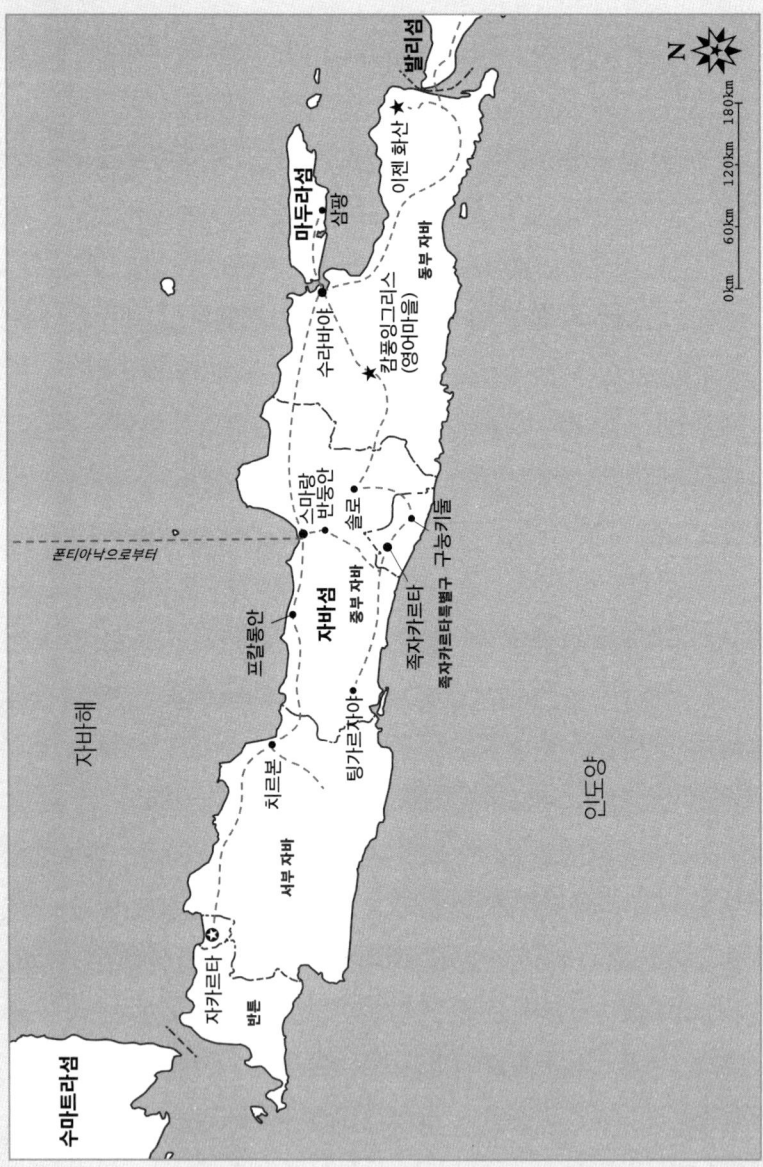

인도네시아 곳곳의 땅과 물 위에서 꼬박 1년을 보내고 자바에 도착했다(완전히 다른 나라와 마찬가지인 자카르타에 가끔 들른 것은 빼고 하는 얘기다). 나는 인도네시아의 20개 주와 4대 섬인 수마트라, 술라웨시, 뉴기니의 인도네시아 부분, 마지막으로 보르네오에 모두 갔고 그보다 작은 섬 여남은 곳과 지도에 나오기에 너무 작은 섬들에도 가보았다. 칼리만탄의 폰티아낙에서 자바행 배에 오를 즈음 내 머릿속은 이 모든 곳에서 주워들은 자바에 관한 각양각색의 의견들이 가득했다. 자바는 매끈하게 닦인 번쩍번쩍한 고속도로 위에 정장을 차려입은 사람들이 번쩍거리는 SUV를 타고 중대한 사업 계약서에 도장을 찍으러 가는 곳이다. 자바에서는 누구나 좋은 학교에 가고 최신 시설의 좋은 병원에 간다. 반면 앞의 말과는 반대라 혼란스럽게도, 자바 사람 중 일부는 아직도 벼농사를 짓는 농부라서 기름진 땅에서 삼모작을 하느라 말도 못 하게 열심히 일한다.

직설적인 부족들은 자바 사람은 말도 못 하게 예의 바르다고 일러주었다. 맨날 잉기^{inggih}*, 잉기, 잉기 그러니까 예예예 하지만 허리춤에 꽂고 다니는 크리스 단검으로 언제 찌를지 모르니 조심해야 한다고도 했다. 자바 사람들은 우리처럼 터놓고 말하는 법이 없고 정도 없다고 인도네시아의 다른 지역(심지어 정말로 정 없는 지역에서도) 사람들은 말했다. 그게 다 그 위계질서 때문이라고.

이번에 내가 자바에 닿은 관문은 북해안의 쇠락한 항구 스마랑이

● "네"라는 뜻의 자바어 높임말—옮긴이

다. 칼리만탄의 폰티아낙에서 출발한 펠니 페리가 난장판에 끼어든 것은 새벽 네 시 무렵이었다. 우리 배는 이제 막 도착한 배 두 척을 포함해 체급이 훨씬 높은 펠니 페리 세 척 옆에 섰다. 대혼돈이었다. 승객이 서로 밀치며 내려가는 좁은 건널판자 위로 여느 때처럼 짐꾼이 몰려들었다. 하지만 오늘은 사람들이 몸을 숙여 신발을 벗고, 바지를 말아 올리고, 인간의 존엄성을 완전히 잃지 않으며 무릎 위로 치마를 걷어 올리고, 어깨 위로 짐을 올리느라 병목현상이 평소보다 더 심했다. 그랬다. 부두와 배 사이에 댄 건널판자까지 모두 물바다였다. 승객은 모두 무릎까지 오는 물을 10미터쯤 건너야 마른땅에 닿을 수 있었다. 나는 한 선원에게 무슨 일이냐고 물었다. "만조예요." 선원의 대답이었다. 그렇다면 24시간 중 두 번은 자바 최대의 항구 중 하나의 부두가 물에 잠긴다는 말이다. 자바 바깥 사람들의 자바에 관한 선입견 중 하나인 "인프라는 인프라는 다 자바인들 차지예요." 부분은 적어도 내 발 밑에서 바닷물에 쓸려나가는 중이다.

스마랑은 한때 네덜란드령 동인도 최대의 항구였다. 중부 자바의 비옥한 땅에서 길러낸 설탕, 차, 커피가 서유럽의 부엌 찬장까지 가는 여행을 시작하는 곳이었다. 지금은 인도네시아 최대의 산업 중심지 중 하나다. 스마랑의 배후지에서 코카콜라와 펩시콜라가 병에 담기고, 인형과 약품, 가구와 의류가 생산된다. 이제 가장 큰 항구의 자리는 자카르타와 수라바야에 빼앗겼지만 아직도 스마랑은 자바에서 세번째로 큰 항구이자 물류와 승객이 모이는 중요한 허브다. 그럼에도 불구하고 스마랑에서 손봐야 할 곳은 부두만이 아니었다.

어둠이 걷히자 나는 오토바이 택시를 타고 시내로 향했다. 우리 오토바이가 진창을 헤치며 나아가자 깊이를 알 수 없을 만큼 길이 파였다. 우리 바로 앞에 가던 자전거 탄 고등학생은 진창 속에 박혀 있던 돌에 걸려 넘어졌다. 그 학생이 일어나자 그 모습이 마치 한 면만 초콜릿을 코팅해서 반은 하얗고 반은 갈색인 바닐라 아이스크림 같았다. 눈물이 흘러 진흙이 코팅된 왼쪽 뺨에 길을 내고 있었다.

스마랑은 가라앉고 있다. 그리고 인도네시아에서 가장 아름답다고 할 스마랑의 옛 식민 구역이 특히 빠르게 가라앉고 있다. 이부 제니로 널리 알려진 메가푸트리 메가라자사에 따르면 그 속도는 1년에 12센티미터나 된다. 나는 배 위에서 신문을 읽다가 제니의 이름을 발견했다. 그는 클래식 자동차 퍼레이드와 전통놀이와 먹거리를 비롯한 옛 스마랑의 유산을 기리는 축제를 조직한 당사자였다. 나는 하루 차이로 축제를 놓쳤지만 축제와 상관없이 구도심을 돌아보기로 했다. 구도심은 영광스러운 기억을 간직했으나 서글픈 곳이었다. 가장 대표적인 건물인 그레자블렌둑$^{Gereja\ Blenduk}$ 곧 돔형 교회는 1753년에 세워졌다. 교회는 아름답게 복원되어 밤이면 식민지 과거의 꿈을 간직한 채 호박처럼 빛을 발한다. 구리 돔과 오색찬란한 스테인드글라스로 장식된 교회는 아침, 정오, 밤을 동시에 알리는 시계탑 둘 사이에 당당하게 서 있다.

구도심에는 관공서도 있지만 건물 대다수는 1800년대 후반에서 1900년대 초에 당시의 대기업인 무역회사, 플랜테이션, 은행이 세운 것들이다. 그중 몇몇은 개보수를 마쳤지만 그들 또한 열대의 열기에

삭아드는 다른 건물 사이에 낀 처지였다. 멀쩡한 척하고 서 있는 건물 정면의 우아한 아치형 창문은 덧문 덮개가 덜렁거렸다. 그 창문 사이로 한때 지붕이었을 자리에 난 커다란 구멍이 언뜻 보였다. 옆 건물의 연철 계단 난간은 허공을 향해 치솟았고 윗부분은 녹슬어 사라졌다. 망가진 하수관에는 풀이 무성했고, 한때 호사스러운 교역의 궁전이 있었을 벽들의 높은 틈으로 나무들이 비집고 자라며 사방에 붙어 있는 "매매 임대" 간판을 가리고 있었다.

그러나 과거의 영광이 허물어지는 가운데서도 삶은 계속된다. 사람들이 폐목재와 깨진 타일을 가져다 지은 판잣집들은 오래된 관청의 무너져가는 벽에 기대선 가우디의 건축 작품 같았다. 아버지가 씻기는 동안 아이는 자갈 깔린 바닥 한가운데 양동이 안에서 참을성 있게 서 있었다. 아름다운 연철 난간동자 아래 남자들이 노점을 열고 SUV를 몰고 온 중국계 사업가들에게 진한 닭고기수프를 팔았다. 이 노점에는 전용 주차요원까지 있었다.

스마랑은 내가 상상했던 것보다 훨씬 더 아름답고 또 훨씬 더 방치된 채였다. 나는 토코운$^{Toko\ Oen}$으로 가서 이부 제니를 찾았다. 토코운은 제니의 가족이 1936년에 문을 연 커피숍이다. 이부 제니는 축제가 성공해서 기쁘다고 했다. 그는 그 축제를 유적과 보존 전문가들을 초청하는 구실로도 이용했는데 시작할 때만 해도 큰 기대가 없었다고 했다.

"흔히들 인도네시아인은 역사나 유산 특히 식민유산에 관심이 없다고들 하잖아요."

그러나 행사는 대성공이었다.

제니가 이끄는 운 재단의 목표는 2020년 스마랑이 세계문화유산으로 지정되는 것이다.* 내가 커피숍에 도착했을 때 제니는 콘퍼런스에서 발표했던 네덜란드인 보존과학 교수와 이야기하던 중이었다. 그 교수는 모든 면에서 큼직큼직하고 "미치광이 교수"에 어울릴 법한 헤어스타일에 커다란 맥주잔이 잘 어울릴 듯한 남자였다. 매력적이고 박학다식하기도 했다.

1678년 네덜란드동인도회사가 건물을 짓기 시작했을 때의 스마랑은 아직까지 남아 있는 운하 체계를 통해 홍수를 막았지만 지금은 제대로 작동하지 않는다. 네덜란드인 교수는 진짜 문제는 최근에야 벌어졌다고 했다. 그동안 늘어나는 인구와 도시 외곽에 세워진 공장에 필요한 물을 지하수를 끌어 올려 공급했는데, 그 때문에 생긴 빈 공간을 바다가 잠식하면서 해안에서 가장 가까운 구도심부터 바닷물이 차오르기 시작해서 이제는 스마랑 시민의 발목까지 차오르게 되었다. 이 때문에 구도심의 옛 건물을 보존하고 싶은 마음이 식어버렸다.

"보존을 제대로 하자면 엄청난 투자가 필요하죠. 직원들이 헤엄쳐서 출근해야 한다면 그 건물 주인들에게 큰돈을 투자하라고 하기 어렵지 않겠어요?"

제니의 말이다.

"건물은 누구 소유인데요?" 하고 내가 물었다. 제니와 교수 둘 다

---

* 스마랑은 2025년 현재까지도 세계문화유산으로 지정되지 않았다.—옮긴이

눈알을 굴렸다. 인도네시아에서 토지 소유권이란 언제나 복잡한 일이다. 그것이 독립 당시 네덜란드인 소유였던 부동산이라면 한층 더 복잡한 문제다. 수많은 사업체가 도망가고, 일부는 이름을 바꿨고, 일부는 재산 양도에 관한 아무런 합의 없이 국유화됐다. 서류상으로는 이 수많은 건물이 파산한 회사 소유거나 유니레버^{Unilever} 같은 거대기업 산하다. 구도심이 가라앉지 않는다고 해도 소유권 문제가 발생할 우려가 조금이라도 있다면 회사들은 이 건물을 복원하는 데 난색을 표할 것이다.

제니의 구도심 보존 구상에 지역정부는 얼마나 적극적인지 내가 물었더니 두 사람은 눈알을 더 심하게 굴렸다. 스마랑 시장은 두어 달 전 부정부패 혐의로 유죄선고를 받고 현재 수감 중이다. "이번 시장한테 급선무는 하나뿐"이라고 제니가 말했다. 광산이 시장 주머니에 돈을 꽂아주지 "식민 도시 보존이 돈을 주는 게 아니거든요."

네덜란드인 교수는 유일한 해결책이 있다고 했다. 구도심 주변에 일종의 "해안 간척지^{polder}" 제방을 쌓아서 물을 바깥으로 뽑아내는 것이다. 그 말에 나는 고약한 냄새를 풍기는 자카르타의 홍수방지용 수로를 떠올리지 않을 수 없었다. 해마다 수로에 쓰레기가 수 톤씩 쌓이고 그 쓰레기가 배수구를 막아서 비가 와도 제 기능을 하지 못하는 그 수로 말이다. 스마랑의 홍수방지용 시설 또한 제대로 관리되지 않을 것이고 쓰레기가 쌓인 채로 방치될 게 뻔하다.

"쓰레기 투기는 기술로 해결할 수 있으니 괜찮을 겁니다."

네덜란드인 교수가 말했다.

"배수구가 막히기 전에 쓰레기 치우는 사람을 고용하면 됩니다."

인도네시아 사람 제니가 말했다. 돌이켜 보자면 인도네시아 사람 제니의 대답이 훨씬 현실적으로 보였다. 인도네시아의 다른 어디보다 자바의 인프라가 훨씬 훌륭한 것은 사실이지만 아직 갈 길이 멀다. 자바의 값싼 노동력도 금방 말라 없어질 것 같지는 않다.

자카르타의 한 친구가 내게 스마랑에 사는 자기 사촌 에비를 소개해 줬다. 에비의 가족은 에스텔레르 Es Teler가 대표 메뉴인 패스트푸드 체인을 운영한다. 에스텔레르는 산처럼 쌓은 곱게 간 얼음 위에 아보카도, 잭프루트, 코코넛워터와 각종 지렁이 모양 젤리류를 얹은 것으로 한번 먹기 시작하면 멈출 수 없는 일종의 당폭탄이다. 에비는 아보카도 2톤과 팜슈거를 도매로 사러 가는 데 따라가겠냐고 내게 물었다.

사실 나는 "진짜" 도시를 좀 즐기고 싶었다. 진짜 우유로 만든 무설탕 카푸치노를 마실 수 있는 냉방이 잘된 근사한 쇼핑몰에 가고 싶었다. 영화관에 가고 제대로 된 서점에도 가고 싶었다. 빠른 공짜 와이파이가 있는 핫스폿에 가서 친구와 스카이프로 얘기도 하고 트위터도 보고 블로그에 글도 쓰고 자바의 큰 도시에서 인도네시아 젊은이들이 하는 모든 것들을 하고 싶었다. 하지만 팜슈거를 사러 간다니 거부하기 힘든 일이었다.

에비의 사촌이 에비와 그의 남편과 나를 구도심에서 태워 산으로 갔다. 고지대로 갈수록 럭셔리 스파와 가든 레스토랑과 화려한 저택보다 깔끔한 중산층 교외 거주지가 많아졌다. 더 올라가자 개발업자가 막 지은 네모난 집들로 이루어진 더 싼 부동산들이 줄줄이 나타났다. 그런 지역도 지나자 지하수를 끌어 올려 스마랑을 가라앉히는 주범인 창고와 공장들이 등장했다. 그마저 지나자 고추와 생강, 담배와 콩, 장미와 가지가 심어진 밭이 나왔다. 나는 인도네시아의 다른 어떤 곳에서도 이런 광경을 본 적이 없었다. 이 광경은 할마헤라나 아도나라의 "땅에 나뭇가지를 꽂고 그 구멍에 옥수수 알을 심어라" 식의 접근법과는 완전히 반대였다. 밭에는 작물이 이캇 직물의 패턴처럼 질서정연하게 심어져 있었다. 붉은 장미는 분홍 장미와 흰 장미를 마주 본 채 늘어서 있었다. 땅을 한 뼘도 그냥 놀리는 법이 없었다. 그러나 거기에는 산업적인 것 또한 없었다. 농민의 가족들이 자기 밭을 돌보는 것이었다. 저마다 시장가격과 필요한 노동력에 따라 무엇을 언제 심을지 정한다. 가장 열심히 일하면서 가장 돈을 많이 버는 사람들은 다른 마을 사람들의 작물을 사들여서 스마랑의 공장에 파는 최전선의 도매상들이었다.

 이부 산나는 그런 사람 중 하나였다. 우리가 그를 찾아간 것은 에비가 산나에게 생강 도매를 맡길까 하던 참이기 때문이었다. 산나는 완벽한 화장과 공들인 머리에 은사를 섞어 짠 스판덱스 상의 차림으로 한낮의 열기를 뚫고 고추와 담배와 생강이 자라는 밭두렁 사이를 땀 한 방울 안 흘리며 걸어서 우리 쪽으로 왔다. 그는 최근에 다른 농민들에게서 생강을 사들여, 생강과 꿀이 들어간 기침약 톨락앙인^{Tolak Angin}

을 비롯한 자바 전통약의 최대 제조업체인 시도문출^{Sidommuncul}사에 팔았다. 인도네시아 사람들은 감기에 걸리면 "바람이 들었다$^{masuk\ angin}$"고 말하고 바람이 드는 것을 피하려고 톨락앙인, 말 그대로 "바람을 거부한다"를 마신다. 내가 전 세계 어디나 가지고 다니는 (이부프로펜과 함께 내 구급상자의 전부를 이루는) 톨락앙인을 어떻게 만드는지 늘 궁금했었다. 나는 시도문출 공장을 빙빙 돌며 인도네시아 다른 곳에서 흔히 그랬듯 경비실을 무사통과해 관리자와 환담을 나눌 수 있지 않을까 기대했다. 그러나 입구에서 확실하게 제지당하고 나서야 자바 회사들의 규모와 전문성이 그동안 내가 슬금슬금 들어가보던 다른 지역의 회사들과는 차원이 다르다는 것을 확실히 깨달았다.

산나에게도 규모는 문제였다. 매달 생강 25톤을 공급하기로 계약을 했지만 그 지역 농민들에게서 그 많은 양을 매번 사들이기가 쉽지 않았다. 하지만 그에게는 생강을 사서 모아둘 자본도 창고도 없는지라 공급 약속을 지킬 수 있을지 확신할 수 없어 결국 계약을 포기하고 말았다. 인도네시아의 공급사슬이라는 완만하게 기운 등급의 신전에서 한 단계 위인 에비는 산나가 사들일 수 있는 생강이 얼마만큼이건 자기가 사겠다고 했다. 나머지 물량은 시도문출 같은 큰 회사에 팔게 남겨도 무방하다고 약속했다.

우리가 여기 온 것은 산나가 생강뿐 아니라 상당한 양의 굴라아렌$^{gula\ aren}$도 대줄 수 있다고 했기 때문이었다. 굴라아렌은 아렌야자, 곧 아렌가 핀나타$^{arenga\ pinnata}$의 수액을 끓여 만든 바슬바슬한 갈색 팜슈거인데 좋은 에스텔레르를 만드는 핵심 재료이기도 하다. 이부 산나는 입고 있던 칵테일파티용 상의 같은 옷을 벗고 그보다 더 우아한 차림, 가슴은 꽉 조이고 엉덩이에서는 풍성해지는 기다란 저지 드레스와 그에 맞춤한 재킷으로 갈아입었다. 그런 차림은 말할 수 없이 수수하면서도 거부할 수 없이 섹시한 자바식 믹스매치의 고전이다.

이부 산나가 화장을 고치는 동안 나는 동네를 둘러보았다. 집 안에는 핸드폰들이 충전기에 꽂혀 있고 텔레비전은 뜨개 레이스에 덮여 있었다. 그러나 집 밖의 광경은 여러 세대 전과 다를 것이 없어 보였다. 목재나 대나무로 짠 벽 위쪽 주황색 테라코타 기와지붕에 올려둔 광주리에서 쌀과 토란 뿌리와 내가 잘 모르는 곡물이 마르고 있었고, 어느 한 집 벽에 기대둔 빨간색 철제 외바퀴손수레는 낯설 정도로 현대적으로 보였다.

영화세트장 같은 또 다른 마을에서 우리는 운반용 막대 양쪽에 굵은 대나무 통을 지고 걸어가는 남자를 찾아냈다. 한쪽에는 액체가 가득한 통을 걸고, 균형을 잡기 위해 다른 쪽에는 남자의 등 뒤에 꽂힌 큰 칼로 방금 가른 잭프루트를 매달았다. 우리는 그를 따라 집으로 갔다.

이 사내의 대나무 통 안에는 그가 방금 아렌야자에서 모아 온 수액이 가득했다.

"드셔보세요. 맛이 아주 좋습니다!"

그가 말했다. 그의 아내는 대나무 통에 유리잔을 넣었다. 통 안에 들어갔다 나온 유리잔에 든 누런색의 끈적한 액체 위로 죽은 벌 두어 마리와 알 수 없는 부유물이 떠 있었다. 아내는 잔을 에비에게 내밀었고 에비는 비위가 좀 상한 듯했다. 나도 잔을 받아 수액을 마셔보았다.

뜨끈하고 달짝지근한 특별할 것 없는 맛이었다.

대나무 통 남자는 설탕을 킬로그램당 1만 7,000루피아에 줄 수 있지만 지금은 물량이 없다고 했다. 그는 이웃 마을로 가보라고 했다. 거기서 우리는 빨간 블라우스를 입은 아름다운 여자가 집 앞에 앉아 허리까지 치렁치렁한 머리를 빗는 장이머우 영화의 한 장면 같은 광경을 마주했다. 그러나 우리가 무엇을 찾는지 듣자마자 미인의 얼굴에서 순식간에 나른한 표정이 사라졌다. 여자는 머리를 동그랗게 말아 올리더니 사업가의 얼굴이 되어 말했다. 네, 설탕 있지요. 네, 최상급입니다. 흙바닥 부엌에서 대나무를 엮어 만든 닭장 아래서 바닥을 헤집던 닭은 냄비에 들어가기 직전 털이 뽑히는 다른 닭을 보지 않으려고 애쓰는 중이었다. 우리는 장작불 아궁이 위에서 끓고 있는 수액을 살펴보았다. 이 수액을 예닐곱 시간 동안 끓이고 나서 그릇에 담아 단단히 굳힌다. 그렇게 만든 팜슈거 조각이 우리 손에 하나씩 쥐어졌다. 에비는 설탕이 최상급이라고 인정했다. 이제 과연 이 여자가 설탕 50킬로그램을 가져올 수 있을 것인가?

물론이죠. 그럼 가격은요? 킬로당 2만 루피아요. 그렇게는 곤란해요. 소매가가 아니라 도매가인걸요, 에비가 말했다. 2만 루피아 아래는 안 돼요, 긴 머리 여자가 말했다. 에비와 산나 둘 다 속사포 같은 자바어로 말하기 시작했고 에비는 이따금 고개를 흔들며 인도네시아어로 반복해서 말했다.

"그 값에는 자카르타에서 안 받아줘요."

에비는 1만 8,000루피아를 제시했다. 협상의 다음 단계로는 차와 바나나튀김을 내와서 한동안 예의 바른 대화가 이어졌다. 그동안 나는 마을을 한 바퀴 돌아보았다. 긴 머리 여자도 밖으로 나가 이 집 저 집을 돌며 설탕 50킬로그램을 모았다. 이어 인도네시아의 여러 농촌지역 부엌에서 봐온 손저울에 설탕을 한 회분씩 다는 무게 측정이 시작되었다. 이 저울은 기울어진 막대, 커다란 갈고리, 밀어서 움직이는 청동 추로 이루어져 있었다. 긴 머리 여자는 아직도 킬로당 2만을 불렀다.

"최저가니까 더는 토 달지 마세요."

에비의 남편은 복잡한 핸드폰 게임을 다시 시작했다. 운전기사인 사촌은 담배를 피우기 시작했다. 모든 권모술수와 의례적인 친선의 몸짓, 필사적인 최후통첩 모두 여성의 몫이었다. 이 상황은 내가 인도네시아 곳곳에서 파악한 집안 사정이 똑같이 되풀이되는 것이었다. 부파티며 촌장, 종교 지도자, 사제 같은 공식적인 권력의 자리는 모두 남성의 것이다. 그러나 물소 몇 마리를 잡을 것인지, 어느 논을 팔 것인지, 어느 자식을 대학에 보낼 것인지 결정하는 것은 대개 여성이다.

도무지 흥정이 끝나지 않아서 나는 또 산책을 나섰다가, 인도미 라면을 만드는 인도푸드사에 보낼 양파를 까는 여자들 한 무리와 잠시 수다를 떨었다. 껍질 깐 양파 1킬로그램에 500루피아 그러니까 5센트쯤을 받는데 가장 손 빠른 사람이 하루에 10킬로그램쯤 깐다고 했다. 돌아가보니 에비의 남편이 차에 설탕을 싣고 있었다. "그래서 얼마에 샀어요?" 나는 에비에게 영어로 물었다.

"물론 1만 8,000루피아에요. 저 여자는 딱하게도 이런 큰 거래를 해본 적이 없어서 도매하고 소매가 어떻게 다른지를 몰랐던 거예요."

이 동네 상인들이 얻는 이익은 북술라웨시의 참치잡이 어부들이 얻는 이익만큼이나 적었다. 그러나 자바의 상품은 더 많은 단계를 거치며 매 단계마다 몇백 루피아씩 더 붙는 듯했다. 한편으로 이런 적은 이문은 치열하게 경쟁적인 시장의 효율성을 보여준다고도 주장할 수 있을 것이다. 다른 한편으로는 자바에서 시간(과 노동)은 실질적으로 거의 0에 수렴하는 가치를 갖는 현실을 반영할 뿐이라고도 할 수 있을 것이다. 긴 머리 여자는 두 시간에 걸친 대화, 흥정, 바나나 튀기기를 통해 5달러 정도 벌었다. 에비는 비용을 제하고도 그보다 배는 남겨서 그 액수를 다음 임무인 아보카도 사기에 보탤 것이다.

그 액수는 양파 까는 아주머니들의 일당을 계산해보기 전까지는 그다지 커 보이지 않았다. 그러나 이 아주머니들이 종일 양파를 까서 50센트 정도 버는 것을 생각해보니 충분히 큰 액수였다.

여행을 시작할 때에 나는 인도네시아의 유명 작가인 아흐마드 토하리 Ahmad Tohari를 우연히 만났다. 그때 그가 자바에 오면 자기 집으로 오라고 초대했다. 그래서 나는 아보카도를 많이 키우는 반둥안Bandungan에서 남서쪽에 자리 잡은 중부 자바 바뉴마스Banyumas의 작은 도시 팅가르자야Tinggarjaya로 향했다. 곽 토하리의 집에 이를 즈음 나는 충격에서 헤어 나오지 못하고 있었다.

어쩌다 보니 에피시엔시Efisiensi● 체인의 버스에 올라탔다. 그 버스에는 천장에 걸린 토사물 봉지가 없었다. 짐칸에 실린 닭도 없었다. 앞 유리창의 길게 난 금을 이어 붙인 비키니를 입은 풍만한 간호사도 없었다. 뾰족뾰족한 머리에 몬스터매시 반바지를 입은 버스 양아치도 없었고 대신 잘 다린 유니폼을 차려입은 여성 승무원이 상냥하게 웃으며 시원한 생수 한 병과 개별 포장한 단팥빵을 가져다주었다. 버스에 탄 내내 누구에게도 방해받지 않는 나만의 자리를 차지할 수 있었다. 영상을 보고 싶으면 승객에게 나눠주는 이어폰과 천장에 달린 스크린으로 시청할 수 있었다. 아니면 그저 조용히 앉아 갈 수도 있었다. 당둣 음악도 없었다. 버스는 정해진 시간에 정해진 목적지에 닿았고 반짝반짝 깨끗한 화장실도 달려 있었다. 차가 주저앉지도 않았고 운전기사의 이모네 집에 들르느라 경로를 이탈하지도 않았다. 거기다가 200킬로미터에 가까운 거리를 가는 데 요금은 5만 루피아였다. 그 가격은 다른 섬에서 비슷한 거리를 쌀자루와 꽁꽁 묶인 염소로 가득 찬 고물 미니버스로 이동하는 데 드는 돈의 4분의 1 정도였다. 자바는 확실히 달랐다.

　팍 토하리는 손자와 젊은 기자 둘과 자기 집 베란다에 앉아 있었다. 그는 금요일 기도를 할 때 입는 간편한 사롱과 줄무늬 셔츠 차림이었다. 팍 토하리가 내게 여행이 어땠느냐고 물어서 나는 칼리만탄 신탕의 공공사업부 수장이자, 인도네시아의 자바인 통치자들에 대한 불만이 많은 직설적인 다약족 팍 아스키만 이야기를 해주었다.

　"자바인들은 그 사고방식으로 우리를 식민화했지요. 그들은 자기

● 인도네시아어로 "효율"이라는 뜻이다.―옮긴이

에게 필요한 일이건 아니건 보스가 원하는 일을 합니다. 자바인들에게는 그게 그저 당연한 일이겠죠."

팍 아스키만의 말이었다. 아스키만이 보기에 탈중앙화의 첫 과제는 이런 사고방식에서 벗어나는 것이었다.

"물론 사람들은 언제나 자기 보스를 기쁘게 하려고 하죠. 하지만 우리 문화에서, 우리는 그 대가를 바랄 권리가 있어요."

나는 팍 토하리에게 자바 문화가 정말로 위계적이라고 생각하는지 물었다.

그는 집 앞을 지나가는 도로를 가리켰다. 그의 장모가 이 집에서 자랐는데 어렸을 때 아디파티^{adipati}가 마차를 타고 이 길을 지나갔다고 한다. 아디파티란 부파티 위의 부파티라고 할 수 있다. 실제로 아디파티는 이름만 그럴듯한 네덜란드 식민정부의 관료였지만 술탄처럼 행세했다. 마차가 지나가기 전에 부하들이 종을 흔들며 줄지어 갔다.

"종소리가 나면 사람들은 다 집 앞 길가로 나가 고개를 숙이고 서 있어야 했다오. 아디파티를 쳐다봐도 안 됐지. 태양을 보려고 얼굴을 들어선 안 되는 법이니까. 그게 겨우 1940년대의 일이라오. 1940년대!"

팍 토하리는 진절머리 난다는 듯이 고개를 흔들었다.

토하리는 이런 종류의 봉건주의, 특히 더 동쪽의 족자카르타와 솔로 궁정에서 가장 위세를 떨치는 봉건주의의 암적인 폐해에 대해 열을 내며 비판했다. 그는 술탄이 있는 족자카르타와 솔로의 촘촘한 언어 위계와 높임말도 지적했다. 함께 있던 젊은 기자들도 고개를 끄덕였다. 두 사람은 팍 토하리를 도와, 바뉴마스 지역에서 쓰는 훨씬 평등한 버전의 자바어를 부활시키려는 잡지를 만들고 있었다.

그 말에 나는 처음으로 "자바"가 "인도네시아"만큼이나 알기 어려운 단어라는 생각을 하게 됐다. 그동안 나는 별 생각 없이 자바라는 말을 해왔다. 나는 자바인과 서부 자바에 사는 순다인을 확실히 구분할 수 있다. 순다인은 완전히 다른 언어를 쓰고 차에 설탕을 안 넣고 마신다. 그보다 더 서쪽에 사는 반튼^{Banten} 사람들은 군도 전역에서 자신들을 신앙 치유자로 선전했고 요즘은 음경확대술이란 엄청난 사업을 한다. 하지만 나는 자바의 동쪽 3분의 2 정도에 살며 자바어를 제1언어로 쓰는 7,300만 명이라면 공통의 "자바 문화"를 공유한다고 할 수 있을 것이라고 생각해왔다.

곽 토하리는 그런 내 생각을 바로잡아주었다. 바뉴마스 문화는 족자카르타/솔로표 자바 문화보다 훨씬 덜 과시적이며 훨씬 덜 위계적이라고 했다. 수백 년간 아첨하고 머리를 조아리는 구차한 태도와 내용이 아니라 형식에 대한 집착을 온 나라에 퍼뜨린 것은 자바섬 한복판에 자리 잡은 두 왕실이라고 했다. 술탄들이 네덜란드의 월급을 받는 일개 공무원이 되어 아무 정치적 권력이 없어진 후에도, 왕의 후예들은 무용수가 손가락을 어떻게 젖히는지, 일정한 서열 이상이 되는 왕자만 어떤 색깔의 바틱을 입을 수 있는지 등등 두 왕실 간의 역사적 경쟁관계를 코드화한 온갖 시답잖은 법도를 만들어냈다.

그런 골칫거리를 오래전인 1989년 로이터 특파원으로 족자카르타 술탄 즉위식을 취재하러 왔을 때도 맞닥뜨린 적 있다. 수카르노는 술탄들을 네덜란드의 하수인이라고 여겼기 때문에 독립 이후 각지 왕실들을 코마 상태로 방치했다. 그러나 족자카르타의 술탄 하멩쿠부워노 Hamengkubuwono 9세는 자기에게 월급을 주던 네덜란드에 분연히 맞서 일어나 인도네시아 공화국을 지지했고 그 덕분에 그의 왕실은 확실하게 살아남았다. 그리고 1988년 그 사랑받던 술탄이 죽자 이제 그의 아들이 족자카르타 왕위를 계승하게 된 것이다.

우리는 왕궁에 들어가기 위해 궁정용 의상을 차려입어야 했다. 내가 호텔 방에서 사롱과 몸에 딱 붙는 크바야 블라우스 차림으로 나오니 로이터의 사진기자 엔니가 기다리고 있었다. 엔니는 전통식으로 머리카락을 동그랗게 말고 그 위에 재스민꽃을 달아 길게 늘어뜨린 거대한 콘데까지 올려 머리를 크게 부풀렸다. 옷은 흰색과 갈색이 섞인 족자식 문양의 바틱 사롱에 양단 크바야 차림이었다. 완벽한 자바 귀족 여성의 모습이었지만 크바야 위에 탄띠라도 멘 듯 커다란 니콘 카메라 두 대를 양쪽으로 걸고 있어서 나는 웃음을 터뜨리고 말았다.

반면 엔니는 나를 보고 웃지 않았다.

"그거 입으면 큰일 나!"

내가 고른 바틱은 알고 보니 솔로 문양이었다. 솔로는 한 시간쯤 떨어진 또 다른 크라톤이 있는 자바 술탄의 도시다. 솔로 왕궁은 18세기 후반의 문화전쟁 이래 족자카르타 왕실에서 따로 떨어져 나갔다. 족자카르타 술탄 즉위식에서 솔로 바틱을 입는다는 것은 영국 왕실 결혼식에 가면서 머리에 팬티를 쓰고 가는 것과 마찬가지였다. 나는 사롱을 바꿔 입었다.

족자카르타 거리에는 새 술탄이 지나가는 것을 보려고 수만 명이 몰려나왔다. 술탄은 꼭대기에 반짝이는 왕관이 달리고 재스민꽃으로 뒤덮인 마차 안에 있었다. 마차 위에는 술탄의 상징인 금빛 양산이 빙글빙글 돌고 있었다. 크라톤 구역 안에서는 술탄에 앞서 충직한 부하들이 예상 밖의 제복을 차려입고 행진했다. 그 행렬 중에는 스머프 모자 같은 것을 쓰고 식민지 시대의 소총을 든 소총 부대와 나폴레옹식 삼각모자를 쓰고 빨간색 재킷을 입은 타악기 부대와 검은 원통형 모자를 쓴 창병 부대도 있었다. 왕실 여자들은 공작털 부채를 들고 다양한 형태의 가슴가리개 천이며 양단 상의와 바틱을 입고 행진했는데 물론 그 복장은 각각의 지위를 깨알같이 일러주는 것이었다(더 일부다처제적이던 옛날에는 술탄이 수많은 아내 중 하나와 "합궁"하고 싶으면 아무 때나 삼각형 산 문양의 가슴가리개 천을 보내서 상대를 지목했다). 난쟁이와 알비노, 그중 한둘은 알비노이자 난쟁이인 무리도 이 행렬의 일부였다. 이들은 아래는 짧게 자른 사롱을 두르고 웃통은 드러낸 채 반짝이를 단 빨간 터키식 모자를 쓰고 뽐내며 걸었다. 말할 것도 없이 술탄의 권력을 더해주는 존재들이었다.

후일 인도네시아 상공회의소 의장을 맡기도 하고 인도네시아 대선 후보에 나설 의향도 있는 현대인인 술탄 그 자신은 높디높은 왕좌에 앉아 있었다. 금실로 수를 놓고 기다란 진주를 꿴 검은 벨벳 상의를 입은 그의 가슴께에서 커다란 다이아몬드가 번쩍거렸다. 그는 수백 명의 조신들이 자기 앞에 몸을 조아린 가운데서도 완벽하게 무표정한 얼굴이었다. 가장 높은 귀족들에게만 몸을 일으켜 술탄의 무릎에 입을 맞추는 영예가 허락되었다.

그로부터 사반세기가 지난 지금은 지역 정체성 부활의 일환으로 인도네시아 전역에서 술탄국들이 되살아나고 있다. 1995년 솔로 술탄이 이웃의 족자 술탄을 크라톤 축제에 초청했을 때만 해도 이 행사는 지역의 일이었다. 2012년 바우바우의 부톤 술탄국이 인도네시아 전역의 120개 크라톤 대표를 초청했다. 나는 이 "왕궁" 중 몇몇을 찾아가 봤는데 대부분은 쓰러져가는 목조건물에 과거의 영광을 담은 바스러져가는 사진만 가득한 곳이었다. 이들을 족자카르타 술탄과 비교하는 것은 런던 북부의 사글셋방에 사는 망명 독일 왕족과 엘리자베스 2세를 비교하는 것과 다를 바 없다.

자바인 작가 팍 토하리는 다약족 관료 팍 아스키만의 의견에 전적으로 동의했다. 이 모든 지배의 유산은 모두 자기 보스에게만 충성하고 무책임한 보스는 자기 이익밖에 모르는 문화에서 비롯된다.

이런 문화를 가리키는 말도 있다. "아살 바팍 스낭$^{\text{Asal Bapak Senang}}$" 곧 "보스가 행복하면 그만"이란 뜻의 이 말은 흔히 ABS로 줄여 말하는데 상관의 명령을 따르는 것 말고 다른 것은 생각할 필요가 없다는 뜻이다. 그리고 "블룸 다팟 프툰죽$^{\text{belum dapat petenjuk}}$" 곧 "아직 지시사항을 전달받지 못했습니다."도 있다. 수하르토 시절 개발계획이나 금융 규제 완화 같은 사안에 관한 정보를 얻으려고 할 때마다 공무원들은 맨날 이 말로 답했다. 상부의 명령이 없으면 그 누구도 아무것도 하지 않을 뿐 아니라 그 일에 관해서 말하지도 않았다.

이 비겁한 복종의 문화를 주도하던 당사자 수하르토조차 질려버릴 정도가 되었다. 수하르토는 1990년대 초에 "프툰죽" 문화 퇴치 운동을 벌였다. 그는 부통령에게 공무원들로 하여금 지시사항이 내려올 때까지 기다리지 말고 주도적으로 움직이게 하라고 지시했다. 나는 이 일이 흥미로운 로이터발 기사가 되리라고 생각했다. 부통령실에 전화를 걸어서 비서실장에게 이 건에 대한 인터뷰를 주선해줄 수 있는지 물었다. "죄송하지만 어려울 것 같습니다."라고 비서실장이 대답했다. "어째서죠?" 내가 물었다. "블룸 다팟 프툰죽, 부." 아직 지시사항을 전달받지 못했습니다.

자바 문화의 핵심에는 어떤 모순이 있는 듯했다. 한편으로 자바의 마을 생활에는 어떤 근본적인 평등주의가 있다. 사람들로 붐비는 이 섬에서 최대한 많은 쌀을 생산하기 위해 모두가 함께 노력해야 하기 때문이다. 다른 한편으로는 모두가 높은 사람에게 머리를 숙이는 권력의 촘촘한 위계구조가 있다. 이 점이 인도네시아 정치의 주요 모순도 설명해줄 수 있을지 모르겠다. 독립 이후 인도네시아공산당이 그토록 폭발적으로 성장했음에도 백래시 이후 수하르토가 그토록 간단히 정치적 위계질서를 다시 복원한 것을 생각하면 그렇다.

곽 토하리는 그 백래시의 목격자다. 영어판 제목이 『댄서 *The Dancer*』인

1965년을 배경으로 한 그의 소설 삼부작은 인도네시아인 작가 손으로 쓰인 그 시기의 혼돈을 담은 최초의 중요한 작품이다. 이 소설은 젊은 롱겡ronggeng(무용수)이 자신을 따라다니는 남자들의 성욕을 채워주는 포르노 소설처럼 보이지만 사실은 소위 공산주의자에 대한 무차별적 학살에서 군대의 역할을 보여주는 작품이다. 나는 팍 토하리에게 어째서 공산당이 그토록 빨리 커질 수 있었는지, 그러고는 그토록 완벽하게 매도당할 수 있었는지 물어보았다.

"웡칠릭wong cilik●을 위해 애쓰는 사람이 공산당 말고는 없었다오. 토지개혁과 교육 같은 공산당의 약속에 많이들 매력을 느꼈지."

팍 토하리의 답이다. 그러나 그는 인도네시아공산당이 엄청난 분열을 초래한 것도 사실이라고 했다. 무슬림 지도자를 괴롭히고 도시의 3대 악마(자본주의자 관료, 부정부패한 자, 사기꾼)와 농촌 마을의 7대 악마(지주, 상인, 중개인, 착취계급, 도적, 사채업자, 고리대금업자)를 비난했다. 팍 토하리의 아버지 또한 열두 자식을 먹일 만큼의 소출이 나지 않은 땅 1.5헥타르를 가진 죄로 악마 지주라고 불렸다.

1966년 중반에는 인도네시아인 최소 50만 명이 목숨을 잃었다.◆ 희생자 일부는 과도하게 열정적이던 공산주의자였다. 그러나 나머지는

● 문자 그대로는 "작은 사람"이라는 뜻의 자바어. 민초 혹은 보통 사람들을 뜻한다.—옮긴이

◆ 학살 이후 침묵이 계속되었다는 것은 공식적인 사망자 수 집계가 없었다는 뜻이기도 하다. 추산치는 20만에서 100만 명 이상까지 다양하다. 로버트 크립은 2001년 논문에서 이런 사망자 수 추정치를 꼼꼼하게 검토했다. Robert Cribb, "How Many Deaths? Problems in the statistics of massacre in Indonesia (1965-1966) and East Timor (1975-1980)". Ingrid Wessel and Georgia Wimhofer (eds), *Violence in Indonesia*. Hamburg: Abera, 2001, pp. 82-98.

남의 딸을 곁눈질한 남자들, 교실에서 학생을 망신 준 여자들, 마을 주정뱅이에게 돈을 빌려주지 않은 사업가 같은 이들이었다.

학살 이후에는 침묵뿐이었다.

"나는 유명 작가들이 무슨 일이 있었는지 쓰기를 기다리고 또 기다렸어요."

곽 토하리가 말했다. 그러나 아무도 쓰지 않았다. 그는 더는 기다릴 수 없었다.

"나는 내 눈으로 사람들이 총에 맞는 걸 봤어요. 그러니 그냥 입을 다물고 있을 수는 없었지요."

그러나 바로 그 주제로 직진해서 정치에 관해 쓸 수 없다는 것을 잘 알았다.

"섹시한 롱겡을 내세워서 포르노처럼 포장할 수밖에 없었던 이유가 그것이었답니다. 2부작이 끝날 때까지도 폭력과 학살에 대해서는 단 한마디도 안 했어요."

따라서 소설의 주인공은 스린틸이다. 그는 마을에 오래전부터 내려오는 롱겡 전통을 잇는 춤꾼으로 명성을 얻어서 마을의 자존감을 되찾아오는 10대 소녀다. 관습대로 스린틸이 "손님"을 받기 시작하자 어린 시절의 연인은 절망에 빠져 군에 입대한다. 나중에 이 젊은 군인은 공산주의자로 지목된 마을 사람들의 학살에 관여하게 된다.

"스린틸은 저기 사는 여자한테서 영감을 얻어 만든 인물이지요."

곽 토하리는 입술을 삐죽 내밀어 길 건너에 있는 집을 가리켰다.

"젊었을 때 그 여자는 확성기를 들고 다니며 공산당 선전선동을 했답니다."

나는 어떻게 그 여자가 살아남을 수 있었는지 물었다.

"그 여자는 정말 정말 예뻤거든요."

지금까지도 인도네시아 사람들은 수하르토에게 권력을 몰아준 대학살에 대해 말하기를 꺼린다. 2007년에조차 법무부 장관이 1965년 사건의 책임을 공산당의 탓으로 확실히 명시하지 않았다는 이유로 교과서 14종을 폐기하라고 지시하는 일이 벌어지기도 했다.

사건 발생 후 거의 50년이 지난 후인 2012년 인도네시아 국가인권위원회가 내놓은 보고서는 1965~1966년 학살을 다음과 같이 설명한다.

> 인도네시아공산당 당원과 동조자들을 전멸시키기 위한 국가정책이 [...] 살인, 몰살, 노예화, 강제 소개, 자유 박탈/임의 투옥, 고문, 강간, 박해, 강제 추방을 야기했다.

법무부 장관은 즉각 이 보고서를 거부했다. 그의 동료인 국방부 장관은 군부가 국가를 구하기 위해 필요한 일을 했을 뿐이라고 말했다.●

―――――

내가 1965년의 잔인성에 대해 궁금해하자 아흐마드 토하리는 "학살

● 2023년 1월 11일 인도네시아 대통령 조코 위도도가 1965년 사건을 비롯한 국가가 개입한 인권침해 사건 12건을 최초로 공식 인정했다.―옮긴이

은 일종의 자바적 전통"이라며 그림자인형극 와양에서 사악한 형과 싸우다 죽는 고결한 영웅 캐릭터 쿰보카르나를 예로 들었다. 극 중에서 그림자인형을 조종하는 달랑^{dalang}은 쿰보카르나의 사지를 하나씩 절단한다.

"그리고 마지막으로 머리통을 뜯어냅니다. 사람들은 이 장면에 몹시 열광하지요. 더 해달라고 난리가 납니다."

토하리의 말이다.

와양은 인도네시아의 모든 비논리적이거나 설명 불가능한 것을 말해주는 은유로 외국인이 너무 자주 써와서 이제는 런던의 안개나 스위스의 뻐꾸기시계 같은 농담 또는 진부한 클리셰가 되어버렸다. 그동안 여행에서 만난 누구도 와양을 빗대 말하지 않았고 나도 살아 있는 진짜 자바인이 그러리라고 기대하지 않았다. 그러나 자바인들은 실제로 매우 자주 와양을 은유로 쓴다.

"그거 들었나, 전직 부파티 마누라가 부파티직을 이어받았다지만 사실 남편이 달랑이라서 결정권은 다 거기 있다더군."

혹은 와양 캐릭터를 가지고 별명을 지어서 새 상관이나 관심 있는 여자를 별명으로 부르면 누구나 그 사람이 어떤 사람인지 바로 알아차린다.

곽 토하리의 집을 떠나 족자카르타 외곽의 아름다운 마을 논 주변에 근사한 집을 새로 지은 친구네서 이틀 동안 머물렀다. 그 친구 카리스마는 평일에는 자카르타의 외국계 연구기관 소속으로 재택근무를 하지만, 일요일 아침에는 농민, 경찰, 촌장을 비롯한 마을의 다른 남자들과 함께 새 수로를 만들 돌을 깼다. 나는 다 함께 먹을 점심을 만들고 설거지를 하는 여자들 팀에 끼었다. 이것이 바로 고통로용gotong royong의 현장이다. 고통로용은 수카르노와 수하르토 둘 다 인도네시아 생활의 핵심이라고 여긴 일종의 마을 단위 집단활동이지만 사실 뿌리 깊이 자바적인 활동이다.

카리스마가 집단노동을 마치고 나서 우리는 점점 세련되어지는 족자카르타를 에워싼 논 주위에 우후죽순으로 생겨나던 근사한 레스토랑 중 하나인 태국 식당에 갔다. 카리스마는 이웃한 구눙키둘Gunung Kidul 지역이 비옥한 자바에서 메마른 "가난의 땅"이며 인도네시아공산당의 근거지였다고 일러줬다. 공산당이 기세등등했던 만큼 뒤따른 백래시도 잔인하기 짝이 없었다.

나는 구눙키둘행 버스에 올라 퇴근하는 길이라는 병원에서 잡일을 하는 여성 옆에 앉게 되었다. 그의 이름은 티니였는데 구눙키둘의 니도레조Nidoredjo 마을의 자기 집에서 재워주겠다고 했다. 마침 그날은 연례 "마을 정화" 의식이 있는 날이라고 했다. 그 말인즉슨 그를 따라가면 그날 밤 1년에 한 번 하는 와양 공연을 볼 수 있다는 뜻이었다. 다시 한 번 생판 모르는 남도 환대하는 인도네시아인의 친절에 감탄하며 그를 따라가기로 했다. 티니의 집으로 가는 길에 보니 지붕 모퉁이에 함석으로 만든 와양 캐릭터 모형을 세워둔 집이 많았다. 그 사이에는 보통 집을 새로 지은 연도를 새겨둔다. 2010, 2012. 이 가난의 땅에도 새로 지은 집이 많았다.

그날 저녁은 분주했다. 먼저 복되신 성모 마리아 동굴에서 마을 기도회가 열렸다. 이 마을은 1966년 학살 이후 가톨릭으로 집단 개종했다. 그러고 나서 나는 농민협동조합 모임에 가서 남자 서른 명과 여자 두셋이 가장 좋은 바틱 셔츠를 입고 서로에게 예의 바르게 처신하며 비료 보조금을 둘러싼 합의에 이르는 과정을 지켜보았다. 마지막 순서가 마을 와양 그림자인형극이었다. 마치 자바 마을 생활의 전성기를 그린 수하르토 시대 영화 속에 들어간 느낌이었다.

밤 열 시가 넘어 공연장에 도착했더니 와양은 이제 막 시작한 참이었다. 늘어선 임시 노상 음식점들을 따라갔더니 단단히 세운 무대 위로 드리워진 차양이 보였다. 거대한 흰 천으로 스크린을 만들고 그 아래 바닥에는 새로 자른 바나나 나무둥치로 된 받침이 있어 100가지가 넘는 와양 인형이 키순으로 꽂혀 있었다. 가장 크고 요란한 와양 인형들은 스크린 가로 쫓겨났다. 인형을 조종하는 달랑이 앉는 복판에 가까워질수록 와양의 크기는 점점 작아지고 더 다루기 편한 형태가 되었다. 이 물소 가죽 인형들은 색을 칠하고 금박을 입힌 데다 바틱 사롱 문양까지 새겨져 있었다. 그림자로 보여지는 무언가를 위해서 대단한 노력을 기울인 것 같았다.

그러나 관객들은 모두 달랑 쪽 그러니까 각양각색의 와양 인형을 볼 수 있는 쪽에 앉아 있었다. 그쪽에는 같은 옷을 차려입고, 저마다 입에는 재가 떨어지려는 크레텍 담배를 물고, 엄청나게 복잡한 멜로디에 맞춰 자기 공gong이나 실로폰을 치면서 허공을 쳐다보는 가믈란 합주단도 있었다. 합주단 뒤에는 일본 여자 같은 동그란 가발을 쓴 통통한 여자 넷이 무릎을 꿇고 앉았다. 노래 담당인 이들은 저마다 콤팩트와 립스틱, 가슴골의 땀을 찍어낼 티슈가 든 큼직한 핸드백을 옆에 두었다. 가수들은 이미 한참 전에 전성기가 지났지만 노래 솜씨는 여전히 근사했다.

"이제 그림자 쪽에 앉는 사람은 아무도 없는 건가요?"

옆에 서 있던 남자에게 물었다. 그는 웃음을 터뜨렸다.

"마지막으로 와양을 본 게 언젭니까?"

20년도 더 된 것 같다고 나는 솔직히 말했다.

"와! 그때 이후로 조금씩 달라졌죠."

그가 말했다. 와양 공연에 전깃불을 쓰기 시작하면서부터 관객들은 스크린의 뒤편으로 옮겨 가기 시작했다. 그전에 초롱에 담긴 커다랗고 깜박거리는 불빛을 이용할 때는 그림자가 살아 있는 듯한 생명력을 갖기 더 쉬웠다(무대에서 벌어지는 근사한 일을 보여주기는 훨씬 어렵기도 했다).

"이제 관객들은 모든 것을 보고 싶어 하죠. 이제 와양은 쇼맨십이 전부입니다."

사롱 뒤춤에 단검을 단단히 꽂고 무대 한복판에 앉은 이 달랑은 확실히 쇼맨이었다. 낮에는 인프라 건설 현장에서 기술자들과 일하는 건축가로 그 고장 비행장의 새 활주로를 짓는다.

"스크린 위"에서 벌어지는 유일한 것은 성질 고약한 캐릭터와 주먹코 맞수가 주고받는 길고도 긴 대화뿐이었다. 그런데도 관객들은 숨을 멈추고, 웃어대고, 다 같이 한숨을 내쉬었다. 이 건축가 달랑은 진부한 이야기에 새로운 패턴을 수놓아서 온 마을 사람들을 사로잡았다. 예외라면 부모의 무릎 위에서 입을 벌리고 잠든 아이들과 배고프거나 담배가 떨어져서 아니면 그냥 허리를 좀 펴고 싶어서나 노점상이 무엇을 파는지 궁금해서 돌아다니는 사람들뿐이었다.

나는 그림자만 보는 사람도 있는지 궁금해서 스크린 반대편으로 가 보았다. 그곳에서는 이 공연을 위한 기금을 모은 마을 유지들의 "위원회"가 자신들이 조직한 행사의 결과물을 즐기고 있었다. 그들은 모두 말끔한 바틱 셔츠에 모자를 쓴 남자들이었지만, 인도네시아 곳곳에서 아닷을 재발견하고자 벌어지는 대체 문화행사에서 흔히 그러듯 첫 줄의 푹신한 소파에 눕다시피 하지는 않았다. 이 마을에는 한눈에 드러나는 "거물"이 없었다. 나는 "위원회" 영감들을 관찰하며 관 주최 행사에서 확실하게 드러나는 위계서열을 염두에 두고 누가 누구일지 추측해봤다. 나는 한 남자의 차림새를 보고 그가 촌장일 것이라고 확신했다. 잘 재단된 네루 스타일의 남색 재킷을 입었기 때문이었다. 다음 날 그 남자가 목에 줄자를 두르고 자기 가게 밖으로 나와 나에게 알은체를 했다. 그는 동네 재단사였다.

스크린에서는 두 캐릭터와 그들의 부하가 싸우고 있었다. 그러다 갑자기 그림자가 사라졌다. 위원회 영감님들은 달콤한 커피잔을 비우더니 일어났다. 이제 겨우 자정이고 와양은 동틀 녘까지 계속하는 건데. 진짜 벌써 끝날 수 있나?

물론 아니었다. 위원회 영감님들은 막간 노래와 스탠드업 코미디를 보러 스크린 반대편으로 옮겨 간 것이었다. 이런 막간 공연은 20년 전쯤 관객의 흥미를 돋우려고 시작되었다. 오늘은 몸을 흔들거나 빙빙 돌리면서 정제된 자바 무용의 우아한 몸짓을 훨씬 야하게 과장하는 예쁜 여자에게 남자가 가짜로 짜증 내며 항의하는 내용이었다. 여자의 발목까지 내려오는 크바야 블라우스는 팔과 몸통은 훤히 비치고 가슴 주변은 스팽글을 단 꽃문양으로 덮여 있었다. 여자는 남자에게 추파를 던지고 눈을 내리깔며 내숭을 떠는 동시에 까불대며 응수했다.

다음에는 자바어 랩과 정치인과 동네 유력자를 놀리는 농담이 이어졌다. 그리고 아까 잠시 이야기를 나눈 위원회 영감님이 나를 지목해서 나는 무대 위로 끌려 나가 알지도 못하는 자바어로 우아하게(?) 놀림을 당했다. 나는 몸 개그를 하기로 하고 남자 코미디언을 내 남편이라 치고 다른 여자와 놀아나는 거냐며 분통을 터뜨렸다. 과장된 몸짓으로 삿대질을 해대고 삐진 척하고 이맛살을 찌푸렸다. 마지막에는 남편의 등을 차는 시늉까지 했다. 다행히 몸 개그가 통해서 사람들이 웃어주는 가운데 무사히 무대에서 빠져나올 수 있었다. 다음 날 마을을 산책하다 보니 나는 이미 마을 사람 모두의 친구가 되어 있었다.

아직 와양 공연이 한창이던 새벽 두 시에 나는 자리에서 일어났다. 고요한 밭 사이를 지나 집으로 돌아가는데 가믈란 합주 소리가 두 군데서 들렸다. 이 마을은 비용을 절감하기 위해 연례 와양을 한 곳에서만 열었다. 그러나 2012년 이 가난한 땅에도 돈이 돌기 시작하면서 와양 공연을 두 곳에서 열기로 했다.

"저쪽이 합주단에 돈을 더 주긴 하지만 우리 코미디언이 더 재미있다오."

나를 무대로 보낸 영감님 팍 와르디의 말이다.

팍 와르디와는 다음 날 다시 마주쳤다. 길을 따라 걷는데 작업장에서 여자들이 잔뜩 모여 몸을 숙이고 무엇인지 알 수 없는 손을 움직이는 일을 하는 것이 보였다. 여자들 앞에는 작업대에 꽂힌 커다란 못 같은 것이 두 개씩 있고 작업대 위에는 머리카락 같은 것이 봉지에 담겨 있었다.

그것은 머리카락이 맞았다. 여자들은 빅토리아시대 소형 단추걸이 같아 보이는 도구를 들고 실 위에 머리카락 두 올을 올리더니 팽팽하게 만들었다. 미용실 바닥에서 쓸어 온 머리카락으로 가짜 속눈썹을 만드는 중이었다. 잘 빨아서 다듬었지만 여전히……. 내가 사진을 찍어도 되냐고 묻자 한 여자가 웃으며 말했다.

"그래요. 바보 같은 자바 촌사람들은 이렇게 먹고산답니다."

한국 회사의 하청계약을 받는다는 그 공장은 문을 연 지 2주밖에 되지 않았다. 노동자들은 5번 모델 속눈썹 한 쌍에 392루피아(4센트 정도)를 받는다. 아직 견습생이라서 대부분은 하루에 열두 쌍 정도밖에 만들지 못한다. 석 달간의 견습 기간을 무사히 마친 사람은 생산량에 따라서 다양한 종류의 수당을 받을 수 있다. 여기서 가장 빠른 사람보다 네 배쯤 속도가 빠른 최숙련 노동자는 한 달에 70달러 정도를 번다.

내가 여성 노동자들과 이야기를 하고 있는데 와양위원회의 팍 와르디가 나타났다. 그가 이 속눈썹 공장과 그 옆의 분홍색 기둥 저택의 주인이었다. 하지만 그는 국영 프르타미나^{Pertamina} 주유소 직원들이 입는 빨갛고 하얀 점프수트 유니폼을 입고 있었다. 팍 와르디와 아내는 커피를 대접하겠다며 나를 집 안으로 초대했다. 거실에 걸린 국부 수카르노의 거대한 초상화 아래 앉아 곽 와르디는 자기가 살아온 이야기를 들려줬다. 그는 본래 땅도 좀 있었고 미니버스와 택시도 꽤 가지고 있었다. 지역의원 선거에 나가기로 하고 수카르노의 딸 메가와티 수카르노푸트리가 이끄는 민주투쟁당^{PDIP} 후보로 출마했다. 그러나 낙선 후 파산하고 말았다.

"이제 우리는 밑바닥에서 다시 시작하고 있어요."

아내가 말했다. 곽 와르디가 동네 주유소에서 일해 번 돈으로 속눈썹 공장의 함석지붕, 합판 작업대, 네온 등을 장만할 수 있었다. 공간과 직원 모집 및 관리의 대가로 부부는 매출의 3.5퍼센트를 받는다.

"한 번에 하나씩 해나가는 거죠."

그가 말했다. 나는 그들이 대단하다고 했다.

곽 와르디는 민주투쟁당의 민족주의적 공약을 곧이곧대로 진짜 믿는 사람임이 분명했다. 그는 요즘 유권자들이 이념보다 돈에 응답하는 것에 크게 실망했다.

"당 규약에도 매표를 하지 못하게 되어 있단 말이죠. 하지만 남들이 다 그렇게 선거를 한다면 우리도 좋건 싫건 그렇게 하는 수밖에 없어요. 시스템이 속까지 다 썩었다면 대체 무엇을 할 수 있겠어요?"

그는 어깨를 으쓱해 보였다.

적어도 이곳에서는 오늘날의 민주주의적 기타 등등이 일종의 사회적 평형추 역할을 하는 듯하다. 이전에는 기회가 없던 이들에게 권력을 나눠주는 전통적인 의미에서만 그런 것은 아니다. 선거와 민주주의는 위아래 양방향으로 사회적 이동을 가능케 하는 부의 재분배 수단으로도 작동한다.

꽤 오랫동안, 인도네시아를 여행하는 외국인이라면 어린이들의 "헬로우 미스터"란 외침을 하도 자주 들어서, 인도네시아 학교에서 배우는 영어 문구가 그것뿐이라고 생각해도 용서받을 수 있다. 이제는 외딴 섬에서도 가끔 내게 "헬로우 미수"라고 외치는데 엄청난 진전이 있었다는 증표다. 시골 어린이들이 더 과감해지려면 자기들 사이에서 힘을 얻는 수밖에 없다. 한참 저희끼리 낄낄대며 밀치고 떠밀다가 결국 한 아이가 튀어나와 외친다. "와추넴!!" 그리고 자기의 용기에 놀라 꽥 소리를 지르고 무리 틈으로 쏙 되돌아간다. 내가 고개를 돌리고 "내 이름은 엘리즈야. 네 이름은 뭐니?"라고 되물으면 대혼돈이 벌어지고 아이들은 괴성을 지르며 달아난다.

이 아이들과 내가 폰티아낙의 적도에서 만난 이중언어 학교에 다니며 영어로 과학 과제를 하는 소년들 사이의 거리는 100만 광년만큼 멀다. 국제 교역의 언어인 영어는 수많은 인도네시아인들이 간절하게 배우고 싶어 하는 것이라 대도시에는 이중언어 학교가 늘고 있지만 아직은 부유층과 초부유층만의 전유물이다. 그리하여 언어에 대한 야망은 크지만 가진 돈은 적은 젊은 인도네시아인을 위한 캄풍잉그리스 Kampung Inggris, 곧 영어마을이 생겼다.

여행 중에 만난 젊은이 여럿에게서 영어마을에 대해 들었다. 동부 자바의 어떤 마을에서는 모두가 영어만 쓴다고 했다. 누구도 그곳에 가본 적은 없지만 우체국과 카페에서 영어를 쓰고 영어를 쓰는 가족의 집에서 하숙하는 영어 집중코스에 대해서는 여러 차례 들어봤다. 나는 정신분열적인 도시 솔로와 섹스의 산 구눙크무쿠스에 잠시 다녀온 후 크디리 근처의 사탕수수 농부 집에 머물렀는데 한 젊은 여성이 일러주기를 그 신화적인 영어마을이 20킬로미터도 안 되는 곳에 있다고 했다. 그 말에 나는 오토바이를 빌려서 사탕수수 플랜테이션 사이를 지나 영어마을이 있다는 파레[Pare]로 향했다. 사탕수수 다음에는 고무 플랜테이션이 나오고 다음에는 논이 이어졌다. 여기저기 논 한복판에 새 주거단지가 올라가고 있었다. 으리으리한 출입구 위에 "이슬람 마을[ISLAMIC VILLAGE]"이라고 영어로 써두고 금칠을 한 곳도 있었다. 출입구 뒤로는 베이지색 페인트를 칠한 방 두세 개짜리 집들이 늘어서 있었다. 경비 초소 지붕은 모스크 지붕을 본떠 만들었다. 정원사는 경계석에 흰색과 검은색 줄을 그리다 말고 근처 밭으로 난 옆문으로 들어온 염소를 쫓고 있었다.

내가 영어마을에 도착했다는 첫 신호를 광고판에서 발견했다.

"Mr Bean Laundry. The Wash Service. Dry Clothes(kering[건조]). IRoned clothes(sterika[다림질])."

빨래방 점원에게 여기가 영어마을이냐고 영어로 물어봤다. 점원은 알아듣지 못했다. 하지만 계속 가다 보니 영어마을인 것이 분명해졌다. 한 집 건너 하나씩 영어 코스와 그 효과를 약속하는 광고가 걸려 있었기 때문이다. 예를 들면 어학실 헤드폰을 쓴 어린아이 사진이 붙은 이 INTENSE의 광고문을 보자.

> **I**ntergrate between science and spiritual(과학과 영성을 통합해요)
> **N**umber you among INTENSE family(인텐스 가족의 일원이 돼요)
> **T**each you how to speak English better(영어를 더 잘하게 가르쳐요)
> **E**nrich your vocabulary every day(매일 어휘를 늘려요)
> **N**ecessitate you to practice your English in INTENSE dormitories (인텐스 기숙사에서 영어를 연습해요)
> **S**how you the ways to learn English easily(쉽게 영어를 배우는 법을 알려 줘요)
> **E**nglish is easy if you think it's easy(쉽다고 생각하면 영어는 쉬워요)
>
> INTENSE IS COMMITTED 2 U(인텐스는 여러분을 위해 있어요)

스루니^{Seruni}캠프(자신감 개발 캠프!)는 말하기와 문법 과정은 물론 욕실과 와이파이가 있는 방과 건강보험을 20만 루피아 곧 미화 25달러에 내놓았다. 나는 거기 딸린 카페에 들어갔다. "차리 시아파, 부?$^{Cari\ siapa,\ Bu?}$" 카페 주인이 몇몇 학생들에게 밀크셰이크를 만들어주다가 인도네시아어로 누구를 찾냐고 내게 물었다. 나는 커피하고 카페에서도 영어로만 말한다는 동네를 찾는 중이라고 대꾸했다. 주인은 웃으면서 뾰족 머리 10대 소년들 쪽을 보며 고개를 끄덕였다.

"맞아요. 저 애들은 영어를 써야 하지만 전 한 마디도 안 한답니다."

소년들은 정말로 자기들끼리는 영어로 말했고 영어도 괜찮은 편이었다. 그 애들은 자바와 수마트라 각지 출신이었고, 그리스도교도 하숙집에는 동부 인도네시아에서 온 학생도 있다고 했다. 그 애들은 장학금을 받아서 해외에서 공부하기를 꿈꾸었다. "중학교에서 영어를 배웠니?"라고 묻자 리아우 출신 소년이 영어로 대답했다.

"여긴 인도네시아잖아요, 미스. 학교에서 6년이나 배웠는데 할 줄 아는 영어는 헬로우 미스터가 다예요."

"선생님들도 영어를 못하는걸요."

또 다른 학생이 덧붙였다.

여기 영어마을에는 원어민 교사가 한 명도 없지만 교육 수준은 훨씬 높았다.

"가끔은 선생님이 하는 말이 맞는지 헷갈리기도 해요. 예를 들면 어떻게 한 단어에 그렇게 뜻이 많을 수 있나요?"

리아우 출신 학생이 물었다. "리프^{leeff}"가 그런 예라면서 나무에서 자라는 녹색의 것, 사람이나 장소를 떠나는 행위, 인간의 존재를 알리는 동사, "동시에"를 뜻하는 부사에 해당하는 인도네시아어 단어를 늘어놓았다. 나는 앞의 세 단어가 leaf, leave, live인 것은 알았지만 동시에라니?

"왜 축구 경기를 보다 보면 그러잖아요. 올드트래퍼드 구장에서 리프입니다."

아, 라이브^{live}! 라아이이브. 나는 과장스럽게 각 단어의 발음이 어떻게 다른지 보여주었지만 학생들은 교과서의 발음 표시에는 네 단어가

다 똑같이 되어 있다고 했다.

뒤편의 화장실에 가다 보니 질밥을 쓴 소녀들이 보였다. 소녀들은 긴 치마를 허벅지까지 걷어 올리고 큰 들통 주변에 쪼그려 앉아 야채를 다듬으며 한국 아이돌 밴드에 대해 이야기하던 중이었다. 물론 영어로. 이곳 주인 말로는 이 "캠프"를 작년에 열었다고 했다.

"다들 하니까 나라고 못할 거 없지 하는 생각이 들었죠."

그의 말로는 현재 영어마을에는 174개 영어학교가 있다고 했다. 그 모두는 BEC의 팍 칼렌드가 시작했다고 했다.

BEC는 앞에 영어 광고판을 걸어놓은 여느 시골집 수준이 아니었다. 상당한 규모의 모스크 앞에 위풍당당한 입구가 있고 그 뒤로 제대로 된 학교 단지가 나왔다. 사무실에 가보니 숱 없는 수염에 뜨개질한 무슬림 모자를 쓴 젊은 남자가 벌떡 일어나 나를 맞았다. 몇 분 후 팍 칼렌드가 나타났다. 통통한 체구에 동그란 얼굴과 벌렁코와 잘 다듬은 회색 콧수염의 소유자였다. 그는 내 손을 덥석 잡았다.

"제가 어떻게 도와드릴 수 있을까요, 디어 마담?"

그의 영어는 정확하고도 정확했다. 나는 그 유명한 영어마을의 설립자에게 존경을 표하고자 여기 왔다고 했다.

"디어 마담, 그렇게 부르지 마십시오. 저는 캄풍잉그리스를 만들려고 하지 않았어요. 사실 이 마을 사람들 대부분은 영어를 전혀 못하니까요. 우리 이 마을을 '캄풍 쿠르수스 브르바하사 잉그리스Kampung Kursus Berbahasa Inggris'라고 부르도록 해요."

어쩌면 그쪽이 더 정확할지 모르겠지만 "영어 코스 마을"은 영어마을만큼 강렬하게 와닿지 않았다.

무함마드 칼렌드 오센은 인도네시아어로 자신의 이야기를 해주었다. 그는 동칼리만탄에서 태어났고 소수의 다약족 무슬림인 쿠타이 다약족이라고 했다.

"하지만 저는 정글에서만 살아갈 수 없다는 걸 알았습니다."

그는 27살에 정규교육을 거의 받지 못한 채로 자바로 건너와, 여러 언어를 할 줄 아는 선생님 밑에서 종교 공부를 했다. 그러다 스승이 자리를 비웠다는 이유만으로 영어시험을 쳐야 하는 공무원들을 가르치기 시작했다. 그것이 1977년의 일이었다. 이제 BEC는 매년 학생 1,600명을 받는다.

"지금까지 1만 9,000명이 우리 덕분에 영어를 할 수 있게 됐죠."

팍 칼렌드는 자부심이 넘쳤지만 과시하는 유형은 아니었다. BEC는 "기초 영어 과정 Basic English Course"을 뜻한다.

"그렇게 이름을 붙인 건 그게 바로 제가 가르칠 수 있는 것이기 때문이죠. 기초. 기초야말로 제가 알려주고 답할 수 있는 것입니다."

캠퍼스는 단정한 유니폼을 입은 젊은이들로 북적였고 모두 영어로 대화했다. 그날은 발표회 날이라 모두 직접 그려 온 포스터를 이용해서 자신의 삶을 설명해야 했다. 학생들은 팍 칼렌드를 보면 몰려들어 그의 손을 붙들고 자기 이마를 갖다 대며 존경을 표시했다. 학생들은 나한테도 그렇게 해주었는데 갑자기 폭삭 늙은 느낌이었다. 그리고 학생들은 팔꿈치로 서로를 찌르더니 저마다 자신의 이야기를 시작했다. 재능 있는 예술가 쪽에 가까운 한 소년은 포스터 한가운데 자기 초상화를 그렸다. 그 주위의 원자핵 둘레를 도는 전자같이 빛나는 동그라미들 속에는 부모, 고향, 모교인 고등학교를 그렸다. 마지막 동그라미 안에는 10만 루피아짜리 붉은색 지폐 뭉치를 세심하게 그리고 "내 인생의 목표는 사업가"라고 적었다. 소년은 자신의 미래를 그리면서 흥분을 감추지 못했다. 또렷하고 자신감 넘치는 영어로 그는 말했다.

"내가 온 곳에는 망고가 많아요. 나는 망고를 싸게 사들여서 비싸게 팔 겁니다."

이삼일 전쯤 자카르타의 한 정치인이 초등학교 교육과정에서 영어를 빼고 종교와 도덕 교육을 위한 시간을 확보해야 한다고 주장했다. 팍 칼렌드에게 그 제안에 대해 어떻게 생각하는지 물었다. 그는 껄껄 웃었다. 그리고 나를 쳐다보며 말했다.

"지금 농담하는 거 맞지요? 그렇다고 해줘요."

나는 고개를 저었다. 이 독학파 다약족 영어 선생님은 손으로 얼굴을 감싸더니 고개를 들고 살짝 비웃음이 섞인 웃음을 보이며 말했다.

"음, 그 사람들이 우리한테 이래라저래라 간섭하거나 교육과정까지 관여하지 않는 한, 나에게는 돈을 더 벌 수 있다는 것을 의미할 뿐입니다."

———

담배 창고와 화산 주변 유황광산을 지나 인도네시아 제2의 도시 수라바야에 가까워질 무렵, 나는 자바 전체가 매끈한 아스팔트 도로로 연결되고 허세 넘치는 "신흥 중산층"들로 가득 찬 쇼핑몰과 찍어낸 듯한 주택단지로 이루어진 기다란 띠로 변하고 있다는 미망에서 완전히 벗어났다. 그러한 변신이 진행 중인 것은 분명했다. 현재 자바에는 정부가 도시로 분류하는 지역(전기, 아스팔트 도로포장, 비농업 인구 비율, 공공서비스 접근성 등의 지표를 기준으로)에 사는 인구가 8,000만 명이다. 그러나 나머지 5,700만 명은 아직도 진짜 옛날 개념의 마을에 산다는 사실은 자주 간과된다.

아직도 자바의 상당 부분은 미국의 전설적인 인류학자 클리퍼드 기어츠Clifford Geertz가 1950년대에 설명한 구조에서 크게 벗어나지 않았다. 자바는 정치적으로는 분명히 위계적이지만 농촌지역에는 마을 단위의 집단주의 전통이 강력하게 남아 있다. 그러나 사람들은 이 사회적 연대의 정신이 위협받고 있으며 현대 경제의 압력 속에서 살아남지 못할 것이고, 맥도널드, 인도마렛, 유료 도로, 담을 둘러친 주택단지가 자바를 야금야금 잠식해 이것들로 이루어진 또 다른 자바가 되고 말 것이라고 느끼는 듯하다.

다른 섬들에서는 거의 모든 대화가 지역 자치의 영광과 부침에 관한 것으로 귀결되었다. 그만큼 자바 식민주의로부터의 들뜬 해방감을 느끼지 못하는 자바에서 사람들은 자바가 어쩌면 자카르타처럼 될지도 모른다는 것이 가장 큰 걱정거리였다. 자카르타는 아무도 자기 이웃은 물론 가까운 친척도 걱정하지 않는 이기적인 사회이자 개개인이 주변 사람을 이용해 먹으려고 혈안이 된 곳이다.

이 어두운 전망을 압축적으로 보여주는 말이 "로 로, 구에 구에[loe]

loe, gue gue"다. 자카르타식 슬랭인 이 말은 문자 그대로 "너 너, 나 나"로 번역할 수 있는데 네 것은 네 것이고 내 것은 내 것이란 뜻이다. 가장 가까운 뜻의 영어는 "dog-eat-dog" 이전투구가 아닐까 한다. 이 말을 들을 때마다 나는 20년쯤 전 말레이시아의 마하티르 모하마드, 싱가포르의 리콴유, 인도네시아의 수하르토가 모여 "아시아적 가치"에 대해 신나게 떠들었던 정상회담이 생각난다. 뭘 잘 모르는 서구인들은 아시아 지도자들이 개인의 권리를 억압한다고 비판했는데, 동남아시아의 앞날을 내다보는 지도자들이 개인의 번영이 아닌 집단의 번영을 중시하는 문화를 보호하고 있다는 것이 그들의 주장이었다.

자카르타의 홍수와 교통체증과 심술궂은 수백만 시민을 생각해보면 그곳이야말로 개인의 이기심이 공동의 행복을 파괴하는 모범사례인 것이 사실이다. 수라바야는 자카르타의 3분의 1 크기이다. 자바 북해안을 따라 동쪽으로 가다가 4분의 3쯤 되는 지점에 자리 잡은 이 도시에는 큰 항구, 분주한 공업지대, 동남아시아 최대의 사창가가 있다. 2000년대 초 마지막으로 방문했을 때 이 도시는 자카르타의 전철을 따라 지옥행 특급열차에 오른 듯했다. 수라바야에서 HIV 관련 설문을 준비하기 위해 나는 강둑에서 성매매하는 소년들의 수를 세고 묘비석이 성매매 장소로 이용되는 거대한 공동묘지에서 쓰다 버린 콘돔과 깨진 위스키 병 사이를 거닐었다.

그런데 10년이 지난 지금 "크루징cruising"의 장소였던 강가는 잘 정비되어 환한 가로등 불빛에 무료 와이파이까지 있는 말끔한 공원으로 탈바꿈했고, 수라바야의 길에는 쓰레기가 없었다.

인도네시아에 가보지 않은 사람에게 수라바야의 길에는 쓰레기가 없다는 말의 충격을 온전히 전하기란 불가능에 가까운 일이다. 이 나라에 쓰레기가 얼마나 온 천지에 널려 있는지 또한 설명하기 어렵다. 쓰레기야말로 이 나라를 묶어주는 하나의 가장 튼튼한 붉은 실이고 그 실은 전국의 모든 노점에 걸려 있는 소포장의 각종 상표 쓰레기로 엮어 만든 것이라고 해도 과언이 아니다.

그런 소포장은 쓰레기를 어마어마하게 많이 만들어낸다. 말루쿠 남서쪽의 섬들을 도는 긴 배 여행이 끝나갈 무렵 나는 닷새 동안의 내 쓰레기를 비닐봉지에 모아서 사나운 요리사에게 쓰레기통이 어디 있는지 물었다. 그는 머리가 두 개 달린 괴물이라도 보듯 나를 쳐다보더니 비닐봉지를 빼앗아 바다에 휙 던져버렸다. 한번은 어떤 사람이 외국인이 얼마나 이상한지 아냐며 이렇게 말했다.

"아니 그 사람들은 빈 담뱃갑을 구겨서 버리는 게 아니라 자기 주머니에 넣는다고! 상상해보라고!"

그는 깔깔 웃었다. 그 말을 듣던 나는 주머니에 손을 넣어 과자봉지 셋, 플라스틱 생수병 뚜껑 하나, 지난 버스표를 꺼내 보였다. 외국인을 비웃던 그 남자는 어찌나 놀랐던지 갑판에 있던 사람을 다 불러 모았다.

어떤 기업은 쓰레기 투기를 소비자용 홍보에 이용한다는 말도 있다. 최근까지도 펩시사가 소유했었던 여러 가지 자극적인 맛의 설탕물 프루타민Frutamin은 한입 분량의 플라스틱 컵 포장에 들어 있다. 바닥에 떨어진 이 포장을 제대로 밟으면 예쁜 색깔의 꽃이 생긴다. 사람들이 길가나 바다에 쓰레기를 버리는 걸 본다고 해서 쯧쯧거리는 것은 아무 의미가 없다. 인도네시아 전역에서 사람들은 그저 당신을 쳐다볼 것이다. 대체 뭐가 문제요? 하는 표정으로.

세계에서 가장 아름다운 해변에도 낡은 슬리퍼, 새는 건전지, 샴푸 통, 컵라면 용기, 철 지난 선거운동 티셔츠, 녹슨 캔이 발목까지 차오를 정도로 가득하다. 가끔 특히 NGO가 자주 모이는 지역이라면 손으로 쓴 "쓰레기를 버리지 마시오!" 안내판이 보일지도 모른다. 하지만 십중팔구 그 안내판은 인도네시아가 가속도를 내고 있는 소비문화의 쓰레기들에 반쯤 파묻혀 있을 것이다.

그런데 인도네시아 제2의 도시 수라바야에는 쓰레기가 거의 없었다. 나는 너무 감동받아서 대체 무슨 일이 있었는지 알아보러 시청으로 향했다.

"쓰레기요? 물론입니다."

친절한 경비가 더 묻지도 않고 나를 4층으로 데려가 쓰레기 문제 담당 공무원인 이부 아니스에게 데려다주었다. 나는 수라바야의 청결함에 감탄해서 시 정책이 궁금해졌다고 했다.

"그럼 처음부터 얘기하지요."

이부 아니스가 말했다. 수라바야의 변신을 알아차린 것은 나만이 아니었던 것이다.

2001년 수하르토가 권력을 잃은 직후의 들뜬 시절, 지역 주민들의 반대시위로 수라바야 쓰레기 처리장이 문을 닫았다. 사실 쓰레기 처리장은 사람들이 거기 살기 전부터 거기에 있었다. 사람들은 개간한 땅으로 연결되는 잘 닦인 도로 때문에 주변으로 이사를 왔다.

"그리고 오가는 트럭의 소음과 냄새에 항의하는 시위를 시작했지요. 쓰레기 처리장 옆에 불법으로 집을 지으면 안 된다고 말하고 싶을지도 모르겠어요. 하지만 어쩌겠어요?"

처리장이 문을 닫자 온 도시에 쓰레기가 쌓이기 시작했다고 이부 아니스는 말했다. 수라바야시는 유니레버사의 두굿$^{do\text{-}good}$ 지원금을 받아 지역 "쓰레기 스태프"를 양성했다. 나는 이 대목에서 눈썹을 찌푸렸다. 유니레버는 인도네시아 최대의 가정용품 및 미용용품 제조사이자 수로에 버려지는 비닐 포장의 최대 생산기업이기 때문이다.

"알아요, 알아요. 아이러니죠?"

이부 아니스가 말했다. 그러나 이 프로그램은 성공했다. 현재는 자원봉사자 4만 명이 있어 각자 자기 동네에서 재활용 활동을 주도한다. 봉사자 대다수는 동네 푸르게 만들기 운동에도 동참해서 수라바야의 좁디좁은 뒷골목에도 푸른 풍경의 벽화가 있고 그 앞에는 화분이 늘어서 있다.

시 정부가 후원하는 NGO가 운영하는 쓰레기은행 네트워크도 한몫을 했다. 이들은 런던의 공병은행처럼 재활용 가능한 쓰레기만 수거하는 것이 아니다. 먼저 개인이나 동네가 계좌를 만든다. 쓰레기 무게를 달고 무게에 따라 돈을 받는다. 깨끗한 비닐과 플라스틱 1킬로그램을 가져가면 저축계좌에 5,000루피아가 적립되고 현금으로 받고 싶으면 그보다 약간 덜 받는다. NGO는 그렇게 모인 비닐과 플라스틱을 재활용 공장에 킬로그램당 7,000루피아에 판다.

나는 쓰레기은행 한 곳을 찾아가보았다. 이가 하나밖에 없는 척추 장애인 여성이 절룩거리며 페트병이 든 자루를 가지고 들어왔다. 그는 내게 20만 루피아가 넘게 적립된 자기 통장을 보여주었다. 그 돈으로 전기세를 낼 것이라고 했다. 쓰레기은행은 국영 전기회사와 협약을 맺어 적립금으로 전기세를 낼 수 있게 했다. 동네의 공동계좌는 보통 연례 "클린 앤 그린" 경연 몇 주 전에 텅 빈다. 이 경연은 각 동네가 자기 구역을 난초 등으로 아름답게 꾸며 순위를 매기는 행사다.

"시민들이 동네를 위해 우승컵과 상장을 타려고 얼마나 열심인지 몰라요."

이부 아니스의 말이다. 열성적인 쓰레기 스태프들은, 현 수라바야 시장이 가장 좋아하는 아이디어의 원천인 싱가포르로 단체 견학을 다녀오기도 했다.• 건축가인 현 시장 트리 리스마하리니$^{Tri\,Rismaharini}$는 인도네시아의 500곳이 넘는 지방정부를 이끄는 여덟 명의 여성 중 하나다. 그는 수라바야의 도시 청결국장으로 일하다가 시장에 당선됐다.

내게 수라바야는 현대화하는 가운데서도 자바 집단주의의 장점을 보존해낸 도시처럼 보였다. 로 로, 구에 구에가 반드시 진보의 피할 수 없는 종착지는 아니었다. 수라바야가 이뤄낸 것은 자바의 군주들이나 네덜란드인과 인도네시아인 관료들이 대를 이어 써오던 공통의 통치 수단을 이용한 것도 아니었다. 수라바야는 "작은 사람들"을 겁주지 않

• 쓰레기은행이 처음 시작된 곳은 족자카르타이다. 내가 사무실을 찾아갔을 때 이부 아니스는 이렇게 말했다. "우리는 좋은 아이디어가 있으면 어디서나 훔쳐 와서 발전시킵니다. 우리는 자존심을 내세우지 않아요."

앉다. 쓰레기를 버리면 벌을 준다고 협박하거나 엄청난 벌금을 물리지도 않았다. 수라바야는 아주 인도네시아적이지 않은 방식을 이용했다. 옳지 않은 일을 한다고 벌을 주는 것이 아니라 옳은 일을 하면 보상을 주는 인센티브로 작동하는 방식이었다. 그리고 그런 인센티브 방식이 공동체 차원에서 성공할 수 있음을 보여주었다.

봉건주의 없는 집단주의 문화야말로 인도네시아의 다음번 기타 등등이 되어야 할 것이다.

에필로그
_____

 그동안 내가 떠돌아다닌 인도네시아들 전부를 책 한 권에 담을 수 없다는 것과 아직도 발견하지 못한 수천 개의 인도네시아들이 남아 있다는 것 또한 받아들이면서 나는 바틱 작업장과 논으로 이어진 길을 지나 자카르타로 돌아갔다.
 나는 (지난 세월 동안 100만 번쯤 가본) 자카르타의 내 환송연 자리에 한 시간쯤 늦었고 저녁을 먹다가 2,700미터 떨어진 타님바르에서 뚱보 트랜스젠더 친구가 걸어온 전화를 받아서 자기 얼마나 취했는지에 관한 하소연을 다 들어주었다. 내 (인도네시아인) 친구들은 내가 얼마나 "인도네시아 사람"이 다 됐는지 모르겠다고 나를 놀려댔다. 나는 그 말을 칭찬으로 여기기로 했다.
 여행을 막 시작했을 때 페리 갑판에서 내 옆에 앉은 여자가 소리를 질러대는 어린아이를 달래면서 아이에게 저기 귀여운 할머니에게 뽀뽀해주라며 나를 가리킨 적이 있다. 뒤를 돌아봤지만 할머니는 없었다. 어린아이는 내게 오더니 콧물을 묻히며 나를 안아주었다. 귀여운 할머니라니?! 나는 깜짝 놀랐다. 나는 술집에서 몇 개 국어로 남자를 꾈 수 있고 요가도 잘하는 술고래에 가끔은 담배도 피운단 말이다. 귀여운 할머니라니?! 그러나 몇 주 몇 달이 흐르자 나는 평범하지 않은 곳들에서 평범한 생활의 리듬에 젖어들었다. 그것은 반복되는 대화, 아무 생각 없이 하는 일, 익숙해질 수 없을 만큼 공공연한 신앙심으로 가득한 삶이자 술, 담배, 낯선 사람 꼬시기와는 아무 관계 없는 삶이었다. 하지만 상관없었다.

나는 열여덟 시간이나 늦게 오고도 어깨 한번 으쓱해 보이고 마는 배를 기다렸다. 물통을 어깨와 등과 머리에 동시에 지고 이고 가는 여자들을 보고도 손수레를 만드는 게 어떻겠냐고 묻지 않았다. 무엇인가를 물어봤다가도 금방 가장 흔한 말로 받아쳤다. *브기투라!* "다 그런 거지요." 시간이 흐를수록 나는 인도네시아에 관한 많은 것, 내가 절대 몰랐을 세계와 삶이 있다는 것을 점점 더 받아들이게 되었다.

그러나 내가 더 확신하게 된 것도 있다. 13개월간의 여행을 마치고 인도네시아를 떠나기 위해 공항으로 가는 길에 나를 태워준 은퇴한 건축가 운전기사는 인도네시아가 탈중앙화라는 원심력을 견뎌내지 못할 것이라고 했다. 1년쯤 전에는 나도 그 같은 걱정을 했지만, 지금은 1945년 독립● 이래 수많은 기타 등등을 헤쳐 나간 이 나라의 통합성을 옹호하며 운전기사에게 한 소리 하고 싶은 마음이 부글부글 끓어올랐다. 이 나라를 하나로 묶어주는 실타래는 쉽게 풀어지지 않을 것이다.

● 독립 당시 파푸아는 물론 인도네시아에 속하지 않았다.

그 타래 중에서도 가장 질긴 실은 물론 집단주의다. 자바에서는 마을을 중심으로, 다른 지역에서는 친족에 더 가까운 집단을 중심으로, 거대한 관료제의 그물을 통해 전국적으로 공식화한 집단주의다. 인도네시아인이라면 거의 모두가 적어도 하나 이상, 보통은 여러 개의 상호적 의무 관계에 얽혀 있다. 이 관계는 많은 인도네시아인에게 큰 안정감을 주어서 사회적으로 더 분열되고 해체된 국가에서보다 일상은 훨씬 덜 불안하다. 신앙(과 그에 따른 숙명론) 또한 여기에 한몫을 한다. 미래가 신의 손에 달린 것이라면 인간은 미래에 관해 불안해할 필요가 없기 때문이다.

개인적 네트워크가 그렇게 중요한 곳에서는 공적 의무와 사적 의무가 뒤섞이고 집단주의의 실타래가 후원과 부정부패의 굵은 동아줄과 얽히는 것을 피할 수 없다. 국제 사회의 관찰자들은 인도네시아에서 부정부패가 초래하는 비용에 분통을 터뜨리지만, 인도네시아의 다채로운 섬들과 다양한 종족을 하나의 나라로 만드는 데 후원관계가 기여한 바에 주목하는 소수도 있다. 현재 인도네시아의 기타 등등에서 후원관계는 통합의 대가라고 할 수 있다.

보기 드문 너그러운 마음, 차이에 대한 관용 또한 풍요로운 땅의 국민 인도네시아인을 하나로 묶어준다. 인도네시아인은 나 같은 이방인을 자신들의 집과 생활로 초대하고 어려운 이들을 도우려고 먼 길을 돌아간다. 어쩌면 너무 너그럽거나 너무 느려터져서 소수의 사기꾼, 폭력배, 제 배만 채우는 지도층에 맞서 더 큰 자유를 지키지 못한다고 할 수 있을지도 모르겠다. 그리고 그 관대함이 무너져 내리면 군도 전역의 인도네시아인이 집단적으로 잔혹해질 수 있다는 것도 역사가 보여주었다. 그러나 인도네시아의 다양성을 고려한다면 그런 사건은 소수다. 이토록 다양한 차이들을 70년 가까이 대체로 평화로운 전체로 잘 융합한 나라는 또 없다.

나쁜 남자친구기 다 그렇듯 인도네시아에도 단점이 확실히 있다. 관광사무소 직원은 기가 막힐 정도로 무능한 것이 사실(인 동시에 아주 매력적)이다. 경찰은 틈만 나면 뇌물을 요구할 것이 분명하다(하지만 오토바이 열쇠를 잃어버렸다고 하면 오토바이를 들어 올려 열쇠공에게 데려다주고 흥정까지 대신해주기도 한다). 정부는 제대로 준비도 안 하고 지각변동을 일으킬 만한 정치적 변화에 대한 발표를 덜컥 해버리곤 한다(그러나 새로운 기타 등등이 잘 안 되면 재빨리 다른 기타 등등을 찾아낸다. 한 퇴역 장성이 웃으며 어깨를 으쓱하더니 말한 대로 "시행착오를 통한 국가건설"이다). 그러나 인도네시아의 장점인 개방성, 실용주의, 국민의 관용성과 삶을 대하는 느긋한 자세는 그런 모든 것을 뛰어넘는 그 자체로 매력적이고 더 중요한 자질이다.

―――

공항에 도착하니 근사하고 말끔하고 현대적인 JCO 체인의 에스프레소바가 보였다. 왼편에서는 한 청년이 지나치게 비싼 커피 한 잔에 우유거품 꽃무늬를 만들고 있었다. 오른편에는 열두어 명이 머나먼 지방의 친척들에게 줄 도넛 세트를 사려고 줄을 서서 기다리고 있었다.

"초콜릿 둘에 치즈 넷, 아니 잠깐, 초콜릿이 넷 그리고……. 부디, 카르마 아저씨가 딸기맛 좋아할까?"

점원은 상자에 도넛을 넣었다가 뺐다가 다시 넣었다. 부디 뒤로 줄이 계속 늘어났다. 나는 이제 막 라테아트를 마치고 손님이 없는 바리스타 앞에 가서 카푸치노 큰 잔을 주문했다.

"손님, 줄을 서야 합니다."

하지만 줄은 없었다.

"저쪽 줄 말입니다."

청년은 도넛을 사려는 사람들의 줄을 가리켰다.

나는 별수 없이 그리로 가서 줄을 섰다.

"블루베리 도넛은 할인행사에 해당 안 된다는 게 무슨 말이죠? 거기 몇 개 들었죠? 다섯 개? 오케이, 그럼 그거 다섯 개는 빼고 초콜릿 둘이랑 코코넛 셋 주세요."

그렇게 15분이 걸려서야 커피 카운터에 다시 갈 수 있었다. 그동안 바리스타는 손님을 한 명도 받지 않았다.

"이건 말이 안 된다는 걸 인정해야 해요. 커피만 주문할 건데 도넛 줄에서 기다리게 한 것 말이에요."

청년이 내 카푸치노를 만드는 사이 내가 말했다. 그는 웃으면서 맞다고 고개를 끄덕였다.

"야, 브기투라 인도네시아, 부!Ya, begitulah Indonesia, Bu!"

그가 말했다. 맞아요, 인도네시아가 그렇잖아요. 그리고 그는 우유 거품 위에 아름다운 하트를 그린 커피를 건넸다.

감사의 글

 이 책은 수많은 벗 특히 처음 만난 이들(그중 상당수는 친구가 된)의 친절 덕분에 쓸 수 있었다. 그 일부는 책 속에 등장하지만 그렇지 않은 많은 이들의 관대함에도 똑같이 깊은 감사를 표하고 싶다.

 특히 인도네시아 곳곳에서 나를 자신의 집과 삶으로 초대하고 환대해준 여러분께 감사한다. 대략이나마 여기서 그 이름을 밝혀 고마움을 전하고자 한다. 또 이름을 알 기회를 얻지 못한 더 많은 이들에게는 양해를 구하고 싶다. 숨바에서는 마마 라카보보 가족, 델시, 이라, 줄리, 데와 라도와 남매와 그들의 어머니 마마 폴리나, 피터 티부 가족, 카렐 누이젠과 로사, 안드레 흐라프와 코니는 물론 렉시, 빌리, 도미, 다리스, 이맘 라도레기테라와 가족. 동누사틍가라에서는 데투소코의 안톤, 아도나라의 마마 폴리나 가족, 보티의 베누 가족. 말루쿠에서는 키사르의 해리, 사움라키의 데디 위자야와 모든 풍아자르 무다$^{\text{Pengajar Muda}}$(오지의 초등학교 교사로 청년을 파견하는 NGO 프로그램 참가자), 오호이와잇과 투알의 노타불렌 가족, 반다의 이부 티나, 암본의 이부 에디스. 북말루쿠에서는 웨다와 렐릴레프의 베라와 테시 가족, 예상치 못했으나 굉장한 곳이었던 웨다리프앤레인포레스트 리조트의 롭과 린다 신커, 상게의 이부 엘리자베스와 종키 가족, 마나도의 플로라 타누자야 가족. 자야푸라의 바팍 프레디 가족. 아체에서는 랑사의 샤휴자르 아카와 레자, 이디춧의 바팍 아담 가족 그리고 하나 피아에게 특히 각별한 감사를 표한다. 록스마웨의 나자루딘 이브라힘과 그의 선거운동원 전부, 탕세의 하미다 아부바카르와 유프리다 가족 그리고 아샤, 싱킬의 니나 라흐마다니 가족, 풀라우반약의 피델. 그외 수마트라 지역에서는 시디칼랑의 사무엘 시홈빙 가족과 리디아와 페트라사 직원들, 파야쿰부의 구스 사카이, 하라우의 이부 넬시 가족, 잠비의 이라 유르다, 미작 그리고 겐타르 가족, 방카와 벨리퉁의 이샥 홀리디와 주미란 수산토. 술라웨시에서는 방가이제도의 헤르토 삼펠란과 주나이디 지농 가족, 부톤의 다우다 삼펠란, 아민 라이스, 술탄 라 오데 무함마드 자파르, 마카사르의 릴리 율리안티 파리드와 마카사르국제작가축제의 쾌활한 스텝들, 루나 비디야와 박티의 모든 이들. 칼리만탄에서는 만도르의 페랄리나 하킴 가족, 싱카왕의 에밀리 헤르츠만과 니얀, 올린, 아후이, 신탕의 다나우스와 친구들 그리고 바팍 아스키만, 낭가라욱의 아니사 노비타 데위(비비), 이부 다라 가족. 자바에서는 스마랑과 그 인근의 메가푸트리 메가라자사(제니), 에비 누그로호 가족, 이부 산나, 팅가르자야의 아흐마드 토하리, 족자카르타의 카리스마 누그로호 가족, 니도레조의 알로이시아 인라스티니(티니) 가족, 크디리의 헤리 누그로호 가족 그리고 헤리2를 비롯한 헤리의 수많은 친구들, 프칼롱안의 베로니카 누그로호 가족, 트리자야의 언제나 멋진 타르위 더흐라프를 비롯한 아니주니아 가족. 발리에서는 콜로니호텔의 직원들, 아돌프 브라운, 데이비드 폭스, 릴리 와르도요, 파쿠하르 스틸링. 롬복에서는 스파이키와 펠리시티 콕번, 이부 소피와 알할리미 프산트렌의 선생님들, 누르히다야티와 마타람의 트란시토센터 주민들.

숨바에서 함께 해준 제롬 타디에와 칼리만탄과 자바에서 길벗이었던 멜라니 위트마시는 늘어지던 내 여행에 활기를 불어넣어 주었다. 기적처럼 말도 안 되게 샴페인을 가져와준 제롬과 이 책의 전자책 확장판에서 그 상당수를 볼 수 있는 근사한 사진을 찍어준 멜라니에게 감사한다.

틈만 나면 자카르타의 내 옛집에 돌아가 지낼 수 있게 해준 하이디 아버클과 내게 두번째 집을 준 비만토 수와스토요와 아르야에게 무한한 감사를 전한다. 비만토가 지난 20년이 넘는 세월 동안 내 "나쁜 남자친구"의 예측할 수 없는 측면을 누구보다 잘 알려주고 인도네시아를 탐험하고 발견하도록 격려하고 영감을 주었기에 나는 계속 인도네시아로 돌아왔다. 고마워, 빔. 말도 안 되게 오랫동안 쉼터와 활력을 제공해준 발리 뉴쿠닝의 빌라베지인다의 스티브 위그널과 전체 직원에게도 각별히 감사한다.

자카르타에서는 많은 이들이 최근은 물론 아주 오래전부터 내 육체적·정신적 안녕을 도왔는데 모두에게 감사한다. 이 여행기 프로젝트를 도와준 이들은 다음과 같다. 이네스 안젤라, 루위 아리핀, 아지와 아스모로 다마이스 및 가족 전체, 비디아 다르마위, 루디와 제니 하르마인, 샨티 하르마인, 마스 카르타, 아리스테데스 카토포, 부텟 마누룽, 고리와 아속 미르푸리, 니키와 니할, 펠리시아 누그로호, 카리스마 누그로호, 엔니 누라헤니, 존 리아디, 탐린 타마골라, 에비 트리스나와 인도네시아 뭉아자르의 모두, 아미르 시드하르타, 줄리아나 윌슨, 이부 얀티.

친구들 그리고 친절한 낯선 분들이 질문에 답해주고 이 책 원고 일부를 읽고 의견을 준 덕분에 최종 결과물이 훨씬 나아졌다. 피드백에 감사하며 그래도 내 말이 맞다고 부득부득 고집을 부린 순간들에 대해서는 용서를 구하고자 한다. 보비 앤더슨, 윌리엄 베이크, 소피 캠벨, 보딘 잉글랜드, 안드레 페일라드, 잭 핸버리-테니슨, 키스 한센, 레이철 하비, 사라 혹스, 소냐 헤핀스톨, 버트 호프먼, 시드니 존스, 올리비아 저드슨, 아스민 칸, 마르턴 콕, 그웬 뇨토 페일라드, 옹혹추안, 그레이 새틀러, 파울 슐테, 애덤 슈와르츠, 마데 스티아완, 다니엘 수르야다르마, 밥 템플라, 리즈 렌이 그들이다. 한 번도 만난 적 없는 한 명을 포함한 네 사람이 적어도 한 버전 이상의 원고 전체를 읽어주었으며 그들의 통찰, 의견, 질문이 내 시야와 사고를 크게 넓혀주었다. 에드 아스피날, 클레어 볼더슨, 마이클 뷸러, 앤드루 윌슨에게 진심으로 감사한다.

이 책의 상당 부분을 쓴 방콕에서 지낼 곳을 마련해준 니콜라 불라드와 필리페 기노에게 고맙다고 말하고 싶다. 데일라 베델, 데이비드 콜, 피터 엠블린, 잭 루치, 팔라니 나라야난, 체리사 니엔 등이 내가 제정신을 유지하도록 도와주었다. 리키 캣웰은 런던에서도 나를 웃게 해주었다. 모두 고마워.

이 책이 나오기까지 여러분이 산파 역할을 해주었다. 차분하고 멋진 유머로 전 과정을 이끌어준 와일리 에이전시의 트레이시 보한, 미국에서는 기획 단계부터 출간까지 전반을 책임져준 W.W.노턴 출판사의 알란 메이슨과 애너 마저러스에게 고마움을 표하고 싶다. 10장에 나오는 퇴사 사건이 있었지만 영국 그란타 출판사의 사라 홀로웨이는 마술 같은 솜씨로 이 책의 기본 틀을 잡아주었다. 이 프로젝트는 유능한 필립 그웬 존스와 시그리드 라우싱에게 넘어갔다가 벨라 레이시와 무사히 마무리했다. 모두 고맙고 이언 채플, 크리스틴 로, 브리지드 맥레오드, 세라 와슬리를 비롯한 과거와 현재의 팀원들에게도 감사한다. 인도네시아에서는 존 맥글린과 본타르재단이 존경스러우리만치 이 책을 잘 작업해주었다.

촉박한 일정 속에서 지도를 그려준 에릭 올라슨에게 감사를 표한다. 이 책의 전자책 버전에 도움을 준 영상편집자이자 디자이너인 가에탕 베르네드, 스피글로벌SPi Global의 존 휠러와 그의 동료들에게 감사를 전한다. 전자책에 일러스트를 그려준 릴로 아세발과 그 외 많은 분들께 감사드린다. 작가 초상화를 그려준 수산나 파인즈와 매리트 마이너스에게도 감사를 표한다.

니컬러스 리틀은 집을 온기로 채우고 이 프로젝트가 굴러가게 해주었다. 뿐만 아니라 과거와 미래의 우정을 그리고 함께 웃을 수 있었던 순간들에 감사한다. 언제나 그랬듯 부모님의 지지와 지원은 이번에도 기대 이상이었다. 열린 마음과 가슴으로 여행하는 법을 가르쳐준 것은 두 분이기에 나는 부모님께 영원히 갚을 수 없는 빚을 진 셈이다. 마지막으로 내 혈육 마크에게 감사한다. 그의 변함없고 끈질기고 유머로 가득한 지지가 없었다면 이 책은 세상에 나오지 못했을 것이다. 뿐만 아니라 나도 세상에 없었을 것이다. 온 마음을 다해 이 책을 마크에게 바친다.

더 읽을거리

책 속에 등장하는 사람들과 사건(책에 실리지 못한 것까지 포함한)의 사진과 비디오를 보고 싶다면, 확장판 이북을 구매하기 바란다. 여느 온라인 서점에서도 구매할 수 있지만 http://indonesiaetc.com/ebook에서 지역별 구매 가능 여부를 확실히 확인할 수 있다. 확장판 이북을 구매하면 엘리자베스가 이 여행기 프로젝트를 진행하느라 빌린 대출금을 갚는 데 도움이 되기도 한다. 컬러 사진과 비디오를 볼 수 있는 태블릿PC가 없다면 비디오와 슬라이드쇼 일부를 http://indonesiaetc.com/extras에서 볼 수 있다.

이 책에 나오는 사실관계에 관한 참고문헌 대부분은 http://indonesiaetc.com/references에서 확인할 수 있다.

다음에 등장하는 읽을거리 목록은 인도네시아 전문가들에게는 뒤죽박죽이고 불완전하게 보이겠지만 내게는 가장 도움이 된 자료를 담은 것이다. 목록은 주제별로 분류했다. 출판물 중에는 에세이집도 일부 있으며 개별 에세이와 논문은 http://indonesiaetc.com/references에 정리해두었다.

잘 알려지지 않은 좋은 자료를 안다면 info@indonesiaetc.com로 이메일을 보내주시라. 검토 후 온라인 자료실에 추가하도록 하겠다.

영화

《액트 오브 킬링The Act of Killing》(2012), 조슈아 오펜하이머 감독. 인도네시아가 1965~1966년 학살의 기억을 어떻게 다뤄왔는지(그리고 방치했는지) 보여주는 놀라운 다큐멘터리.

《가장 위험한 해The Year of Living Dangerously》(1982), 피터 위어 감독. 동명의 원작소설을 각색한 영화. 옛날 영화지만 여전히 좋다.
《댄서The Dancer(Sang Penari)》(2011), 이파 이스판샤 감독. 아흐마드 토하리의 동명 삼부작을 영화화한 작품.
《애프터 더 커퓨After the Curfew(Lewat Jam Malam)》(1954), 우스마르 이스마일 감독. 최근 리마스터링된 이 고전 인도네시아 영화는 독립 이후의 인도네시아에 적응하지 못하는 혁명가들의 고난을 보여준다.

영어뉴스와 시사

주요 영자 일간지로는 《자카르타 포스트Jakarta Post》(http://www.thejakartapost.com/)와 《자카르타 글로브Jakarta Globe》(http://www.thejakartaglobe.com/)가 있다.

시사 주간지 《템포Tempo》는 영어판도 발행한다. 템포 그룹의 온라인 뉴스포털 http://en.tempo.co도 있다.

오스트레일리아에서 편집하는 특집 계간지 《인사이드 인도네시아Inside Indonesia》는 인도네시아 연구자들의 심도 있는 기사를 볼 수 있는 매체다. 홈페이지 http://www.insideindonesia.org에 매주 최신 현안에 관한 심층 기사를 게재하기도 한다.

문학

인도네시아 문학의 영어판을 찾아보기 가장 좋은 곳은 론타르재단(http://www.lontar.org) 이다. 론타르재단은 종이책과 전자책을 출판하며, 주요 인도네시아 작가들의 인터뷰 영상 등 아카이브 자료를 갖춘 온라인 도서관 http://library.lontar.org 도 운영한다.

에퀴녹스Equinox 출판사도 인도네시아 소설의 영어판을 펴낸다. 다음을 보라. http://equinoxpublishing.com/browse/fiction

웹사이트 스자라믈라유도서관 Sejarah Melayu Library(http://www.sabrizain.org/malaya/library)은 말레이시아 및 말레이제도와 관련된 문학 자료를 소장하고 있다. 책과 문서 대부분은 저작권이 소멸된 자료이며 그중에는 초기 식민지 시대의 고전들도 있다. 개인이 운영하는 이 웹사이트를 이용한다면 약간의 후원을 고려해보는 것도 좋겠다.

내가 좋아하는 인도네시아 작품(영어판)

- Farid, Lily Yulianti, *Family Room*. Translated by John H. McGlynn. Jakarta: Lontar Foundation, 2010.
- Lubis, Mochtar, *Twilight in Djakarta*. Translated by Claire Holt. Singapore; New York: Oxford University Press, 1986.
- Mangunwijaya, Y. B., *Weaverbirds*. Translated by Thomas Hunter. Jakarta: Lontar Foundation, 1991.
- Rusli, M., *Sitti Nurbaya: A Love Unrealized*. Jakarta: Lontar Foundation, 2009.
- Toer, Pramoedya Ananta, *This Earth of Mankind*. Translated by Max Lane. New York: Penguin, 1996. (프라무디아 아난타 토르, 『밍케 1, 2』, 정성호 옮김, 오늘, 1997.) 이 책은 부루^{Buru} 4부작의 첫 작품이다. 2권 『모든 민족의 아이』$^{Anak\ Semua\ Bangsa}$와 3권 『발자국^{Footsteps}』도 좋아한다.
- Tohari, Ahmad, *The Dancer: a trilogy of novels*. Jakarta: Lontar Foundation, 2012.
- Wijaya, Putu, *Telegram*. Translated by Stephen J. Epstein. Jakarta: Lontar Foundation, 2011.

인도네시아가 배경인 소설

- Conrad, Joseph, *Almayer's Folly*. New York: Macmillan and Co., 1895. (조셉 콘래드, 『올마이어의 어리석음』, 원유경 옮김, 이타북스, 2021.)
- Conrad, Joseph, *Victory, An Island Tale*. London: Methuen & Co., 1928.
- Koch, C. J., *The Year of Living Dangerously*. Melbourne: HarperCollins, 1978.
- Multatuli. *Max Havelaar, or, The coffee auctions of a Dutch Trading Company*. Translated by Roy Edwards. London; New York: Penguin Books, 1987. (물타뚤리, 『막스 하벨라르』, 양승윤·배동선 옮김, 시와진실, 2019.)

역사와 국가형성

로버트 크립의 The Digital Atlas of Indonesian History(http://www.indonesianhistory.info)는 식민지 시대 이전, 식민지 시대, 현대 인도네시아에 관한 역사, 지리, 종족, 종교 및 기타 사회 문제 등 거의 모든 것을 담은 귀중한 자료다. 코펜하겐대학교 산하 아시아연구소$^{Nordic\ Institute\ of\ Asian\ Studies,\ NIAS}$ 덕분에 온라인으로도 열람 가능하다.

스자라플라유도서관(http://www.sabrizain.org/malaya/library)은 지금은 인도네시아 영토가 된 지역에 관한 역사적 자료들을 볼 수 있는 훌륭한 무료 온라인 도서관이다. 여기에는 초창기 여행자들의 수많은 여행기와 지도 모음도 있다.

역사 일반

- Brown, Colin, *A Short History of Indonesia: The Unlikely Nation?* London: Allen & Unwin, 2003.
- Ricklefs, Merle Calvin, *A History of Modern Indonesia Since c. 1200*. Stanford: Stanford University Press, 2002.
- Taylor, Jean Gelman, *Indonesia: Peoples and Histories*. New Haven: Yale University Press, 2003.(진 테일러, 『인도네시아: 사람들과 역사들』, 여운경 옮김, 진인진, 2023.)

네덜란드동인도회사와 네덜란드령 동인도

- Bown, Stephen R., *Merchant Kings: When Companies Ruled the World, 1600–1900*. Vancouver: Douglas & McIntyre, 2009.
- Gaastra, Femme, *The Dutch East India Company*. Leiden: Walburg Pers, 2003.
- Milton, Giles, *Nathaniel&s Nutmeg: How One Man&s Courage Changed the Course of History*. London: Sceptre, 2000.(가일스 밀턴, 『향료전쟁』, 손원재 옮김, 생각의나무, 2002.)
- Zanden, J. L. V., *The Rise and Decline of Holland&s Economy: Merchant Capitalism and the Labour Market*. Manchester: Manchester University Press, 1993.

민족주의, 1965년, 현대 인도네시아

- Anderson, Benedict, *Imagined Communities: Reflections on the Origin and Spread of Nationalism*. New York: Verso, 2006.(베네딕트 앤더슨, 『상상된 공동체: 민족주의의 기원과 보급에 대한 고찰』, 서지원 옮김, 도서출판길, 2018.)
- Cribb, Robert B., *The Indonesian Killings of 1965–1966: Studies from Java and Bali*. Monash Papers on Southeast Asia 21. Melbourne: Monash University Press, 1990.
- Cribb, Robert, "How Many Deaths? Problems in the statistics of massacre in Indonesia (1965–1966) and East Timor (1975–1980)." In: Ingrid Wessel and Georgia Wimhofer (eds.), *Violence in Indonesia*. Hamburg: Abera, 2001, pp. 82–98.
- Cribb, Robert B., *The Late Colonial State in Indonesia: Political and Economic Foundations*

of the Netherlands Indies, 1880–1942. Leiden: KITLV Press, 1994.

- Schulte Nordholt, Henk, "Renegotiating Boundaries: Access, agency and identity in post-Soeharto Indonesia", *Journal of the Humanities and Social Sciences of Southeast Asia* 159, no. 4 (2003), 550–89.

- Schwarz, Adam, *A Nation in Waiting: Indonesia in the 1990s.* Boulder, Colo; San Francisco: Westview Press, 1994.

- Vatikiotis, Michael R. J., *Indonesian Politics Under Suharto: The Rise and Fall of the New Order.* London: Routledge, 2004.

지리

- Sutherland, H., "Geography as Destiny? The role of water in Southeast Asian history." In: P. Boomgaard (ed.), *A World of Water: Rain, Rivers and Seas in Southeast Asian Histories.* Leiden: KITLV Press, 2007.

- Tomascik, T., and A. J. Mah, *The Ecology of the Indonesian Seas.* North Clendon, VT: Tuttle Publishing, 1997.

- Wallace, Alfred Russel, *The Malay Archipelago: The Land of the Orang-Utan, and the Bird of Paradise. A narrative of travel, with studies of man and nature.* 2 vols. London: Macmillan, 1869. (앨프리드 러셀 윌리스, 『말레이 제도』, 노승영 옮김, 지오북, 2017.)

정치, 경제, 법률

인도네시아통계청(지금은 StatisticsIndonesia라고 부른다.)은 각종 경제 지표를 발표한다. 통계 보고서는 영어와 인도네시아어로 내놓을 때가 종종 있고 각종 도표는 거의 늘 영어로도 나온다. 통계청의 유용한 영어 홈페이지는 http://www.bps.go.id/eng이다.

세계은행(http://www.worldbank.org/en/country/indonesia)은 내려받기 편한 형태로 데이터를 제공한다. 특정 지역의 경제적·사회적 성장에 관한 심도 있는 보고서를 내놓는데, (장밋빛 전망의 행간을 읽어낼 수 있다면) 유용한 인도네시아 경제에 관련된 보고서를 분기마다 펴낸다.

경제개발협력기구OECD(현재 인도네시아는 회원국이 아니다.)는 정치적 제약을 덜 받으며 인도네시아 경제에 관한 뛰어난 분석을 내놓는다(http://www.oecd.org/indonesia).

읽을거리

- Asia Foundation, *Local Economic Governance*. Jakarta: Asia Foundation, 2011. asiafoundation.org/publications/pdf/1027

- Aspinall, Edward, "Democratization and Ethnic Politics in Indonesia: Nine Theses", *Journal of East Asian Studies* 11, no. 2 (1 May 2011), 289–319.

- Aspinall, Edward, and Marcus Mietzner, *Problems of Democratisation in Indonesia: Elections, Institutions, and Society*. Singapore: Institute of Southeast Asian Studies, 2010.

- Aspinall, Edward, and Gerry van Klinken (eds.), *The State and Illegality in Indonesia*. Leiden: KITLV Press, 2011.

- Buehler, M., "Indonesia's Law on Public Services: Changing state–society relations or continuing politics as usual?", *Bulletin of Indonesian Economic Studies* 47, no. 1 (2011): 65–86.

- Burgess, R., M. Hansen, B. A. Olken, P. Potapov, and S. Sieber, "The Political Economy of Deforestation in the Tropics", *The Quarterly Journal of Economics* 127, no. 4 (2012), 1707–54.

- Davidson, Jamie, and David Henley, *The Revival of Tradition in Indonesian Politics: The Deployment of Adat from Colonialism to Indigenism*. Vol. 5. Abingdon, Oxon: Taylor & Francis, 2007.

- Harvard Kennedy School, *From Reformasi to Institutional Transformation: A Strategic Assessment of Indonesia&s Prospects for Growth, Equity and Democratic Governance*. Cambridge, MA: Ash Center for Democratic Governance and Innovation, 2011.

- Henrich, Joseph, Robert Boyd, Samuel Bowles, Colin Camerer, Ernst Fehr, Herbert Gintis, Richard McElreath, et al., "In Cross-Cultural Perspective: Behavioral Experiments in 15 Small-Scale Societies", *Behavioral and Brain Sciences* 28, no. 6 (2005): 795–815.

- Holt, Claire (ed.), *Culture and Politics in Indonesia*. Ithaca, NY: Cornell University Press, 1972.

- Lev, Daniel, *Legal Evolution and Political Authority in Indonesia: Selected Essays*. The Hague: Kluwer Law International, 2000.

- Van Klinken, Gerry, and Joshua Barker (eds.), *State of Authority: The State in Society in Indonesia*. Ithaca, NY: Cornell Southeast Asia Program Publications, 2009.

종교

종교 폭력 또는 극단주의에 관한 분석 보고서는 분쟁정책분석연구소 Institute for Policy Analysis of Conflict, IPAC(http://www.understandingconflict.org), 휴먼라이츠워치 Human Rights Watch(http://www.hrw.org/reports), 스타라연구소 Setara Institute(http://www.setara-institute.org/en/category/category/reports)를 보라.

읽을거리

- Beatty, Andrew, *A Shadow Falls: In the Heart of Java*. London: Faber and Faber, 2009.
- Buehler, Michael, "Subnational Islamization Through Secular Parties: Comparing Shari&a Politics in Two Indonesian Provinces," *Comparative Politics* 46, no. 1 (2013), 63-82.
- Fealy, Greg, and Sally White, *Expressing Islam: Religious Life and Politics in Indonesia*. Singapore: Institute of Southeast Asian Studies, 2008.
- Geertz, Clifford, *The Religion of Java*. Chicago: University of Chicago Press, 1976.
- Picard, Michel, and Rémy Madinier, *The Politics of Religion in Indonesia: Syncretism, Orthodoxy, and Religious Contention in Java and Bali*. Abingdon, Oxon; New York: Routledge, 2011.
- Wilson, Ian Douglas, "'As Long as It's Halal': Islamic Preman in Jakarta." In: Greg Fealy and Sally White (eds.), *Expressing Islam: Religious Life and Politics in Indonesia;* [... Papers Presented at the 25th Annual Indonesia Update Conference held at the Australian National University (ANU) on 7-8 September 2007], Institute of Southeast Asian Studies, 2008, pp. 192-210.

분쟁과 폭력

인도네시아의 특정 지역 분쟁에 관한 상세한 정보는 분쟁정책분석연구소 IPAC 보고서가 단연코 월등하다(http://www.understandingconflict.org).

국제위기그룹 International Crisis Group, ICP은 홈페이지에 유용한 보고서를 모아두었다(http://www.crisisgroup.org/en/regions/asia/southeast-asia/indonesia.aspx)

휴먼라이츠워치도 인권과 분쟁 관련 분석 보고서를 종종 내놓는다(http://www.hrw.org/asia/indonesia)

문화적·정치적 폭력에 관한 책과 논문

- Barker, J., "State of fear: Controlling the criminal contagion in Suharto&s New Order," *Indonesia* 66 (1998), 7–43.

- Davidson, Jamie S., *From Rebellion to Riots: Collective Violence on Indonesian Borneo.* Madison, WI: University of Wisconsin Press, 2008.

- Raedt, Jules de, and Janet Hoskins, *Headhunting and the Social Imagination in Southeast Asia.* Stanford: Stanford University Press, 1996.

- Van Klinken, Gerry, *Communal Violence and Democratization in Indonesia: Small Town Wars.* London: Routledge, 2007.

- Wilson, I., *The Biggest Cock: Territoriality, Invulnerability and Honour amongst Jakarta&s Gangsters.* Sydney: Murdoch University, 2010.

아체 분쟁

- Aspinall, E., *Islam and Nation: Separatist Rebellion in Aceh, Indonesia.* Stanford: Stanford University Press, 2009.

- Di Tiro, Hasan, *The Price of Freedom: The Unfinished Diary of Tengku Hasan Di Tiro.* Norsborg, Sweden: National Liberation Front of Acheh Sumatra, 1984.

- Drexler, Elizabeth, "The Social Life of Conflict Narratives: Violent antagonists, imagined histories, and foreclosed futures in Aceh, Indonesia", *Anthropological Quarterly* 80(4) (2007), 961-95.

- Schulze, Kirsten E., *The Free Aceh Movement (GAM): Anatomy of a Separatist Organization.* Washington, DC: East-West Center, 2004.

말루쿠 분쟁

- Spyer, Patricia, "Fire Without Smoke and Other Phantoms of Ambon's Violence: Media effects, agency, and the work of imagination." *Indonesia* 74 (2002), 21-36.

- Van Klinken, Gerry, "The Maluku Wars: 'Communal Contenders' in a Failing State." In: Charles Coppel (ed.), *Violent Conflicts in Indonesia: Analysis, Representation, Resolution.* London: Routledge, 2006, pp. 129–43.

옮긴이의 말

2024년 2월, 주간지 《이코노미스트》는 인도네시아의 오늘날을 이해하는 데 도움이 될 책 여섯 권을 선정하고, 그중에서 단 한 권만 읽어야 한다면 이 책 엘리자베스 피사니의 『인도네시아 Etc.』를 읽으라고 권했다. 지난 스무 해 동안 인도네시아에 관한 책이라면 일부러라도 챙겨 본 사람으로서 동의할 수밖에 없는 제안이었다. 인도네시아에 관한 책은 많지만 너무 지엽적이거나 너무 학술적이거나 인상비평에 그치거나 자바와 발리를 넘어가지 못해 전체로서의 인도네시아를 포괄적으로 이해하는 길잡이가 될 만한 책은 찾기가 쉽지 않기 때문이다. 이 책은 여행기의 형식을 띠고 있지만 그 여행자가 이 나라에 대한 깊은 지식과 애정을 가졌기에 풍경의 이면을 읽어내고 일차적 경험 너머의 것들을 분석해낸다. 그래서 우리는 "이 말이 안 되는 나라"의 역사와 언어, 환경과 천연자원부터 인종 문제, 분리주의, 봉건주의, 부정부패 같은 오래된 문제들과 탈중앙화, 종교적 극단주의 같은 최근의 문제를 살펴보고 그 역학을 이해하면서 인도네시아를 하나로 이어주는 "붉은 실"의 존재를 깨닫게 된다. 인도네시아 젊은이들조차 이 책을 읽고서야 자바 바깥을 여행하고 인도네시아의 다양한 얼굴을 "발견"하기 시작했다는 이야기를 여기저기서 들었다. 이 책을 읽으며 깔깔대고 여러 번 고개를 끄덕이고 인도네시아에 대한 나의 애증을 다각도로 검토해본 독자로서 더 늦기 전에 이 책을 한국 독자들에게 선보이게 되어 진심으로 기쁘다.

개인적으로는 피사니가 인도네시아와 처음 만나고 매번 다시 돌아가고 결국 이 나라를 소개하기 위해 책까지 쓰기로 한 행로를 따라가다 보니, 조금은 겹치는 데가 있는 나의 지난 20년도 돌아보게 되었다. 내가 인도네시아에서 보낸 시간이 훨씬 짧고, 세대도 국적과 인종도 다르며, 나는 그와는 달리 숨바에서 시체와 차를 마시겠냐는 제안에 질색하며 도망쳤지만, 여성으로 홀로 인도네시아 구석구석을 돌아다니며 좌충우돌한 경험에는 닮은 데가 조금은 있기 때문이다. 내가 처음으로 인도네시아에 발을 디딘 것은 2006년 9월이었다. 어쩌다 예술 전공자들에게 지역문화와 예술을 가르치는 석 달 간의 레지던시 프로그램에 참석하게 되었다. 오리엔테이션을 위해 두 주 동안 지낸 자카르타는 "예측불허의 난장판" 그 자체였다. 극심한 교통체증, 거대한 오토바이 주차장 같은 도로 사이사이에 솟은 사회주의 리얼리즘 스타일의 기념비들, 질밥을 쓴 여자들, 새벽부터 저녁까지 하루 다섯 번 기도 시간을 알리는 아잔 소리, 폐수 거품이 하얗게 피어오르는 강을 따라 늘어선 슬럼, 시커먼 매연을 내뿜으며 좁은 골목을 질주하는 오토바이를 개조한 바자이, 이 모든 혼돈과 분리된 휘황찬란한 쇼핑몰…… 모든 것이 과했다. 그때는 몰랐지만, 1998년 민주화 이후 좌충우돌 정치 실험이 여전히 진행 중이었고 그로 인한 사회·정치적 혼란만큼 대자연도 예측할 수 없이 불안정했다(2장을 보라). 2002년 200명의 목숨을 앗아간 발리 폭탄 테러의 아수라장이 다 복구되기도 전인 2004년 12월, 쓰나미가 아체 지역을 강타해 17만 명이 목숨을 잃는 대재난이 벌어졌다. 아직 그 폐허를 복구하던 중인 2006년 5월에는 족자카르타에서 큰 지진이 나면서 5,700명이 죽고 집 15만 채가 무너졌다. 바로 그 지진 때문에 나는 족자카르타가 아니라 한 시간 떨어진 자바 문화의 또 다른 중심지 수라카르타, 곧 솔로로 가게 되었다.

나는 짐을 싸면서 무엇을 가져갈지 허둥지둥하다가 에라 모르겠다 하고 스노클을 넣었다. 솔로가 바다에서 꽤 먼 내륙 도시인 것은 나중에야 알았다. 그러니까 나는 요즘의 내가 틈만 나면 소리 높여 흉보는, 동남아시아 하면 휴양지 말고는 떠오르는 것이 없고 역사와 문화가 존재한다는 생각조차 못 하는 사람이었던 것이다. 그런 무지한 상태로, 느릿느릿 점잔 빼며 빙빙 돌려 말하기로 유명한 자바 전통을 간직한 도시이자 발리 폭탄 테러범들을 키워낸 이슬람 근본주의의 산실(12장을 보라)에 뚝 떨어졌다. 2006년의 솔로는 모든 것이 한없이 느려터져서 전 세계를 휩쓴 세계화의 물결에서 완전히 비켜난 곳 같았다. 바깥 세계와 연결되는 유일한 창구 와르넷의 파이어폭스 창은 이메일을 열다가도 멈춰버리기 일쑤라 저속 인터넷 전용 모드로나 간신히 접속할 수 있었다. 온수도 샤워기도 없어 물통에 받아놓은 물을 바가지로 퍼서 몸에도 끼얹고 변기에도 부어 넣어야 했다. 사람들은 걸음조차 느릿느릿했고 귀신과 정령과 흑마술 같은 것을 진심으로 믿었다. 도착하자마자 곧 라마단이 시작되어 밥 사 먹기도 힘들었다. 시내에서는 하얀 옷을 차려입은 남자들만의 시위대가 무엇인지 잘 모르겠는 분노에 찬 구호를 외쳤다. 사실 그즈음의 인도네시아는 민주화와 함께 닥친 갑작스러운 세계화와 구조조정의 충격 속에서 어쩔 줄 몰라 하고 있었고 그때 내가 본 것은 그 혼란의 일부이자 곧 모든 것을 빨아들일 스마트폰의 등장 직전에 남아 있던 20세기의 마지막 자락임을 이제는 안다.

그런 가운데도 나는 생전 처음 보는 것들이 주는 낯선 자극에 마냥 신이 났다. 내가 알던 세계는 서울에서 일본, 북미나 유럽으로만 확장 가능한 뻔한 것이었는데, 인도네시아에 와보니 중동과 아프리카까지 이어지는 이슬람 세계로도, 오스트로네시아어족의 태평양 섬 세계와 동남아시아는 물론 더 광대한 "제3세계"로도 뻗어나갈 수 있는 것이 되었다. 인도네시아 사람들은 남들 앞에서 엉엉 울거나 깔깔대며 웃는 것이 아주 자연스러운 일이라는 것을 알려주었고, 인도네시아어라는 언어는 언어의 목적이 소통과 포용임을 존재 자체로 증명해주었다. 사람은 자신의 세계를 넓혀준 존재를 잊지 못한다고 하지 않던가. 피사니는 인도네시아를 "나쁜 남자친구"라고 했는데, 좋은 비유는 아니라고 생각하지만 어떤 면에서 적확하다. 내게도 인도네시아는 전혀 모르던 세계를 알려주고 낯선 감각을 일깨워줬지만, 끊임없이 기대를 무너뜨리고 배신에 배신을 거듭해서 몸서리치며 돌아서려 하면 또 새로운 세계를 살짝 보여주곤 했다. 석 달 간의 솔로 체류 후, 나는 이 예측불허의 나라에 대해 더 알아보고 싶어졌다. 다음 해 족자카르타로 돌아가 인도네시아어와 역사를 배우고, 다시 동남아시아학을 공부하기 위해 싱가포르로 향했다. 그리고 나도 해마다 인도네시아로 돌아왔고 인도네시아를 알릴 수 있는 일이라면 뭐든 해보려 했고 이제는 거의 인도네시아에 살다시피 한다.

2006년의 솔로는 외국인 체류자가 넘치는 이웃의 족자카르타에 비하면 외딴 오지여서 우리는 트로피 손님으로 자주 이런저런 행사에 초대받았다. 그런 행사 중에는 솔로 시장이 주최한 근사한 야외 연회도 있었다. 당시 시장은 이곳 출신 사업가였던 조코 위도도라는 사람이었다. 호스트였던 솔로 크라톤 공주님의 요청에 따라 전통의상을 차려입은 우리가 줄을 서서 시장님과 악수를 하자 카메라 플래시가 여기저기서 터졌고, 다음 날 지역신문에는 분홍색 한복을 입고 춤추던 내 사진이 실렸다. 그런데 도무지 시장 같아 보이지 않던 빼쩍 마르고 측은해 보이던 그분이 8년 후 인도네시아의 새 시대를 열(그 끝은 괴상했으나) 대통령이 될 줄은 꿈에도 몰랐다. 저자가 이 책을 쓰기 위해 여행한 시기는 2011년에서 2012년(12장에서 2012년 조코 위도도가 자카르타 주지사로 당선되던 순간 부촌과 슬럼가의 분위기를 전한다.)으로 2014년부터 시작해 10년간 지속된 조코위 시대가 시작되기 직전이었다. 조코위 시대에 인도네시아는 아주 큰 변화를 겪었고, 그 변화의 폭과 방향은 사회 전반에 걸친 것이었다. 이 책이 그런 조코위 시대의 변화를 담지 못한 것은 아쉽지만 여기서 거론하는 주제들에 대한 이해 없이는 그 변화의 중대성을 알아차리기란 불가능한 일이다. 또 엘리자베스 피사니의 분석과 예측은 대체로 옳았다. 2010년대 초중반 이슬람 근본주의를 경계하는 목소리가 드높았지만 인도네시아는 근본주의의 물결에 잠기지 않았다. 조코위의 아들이 부통령이고 수하르토 독재의 잔당 프라보워가 대통령인 시대에 인도네시아가 직면한 문제는 신흥 중산층과 "작은 사람들" 간에 더 깊어지는 간극과 그로 인한 긴장처럼 보인다. 하지만 피사니처럼 나도 인도네시아의 앞날에 대해 크게 걱정하지는 않는다. 외부인의 눈으로 보면 문제투성이이지만, 지난 80년간 인도네시아가 해온 다양한 문화 집단들이 어떻게 공동체를 이루며 살아갈 수 있는가에 대한 실험은 이 사회를 "개방성, 실용주의, 관용과 삶을 대하는 느긋한 자세"로 다름을 포용하는 곳으로 만들었기 때문이다. 여기에 "봉건주의 없는 공동체주의"가 더해진다면 인도네시아는 어느 곳보다 미래지향적인 사회가 될 것이다.

이 책을 번역하는 내내 저자처럼 내가 사랑하는 인도네시아에 관한 문헌들을 줄줄 소개하고 싶은 마음이 불쑥불쑥 들었다. 하지만 부록의 더 읽을거리 목록에 소개된 문헌 외에 인도네시아 그리고 인도네시아와 한국 관계에 대한 내 이해의 지평을 넓혀준(하지만 널리 알려지지 않은) 책을 몇 권만 소개하고자 한다.

픽션으로는 에카 쿠르니아완의 『아름다움 그것은 상처』(박소현 옮김, 오월의봄, 2017)을 먼저 꼽을 수밖에 없다. 민주화 이후 새로운 에너지가 들끓던 2002년, "예기치 않은 운석"처럼 날아든 이 소설은 무협과 야설 같은 장르소설의 문법과 민담과 전설의 화법을 빌어 인도네시아 공식 역사를 완전히 해체하고 다시 이어 붙인다. 충만한 상상력으로 역사와의 정면 대결을 피하지 않으며 인도네시아어의 가능성을 확장했다는 점에서 우리에게도 이런 소설이 있었으면 하고 바란 적도 있다. 폭력과 성애 묘사에 반감이 들 수 있겠지만, 한 사회 특히 인도네시아 같은 다민족 다언어 사회가 도무지 "말이 안 되는" 국민국가 nation state로 만들어지는 과정 자체가 폭력, 특히 여성에 대한 폭력이기 때문이 아닐까. 에카 쿠르니아완의 아내이자 솔로 출신 작가 라티 쿠말라$^{Ratih\ Kumala}$의 『크레텍 소녀$^{Gadis\ Kretek}$』 (Gramedia, 2012)는 좀 다른 방식으로 현대사를 다시 쓴다. 크레텍은 정향 향을 입힌 담배로 인도네시아의 국민 담배이자 거대 산업이기도 하다(2장을 보라). 크레텍이 산업으로 성장하기 직전 남성의 전유물이던 이 세계에 뛰어든 여성의 도전과 좌절, 1965~1966년 학살에 휘말려든 여러 군상의 모습, 과거사 규명과 화해에 관한 이야기다. 2023년 이 소설을 원작으로 한 넷플릭스 오리지널 5부작 《시가렛 걸$^{Cigarett\ Girl}$》(카밀라 안디니·이파 이스판시아 감독)이 공개되어 좋은 반응을 얻었다. 인도네시아 최고의 배우들이 열연했고 감독들의 연출력도 돋보인다.

2차 세계대전 중 일본이 인도네시아를 포함한 동남아시아 지역을 점령했을 때 군인들만 그곳에 간 것은 아니었다. 군무원 신분의 조선인 15만 명이 동남아시아로 향했고 그중 포로수용소 감시원이 된 이들이 3,000명 이상이었다. 종전 후 연합군은 "전쟁 범죄에 관한 한 조선인은 일본인으로 취급"하기로 했고 따라서 조선인 군무원들은 전범으로 재판을 받아야 했다. 작고한 할아버지의 육필 원고를 손자가 갈무리해 펴낸 『1923년생 조선인 최영우: 남방의 포로감시원, 5년의 기록』(최영우·최양현 지음, 효형출판, 2022)은 그런 이의 증언이다. 무라이 요시노리와 우쓰미 아이코의 『적도에 묻히다』(김종익 옮김, 역사비평사, 2012)는 조선인 군무원들의 행적을 추적하고 특히 인도네시아 독립전쟁에 나선 조선인들의 흔적을 끈질기게 추적해 최소 일곱 명의 조선인이 이 투쟁에 참여했음을 밝혀낸다. 최영우와 같은 해에 네덜란드령 동인도에서 태어난 네덜란드계 여성 얀 루프-오헤른은 21살에 일본군 위안소에 끌려갔고 김학순 할머니의 증언 이후

『나는 일본군 성노예였다』(최재인 옮김, 삼천리, 2018)를 써서 자신의 경험을 증언했다. 『아름다움 그것은 상처』의 주인공이 겪은 위안소 생활 묘사의 상당 부분은 그의 증언을 바탕으로 했다.

10여 년 전 한국에서 공부하게 된 인도네시아 친구에게 "목마와 숙녀"의 시인 박인환이 22살이던 1948년에 쓴 "인도네시아 인민에게 주는 시"를 알려주자, 놀라움과 감동의 보답으로 목타르 루비스의 『인도네시아인의 눈에 비친 6.25전쟁』(전태현 옮김, 어문학사, 2017)의 원서를 주었다. 나도 이 책을 읽으며 무척 놀랐는데 놀라움의 절반 이상은 당시 28세였던 목타르 루비스의 한반도 상황에 대한 (박인환의 인도네시아에 대한 지식만큼이나) 깊은 이해와 관심 때문이었다. 수마트라 출신의 기자/작가였던 저자가 유엔 종군기자로 1950년 9월 서울 수복 직후 부산부터 서울까지 전장을 둘러보고 쓴 짧지만 흔치 않고 울림이 큰 기록이다. 1945년부터 1950년대의 세계는 지금과는 아주 많이 달랐고 인도네시아와 우리의 관계도 그랬으리라 상상하게 해준다.

2024년 상반기, 엘리자베스 피사니는 인도네시아에 관한 읽을거리 목록에 영어판이 막 출간된 다비트 판 레이브라우크 David van Reybrouck의 『레볼루시 Revolusi: Indonesia and the Birth of the Modern World』(W. W. Norton & Company, 2024)가 꼭 들어가야 한다고 자신의 SNS를 통해 밝혔다. 전작에서 콩고의 역사를 직면하며 벨기에 식민주의의 심연을 파헤쳤던 저자는 600쪽이 넘는 이 책에서는 1945년부터 1960년대까지 인도네시아가 제3세계의 선도자로서 해온 역할 그리고 그 파괴적인 몰락이 우리가 지금 살고 있는 세계의 형성에 결정적이었음을 치밀하게 추적한다. "레볼루시"는 인도네시아어로 혁명을 뜻하는 동시에 인도네시아가 네덜란드로부터 독립하기 위해 싸우던 1945년부터 1949년까지의 시기를 가리킨다. 한국어판이 빠르게 출간되기를 바라며, 대신 비슷한 시기와 주제를 다루면서 인도네시아 현대사를 세계사의 맥락에서 재구성한 빈센트 베빈스 Vincent Bevins의 『자카르타가 온다 *The Jakarta Method*』(Public Affairs, 2022)를 소개하고 싶다. 서두에서 언급한 《이코노미스트》 추천 도서 목록 중 하나기도 한 이 책은 인도네시아의 1965년을 제3세계 특히 라틴아메리카의 경험과 연결해 이 결정적인 시기를 전 지구적 차원에서 조망하도록 도와주며, 졸역으로 한국어판이 곧 나올 예정이다.

마지막으로 저자가 찾아간 전통 방식의 고래잡이 마을(5장을 보라)에 대한 더그 복 클락의 『마지막 고래잡이: 라말레라 부족과 함께한 3년간의 기록』(양병찬 옮김, 소소의책, 2021)과 『세계 끝의 버섯』으로 국내에도 널리 알려진 애나 로웬하움트 칭의 『프릭션 *Friction: An Ethnography of Global Connection*』 (Princeton University Press, 2005)을 들고 싶다. 누사틍가라의 바다와 칼리만탄의 정글과 인도네시아인들이 어떻게 관계 맺으며 살아왔는지 미시적이고 또 거시적으로 보여주는 두 책을 읽다 보면, 사실 인도네시아의 주인공은 한없이 관대한 동시에 무시무시한 자연(7장을 보라)이며 인간의 서사는 아주 부차적인 것일지 모른다는 생각이 든다. 인도네시아의 식민지화는 곧 플랜테이션화였고 독립 이후에는 "발전"의 이름으로 그 과정이 진행되었는데, 인간이 주인공이 아니라면 이 이야기는 어떻게 다시 쓰일 수 있을지 고민하게 한다. 『프릭션』의 열대우림 묘사를 읽으면서 나는 지금 살고 있는 마을의 사람들이 자연과 관계 맺는 방식을 비로소 이해하기 시작했다. 그리고 땅과 생산에 더 관심을 갖고, 풍경의 이면을 보고자 노력하며, 자연에 대한 어린아이 같은 호기심을 잃지 말기로 했다.

마지막으로 인도네시아 연구자들은 원음에 더 가깝게 인도네시아어를 음역하기 위해 된소리를 쓰고 모음 e를 "어"로 표기하는 경우가 많지만, 이 책에서는 국립국어원의 말레이인도네시아어 표기법을 따르는 것을 원칙으로 삼았다는 점을 일러두고자 한다. 완벽하지는 않더라도 하나의 원칙을 따르는 편이 언중의 혼란을 줄이고 인터넷 시대의 정보 검색에도 도움이 된다고 여겨서이다. 또한 이 책이 나오는 데까지 애써주신 모든 분과 번역 초고를 읽고 의견 주신 분들께 감사드린다.

2025년 9월

박소현

찾아보기

AMAN●402

B.J. 하비비B.J. Habibie●81, 83, 187, 188

HIV●17, 84ff., 382, 431, 538

SOS메디카●287

ㄱ

가말라마Gamalama 화산●257

가우라Gaura●112, 117, 119, 127, 129

가족계획●59, 68, 102, 138, 178

가족복지연맹PKK●62, 63, 220, 276

갯민숭달팽이●30, 221, 379

거물Big Man●25, 229, 230, 232~234, 236, 275, 278, 494, 526

건어물 아줌마●175, 176, 292, 322

게베Gebe섬●274

겡시gengsi(과시)●282, 290

고래●181~186, 189~191, 276, 302, 570

고무●37, 66, 174, 263, 292, 390, 393, 394, 403~408, 440, 442ff., 531

고통로용gotong royong●523

골카르Golkar당●83

관료제●17, 60, 63, 89, 130, 227, 237, 244, 247, 254, 279, 283, 429, 472, 546

구눙아피Gunung Api 화산●248

구눙크무쿠스Gunung Kemukus●469, 470, 473, 474, 490, 531

구눙키둘Gunung Kidul●523

구스 두르Gus Dur(→압두라만 와히드)●83, 87

국가인권위원회●479, 521

굴라아렌gula aren●507

그라스버그Grasberg광산●264

그라칸 아체 므르데카Gerakan Aceh Merdeka, GAM(→자유아체운동)●324

그라칸 풍아차우 크아만안Gerakan Pengacau Keamanan, GPK(→안보위협운동)●325

그리스도교●31, 47, 87, 95, 98, 179, 210, 279,

332, 435, 437, 438, 440, 473, 484, 533
기초생활수급증●107
꿀나무●406, 408

ㄴ

나시붕쿠스nasi bungkus●155

나시파당nasi Padang●156, 158, 164, 292, 404, 455

나자루딘 이브라함Nazaruddin Ibrahim●323, 339, 340, 481, 550

남서말루쿠●204, 210, 212

남술라웨시●84, 158, 236, 244, 332, 423, 456, 475

네덜란드동인도회사Verenigde Oostindische Compagnie, VOC●33~37, 237, 314, 421, 503

녜피Nyepi(침묵의 날)●141

노벨상●151

누르하디 푸르워사푸트로Nurhadi Purwosaputro●16ff., 82, 325, 329

뉴기니New Guinea섬●13, 215, 335

니아스Nias섬●381

니켈(웨다베이니켈사도 보라)●187, 199, 264, 273, 275, 279, 289

ㄷ

다나우스Danaus●440, 446~448

다르마와니타Dharma Wanita●276

다야콜로지연구소Institute of Dayakology●429, 430, 433

다약족Dayaks●51, 416, 418, 427~434, 438~446, 512, 517, 535, 536

다양성 속의 통일●60, 159

당둣dangdut●258, 275, 339, 368, 464, 512

대마●326

더글러스 맥아더Douglas MacArthur장군●272

더록The ROCK●458ff., 461

데투소코Detusoko●146ff., 149, 549

도쿄●26, 55, 56, 302, 310, 312

돌고래●181~186, 189, 208, 301

동부 자바●51, 490, 530ff.

동칼리만탄●195, 416, 535

동티모르●16, 41, 42, 82ff., 88, 151, 188, 205, 209, 331~333, 335, 479, 480

두리안●259, 408

드위풍시dwifungsi●445

ㄹ

라말레라Lamalera●180~182, 189, 276, 302, 570

라스카르 지하드Laskar Jihad●437

라토rato●105, 108, 114

람부베라Rambubera●126ff.

람풍Lampung●438

랑사Langsa●337~339, 367, 550

레월레바Lewoleba●190

레이디 가가Lady Gaga●476, 480, 489

렐릴레프Lelilef●271, 273, 280ff., 283, 284, 288ff., 292ff., 295, 549

록스마웨Lhokseumawe●323, 328, 339, 340, 343, 345, 346, 352, 370, 481, 550

론토르Lonthor섬●249

롤리어●100

롬복Lombok●156, 315, 490ff., 493, 494, 496

루욱Luwuk●267

른당rendang●155, 174

름바타Lembata●175, 176, 179, 186, 190

리란Liran섬●208, 211, 212

리아우Riau●332, 533

리콴유Lee Kuan Yew●538

림바Rimba족●387~389, 392~394, 399, 401, 402, 404, 406~410, 462

ㅁ

마나도Manado●305, 306, 310, 318

마두라Madura●158, 416, 430~435, 438, 445, 475, 490

마라 루슬리Marah Rusli(『시티 누르바야』도 보라)●111

마라푸Marapu교●95, 98ff., 101, 105, 457

마르코 폴로Marco Polo●28, 328,

마마 리나Mama Lina●165~170, 173~176, 292

마마 보보Mama Bobo●101~104, 106, 108, 110, 116, 122~127, 131~137, 141, 424, 457

마마 오나Mama Ona●219, 220, 224~227

마마 인체Mama Ince●219, 220, 223, 436

마야 사트리니Maya Satrini●419, 420

마이클 뷸러Michael Buehler●244, 483, 552

마자파힛Majapahit●45

마체테●94, 98, 100, 105, 109~111, 125, 135, 157, 171, 172, 251, 331, 396, 399, 495

마카사르Makassar●37, 158, 468

마타람Mataram●493, 551

마하티르 모하마드Mahathir Mohammad●538

말레이곰(태양곰)●399, 400

말레이시아●48, 141, 152, 173, 174, 227, 333, 420, 442, 538

말루쿠Maluku●27, 32~37, 46, 86~88, 162, 191, 192, 204, 210~212, 215, 220, 222, 229, 233, 257, 260~263, 271, 272, 279, 331, 336, 367, 435, 436~438, 456, 458, 539, 549

매킨지글로벌연구소McKinsey Global Institute●294

메가와티 수카르노푸트리Megawati Sukarnoputri●87, 333, 529

메가푸트리 메가자사Megaputri Megaradjasa(제니)●501, 550

메단Medan●323, 330, 337, 339, 367, 368, 400

메카Mecca●13, 244, 246, 328, 367, 370, 467, 468

멘텡Menteng●59, 73, 484, 488

멜라니 우드Melanie Wood●417, 418, 422, 426, 440, 442, 551

모하맛 하타Mohammad Hatta●43, 45, 46

무슬림형제단Muslim Brotherhood●475, 481

무신론●51, 409, 456ff., 465, 490

무자키르 마나프Muzakir Manaf●330, 346

므라우케Merauke●62

므르데카 merdeka●477

믈라카해협●174

미낭카바우 Minangkabau(족)●154, 156, 367, 473

미니 인도네시아●61, 62, 100

미르자 굴람 아흐마드 Mirza Ghulam Ahmad●491

미쓰비시 Mitsubishi●280, 369

민주투쟁당 PDIP●275, 529

ㅂ

바뉴마스 Banyumas●511, 513, 514

바스쿠 다가마 Vasco da Gama●32

바우바우 Bau-Bau●266, 517

바조 Bajo●239, 264

바탁 Batak(족)●161, 283, 367, 438

바틱 batik●15, 62, 174, 220, 243, 290, 305, 322, 415, 446, 459, 467, 469, 471, 484, 486, 514~516, 524, 526, 544

반다 Banda제도●35, 36, 42ff., 247, 248, 250, 253, 260, 437, 549

반다네이라 Banda Neira●35, 36

반다아체 Banda Aceh●261, 359~361, 376

반둥안 Bandungan●511

발리●14ff., 21, 31, 41, 51, 61, 62, 66, 87, 140ff., 156, 265, 266, 288, 310, 331, 456, 466, 490, 493, 564

발셈 balsem●368

밤방 수하르토 Bambang Suharto●68

방가이 Banggai●238ff., 264, 550

방코 Bangko●388, 462

백단향●30, 93

버클리 마피아●69

베니 무르다니 Benny Moerdani●325

벨리퉁 Belitung●410, 412

벨지카 Belgica 요새●35

보르네오 Borneo●19, 260, 415, 428, 499

복지정의당 PKS●475, 480

부기스족 Bugis●84, 158, 162, 194, 224, 306, 473

부정부패●70, 75, 79, 226~228, 235, 236, 326, 337, 451, 461, 467, 475, 481, 492, 504, 519, 546, 562

부킷두아블라스 Bukit Duabelas 국립공원●387

부킷바리산 Bukit Barisan산●357

부텟 마누룽 Butet Manurung●388, 391, 393, 397, 401, 407

부톤 Buton●158, 176, 264~268, 270, 292, 322, 517

부파티 bupati●189, 191, 192, 195~198, 201, 203, 210ff., 228ff., 234ff., 243, 266, 273~278, 312, 323, 324, 333, 346, 434, 446, 494, 513, 522

부패척결위원회 KPK●451

북말루쿠●257, 271, 272, 279, 367, 549

북수마트라●322ff., 369

북술라웨시●305, 322, 511

불교●30, 61, 457, 458

브타위 Betawi●483, 484

블룸 다팟 프툰죽 belum dapat petunjuk●517, 518

비동맹운동●59

비르엔Bireuen●372

비쑤Bissu●84ff.

빈랑sirih pinang●108, 113, 132, 135, 168, 179, 220, 230ff., 293, 372, 444

빌헬미나Wilhelmina 여왕●41

ㅅ

사고sago●164, 263, 273, 281

사방Sabang●62

사부Savu●64, 141, 145, 191~204

사삭Sasak(족)●156~158, 492

사시sasi(→포말리)●221, 222

사우디아라비아●152, 474

사움라키Saumlaki●206, 212

산스크리트●31

살라칸Salakan●239

살락salak●369

살충제●78, 323, 443

삼바스Sambas●432, 434

삼발sambal●240

상게Sangihe●234ff., 299, 305, 310ff., 317, 318, 321, 367

샤리아sharia 율법●450, 472, 481, 482ff.,

서부 자바●46, 430, 483, 495, 514

서수마트라●45, 46, 63, 154, 162, 247, 292, 367

서칼리만탄●51, 331, 415, 419, 435, 439, 441

서파푸아●41, 48, 335

석유●37, 145, 187, 188, 222, 229, 265, 311, 340

석탄●195, 199, 264

선교사●95, 109, 146

세계경제포럼●312

세계은행●70, 77, 288, 292, 313

세바Seba●193, 194, 201

솔로Solo●466~469, 513~515, 517, 531, 564~566, 568

수나르코Soenarko 장군●330

수드위캇모노Sudwikatmono●68ff.

수라바야Surabaya●149, 205, 236, 315, 490, 500, 538~543

수실로 밤방 유도요노Susilo Bambang Yudhoyono(SBY)●88

수카르노Sukarno●13, 25, 43~51, 58~61, 65, 67, 74, 85, 87, 141, 151, 163, 314, 332ff., 424, 439, 472, 476, 515, 523, 529

수탄 샤리르Sutan Sjahrir●43, 45, 46

수하르토Suharto●17, 46ff., 50~52, 57~72, 75~89, 95, 100ff., 113, 138, 148, 151, 152, 163, 167, 173, 187, 188, 190, 197, 225, 279, 306, 313, 324ff., 332ff., 335, 340, 381, 424ff., 428ff., 434ff., 443, 457, 464, 472, 474, 479, 482, 518, 521, 523, 524, 538, 540, 566

순다인●161, 514

술라웨시Sulawesi●19, 37, 46, 95, 158, 176, 187, 239, 260, 264, 267, 299, 331, 332, 435, 468, 499

술탄국●27, 158, 176, 328, 415, 428ff., 435, 517

스리위자야Sriwijaya●30, 45

스마랑Semarang●331, 499~506

스웨덴●252, 324, 333, 345

스타라연구소Setara Institute●456

스탬퍼드 래플스Stamford Raffles●157

시글리Sigli●370

시나붕Sinabung 화산●260

시도문쭐Sidomuncul●507

시도물리오Sidomulio●66

《시드니모닝헤럴드》●456

『시티 누르바야Sitti Nurbaya』(마라 루슬리도 보라)●111

신탕Sintang●439~441, 444, 446, 512

싱가포르●60, 261, 410, 418, 538, 542, 565

싱카왕Singkawang●418~420, 422ff., 426, 431, 432

쓰나미(2004년)●51, 239, 248, 260~262, 281, 333, 334, 361, 362, 376, 564

ㅇ

아나칼랑Anakalang●125, 191

아닷adat●100~102, 104, 113, 122, 129, 133, 137, 138, 140, 275, 277, 332, 406, 409, 429, 433, 449, 450, 457, 526

아도나라Adonara●165, 168ff., 174, 176, 292, 322, 549

아디파티adipatis●513

아살 바팍 스낭Asal Bapak Senang●517

아세안ASEAN(동남아시아국가연합)●151

아스팔트 광산●264~270

아아 김Aa Gym(→압둘라 김나스티아르)●461, 462

아체당Partai Aceh●324, 338, 341~343, 346~348, 350ff.

아체싱킬Aceh Singkil●278

아흐마드 토하리Ahmad Tohari●511~514, 517~522

아흐마디야Ahmadiyah●490~495

안보위협운동GPK(→그라칸 풍아차우 크아만안)●325

안타라Antara●325

암본Ambon●34, 212, 253, 262, 436ff., 458, 549

압두라만 와히드Abdurrahman Wahid(→구스 두르)●83

압둘라 김나스티아르Abdullah Gymnastiar(→아아 김)●461

《액트 오브 킬링》●478

앨프리드 러셀 월리스Alfred Russel Wallace●159, 160, 215, 216, 222, 248ff., 449

얀 피터스존 쿤Jan Pieterszoon Coen●36

얼간이 요인●60, 284

에드 아스피날Ed Aspinall●279, 352

에라메Eramet●279

에스클라파es kelapa●156~158

에스텔레르Es Teler●505, 507

에피시엔시Efisiensi●511

엔니 누라헤니Enny Nuraheni●74

오브엑 위사타obyek wisata(관광 대상)●146

오젝ojek●147, 148, 153, 292

오호이와잇Ohoiwait●216~219, 221, 223, 225, 229, 230, 233, 234, 236, 247, 437, 459, 549

와르넷warnet●455

와리아waria(트랜스젠더)●84~86, 275, 276

와양wayang(그림자 인형극)●77, 522~528

와이카부박Waikabubak●94, 96ff., 107, 108, 111, 120, 124, 133, 139, 142, 145, 315, 316

와잉아푸Waingapu●111, 145

울라폿두Wulla Poddu●98, 101, 105, 107

워노 카카Wono Kaka●95

원주민 법정●450

웨다Weda●271, 273, 279~284, 289, 549

웨다베이니켈Weda Bay Nickel●273, 280, 283, 286~289, 291

위니Wini●205

유교●457

유니레버Unilever●504, 541

유수프 칼라Jusuf Kalla●478

유엔●12, 48, 151, 332, 430

이디 츳Idi Cut●352, 354

이르완디 유수프Irwandi Yusuf●324, 372

이리안자야IrianJaya(→파푸아)●332, 335

이슬람 근본주의●435, 466, 564, 566

이슬람수호전선FDI●475

이슬람월성당Islamic Moon and Star Party●494

이캇ikat●98, 103, 192ff., 200, 220, 459, 506

인도네시아 민족주의●25, 42~48, 152, 162ff., 173, 314, 333, 472, 478, 529

인도네시아 헌법●49, 269, 314, 408, 438

인도네시아공산당Partai Komunis Indonesia, PKI●50ff., 424, 518ff., 521

《인터내셔널헤럴드트리뷴》●455

인프라●274, 302, 311, 312, 500, 505, 525

일본●25, 26, 37, 44, 145, 272, 280, 289, 309, 311, 329, 339, 402, 450, 568

ㅈ

자무jamu●158, 389, 390

자바 식민주의●537

자바어●77, 162ff., 393, 421, 499, 514, 519, 527

자야푸라Jayapura●229, 230, 234, 336, 550

자유아체운동GAM(→그라칸 아체 므르데카)● 324, 329, 330, 355

잠비Jambi●387, 402, 462

장례●12, 101, 103, 116, 125, 131~137, 317, 328, 367

적도 기념비●415, 146

전통가옥●63, 95, 102, 109, 117, 154, 416, 429, 441~444

정향●28, 32, 34, 37, 75~77, 80, 257, 263, 292, 315, 568

정화鄭和(환관)●421

제너럴산토스General Santos●311

조지프 콘래드Joseph Conrad●428, 430

조코 수얀토Djoko Suyanto●489

조코 위도도Joko Widodo(조코위)●483, 487, 488, 521, 566

찾아보기

족자카르타Yogyakarta●513, 515~517, 522, 542

존 리아디John Riady●14

종키Jongky(참치잡이 어부)●300~303, 307, 310, 316ff.

주석●37, 264, 410, 421

줄바리 아부바카르Abubakar, Zoelbahry●341

중국계●51, 76, 80, 96, 108, 139, 142, 289, 310, 315, 342ff., 411, 416, 418~427, 438ff., 450, 484, 502

중국어●270, 426~428

질밥jilbab(히잡)●81, 95, 108, 175, 176, 219, 323, 338ff., 344ff., 369, 374ff., 381, 409, 431, 458, 461, 463, 468ff., 475, 476, 482, 534, 563

ㅊ

참치잡이●301~312, 511

천연가스●187, 264, 340

초인플레이션●243

ㅋ

카바레쇼●85

카키리마kaki lima●156ff.

카푸아스Kapuas강●440

칼리만탄Kalimantan●15, 63, 229, 281, 332, 377, 415, 416, 421, 428, 430, 434ff., 438, 466, 500, 512

캄풍잉그리스Kampung Inggris(영어마을)●530, 534

커스틴 슐츠Kirsten Schulze●352

케이Kei제도●215, 216, 236, 281

코디Kodi●110, 118

코란●44, 462, 469

코코아●37, 170, 263, 292, 373

쿠타이카르타느가라Kutai Kartanegara●195

쿠팡Kupang●121, 123, 179, 193, 195, 197, 198, 204ff., 212

크레이그 (압두르로힘) 오웬스비Craig (Abdurrohim) Owensby●462

크레텍kretek●75, 76, 96, 168, 266, 356, 524, 568

크리스티안 에이크만Christiaan Eijkman●151

크타팡Ketapang●491, 494

클레어 볼더슨Claire Bolderson●326, 352ff., 356

클루아르가 브사르keluarga besar●224

클리무투Kelimutu 화산●147, 149, 150

클리퍼드 기어츠Clifford Geertz●537

키사르Kisar섬●142, 209~211, 549

ㅌ

타님바르Tanimbar●204, 281, 544

타룽Tarung●97, 99~101, 106ff., 116, 124ff., 132, 138

타이완●419, 420, 429

타켄곤Takengon●261, 347

타후나Tahuna●299, 302, 304, 306ff.

탄중판단Tanjung Pandan●410

탈중앙화●163, 187~189, 204, 279, 335, 434,

482, 513, 545, 562

탕세Tangse●356~358, 370~375

테킨도Tekindo 광업사●289

《템포Tempo》●352

토미 수하르토Tommy Suharto●76ff.

톨락앙인Tolak Angin●506ff.

투알Tual●216, 218, 222, 224, 226, 233, 236, 238, 248, 436ff., 549

투툿 수하르토Tutut Suharto●69

트르나테Ternate●32ff., 257, 258, 260, 271, 272, 274, 283, 493

트리 리스마하리니Tri Rismaharini●542

티모르Timor●41, 82ff., 141, 162, 179, 191, 204, 222, 301,

티엔 수하르토Tien Suharto●59, 61, 63

팅가르자야Tinggarjaya●511

ㅍ

파당Padang●154~156, 158, 164, 292, 367, 404, 455

파솔라pasola●117, 118, 124, 127, 128, 130, 315

파우지 보워Fauzi Bowo●483~488, 566

《파이낸셜타임스》●455

파자르Fajar(의사)●93, 94, 107~110

파푸아Papua●13, 16, 41, 48, 62, 88, 162, 188, 192, 229, 230, 260, 263, 264, 315, 331~336, 382, 545

팍 아스키만Pak Askiman●448~450, 512ff., 517

팍 자코브Pak Jacob●229, 230, 232~234

팍 조피Pak Jopy●224~226, 247

팍 주나이디Pak Zunaidi 부부●239, 240, 243, 247, 264

팍 페트루스Pak Petrus●138ff., 140

팍 펠리푸스Pak Pelipus●112~119, 127, 129

팍 피테르Pak Piter●273, 279, 281

팍 헤르마누스Pak Hermanus●210

판차실라Pancasila●46ff., 49, 62ff., 87, 457, 478, 480

판차실라청년단Pancasila Youth●478, 480

팔렘방Palembang●367

팜슈거●64, 157, 290, 505, 507, 509

팜유●263, 292, 399, 402ff., 406, 440~443

페렐레치Ferelech 왕국●328

펠니Pelni 페리●145, 159, 162, 164, 204, 223, 248, 253, 448, 500

평등화 예산●195, 199

포드재단●69

포말리pomali(→사시)●221, 222,

포피시Popisi●239, 241

폰티아낙Pontianak●415~418, 434, 446, 466, 499, 500, 530

풀라우반얀Pulau Banyak●378

프랜시스 드레이크Francis Drake●32ff., 263, 272

프레만preman●401, 477, 478

프로보카토르provokator(선동자)●436

프로옉proyek(프로젝트)●203, 205, 225, 246, 343

프린티스perinitis●204, 206

프므카란pemekaran●188

프툰죽petunjuk●517, 518,

픈다탕pendatang●292

플로레스●145~149, 164ff., 194, 281, 292

필리핀●299, 307~311

ㅎ

하멩쿠부워노Hamengkubuwono 9세●515

하산 디 티로Hasan di Tiro●324, 328~330, 333, 345~347

하지hajj●370~372, 468

한센병●21, 423

할로반Haloban●379~381, 384ff.

할마헤라Halmahera●271~273, 277, 279, 436, 506

해충종합관리Integrated Pest Management, IPM●78

향료●12, 28, 31~34, 37, 155, 260, 262, 300, 435, 440

활화산●257, 260

후추●27, 28, 30, 32, 263, 328, 421

힌두교●15, 30, 51, 61, 265, 438, 457

옮긴이 **박소현**

족자카르타에서 인도네시아어와 역사를, 싱가포르에서 동남아시아학을 공부했다. 동남아시아의 역사와 문화를 소개하는 데에 관심이 많다. 『다양한 문화의 끝판왕, 동남아시아』를 쓰고, 『비동맹 독본』을 함께 엮고, 『갈색의 세계사』, 『페소아의 리스본』, 『자카르타가 온다』, 『대항해시대의 동남아시아』 등을 한국어로 옮겼다.

인도네시아 Etc.

1판 1쇄 찍음 2025년 11월 7일
1판 1쇄 펴냄 2025년 11월 14일

지은이 　엘리자베스 피사니
옮긴이 　박소현
펴낸이 　정성원·심민규
펴낸곳 　도서출판 눌민

출판등록 　2013. 2. 28 제25100-2017-000028호
주소 　서울시 강북구 인수봉로37길 12, A-301호 (01095)
전화 　(02) 332-2486　　팩스　(02) 332-2487
이메일 　nulminbooks@gmail.com
인스타그램·페이스북 nulminbooks

한국어판 ⓒ 도서출판 눌민 2025

Printed in Seoul, Korea

ISBN 979-11-87750-80-2 03910